KB001560

부산학

거의 모든 부산

2021 부산학 초판

책을 내면서

부산은 1960년대 중반부터 1970년 중반에 이르는 기간 동안 동남권에 위치한 물류중심 항구도시로서 지정학적 입지를 바탕으로 대한민국 수출을 주도하면서 국가와 지역성장을 견인해왔다. 하지만 1970년대 정부의 정책기조가 중화학공업화로 바뀌고 1972년 성장억제도시에 묶이면서 부산은 성장의 정체기로 접어들게 된다. 이와 반대로 인천은 수도권 집중화에 힘입어 제3의 도시로서 입지를 다지게 된다. 아직은 부산이 제2 도시로서의 위상은 가지고 있지만 1인당 GRDP, 경제성장률, 고용지표 등 주요 지표에서 인천이 '서인부대'론을 내세울 만큼 부산을 앞선 경우도 많다. 게다가 부산은 전국에서 노령화 지수가 매우 높은 도시 중 하나이다. 더불어서 청장년층이 일자리를 찾아 수도권으로 이동하는 문제도 부산에서 일어나는 인구문제중 하나이다. 이런 과정에서 최근 학령인구 감소로 부산지역 대학들이 신입생 모집에 어려움을 겪으면서 지역 대학을 중심으로 한 교육시스템 붕괴 우려도 커지고 있는 실정이다. 종주도시화 현실화로 서울을 포함한 수도권으로 인구는 더욱 몰리고, 기업 본사를 중심으로 사회적 자본이 수도권에 집중되면서 지방 소멸 위기감은 갈수록 커지고 있다.

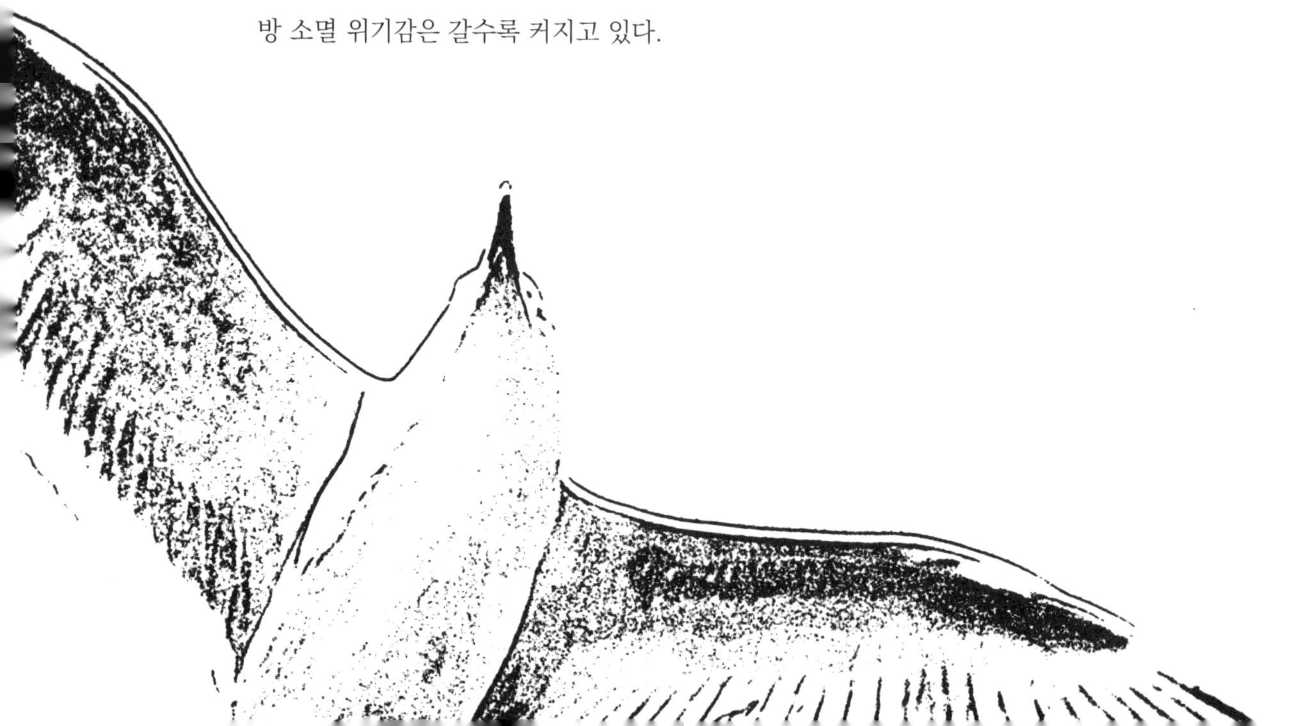

결국 이러한 위기를 극복하고 발전시킬 내부적 합의를 이끌어 내기 위해서는 우리가 살고 있는 지역의 잠재력을 제대로 이해하는 노력이 전제되어야 할 것이다. 우리가 살고 있는 지역에 대해 제대로 알지 못한다면 더 좋은 지역을 만들 수 있다는 말은 공허한 주장이 될 수 있기 때문이다. 이러한 관점에서 우리 지역에서도 부산학에 대한 관심이 높아지고 있으며, 여러 대학에서 부산학 강좌도 개설되고 있다. 이 책은 이러한 필요성에 부합하기 위한 목적에서 기획되고 집필되었다.

본서의 집필자로 참여한 22명의 부산연구자들은 오랫동안 각자의 연구영역에서 부산을 이해하려고 노력해 왔다. 그러나 지금까지의 많은 연구 성과에도 불구하고 부산학이라는 이름하에 하나로 통합하는 노력은 기대에 미치지 못했다. 이러한 한계를 극복하기 위해 집필자들은 오랜 기간 동안 주제선정과 연구방향에 대해 의견 교환을 거쳤다. 또한 각자가 맡은 분야를 집필하는 과정에서 가능한 부산에 대한 종합적 이해를 돕는다는 목적을 공유하며 역사적 관점을 잃지 않으려고 하였으며, 미래에 대한 비전과 발전방안에 대해서도 관심을 갖고 서술하였다. 이와 함께 부산의 오랜 역사성에 비해 부산학에 대한 저술이 충분하지 않는 현실을 감안하여 대학교재는 물론 일반교양서로도 충분히 활용될 수 있도록 쉽게 풀어쓰려고 노력하였다. 책의 부제로서 "거의 모든 부산"이라는 말을 추가한 것도 부산학으로서의 전문성과 더불어 일반인도 고려한 보편성을 함께 포함하고자 하는 의도를 나타내기 위함이었다. 그리고 이 책이 나오는 데는 2016년과 2018년 발간된 부산학개론이 토대가 되었음을 미리 밝혀놓는다. 당시 참여하였던 집필진 대부분이 부산학개론의 한계를 보완하고 대폭 수정해야 한다는 필요성에 공감하여 본서의 집필에도 흔쾌히 참여해주었다. 이 책을 교재로 공부하는 학생이나 또 부산에 대한 관심과 호기심을 채우기 위해 이 책을 읽는 일반 독자들이 본서를 통해 부산에 대한 이해의 폭과 깊이를 확대하고 부산에 대한 애정을 더욱 키울 수 있는 계기가 된다면 더 바랄 것이 없겠다.

끝으로 어려운 여건에서도 기꺼이 출판을 맡아주신 도서출판 함향 임규찬 대표와 편집부 여러분께도 고맙다는 말씀을 드리고 싶다. 아무쪼록 이 책이 부산을 이해하려는 사람들의 길잡이가 되고, 부산학의 새로운 바람을 일으키는 시발점이 된다면 집필에 참여한 저자들로서는 가장 큰 보람을 느낄 것이다.

2021년 5월 31일

부산학교재편찬위원회·신라대학교 부산학센터

부산학

목차

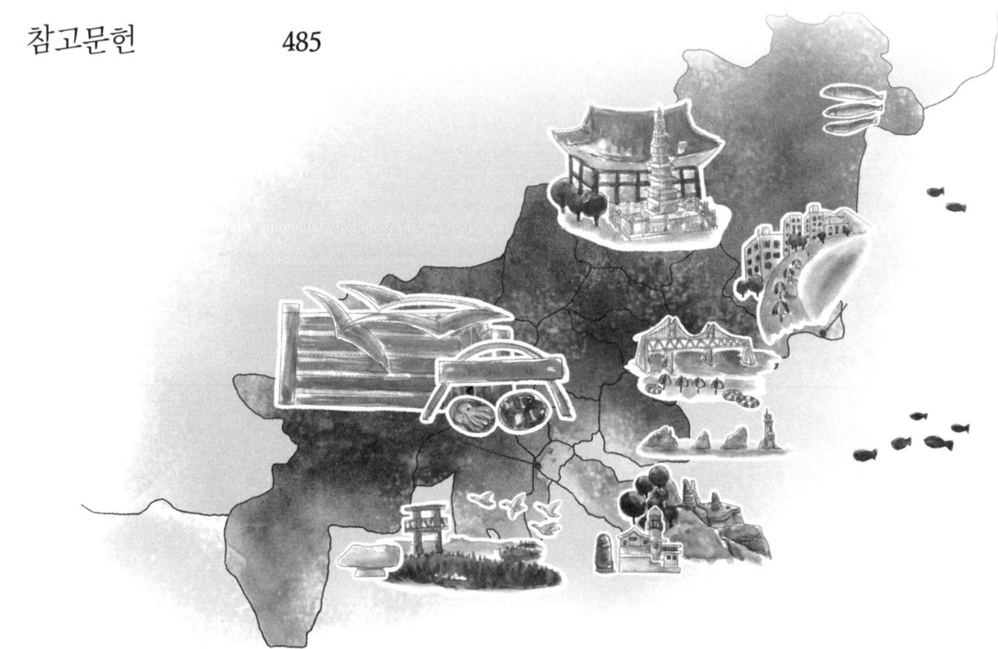

서장

변방에서 글로벌 도시로

PART 0

변방에서 글로벌 도시로

서장

I 관문이었지만 작았던 도시 '동래'

1. 교역과 군사의 도시

조선시대 한국은 대외교류를 극도로 억제하였다. 흔히 쇄국이라 부르는 대외교류 억제의 기원은 중국 명(明) 시대에 시작된 해금(海禁)[1]에 기원을 두고 있다. 가장 먼저 바다를 막았던 중국이 곧 엄격한 해금을 완화해간 반면, 조선과 일본(倭)은 매우 엄격한 해금을 오랫동안 유지하였다. 그럼에도 일본은 나가사키만은 열어두고 유럽 특히 네덜란드와 활발한 교류를 하였다. 이것은 일본이 새로운 문물을 일찍 받아들이는 기회가 되었다.

조선시대 한국은 중국과 일본과만 인적·물적 교류를 하였다. 중국과의 교류는 의주를 통해 이루어졌고, 일본과는 부산(동래)에서 교류를 하였다. 일본과의 교류는 중국과의 교류와는 달랐다. 중국과의 교류와 교역은 사신의 왕래가 주요한 계기가 되었는데, 교역은 주로 국경인근에서 이루어졌다.

그에 반해 부산(동래)에는 중국과의 관계에서는 없는 왜관이 있었다. 일본인들이 상시 거주하는 공간이었던 왜관은 임진왜란 이전에도 있었지만, 임진왜란 후에는 부산에만 설치되었다. 이 왜관에서 일본사신을 접견하고 교역을 하였다. 교역을 위해 수백명의 대마도인들이 거주하였는데, 세계적으로 보아도 왜관은 매우 드문 공간이었다. 부산이 1876년 개항후 급속하게 일본식 도시로 변모되었던 것은 개항 이전에 동아시아에서 최대 규모의 일본인 거류지였던 왜관이 있었던 것과 무관하

1) 민덕기, 「중·근세 동아시아의 해금정책과 경계인식-동양삼국의 해금정책을 중심으로-」, 『한일관계사연구』 39집, 2001.8.

지 않다.

부산(동래)은 한국의 관문이었을 뿐만 아니라 국방상 요충지이기도 하였다.[2] 금정산성은 그 규모로 볼 때 국내 최대의 산성이었고, 지금의 수영에는 경상좌도 수군절도사영이, 부산진에는 부산진영이 설치되어 있었다. 그런 점에서 조선시대 부산(동래)은 교역과 군사의 도시였다.

2. 크지 않았던 도시 '동래'

그러나 대외교역과 군사요충지였음에도 불구하고 조선후기까지 동래는 조선에서 큰 도시가 아니었다. 1789년의 자료인 『호구총수』(戶口總數)[3]를 보면 호수 기준 10대 군현에서 수도인 한양을 제외하고 가장 큰 군현은 평양이고 그 다음이 전라도의 전주, 평안도의 의주 순이었다[4]. 18세기 후반 평안도에서는 안주를 대신하여 의주가 대도읍의 반열에 들고 있었다. 조선의 가장 큰 교역 대상국이었던 청나라와의 교역은 국경도시인 의주를 큰 도시로 성장시킬 만큼 영향력이 있었다.[5]

임란 후의 평화와 대외교역의 활성화는 의주와 함께 조선의 2대 교역창구였던 동래에도 상당한 기회가 되었을 것이다. 조선초기 태종때만해도 '復以慶尙道東平縣屬梁州[6]에서 보듯이 지리적으로 보았을 때 당연히 동래군에 속해야 할 동평현[7]이 양주(오늘날의 양산-인용자)로 이속되는 것이 현실이었다. 임란을 겪으면서 동래의 중요성이 인식되고[8], 왜와의 교역이 재개되면서 동래의 위상도 과거와는 많이 달라지게 되었다.

그럼에도 불구하고 1789년의 『호구총수』 무렵에도 호수기준으로 동래는 아직

---

2) 조선후기 동래부의 정식명칭은 동래도호부(東萊都護府)였다. 국방과 외교까지 담당하였던 고을이었기 때문에 동래부사는 보통 종3품 당하관이 임명되는 여타 도호부사와 달리, 품계가 한 단계 더 높은 정3품 당상관(堂上官)이 임명되었다.

3) 서울대학교 규장각, 『戶口總數』, 1789.

4) 경상도의 상주와 경주가 각각 4위와 5위였다. 도별 10대 군현수는 평안도 2곳, 경상도 2곳, 전라도 2곳, 충청도 2곳, 황해도와 경기도 1곳으로 전국적으로 대체로 균형을 이루고 있었다. 전체적으로 경상도내 군현의 호수가 다른 도의 군현에 비해 크긴 했지만 수부도시의 경우 각 지역의 위용을 대체로 유지하고 있었다.

5) 임진왜란과 병자호란이후 특히 17세기에 활발하게 증가하던 대외무역은 18세기 접어들면서 위축되었다. 이헌창, 「임진왜란과 국제무역」(사단법인 임진란정신문화선양회, 임진란7주갑기념문화학술대제전 제3차 국제학술대회, 『경제와 군사 '경제사와 군사사의 새로운 모색'』, 2012.10, 97쪽. 그럼에도 의주는 대외교역의 영향으로 큰 도시가 되고 있었다.

6) 『조선왕조실록』, 태종 17권, 9년(1409 기축) 윤4월 7일(기유).

7) 동평현은 오늘날 부산진구 관할에 해당한다.

8) 조선시대 동래진은 처음에는 경상 좌병영 관할 하의 경주 진관에 속해 있었다. 그러다 임란후인 1655년(효종 6)에 경주 진관에서 떨어져 나와 독진으로 승격되었다. 동래독진(東萊獨鎭)은 인근의 양산군과 기장현 소속의 군사까지도 통합하여 지휘하게 하였다.

전국 72위에 머물러 있었다.[9] 기본적으로 교역의 규모가 의주에 비해 작았던 것이 주요한 이유일 것이다. 개항 직전 한국의 대외교역에서 대중무역은 대일무역에 비해 적어도 10배 이상이었다.[10] 왜관을 통한 특수한 교역형태도 동래의 도시화와 성장을 가로막은 원인이었다.[11] 왜관무역은 지정된 상인만이 참여할 수 있었고, 왜관에 대한 자유로운 접근이 엄격히 통제되었기 때문에, 대외교역 관문이었음에도 불구하고 동래가 상업도시로 성장하는 것은 한계가 있었다.

3. 변경의 한계

교역과 군사도시였음에도 불구하고 중앙에서 보는 부산은 갯가의 변경이었다. 문화적으로 부산은 조선의 중심에서 많이 떨어져 있었다. '임진왜란 전에 부산지역에는 뚜렷한 재지사족이 형성되지는 않았다. 부산지역은 유교적인 교화와 유학의 보급 등 문화적인 면에서는 다른 지방에 비하여 불모지 상태였다. 그것은 부산이 단순히 일본과 가까운 남쪽 변방의 해읍(海邑) 포촌(浦村)이라는 이 고장의 지리적인 조건으로 말미암아 국가로부터 심한 차별과 영원한 버림을 받았기 때문이다. 그래서 부산지역의 사람들은 과거에 응시하여도 급제하는 사람은 거의 없었다. 이러한 사실은 조선시기의 전 기간을 통하여 명종 때 송승서(宋承緒)가 겨우 생원시에 합격한 것이 유일한 사례가 된 것으로 보아도 넉넉히 짐작할 수 있다'.[12]

그러므로 '부산지역에서는 학문을 숭상하는 기풍도 일어나지 않았으며, 사관(仕宦)으로 입신출세한 사람도 거의 없는 실정이었다. 이에 부산지역에는 두드러진 양반 사족이 있을 리 없었으며, 주민의 대부분은 다만 농사와 어로에 힘 쓰고 소규모의 상업에 종사하여 겨우 생계를 꾸려가는 쇠잔한 양민들이었다'.[13]

임진왜란 이후에도 부산의 문화적 풍토가 크게 나아지지는 않았다. 뚜렷한 사족이 형성되지 않았던 부산에서는 향반들이 향민들을 지배하였다. '부산지역에서는 역대로 과거에 급제한 자가 없어 사대부를 배출하지 못하는 양반 없는 고을이었기

9) 한양을 제외한 군현의 수는 335개였다. 그리고 경상도내 군현은 70개였는데, 동래는 호수 크기에서 경상도내에서도 18위였다.

10) 김대래, 『개항기 일본인의 부산이주와 경제적 지배』, 부산연구원, 2019, 49쪽.

11) 김동철, 「조선후기 왜관 개시무역과 동래상인」, 민족문화추진회, 『민족문화』 21집, 1998.12; 양흥숙, 「조선후기 왜관통제책과 동래지역민의 대응」, 효원사학회, 『역사와 세계』 37, 2010.6; 田代和生, 『倭館-鎖國時代の日本人町』, 文春新書, 2002(정성일 옮김, 『왜관-조선은 왜 일본사람들을 가두었을까?』, 논형, 2005).

12) 『사마방목』 명종조; 『동래부지』 科第(김강식, 「임란전후 부산지역의 사회변화」, 『항도부산』 제22호, 2006.9, 175-176쪽).

13) 김강식, 「임란전후 부산지역의 사회변화」, 『항도부산』 제22호, 2006.9, 175-176쪽.

때문에 자연히 지체가 낮은 향반들이 향권을 장악하여 향중을 이끌어갈 수밖에 없었기 때문이었다'[14]. 양반문화가 발달하지 않았던 부산에는 유학의 집결지인 서원도 발달하지 않았다. 부산의 대표적인 서원인 안락서원이 유교 성리학의 전통 확립과 관련한 순수 교육적 기능보다는 충신열사를 배향하는 공간으로서 더 큰 의미를 가져왔음도 이와 무관하지 않다.

바닷가 사람들이 내륙으로부터 차별을 받았던 것은 조선시대에 일반적인 현상이었다. 농업위주의 유교이념이 지배하였던 조선에서 바닷가에 위치한 부산은 변방으로 취급되었고, 그 결과 문화적으로 우위를 가질 수 없었다. 유교적 기풍을 거의 갖지 못했던 동래는 인적 역량도 매우 약할 수 밖에 없었다. 강한 중앙집권적 풍토 속에서 지역에 연고를 갖는 인재를 제대로 양성하지 못한 것은 부산(동래)의 문화에 한계가 되었다.

Ⅱ 개항, 부산의 원형이 만들어지다

개항으로 부산과 원산 그리고 인천에 이어 여타 항만들이 개방되면서 바닷가에 위치한 지역들이 전통적인 내륙의 도시들을 압도하면서 성장하기 시작하였다. 한국은 산이 많은 지형 때문에 육로보다는 강과 바다를 통해 물자의 이동이 주로 이루어졌는데, 강의 역할이 더 중요하였다. 그리하여 조선시대 바닷가에 위치한 도시는 내륙의 도시에 비하면 매우 작았다. 개항으로 이러한 상황이 역전되었다.

1. 동래에서 초량으로

현대 부산을 만든 두 개의 결정적인 계기가 있다. 하나는 개항이고 다른 하나는 6.25다. 두 계기 모두 한국 전체의 운명을 가른 역사적인 대 사건이었지만 부산의 입장에서 보면 개항의 영향이 더 컸다. 개항은 이후 부산의 성장과 변동을 좌우한 결정적인 계기였다.

1876년 강화도 조약의 체결과 함께 부산이 개항되었고, 구 왜관은 일본인 거류지[15]가 되었다. 이 거류지를 중심으로 일본인 거주지가 확대되어갔는데 이 과정이

14) 김강식, 「임란전후 부산지역의 사회변화」, 『항도부산』 제22호, 2006.9, 175-176쪽.
15) 일본인 거주지는 왜관이 있던 곳에 설정되었는데, 구 왜관의 면적은 약 11만평에 달했다.

바로 근대 도시 부산의 형성과정이었다. 부산은 일본의 한반도 침략의 교두보였고, 부산의 팽창과정은 일본의 한국침략 과정의 일환이었다. 그리하여 근대도시 부산의 탄생과 성장은 식민성을 짙게 갖지 않을 수 없었다.

일본인 거류지의 팽창은 구래의 중심지였던 동래가 위축되는 과정이기도 하였다. 조선시대 부산지역의 중심은 동래였지만, 개항은 초량[16]을 부산의 중심에 올려놓았다. 초량이 동래를 대신하여 부산의 중심으로 올라오고 성장한 것이 부산 근대역사의 가장 큰 사건이었다. 그리하여 부산의 중심이었던 동래는 부산의 주변이 되었다. 외세의 강압과 이에 맞서는 힘이 동래에서 부딪히면서 동래는 민족적 자각과 저항의 거점으로 변화되었다. 개항은 부산의 형성에서 전통과 근대, 자주와 외세의 깊게 파인 단절의 골을 만들어 놓았다. 나아가 자본주의적 논리가 지배하였던 개항장의 영향으로 동래는 구래의 농업중심 사회에서 점차 시장논리 속으로 휩쓸려 들어가게 되는 존재가 되었다.

한국에서 가장 먼저 개항된 부산에는 서구식 근대문물도 가장 먼저 들어왔다. 영사관, 병원, 우편국, 은행, 상업회의소 등이 한국에서 가장 먼저 생겨났다. 일본인 거류지는 근대 문물의 상징이 되었다. 시가지의 모습을 급속히 갖추어 갔던 초량은 상업을 필두로 건축과 교육, 행정 등에서 새로운 문물의 전파지가 되었다. 서양의 공장제 상품들이 초량을 통해 쏟아져 들어왔고, 새로운 문물들이 가장 먼저 초량에 자리를 잡았다. 이러한 문물들은 그 새로움과 문명적인 효율성으로 인해 주변을 압도해 갔다.

2. 섞임과 혼종의 시작

일본과 지리적으로 가까울 뿐만 아니라 일본과의 교역의 창구로서 왜관이 있었던 역사적 계기가 더해져 부산에는 개항과 함께 많은 일본인들의 이주가 있었다. 초기에 부산으로 온 사람들은 주로 대마도 출신들이었지만, 곧 큐슈 전역에서 일본인들이 부산으로 들어왔다. 이들은 부산에서 일정기간 머물다가 다른 곳으로 진출하기도 하였는데, 부산은 일본인들이 한국에 진출하는 교두보의 역할을 하였다.

16) 부산의 역사에서 초량이라는 명칭은 다양하게 나타난다. 조선후기 읍지와 지도에 보이는 구초량, 신초량이라는 지명, 초량왜관이라고 할 때의 명칭 그리고 초량객사와 그 주변의 초량촌 등과 같이 다양하게 사용되었다. 현재의 부민동, 암남동의 옛 지명도 구초량이었다. 개항이후 초량왜관과 부산진 사이의 공간을 말하는 신초량은 초량촌과 지명이 합해져, 왜관에서 영선고개를 넘어가는 곳에서 오늘날 수정동 일대인 고관앞까지를 모두 초량이라 부르게 되었다. 양흥숙, 「개항 후 근대 공간, 초량의 형성」(문재원 엮음, 『부산 시공간의 형성과 다층성』, 소명출판, 2013, 67쪽) 참조.

실제로 개항초기는 물론 러일전쟁 이전까지 한국에 건너온 일본인들의 1/3 이상이 부산에 거주하였다. 한국에 거주하는 일본인 가운데 부산에 거주하는 자의 비중은 한일합방이 되고 나서 많이 낮아졌다. 1910년 합방 당시에는 14% 정도였고, 부제가 실시되는 1914년 이후 8-10% 사이를 유지하였다.[17)]

일본인 거류지를 중심으로 무역이 활성화되고 거주일본인이 늘어나면서 도시화가 진전되자 한국 사람들의 개항장으로의 이동도 활발하게 일어났다. 도시화는 이제까지 없었던 직업을 만들어내고 사람들은 도시에서의 일을 찾아 이동하였다. 무엇보다 부산은 무역이 이루어지는 공간으로 전국에서 상인들이 몰려들었다. 개항초기 일본인들은 한국인 객주들을 통해서 교역을 하였기 때문에 객주상인들은 매우 중요한 존재였다. 일본과의 교역과 교류가 이루어지면서 역관들의 역할도 중요해졌다. 하급관리였던 역관들도 새로운 공간에서 활동을 찾아 개항장으로 몰려들었다. 사람들이 개항장으로 몰려들고 왕래가 잦아지면서 일본인 거주지에는 음식점과 잡화점 등이 생겨났다. 일본인들이 거류지에 가게를 내었고, 물건을 사고 파는 한국인들의 거류지내 출입도 늘어났다.

증기선이 취항하면서 짐을 나르는 짐꾼(지게꾼)이 새로운 직업으로 등장하였다. 농사를 짓던 농부들이 땅을 떠나 부산항으로 몰려들었다. 토지에 비해 인구가 과다한 상황에서 소작농보다는 짐꾼의 수입이 더 나을 수 있었다. 20세기 초로 넘어가면서 철도공사와 해변매립 공사가 본격화되었다. 기술자들에 대한 수요도 늘어났지만 막노동 일꾼에 대한 수요도 크게 늘었다. 이주해 오는 일본인들과 함께 한국인들도 노동에서 일거리를 찾아 몰려들었다. 개항과 함께 자본주의 물결이 몰려오면서 임노동이 창출되기 시작한 것이다.

개항장과 인근지역으로 몰려든 한국인들이 머무르는 공간은 주로 초량이었다.[18)] 초량은 청나라를 비롯한 각국 조계지가 설정되어 있었고, 여기에 일본인 거주지가 포화상태가 되고 1905년 경부철도의 부설로 초량역이 종착역이 되면서 일본인들도 초량으로 대거 이주하였다. 초량은 한국인과 일본인 그리고 서양인이 섞이고 또 토착민과 외지인이 섞이는 개방적이고 혼종적인 공간이 되었다.

그러나 초량으로까지 도시화가 확장되면서 외지에서 온 한국인들의 거주는 개항

17) 김대래 외, 「일제강점기 부산지역 인구통계의 정비와 분석」, 『한국민족문화』 제26집, 부산대학교 한국민족문화연구소, 2005.10. 일제말 부산부 거주 일본인은 6만명을 약간 상회하였다.

18) 양흥숙, 「개항 후 근대 공간, 초량의 형성」(문재원 엮음, 『부산 시공간의 형성과 다층성』, 소명출판, 2013, 80-81쪽). 조선인들은 주거지를 마련하여야 했는데 왜관의 바깥, 초량촌(영주동), 신초량촌(초량동) 등이었다.

기부터 열악한 상태를 면치 못하였다. 일본인들의 토지 및 가옥 매수로 평지에 있는 집들은 부유한 토착인이나 일본인들이 차지한 반면, 타지에서 온 가난한 사람들은 거류지 외곽의 산기슭 쪽에서 보금자리를 마련할 수밖에 없었다. 부산의 상징인 산기슭의 판잣집은 개항기부터 시작되었다[19].

동래의 역사적 자원을 거의 이어받지 못한 채 일본인 중심의 상업도시로 성장하면서 부산은 토박이 없는 도시로 성장하였다. 토박이가 많이 없는 도시에 일본인과 부산지역으로 이주해 오는 타지 사람들이 섞이면서 부산은 혼종적이고 개방적인 도시로 성장하였다. 이것은 부산의 정체성 형성에 중요한 영향을 미쳤다.

3. 경부철도와 성장축

부산의 변모에서 이후 오랫동안 중요한 영향을 미치게 되었던 것 중의 하나가 경부철도의 개통이었다. 경부성장축이라는 말은 훗날 개념화되는 것이지만, 개항과 경부철도의 건설은 경부성장축이 형성되는 직접적인 계기였다. 개항과 함께 바닷가의 도시들이 빠르게 성장하게 되는데 그 중에서도 가장 빠르게 팽창을 한 도시가 부산이었다.

한반도에 대한 일본의 영향력이 커지고 대외교역도 구래의 중국에서 일본으로 그 중심이 이동하면서 관문으로서 부산의 중요성이 커졌다. 서양의 면직물을 한국에 가져오고 한국에서 주로 쌀과 콩 그리고 금을 가져갔던 일본과의 교역은 전형적인 농공분업에 기반한 것으로 이것은 한국의 산업에 격변을 수반하였다. 이러한 변화의 과정에서 부산은 한반도의 관문으로 등장하였는데, 이것은 부산의 형성과 변모에서 중요한 사건이었다.

그러한 전환은 1905년 개통된 경부철도의 개통으로 더욱 가속화되었다. 경부철도의 개통은 인천의 시장권을 축소시키고 부산의 시장권을 확대시키는 결정적 계기가 되었다. '경부철도의 개통이전에는 인천의 판로가 상당히 넓었지만, 해륙교통이 발달함에 따라 경부선을 이용하여 직수입하는 것이 많기 때문에 그 연선의 고객 거의 전부를 잃기에 이르렀다.'[20]는 데에서 알 수 있듯이 경부선 개통이후 경부선 연변에 위치한 지역의 물산들은 부산을 통해 교역이 되었다.

19) 차철욱, 「부산 산동네 형성사」, 부산학교재편찬위원회, 『부산학개론』, 호밀밭, 2015, 377쪽. 산동네가 처음 형성된 것은 일본거류지의 서쪽 조선인 거주지(부평정, 대신정 일대)를 점탈하여 1907년 무렵 신시가를 건설하자 원래 이곳에서 거주하던 조선인들이 곡정이나 대신정 산지로 구축되면서 형성되었다.

20) 이헌창, 「개항기의 상품생산과 경제구조의 변모」, 『경제사학』 9호, 1985, 183쪽.

경부철도는 바닷길을 통해 한반도에 온 일본이 대륙으로 연결되는 핵심 고리이기도하였다. 경부선이 완공되고 9개월 만에 부산과 일본 시모노세키(下關)를 운행하는 부관 연락선이 취항하였다. 부관 연락선은 일본 시모노세키에서 산요선[山陽線]을 거쳐 고베[神戶]에 이르고 다시 고베에서 도카이도선[東海道線]으로 도쿄[東京]까지 철도와 연결되었다.[21)]

부산은 경부선과 부관 연락선 그리고 만주로 연결되는 교통망의 기종착점이 되었다. 이것은 한국이 일본경제에 포섭되고 부산이 한국과 일본의 교역창구가 되면서 만들어진 구도였다. 이러한 구도하에서 한국에서는 부산-서울-의주를 잇는 교통망을 따라 수송망이 확충되고 이 수송망을 중심으로 기업 및 다양한 경제활동들이 집적되었다. 이른바 경부성장축의 등장이었다.

4. 지하철 1호선 밑은 바다였다

오늘날 부산에서 보는 바다와 육지의 경계는 원래부터 있었던 것이 아니라 오랜 기간에 걸쳐 이루어진 매립의 산물이다. 매립되기 이전 부산의 육지는 지금보다 훨씬 내륙으로 들어와 있었다. 중앙동 부산데파트 뒷길까지 과거에는 바다였으며, 지금의 부산역 앞도 큰 길 건너 한 블록까지는 배가 들어오던 바다였다. 그리하여 지하철 1호선 노선의 상당한 구간은 과거에는 바다였다.

이러한 해변들이 매립된 것은 부족한 땅을 확보하고 항만시설을 만들기 위함이었다. 개항 직후 부산 항만 설비시설로는 일본인 거류지 동쪽 용미산[22)] 아래 간단한 제방에 둘러싸인 약 7,000평의 선류장이 전부였다. 따라서 개항 이후 선박 왕래가 증가하자 지금의 중앙동 부산데파트 부근에 있었던 선류장은 곧 부지가 협소하게 되었다.

뿐만 아니라 개항 직후에는 제대로 된 항만시설은 물론 항만관리 시스템도 구축되어 있지 않았다. 부산에 해관이 설치되어 관세[23)]를 거두기 시작한 것은 개항된 지 7년이 지난 1883년부터였다. 부산항의 확장은 매립과 시설구축의 두 축으로 이

21) 정재정, 『일제침략과 한국철도(1892-1945)』, 서울대학교출판부, 1999, 498-499쪽. 이후 경부선은 경의선을 걸쳐 만주의 안봉선·남만주 철도·시베리아 철도와 같은 대륙 철도로 이어졌다. 경부철도는 일본-한국-만주를 공고하게 연결하여 병참수송을 원활히 함으로써 대륙침략의 동맥으로서 역할을 하였다.

22) 매립으로 지금은 존재하지 않는다. 연산동으로 시청이 이전하기 전 부산시청이 있었으며 지금은 롯데백화점 광복점이 들어서 있다.

23) 일본과 맺은 강화도조약은 불평등 조약으로 경제적 측면에서는 무관세를 규정하고 있었다. 조선정부가 관세권을 회복한 것은 1883년이 되어서였다.

루어졌는데, 해관의 설치가 계기가 되었다. 해관공사는 부산해관장이었던 하문덕(何文德/Robert Hart)이 청나라 기술자를 초빙하여 설계를 하고 한국의 일꾼들을 고용하여 공사를 하여 1888년 4월 완공하였다. 공사를 통하여 매축한 땅에 1889년 10월 해관잔교(海關棧橋)[24]와 보세창고를 세웠다.

본격적인 매립과 항만시설구축은 합방이후에 이루어지지만 합방 전에도 매립과 시설축조가 상당히 추진되었다. 제1기 매립공사[25]는 1902년 부산매축주식회사가 자본금 35만원으로 시작하였고, 1905년 준공되었다. 공사 중 소요 인원이 가장 많을 때는 하루 조선인 약 900명, 일본인 약 2,000명이나 되었다.[26] 이 때 현 제1부두의 원형인 철도잔교가 1906년 설치되었다. 이어 제2기 매립공사는 1907년 4월에 착공하여 1909년 8월에 준공되었다. 제 1·2기 해관공사에서 매축하여 얻은 토지는 41,374여평이었는데, 두 번의 매립으로 오늘날의 중앙동은 부산항의 중심지구가 되었다.

Ⅲ 강제합방과 일본인 주도의 상공업도시

1. 대표 관문이 된 부산

개항이후 한반도에서는 중국과 일본세력이 각축을 벌였다. 한반도에서 보면 서해안 세력권과 태평양 세력권의 경쟁이었다. 청일전쟁을 전기로 일본의 우위가 명확해졌고, 교역도 일본과 이루어지는 것이 중국보다 많았다. 그렇지만 부산이 바로 한국의 관문이 된 것은 아니었다. 인천은 부산보다 늦게 개항이 되었지만 곧 한국의 최대 관문이 되었다. 개항이후 수입에서는 인천이 계속 수위에 있었고, 수출도 1900년부터는 부산과 수위를 놓고 다투었다. 그리하여 수출과 수입을 합한 부역액은 합방이전 전 기간을 통해 인천이 부산을 앞질렀다.[27]

---

24) 잔교는 부두에서 선박에 연결된 다리모양의 구조물이다. 잔교를 통하여 화물을 싣거나 부리고 또 선객이 오르내린다.

25) 제1기 매립 공사 때 소요된 흙과 돌은 일본 조계지와 절영도(현 영도)에서 조달하였다. 지금의 중구의 용두산과 복병산(부산지방기상청이 있는 산)이 능선으로 연결되어 있었으나 이 공사 때 깎아내려 중앙동과 부민동으로 이어지는 평탄한 큰길이 생겼는데 이것이 지금의 대청로이다.

26) 1902년(광무 6)에 이르러 부산매축주식회사(일본인회사)가 설립되어 기존의 선류장에서 부산본역(구 부산역)의 부지에 이르는 일대를 매축하게 되어 1908년(융희 2) 8월 총면적 4만1천3백75평의 매축을 완료하였다. 이로써 종래 부산항의 배면에만 발전한 시가도 항만을 따라 차츰 북쪽으로 발전의 열기가 이어지게 되었다.

일본이 한반도에 대한 지배력을 높여가는 상황에서도 인천은 한국 제1의 관문으로서 역할을 유지하였다. 이것은 비록 교역의 중심이 육로에서 해로로 바뀌기는 했지만, 개항기에는 아직 구 교역체제의 연장선에 있었음을 보여준다. 그리고 무엇보다 인천은 한국 최대의 소비지인 서울을 끼고 있었기 때문에 수입에서 인천이 차지하는 비중은 항상 부산보다 높았다.

그렇지만 합방이 되고 나서 상황에 변화가 오기 시작하였다. 1908년부터 수출에서 인천을 앞지르기 시작한 부산은 수입에서도 1914년부터 인천을 앞서기 시작하였다. 수출입액을 합친 무역액 전체에서는 1913년부터 인천을 앞지른다.[28] 전통적인 교역국인 중국을 대신하여 한반도의 동쪽에 위치한 일본과의 교역이 주류가 되면서 부산이 처음으로 한반도의 최대 관문으로 등장하였다.

이것을 지리적 특성에서 본다면 한반도가 중국 중심의 서해안 지향성을 보일 때에는 육지의 의주와 해양의 인천이 부상하고, 반대로 일본을 포함한 태평양 지향성을 보일 때에는 부산이 관문의 역할을 한다는 것을 알 수 있다.

2. 부산항의 원형이 만들어지다

개항이후 일본인에 의해 시작된 해안의 매립은 합방 후 더욱 본격화되었다.[29] 1910년에는 세관부지 매립공사가 일부 준공되었고, 초량과 중앙동 사이를 평지로 만드는 영선산 착평공사가 있었다. 개항후 부두는 오늘의 중앙동에 있었는데 경부선 종점은 초량에 있어 바다와 육지의 물자 양하역(揚下役)이 원활하지 못하였다. 게다가 일본인 거주지가 있는 현재의 중구지역과 동구지역인 초량이 영선산(營繕山)과 영국 영사관산(영국이 조차하고 있었기 때문에 붙여진 이름)으로 인해 분리되어 있어 왕래가 매우 불편하였다. 그리하여 영선산과 영국 영사관산을 깎아 바다를 메우는 공사가 1909년 5월부터 시작되어 1912년 8월까지 진행되었다. 이 공사로 초량이 종점이었던 부산역이 중앙동의 세관이 있는 제1부두 쪽까지 오게 되어[30] 선박의 물자와 인력이 경부선 철도에 바로 연계될 수 있게 되었다.[31]

---

27) 인천부, 『인천부사』, 1933, 921-922쪽.

28) 부산상공회의소, 『부산경제사』, 1989, 500-501쪽.

29) 배석만, 「미군정기 부산항과 도시민생활」, 『지역과 역사』 5호, 2001, 263쪽.

30) 부산역의 중앙동으로의 이전은 일제의 제국주의적 침탈에서 매우 중요한 것이었다. 영선산 착평공사와 거의 같은 시기에 일제는 압록강 철교를 건설하였는데 이것은 일본에서 출발한 물자와 사람이 부산항을 통해 바로 중국까지 진출할 수 있도록 하는 수단이었다. 압록강 철교는 1909년 8월에 기공되어 1911년 10월에 준공되었다.

31) 착평공사가 완공되면서 부산역이 중앙동으로 옮겨오게 되었다. 중앙동에 있었던 옛 부산역 광장을 새마당이라 불렀는데 이것은 산을 깎아 바다를 메워 새로운 마당이 생겼다는데서 붙여진 이름이다. 오늘날의 부산역은

부산진매축공사(釜山鎭埋築工事)는 1, 2, 3기로 나누어서 진행되었다. 제1기 매축공사는 1913년 6월 착공하여 1917년 준공되었는데, 144,188평의 땅을 얻었다. 이때의 공사로 개펄이 사라지고 바다와 육지의 구분이 확연이 드러나게 되었다. 2, 3기 매축은 범일동과 우암동 앞바다를 포함한 것으로 2, 3기에 매축된 범일동지구는 철도연락이 편리하여 공장지대로 유리한 자리였다.[32]

한편 영도 대풍포[33] 매립공사(大風浦埋立工事)는 1916년 착공하여 40,200여평을 매립하여 1926년 6월 준공하였다. 그리고 남항매축은 1928년부터 2기에 걸쳐 진행되었다. 남항의 매축은 우리나라 최대 어항·어업전진기지를 구축한 것으로 오늘날에도 남항은 어항으로 기능하고 있다. 남항은 바로 오늘날 남포동 자갈치시장 일대이다.

그리하여 일제말에는 오늘날 부산항의 원형이 거의 완성되었다. 1919년 제1부두와 제2부두가 축조되었고, 1941년에 제3부두, 1943년에 제4부두, 1944년에 중앙부두가 축조되었다. 1-4부두의 경우 부두 양측에 잔교를 설치하여 선박이 직접 접안할 수 있도록 하였고, 중앙부두는 안벽으로 축조하고 동쪽에 잔교를 설치하였다. 신선대부두를 중심으로 하는 북외항을 제외하고 남항과 제1부두에서 적기(우암동과 감만동 일대)에 이르는 북내항이 일제시대에 원형이 만들어졌던 것이다. 일제강점기에 만들어진 1-4부두는 해방 후에도 오랫동안 사용되었으며, 한국의 관문으로 역할을 하는데 기여하였다.[34]

3. 상업도시에서 상공업도시로

개항은 국제간 무역을 확산시키는 계기였다. 개항기를 통하여 부산은 상업도시로 성장하였다. 근대적 회사가 설립되고 제조업에 대한 인식이 확산되었지만 공장이라 부를 수 있는 것은 예외적으로 존재하였다. 한국 및 일본 상인들이 경제활동의 중심에 있었으며, 상업활동의 중심은 무역이었다. 일제강점기를 통하여 부산의 무역액[35]은 큰 팽창을 보였다. 부산의 무역액은 1910년대 후반기부터 크게 늘어나

1969년 새마당에서 다시 옮겨온 것이다. 중앙동에서 다시 초량으로 되돌아온 셈이다.

32) 그러나 중일전쟁 등으로 수요자가 나타나지 않아 한동안 빈터로 남아 각종행사가 이곳에서 행하여지기도 하였다.

33) 대풍포(大風浦)는 원래 대풍(待風)이란 말과 같이 방파제 시설이 갖추어지지 않았을 때 어선이나 그 밖의 선박들이 세찬 바람과 풍랑을 피하던 곳이라는 의미이다. 대풍포 매립은 일본의 소형선 특히 어선들이 대풍포에서 급수, 피난, 어선의 건조, 수리 등을 하기 위한 목적으로 이루어졌다.

34) 1-4부두는 현재 북항재개발 사업을 위해 매립되었다. 북항은 부산의 얼굴로서 새롭게 태어날 예정이다. 일본인들이 바다를 메워 일본과 대륙을 잇는 교두보로 이용하였던 공간이 1세기 만에 다시 부산시민들의 친수공간으로 돌아오고 있다.

기 시작하였으며, 1930년대에 급증하였다. 무역액을 부산의 인구로 나눈 1인당 부산의 무역액은 1910년대 후반부터 가파른 증가를 보였으며, 1920년대의 정체기를 거쳐 1930년대에는 폭발적인 증가를 보였다.[36]

일제에 의해 합방이 되면서 부산은 초기의 상업도시에서 나아가 상공업 도시로 성장하였다. 부산진매축공사로 만들어진 약 30여만평의 부산진 매축지는 새로운 산업공간으로 부상하였다. 부산진 매축을 통해 새로운 산업공간이 마련되면서 부평정의 공장은 감소되고 초량 이북 좌천정, 범일정으로 산업공간이 이동하기 시작했다. 부산의 도시건설 초창기에는 부산의 공장지대가 식품, 금속공업지대인 부평정과 조선공업지대인 목도(영도-인용자)였으나 1920년대 이후에는 방직·고무공업지대인 범일정[37] 일대가 부상하였다. 부평정에 소공장이 들어선 반면 좌천정, 범일정 일대의 방직공장이나 고무제조공장은 주로 일본대자본에 의해 설립됨으로써 공업구조 변화와 함께 산업공간의 중심이 부산부의 서쪽에서 동쪽으로 이동하였다.[38]

일본인 자본들이 일찍부터 들어왔고, 식민지 말기에는 일본의 병참기지가 되면서 부산의 공업도 성장하였다. 경부성장축은 일제강점기를 통해 지속적으로 강화되었고, 특히 일본의 대중·대미 전쟁시기를 통해 더 강화되었다.[39] 일제말기로 가면서 경기와 영남지역의 공장직공수의 비중은 높아지고 있었다.[40]

4. 식민도시 부산

일제강점기 부산은 일본인 주도의 기업인 도시[41]였다. 중국인은 부산에 뿌리를 깊이 내리지 못하였다. 부산에 화교가 이주한 것은 임오군란 이후 조청상민수륙무역장정이 체결되면서 부터였다. 1880년대 초반부터 일본의 개항도시에 거주하고 있던 일부 화교들이 일본인들을 따라 부산에 건너와 정착하였는데, 인천에 비해 청상의 숫자는 많지 않았다.[42] 게다가 1894년 청일전쟁에서 청국이 패하자 관리들과

35) 김호범 외, 『20세기 부산지역 경제통계의 이해와 부산경제의 변동분석』, 부산광역시, 2004, 377쪽.
36) 1930년대 후반 부산인구 1인당 무역액의 증가는 제어할 수 없을 정도로 팽창하였다.
37) 1917년에 설립된 조선방직도 범일동에 입지하였다.
38) 오미일, 「식민도시 부산의 주거공간 배치와 산동네의 시공간성」(문재원 엮음, 『부산 시공간의 형성과 다층성』, 소명출판, 2013, 124-125쪽).
39) 박영구, 『부산의 제조업, 1900-2000(Ⅰ) : 근대부산의 제조업-1900-1944 : 통계와 발전』, 부산발전연구원, 2005, 제5장 참조.
40) 호리 가즈오, 『한국근대의 공업화』 - 일본자본주의와의 관계-(주익종 옮김, 전통과 현대, 2003, 335쪽).
41) 박섭·장지용 편, 『부산의 기업과 기업가 단체, 1900-1945』, 해남, 2010 참조.

주민들은 본국으로 돌아가고……청일전쟁이 끝나 다시 그들의 조계로 돌아왔지만 드세어진 일본상인의 득세로 청국상권은 크게 떨칠 수 없었으며, 영사의 세력도 미미할 수 밖에 없었다.[43] 식민지 시대에도 화교는 다른 지역과 달리 크게 성장하지 못했으며, 중일전쟁 이후에는 소수의 화교만이 초량동과 중앙동 일대를 중심으로 폐쇄적인 사회를 유지하고 있었다.[44]

그리하여 일제강점기 부산에서는 일본인 특히 일본인 상공인들이 도시를 주도하였다. 일본인 도시로 성장하였던 부산에서는 당연하지만 일본인들이 부산경제의 대부분을 점하고 있었다. 제조업체의 민족별 구성을 보면 전체 제조업체수 가운데 일본인 소유가 80% 전후에 달할 만큼 압도적이었다.[45] 일본인의 진출이 어느 곳보다 활발했던 사정이 사업체의 소유에 그대로 반영되어 있음을 보여준다. 자본금이나 생산액에서의 비중은 더 컸음은 다시 말할 필요가 없다.[46]

부산부 인구 중에서 일본인이 점하는 비중도 매우 높았다. 부산부가 설치되었던 1914년에는 부산부 인구의 절반이 일본인이었다. 이후 일본인 인구의 비중은 부산부의 확대와 한국인의 증가로 꾸준히 줄어들었다. 1935년에는 약 30%로까지 일본인의 비중이 떨어졌다. 그러다 동래군 일부지역을 부산부에 편입하였던 1936년에 30% 미만으로 떨어지고, 또 추가적인 편입이 있었던 1942년에는 20% 아래인 18%로 떨어지게 되었다.[47] 다른 도시에 비해 일본인 인구의 비중은 특히 부산에서 높았다. 1944년 현재 부산의 인구는 329,215명이었는데 이 가운데 일본인이 61,081명이었다.

부산은 일본인들의 이주와 함께 식민도시로 성장하였다. 이것은 도시발전의 방향과 산업화 나아가 정체성의 형성에 중요한 영향을 주었다. 개항과 일제강점기를 통하여 부산은 주로 일본에 국한되었지만 가장 개방적인 도시가 되었다. 그러나 성장의 동력은 내부에서 만들어지기보다는 외부에서 들어왔다. 부산은 경제적으로 매우 의존적인 도시였고, 따라서 대외여건의 변동에 취약하였다.

---

42) 조세현, 『부산화교의 역사』, 산지니, 2013, 10-11쪽.

43) 김태만, 『내안의 타자, 부산차이니스 디아스포라』, 부산발전연구원 부산학연구센터 국제화연구 총서, 2009, 58-59쪽.

44) 조세현, 『부산화교의 역사』, 산지니, 2013, 13-14쪽.

45) 이는 경남 전체에서의 일본인 소유 비율보다 훨씬 높은 것이었다. 일제말기 부산에서 민족별 공장비율은 2:8 정도로 일본인 소유비율이 높았다.

46) 전국적으로는 1927년부터 조선인 공장수가 일본인 공장수를 앞서기 시작하면서 전체 공장수에서 차지하는 조선인 공장의 상대적 비중도 1920년의 45.6%에서 1930년 52.6% 그리고 1938년 60.1%로 크게 증가하였다. 장시원 외, 『한국경제사』, KNOU PRESS, 2016, 314쪽.

47) 일본인 인구의 비중이 떨어진다 해서 일본인의 영향력이 감소된 것은 물론 아니었다.

Ⅳ 부산의 시대

1. 해방과 관문의 동요

해방으로 일본인이 퇴각하면서 일제강점기를 통해 맺어졌던 한일 간 분업관계는 완전히 단절되었다. 이러한 단절은 일본과의 분업관계를 통해 지탱되었던 경부성 장축에 큰 타격을 주었다.

무엇보다도 일본과의 경제관계 단절로 한국경제는 일시에 원료와 부품 그리고 기계의 부족에 직면하였다. 생산설비의 가동이 이루어지지 못함으로써 해방 직후 한국은 급격한 생산의 위축을 겪어야 했는데, 특히 일제강점기 식민지적 분업구조에 가장 깊숙이 연결되었던 부산에서 타격이 컸다. 부산은 해방 직후 전국에서 가장 심각한 생산의 축소를 경험하였다.[48)]

일본과의 경제관계가 단절되면서 대외교역도 극도로 위축되었다. 그와 함께 교역대상에서도 변화가 수반되었다. 해방직후(1945-1948)까지 무역은 정부에 의한 관영무역이 지배하여 금액에서 민간무역액은 크지 않았지만, 민간무역의 대상국은 일제강점기와는 판이하게 달라졌다. 해방되던 1945년 민간수출액에서 가장 큰 비중을 점한 것은 중국이었는데, 그 비중은 35.9%에 달했다. 1946년에는 81.4%에까지 달했다. 이후 중국의 비중은 줄어들지만 홍콩의 비중이 늘어나 크게 보면 민간수출의 압도적인 비중은 일본이 아닌 홍콩을 포함한 중국이었다.[49)]

민간무역의 수입액 동향도 비슷하였다. 1945년 한국의 민간무역 수입액의 46.8%가 중국산이었고, 1946년에는 그 비중이 94.5%까지 올라갔다. 1947년부터 중국의 비중은 낮아졌지만 일본으로부터의 수입액 비중은 1948년까지 5%를 밑돌았다.[50)] 원조를 통한 미국과의 교역을 제외한 대외민간 무역은 일본을 대신하여 중국, 홍콩 그리고 마카오가 주요 대상지역이 되었다.

비록 짧은 기간이었지만 일본을 대신하여 다시 중국과의 교역이 주요 흐름으로 등장한 것은 주목할만 하다. 해방은 일본과의 경제관계를 단절시키고 홍콩이나 마카오 등 중국과의 교류를 증가시키면서 인천항을 관문으로 다시 등장시키고 있었

48) 김대래·배석만, 「귀속사업체의 연속과 단절」, 『경제사학』 33호, 2002. 기계와 부품 그리고 원료의 부족은 일본인들이 남긴 많은 생산설비들이 제대로 보존되지 못하고 유실되는 결과를 가져왔다. 일제가 남긴 물적유산은 해방후 한국경제의 재건에 매우 제한적으로밖에 기여하지 못하였다.
49) 김대래·최성일, 「해방직후 무역정책의 전개와 그 성격」, 『부산여자대학교 논문집』 제 41집, 1996.1, 87쪽.
50) 김대래·최성일, 위의 논문, 87쪽.

다. 부산을 대신하여 다시 인천이 한국의 제1관문이 되는 흐름이 잠시나마 진행되었다.

한반도의 전통적인 교류대상이었던 중국이 한국과 본격적인 교류를 할 때에는 언제나 한국의 교역의 중심은 중국 쪽으로 이동할 수 있다는 것을 경험하게 하였다. 한국의 주요 교역대상에서 중국으로 회귀하려는 힘은 아주 강력하였다. 오랜 역사적 기원을 갖는 한국과 중국의 교역에는 역사적 복원력이 잠재해 있다.

2. 6.25와 태평양 지향성의 재강화

이러한 흐름을 반전시키고 다시 부산을 한국의 대표적인 관문으로 올려놓은 것은 중국의 공산화와 한국전쟁이었다. 특히 한국전쟁은 해방직후 짧은 시기동안 진행되었던 경향을 일거에 반전시켜 버렸다. 사실 경부성장축의 부활 기미는 해방과 함께 미군이 진주하면서부터 나타나고 있었다. 미국은 일본-한국을 연결하는 동북아 구상을 가지고 한국에 진주하였고, 그 일환으로 일본으로부터 물자를 도입하기로 하고 그것들을 부산항을 통해 들여왔다. 이후 미국은 일본과 한국을 아우르는 동아시아 지역통합전략을 추구하였는데, 그 결과 부산은 한·미·일의 연결고리로서 또 다시 중요하게 등장하였다. 해방 전에 형성되었던 일본-부산-경부성장축이 미국-일본-부산-경부성장축으로 변화되었다.

특히 한국전쟁을 통해 부산항의 중요성이 더 강화되었다. 막대한 군사 및 원조물자가 부산항을 통해 들어와 한국에 분배되었다. 한국전쟁 이후 1950년대를 통해 부산항은 한국 제일의 무역항으로 교역품의 70%를 전후한 물동량을 처리하였다.[51] 이런 상황에서 한국전쟁은 미국-일본-한국의 구도를 더욱 강화시키는 결정적인 계기가 되었고,[52] 그 중간에 부산이 있었다.

전쟁과 휴전직후 부산의 산업활동은 활발하였다. 전시특수와 피난민 유입으로 인한 시장 확대는 어려운 환경속에서도 자본축적을 위한 좋은 기회를 제공하였다. 전쟁기간 중 부산의 산업시설은 거의 피해를 보지 않았다. 그리하여 전쟁기 산업지대로서의 중요한 역할을 실제로 담당한 곳은 부산 중심의 영남공업지대였다.

---

51) 정이근, 「부산의 무역과 국별 무역구조」(김대래·정이근 편, 『한국전쟁과 부산경제 : 경부성장축의 강화』, 해남, 2010 참조).

52) '결론적으로 전쟁피해의 사회경제적 의의는 결국 지난날 일본식의 축적기반을 파괴하고 청산하는 토대위에서 새로이 미국식의 축적패턴을 이식하게 되는 일종의 축적패턴의 전환과정이라는 논리 속에서 찾아볼 수 있을 것이다.' 이대근, 『해방후 1950년대의 경제』, 삼성경제연구소, 2002, 242쪽.

게다가 전쟁기간 중 경인지역의 공장시설 가운데 일부는 부산으로 이전해 왔다.[53] 또 전쟁이 장기화 되면서 부산중심의 복구노력이 우선적으로 진행되고, 전쟁수요에 뒷받침된 자극으로 신설기업도 많아졌다.[54] 더욱이 부산은 임시수도로서 휴전이 될 때까지 서울을 대신하여 수도의 위치에 있었다. 기업활동에서도 부산은 수도의 역할을 잠시나마 수행하였다.

태생적으로 인재가 부족한 도시였던 부산은 한시적이긴 했지만 전쟁기간 동안 인재도 많이 보충받을 수 있었다. 전쟁으로 북한을 비롯한 전국에서 주요기술과 기업 창의력을 가진 인물들이 부산에 내려와 인적자본이 풍부하였다. 이들은 경영기술, 생산기술을 전수하는 역할도 하였다. 이는 부산의 1960년대 제조업 황금시기를 만드는데 결정적 역할을 하였다.[55]

한국전쟁 기간 동안 인적 자원의 보충은 문화와 예술 방면에서 특히 두드러졌다. 많은 문화예술인들이 전쟁을 피해 부산으로 왔는데, 그들로 인해 피난시대 문화와 예술이 만들어졌다. 휴전후 문화예술인들은 환도와 함께 서울로 돌아갔다. 그렇지만 그들이 남긴 유산은 이후 부산의 문화와 예술의 자양분이 되었다.

3. 또 한 차례의 섞임

해방이후 부산의 인구증가는 매우 빨라 1948년에는 50만명을 넘게 되었다. 3년만에 인구가 2배로 늘어난 것이다. 이러한 빠른 증가는 해방과 함께 부산항[56]을 통해 들어온 귀환동포와 월남인구의 정착[57]이 큰 영향을 주었다. 인구조사에 나타

---

53) 이대근, 1987, 96쪽.

54) 박영구, 『부산의 제조업, 1900-2000(Ⅱ) : 현대부산의 제조업-1945-2000 : 통계와 발전』, 부산발전연구원, 2005, 188쪽.

55) 박영구, 『부산의 제조업, 1900-2000(Ⅱ) : 현대부산의 제조업-1945-2000 : 통계와 발전』, 부산발전연구원, 2005, 189쪽. 부산의 대표적인 기업으로 성장하였던 동양고무(화승), 태화고무, 동성화학 등이 대표적으로 한국전쟁기에 부산으로 옮겨온 기업들이다.

56) 해방직후 부산항은 한국에 거주하던 일본인이 퇴거하고 일본에 있던 한국인이 귀환하는 통로였다. 이는 불가피하게 많은 일본인과 한국인들이 일시적이라도 부산에 체류하게 하였다. 선편의 확보에 따라 귀환일정이 좌우되었던 일본거주 한국인들은 부산으로 귀환한 뒤 대부분 고향을 찾아 갔지만 일부는 부산에 정착하였다.

57) 해방과 동시에 거대한 인구이동의 파도가 한반도를 덮쳤다. 해방 무렵 해외 거주 한국인은 300만 명이 넘었다. 만주와 일본, 중국 남동부 해안지대와 내륙지대까지 많은 한국인이 나가있었고, 태평양전쟁 발발 이후에는 남양이라 불린 동남아시아와 필리핀 일대에도 군인이나 징용노무자로 끌려가 있었다. 해방 후 1년 동안 이들 중 230만 명 이상이 고국으로 돌아왔다. 또 정치적인 이유로 50만 명 이상의 북한주민이 38선을 넘어 월남했다(김귀옥, 「월남민의 생활 경험과 정체성-밑으로부터의 월남민 연구」, 『서울대 사회발전연구총서』 12, 서울대출판부, 1999, 68~70쪽). 한편 일본의 조사에 따르면 1944년 말 일본에 거주하던 한국인은 1,936,843명이었는데, 1947년 9월에는 529,907명이 일본에 남아있었다. 대략 140만명 정도의 한국인이 해방직후 일본에서 한국으로 돌아왔다고 볼 수 있다(최영호, 「해방직후 부산경남지역의 귀환자 원호체계와 원호활동」, 『한국민족운동사연구』 제36집 2003, 7쪽). 그리고 1945.9-1949.9월 사이 일본의 항구를 통해 부산항으로 들어온 한국인은 1,016,262명에 달했다(최영호, 「일본의 패전과 부관연락선 : 부관항로의 귀환자들」, 『한일민족문제연

난 자료를 통해 보면 1955년 현재 중국, 북한 그리고 일본에서 들어와 부산에 살고 있는 사람은 154,509명이었다. 이 규모는 부산 전체 인구 1,049,363명의 14.7%에 이르는 수치이다. 해방 후 10년 만에 조사된 이 자료는 실제 해방직후 및 한국전쟁기 동안 부산에 체류하였던 귀환 및 월남동포의 수를 과소평가하고 있는데, 부산에서 머물다가 다른 시도로 떠나가거나 사망한 사람들이 적지 않았을 것이기 때문이다.[58]

국제시장의 사례가 중요한 시사를 준다. '이 시장(국제시장-인용자)을 움직이고 있는 상인들을 출신도별로 보면 돗데기시장 시대는 일본과 중국 기타에서 모여든 귀환 동포들이 지배권을 장악하였는데, 거래되는 상품과 거래상인수가 급격히 증가하여 당당한 시장으로서 행세하게 된 자유시장[59] 시대에는 경상도 원주민들도 차츰 진출하기 시작하여 귀환 동포와 원주민들이 반반을 차지하였다.[60] 초기 귀환동포와 북한으로부터 내려온 사람들의 비중은 무시할 수 있는 것이 아니었다. 실제로 1960년대 말에도 국제시장에서 이북출신들은 여전히 영향력을 가지고 있었다. '이곳 시장은 이 지방상인이 50% 정도이고 기타 지방상인이 20%, 이북출신 상인이 30% 정도이다.'[61]고 하는 상황이었다.

해방직후 부산은 귀환동포와 월남동포가 다시 한번 섞이면서 부산인구의 중요한 구성원으로 등장하였다. 개항기 일본인과 타지인이 몰려들면서 커다란 섞임을 보인 부산은 또 다시 섞임의 소용돌이에 들어가게 되었다. 부산에서 대대로 살아온 사람들과 일찍 부산으로 이주한 사람들이 부산의 확고한 토박이를 형성하기 전에 또 한 차례 섞임이 강하게 몰아쳤다.

해방과 함께 인구가 빠르게 늘어나자 1940년대 후반부터 직할시(처음에는 특별시) 승격운동이 일어났다. 그러나 수차례의 시도에도 불구하고 서울과 경남의 반대로 성공하지 못하였다. 1950년대를 거치면서 더욱 인구가 늘어났고 마침내 1963년 1월 1일부로 직할시가 되었다.

구』, 한일민족문제연구회, 2007.5, 272쪽).

58) 대한적십자사에 따르면 2017년 12월 31일을 기준으로 국내에는 모두 5만 9,037명의 이산가족이 등록돼 있다고 한다. 이 가운데 부산에 사는 이산가족은 2,782명으로 전체의 4.7%이다. 이산가족은 경기도(29.7%)와 서울(27.3%), 인천(8.3%)의 수도권에 많이 살고 있다. 부산일보, 2018.1.10.(9). 북한에서 남쪽으로 내려온 사람들의 경우 고향이 가까운 수도권쪽으로 많이 이동하여 정착했던 것 같다.

59) 해방직후 일본인들의 물자방매를 계기로 중구 신창동 4가 일대에 만들어진 돗데기시장은 1948년 자유시장으로 불렸다가 1950년 국제시장으로 개칭되었다.

60) 동아일보, 1952.2.29.

61) 매일경제, 1969.10.18.

4. 부산의 시대가 있었다

한국전쟁이 끝나고 난 뒤 1960-70년대는 부산의 시대라고 불러도 좋을 시절이었다. 당시를 살았던 사람들은 열악한 도시 및 주거시설 때문에 지옥같은 시기였다고 기억하겠지만, 부산은 활기찬 도시였다. 전쟁이 끝나고 복구가 시작되자 일자리를 찾아 많은 사람들이 부산으로 들어왔다. 해방당시 28만명이었던 부산의 인구는 1949년에 47만명으로 늘어났고, 휴전이 되고 2년이 지난 1955년에는 1백만명을 넘는 도시가 되었다. 해방 후 10년 사이에 인구가 거의 4배로 늘어났다. 부산에 몰려든 풍부한 노동력은 공업투자의 좋은 유인이 되었다.

1950년대 한국공업화를 지탱하였던 잉여농산물을 비롯한 원조물자는 대부분 부산항을 통해 들어왔고, 이를 기반으로 한 3백산업(설탕, 밀가루, 면화)이 부산에서 성장하였다. 제일제당이 1953년 부산에서 설립된 것도 원조물자에 의한 것이었다. 아울러 신발과 합판 그리고 봉제 등 한국공업화 초기 주요 수출상품이었던 업종들이 부산에 자리를 잡으면서 성장하였다. 이 시기는 한국경제성장의 태동기였고 그 시발지의 하나가 바로 부산이었다.

1960년대와 1970년대는 부산의 시대라고 불러도 좋을 정도였다. 1973년에 중화학공업이 시작되고 그 효과가 나타나는 1970년대 후반까지 부산은 한국에서 가장 활기있는 도시였다. 그러한 활력의 상징적인 수치는 수출이었다. 부산항의 수출이 아닌 부산의 수출이 전국에서 점하는 비중이 1972년에는 29%로까지 올라갔다. 부산이 전국경제에서 점하는 비중은 컨테이너 처리물동량을 제외하면 그 어떤 수치도 이 수출의 비중을 능가한 것은 없다. 현재 부산의 수출비중은 2% 정도이다. 부산의 수출이 전국에서 차지하는 비중이 20%를 상회하였던 시기는 대체로 1960년대 중반에서 1970년대 중반의 시기와 일치한다.

5. 더 크고 길었던 3차의 섞임

1960-70년대 고도성장기에는 전국에서 많은 사람들이 부산으로 몰려들었다. 1980년대 후반까지도 폭은 줄어들었지만 일자리를 찾아 많은 사람들이 부산으로 왔다. 부산의 산중턱까지 판잣집이 빼곡히 들어선 것은 한국전쟁기가 아니라 오히려 이 시기였다. 부산으로 들어온 인구는 특히 농촌지역을 둔 자치단체로부터 나왔다. 영남출신이 가장 많았지만 호남과 충청 출신도 적지 않았다. 이 경제개발기를

통하여 부산은 3차 섞임을 겪었다. 사실 덜 주목되고 있지만 규모면에서는 3차의 섞임이 가장 컸다.62)

인구이동의 격렬함은 부산이 감당하기 어려울 정도였는데, 도시계획을 무력화시킬 정도였다. 부산에서 도시계획은 미리 대비한다기 보다 인구급증에 따른 문제를 수습하기에 급급하였다. 도시계획보다 먼저 늘어나는 인구 때문에 도시성장은 기형적으로 되어갔다. 고도성장으로 활기찼던 부산은 도시기능으로 보면 북새통 그 자체였다.

엄청난 인구의 순유입으로 자고나면 인구폭발을 경험하였던 부산이었지만, 수도권과는 항상 인구수지에서 적자를 보았다. 농촌지역으로부터 엄청난 유입이 있던 시절, 수도권과 서울로는 최대 규모의 인구유출이 있었다. 수도권과 부산과의 사이에 인구이동은 매우 일방적이었고, 수도권인구의 부산으로의 이동은 미미하였다. 부산인구의 엄청난 팽창에도 불구하고 수도권 출신 비중은 매우 낮았고, 지금도 그렇다.

이처럼 대부분의 시기 동안 부산은 농촌지역으로부터 저임금 노동을 공급받고 고급인력은 수도권으로 내보내는 경향을 보였는데, 이것은 부산이 인적 자본의 축적에서 성공적이지 못했음을 말해준다.

6. 바람이 먼저 불어오던 곳

한국의 독보적인 관문이었던 부산은 유행의 출발지이기도 하였다. 해외에서 들어오는 물건과 문화가 부산에 먼저 들어왔고, 부산에서 유행을 타면 전국으로 번져나갔다. 부산에서 유행하는 옷이 전국으로 퍼져나갔고, 부산에서 먼저 유행한 노래가 전국적으로 히트곡이 되었다. 조용필의 대히트곡이 되었던 〈돌아와요 부산항에〉가 대표적인 예이다. 부산사람들의 입에서 먼저 불려지면서 전국으로 퍼져나갔다. 부산이 유행을 선도하였던 것은 관문이기 때문이었다. 태평양에서 불어오던 바람을 가장 먼저 받아들이는 곳이 부산이었다. 그리고 활력이 넘치고 열정적인 부산사람들의 기질도 유행의 바탕이 되었다.

전성기 부산에는 다른 도시에서는 구할 수 없는 상품들이 있었고, 그것을 판매하는 국제시장과 깡통시장은 전국의 명물이었다. 국제시장은 해방 후에 생겼는데,

62) 그리하여 부산의 상징이 되어버린 판잣집은 개항기부터 생기기 시작했지만, 대규모로 판잣집이 부산을 뒤덮었던 것은 경제개발기였다.

일제 말 연합군의 공습을 피해 도심을 소개하여 비워둔 공간에 해방직후 물자가 쏟아져 나오면서 장터가 되었다.63)

깡통시장의 역사는 일제강점기에 시작되는 부평동시장이다. 부평동시장은 한국에서 가장 먼저 만들어진 근대시장으로 일제강점기 부산의 명물로 부산을 방문하는 사람들이 빼놓지 않고 방문하는 곳이었다. 이 부평동시장은 이후 미군부대에서 나오는 물품과 밀수를 통해 들어오는 상품들 특히 깡통제품들이 쌓이면서 깡통시장으로 불렸다.

활기가 넘치던 부산의 상징이었던 국제시장과 깡통시장을 부산만의 명물로 유지하고 발전시키지는 못했다. 한편으로는 그러한 감각이 없었고 또 한편으로는 시장과 경제가 정상을 찾아가면서 밀수품과 미군부대 물품에 크게 의존하였던 존립기반이 약화되었기 때문이다.

V 정체와 전환

1. 떠나가는 기업들

1970년대까지 팽창을 거듭하던 부산은 1980년대에 들어와 성장이 둔화되기 시작하였다. 부산상공계에서는 위기라는 말을 쓰기 시작하였다. 무엇보다 1973년부터 본격화된 중화학공업에서 부산은 거의 소외되어 있었다. 중화학공업화에 동참하지 못한 부산은 1970년대 말부터 경제력의 위축을 경험하기 시작하였다.

게다가 정부는 1970년대 말부터 부산을 서울과 함께 과대성장을 억제하기 위해 관리하기 시작하였다. 실제로 부산은 전국에서 과대성장한 대표적인 도시였다. 공장은 자꾸 늘어났지만 수용할 수 있는 땅이 없었다. 밀려드는 인구는 주택수요를 높여 땅값과 집값을 상승시켰다. 이에 정부는 부산내에서 공장신증설과 개축에 높은 세금을 매겨 관리하려고 하였다.

그러자 값싸고 넓은 땅을 찾아 기업들은 1970년대 말부터 부산을 떠나기 시작하였다. 큰 기업들이 먼저 떠났다. 1980년대 후반까지 연 전출기업수는 대체로 20개

63) 특히 퇴각하는 일본사람들이 내놓는 물자들이 쌓이면서 부산은 물론 인근 경남지역에서도 물건을 사기 위해 몰려들었다. 한국전쟁을 겪으면서 국제시장은 부산경제 순환의 중심이 되었다. 국제시장은 피난민들에게 일자리와 먹을 것을 제공해 주었으며 문학과 예술의 소재가 되었다.

를 넘지 않았다. 전출기업이 갑자기 늘어나기 시작하였던 것은 1989년이었다.[64)] 이전기업수로만 본다면 1990년대 이후 봇물처럼 기업들이 부산을 떠났다. 떠나간 기업의 약 2/3가 양산과 김해로 이전하였으며, 여기에 창원과 마산 그리고 울산을 포함하면 약 80%가 동남권으로 이전하였다. 부산기업의 역외이전은 다른 쪽에서 보면 광역화의 과정이기도 하였다. 그리하여 기업들은 부산을 떠났지만 많은 사람들은 부산에 살면서 출퇴근을 하였다. 이것은 서울과는 다른 광역화였다. 서울은 인근의 경기도에서 출퇴근하는 구조였지만 부산은 베드타운화 되어갔다.[65)]

2. 1980년대 후반의 대전환

1980년대 후반은 한국에서 큰 전환기였다. 1987년 6.29 선언과 함께 정치적 민주화가 진행되었고, 1988년 절정에 달했던 노동운동은 저임금 경공업에 기초를 두고 있었던 경제의 전환을 강요하였다. 이러한 전환을 가장 몸으로 느낀 곳이 부산이었다. 부마민주항쟁으로 한국민주화운동에 한 획을 그었던 부산은 1980년대 후반에도 뜨거웠다. 그러나 경제적으로는 중화학공업화에 동참하지 못하고 경공업을 오랫동안 안고 있었던 부산에 큰 타격이 되었다. 1980년대 후반부터 특히 신발[66)] 기업을 중심으로 도산의 회오리에 휩쓸리게 되면서 침체로 빠져 들어갔다.

인구는 그러한 전환의 모든 것을 응축하여 보여준다. 인구의 추이로 볼 때 1989년은 부산에서 대전환의 해였다.[67)] 부산인구의 전국비중이 가장 높았고, 부산으로 들어오던 전입인구가 전출인구보다 적어지기 시작하였던 해가 1989년이었다. 1988년까지는 부산에서 외지로 나가는 인구보다 부산으로 들어오는 인구가 항상 많았다. 그리고 주민등록인구보다 실제로 부산에 살고 있는 인구가 더 많던 시기에서 주민등록인구보다 실제로 살고 있는 인구가 더 적은 시대로 바뀌던 해도 1989년이었다. 이 대전환에 대한 대응이 이후 부산의 미래를 결정짓는 것이었다.

---

64) 이하 전출기업의 추이에 관한 서술은 김대래, 「부산기업의 역외이전(1980-)」, 부산시사편찬위원회, 『항도부산』 32호, 2016.

65) 이것은 아침 출근시간에 부산에서 인근지역으로 출근하는 차량이 인근에서 부산으로 들어오는 차량을 압도하는 것에서 잘 나타난다.

66) 산업구조 고도화에 실패하면서 부산은 침체되기 시작하였는데, 신발의 화려한 부활로 인해 한동안 위기를 잊을 수 있었다. 신발은 1980년대에도 계속 명성을 유지하였고 1980년대 후반에서 1990년대 초에 전성기를 구가하였다. 1990년대 초까지 이어진 신발의 전성기는 역설적이지만 부산경제의 심각성에 대한 인식을 늦춤으로써 대응방안을 마련하는 것을 방해하였다.

67) 부산인구는 1995년 389만명까지 증가하게 되지만 이것은 광역시의 출범과 함께 기장군이 편입되었기 때문이다. 5%를 전후하여 오르내리던 부산인구의 전국비중이 6%를 넘어선 것은 1972년이었고, 1976년에 7.18%에 달하고, 1979년에는 8.08%로 8%선을 넘어섰다. 그러다 9%를 넘어선 것은 딱 1년이었는데, 1989년이었다.

3. 수도권 집중의 가속과 서해안 시대로의 회귀

1980년대 후반에 접어들면서 새로운 흐름들이 부산의 쇠퇴에 가세하였다. 그것은 이제까지 보지 못했던 강력한 것으로서 부산의 위상 저하에 결정타를 주었다. 하나는 지식정보사회의 진전에 따른 수도권 집중화[68]의 가속화였다. 역설적이게도 민주화를 바탕으로 지방자치가 논의되는 시기에 한국에서는 중앙집중화가 빠른 속도로 진행되고 있다. 그와 함께 IT산업을 중심으로 한 첨단산업이 수도권으로 밀집되기 시작하였다.

수도권 집중을 완화하기 위해 노무현 정부 시기에 세종시로 행정수도를 이전하고, 수도권에 입지하고 있는 공공기관을 대규모로 지방으로 이전하는 사업이 있었다. 부산에는 당시 해양, 영상, 금융관련 공공기관이 이전하였는데, 그 효과는 매우 큰 것이었다. 그럼에도 불구하고 수도권 집중은 완화되기보다 더욱 강화되고 있다. 2020년 한해에만 부산에서 수도권으로 순유출(전입-전출)된 인구는 1만 3,937명에 달하였는데, 서울로 7,781명이 순유출됐고, 경기도로의 순유출도 5,557명에 달했다. 부산의 순유출 인구의 거의 전부가 수도권으로부터 나왔으며 그것도 대부분 젊은층 인구였다.

아울러 1990년대에 들어서는 서해안 시대가 본격적으로 개막되었다. 1992년 중국과의 수교이후 대 중국 교역은 급속도로 늘어났다. 수교 이후 얼마 되지 않아 중국은 우리나라의 제1의 무역대상국이 되었고 이에 따라 서해안의 중요성이 부각되었다. 우리나라 무역의 대중국 의존도는 2009년에 처음으로 20%를 넘어서게 되었다.[69]

역사적 관점에서 보면 1세기 전 서해안에서 태평양으로 옮겨온 교역의 주요 무대가 다시 서해안으로 복귀하고 있는 것이다. 산업혁명기를 전후하여 세계의 무대에서 밀려났던 중국이 다시 세계의 중심으로 돌아오면서 한국의 주요 교역과 교류의 대상도 서해안쪽으로 많이 이동하고 있다. 이것은 불가피하게 부산의 역할 위축과 인천의 부상이라는 한국의 관문의 교체를 강요하고 있다.

---

68) 물론 수도권의 흡인은 이전에도 강력하게 존재한 흐름이었다. 그러나 최근의 수도권 집중은 그 강도에서 과거와 비교할 수 없을 정도로 강력하다.

69) 정확히는 20.5%를 기록하였다. 대중국 무역의존도는 관련 통계가 집계되기 시작한 1991년 2.9%에 불과했지만 2001년 10.8%까지 상승한 이후 2003년 15.3%로 대일 의존도 14.4%를 넘어섰고, 2004년에는 16.6%로 대미 의존도 15.8%마저 추월했다.

Ⅵ 글로벌 도시를 향한 부산의 준비

1. 토박이의 재탄생

부산은 토박이가 없는 도시라고 한다. 부산에서 3대 이상을 살아온 사람들을 토박이라 하고, 그 비율이 30% 정도[70]라는 주장도 있지만, 확인할 수는 없다. 토박이가 없이 성장한 부산은 오는 자의 입장에서 보면 개방적이고 자유로운 곳이었다. 실제로 오늘날 부산사람들은 일제시대와 해방, 6·25, 산업화 등을 거치며 일자리를 찾아 부산으로 들어온 사람들이거나 그 자손들이 대부분이다.

그러다보니 부산은 덩치는 큰 도시였지만 정체성이나 결집력은 약했다. 개방성의 장점에도 불구하고 사람들을 하나로 녹여내는 용광로를 갖고 있지 못하다. 부산은 바다가 아닌 오히려 육지에 많은 섬을 갖고 있는 도시다. 특히 역사적 뿌리가 없는 부산은 개항과 함께 비록 상공업에서는 다른 도시들을 압도했지만, 그 이외의 중요한 중추기능에서는 오랫동안 열세를 면치 못했다. 개항기에 설치되었던 주요기관들도 경상감영이 있던 대구에 설치되었다.

뿌리 없이 빠르게 팽창한 부산은 인근 경남의 다른 도시로부터도 인정을 받지 못했다. 경남지역의 대표적인 구도시는 마산과 진주였다.[71] 그런 점에서 부산에게 세월은 큰 자산이다. 나이를 먹는다는 것, 그것은 생물학적으로는 노화일 수 있지만 역사학적으로는 성숙이다. 2000년을 넘어서면서 부산에서 출생한 인구가 부산인구의 과반을 점하게 되었다. 2000년을 기점으로 인구의 부산화가 어느 정도 진전되기 시작했다고 할 수 있다.

그리고 과거에 비해 외부로부터 유입되는 인구는 현저히 줄어들고 있다. 이것은 결과적으로 인구의 부산화를 빠르게 진행시키고 있다. 오랫동안 타지역에서 들어온 사람들이 자신들이 떠났던 도시를 중심으로 정서를 유지하면서 섬으로 존재하였다면 이제 그 섬들 사이를 매립할 수 있는 힘이 마련되었다고 할 수 있다.

2000년 인구센서스에서 부산출생자를 제외한 타지 출생자의 비율을 각 지역별로 보면, 경남이 44.5%, 대구·경북이 20.3%, 호남 12.4%, 충청 4.9%, 강원 2.9%였다. 영남출신이 압도적인 비중을 차지하고 있는 가운데, 호남의 비중이 10%를 약

70) 국제신문, 〈부산사람 비밀코드 〈4〉 부산사람, 그들은 누구〉, 2011.01.10.

71) 마산은 동해안과 남해안을 잇는 교역의 통로로서 조선시대에는 큰 객주가 있는 상업중심지였다. 진주는 경남지역의 문화적 중심이었다. 개항이 되고 나서 물자유통의 중심지가 남부에서는 마산에서 부산으로 이동하였다. 부산의 개항으로 가장 피해를 본 곳이 마산이었다. 진주는 1925년 경남도청을 부산에 넘겨주었다.

간 상회하고 있다. 영남사람들의 이동이 중심을 이루고 있지만 호남을 비롯한 타 지역 사람들의 비중도 적지 않음을 알 수 있다.[72)]

정체성은 부산에 살고 있는 사람들이 서로 교감하고 연대할 수 있는 문화적 코드이다. 정체성은 사람들의 일상생활에 영향력을 발휘하면서 나아가 부산발전의 동력이 될 수 있는 문화자산이다. 정체성을 담는 그릇인 부산의 토박이가 섞임이 시작된 1백년만에 새롭게 형성되고 있다.

2. 높아진 역량

역사적 뿌리가 얕은 부산은 역사적 자산을 많이 물려받지 못했다. 게다가 해방 이후에는 지속적으로 수도권으로 인구유출이 일어남으로써 부산은 인재의 부족을 많이 경험하였다. 그리하여 특히 인재의 양성보다 도시의 팽창이 빨랐던 시기에는 필요한 많은 인재들을 외부에서 수혈하여야 했다. 부산은 서울과 함께 대구·경북[73)]으로부터 오랫동안 인재를 공급받아야 했으며, 정치적 문화적 리더십에서 대구·경북의 영향을 받았다.[74)]

이제 부산은 그간의 고질적 한계였던 인재를 자급할 수 있을 만큼 성장하였다. 고등교육기관이 부족했던 부산은 지금은 상대적으로 대학이 많은 도시가 되었다. 여전히 연구기능은 타지역에 비해 미약[75)]하고, 특목고 진학에서부터 대학, 대학원 그리고 취업의 과정을 거치면서 인재가 빠져나가는 문제를 안고 있긴 하지만, 전체적인 인재양성 역량은 매우 높아졌다.

오히려 지금의 문제는 지역에서 길러놓은 인재를 지역이 잡아놓을 수 있는 일자리를 제공하지 못하는데 있다. 그 결과 젊은이들의 부산이탈이 심각한 상황에 이르고 있다. 이것은 부산이 전국의 대도시 가운데 가장 심각한 저출산을 보이고 있는 것과 무관하지 않다. 2020년 12월 한 달 동안 부산에서 태어난 아이는 1천명에도 미달하였는데, 이것은 대도시 부산의 심각한 위기적 징후라고 하겠다.

---

72) 이러한 인구의 지역별 구성은 부산의 정치적인 성향과 지평에도 영향을 주었을 것이다. 일반적으로 영남이 가진 보수적인 특성과 상대적으로 진보적인 호남적 색채가 부산의 정치에 스며들었을 것으로 보인다.

73) 조선시대까지 경상도의 중심은 경북이었다. 일제강점기까지도 경북이 경남보다 인구가 많았다. 부산과 울산을 포함한 경남인구가 대구/경북의 인구를 추월하는 것은 한국전쟁이 끝나는 1953년이었다. 전쟁의 북새통속에서 수많은 사람들의 이동을 겪고 난 후에 비로소 인구에서라도 경남이 경북을 따라잡을 수 있었다.

74) 부산에 고등법원과 고등검찰청이 설치된 것은 1987년이었으며, 국립대학에 사범계가 설치된 것은 1969년이었다. 일제강점기에도 부산에는 고등교육기관이 없었다. 해방직전인 1944년에 부산수전이 설립된 것이 전부였다. 해방후 대학의 출발에서도 부산은 많은 불리함을 안고 있었다.

75) 수도권을 제외하고 광역시에서 과학기술원이 없는 도시는 부산밖에 없다. 대전, 광주, 대구, 울산은 모두 과학기술원이 설치되어 있다.

부산은 오랫동안 문화의 불모지라고 불려왔다. 문화적 기반과 풍토를 갖추지 못했기 때문에 문화와 예술에서의 발전이 미약했던 것이다. 여전히 타지역에 비해 문화와 예술에서의 역량이 약하다는 말을 듣지만 간격은 많이 메워졌다. 문화시설과 문화수준도 많이 향상되었으며, 부산국제영화제와 같이 세계적으로 주목을 받는 부문도 갖게 되었다. 오랫동안 부산을 낮추어보게 하였던 문화적 열세를 이제 상당부분 따라잡을 수 있게 된 것도 큰 성과이다.

3. 태평양 지향성의 복원과 신공항

개항이 근대 부산을 열었던 것은 지정학적 구도가 준 관문으로서의 위상때문이었다. 앞으로도 부산의 성장에서 세계와 연결되는 방식이 중요한 역할을 하게 될 것이다. 컨테이너 운반선의 대형화가 지속되면서 허브항만 중심의 운항이 강화되고 있다. 태평양 간선로에 위치한 부산항의 무역항으로서의 위상은 지속될 것이다. 아울러 지구온난화와 함께 북극항로가 열릴 경우 부산항의 역할은 더욱 커질 것이다. 이러한 새로운 환경은 성장축의 서해안으로의 이동에도 불구하고 태평양 지향성을 보완해 주는 좋은 계기가 될 것이다.

정치적 상황 때문에 북한과는 지금 단절되어 있지만 철도운송은 향후 중요한 교역의 루트가 될 것이다. 부산에서 출발하는 철도가 유럽까지 이어질 경우 철도화물의 기종착지로서의 부산의 역할도 중요해질 것이다. 이 철도운송은 러시아를 경유한다는 점에서 지리적으로 태평양 지향성과 관계가 깊다. 북한 및 중국동북부 물동량의 확보, 북극 항로의 개척, 환적화물 유치의 강화 등은 태평양 지향성의 복원에서 주요한 계기가 될 것이다.

태평양 지향성의 강화와 새로운 성장축의 구축에서 중요한 것은 신공항이다. 4차 산업혁명의 진전과 함께 중후장대(重厚長大) 산업에서 경박단소(輕薄短小) 산업으로 중심이 이동하면서 물동량도 거기에 따라 항공편을 이용하는 것이 급증하고 있다.[76] 부산이 물류의 중시지가 되기 위해서는 배와 비행기 그리고 철도가 합류하는 종착지가 되어야 하는데, 이의 완성을 위해서는 24시간 안전하게 운행할 수 있는 신공항이 필수적이다.

76) 부산과 인천의 관문경쟁은 지금 부산항과 인천공항의 경쟁으로 나타나고 있다. 인천공항에서 비행기로 이동하는 수출액은 부산항에서 컨테이너로 수출되는 액수와 맞먹는다.

4. 낙동강을 넘어

대부분의 도시들은 큰 강을 끼고 발전한다. 아주 예외적으로 부산은 강과는 관계없이 성장하여 왔다. 이것은 바다에서 들어온 힘이 도시발전을 추동하였기 때문이다. 일본사람들의 힘은 바닷가를 지배하였지만 내륙으로 확산되지는 못하였다. 바닷가 가까이에 있는 솟아있는 산을 넘지 못한 대신 바다를 메워 땅을 확보하는 방안을 동원하였다. 그리하여 바닷가에서 낙동강을 건너 발전의 영역을 확대하는 흐름은 약했다. 낙동강에 다리가 놓인 것은 1932년이었다. 1932년에 건설된 구포다리 즉 구포교는 낙동강에 건설된 최초의 다리로 개통 당시 국내는 물론 아시아에서도 가장 긴 교량으로 이름을 날렸다.[77]

부산이 낙동강을 넘어 양안을 발전의 영역으로 생각하게 된 것은 비교적 최근이다. 대저·명지·가락 등 강서구 지역의 일부가 부산으로 편입된 것은 1978년이다. 1989년 김해 가락·녹산, 창원 천가면을 부산에 편입하고 강서구를 설치하였으며, 1995년 부산광역시[78]가 출범하면서 진해시 웅동 일부가 부산에 편입되어 강서구의 영역이 넓어졌다.

오늘날 강서구는 낙동강 건너편에 있는 땅으로 부산의 주요 공단이 많이 입지해 있다. 그리고 신도시의 건설도 예정되어 있다. 기장군과 함께 강서구는 부산의 대부분의 공업용지를 제공하고 있다. 강서방면의 땅의 편입이 없었다면 부산은 가용용지의 부족으로 기업들이 거의 떠나간 도시가 되었을 것이다.

낙동강을 횡단하는 차량들은 계속 증가하고 있다. 낙동강 다리의 건립 추이와 강서구의 확대는 부산이 강안을 끼고 발전하게 되는 것으로 도시발전의 틀이 완성되는 것을 의미한다. 현재 부산권역 낙동강에 있는 다리(차량 통행용)는 모두 7개다. 낙동강 서안으로 개발의 중심이 넘어가면서 도시발전의 틀도 달라지고 있다. 부산시가 구상하고 있는 신낙동강 시대는 외부에 의한 개항의 발전동력이 바닷가에 그쳤던 것을 내륙으로 확산시키려는 것으로 매우 새로운 것이라고 할 수 있다.

77) 1932년 3월 1천60m 길이로 완공됐는데, 당시 동래군 구포면과 김해군 대저면을 이었다. 다리를 건설할 당시 구포 쪽 사람들은 다리 때문에 지역경제 쇠퇴를 걱정했다는 얘기도 있다.

78) 1995년 1월 1일 「지방자치법」 개정으로 부산직할시에서 부산광역시로 개칭되었고, 제6차 행정구역 확장으로 경상남도 양산군 동부 5개 읍면(기장읍·장안읍·일광면·정관면·철마면)을 편입시켜 기장군에 편제하였고, 진해시 웅동2동 등 일부가 강서구 녹산동에 편입되면서 면적은 749.17㎢으로 확장되었다. 부산광역시 홈페이지 참조.

5. 재생으로 되찾는 부산

새로운 부산을 만드는 또 다른 사업은 재생이다. 오늘날 세계의 도시들은 구시가지와 신시가지로 구성되어 있는 경우가 많다. 구시가지는 중세에서 산업혁명기를 거치면서 만들어진 것이다. 부산에는 구시가지가 없다. 대신 원도심이라고 부른다. 원도심은 중구, 동구, 영도구, 서구가 해당하는데, 이 지역은 과거 일본인들이 중심이 되어 건설한 곳이다. 부산의 원도심은 개항이후 만들어진 공간인 것이다.

시간적으로 거슬러 올라가면 그리 오래된 것은 아니지만, 지금의 원도심에서 개항 직후의 모습과 일본의 흔적을 찾아보기는 어렵다. 세계 많은 도시가 가지고 있는 구도시와 신도시의 구분이 부산에서는 명확하게 나타나지 않는 이유이다. 도시의 욕망이 돈벌이의 방법에 따라 공간을 재편하면서 원도심의 모습을 많이 파괴하였다.

지금 부산의 원도심은 재생의 소용돌이 속에 있다. 과거 일본인들이 왜관을 중심으로 건설하였던 항만들은 북항재개발이라는 이름으로 재탄생을 준비중이다. 이것은 부산에서 이루어질 어떤 것보다도 중요한 사업이다. 일본인들에 의해 매립되었던 해안을 다시 시민들에 돌려주면서 거기에 산업과 문화와 예술을 넣는 대담한 구상이다. 부산의 얼굴을 바꾸고 부산에 새로운 활력을 넣는 이 사업은 향후 우암 및 감만부두에 이르는 지역까지 확대되면서 부산을 근본적으로 바꾸어 놓을 것이다.

그리고 산꼭대기까지 다닥다닥 치솟았던 산동네[79]는 산복도로 르네상스의 이름으로 변신 중이다. 주민들이 살면서 활력을 가질 수 있는 재생이 될지는 지켜보아야 할 일이지만 부산의 새로운 명물로 탄생을 기대하고 있다.

6. 성숙하고 깨어있는 시민이 중요

지방자치가 실시되고 시장은 물론 구청장도 시민들이 선출을 하고 있다. 시민들의 역량과 성숙이 중요한 시대에 접어든 것이다. 생각이 열려있고 창의적이고 혁신적인 시민들이 많아야 도시도 활력을 갖게 된다. 이러한 기대에 부산의 시민들이

79) 한국학중앙연구원, 『향토문화전자대전』(http://busan.grandculture.net/?local=busan). 산복 도로는 '산허리를 베어 터를 내고 닦은 길'을 일컫는 것인데 국어사전에는 등재되지 않은 말로 부산 인근 지역에서만 쓰이는 말이다. 산복 도로가 처음 놓인 것은 1964년 10월 17일에 초량동 산복 도로가 개통되면서다. 1969년에 이 길이 이웃 동네인 수정동과 연결되면서 부산의 대표적인 산복 도로인 망양로가 만들어졌다. 이후 산동네가 많은 부산에 해돋이길, 시약산길, 영도 산복 도로, 전포동 산복 도로 등 여러 산복 도로가 생겨나면서 부산을 상징하는 길이 되었다.

응답할 수 있을 것인가? 지금 부산은 전국에서 가장 고령화된 도시이고, 젊은 층의 비율이 가장 낮은 대도시이다.

이런 상황은 부산의 자치와 역량에 긍정적인 것은 아니다. 지역이 작고 활력이 적을수록 토호들이 활개치기 좋다. 토호들의 시야는 좁을뿐더러 공익보다는 자신들의 이익을 추구하기에 바쁘다. 도시 전체가 토호들의 네트워크 안에 놓이게 되고 그러면 합리와 공익을 대신하여 부정과 부패 그리고 사익이 판을 치게 된다.

이런 것을 견제하고 도시를 건강하게 만드는 힘은 역시 시민들 자체에서 나와야 한다. 민주주의에 훈련되고 공익을 위해 사익을 다소간 희생할 줄 아는 시민들이 다수를 이루고 이들의 의사가 선거를 통해 많이 표출될 때 도시는 건강을 유지할 수 있다. 그런 점에서 과거와는 또 다른 의미에서 건강한 시민사회를 만드는 것이 부산의 중요한 과제라고 하겠다.

1부 환경

부산의 자연과 환경

1장

I 위치와 면적

그림1-1 부산광역시 행정지도

자료 : 네이버 지도

1. 부산의 경도와 위도

한반도 동남단에 위치한 부산은 1876년 국제항으로 개항한 이래 발전을 거듭하여 태평양과 대서양 등 국제 해상운송의 주항로이며 아시아, 시베리아, 유럽에 이르는 드넓은 대륙의 관문으로 우리나라 최대의 지리적 요충지이자 제1의 항만도시이다.[1] 지리적으로 태백산맥 준령 남단으로 한국 제2의 강인 낙동강이 흘러와 태평양과 맞부딪치는 곳으로서 행정구역상 바다에 면한 남쪽을 제외하고는 대부분 경상남도와 접하고 있다. 구체적으로 남쪽은 대한해협에 면해있고, 북쪽으로 경남 양산시 웅상읍과 동면, 물금읍, 김해시 대동면과 접해 있으며, 동쪽으로는 울산광역시 울주군 서생면과 온양면, 서쪽으로는 진해시와 김해시 장유면에 접해 있다.

지리좌표상 수리적 위치로 부산은 동쪽 끝은 동경 129°18'13"(장안읍 효암리), 서쪽 끝은 동경 128°45'54"(천가동 말박도), 남쪽 끝은 북위 34°53'12"(다대동 남형제도), 북쪽 끝은 북위 35°23'36"(장안읍 명례리)이다. 이는 북반구 중위도와 동반구 중경도에 해당된다. 이러한 부산의 경위도상 위치와 관련하여 아직은 잘 알려지지 않은 부산의 신인 디자이너 그룹으로 '12935'가 있었다. 2009년 패션의 불모지 부산에서 패션을 전공한 20대 중반의 신인 디자이너 15명과 문화 기획자 몇 명이 설립한 패션디자인 조합 이름이 '12935'인 이유는 부산의 경도(129도)와 위도(35도)를 나타내는 숫자로서 유일무이한 부산의 좌표처럼 부산 사람이 부산만의 옷을 만들겠다는 뜻을 담았다고 한다. 아울러 지역 청년의 수도권 이탈이 빈번해지는 시점에서 이들이 확실히 부산에 뿌리를 두고 있다는 걸 알리겠다는 의지의 표현이라고 한다. 이처럼 12935 패션디자인협동조합 소속으로 고향 부산에 남아 패션 일을 하고자 모인 디자이너들의 열의는 대단하지만 안타깝게도 현재는 활동이 잠정 중단된 상태이다. 하지만 향후 글로벌 패션그룹을 지향하며 부산 패션의 혁명을 꿈꾸는 이들의 활약을 기원한다.

그림1-2 부산의 신진 디자이너 그룹 12935

자료 : 12935 제공(http://fasion12935.alltheway.kr/)

1) 부산의 자연에 관한 일반적 설명은 부산광역시청 홈페이지(http://www.busan.go.kr) 참조하였다.

2. 세계 속의 부산

세계 속에서 부산은 위치상 중위도에 자리 잡고 있으며 유라시아 대륙 동쪽 끝 태평양과 면한 한반도의 동남단에 위치해 있다. 부산과 위도가 비슷한 우리나라 도시로는 김해, 마산, 진해, 광주 등이 있고, 외국의 경우 일본의 도쿄, 중국의 정센, 알제리의 알제(Algiers)[2], 이라크의 바그다드, 그리스 아테네와 미국의 로스앤젤레스 및 오클라호마시티 등이 이에 해당된다. 경도 상으로는 시베리아의 베르호얀스크[3], 일본의 나가사키, 호주의 다윈이 이에 속한다. 이에 부산은 세계표준시보다 약 8시간 37분 빠르고, 한국 표준시(동경 135°기준) 보다는 약 24분 늦다.

표1-1 부산의 경·위도상 위치

구분	경도와 위도의 극점			연장거리
	지점	경위도	세계 경·위도 좌표[4]	
동단	기장군 장안읍 효암리	동경 129° 18' 13"	동경 129° 18' 05"	동 – 서간 49.4km
서단	강서구 천가동 말박도	동경 128° 45' 54"	동경 128° 45' 46"	
남단	사하구 다대동 남형제도	북위 34° 53' 12"	북위 34° 53' 23"	남 – 북간 56.8km
북단	기장군 장안읍 명례리	북위 35° 23' 36"	북위 35° 23' 47"	

자료 : 부산광역시, 『2019 환경백서』, 2020, p.5.

부산은 우리나라 제1의 국제무역항과 김해 국제공항을 통해 가까운 일본은 물론 멀리 서부유럽의 여러 나라와 연결하는 관문으로서의 역할을 하고 있다. 부산의 국제항로를 살펴보면, 일본의 도쿄를 비롯하여 오사카 및 시모노세키·후쿠오카·나고야와 중국의 상해·북경 등에 연결되어 있고, 해상항로인 여객선은 오사카와 시모노세키, 중국의 엔타이와 연결되어 있다. 그리고 무역항로는 세계를 총망라하며,

2) 1962년 알제리의 독립과 함께 이 나라의 수도가 된 지중해 연안 최대의 항구로, 기후는 여름에 고온건조하고 겨울에 온난습윤한 전형적인 지중해성 기후이다. 알제는 이 나라의 정치·경제·문화의 중심지이며 부근 농산물의 집산지를 이룬다. 또한 육·공·해상 교통의 요지로, 특히 해안에는 1~2만t급 상선이 정박할 수 있는 선창과 방파제·하역설비 등 잘 정비된 부두가 있다. 북아프리카에서 수입되는 막대한 석탄저장지로서도 중요한 위치를 차지하며 지중해 무역의 중심을 이루고 있다.

3) 러시아의 시베리아 북동부 북극권에 있는 베르호얀스크는 '세계에서 가장 추운 도시'로 알려져 있다. 1892년 2월 섭씨 영하 67.8도까지 기온이 떨어지면서 붙여진 별칭이다. 수도 모스크바에서 4,800㎞ 떨어진 이 지역은 고기압이 주로 형성돼 구름 없이 쾌청한 날이 많다. 하늘로 열이 빠져나가는 방사냉각 현상이 나타나 기온이 급강하한다. 일찌감치 10월이면 겨울로 접어들어 이듬해 4월까지 혹독한 추위가 계속되는데 4월이 돼도 월 평균기온이 0도를 밑돈다. 가장 추운 1월의 평균 기온은 영하 45.9도에 달한다. 하지만 여름철인 6월부터 8월까지는 영상 10도 이상의 선선한 날씨가 유지돼 수목이 자라고 경작도 가능하다. 극한의 추위에도 현재 1,300명가량이 살고 있는 이유다. 하지만 최근 베르호얀스크 기온이 역대 최고인 섭씨 38도까지 치솟았다. 이 지역에서 기상관측이 시작된 1885년 이후 가장 높은 기온이었다. '뜨거운 베르호얀스크'는 지구온난화의 영향이라는 분석이다. 동토층까지 덮친 온난화의 역습이 빨라지고 있다(출처 : 서울경제, 2020. 07. 05.).

4) 세계 경위도는 경위도에서 변환된 것이다.

최근에는 러시아·중국과 정기항로가 개설되었다. 흔히 '부산항'이란 북항, 남항, 감천항, 다대포항, 부산신항, 용호부두 등 부산의 여러 개 항구들을 하나로 통틀어서 부르는 말이며, 현재 부산항만공사가 운영중에 있다. 부산항은 국내 최대 무역항이며, 상하이항·싱가포르항·닝보항 다음으로 세계에서 순위권을 다투는 메이저 환적항으로, 2020년 기준 세계 4위 규모의 항만이다. 대한민국의 해상관문답게 2018년 기준 국내 총 해상 수출입 화물의 57%, 컨테이너 화물의 75%, 전국 수산물생산량의 22%를 처리하고 있다.

역사적으로 부산은 반도국으로서의 지정학적 특성으로 대륙과 해양 세력의 교두보 역할을 담당해 왔다. 그러나 1970년대 이후 국력의 신장과 국제경제권이 대서양 연안국가에서 태평양 연안국가로 전환되면서 부산은 태평양시대를 주도하는 전진기지로서 그 역할을 다하고 있다.

3. 부산의 면적

2018년 12월 31일 기준으로 부산의 총 면적은 770.04㎢이다. 특히 기장군이 가장 큰 면적을 차지하여 전체의 28.35%이고, 다음으로 강서구 23.57%, 금정구 8.48% 순이다. 이와 달리 부산의 구도심지에 해당하는 중구와 동구는 각각 0.37%와 1.26%에 그치고 있어 가장 작은 면적을 차지하고 있다. 과거 부산은 일제강점기인 1914년 3월 1일 행정구역 개편시 면적은 불과 84.15㎢로 지금의 중구·동구·영도구 그리고 서구 일부에 지나지 않았다. 그 이후 6차례 행정구역 개편으로 양산군 5개읍·면(기장·장안읍, 일광·정관·철마면)과 진해시 웅동 일부 지역이 편입되었으며 2018년 12월 31일 기준 770.04㎢로 증가하였다.

표1-2 연도별 부산시 면적

(단위 : ㎢)

구분	1963	1978	1989	1995	2000	2005	2010	2012	2013	2014	2015	2016	2017
면적	360.25	432.32	525.95	748.92	759.86	763.46	767.35	769.69	769.86	769.82	769.83	769.89	770.04

그림1-3 부산시 구·군별 면적

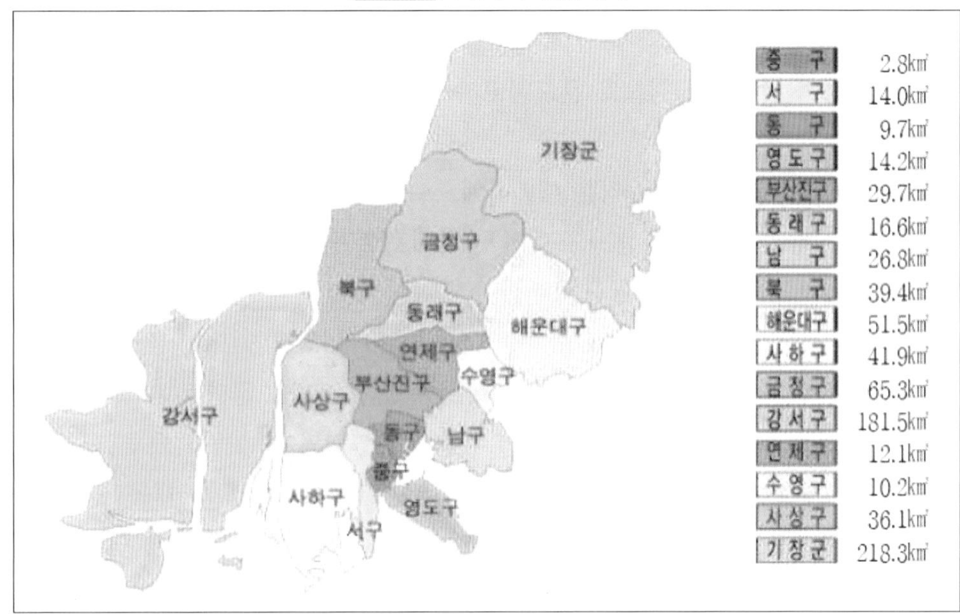

자료 : 부산광역시, 『2019 환경백서』, 2020, p.6.

Ⅱ 지형과 하천[5]

부산이란 지명은 예부터 산이 많아 부산(富山)으로 불렸다는 설이 있으며, 그 많은 산 가운데 가마솥을 닮은 시루 같은 산(증산 ; 甑山)도 있어 부산(釜山)으로 불리어 온 것으로 보고 있다. 즉, 산세를 따라 붙여진 것으로 중심지 산이 가마솥(釜)처럼 생겼다 하여 붙여진 것으로 전해진다. 이처럼 산으로 유명한 부산은 강과 바다를 더불어 품은 삼포지향(三抱之鄕)이기도 했다. 더불어 사시사철 섭씨 60도의 온천물이 쉴 새 없이 솟는 동래온천과 해운대온천도 끼고 있어 산, 강, 바다, 온전의 사포지향(四抱之鄕)이라 부르기도 한다.

1. 산지

현재 우리나라 동남권에 위치한 부산은 태백산맥 말단부로 해발 400~800m의 구릉성 산지가 많다. 한반도의 척량산맥인 태백산맥이 그 말단인 포항구조분지에

5) 지형에 관한 도입부분은 주로 부산일보(2016년 2월 18일) 기사내용을 정리한 것이다.

서 남서방향으로 진로를 바꿔 달리다가 대한해협에 몰입하여 소반도와 섬 그리고 만입을 발달시킨 리아시스식 해안의 특성을 나타내고 있다. 배후에 고도 500m 내외의 구릉성 산지가 독립적으로 분포하고 여기서 뻗어 나온 산 각은 완만한 경사로 해안에 몰입하고 있다.6)

부산의 지세를 형성하는 골격은 태백산맥으로 울산 인근에서 갈라져 그 큰 줄기는 원효산 → 금정산 → 백양산 → 구덕산 → 다대포로 뻗어 있고, 다른 한줄기는 울산 서북부에서 달음산 → 장산 → 금련산 → 봉래산으로 뻗어 있다. 그리하여 서북으로는 천마산(324m), 구덕산(562m), 구봉산(408m), 엄광산(503m), 금정산(801m) 등의 주봉(主峰)들이 솟아 있고, 동북쪽으로는 황령산(427m), 금련산(415m)이 솟아 있다. 부산시 북쪽에는 금정산을 비롯한 주봉들이 연결되어 북벽을 이루고, 이 연봉의 서남방향으로 거대한 낙동강이 유유히 흘러내려 장림동 및 다대동과 명지동이 서로 바라보는 넓은 하구와 동서 양안 일대에 광활한 평야를 이루고 있다. 결국 이것은 부산이 노년기의 구릉성 산지와 이들 산지 사이에 발달한 소침식 분지로 이루어진 것을 의미하며, 따라서 해안은 이러한 지형 조건에 의해 해안선 출입이 복잡한 리아스식 해안의 특성을 나타내고 있다.

그림1-4 부산의 지형도

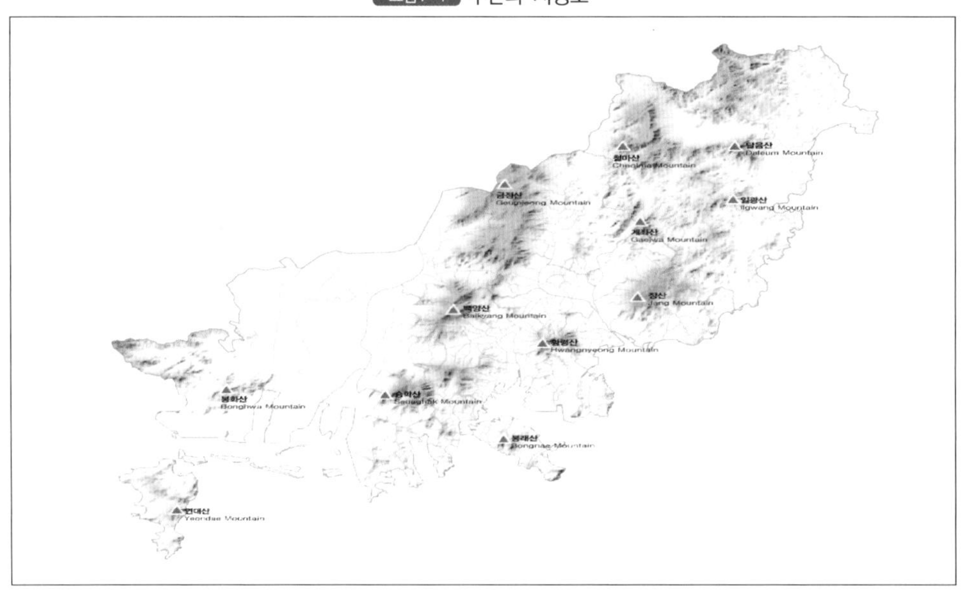

자료 : 『지도로 본 부산』, 부산발전연구원(2009).

6) 부산발전연구원, 『지도로 본 부산』, 2009, pp.22-23. 참조하였다.

부산의 주요 산들에 대해 살펴보면 다음과 같다.

1) 승학산 (고도 : 497m)

사하구 당리동에 소재한 승학산은 부산에서 가장 서쪽에 있는 산으로, 금정산지의 남쪽 말단부에 솟아 북동쪽으로 구덕산에 이어지고 남서쪽으로는 신평 동매산(210m)을 지나 몰운대 몰운산에 연결된다. 전형적인 노년산지로 산정은 종순형이나, 산록은 비교적 가파른 것이 특징이다. 승학산 지명은 이루고 있는 모습이 마치 학이 나는 듯하다는 데서 비롯되었다. 고려 말 무학대사가 전국을 다니면서 산세를 살피다가 이곳에 이르러 산을 보니 마치 학이 웅비하는 듯하다고 하여 승학산이라고 부르게 되었다고 전한다. 산 정상으로는 사상구(엄궁동)와 사하구(당리동)가 나누어지는 경계선이 되고 있다. 봄이면 진분홍 철쭉이 흐드러지고 가을이면 하얀 억새풀로 뒤덮여 등산객의 발길이 끊이질 않는다.

2) 봉래산 (고도 : 396m)

봉래산이란 동쪽바다 한 가운데 있어서 신선이 살고 불로초와 불사약이 있다는 상상속의 영산이다. 봉황이 날아드는 산이라는 의미로 영도의 중심에 위치하고 있는 영도의 대표적인 산이다. 부산 최고의 절경인 태종대와 승마장이 위치하고 있다. 산 전체가 원추형을 나타내고 있으며 사면은 가파르다. 특히 남쪽 사면은 급경사로 바다에 거의 수직으로 돌입하고 있다. 산기슭에는 기계적 풍화작용에 의해 파쇄된 암석의 파편들이 애추를 형성하고 있다. 이곳에 조봉(遭逢)·자봉(子峰)·손봉(孫峰) 등 3개의 봉이 있으며 이는 봉의 높이에 따른 지명이다. 봉래산 지명은 고갈산 또는 고깔산으로도 불리는데, '고갈산(沽渴山, 枯渴山)'은 각기 목이 마른 산, 마른 노바뱀의 산, 말라서 없어지는 산이라는 의미를 딤고 있다.

3) 백양산 (고도 : 642m)

백양산은 부산의 등줄산맥인 금정산맥의 주능선에 솟은 산이다. 부산도심의 주요하천으로 우리나라 상수도의 시초가 된 성지곡수원지가 자리 잡고 있으며, 동천의 발원지가 된다. 성지곡 일대는 어린이대공원으로 개발되어 조림에 의한 삼나무·전나무를 비롯한 수림이 울창하고, 남쪽 기슭에 가까운 산허리에는 원효대사(元

曉大師)가 창건했다고 전해지는 선암사(仙岩寺)가 있다. 산록 저지대는 개발이 되어 시가지화한 곳이 많다.

4) 금정산 (고도 : 801m)

금정산은 백두대간의 끝자락에 해당하는 산으로, 주봉인 고당봉은 낙동강 지류와 동래구를 흐르는 수영강의 분수계를 이루는 화강암의 봉우리이다. 부산시의 동래온천 북쪽 4km되는 곳에 있으며, 일부는 경남 양산군에 속해 있다. 북으로 장군봉(727m), 남쪽으로 상계봉(638m)을 거쳐 백양산(642m)까지 산세가 이어져 있고 그 사이로 원효봉·의상봉·미륵봉·대륙봉·파류봉·동제봉 등의 준봉이 나타난다. 산세는 그리 크지 않으나 곳곳에 울창한 숲과 골마다 맑은 물이 항상 샘솟고 화강암의 풍화가 격렬하여 기암절벽이 절묘하여 부산이 자랑하는 명산이 되었다. 산 위에는 조선 숙종 29년에 쌓은 둘레 18,45km의 산성이 일부 남아 있으며, 양산방면에는 범어사[7]가 있다. 동래방면의 금강공원에서 금정산성까지는 케이블카가 마련되어 있으며, 기암괴석과 울창한 숲이 산을 덮고 있어, 부산 시민의 1일 등산코스로 많이 애용되고 있다.

5) 황령산 (고도 : 428m)

부산광역시의 중심부에 위치하여 부산진구, 남구, 수영구, 연제구를 접하고 있는 산이다. 원래 부산만과 수영만 그리고 먼 바다를 바라볼 수 있는 천연의 경승지로 많은 사찰들이 있었고, 지금도 성암사·마하사·수도암·금강암 등의 사찰·암자가 있다. 택지화와 더불어 초등학교를 비롯한 교육기관이 산록에 있으며, 부산시의 발달이 가속화될수록 점차 정상을 향하여 도시화가 진전될 것으로 보인다. 이 산은 도시 중심부와 가깝고, 바다를 끼고 있어 공원화하여 시민 위락지로서 발전할 입지조건을 많이 갖추고 있다. 황령산은 동래가 신라에 정복되기 이전에 동래지방에 있었던 거칠산국에서 온 산 이름으로 보고 있다. 거칠산국에 있는 산이라서 "거칠뫼"라 했던 것이 한자화 하는 과정에서 "황(荒)", 고개 "령(嶺)"의 황령산이 되었다는 것이다. 정상에 "봉수대"와 산기슭에 천연기념물인 "구상 반려암"이 있다.

---

7) 금정산에 대한 기록으로는 '동국여지승람'의 '동래현 산천조'에 다음과 같이 나와 있다. '금정산은 동래현 북쪽 20리에 있는데 산정에 돌이 있어 높이가 3장(丈) 가량이다 그 위에 샘이 있는데 둘레가 10여척이고 깊이가 7촌(寸) 가량으로 물이 늘 차있어 가뭄에도 마르지 않으며 색이 황금과 같다. 금어(金魚)가 5색 구름을 타고 하늘로부터 내려와 그 샘에서 놀았으므로 산 이름을 금정산이라 하고, 그 산 아래 절을 지어 범어사(梵魚寺)라 이름했다' 한다.

2. 하천[8)]

부산의 하천은 국가하천 5개소, 지방하천 45개소, 소하천 31개소 등에 이르고 있다. 부산의 하천은 지리적으로 해안선에 접하여 대부분 하천연장이 짧고 하상구배가 급하다. 오늘날의 도심 하천들은 자연환경의 일부분으로 매우 중요하게 인식되면서 자연하천으로의 복원이 논의되고 있다. 시는 1970·80년대 도시 개발로 죽어간 도심 하천을 되살리기 위해 2000년대부터 본격적으로 시민, 사회단체와 도심 하천 복원 작업에 착수했고 개괄적인 성과도 거뒀다. 하지만 지금까지는 도심 하천에 유지용수를 공급하고 콘크리트 바닥을 걷어내는 정도의 기초적인 정비였고 본격적인 생태 복원의 필요성이 제기되고 있다.

그림1-5 부산 하천 현황

자료 : 국제신문(2012)

1) 수영강

먼저 '죽은 강'의 대명사로 꼽혔던 수영강은 국가하천인 낙동강에 이어 부산에서 두 번째로 긴 하천이다. 경남 양산시 천성산에서 발원해 부산 기장군 정관면 두명리와 법기·회동수원지를 거쳐 해운대 석대천, 온천천과 합류해 수영만으로 흘러 수영구 수영교까지 26.34㎞에 걸쳐 흐른다. 1980년대 중반까지 오염이 극심했으나 1988년 서울올림픽 때 수영만 요트경기장이 생기면서 종합하수처리장이 설치되는

8) 국제신문(2012.10.24.), 연합뉴스(2014.11.28.), 다이내믹부산 제1474호(2011. 5.11) 기사를 참조하였다.

등 수질이 나아졌다. 그러나 유입되는 온천천과 석대천의 오염은 수영강의 수질을 악화시켰다. 이에 부산시는 온천천 살리기와 함께 석대천 살리기에 나섰다. 2008년부터 회동수원지 물을 하루 3만t씩 석대천에 흘려보내기 시작했다. 이처럼 온천천과 석대천에서 깨끗한 물이 흘러들면서 수영강의 수질은 개선되면서 이제 도심에서 드래곤보트, 제트스키, 수상스키 같은 수상레저를 즐길 수 있는 강으로 변했으며, 수영강변 APEC 나루공원은 다양한 축제가 열리는 명소로 사랑받고 있다. 하지만 2014년 수해 복구공사가 진행되면서 녹색 수생식물이 우거졌던 둔치가 대거 파괴되는 등 상류부터 생태하천의 모습을 점점 잃어가고 있다. 다행히 2020년 1월 1일부터 지방하천이었던 부산 수영강 하구가 국가하천으로 승격되었다. 국가하천으로 고시된 지역은 금정구 회동저수지 종점에서 수영교까지 9㎞ 구간이다. 일반적으로 지방하천에 대해서는 하천 정비에 국비 50%를 지원받지만, 유지관리 비용을 지자체에서 내야 하는 반면 국가하천 정비와 유지관리는 전액 국비로 진행된다. 때문에 수영강 하구가 국가하천으로 승격됨에 따라 침수 예방과 하천 정비사업에 속도가 붙을 수 있게 되었으며, 둑 보강 및 교량 설치 등 600억 원 이상 시 예산을 절감할 수 있게 되었다.[9]

그림1-6 수영강 위치도

자료 : 부산광역시

9) 연합뉴스(2019. 8. 8.) 기사를 참조하였다.

2) 온천천

부산 도심 하천 복원의 대표적인 성공 사례는 '온천천'을 꼽을 수 있다. 온천천(남산교~수영강 합류부 길이 12.7㎞, 유역면적 56.28㎢)은 1950년대 태광산업, 송월타올 등 주변에 공장이 들어서면서 다른 하천에 비해 일찍 오염됐다. 1995년 시민을 중심으로 온천천 SOS 운동이 시작된 이후 민·관 협력으로 온천천 복원 사업이 시작됐다. IMF 외환위기 기간 연제·동래구가 공공근로사업으로 습지, 연못, 자전거길 등을 설치해 지역 주민들의 휴식공간으로 거듭났다. 부산시는 2000년 '온천천 유지용수 확보를 위한 용역'을 시행하고, 2002년 '온천천 마스트플랜'을 수립하며 자연형 하천 복원사업에 나섰다. 2005년 낙동강 물을 끌어와 하루 최고 5만t씩 상류 청룡교 지점에서 흘려보내면서 온천천은 획기적인 변화를 맞았다. 메말랐던 하천에 사시사철 물이 흐르며, 수질은 5급수에서 2급수까지 좋아졌다. 시는 최근 중·상류 구간 바닥 콘크리트를 걷어냈는데, 콘크리트 바닥에선 물고기는 물론 풀조차 살 수 없기 때문이다. 금정구 두실교~동래구 인도교까지 7km 구간의 하천 바닥 콘크리트를 싹 걷어내고, 하천변에 자연석을 쌓아 생태기능을 되살렸다. 온천천에는 이제 미꾸라지가 살고, 송사리, 붕어, 잉어 같은 크고 작은 물고기도 볼 수 있다. 청둥오리 떼가 찾고, 천연기념물 수달이 출현할 정도다. 하지만 아직까지 분류식 하수관거 설치 미비로 비가 많이 내릴 경우 하수처리가 제대로 안돼 물고기가 떼죽음을 당하는 사례가 종종 발생하고 있다. 또 온천천 주변에 무리하게 친수공간을 확장하기 위해 사시사철 공사가 끊이지 않는다는 점도 개선해야 할 과제로 지적된다.

3) 동천

하지만 부산 도심을 가로지르는 동천(백양산~부산진구 일대, 길이 8.77㎞, 유역면적 30.6㎢)은 상류와 4개 지류 대부분이 복개되어 도심하천의 기능을 사실상 잃어버렸다. 그나마 미복개 구간인 하류(광무교~부산항 유입구간 2.6㎞)는 하수와 인근 공장 폐수 등으로 악취가 진동해 도심 속 흉물로 방치된 지 오래였다. 2000년대 이후 동천 살리기에 대한 여론이 들끓자 시는 본격적인 동천 복원 사업에 나섰다. 동천 복원 과정에서 가장 주목할 점은 유지용수 확보를 위해 바닷물을 끌어들였다는 점이다. 주변에서 물을 끌어오기엔 비용 부담이 컸던 탓에 북항 바닷물을 유지용수로 끌어올려 동천 상류로 흘러 보낸 것이다. 지난 2010년부터 해수 유지용수 공급을 시작한 이후 동천 BOD는 5ppm 까지 내려가 이전(20ppm) 보다 수질 개선 효과에 성과를 거두면서 '똥천'이란 오명을 벗어나는데 성공했다. 생물체라곤 살 수 없었던 동천에 이제 실지렁이, 단각류, 갯지렁이가 산다. 숭어 떼도 수시로 찾아들어, 강태공을 불러 모으고 있다. 하지만 동천 대부분 복개되어 있고 고가도로, 주차장, 상가 등이 들어서 생태 하천으로 복원하기엔 태생적으로 한계를 지니고 있다. 이에 시는 천문학적인 비용이 드는 복개 하천 복원 대신 영광도서·서면복개시장 구간 환경 정비를 택하고 사업을 진행 중이다.

4) 기타 부산의 하천들

그리고 서부산권 대표 도심 하천인 학장천(부산진구 개금동~사상구 엄궁동 낙동강 합류지점, 길이 5.4㎞, 유역면적 19.4㎢)은 1970년대 사상공단이 들어서면서 악취가 진동하는 썩은 하천으로 변했다. 2000년대 주민 스스로 학장천 살리기 운동을 전개, 정화활동에 나섰고 2006년부터 하천 콘크리트 바닥을 걷어내는 등 본격적인 정비가 시작됐다.

또한 지역 내 도심하천 대부분이 도로 확보를 위해 아스팔트로 덮여버린 가운데, 부산에서는 최초로 복개 하천을 복원하는 사례라는 점에서 각계의 주목을 받고 있는 초량천 생태환경 복원사업은 2010년 5월 환경부가 생태계 훼손과 수질악화 등으로 기능을 상실한 도심 복개하천을 살리려고 시작된 '청계천+20 프로젝트'의 하나로서 추진되었다. 갈대를 뜻하는 '초량'의 의미를 살려 복원 구간은 갈대가 휘어진 형태로 디자인된다. 차도교 2곳, 인도교 1곳 등 모두 3개의 경관 교량이 들어서고 초량천 상류에 회전교차로 1곳, 하류엔 주민 편의시설 1곳이 조성될 예정이다. 애초 서울 청계천처럼 복개구간을 뜯어 냇물이 흐르게 하고 관광객도 끌어 모으겠다는 계획이었으나 하천 구간 아래는 보행자 접근이 완전 차단돼, 걷거나 쉴 공간이 전혀 없는 실정이다. 풀과 돌만 있는 공간뿐이어서, 잠시 눈요기만 가능한 상부 보행데크가 전부이다. 공사에만 370억 원이 투입됐지만, 사실상 친수공간 역할을 못하면서 반쪽짜리에 그칠 것이란 우려가 나오고 있으며, 공사가 10년 가까이 질질 끌고, 최근 신드롬을 일으킨 초량동 출신의 가수 나훈아 거리 조성도 예산 부족으로 빠지면서 관광객 집객에도 차질이 예상되는 만큼 사업전반의 재점검이 필요해 보인다.

그림1-7 초량천 생태하천 복원 계획

이외에 장산에서 발원해 해운대 신시가지를 관통하는 춘천의 경우 2003년부터 자연형 하천 복원사업을 시작, 바닥 콘크리트를 걷어내고 물고기들을 위한 어도를 만들었다. 비가 올 때는 물이 많지만, 비가 오지 않을 경우 흐르는 물이 거의 없는 것이 문제. 이에 따라 상류 대천호수의 담수능력을 키워 갈수기 때 흘려보내는 사업을 추진, 다음 달부터 물을 흘려보낼 예정이다. 이와 함께 금정산에서 북구 화명동으로 흘러드는 대천천의 상류는 바윗돌과 여울, 습지를 갖춘 자연하천이지만, 하류는 콘크리트로 덮여 생물이 살 수 없었다. 부산시는 2004년부터 2008년까지 콘크리트를 걷어냈다. 물고기가 살 수 있도록 소를 만들고, 징검다리를 놓았다. 서부산 쪽 사람들에겐 더할 나위 없는 휴식공간이다.

표1-3 부산의 하천

(2020. 1. 1. 기준)

하천명	하천연장 (㎞)	요개수연장 ㎞(양안)	개수율[10] (%)	담당구역	하천명	하천연장 (㎞)	요개수연장 ㎞(양안)	개수율 (%)	담당구역
총 계	273.46	465.36	71.02		온천천	13.24	26.48	100.00	동래금정연제구
(국가하천)	(5개소)	95.55	23.39		동래천	0.97	1.94	100.00	금정구
소 계	68.19				석대천	8.19	16.38	86.69	해운대구,기장군
낙동강(본류)	20.26	33.57	56.93	낙동강관리본부	조만강	4.80	8.50	54.35	강서구
서낙동강	18.55	28.22	11.48	강서구	지사천	8.27	16.54	100.00	강서구
평강천	12.54	24.69	0.00	강서구	송정천	3.57	2.30	21.74	강서구(좌안)
맥도강	7.84	9.07	0.00	강서구	해반천	0.97	0.97	100.00	강서구(좌안)
수영강	9.00	-	-	동래·해운대·금정·수영구	호계천	3.65	3.65	100.00	강서구(좌안)
(지방하천)	(45개소)	369.81	83.33		신어천	0.85	0.85	100.00	강서구(좌안)
소 계	205.27				효암천	4.53	9.06	19.87	기장군

하천명	하천연장 (㎞)	요개수연장 ㎞(양안)	개수율[10] (%)	담당구역	하천명	하천연장 (㎞)	요개수연장 ㎞(양안)	개수율 (%)	담당구역
괴정천	5.37	10.74	100.00	사하구	장안천	8.70	15.06	72.78	기장군
학장천	5.86	11.72	100.00	사상구	용소천	4.34	8.68	70.62	기장군
덕천천	3.70	7.40	100.00	북구	좌광천	14.50	18.47	91.34	기장군
대리천	1.69	3.20	95.63	북구	덕선천	3.30	4.94	100.00	기장군
대천천	5.50	11.00	86.45	북구·금정구	동백천	2.52	4.42	58.82	기장군
보수천	3.03	6.06	100.00	중서구	일광천	6.68	10.86	56.72	기장군
구덕천	0.69	1.22	100.00	서구	죽성천	4.50	8.86	47.74	기장군
초량천	1.61	3.22	100.00	동구	만화천	2.90	5.19	71.10	기장군
부산천	1.80	3.60	100.00	동구	서부천	3.29	4.53	69.54	기장군
동 천	5.50	11.00	100.00	동·부산진·남구	송정천	4.70	8.05	50.31	기장군,해운대구
전포천	2.67	5.34	100.00	부산진구	철마천	8.90	17.80	95.51	기장군
호계천	1.61	3.22	93.79	동구·부산진구	구칠천	2.07	3.40	9.12	기장군
부전천	4.62	8.38	100.00	부산진구	이곡천	2.66	3.60	27.78	기장군
가야천	2.75	5.50	100.00	부산진구	송정천	2.35	3.67	100.00	금정구·기장군
남 천	2.57	5.14	100.00	남구	임기천	2.58	2.10	0.00	기장군
춘 천	6.44	7.94	100.00	해운대구	삼락천	4.60	6.10	100.00	사상구
우동천	1.99	3.98	100.00	해운대구	감전천	2.90	4.47	100.00	사상구
수영강	17.34	44.28	77.78	금정,기장군양산					

자료 : 부산광역시 홈페이지

3. 해안

1) 지질적 특성[11]

(1) 사질해안

모래로 구성된 사질해안은 순수한 모래로 된 사빈(沙濱)과 자갈로 된 역빈 그리고 뻘로 된 이빈으로 구분된다. 이 중 사빈은 주로 해수욕장으로 이용되며, 해운대 해수욕장을 비롯하여 송정 해수욕장, 광안리 해수욕장 등이 이에 속한다. 수영만의 수영강 하구일대와 부산만의 자성대 일대 그리고 감천만의 내만도 바로 이러한 사빈이었으나 항만의 용도로 매립되어 지금은 과거의 모습을 찾아볼 수 없다. 역빈은 사빈에 비해 규모는 크지 않으나 모양새가 좋은 둥근 옥돌로 되어 있는 것이 특징이고, 주로 두각지 사이의 소만입부에 분포한다. 영도의 동삼동 해안과 곤포의 집해안, 우암반도의 승두말과 신선대 사이의 만입 등의 해안이 가장 좋은 예이다. 과

---

10) 하천 연장은 하천의 총 길이를 의미하여, 개수율(開水率)은 "둑이 조성된 하천의 길이를 둑이 필요한 하천의 길이로 나눈 비율"을 의미한다. 여기서 개수란 홍수예방 등의 목적으로 자연적으로 흐르는 하천 양안에 둑을 쌓는 방식의 인공적인 조치를 취한 것으로서 요개수는 이러한 개수가 필요한 구간을 말한다. 즉 하천 상태를 고려할 때 제방이 불필요한 지역 75,42km를 제외한 나머지 개수를 개수를 할 필요가 있는 곳의 길이를 요개수 연장이라고 한다. 요개수연장은 이미 개수를 한 기개수 구간과 아직 개수를 하지 않은 미개수 구간으로 나누어진다. 따라서 기개수와 미개수를 합친 것이 요개수연장 길이가 된다.

11) 부산광역시청 홈페이지(http://www.busan.go.kr) 부산의 기본현황 내용을 참조하였다.

거에는 용미산(구 시청자리)에서 보수천 하구에 이르는 해안은 부산의 해안중에서 가장 길고 넓은 역빈으로 이러한 연유로 이곳이 자갈치로 불리게까지 되었으나 지금은 과거의 형태를 볼 수 없다. 그리고 이빈은 낙동강 하구인 낙동강 삼각주의 말단으로서 낙동강이 운반해온 미세한 입자의 실트 내지는 실트질 점토가 퇴적되어 형성된 해안을 말한다.

(2) 암석해안

암석해안은 해안을 구성하는 물질이 기반암으로 되어 있고 자갈이나 모래, 실트 등과 같은 퇴적물을 찾아볼 수 없는 해안으로 주로 외해(外海)에 면한 반도, 두각지 또는 여러 섬들의 선단에서 잘 나타난다. 해운대의 고두말과 동백섬, 우암반도, 오륙도, 영도, 장군반도, 두송반도, 몰운반도 그리고 가덕도와 같은 대부분의 해안이 이에 속한다. 이들 해안은 대부분 파도의 침식이 강한 외해에 면해 있으며, 곳에 따라 강한 파도의 침식으로 수십 미터에 달하는 해식애(海蝕崖, 해안가의 절벽)[12]가 발달하거나 해안선 부근에 평탄한 암반으로 된 파식대(波蝕臺, 암석해안에서 해면 아래나 해수면 위에 나타나는 침식면)[13]도 많이 형성되어 있다.

(3) 일반적 해안

부산의 해안은 양산단층과 울산단층에 지배된 태백산맥의 지맥인 금정산맥과 금련산맥 그리고 김해의 신어산맥의 말단부가 대한해협에 몰입하여 형성된 해안으로, 해안선의 출입이 심한 리아스식 해안의 특색을 나타낸다. 특히 북동, 남서 방향의 양산과 울산단층의 구조곡과 이에 사교하는 북서, 남동 방향의 미세한 구조선이 크고 작은 만입과 하곡을 형성하고 있으며, 이들 만입 및 하곡사이에는 소반도와 두각지, 그리고 섬들이 분포하여 전체적으로 해안선이 복잡한 침수해안의 특색을 나타내고 있다. 또한 부산의 해안은 해안선의 출입이 심한 리아스식 해안으로서 해안을 이루는 구성물질이 다양한 것도 하나의 특색으로 꼽을 수 있다. 부산지역의

12) 해식작용에 의해 형성된 해안가의 절벽을 말한다. 주로 산지가 해안까지 연결된 암석해안에 나타나며, 해식절벽의 위치는 연안에서 일어나는 해양침식의 육지 쪽 한계를 나타낸다. 해식작용에 의해 침식될 때 암석의 단단한 정도에 따라 강한 부분은 바다에 돌출하거나 해안선에서 가까운 곳에 작은 바위섬으로 존재하기도 한다. 시스택(sea stack)이라고도 하는 이러한 바위섬은 한국의 동해안 곳곳에서 찾아볼 수 있으며, 마치 촛대의 형상을 닮았다하여 우리나라에서는 촛대바위라고도 부른다.

13) 파식대는 암석해안에서 육지의 기반암이 파식을 받아 후퇴할 때, 해식애 밑에 형성되는 평평한 침식면이다. 파식대는 해식애의 기저부(맨 아래 바닥)에서 시작되어 저조위(썰물시 해수면) 밑으로 연장되며, 서해안처럼 조차가 큰 해안에서는 썰물 때 파식대가 전부 노출되는 것이 보통이다.

해안을 구성하는 물질이 기반암으로만 되어 있는 암석 해안이 있는가 하면 곳에 따라 수려한 모래로 된 사질해안도 나타나 복잡한 해안선의 형태와 함께 그 성질도 다양함을 알 수 있다.

2) 해안경관과 섬

그림1-8 부산상 컨테이너 및 일반 부두

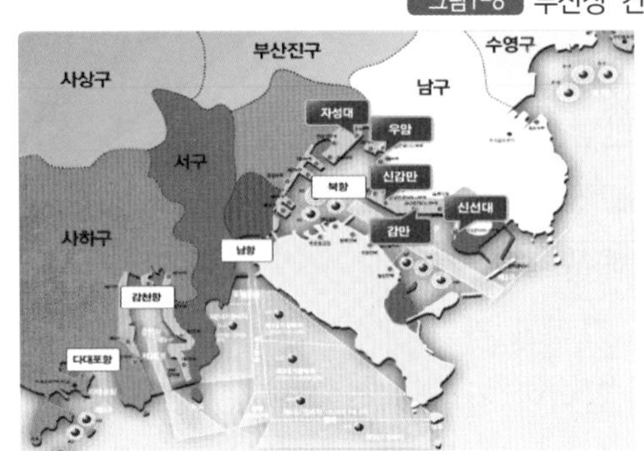

부산항 컨테이너 부두

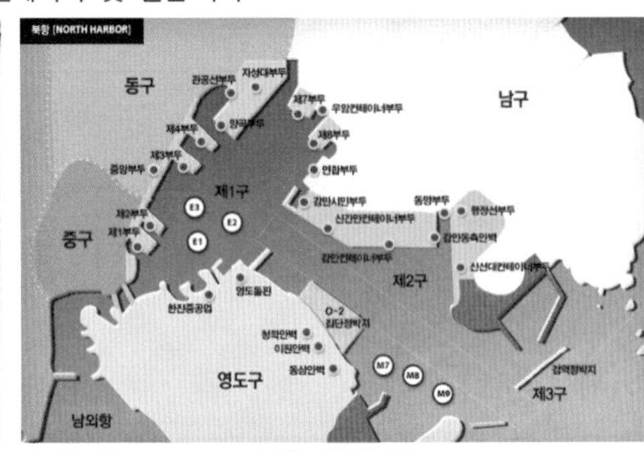

북항 일반부두

자료 : 부산항만공사 홈페이지.

부산의 최대 자산은 해안이다. 전체 해안선 길이가 306.2㎞로, 굴곡이 많은 리아스식 특성을 지니고 있다. 덕분에 해변 경관 및 관광자원이 풍부해 예로부터 절경 중 하나로 꼽혔다. 하지만 급속한 산업·도시화 과정에서 무분별한 해안 매립과 난개발 등으로 천혜의 자연 경관과 해안선이 크게 훼손됐다. 특히 해안 매립지의 고층 빌딩들은 바다 조망을 가로막고 있는 실정이다. 그리고 해안 일대의 노른자위 땅 대부분을 북항과 남항, 감천·다대포항 등 항만지구가 차지하고 있다. 이런 이유로 현재 부산항 모습은 매력 있고 친근하면서 깨끗한 이미지와는 거리가 멀다. 항만공간과 배후 도시 및 주변 환경이 조화를 이루지 못하고, 불결한 느낌을 주기 때문이다. 또 시민과 관광객들이 편리하게 접근할 수 있는 친수·문화공간으로서의 역할도 제대로 못하고 있다. 특히 남구 신선대 유원지~백운포 일대 해안은 이미 대규모 매립으로 해안선이 사라진 지 오래됐다.

이 같은 현상은 일제시대부터 부산항이 항만물류기능 중심으로 조성돼 배후 도시공간과의 관계 및 흐름이 차단된 영향으로 분석된다. 또 해안 경관이 거의 천편일률적인 데다 지역별로 특색 있는 색채를 지니지 못한 데 큰 원인이 있다. 따라서 그동안 항만계획의 미시적인 접근에서 탈피해 이제는 배후 도시와 연계된 항만계획으로 패러다임을 바꾸고, '부산다움'을 보여주는 경관·색채 조성이 절실하다.

부산항 연안여객 터미널(중구 중앙동) 건물의 옥상 전망대, 바다 쪽을 둘러보면 북항과 남항, 영도 일대가 파노라마처럼 한눈에 들어온다. 그러나 해안에 마구 들어선 고층 건축물 등이 경관을 해치고 있다. 특히 바다와 접한 터미널 공간에 화물 야적장이 조성돼 양쪽을 단절시키고 있다. 또 기존 친수공간 및 전망대는 바다와의 연계성 부족, 편의시설 미비 등으로 이용이 미미한 실정이다. 영도 및 남항 지구는 주변 경관과 노후 건물, 상업지역 등이 조화를 이루지 못하고 있다. 낡은 수리조선소 등이 산재한 데다 도로·시설물 색채 계획이 없어 자갈치시장의 관광인프라 구축에 장애요인으로 지적된다. 따라서 주위 환경과의 연계성과 색채 이미지 개선이 필요하다. 무엇보다 봉래동 해안의 창고밀집 지역은 우리나라 조선공업의 발상지로 당시 건축양식을 간직하고 있기 때문에 역사적 건축유물로서 보존할 가치가 있다. 낡은 것을 무조건 없애는 것이 능사가 아니라 역사의 흔적을 느낄 수 있도록 창고건물을 리모델링해 옛 정취를 살리고, 새 기능을 도입해 차별화된 복합친수시설로 꾸미는 방안도 고려되어야 할 것이다.

3) 부산의 주요 섬들[14)]

부산에는 40개가 넘는 섬이 있다. 대부분의 시민들은 부산에 있는 섬 가운데 영도와 조도(한국해양대), 가덕도 그리고 유명한 오륙도 정도를 기억하고 있는 것이 고작일 것이다. 그러나 이름을 잘 모르는 무인도가 부산에도 제법 많이 있다. 특히 부산의 섬은 사하구 다대동에 가장 많이 있으며 그 다음이 강서구 천가동 그리고 강서구 명지동과 남구 용호동에 있다.

우선 영도라는 섬의 명칭은 목장이 있어 목도(牧島)라고 하고, 말이 달릴 때에 그림자가 보이지 않는다고 하여 절영도(絶影島)라고 한다. 1797년 영국 배인 프로비던스호가 처음으로 용당포에 닿았을 때 영도가 육지인 것으로 알고 고라니를 사슴으로 잘못 보고서 사슴섬(鹿島, Deer iland)이라 부르기도 하였다. 조도(朝島, 아치섬)는 아침섬이라는 명칭에서 아치섬이 되었다고 한다. 그밖에 고지도(古智島), 와치도(臥巇島)라고도 한다. 조도는 동삼동 앞에 있는 섬으로 신석기부터 사람들이 거주했던 흔적인 패총이 있는 곳으로 해방 후부터 1960년대 초까지 밀수기지였던 때도 있었으나 현재 국립해양대학교가 그곳에 있다. 태종대 앞바다에 있는 주전자

14) 일간리더스경제신문 2017년 5월 10일자 기사를 재정리 하였다.

처럼 생겼다고 하여 주전자섬이라고 하는 이명 생도가 있다. 정식 명칭은 유분도(鍮盆島)이다. 이 섬에서는 3가지를 금하고 있다. 섬에서 용변을 보지 말 것, 불을 피우지 말 것, 남녀 간에 운우지정을 나누지 말 것 등이다. 아마 어부들이 이 섬을 보호하려는 의도에서 그러한 금지를 유포한 것으로 유추해볼 수가 있다. 또 영도에는 또 하나의 작은 섬이 있다. 청학 1동 앞바다에 갈매기섬이 있는데 정식 명칭은 등며들섬이다.

해운대의 동백섬(冬栢島)에는 해운대라고 쓴 고운 최치원의 친필각자가 새겨진 바위가 있다. 그 옆에는 아름다운 설화를 간직한 황옥공주상이 있다. 송림이 울창하게 우거진 동백섬에는 국제회의를 열었던 누리마루와 최치원 선생의 업적을 기리는 팔각정 등이 있다.

오륙도(부산시 기념물 제22호, 국가 명승지 제24호)는 부산의 관문이자 우리나라의 관문이라고 할 수가 있다. 이곳에는 가마우지 등이 살고 있으며, 그곳 가까이 가면 갈매기들이 배를 따르고 있어 친근하게 보인다. 오륙도가 다섯 섬이냐, 여섯 섬이냐 오랜 논란 끝에 2012년부터 6섬으로 확정했다고 한다. 육지로부터 가까운 섬의 명칭은 방패섬, 솔섬, 수리섬, 송곳섬, 굴섬, 등대섬이다. 이곳의 등대는 가덕도의 등대와 함께 유인등대다.15)

송도와 다대포 사이에 조선시대에는 섬이었다가 지금은 육지가 된 몰운도(沒雲島)가 있다. 저녁석양이 아름다운 몰운대(부산시 기념물 제27호)에서 남쪽으로 약 500m 떨어진 곳에 있는 서도(鼠島, 쥐섬, 축이도, 싸리나무섬)가 있고 그 인근에 동섬과 동호섬과 목도(木島)가 있다. 이 섬은 250m 길이의 해식동굴이 깊숙이 있으며 무인등대가 있는 곳으로 앞으로 많은 사람들이 찾을 관광지가 될 것이다. 다대포의 동쪽 감천 앞에는 솔섬이 있다. 다대포의 동쪽 즉 솔섬의 남쪽에는 경도(鯨島, 龜島, 모자섬)가 있는데 귀항하는 돛단배 모습이라고 표현하는 이도 있다. 파도의 침식에 의해 세 개섬으로 분리되어 있는데, 큰 모자, 중간 모자, 작은 모자로 구분한다. 보는 방향에서 모자, 고래, 거북 등으로 보인다. 송도 앞바다에는 오리섬과 금문도(거북섬) 등이 있다.

부산의 관문 국제공항 후보지로 거론되고 있는 가덕도에는 크게 두 섬이 있는데 가덕도와 눌차도가 있다. 이곳은 충무공의 부산해전이 유명하며, 선사시대 유적도

15) 용호동의 장자산의 승두말이 여섯 마리의 새끼를 낳았는데 그들이 섬이 되어 오륙도가 되었고, 어미는 새끼를 낳고 잘록해져서 '잘록개'가 되었다는 전설이 있다.

있다. 산정에는 봉화대가 있으며, 산허리에는 국군 묘소가 있다. 일제강점기 때의 포진지와 조선 말기의 척화비(斥和碑)까지 있어 섬 전체가 문화유적지인 셈이다. 이제 천성 등으로 가는 배도 사라져 가덕도의 숭어잡이를 더 이상 볼 수는 없다.

4. 낙동강 하구[16)]

강원도 태백에서 시작한 낙동강은 약 525km를 남으로 달리면서 수려한 산과 비옥한 들판을 적시고 홍수에 범람하면서 우포늪과 주남저수지 등의 배후 습지를 만든다. 그리고 부산 화명동과 김해 대동면 즈음에서 낙동강은 서낙동강과 낙동강 본류로 크게 두 갈래로 갈라지면서, 남해바다와 만나는 곳에 너른 평야와 모래섬들을 만든다. 이때 낙동강과 바다가 만나는 그곳이 바로 낙동강 하구이다.

낙동강은 상류로부터 흐르면서 많은 토사를 싣고 와서 하류에 퇴적되어 하중도(河中島) 즉 삼각주를 만들었다. 1530년에 간행된 신증동국여지승람(新增東國輿地勝覽) 제32권 경상도 김해도호부조(慶尙道 金海都護府條)에 부의 남쪽 12리에 있는 덕도는 서낙동과 평강 사이의 긴 하중도이다. 부의 남쪽 10리에 있는 죽도는 지금의 가락동의 죽도가 있다. 부의 남쪽 바다 가운데 40리에 있는 명지도는 바다 가운데에 있어 해중도(海中島)라고 하였다. 이 섬은 큰 가뭄이나 풍우가 있을 때에 우레 같고, 북소리 또는 종소리와 같다고 하여 명지도라고 하였다.

그림1-9 유수에 의한 지형 (자료 : 부산광역시 홈페이지)

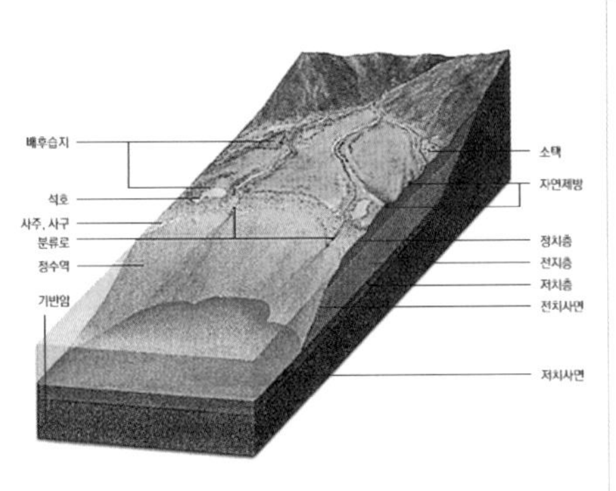

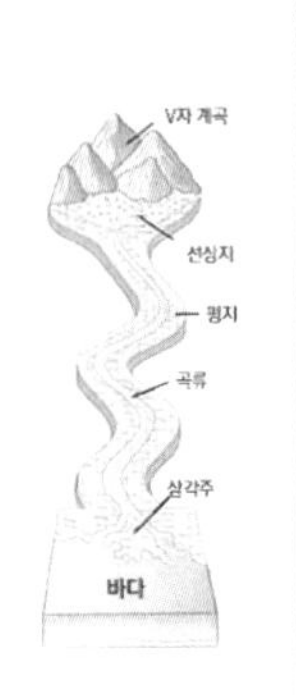

1469년(예종 원년)에 편찬된 경상도속찬지리지 양산군조(慶尙道續纂地理誌 陽山郡條)에 대저도는 남쪽 40리 바다 입구에 있으며 기름진 농토가 가히 백경에 이른다고 하였다. 낙동강의 상류로부터 토사를 싣고 와서 길이가 15km, 폭이 6km나 되는 고구마처럼 생긴 대저도(大渚島), 그 서쪽에 덕도도(德道島), 그 아래쪽에 섬 모양이 보리처럼 생겼다고 하여 맥도(麥島)와 명지도(鳴旨島), 제도(濟島) 등을 형성되어 있다. 이들 섬 때문에 강물이 동서로 두 갈래로 흐르게 되었다. 연이어 맥도

16) 부산광역시 홈페이지(자연/생태정보)에서 인용한 자료이다.

와 명지도, 둔치도(屯致島), 그것들을 이웃한 일웅도(日雄島), 철새도래지인 을숙도(乙淑島) 등이 형성되어 있다.

을숙도의 곁에 시온섬이 있었다. 시온섬과 을숙도 사이에 복판등이 있었다. 이 섬은 부산의 초대시장인 양성봉의 누나인 양할란이 고아원을 운영하면서 갈대밭을 베어내고 개간하면서 시온섬이라 하였다. 을숙도로 가려면 아취형의 나무다리를 건너야 했는데 양 원장이 작고한 후에 고아원은 사라지고 섬도 남의 손에 넘어갔다. 후에 시온섬과 복판등은 을숙도 하구언을 만들 때에 사라졌다.

현재 낙동강 하구에는 쉴 새도 없이 새로운 모래섬이 만들어지고 있다. 이 섬들을 아미산 전망대에서 잘 바라볼 수가 있다. 사하구 다대동과 강서구 가덕도 사이에는 연안사주지형(barrier island, 모래톱, 모래섬)이 만들어져 있다. 등이란 소의 잔등처럼 넓고 평평한 모양을 가지고 있다고 하여 붙여진 이름이다. 이곳에는 갈대 등 수생식물과 게, 조개 등과 같은 수생 생물들이 살고 있어 도요새 등과 같은 철새도래지가 되고 있다. 신호공단 아래에는 진우도가 있고, 명지 거주단지의 아래에는 대마등이 있고, 그 아래에 장지도(옥림등), 신자도(새등)가 있다. 을숙도 아래에는 맹금머리등, 무지개등, 백합등(사자등), 나무싯등, 도요등, 다대등 등이 있다. 연안 가까이의 모래섬을 연안사주라고 한다. 도요등에서 다대포쪽으로 길게 드러나 다대포해수욕장을 가로막고 있는데 이를 '새부리등'이라고 한다. 따지고 보면 조방앞이라고 부르는 범일동 일대는 동천이 만든 일종의 삼각주라고 할 수 있다.

삼각주 주변은 바닷물과 강물이 만나고, 수심이 얕은 갯벌이 넓게 형성되어 많은 플랑크톤과 어류, 패류, 수서곤충이 번식하여 철새의 먹이가 풍부하다. 그리고 예전부터 다양한 수산물의 산지로도 잘 알려진 곳이었는데 주요 생산물들 중에는 김, 굴, 재첩, 소금 등이 유명했었다. 현재는 그 지형과 토지의 이용이 바뀌었지만 남아 있는 지명들에서 과거의 모습을 찾아볼 수 있다.

또한 예전에 비해 수가 크게 줄었지만 천연기념물 179호(1966년 지정) 철새도래지로 지정, 철새들의 보금자리로 이용되고 있고 1988년에는 자연환경보전지역으로, 1999년에는 습지보호지역으로, 2000년에는 부산연안특별관리해역으로 지정되어 관리되고 있다. 특히 부산시는 2018년을 맞이하여 "낙동강 하굿둑 수문운영 개선 및 생태복원 방안"연구용역을 착수하여 2019년부터 실시하는 최종 검증을 통해 낙동강 하구 개방방안과 기수생태계 복원방안을 발표할 예정이다. 하굿둑이 열리고 기수생태계가 복원되는 날도 멀지 않았다.

그림1-10 낙동강 하굿둑 조감도

자료 : 부산광역시 "2019 환경백서", 2020. 1

Ⅲ 기후 및 환경

1. 기후

부산의 기후 평년값(1981~2010년)을 살펴보면, 연평균기온은 14.7℃, 최고기온 18.9℃, 최저기온 11.3℃로 해양의 영향을 주로 받아 연중 온화한 기후를 보인다. 하지만 최근 10년간(2009~2018년) 부산지역의 평균 기온은 15.1℃로 평년에 비하여 0.4℃ 상승하였고, 강수량은 평균 1,544mm로 조사되었으며, 평균풍속은 3.25m/s로 나타났다. 부산은 동아시아 계절풍이 탁월한 유라시아 대륙의 동쪽 한반도의 남동단에 위치하고 있기 때문에 4계절이 뚜렷한 온대기후를 나타낸다. 첫째로 봄은 3월 초순에 시작하여 6월 말경에 끝나는 계절이다. 시베리아 고기압의 세력이 약화됨에 따라 기온이 영상으로 올라가며, 평균기온은 14.9℃로서, 인근 지방인 울산이나 통영지방보다 기온이 높은 편이나, 봄바람이 무척 강하기(평균 4.4m/s) 때문에 체감온도는 상당히 낮아 봄이 없는 것처럼 느껴지는 것이 특징이다. 부산의 봄은 3월이 되면 매화가 만개하고, 중순 이후 민들레가 핀다. 4월에 들어서면 복숭아꽃이 활짝 피고, 제비가 날아들며 개구리가 나온다. 봄에는 일교차가 매우 크고, 이상건조, 황사, 늦서리 같은 특수한 기상현상이 나타난다. 둘째로 여름은 6월 말에 시작하여 9월 초순까지로, 6월 말부터 8월초까지 장마가 시작된다. 7월의 월평균기온은 23.9℃ 이고 기온의 일교차가 5.3℃로서 아주 작은 편이다. 그러나 강수량이 가장 많은 계절로, 연 총 강수량 50 ~ 60%가 내린다. 7월 하순부터 8월 중순까지 일 최고기온 32℃ 이상의 무더위가 수주일간 계속되기도 한다. 또 밤에도 최저기온이 25℃이상이 되어 잠 이루기 힘든 열대야가 수주일간 나타나기도 한다. 셋째로 가을은 9월 초순에서 11월 말까지의 계절로, 대륙의 고기압이 점차 발달하여 부산지역은 맑은 날을 맞는다. 또한 이동성 고기압의 영향으로 날씨가 주기적으로 변하여 9월에 들어서면 아침 저녁으로는 서늘해지기 시작한다. 부산의 9월 평균기온은 21.8℃, 10월은 17℃이나, 11월부터는 한랭한 북서풍이 강하게 불어 기온은 급강하하기 시작한다. 마지막으로 겨울은 11월 말부터 이듬해 2월 말경에 끝나는 계절이다. 시베리아 기단에서 발생한 한랭한 북서계절풍의 영향으로 차고 매서운 바람이 분다. 이로 인해 기온이 자주 영하로 내려간다. 그러나 북서계절풍은 3 ~ 4일을 주기로 강하기도 하고 약해지면서 이른바 '삼한사온'의 현상을 나타내기도 한다. 부산의 겨울 평균기온은 3.8℃정도로서 우리나라에서는 제주도 다음으로 겨울철이 온화하다. 일 최저기온이 0℃ 이하인 일수가 부산은 53일로서 제주도를 제외하고 가장 적다.

그림1-11 부산의 최근 10년 기후 현황(2009~2018년) : 기온/강수량/상대습도/풍속 그래프

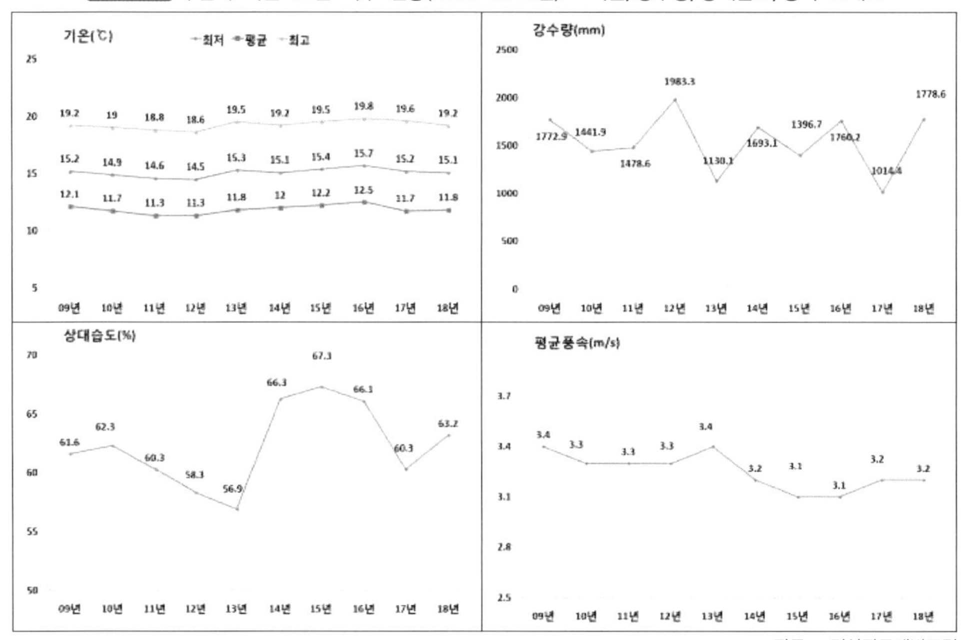

자료 : 기상자료개방포털

무엇보다 2020년은 집중호우, 강한 태풍 등 기후변화에 따른 이상기상 현상이 빈번한 해였다. 특히 2020년 1월과 2019년 겨울철 부울경[17]은 1973년 이래(이하 역대) 기온이 가장 높아 연평균기온(14.0℃)이 역대 일곱 번째로 높았으며[18], 2013년 이후 연속적으로 평년[19]보다 높은 기온을 보이며 온난화 경향을 이어갔다[20]. 게다가 2020년 6월에는 이른 폭염이 한 달간 지속되면서 평균기온이 역대 1위를 기록한 반면에, 7월은 선선했던 날이 많아(45위(하위 4위)) 6월(23.0℃) 평균기온이 7월(22.5℃)보다 높은 기온 역전현상이 처음으로 나타났다. 강수분야에서는 여름철 부울경은 잦은 집중호우로 호우일수[21](4.6일)와 강수량(1207.9㎜)은 역대 1위를 기록했다. 연 누적 강수량(1870.5㎜)은 역대 다섯 번째로 많았다. 1905년부터 2020년 사이 평균기온, 평균 최고기온, 평균 최저기온, 강수량 등 연 평균 부산 기상자료는 아래와 같다.

그림1-12 연 평균 부산 기상자료평균기온, 평균 최고기온, 평균 최저기온, 강수량(1905-2020년)

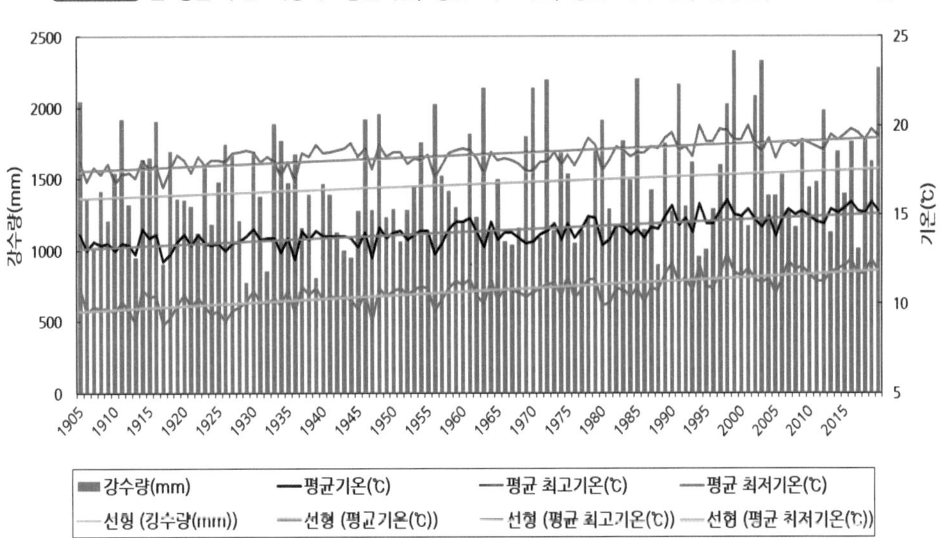

자료 : 부산지방기상청

17) 전국적으로 기상관측망이 확충된 1973년 이래 부울경 지역의 관측값은 7개 지점의 평균(부산, 울산, 거창, 합천, 밀양, 산청, 남해)이다.

18) 연평균기온(℃) 순위: (1위) 2016년 14.4, (2위) 2019년 14.3, (3위) 2007년 14.3, (4위) 1998년 14.3,(5위) 2004년 14.2, (6위) 2015년 14.1

19) 연속된 30년(1981~2010년)동안 관측된 기후학적 자료 평균값이다.

20) 2020년 전지구 평균기온(산업화 이전인 1850~1900년 대비 +1.25℃)은 2016년과 더불어 가장 따뜻한 해로 발표되었다.(ECMWF 산하 코페르니쿠스 기후변화서비스, '21.1.8.)

21) 일강수량이 80㎜ 이상인 날의 일수를 의미한다.

2. 환경 분야 과제

부산 시민들이 꼽은 부산시가 가장 먼저 해결해야 할 환경 분야 제1과제는 대기(공기)인 것으로 나타났다. 이에 따라 앞으로 10년간 부산시 환경 정책은 '대기'에 초점을 두는 것으로 방향이 잡혔다. 또 환경복지에 대한 관심은 점차 증가하고 있지만 도심 내 생태공간은 감소함에 따라 '생태'에도 주력할 계획이다. 생태는 부산 전문가들이 꼽은 부산 환경비전의 제1의 콘셉트이기도 하다.

그림1-13 부산 시민이 바라는 환경정책 선호도

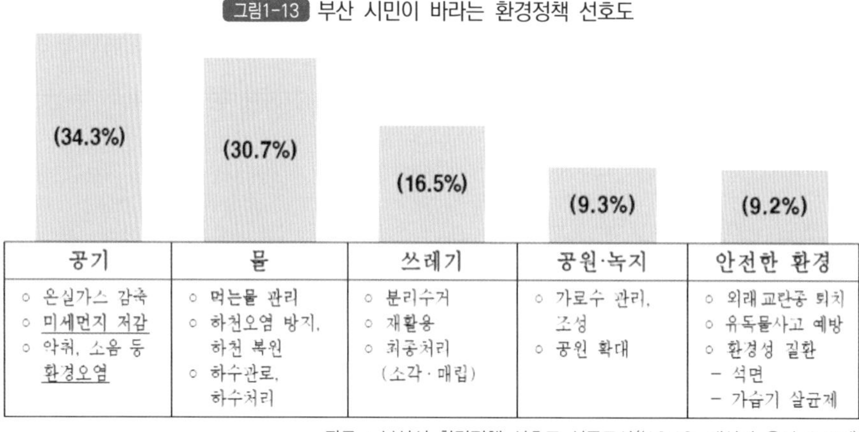

공기	물	쓰레기	공원·녹지	안전한 환경
○ 온실가스 감축 ○ <u>미세먼지 저감</u> ○ 악취, 소음 등 <u>환경오염</u>	○ 먹는물 관리 ○ 하천오염 방지, 하천 복원 ○ 하수관로, 하수처리	○ 분리수거 ○ 재활용 ○ 최종처리 (소각·매립)	○ 가로수 관리, 조성 ○ 공원 확대	○ 외래교란종 퇴치 ○ 유독물사고 예방 ○ 환경성 질환 – 석면 – 가습기 살균제

자료 : 부산시 환경정책 선호도 설문조사('16.10, 대상자 응답 879명)

부산시는 지난 2015년 3월 31일 개최된 '제4차 부산시 환경보전 종합계획 공청회'에서 제시된 향후 10년(2015~2024년)의 부산시 환경 정책과 관련하여 14개 분야, 83개의 중점 과제를 수행하는 데 4조 4천700억 원이 들 것으로 예상된다고 밝혔다. 우선 대기 분야에서 부산시는 △대기오염물질과 온실가스의 통합관리체계 구축 △동남권역 광역 대기관리협의체 구성과 운영 △원인 규명을 통한 효과적인 미세먼지 관리 방안 마련 등 14개의 주요 사업을 이행한다. 특히 부산시의 경우 미세먼지나 초미세먼지의 발생 원인이 제대로 규명되지 않았고 원인별 기여도 또한 제대로 조사돼 있지 않아 이에 따른 대책 수립에 어려움을 겪어왔다. 부산시는 지난 3차 환경보전 종합계획(2010~2019년)에서도 대기 분야의 미이행된 사업이 5개로, 에너지 분야와 함께 가장 많았다.

도심 대기오염(미세먼지, 오존)으로 인한 조기 사망 증가는 'OECD 환경전망 2050'에서 적색 신호등(Red Light·현재 잘 관리되고 있지 않아 악화되는 상태에 있으며 긴급한 관심이 필요한 이슈)으로 분류될 만큼 시급한 사안이다. 실제로

2015년 부산시민 1천 명을 대상으로 실시한 시민환경 의식 조사에서 시민들은 '우선적으로 해결해야 할 환경 분야'와 '앞으로 주력해야 할 환경 분야'로 대기(공기)를 가장 많이 꼽았다.

생태와 관련해서는 부산시가 오는 2024년까지 '시·도 생태경관 보전지역'을 6곳 지정하는 등 자연환경자원의 보전에 나설 방침이다. 또한 도시 개발로 스카이라인이 파괴되고 해안과 하천이 인공화 되고 있는 만큼 '우수 자연경관'을 선정해 명소화 하는 방안도 추진된다. 부산시가 현재까지 파악하고 있는 우수 자연경관은 일광해성단구, 이기대 파식대 등 해안경관 38곳과 산지경관 104곳, 하천경관 87곳 등 모두 229곳이다. 환경단체들은 그러나 부산시의 계획에 미흡한 부분이 많다며 보완을 요구하고 있다. 즉, 서울시의 경우 17곳의 생태경관보전지역이 지정돼 있고 서울시 면적의 1%를 생태경관보전지역으로 지정한다는 목표를 세워두고 있는데, 부산의 경우 아직 한 곳도 없는 데다 이번 4차 계획에서도 10년간 6곳은 너무 적다며 보완을 요구했고, 낙동강 하굿둑 개방과 관련한 내용도 계획에 빠져 있다며 수정을 요구했다.

3. 7대 도시 중 최악인 부산의 미세먼지 문제[22]

부산지역에서 미세먼지 주의보가 발효된 날이 2016년 들어 전국 7대 도시 가운데 가장 많았던 것으로 드러났다. 이는 결국 대기질 악화로 호흡기 환자가 급증하는 등 시민 피해로 이어지게 된다. 지난 2016년 5월 29일 한국환경공단에서 발표한 자료에 따르면 2016년 1월부터 5월까지 부산지역에 '(초)미세먼지 주의보'가 발효된 날은 모두 10일인 것으로 나타났다. 이는 7대 도시 가운데 인구가 가장 많고 대기 질이 나쁜 것으로 알려진 서울과 인천(6일)의 배에 달하는 기록이다. 특히 초미세먼지 농도는 전국 39개 권역 중 세 번째로 높았던 것으로 확인되었다. 연평균 미세먼지 농도는 수도권을 포함해 타 도시에 비해 낮은 수준이지만, 순간적으로 대기가 나빠지는 날은 더 많았다는 얘기다.

이처럼 부산이 유독 미세먼지 주의보가 잦은 이유로는 지형적 특성을 들 수 있다. 무엇보다 내륙 곳곳에 높은 산이 위치해 지역으로 유입된 오염물질이 빠져나가지 못하고 도심에 갇힌다는 뜻이다. 그리고 해안 도시의 특성상 해륙풍 재순환에 따른 영향도 있다. 미세먼지 농도가 가장 높았던 지난 8일에는 한반도를 빠져나가

22) 국제신문 2016년 5월 29일자 기사를 재정리하였다.

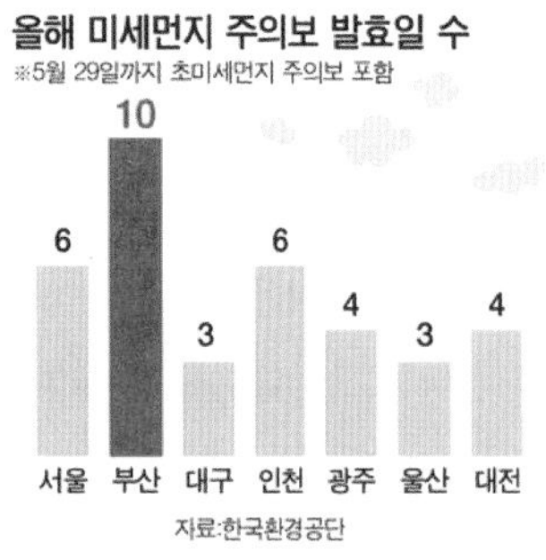

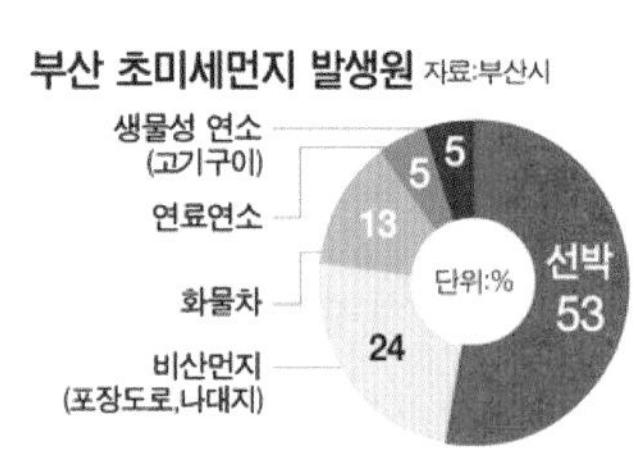

던 미세먼지가 바다에서 부는 남서풍의 영향으로 다시 밀려와 지역을 뒤덮었다.

초미세먼지 발생에는 연무나 안개의 영향이 큰 것으로 분석된다. 부산보건환경연구원 도우곤 박사는 "황산가스나 질산가스가 수분과 응결합하는 2차 반응으로 초미세먼지가 생기는데, 부산에서 발생하는 양의 절반가량을 차지한다"고 설명했다.

최근 미세먼지의 주범으로 지목되는 경유차도 문제다. 현재 부산 도로 위를 달리는 경유차는 총 46만 5489대로 전체 차량의 36.5%이다. 특히 부산은 컨테이너를 실은 트레일러 차량 등 대형 화물 차량이 많아 대기오염이 심화된다는 지적을 받고 있다. 항만을 드나드는 선박에서 배출하는 대기오염 물질도 초미세먼지 52.7% 미세먼지 24.7%를 차지하고 있지만, 비용 문제로 연료 교체에 어려움을 겪고 있다. 문제는 부산의 미세먼지 문제가 심각하지만 시의 저감대책은 예산과 인력 부족으로 실효성을 거두지 못하고 있다는 것이다.

해항도시 부산의 역사적 기원과 변모

2장

부산은 한반도를 중심으로 보았을 때 지리적으로 남단에 위치하고 있다. 그러나 시야를 좀 더 넓혀 한반도가 아닌 동북아 전체의 지형 속에서 보면 부산은 동해, 남해, 서해를 끼고 한·중·일 삼국의 중앙에 위치함을 알 수 있다. 중심과 주변은 이처럼 보는 시각에 따라 많은 차이를 낳는다. 따라서 부산이 21세기의 세계적 해항도시로 성장하기 위해서는 부산 시민들 스스로가 대한민국의 주변이 아닌 동북아의 중심된 위치에 부산이 자리 잡고 있다는 인식의 전환이 필요하다.

부산은 누구나 알고 있듯이 대한민국 제일의 해항(海港)도시이다. 하지만 해항도시가 정작 어떤 기능과 역동성을 갖고 있는지 부산시민들도 잘 알지 못한다. 해항도시에서 항(港)은 어원상 통(通)과 같은 의미를 갖고 있다. 다시 말해 해항도시는 육지와 해양이 만나는 곳에 위치하여 해양과 육지 사이에서 끊임없이 일어나는 문화와 물자, 다양한 인간들의 교류가 펼쳐지는 공간이다. 따라서 세계 각 지역에서는 역사적으로 상호 다른 문화들이 접촉하고 그 과정에서 새로운 문화변용들이 일어난 많은 해항도시들이 존재했고, 지금도 국가간 교류에서 해항도시들은 중요한 역할들을 담당하고 있다. 그러나 부산과 같이 전근대로부터 현재까지 몇 백년간 변함없이 국가간 교류에서 장기지속적인 생명력을 지녔던 해항도시들은 많지 않다. 21세기 지구화의 흐름 속에서 부산이 어떻게 동북아의 허브항으로 발전할 수 있을 것인지 해항도시 부산의 역사적 기억을 되돌아봄으로써 향후 부산이 나아갈 방향성에 도움을 주고자 한다. 본 장은 책 전체의 편제상 근대시기까지로 서술을 한정하였다.

I 선사시대와 삼한·삼국시대

부산은 후기구석기시대(B.C. 18,000년경)부터 사람들이 살았던 곳으로 해운대구 청사포와 좌동 신시가지 등에서 그 흔적을 발견할 수 있다. 이후 신석기시대 유적지로서는 영도구의 동삼동(東三洞), 조도(朝島), 영선동(瀛仙洞) 등을 비롯해 여러 곳에서 발굴된 유물을 통해서 확인할 수 있다. 특히 동삼동패총(B.C. 6,000~B.C. 1,000)에서는 일본의 북큐슈 지역에서 많이 발견되는 흑요석(黑曜石)과 죠몽(繩文) 토기 등이 출토되어 부산과 일본의 교류가 신석기시대부터 활발하였음을 알 수 있다. 청동기문화 역시 십여 곳이 넘는 여러 곳에서 발견되었는데 시기적으로 기원전 1,000년 전후의 유물과 유적들이 많다.

이후 철기시대 초기의 대표적 유적지은 동래구 낙민동의 동래패총을 꼽을 수 있다. 동래패총에서 발견된 야철 시설과 일본의 하지끼(土師器)계 토기 등은 이곳이 일찍부터 수영강을 통해서 왜(倭)와의 교류가 빈번하였음을 보여준다. 우수한 철기문화를 바탕으로 부산에서 고대국가가 발전하였음은 동래 주변의 복천동고분군과 연산동고분군 등을 통해서 알 수 있다. 4~5세기의 무덤이 주류를 이루는 복천동고분군은 삼한·삼국시대 중에서 단연 돋보이는 유적지로, 변한(弁韓) 지역의 여러 소국(小國) 가운데 강력한 고대국가가 복천동을 중심으로 존재했음을 증명한다. 5세기 후반에 만들어지기 시작한 연산동고분군 또한 최근의 발굴을 통해 그 실체를 드러내고 있다. 2만 여점에 이르는 복천동고분군의 유물과 18기의 큰 무덤에서 나온 연산동고분군의 유물들은 당시 부산지역 고대국가의 정치세력을 이해할 수 있는 유익한 정보들을 제공해 준다. 특히 복천동고분군에서 출토된 유물을 통해 가야와 신라, 왜(倭) 등이 활발히 교류하였음을 알 수 있다.[23]

그림2-1 돌덧널무덤(竪穴室石槨墓)인 복천동53호 고분

『삼국사기』와 『동국여지승람』등의 기

23) 부산은행, 『부산, 역사향기를 찾아서』, 부산은행, 2005, pp.15~46.

록에 의하면 삼국시대 부산에는 거칠산국(居柒山國), 장산국(萇山國), 내산국(萊山國) 등으로 불렸던 소국(小國)들이 있었던 것으로 전한다. 현재 이들 소국이 별개의 것인지 동일 소국에 대한 다른 명칭들인지 명확하지 않다. 동래(東萊)의 명칭 역시 변진한(弁辰韓) 지역에 있었던 24개의 소국 중 하나였던 독로국(瀆盧國)에서 '독로→동로→동래'로 변한 것으로 보는 것이 일반적이다. 이렇게 보면 현재 사용하는 '동래'의 명칭에 부산지역 고대국가의 비밀이 숨어 있어 흥미롭다. 우리나라에서 현재 사용하는 많은 행정명칭과 지명들은 신라 경덕왕 16년(757년)에 채택한 글로벌화 정책에 따라 한자 지역명으로 바꾸면서 사용된 것들이 많다. 부산의 옛 행정 명칭인 동래군(東萊郡)은 역시 경덕왕 때 사용되기 시작하였으며 이때 당감동 일대에 있었던 대증현(大甑縣)은 동평현(東平縣)으로, 갑화량곡(甲火良谷)은 기장현(機長縣)으로 각각 개칭되어 동래군에 예속된 속현(屬縣)이 되었다.24)

그림2-2 연산동고분군 출토 유물

Ⅱ 고려시대

신라말 고려초 동래지역의 정치적 상황이 어떠했는지 구체적인 상황을 파악하기는 어렵다. 그러나 후백제의 견훤이 절영도(絶影島, 현 영도)의 명마 한 필을 왕건에게 보낸 기록이 남아 있는 것으로 보아 동래는 견훤의 영향권 아래 있었던 것으로 생각된다. 이러한 배경 때문인지 동래는 고려 현종 9년(1018년) 독립된 군으로서 지위를 상실하여 울주(蔚州, 현 울산)에 예속된 속현으로 전락하게 되고 과거 동래군에 속했던 동평현과 기장현 역시 양주(梁州, 현 양산)와 울주 등에 각각 편입된 속현으로 그 지위가 떨어졌다. 이를 통해 고려전기 동래지역이 중앙권력으로부터 소외되어 있었음을 짐작할 수 있다. 그러나 이런 상황이 오래간 것 같지는 않다. 왜냐하면 동래 정씨(鄭氏) 출신 토호세력의 후예로 고려 의종 때 정치적 사건에 연루되어 고향 동래에 유배되어 우리에게 잘 알려진 고려가요 정과정곡(鄭瓜亭曲)을

24) 부산광역시 동래구, 『동래구지』, 1995, pp.244~246.

지었던 정서(鄭敍)의 조부 정목(鄭穆)이 고려 문종 26년(1072년) 과거에 급제, 이어서 정서의 부친 정항(鄭沆)이 숙종 7년(1102년) 과거에 급제한 것들을 통해 대략 11세기 후반 무렵 동래는 독립군으로 승격한 것으로 생각된다.[25]

그림2-3 수영구 망미동 산 7-2번지에 위치한 정과정(鄭瓜亭)

한편 고려시대에는 경상도, 전라도, 충청도 지역을 중심으로 일반 촌락과 달리 차별대우를 받았던 특수 행정구역인 향(鄕)과 부곡(部曲) 등이 많았다. 동래지역 또한 예외가 아니었다. 동평현에서는 확인되지 않지만 동래현에는 한 개의 향(生川鄕)과 네 개의 부곡(古智島·調井·兄邊·富山), 기장현에서는 향은 없고 동래현과 마찬가지로 네 개의 부곡(古村·結於·沙良村·沙也) 등이 각각 있었다. 향과 부곡에 거주한 지역민들은 기본적으로 양인(良人)과 동일한 신분이었으나 거주 이전의 자유가 제한받았고 국가로부터 과중한 수탈의 대상이 되었다는 점에서 일반민들과 차별화되었다. 고려시대의 향과 부곡 등은 12세기의 사회변동과 일반민들의 저항에 의해 고려후기에 이르면 사라지게 된다.[26]

고려후기 동래지역의 상황을 보면 1271년 삼별초가 동래를 점령한 것으로 보아 한때 삼별초의 영향권 아래에 있었던 것으로 여겨진다. 특히 고려말 왜구의 침략으로 삼남지역은 그 피해가 극심하였는데 부산의 경우 당감동의 동평현과 가덕도, 기장현 등이 여러 차례 왜구의 침략을 받았고 이 과정에서 기장현의 경우 옛 읍성(邑城)이 함락되기도 하였다. 왜구의 침략에 대해 고려 조정에서는 일본에 사신을 보내 외교적으로 대응하는 한편 직접 왜구를 격퇴하는 강온 양면책을 펼치면서 군사적 요충지였던 해안가 중요 지역에는 성(城)을 쌓게 된다. 그 결과 우왕 13년(1387년) 박위(朴葳) 장군의 지휘 아래 그 동안 황폐화되었던 동래읍성이 둘레 3,090보, 높이 13척으로 개축되어 동래지역을 방어하는 요새로서 기능을 담당하기도 하였다.

25) 부산광역시 동래구, 『동래구지』, 1995, p.249, p.258.
26) 부경역사연구소, 『부산의 역사』, 2003, 선인, pp.56~61; 기장군지편찬위원회, 『기장군지』(상), 2001, pp.220~223.

Ⅲ 조선시대

현재 사용하고 있는 부산(釜山)의 지명은 조선시대부터 본격적으로 사용되기 시작하였다. 15세기 전반만 하더라도 부산포(富山浦)로 불렸는데 '부산(富山)'의 명칭 자체는 앞서 보았던 고려시대 동래현에 있었던 '부산(富山)부곡'과 밀접한 관련성이 있었다. 그러나 15세기 후반에 이르러 현재 동구 좌천동에 위치한 '시루 모양의 산' 증산(甑山)의 모양새를 본떠 '가마 부(釜)'를 사용하여 부산(釜山)으로 부르게 되었다. 조선시대 부산포(釜山浦)는 독립된 행정 구역은 아니었다. 원래 동래현과 그 속현이었던 동평현의 관할 아래 있었다. 1547년 동래현이 동래도호부(東萊都護府)로 변경된 이후에도 계속해서 부산포는 동평현에 포함되어 있었다. 동래도호부는 한때 동래현(1592~1599년)이 되기도 하였으나 1599년 이후부터 근대적으로 지방제도를 개편한 1895년 갑오개혁기까지 동래부로 존속하였으며 동래부사(東萊府使)가 그 업무를 담당하였다.[27]

그림2-3 『해동제국기』 속의 부산포(富山浦). 사진 가운데 왜관(倭館)의 위치를 통해 증산 아래에 부산포왜관이 있었음을 알 수 있다.

부산은 조선전기 일본과 교역할 수 있는 창구가 설치되면서 새로운 전기를 맞는다. 조선은 태종 7년(1407년) 부산포와 웅천의 내이포(乃而浦, 薺浦, 현 웅천) 두 곳에 왜관(倭館)을 설치하여 일본과 교역을 허락하였다. 그러나 왜구의 침탈이 계속되자 세종은 1419년 이종무 장군을 앞세워 왜구의 근거지였던 쓰시마(對馬島)를 정벌하였다. 이후 왜의 국교 재개 요청에 따라 세종 5년(1423년) 부산포와 내이포, 세종 8년(1426년) 염포(塩浦, 현 울산) 등에 왜관을 설치하였다. 이로서 부산, 웅천, 울산 등지의 삼포왜관(三浦倭館)이 운영되었다. 삼포왜관 중 당시 대일교역의 중심지였던 곳은 제포, 곧 웅천이었다. 조선전기 부산포에 설치된 왜관의 위치는 성종 때 편찬된 『해동제국기』에 수록된 지도를 통해서 알 수 있다. 성종 25년(1494년) 부산포왜관에는 항상 거주했던 왜인을 지칭한 항거왜인(恒居倭人)이 127호 453명이 거주하였는데 당시 삼포에 거주한 항거왜인의 전

27) 최해군 지음, 『내사랑 부산바다』, 부산광역시, 2001, 65~73쪽; 부산광역시 동래구, 앞의 책, pp.280~283.

체 수는 3,105명이었다. 삼포왜관의 왜인들은 항거왜인을 비롯해 사절로 들어오게 되는 사송왜인(使送倭人), 교역을 담당한 흥리왜인(興利倭人) 등이 빈번하게 출입을 하였다. 부산포의 항거왜인 중에는 상인뿐만 아니라 유녀(遊女)들도 있었는데 이들은 일본에서 외교사절이 오면 호객행위를 했으며 다른 포구의 일본인들까지 부산포왜관에 와서 술을 마실 정도로 부산포왜관의 왜인들은 나름의 자유로운 생활을 하고 있었다. 이 뿐만 아니라 부산포왜관에는 3,4개의 사찰에 5,7명의 승려가 머물기도 하였으며 항거 왜인들은 동래온천을 즐기기도 하였다. 왜관은 교역이 이루어지는 곳으로 서울의 부자나 장사꾼들이 부산포왜관과 일본인 거리였던 왜리(倭里) 등에서 짧게는 1,2년 길게는 3,4년 동안 머물면서 상업활동을 했다. 단편적 기록들이기는 하지만 이런 내용들을 통해 조선 전기 부산포왜관은 현재 우리가 생각하는 것 이상으로 한일 간의 경제적 교역과 문화적 교류가 이루어졌던 공간이었다.[28)]

한편 조선은 세종 25년(1443년) 왜와 '계해약조(癸亥約條)'를 체결하여 무역선의 수와 교역량을 제한하였다. 하지만 조선정부의 감시와 무역량의 제한에 불만을 품었던 왜인들은 중종 5년(1510년) 삼포왜란(三浦倭亂)을 일으켜 왜관 주위의 조선들에게 많은 피해를 입혔다. 이에 조선은 삼포왜관을 폐쇄하지만 2년 후 중종 7년(1512년) '임신약조(壬申約條)'를 통해 제포의 왜관만 운영하다가 1547년(명종 2년) 제포왜관을 폐쇄하고 부산포왜관만 설치하게 된다. 부산포왜관은 1592년 임진왜란이 발생할 때까지 증산(甑山) 아래쪽에 위치하였으나 임진왜란으로 폐쇄된다. 일본군의 침략으로 부산포에서 시작된 임진왜란은 7년 동안 지속되면서 조선에 막대한 피해를 주었다. 자연히 조선과 일본은 불구대천지 원수가 될 수밖에 없었다. 그러나 만주에서 여진족이 흥기하고 명이 약화되면서 동북아의 국제질서가 변화하자 조선과 일본은 상호간 국내외 질서의 안정을 위해 국교정상화를 모색하게 된다. 특히 토요도미 히데요시(豊臣秀吉) 사후 일본에 들어선 도쿠가와막부(德川幕府)는 조선과의 국교정상화에 적극적이었다. 이에 선조 36년(1603년) 절영도왜관이 설치되어 몇 년간 임시로 운영되다가 선조 40년(1607년) 부산에 두모포(豆毛浦)왜관이 세워지면서 절영도왜관은 폐쇄된다. 두모포왜관의 위치는 현재 동구청을 중심으로 1만 평의 규모였다. 시기별로 차이는 있었으나 적게는 300명 많게는 1,000명의 왜인들이 머물기도 하였다. 지형적으로 두모포왜관의 동문 밖에는 좌천(佐川)이 흘렀

28) 김동철, 15세기 부산포왜관에서 한일 양국민의 교류와 생활,『지역과 역사』제22호, 2008, p.41, pp.43~46; 김강식,『문화교섭으로 본 임진왜란』, 선인, 2014, pp.61~70.

그림2-4 조선시대 한일교역의 창구 역할을 했던 초량왜관

는데 이곳의 왜인들은 조선과 일본의 무역량이 증가하자 왜관이 협소함을 내세워 기회 있을 때마다 왜관을 넓은 장소로 옮겨 줄 것을 조선정부에 호소하였다. 마침내 조선 정부는 왜인들의 간청을 수용하여 숙종 4년(1678년) 용두산을 중심으로 10만 평 규모의 초량왜관을 새롭게 설치하게 된다. 초량왜관은 1876년 개항할 때까지 200여 년간 조선과 일본을 연결하는 교역 창구로서 중요한 역할을 담당하였다. 일본이 네덜란드와 교역을 하였던 나가사키의 데지마(出島)가 4천 평 정도였던 것과 비교하면 당시 초량왜관이 얼마나 큰 규모였는지 짐작할 수 있다.[29]

초량왜관 안에는 56개 정도의 건물이 있었다. 이들 건물은 용두산을 중심으로 오른쪽의 동관(東館)과 서쪽의 서관(西館)으로 구분되었다. 동관에는 왜관의 최고 수장이 머물렀던 관수가(館守家), 정기적 시장이 열렸던 개시대청(開市大廳), 외교를 담당했던 재판가(裁判家), 사찰인 동향사(東向寺), 왜관에 출입하던 배를 관리한 빈번소(賓番所), 뱃사공의 숙소와 창고 등이 있었고 서관에는 일본에서 파견된 외교사절이 머물렀던 삼대청(三大廳)이 있었다. 삼대청은 동대청, 중대청, 서대청 등 세 개의 큰 건물로 구성되어 있었고 각 대청에는 부속건물로서 행랑이 길 건너편에 두 개씩 있어 육행랑의 구조로 되어 있었다. 이밖에 용두산 자락에는 몇몇의 신사(神社)가 있었으며 왜관 밖 북쪽에는 외교사절들을 접대했던 연향대청(宴享大廳, 현 광일초등학교 자리)이 있었다. 오늘날 대청동의 지명은 연향대청에서

29) 양흥숙, 한일문화 교류의 큰 문(門), 부산의 초량왜관(草梁倭館), 『해항도시 부산의 재발견』, 한국해양대학교 국제해양문제연구소 엮음, 2014, pp.41~46.

유래한 것이다.

초량왜관에는 시기별로 차이가 있었으나 대략 300~500명 내외의 왜인들이 거주하였고 조선전기와 달리 남자만 거주하도록 되어 있었다. 따라서 조선인 여자와 왜관의 일본인이 만나는 것은 법으로 금지되어 있었다. 그러나 음양이 떨어져 있을 수 없는 것처럼 왜인과 조선인 여자들 사이의 교간(交奸)사건이 끊임없이 발생하기도 했다. 왜관의 출입은 정문인 수문(守門)을 통해서 이루어졌는데 조선정부는 왜인과 부산주민들의 접촉을 경계하여 1709년(숙종 35) 설문(設門)을 설치하여 초량왜관과 설문 사이에 있었던 조선인 마을을 설문 밖으로 옮겨 오늘날 초량에 해당하는 지역으로 이주시켰다. 그리고 기존의 흙담 대신 높이 2미터의 돌담으로 초량왜관을 둘러싸고 그 주변 초소인 복병막을 6곳에 설치하여 왜관의 출입을 엄격히 통제하였다.30)

초량왜관의 개시대청에서는 한 달 여섯 번 동래상인과 일본인 사이에서 교역이 이루어졌다. 교역품은 시기별로 차이가 있었는데 조선전기에는 인삼과 중국산 비단, 목면 등이 주로 일본으로 수출되었다. 특히 고려후기 문익점을 통해 국내로 유입된 목화는 이후 빠른 속도로 전국에 확산되어 조선전기가 되면 각 지역에서 목면을 재배하게 된다. 하지만 일본은 조선보다 목면 재배가 100여 년 정도 늦었다. 그 결과 조선전기에는 왜관을 통해 많은 목면이 일본으로 수출되기도 하였다. 이후 17~18세기 기간에는 인삼과 중국산 비단 및 비단실 등이 일본으로 수출되었고 일본으로부터의 수입품은 은과 구리, 동남아에서 오키나와를 거쳐 일본으로 유입된 동남아시아 산 물소뿔(水牛角), 단목(丹木) 등이었다.

왜관을 통해 조선으로 들어온 물소뿔은 활을 만드는 중요 재료로 사용되었고 단목의 경우 뿌리는 약재로, 줄기는 염료의 원료로 활용되었다. 물론 일본으로부터 수입된 물품 중에서 제일 가치 있었던 것은 역시 은(銀)이었다. 왜냐하면 조선은 은(銀)을 매개로 중국과 일본 사이의 중개무역을 통해 많은 이득을 취할 수 있었기 때문이다. 그러나 19세기가 되면 조선에서 수출품은 소가죽, 소의 뿔과 발톱, 황금(黃芩), 마른 해삼 등이 주류를 이루게 되고 일본에서 수입품은 구리 등이 중심 물품으로 바뀌었다. 특히 일본으로부터 수입된 구리는 조선후기 국내에서 동전(銅錢)을 제작하는데 중요한 원료 사용되기도 하였다. 이처럼 조선시대 왜관을 통한 한일교역에서 시기별로 무역품에 차이가 있었던 것은 17세기 후반 일본이 나가사키(長

30) 부산은행, 앞의 책, 2005, 219~222쪽; 최차호 지음, 『초량왜관』, 어드북스, pp.83~122.

崎)를 통해 중국과 직접 교역을 하게 되고, 18세기 초에 이르러서는 마침내 일본 또한 조선에서 빼내간 인삼의 인공 재배에 성공했기 때문이다. 우리가 중국으로부터 몰래 목화를 갖고 왔던 것처럼 일본 또한 조선의 인삼을 극비리에 가져갔던 것은 어째보면 당연한 이치였는지 모른다.

한편 조선후기 대일무역에서 독점권을 행사한 상인들은 흔히 내상(萊商)으로 불렸던 동래상인들이었다. 동래상인들 중에는 서울상인과 개성상인들이 다수 포함되어 있었다. 초량왜관에는 이들 동래상인들의 공식적 교역뿐만 아니라 매일 아침 수문(守門) 앞에서 왜인과 부산지역민들 사이에 쌀과 채소, 생선의 거래가 이루어졌다. 초량왜관은 조선과 일본의 외교적 업무와 경제적 교역만 이루어졌던 공간이 아니었다. 문화적으로 활발한 한일간의 교류가 일어나는 곳이기도 하였다. 초량왜관을 통해 한국의 음식과 그림, 각종 의학서 등이 일본에 전해졌고 일본의 대표적 음식 중의 하나였던 스키야키(鋤燒), 양산(洋傘), 양질의 종이였던 미농지(美濃紙) 등이 유입되어 국내에 보급되기도 하였다.[31] 조선 정부는 공식적으로 바다를 통한 외국과의 교역을 금지한 해금(海禁)정책을 실시하였다. 그러나 초량왜관은 예외적 공간으로 한일간의 물자, 문화, 사람들의 교류가 활발하게 이루어진 소통의 공간이었다. 물론 조선정부는 왜관을 통해 양국 간의 성신교린(誠信交隣)을 유지하면서도 한편으로는 임진왜란을 교훈으로 삼아 일본에 대한 경계심을 결코 늦추지 않았다. 조선정부의 이러한 대일본 정책은 현재에도 유효하다고 할 것이다.

세계사적으로 볼 때 많은 해항도시들이 동서양을 연결하는 교역의 창구로서 기능을 담당하였다. 그러나 초량왜관처럼 한 곳에서 200여 년간 장기 지속적으로 교역이 이루어졌던 곳은 많지 않다. 더구나 조선전기부터 있었던 부산포왜관을 시작으로 두모포왜관, 초량왜관 등에 대한 새로운 이해와 접근은 그 동안 근대국민국가의 출현과 함께 자리 잡게 된 일국사 중심의 역사이해 방식에서 벗어날 수 있는 많은 단서들을 제공할 것이다. 따라서 과거 초량왜관을 둘러싼 부산지역민과 왜인들의 다양한 삶과 문화교류에 대한 이해는, 국가 간의 한일관계가 아니라 21세기 동북아의 지역민으로서 한국인과 일본인이 성신(誠信)으로 새롭게 소통하고 조우할 수 있는 많은 정보들을 제공해 준다는 점에서 소중한 역사적 자산임에 틀림없다.

31) 초량왜관의 구체적인 실상에 대해서는 다시로 가즈이(田代和生) 지음, 정성일 옮김『왜관』, 논형, 2005; 양흥숙『조선후기 東萊 지역과 지역민 동향-倭館 교류를 중심으로-』, 2009, 부산대학교 대학원 사학과 박사논문, 제2장~제4장 참조.

Ⅳ 개항과 일제강점기

부산은 앞서 보았듯이 지리적으로 일본과 가까웠기 때문에 조선 건국 이후 400여 년 가까운 세월 동안 왜관이 존속할 수 있었다. 그 결과 근대의 길목에서 부산은 최초의 개항장이 될 수 있었다. 1876년 2월 체결된 강화도조약에 의해 부산은 마침내 1877년 개항장으로서 문호를 개방하게 된다. 이에 옛 초량왜관의 구역은 근대법적 치외법권이 작동하는 일본인의 전관거류지(Concession)로 탈바꿈하게 된다. 이후 일본은 부산의 전관거류지에 영사관, 경찰서, 거류지역소, 상업회의소, 금융기관, 병원 등과 같은 각종 관공서와 편의시설들을 설치하였다. 그 결과 부산은 개항 이후 일제강점기를 거치면서 오늘날 동광동, 중앙동, 광복동, 남포동 지역을 중심으로 근대적 식민도시로 변화하게 되었다. 근대적 식민도시 '부산'의 탄생은 내륙의 전통도시 '동래'의 쇠락을 의미하였다. 신흥도시 '부산'의 급부상과 전통도시 '동래'의 몰락은 공간적으로 부산과 동래가 분리된 식민지 이중도시의 전형을 낳게 된다.

부산항은 넓은 해안선에 방파제 기능을 하고 있는 영도가 대양을 막고 있어 마치 남항과 북항은 각각의 만(灣)으로 기능을 할 수 있는 이점을 갖고 있다. 그러나 해안선과 맞닿은 육지 쪽의 넓은 배후지가 없으며 산으로 둘러 싸여 있다는 단점 때문에 도시의 확장을 위해서는 바다를 메우는 작업이 불가피하였다. 따라서 식민도시 부산의 도시 공간 확대는 바다를 메우는 매축공사와 함께 시작되었다. 부산항의 지형을 바꾼 매축은 오늘날 부산데파트로부터 부산우체국, 중앙동의 세관 일대를 메우는 북빈(北濱)매축공사(1902~1908), 중부경찰서에서 영주동사거리까지 뻗어 있던 영선산(營繕山)을 무너뜨리는 영선산착평(營繕山鑿平)공사(1909~1913), 부산진일대와 자성대 앞쪽 그리고 우암동 앞바다를 매축한 부산진매축공사(제1기 1913~1917, 제2기 1926~1937), 적기만 일대를 메운 1기~3기 적기만매축공사(1934~1944), 이밖에 영도 대교동 일대를 매축한 대풍포(待風浦)매축공사(1916~1926), 현재 자갈치를 포함한 남포동, 충무동, 남부민동 일대를 메축한 남빈(南濱)매축공사(1930~1938), 영도를 육지와 연결하는 절영도대교가설공사(1932~1934), 부산역 앞쪽 바다를 메운 부산항 제3기 및 4기 축항매축공사(1936~1945) 등이 일제강점기 동안 계속해서 진행되어 현재 중앙동에서 자성대 앞을 지나 감만동에 이르는 해안선이 생겨나게 되었다.[32]

매축을 통한 도시공간의 확대는 부산에서 일본인과 한국인들의 많은 인구 유입의 한 요인으로 작용하였다. 개항 직후 100여 명에 불과했던 일본인들은 1887년 2천여 명, 1895년 청일전쟁 이후 5천명, 러일전쟁을 전후한 시기에는 1만 3천 명으로 증가하였다. 일제강점기 각 시기별 부산지역의 한국인과 일본인의 현황을 보면 1910년 한국인 2만 1천 명, 일본인 2만 2천 명, 1920년 한국인 4만 5백 명, 일본인 3만 3천 명, 1930년 한국인 8만 6천 명, 일본인 4만 4천, 1940년 한국인 18만 6천여 명, 일본인 5만 4천 명이었다. 패전이 임박한 1944년 한국인 26만 7천여 명, 일본인 6만 1천 명 등이 부산에 거주했으며 1945년에는 대략 35만 명의 대도시로 바뀌었다.[33]

그림2-4 부산과 일본 시모노세키(下關)를 운항한 관부연락선 금강환(金剛丸)

일제강점기 서울, 부산, 평양, 대구, 인천 등의 대도시 인구와 비교했을 때 인구 구성비에서 일본인의 거주 비율이 가장 높았던 곳이 부산이었다. 따라서 부산은 다른 어느 도시들보다도 왜색풍이 강한 도시이미지를 띠게 된다. 인구증가와 맞물려 부산의 행정구역은 1936년과 1942년 두 번에 걸쳐 옛 동래군 지역을 크게 편입함으로써 부산부(釜山府)의 규모도 확대되었다.

한편 일제강점기 부산의 산업구조를 보면 개항에서 1910년대까지는 주조업과 정미업이 중심을 이루었다. 특히 청주와 소주를 생산한 주조업은 부산의 공업 중에서 가장 오래된 산업으로 일제말기까지 중요한 비중을 차지하였다. 정미업 역시 일본으로 빠져나가는 미곡수출과 관련하여 부산을 대표하는 산업으로 성장하였다. 1920년대 부산의 공업은 여전히 정미업, 주조업, 식료품 공업 등이 주력 산업이었지만 1927년 이후 기직업(機織業), 제재업, 인쇄업 등의 경공업과 요업, 조선업, 철공업 등과 같은 중공업 부문 또한 성장하였다. 이후 부산의 공업은 1929년 세계대공황으로 구조조정을 거쳐 1936년부터 기계철공업, 조선업, 화학공업 등과 같은 중화학공업이 급성장하게 된다. 그 결과 부산의 중화학공업 관련 공장수는 전체 공

32) 김승, 『근대 부산의 일본인 사회와 문화변용』, 선인, 2014, pp.207~225.
33) 김대래·김호범·장지용·정이근, 일제강점기 부산지역 인구통계의 정비와 분석, 『한국민족문화』 26, 2005, pp.294~303.

장수에서 상위 1위~6위를 차지하게 된다. 그러나 이런 산업구조의 양적 성장에도 불구하고 1941년 말 부산에서 5인 이상을 고용한 한국인 소유의 공장은 19%에 지나지 않았다. 더구나 공업 종사자 중 한국인의 33%는 날품팔이와 같은 도시 비공식부문 업종 종사자들이 많았다. 그 만큼 부산지역 한국인들의 삶은 매우 불안정하였음을 엿 볼 수 있다.

일제강점기 부산지역 공업시설의 지역적 분포를 보면 방직업은 범일동, 금속기계·요업· 제염업 등은 영도, 화학공업은 좌천동 등에 많았고 식료품공업은 부평시장을 중심으로 일본인들이 많이 거주했던 신창동, 남포동, 광복동 등에 많이 분포하였다. 부산에서 지역별 공업지구의 이러한 차이는 1960년대 경제개발이 본격화되기 전까지 큰 변화 없이 지속되었다.34) 한편 일제강점기 부산의 산업구조 변화에 따라 1920년대는 부두노동자파업을 비롯해 인쇄업 관련 노동자들의 파업이 많이 발생하였으며, 1930년 조선방직주식회사의 파업을 시작으로 중화학 관련 계통의 공장들에서 다양한 노동운동들이 일어났다. 산업시설의 변화와 함께 부산은 대륙과 해양을 연결하는 교통의 요충지로서 매우 중요한 기능을 담당하였다. 이에 많은 사람들과 물자들이 경부선과 관부연락선을 통해 부산을 빠져나가고 또 부산으로 유입되기도 하였다.35) 따라서 부산은 일제강점기 줄곧 상업과 산업뿐만 아니라 동래온천과 해운대온천, 송도해수욕장 등과 같은 전국적 명성을 얻었던 온천과 해수욕장 등을 갖춘 관광지로서 명성을 떨치기도 하였다. 나아가 교통의 중심지로서 일제말기에는 군사적 요충지로 많은 군인들이 주둔하는 군사도시로서 기능을 담당하기도 했다. 일제강점기를 거치면서 부산은 여러 사회적 기반시설들을 갖추게 되고 그 과정에서 많은 인구들이 거주하게 된다. 그 결과 해항도시 부산은 1945년 광복이 되었을 때 동아시아에서 몇 번째 손에 꼽히는 대도시로 성장해 있었다.

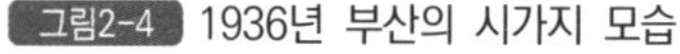
그림2-4 1936년 부산의 시가지 모습

일제강점기'고통의 식민'과'달콤한 근대'의 착종에 의해 생겨난 근대도시 부산은 한국인들에 의해 주도적으로 이루어졌던 것은 아니었다. 하지만 일제강점

34) 김승, 앞의 책, pp.247~252.

35) 홍연진, 부관연락선과 부산부 일본인, 『부관연락선과 부산』(최영호·박진우·류교열·홍연진 지음), 논형, 2007, pp.29~38.

기 형성된 여러 가지 기반시설들은 한국전쟁기 부산이 임시수도로서 기능을 할 수 있는 사회적 자산이 되었으며, 1960년대 이후 산업화시기에는 경부선을 중심으로 서울과 부산을 연결하는 경부성장축의 중요한 핵심도시로 성장할 수 있는 밑거름이 되었던 것 또한 사실이다.

현재 부산은 전 세계 컨터이너 물동량 취급에서 세계 5,6위를 차지하고 있다. 이는 동아시아에서 해양과 대륙을 연결하는 매우 유리한 곳에 부산이 위치함과 동시에 효율적인 항만시설들이 뒷받침하고 있기 때문에 가능한 일이다. 그렇다면 해항도시 부산의 이러한 위상은 향후에도 계속 될 것인가? 그것은 아무도 예단할 수 없다. 다만 폐쇄적이고 홀로 존재하는 도시가 아니라 물자와 문화, 사람과 정보 등이 끊임없이 교류하고 그 과정에서 생겨나는 다양성과 혼종성, 잡종성 등을 사회변화의 원동력으로 추동할 수 있다면 해항도시 부산의 미래는 희망적일 것이다.

역사와 문화가 살아 있고 그 속에서 사람들의 숨결을 느낄 수 있는 부산, 21세기 동북아의 중심(center)으로서 모든 것을 독식하는 도시가 아니라 국내외적으로 상호 공존과 번영을 함께 할 수 있는 도시가 되기 위해서는 부산시민들 스스로가 해항성과 해항도시의 생명력이 무엇인지에 관해 많은 관심을 기울여야 할 것이다.

그때, 그 자리

3장

I 들어가면서

급격한 도시화는 새로운 것을 엄청나게 만들어 냈지만, 그에 비례하여 과거의 것을 기억할 수 없을 정도로 파괴하고 있다. 그러나 과거의 것은 자신의 흔적을 남긴다. 이 장에서는 부산의 기억을 장소, 건물, 이름 등을 통해 살펴보고자 한다. 특히 부산은 특수한 역사적 경험을 가지고 있다. 1876년 개항과 함께 부산은 일본과 가장 가까운 거리에 있는 데다 조선 후기 용두산을 중심으로 설치되었던 초량왜관 일대가 일본인들의 전관거류지가 되면서 도시화가 어느 지역보다 숨가쁘게 진행되었다. 부산의 지형은 산들이 가파르게 바다로 떨어지는 형태다. 따라서 바다에 인접한 지역에 넉넉한 평지가 부족했다. 이러한 평지의 부족을 해결하기 위해 1902년부터 해방 직전까지 항만매축을 시행했다. 현재 북항 재개발에 이르기까지 매립이 계속되고 있다. 매립은 부산역사의 큰 축을 이루며, 매립의 역사를 빼고는 부산역사를 이야기할 수 없을 정도이다. 개항 당시 부산항 해안은 서구청 해안 쪽 축대에서 남포동 비프 광장을 거쳐 서울깍두기 바로 옆 골목을 지나 남포동 해안으로 이어졌으며 중구 동광동 부산데파트 뒷길에서 40계단 앞을 거쳐 중앙대로로 이어지는 곳이었다. 이렇게 근대 개항 직후부터 시작된 부산의 항만 매축 사업은 부산항 도심지역 해안지형을 송두리째 바꾸어 놓았다.

해방 이후 수많은 해외동포가 부산항을 통해 들어왔고 적지 않은 사람들이 부산에 눌러앉았다. 한국전쟁 때에는 임시수도로서 정부가 통째로 1,023일 동안 부산에 있었으며 전국에서 몰려든 피난민으로 북적댔다. 평평한 땅이 별로 없었던 부산에서 빠른 도시화와 더불어 몰려드는 사람들을 수용하기 위해서는 산 중턱까지 사람들이 올라가는 수밖에 없었다.

더욱이 1960~70년대 산업화가 진행되면서 농촌 지역 사람들의 도시로의 인구 유입이 오늘날 350만 인구를 지닌 도시가 되게 했다. 이러한 과정에서 많은 것이 생기고 없어지고 또 흔적과 기억을 남겼다. 이 장에서는 그러한 기억과 흔적 속에서 부산을 이해하는데 핵심적인 것들을 골라보았다.

Ⅱ 지명에 남긴 이름

1. 고관입구

조선 초기 부산에는 일본과의 교섭과 통상교역을 위하여 일본인이 거주할 수 있는 구역을 설정해 두었는데, 이곳을 왜관이라 하였다. 1407년 오늘날의 범일동 부산진시장 일대에 부산포왜관이 있었다. 왜관 내에 머무르는 왜인들이 저지른 작폐로 인하여 몇 차례 폐쇄와 재개를 거듭하기도 했는데 1592년 발생한 임진왜란으로 약 10년간 왜관이 폐쇄되었다. 이후 일본 측의 거듭된 요구에 1601년 절영도(영도)에 임시로 왜관이 잠시 설치되었다가, 1607년에 이르러 정식 왜관이 두모포(현 동구 수정시장 일대)에 설치되었다. 이후 두모포 왜관은 약 70년간 존속하였는데 시간이 지날수록 왜관을 통한 교역량이 늘어나면서 장소의 협소성으로 인한 여러 사정이 발생하게 되어 1678년 초량왜관(현 용두산 일대)으로 옮겼다. 용두산 일대 왜관을 초량왜관이라 한 것은 구한말 이전 초량의 지명이 지금의 남부민동에서 초량에 이르는 일대 모두를 초량이라 불렀기 때문이다. 초량왜관으로 옮기기 전의 두모포왜관이 있었던 곳인 수정동 동구청 앞 일대를 구관 또는 고관이라 부르게 되었다. 요즘도 부산사람들은 고관 입구라는 말을 자주 쓴다.

그림3-1 전차 '고관입구'역이 표기된 1936년 발행 「부산시가지도」

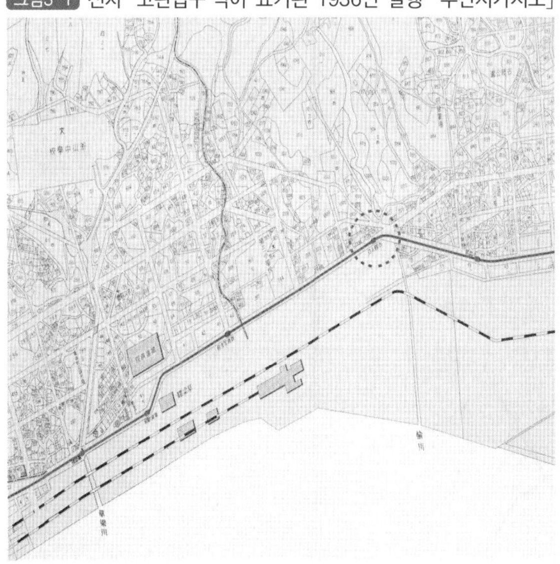

2. 조방앞

과거 조선방직주식회사(朝鮮紡織株式會社) 앞을 조방앞이라 부른다. 조선방직주식회사(朝鮮紡織株式會社)는 1917년 11월 범일동(지금의 자유시장에서 시민회관 일대)에 세워진 공장이다. 이 공장은 일제가 부산에 세운 가장 큰 공장으로 해방 이후에도 전국 최대의 기업이었다. 1960년대 들어서면서 면방직 공업이 화학섬유에 밀려나 조선방직이 문을 닫았는데 이를 1968년 4월 부산시에서 인수하여 이곳에 부산시청사 이전 계획을 세우기도 했다. 이후 이 일대에 시외버스터미널, 고속버스터미널 등이 자리하면서 한때 부산지역 유통상업의 중심지가 되기도 했다. 현재 조방터는 시민회관, 한양과 삼익아파트를 비롯하여 공공건물과 자유시장, 평화시장, 각종 호텔, 예식장이 들어서 있다. 지금도 부산시민이면 누구나 조방 또는 조방 앞이라 하는데, 그 유래는 알지 못하더라도, 조방을 모르는 사람은 없다.

그림3-2 1965년 조선방직주식회사와 자성대 부산진성 일대 모습

3. 수비삼거리

수비 삼거리라는 말을 아직도 많이 쓴다. 수비는 수영비행장을 줄여서 부른 말이다. 오늘날 부산의 대표적인 신도시가 된 센텀시티 자리는 과거 비행장이었다. 일제강점기 때 군용 비행장으로 출발하여 한국전쟁 시기 미군 K-9 비행장으로 사용되다 1959년 부산수영공항이 되었다. 이후 1963년 수영공항이 국제공항으로 승격되어 1976년 김해공항이 신설될 때까지 부산의 관문인 부산 국제공항으로 역할을 하여왔다. 이후 20여 년간 군사 비행장으로 관리되어 오다가, 1996년부터 2005년까지 10년간 기반 조성 공사 준공으로 부산의 랜드 마크인 센텀시티가 탄생하였다. 수영 비행장은 없어졌어도 부산사람들은 수비 삼거리라는 이름을 아직도 사용한다.

그림3-3 현 센텀시티 일대의 1952년 미군 K-9 비행장 시기 모습

4. 진양사거리

진양화학은 1963년 부산진구 부암동에 설립된 신발공장이었다. 국제화학과 함께 국제그룹의 일원이었다가 분리 독립되었다. 부산의 대표적인 산업이었던 수출 전문 신발공장으로 명성을 떨치다 신발 산업의 퇴조와 함께 1992년 역사의 뒤안길로 사라졌다. 부산시민공원에서 부암고가도를 넘으면 바로 부암사거리가 나오고, 이곳에서 동서고가도로 진·출입이 되도록 되어 있다. 진양화학은 사라졌지만, 당시 이 지역에 미친 경제적 파급효과는 엄청났다. 그래서 이 일대를 부암동이라는 지명 대신 옛 공장 이름을 따서 진양사거리로 부르고 있다. 옛 건물 일부는 한때 대형마트로 이용되기도 했다. 진양사거리에서 부산진구청 청사가 자리한 일대가 진양고무 공장 자리였다.

5. 교통부

한국전쟁이 발발하면서 부산은 임시 수도가 되었다. 정부가 부산으로 피란을 오면서 정부 부처는 물론 국회, 각국 외교 기관 그리고 기타 주요 기관들이 모두 부산으로 이전했다. 정부 청사는 경상남도청[현 동아대학교 부민캠퍼스], 보건부와 문교부는 옛 부산시청, 상공부는 남선전기 사옥[현 한전 토성동 지점]을 사용하였다. 한편 교통부는 부산진구 범천동 범곡교차로 인근에 자리를 잡았었는데, 그래서

아직도 부산사람들은 이 일대를 '교통부'라 부른다.

범곡교차로에서 범일동 방향으로 철로 육교를 건너면 현대백화점 범일점 뒤편 일대가 옛 부산진역이 있던 자리이다. 1905년 경부철도가 개통되고 1915년 부산진-부산우편국간 전차가 운행될 때 철도와 전차의 부산진역이 이곳에 자리하고 있었다. 철도 부산진역은 1917년 부산진 1차 매축이 끝난 뒤 어느 정도 매축지 지반이 자리 잡게 되고 동해남부선 철도를 신설하는 계획을 수립하면서 1927년경 수정동 현 부산일보사 건너편으로 이전하였다.

그림3-4 '교통부'라 부르던 범곡교차로 주변의 1950년 9월 29일 모습

Ⅲ 그 자리에 있는 건물

1. 구)경남도청

진주에 있던 경상남도청(慶尙南道廳)이 부산으로 옮겨온 것은 1925년 4월 1일이었다. 현 서구 부민동 2가에 위치한 옛 경남도청 건물은 본관이 2층 붉은 벽돌 건물로, 변형된 서구식 르네상스 양식의 건물이다. 원래 이 건물은 부산자혜병원 용도로 건축을 하였는데 당시 도청 이전 계획을 수립하였다가 진주시민들의 반발이 거세지자 없었던 일로 한다고 하였다가 갑자기 경남도청을 이전하면서 경남도청이 되었다. 이 건물은 한국전쟁 피란시기 임시수도 정부청사로 사용되었다. 1963

그림3-5 '부산자혜병원'으로 발행된 1920년대 경남도청 건물 사진엽서

년 1월 1일부로 부산이 직할시로 승격된 이후에도 경상남도청은 부산시에 계속 있었다. 1983년 7월 1일 창원에 새청사를 신축하여 옮겨갔다. 이후 1984년 11월 1일부터 2001년 9월까지 부산지방검찰청과 부산지방법원청사로 사용되었다가, 현재는 동아대학교 부민동 캠퍼스의 일부로 동아대학교 박물관으로 사용하고 있다.

2. 임시수도기념관

임시수도기념관(臨時首都紀念館)은 서구 부민동 2가 22번지에 위치하고 있다. 원래는 경상남도 지사관사로 쓰이던 건물로서 1926년 8월에 준공되었다. 건물은 목조 2층 일식 기와집 양식이다. 한국전쟁 피란시기 경상남도 도청은 중앙정부 청사의 중심부가 되고, 도지사관사는 이승만 대통령 관저로 사용하게 되었다. 1984년 6월 25일 임시수도 당시의 역사적인 사실과 유물전시를 위하여 임시수도기념관으로 지정되었다.

그림3-6 부산임시수도기념관

3. 부산근대역사관

부산근대역사관(釜山近代歷史館)은 중구 대청동 2가 24-2번지에 위치하고 있다. 이 건물은 일제강점기인 1929년 9월 신축되어 동양척식주식회사 부산지점으로 사용되었던 건물이다. 1945년 8.15 광복 이후 미군이 진주하여 주둔지 건물로 사용되어 오다가 1948년 9월 11일 체결된 '한미간재정 및 재산에 관한 최초 협정'에 따라 미문화원으로 사용되었다. 1950~53년까지 한국전쟁기에는 미국대사관으로 사용되었다. 1982년 3월 반미학생 운동으로 방화사건이 발생하기

그림3-7 미국대사관으로 사용하던 1953년 부산근대역사관

도 하였다.

1984년 1월 부산 미문화원 2층에 영사관을 개설하여 부산, 대구, 경남·북, 제주도 지역의 영사업무를 담당하여 오다가 1996년 미대사관으로 통합 운영하게 되면서 폐쇄되었다. 미문화원으로 50년 3개월 동안 무상으로 사용되어 오다가 1999년 4월 30일 우리 정부에 반환되었다. 6월 10일 재정경제부와 협의를 통하여 시유지와 교환으로 부산시에 이관되었다. 부산광역시에서는 건물의 역사성과 주변 환경을 고려하여 '부산근대역사관'으로 조성하여 2002년 7월 3일 개관하였다.

4. 성지곡 수원지

어린이대공원이 자리 잡고 있는 동천의 상류계곡에 성지곡수원지(聖旨谷水源池)가 있다. 일제시기 일본인들이 식수원을 확보하기 위해 1907년 착공되어 1909년 9월에 완공(면적은 7,920㎡)된 우리나라 최초의 근대적인 상수도 수원지이다. 제방의 높이가 27m에 이르는 철근콘크리트로 축조되었는데, 당시로써는 거대한 토목공사였다. 서면에서 지금의 동광동까지 물을 공급하였다.

부산의 상수도 시설과 관련하여 일반에 잘 알려지지 않은 내용이 있다. 근대 개항 후 부산의 일본인 거류민이 증가하고 부산항에 들어오는 화물선의 급수보급량이 늘어나자 부산 일본거류민단에서 1894년 6월부터 공사비 2만5천 원을 투자하여 보수천 상류 저수언제(貯水堰堤)와 자연적 여과장치를 축조하고 현 대청동 광일초등학교 옆에 배수지를 지름 15cm의 토관을 통해 물을 수송하는 공사를 1895년 2월에 완공하였다. 이 수도시설이 부산 수도의 효시이며 서울의 상수도보다 약 13년 앞선다.

그림3-8 1910년대 성지곡 수원지 제방 모습

성지곡수원지는 1972년 물금에 낙동강 상수도 취수공사가 완공됨에 따라 식수로 이용하지는 않고 있다. 이후 유원지와 어린이대공원으로 이용되고 있는데 2014년 수원지 부지 일부에 도심 속 사파리 공간인 삼정 THE PARK를 개장하였다.

Ⅳ 한국전쟁의 기억

1. 영도다리

영도다리로 더 잘 알려진 영도대교는 1932년 3월 8일 착공하여 1934년 11월 23일에 개통된 부산 최초의 연륙교로 당시 부산대교라 명명하였다. 하지만 오랫동안 사람들은 영도다리라 부르게 되면서 1980년 바로 옆에 부산대교가 건설되면서 영도대교로 명명된 이 다리는 민족의 애환이 짙게 묻어 있다. 이 다리를 건설하는 과정에 17명의 조선인 인부 희생자가 발생했으며, 일제의 가혹한 수탈에 많은 사람이 투신하기도 했고, 8·15 광복과 한국전쟁 때는 생활고에 지친 피란민들이 다리 난간 위에 비친 초생달을 보며 하염없는 향수를 달랬던 곳이다. 한국전쟁 피란시절 이 다리를 배경으로 노래한 「굳세어라 금순아」라는 대중가요는 피란민들의 심금을 울렸다. 1950~70년대 이곳 다리에서 자살자가 속출하자 「잠깐만」이라는 팻말이 곳곳에 붙여지고 경찰관이 배치되기도 했다.

영도다리 자갈치 시장 쪽 아래에는 한국전쟁 피란시절 속칭 '점바치'라 불리우는 점집들이 즐비하여 있었는데 2015년 6월까지 3곳이 남아있었으나 지금은 철거되었다. 교통량의 증가와 더불어 영도지역에 공급하는 상수도관을 다리 난간 아래에 부설하면서 1966년 9월 1일 다리를 들어 올리는 도개식의 기능을 정지하였다가, 원형을 복원하였는데 이때 과거 왕복 4차선이 6차선 규모로 확장되었다. 복원공사는 2010년 6월 착공하여 2013년 11월 27일 준공하였다. 47년 만에 다시 국내 유일의 도개교로 매일 오후 2시에 15분간 상판을 들어 올려 많은 관광객들을 맞았다. 하지만 최근 교량의 안전 관련 문제로 도개 기능을 중단하고 있다.

그림3-9 1953년 영도대교 아래 점바치 모습

2. 40계단

중앙동의 40계단은 영선산(營繕山)과 세관산이라 불리우던 해안으로 돌출된 두산(雙山)을 깎아 해안을 매축한 쌍산착평공사(1909~1913년) 이후 옛 해안으로 연결된 비탈길 자리에 조성한 계단이었다. 이때 만든 계단의 층수가 40개라 하여 40계단으로 불리게 되었다. 계단이 자리한 곳은 옛 부산역(현 중앙동 교보생명 빌딩 주변)과 제 1부두를 왕래하는 사람들의 편의에 큰 도움을 주었다. 8·15 광복으로 귀환한 귀환 동포와 이후 한국전쟁 당시 피란민들이 40계단 주변 언덕에 판잣집을 짓고 모여 살기도 했다. 많은 사람이 아침저녁으로 이 계단을 거쳐 일터로 다녔을 뿐 아니라, 계단 주변에서 노점 장사를 하기도 하였다.

이곳이 전국적으로 알려져 유명해진 것은 “40계단 층층대에 앉은 우는 나그네…”로 시작되는 ‘경상도 아가씨’라는 대중가요가 크게 유행하면서부터이다. 하지만 오늘날 40계단이 유명세를 지니게 된 배경에는 이명세 감독의 영화 ‘인정사정 볼 것 없다’의 주요 장면 촬영지가 되면서였다. 장동건과 최지우, 박중훈과 안성기 등이 출연한 이 영화는 1999년 7월 말에 개봉했는데 영화 속의 명장면이 1998년 가을 40계단과 주변에서 촬영된 덕분이었다. 원래의 40계단 자리는 지금의 자리에서 북쪽으로 50m가량 떨어진 곳에 위치하고 있었다. 1953년 11월 27일 밤 발생한 속칭 ‘역전 대화재’로 당시 부산역과 인근 지역이 소실된 이후 1950년대 후반 이 일대에 대한 도로 정비를 하면서 지금의 자리에 계단을 새로이 만들었다. 1993년 8월 6일 가로 60㎝, 세로 180㎝, 폭 60㎝의 〈사십계단기념비(四十階段記念碑)〉를 세우고 그 뒤쪽에 대중가요 ‘경상도 아가씨’의 노래 가사와 계단의 유래를 새겨 넣었다. 이후 2003년 2월 12일 이 계단이 지니는 역사와 문화를 기념하는 〈40계단 기념관〉이 개관하였다.

그림3-10 1950년 10월 40계단 앞 거리 모습

3. 보수동 헌 책방골목

오늘날 우리나라 최대의 헌책방 골목으로 인정받고 있는 보수동 헌책방 골목은 해방 후 귀환 동포와 한국전쟁으로 인한 피란민들의 애환과 그 역사를 함께하고 있다.

한국전쟁 발발 당시 부평시장은 1910년 우리나라 최초로 개장된 공설시장답게 많은 사람이 붐비고 있었으나 주변의 여유로운 공터가 없어 피난민들의 생계를 위한 노점을 펼치기 어려운 실정이었다. 하지만 건너편 지금의 국제시장 일대는 해방 직전 일본인들이 공습에 대비한 가옥 소개(疏開)로 인해 널따란 공터가 형성되어 있었다. 해방 직후 일본에서 귀환한 동포들이 중심이 되어 이곳에서 시장을 펼치면서 이 일대는 많은 사람이 붐비는 곳이 되었다. 해방 후 귀환 동포들 가운데 일부가 부평시장 건너편이자 대청동에서 대신동으로 가는 길목인 이곳 노상에서 일본인들이 남기고 간 책들을 판매하다 1951년 1·4 후퇴로 부산에 피란을 온 사람들이 합세하여 미군 부대에서 나오는 헌 잡지나 만화책, 그리고 고물상으로부터 수집한 헌책 등으로 노점을 시작하면서 점차 특성화된 골목을 형성하여 오늘의 보수동 헌책방 골목에 이르렀다. 한국전쟁으로 부산이 임시 수도가 되면서 구덕산, 복병산, 사병산 등에 피란 노천 학교가 연이어 들어서 있었는데 이때 보수동 책방골목은 이들 학교의 통학로로 연결되어 있어 자연히 많은 사람이 붐비게 되었다. 전쟁의 참화가 가라앉은 1960년대 역시 아직 출판문화가 제대로 자리 잡지 못하였던 실정인 데다 대부분 살림이 빠듯하여 제대로 된 새 책을 제때 구입하여 보기가 힘든 시절이었다. 이러한 상황은 1970년대까지도 마찬가지였다. 당시는 한 번 정해진 교과과정이 몇 년씩 이어졌기 때문에 교과서나 참고서의 경우 시기가 지난 헌책을 사용해도 무방하였다. 이러한 시기 보수동 헌책방 골목은 크게 번창하여 1990년대 초반까지 전성기를 이루었다.

그림3-11 1953년 국제시장에서 바라본 보수동 헌책방 골목 주변

이후 경제성장으로 생활에 여유가 생기면서 더 이상 헌책을 찾지 않게 되고 해마다 교과 과정이 바뀌게 되면서 헌책에 대한 수요가 줄어들게 되었다. 그 결과 헌 교과서와 참고서 매매가 중심을 이루던 보수동 헌책방골목을 드나드는 학생들의 수가 눈에 띄게 줄면서 한동안 위기를 맞게 되었다. 이러한 가운데 2007년경 보수동 책방골목에 문화 바람이 일었다. 보수동 책방골목 축제였다. 이를 계기로 지역 언론에서 보수동 헌책방 골목에 대한 큰 관심을 보이게 되고 헌책방 대형화 바람

이 함께 일었다. 이와 맞물려 책방골목 문화관이 설립되면서 이제 보수동 헌책방 골목은 가히 전국적인 명성을 얻게 되었고 마침내 부산의 관광 문화명소로서 자리매김하게 된 것이다. 게다가 2019년 '부산의 미래유산' 20개 가운데 하나로 선정되기도 했다. 하지만 온라인을 통해 헌책을 구하는 사람들이 늘어나면서 이곳을 찾는 발길이 점차 줄어들면서 이곳의 터줏대감이라 불리던 서점들이 점차 문을 닫게 되었다. 한때 100여 곳의 서점이 있었으나 현재는 31곳만 남아있다.

4. 초량 텍사스거리

초량 텍사스 거리는 부산시 동구 초량2동 1208번지 주변 일대로 부산역 앞 중앙대로 맞은편에 위치하고 있다. 근대 개항 이후 1883년 청나라와 국교를 맺으면서 청 국민을 보호하기 위하여 부산에도 1884년 당시 옛 고분과 더불어 묘지가 형성되어 있던 이곳에 청국 조계지(淸國租界地)[개항 도시에 치외 법권을 누릴 수 있도록 정해진 외국인 거주지]를 형성하고 청국이사청(淸國理事廳)을 설치하였다. 이후 이 일대에 중국인들이 경영하는 점포 [상해로부터 가져온 각종 비단과 포목, 꽃신, 거울, 화장품 등을 판매]와 집이 늘어나게 되어 청관거리로 불렸다.

오늘날 이 청관거리의 한 부분을 텍사스거리라 부르는 것은 한국전쟁 발발 이후 부산에 미군을 상대로 한 유흥 주점이 생겨나면서부터였다. 한국전쟁 피란시절 중앙동 지금의 부산무역회관이 자리한 곳에 부산역이 있었는데 그 건너편인 지금의 중부경찰서 인근에 미군들을 상대로 접객하던 집창촌이 있었다. 그런데 1953년 11월 27일 밤에 발생한 소위 '역전 대화재'로 인하여 집창촌이 소실되면서 지금의 자리를 옮겨왔다. 이곳이 텍사스 거리로 불리우게 된 것은 대낮에 허리에 권총을 차고 이 일대를 돌아다니는 미군들 모습이 마치 미국의 서부 개척시대 텍사스 거리와 같았다는 이야기와 더불어 1층은 유흥주점, 2층은 성 접대소가 차려진 것 또한 옛 텍사스 유흥가와 닮았다는 이야기 때문이다.

그림3-12 2016년 5월 초량 텍사스골목

이 텍사스 타운은 주한 유엔군과 외국인의 유흥가로, 1950~60년대만 해도 찬란한 조명과 요란한 대중음악이 흘러나오는 가운데 짙은 화장을 한 여인들로 흥청거

렸다.

1990년대에는 러시아와의 교류가 증가하면서 부산항을 통하여 들어오는 러시아 선원들과 화물선을 타고 들어온 러시아 보따리상이 이 지역으로 몰려들며, 러시아인을 대상으로 한 유흥 주점과 보따리상을 대상으로 한 점포가 늘어나며 러시아 거리로 불리기도 했다. 이들 러시아 보따리상들로 인하여 오리온제과에서 생산하는 '쵸코파이'와 오뚜기식품의 '마요네즈'가 세계화(?)하는데 일조하기도 했다. 한편 청관거리는 1993년 부산과 중국 상하이[上海]시가 자매결연을 맺으며 이곳을 상해거리라 불렀는데 사실 대만 화교들의 상가가 형성된 곳이어서 이들의 감정을 고려하여 이후 차이나타운으로 명명하였다.

5. 국제시장

국제시장(國際市場)은 부산시 중구 신창동 4가 83번지 일대에 자리 잡은 시장이다. 이곳이 오랫동안 부산을 대표하는 재래시장이 된 데에는 그만한 사연이 있다. 해방 전 이곳은 주거와 상가가 혼재한 곳이었다. 1945년 8월 1일 미군 B29 폭격기가 부산 상공에 나타나 수정동 일부에 폭격을 가한 것이 계기가 되어 당시 일본군 부산요새사령부에서 시내 주요 공공건물 주변과 주거밀집지역에 대한 소개(疏開)를 실시하였다. 이때 지금의 국제시장 일대 부평동지역 도로에 접한 건물들에 대한 대대적인 철거를 단행하여 넓은 공터가 되었다. 8·15 광복 이후 일본인들이 철수하면서, 전시 통제 물자가 한꺼번에 쏟아져 들어오면서 부평시장과 인접한 이곳 빈터에 자연스럽게 시장이 형성되었다. 이 시장을 도떼기시장이라고도 하였는데, 골라잡아 흥정을 한다는 뜻에서 유래했다고 한다. 이후 1948년에는 1층 목조건물 12동을 지어 「자유시장」으로 개설하였는데, 당시 누구나 자리를 선점하여 장사하면 되는 곳이라는 의미를 담은 것이었다.

그림3-12 1953년 1월 30일 발생한 대화재 후 국제시장 모습

한국전쟁 발발 이후 이곳이 피란민들의 생계터가 되면서 각종 군용물자와 함께 온갖 상품들이 거래되면서 전시 경제의 중심이 되었다. 부산항을 통해 밀수입된 상품들도 국제시장을 통해 전국의 주요시장으로 공급되었다. 밀수 외국상품은 물

론 유엔군 군수물자까지 흔하게 거래되고 있었다. 외국 물건을 포함하여 없는 물품이 없다는 말이 나올 정도였다. 거래 물품은 외국 옷감을 비롯한 장신구와 화장품들이 주종을 이루고 있었는데, 외국상품의 인기에 편승하여, 가짜 외국 상품들도 많이 거래되었다.

한편 국제시장은 시장 개설 이후 수차에 걸친 대형 화재가 발생하여 엄청난 피해를 보기도 했지만, 그때마다 오뚝이처럼 다시 일어나면서 지금까지 옛 명성을 지키고 있다.

6. 부평깡통시장

부평시장(富平市場)이라고 하면 잘 모르는 사람도 깡통시장하면 다 안다. 이 깡통시장이 바로 부평시장의 일부였다. 부평시장은 1910년 개설된 우리나라 최초의 공설시장으로 일제시대에는 전국적으로 유명한 곳이었다. 부평시장의 역사는 이렇다. 근대 개항 후 용두산 주변의 전관거류지 일본인들을 상대하여 지금의 보수 사거리 일대 대청로에 사거리 시장이 형성되었다. 1910년에 이르러 일본인들의 정착이 늘어나면서 이해 6월 일한공동시장(日韓公同市場)이라는 이름으로 상설시장을 열었다. 이후 공설시장의 기능을 갖춘 것은 1915년 9월 부산부(釜山府)에서 이 시장을 사들여 설비를 확충하여 '부평정 공설시장(富平町公設市場)'으로 이름을 바꾸면서였다. 당시 나라 안의 대부분 시장이 5일마다 열리는 5일장인데 비하여, 이 시장은 쉬는 날 없이 매일 문을 열고 영업을 하는 데다 가격도 시중보다 10~20% 저렴하게 판매했기 때문에 많은 사람들이 즐겨 찾았다.

부평시장이 '깡통시장'이란 이름을 갖게 된 것은 한국전쟁 당시 미군부대에서 흘러나온 C-레이션을 비롯한 각종 '통조림' 상품을 비롯한 과자류 등을 판매하는 노점상들이 이 일대에 즐비하게 늘어서게 된 데서 비롯되었다. 게다가 일본으로부터 들어온 밀수품 시장이 암암리에 개설되면서 희귀 외제 물품의 전국적 공급처가 되었다. 이후 깡통시장 크게 번창하게 된 것은 1970년대 베트남 전쟁 참전 귀환병사로부터 C-레이션을 비롯한 미군 전투 식량 등의 거래가 활발해지면서부터이다.

이후 개인용 카세트 등 밀수품이 크게 유통되면서 해외여행이 자유롭지 못하던 시기 각종 외제 물품 거래가 활발히 진행되면서 이곳에서는 못 구하는 것이 없을 정도라는 말이 돌기도 했다. 그래서 '깡통시장'이 도깨비시장이라는 별칭도 갖게 되었다. 원하는 물건을 언제든지 구해주기 때문에 마치 도깨비방망이 같은 곳이라는 것이다.

그림3-14 1910년대 초 부평정 일한시장 모습

한때는 밀수품 때문에 단속의 된서리를 맞기도 했지만 지금은 많이 변했다. 수입 자유화로 '외제'라는 수식어가 흡인력을 잃었고, 가격이 뻔해 흥정의 맛도 예전만 못하다. 그럼에도 불구하고, '때밀이 수건'에서 최첨단 디지털카메라까지 없는 게 없는 도깨비시장으로서의 매력은 살아있다. 무엇보다도 단돈 1만 원을 갖고도 재미있게 쇼핑을 즐길 수 있는 흔치 않은 장소로 또 다른 묘미를 맛볼 수 있기 때문이다. 부평시장이 '부평깡통시장'으로 불리게 된 것은 이 '깡통시장'의 유명세 때문이다.

7. 유엔기념공원

유엔기념공원(UN記念公園)은 부산광역시 대연동 779번지 일대에 자리하고 있다. 1950년 6월 25일 6.25 한국전쟁이 발발하자 7월 7일 유엔 안전보장 이사회의 결의로 한국전쟁에 유엔군 파견이 결정되었다. 이후 16개국 전투지원국과 5개국 의료지원국의 유엔군 병사들이 참전하여 싸웠는데 당시 유엔군 병사들의 시신은 전선 인근 여러 곳에 가매장 상태로 매장하고 있었다. 1950년 10월 중공군의 개입과 함께 전쟁이 장기화되고 전사자가 속출하게 되었다. 이에 전선에서 멀리 떨어진 부산에 유엔군 전사 장병의 영령을 안치하는 논의가 되어 1951년 1월 묘지 조성공사를 시작하여 4월 5일 완공하였다. 당시 개성, 인천, 대구, 대전, 밀양, 마산 등지에 가매장되어 있던 전사자들을 이곳으로 후송하여 이장하면서 신원을 확인하여 본국으로 송환하는 작업도 이루어졌다.

1950년대 말에 이르러 4만 명이 넘은 유엔군 전사자의 시신은 대부분 본국으로 송환되고, 현재 이곳에 안치된 영령은 영국 885, 터키 462, 캐나다 378, 오스트레일리아 281, 네덜란드 117, 프랑스 44, 뉴질랜드 34, 미국 36, 남아프리카공화국 11, 노르웨이 1, 대한민국 36, 무명용사 4, 비전투원 11기로서 총 2,300기가 안치되어 있다. 유엔기념공원은 세계에서 오직 하나뿐인 유엔 관리의 묘지로, 1959년 유엔과 우리 정부 사이에 묘지의 영구적인 관리 및 사용을 위한 협정이 성립되었으며, 1974년에는 관리권이 영령을 안치한 참전국 11개국으로 구성된 국제연합 기념 관리위원회로 이관되었다.

2017년 한국전쟁 참전용사 캐나다인 '빈센트 커트니' 씨가 제안하여 매년 11월 11일 오전 11시 유엔기념공원을 향해 전 세계가 동시에 묵념하는 '턴 투워드 부산'은 2020년 '법정기념일인 '유엔 참전용사 국제 추모의 날'로 지정되었다.

그림3-15 1952년 대연동 유엔기념공원과 석포마을 모습

8. 부산 거제리 포로수용소

부산거제리포로수용소(釜山巨堤里捕虜收容所)는 지금의 연제구 중앙대로(연산동 1000번지) 부산광역시청과 부산지방경찰청(옛 53사단 사령부), 그리고 그 뒤 거제리 산자락 일대에 자리 잡고 있었다. 1950년 한국전쟁이 발발한 이후 1953년 7월 27일 판문점에서 휴전협정이 조인되기까지 1,023일 동안 부산이 임시수도 역할을 한 것에 대해서 알고 있는 시민들은 많지만, 부산지역에 전쟁포로수용소가 5곳에 있었던 것에 대해 알고 있는 시민은 드물다.

한국전쟁 당시 전세가 불리해지고 전선이 밀리게 되자 포로수용소를 부산에 짓고자 했다. 이에 1950년 7월 14일 미 제8군 사령부는 부산에 수용소 건설부지를 물색하기 시작하여 부산 미군기지 헌병대에서 포로수용소를 건설 계획을 수립하여 7월 18일 부산에 500명 규모의 수용소를 완성했다. 이후 7월 24일 1만 5,000명 규모로 확대하고 수용소 외곽에 철조망이 건설되었다는 기록이 있는데 이 기록에 나타난 포로수용소가 서면 포로수용소[현 부전도서관 맞은편에서 전포동 일대]로 짐작된다.

당시 한국군에서는 8월 1일 영도 해동중학교에 포로수용소를 설치하여 운영하고 있었다. 하지만 국군의 작전권이 유엔군으로 이양되고 이후 계속하여 늘어나는 포로로 인하여 7월 30일 미군 제8군 사령부는 5만 명 수용 규모의 새로운 거제리 임시 포로수용소를 건설하기로 결정하였다. 이에 1950년 8월 12일 해동중학교 수용 포로와 서면 포로수용소 포로들을 모두 거제동에 있는 미 8군 수용소와 합치게 되었다. 하지만 인천상륙작전 이후 계속된 북진과 이후 중국군의 개입으로 인한 포로가 엄청나게 증가하면서 거제리 포로수용소만으로 한계에 이르면서 서면 포로수용소는 계속 운영되었다. 서면 포로수용소는 서면 시립도서관 건너편 일대에 광범위하게 조성되어 있었다.

그림3-16 1953년 6월 개금동의 가야 포로수용소

부산 거제리 포로수용소는 제6 포로수용소까지 확장되었으나 계속 늘어나는 포로들을 수용할 수 없게 되자, 12월 중순경에는 '수영 제1, 제2, 제3포로 수용소'와 '가야 제1, 제2, 제3포로 수용소'를 증설하게 되었다. 한때 부산 거제리 포로수용소를 비롯한 부산지역 포로수용소에 수용된 포로 수는 140,000여 명에 달하였다. 수영의 포로수용소는 현 해운대구 장산초등학교 일대와 센텀시티 벡스코 일대였으며, 가야 수용소는 가야 백병원 아래 주택가 일대였다.

이후 이 포로들은 1951년 2월 경남 거제도에 새로이 조성한 거제도 포로수용소로 이동하였다. 하지만 남한 출신 포로 약 1만 명은 부산지역 포로수용소에 남아 있었다. 포로수용소 자리였던 연제구 연산동 1000번지 일대에는 한국군 군부대인 53사단(육군 7376부대) 사령부가 자리 잡게 되었다. 1980년대 말 군부대가 이전하면서, 부산광역시청과 부산경찰청이 자리를 잡았다.

9. 경마장(하얄리아부대)

부산 시민공원 자리는 원래 일본인들이 경마장으로 사용하던 곳이다. 일본인들의 경마는 1917년 부산진 제1차 매축지인 지금의 부산진역 일대에서 비롯되었다. 이후 부산지역에서 경마가 서서히 자리를 잡으면서 1920년 지금의 부산 시민공원 지역에 본격적인 경마장을 조성한 것이다. 그러다 1941년 태평양전쟁을 일으킨 일제는 미얀마·인도네시아·필리핀 등 남방 각지에 젊은이들을 징용 보내기 위한 임시훈련소로 사용하였다. 1945년 8.15 광복 후 일본군 수송부대가 주둔하고 있던 이곳에 미군이 진주하여 미군기지로 사용하다가, 1948년 정부 수립으로 해체, 철수하였다. 그러다 1953년 7월 주한미군 지원사령부가 설치되면서 하야리아 부대가 주둔하게 되었다.

한국전쟁 이후 이곳에는 수십 개의 콘셋형 막사가 세워져 우리나라에 주둔하는 5만여 명의 미군이 사용할 군수물자 보급창고와 부산권 8개 미군들의 숙소로 사용되었다. 1950~60년대까지만 해도 미군 1만여 명이 복새통을 이루었다. 이곳을 하야리아부대라 부르게 된 것은 미군 측에서 캠프이름을 〈베이스 하야리아〉라 붙였기 때문이었다. 오랫동안 부산의 도심 중간에 이방인 구역으로 남아있던 이곳은 도심지역 미군 부대 외곽 이전에 따라 2006년 8월 10일 폐쇄되었다. 이후 부산시민들의 지속적인 노력에 힘입어 2010년 1월 부산시로 반환되었다. 부산시는 이 땅에 부산 시민공원을 조성하여 2014년 4월 개장하였다.

그림3-17 1959년 10월 하얄리아부대 영내 전경

V 근대의 추억

1. 초량 명태고방

그림3-18 2008년 남선창고 모습

초량 명태고방은 1900년 초량 출신의 부산 상인 정치국(鄭致國)이 중심이 되어 지금의 초량동 393-1번지에 세운 해산물 보관 창고이다. 정치국이 이곳에 해산물 보관 창고를 조성하게 된 것은 현 초량 정발장군 동상 인근에 위치한 그의 토지 때문이었다. 1898년 9월 일본의 철도회사가 구한말 조정으로부터 경부철도 부설권을 이관받은 후 부산지역 기·종점역을 초량으로 정하면서 철도 노선이 지나가는 토지를 매수하면서 정치국이 소유하고 있던 초량지역 논 578평을 수용한 것이다. 이미 인천에서 기선 회사를 운영하고 있었던 정치국은 경부철도 기·종점역이 초량에 들어서면 인근에 창고를 지어 원산 등지에서 나오는 명태를 이곳에서 보관하여 서울 등지로 판매한다는 계획을 세운 것이다. 그래서 그가 소유하던 논을 팔아서 해안가에 위치한 농사가 되지 않는 자갈 투성이 땅 1천 평을 매입하여 창고를 세운 것이다. 그의 예상이 들어맞아 정치국은 엄청난 부를 이루었고 이를 계기로 원산지역 객주들이 부산으로 몰려들기도 했다. 초기에는 북선(北鮮)지방에서 해산물 특히 명태를 가져와 저장한다고 해서 북선창고(北鮮倉庫) 또는 명태고방이라 부르기도 했다. 이후 1914년 서울과 원산을 잇는 경원선이 개통되면서 원산에 북선창고를 세우고 이와 구별하기 위해 남선창고(南鮮倉庫)라 이름을 고쳤다. 광복 이전까지만 해도 이 창고에는 명태가 산더미 같이 쌓여 있어 삼남지방으로 보급되었고 한다.

이 남선창고는 광복 전 동래에 사는 개인에게 넘어간 이후에도 각종 가전제품들을 보관하는 창고로 이용되었으나, 2008년 11월 철거되어 원래의 모습은 찾을 수 없다. 다만 약간의 담장이 남아있어 과거의 흔적을 찾을 수 있을 뿐이다. 원래 이 창고의 동쪽 담벼락 바로 옆이 바다였다. 원산지역에서 생산된 해산물들이 선박을 통해 부산으로 오면 창고 바로 앞에서 하역할 수 있도록 이곳에 창고를 건립하였는데 지금은 도심의 한 가운데 자리하고 있다.

2. 백제병원과 옛 봉래각

부산역에서 중앙로를 건너 텍사스 거리로 가는 오른쪽 모서리 동구 초량동 467번지에 5층 벽돌집이 있다. 이 건물은 경남 김해군 명지면(현재 강서구 명지동) 출신 최용해(崔鏞海)가 일본에서 1921년에 오카야마 의전을 졸업하고 그해 8월에 백제(百濟)의원으로 문을 연 곳이다. 개원 당시에는 의원이었지만 1924년 4층 규모의 벽돌건물을 신축하여 내과, 외과, 소아과 등 전문과를 두고 엑스광선기(X光線器)를 설치하면서 백제병원으로 승격하였는데 이로써 부산 최초의 근대식 개인종합병원이 되었다. 현재의 건물은 1927년 6층의 벽돌건물을 추가로 신축하여 연결한 것이다. 당시만 해도 부산지역에서 개인 소유의 건물로는 규모가 가장 컸다. 당시 부산부립병원, 부산철도병원과 함께 부산의 3대 병원으로 명성을 떨쳤다. 하지만 무리한 확장으로 재정난에 빠지고 일본인의 모함을 받아 오랫동안 진료를 하지 못하다가 결국 1932년에 폐업하였다.

그 뒤 중국인 양모민(楊牟民)이 인수하여 봉래각이란 중국요리점을 운영하였다. 봉래각은 당시 인근 봉래권번 기생들이 드나들며 마치 잔치처럼 손님을 접대하던 부산지역 최대 중국요리점으로 성장했다. 하지만 일제가 태평양전쟁을 일으킨 이후 부산 거주 중국인들에 대한 탄압이 심해지자 주인 양모민(楊牟民)은 1942년 영업을 포기하고 중국으로 돌아갔다.

그림3-19 상가로 사용되던 2008년 백제병원 모습

이후 부산에 주둔하고 있던 일본군 아까즈끼 부대가 이 건물을 접수하여 장교숙소로 사용했다. 1945년 8월 일본의 패전으로 일본군이 물러나고 광복 후에 잠시 치안대 사무실로 사용되었다. 한국전쟁 당시 부산이 피란수도가 되면서 이 건물의 4~5층이 중화민국 주한대사관 임시판사처로 사용되기도 했다. 전쟁 후에는 개인에게 불하되어 신세계예식장으로 사용되어 오다가 1972년 뜻하지 않은 화재로 건물 내부가 크게 손상을 입기도 했다. 이후 내부공사를 하여 새롭게 단장하여 지금은 붉은 벽돌 상가 건물로 변하여 식당과 사무실로 이용되고 있다. 최근 1층에 고풍스러운 분위기의 '브라운핸즈' 카페가 들어서면서 다시금 주목을 받고 있다. 부산 구 백제병원은 등록문화재 제647호(2014.12.26)로 지정되어 있다.

3. 동래별장

동래별장(東萊別莊)은 동래구 온천1동 126 -1번지에 위치하고 있다. 일제강점기 부산 제일의 땅부자로 소문이 자자했던 하자마(迫間房太郎)가 지은 별장으로 박간탕원(迫間湯源)이라 불렀다. 1945년 8.15 광복과 함께 미군이 부산에 진주하면서 박간별장(迫間別莊)에는 경상남도 제3지구 미군정청이 자리하게 되었다. 인근에 있었던 지금의 농심호텔 자리에는 미군 G-2부대가 주둔하게 되었다. 한국전쟁으로 인해 부산이 피란수도였을 때에는 부통령의 관저로 사용되기도 하였다. 이때부터 "동래별장"으로 이름이 붙여졌다고 전해진다.

동래별장은 1965년 고급 요정으로 영업을 시작한 이후 한국을 찾은 국빈급 인사는 물론 군사정부 시절 부산에 온 대통령도 들렀을 만큼 관광 명소로 유명했던 곳이기도 하다. 그러나 온천장의 쇠락과 더불어 휴·폐업을 거듭해오다가 1997년 11

월 경영난으로 문을 닫은 지 3년 만인 2000년 10월 고급 요정에서 전통 국악공연을 보면서 호텔급 수준의 전통 한정식을 제공하는 관광음식점으로 탈바꿈하여 다시 문을 열었다.

4. 야구도시 부산의 탄생

부산 야구의 탄생에는 일본인이 큰 영향을 미쳤다. 1905년 일본인 거류민단회가 주축이 되어 개교한 부산공립상업전수학교(부산제1공립상업학교, 현 부경고등학교)에 야구부를 두었다. 1915년은 부산 야구사에서 새로운 전기가 마련된 해였다. 일본인이 중심이 된 조직이었지만 부산야구단이 조직되었다. 일본인에게서 영향을 받은 조선인 청년도 야구 동호회를 조직하여 활동을 시작했다. 대표적인 팀이 초량구락부이다.

일제 강점기 조선인은 야구 경기에서도 큰 설움을 받았다. 일본인 심판은 불공정한 판정을 남발했고, 일본인이 장악한 언론사는 엉뚱한 보도를 내기도 했다. 광복 이후 야구 중흥시대가 다시 열린다. 미군정 시기 야구를 좋아하는 미군은 야구 경기를 권장했다. 1947년부터 조선야구협회 주관으로 제1회 전국중등학교 야구대회가 서울운동장에서 열렸다. 첫 대회에서 우승한 경남중학교는 제2회 대회에서도 경기중학교와 결승전을 치러 4-1로 승리를 거뒀다. 1949년 3회 대회에서는 경남중학교와 동래중학교가 결승전에 나란히 올랐다. 치열한 접전 끝에 경남중학교가 7-3으로 승리를 거머쥐면서 부산에 야구 열풍을 일으켰다. 이 열풍은 부산이 야구도시로 성장하는 기폭제가 됐다.

그림3-20 1928년 구덕공설운동장의 야구경기 모습

한국전쟁 시기 부산지역 각 학교에 국군이나 미군이 주둔하고 있을 때 특히 미군들이 주둔했던 초등학교가 휴전 후 당시 주둔했던 미군들에 의해 야구용품 등을 기증받아 이후 야구부가 창설된 경우도 많았다 한다.

5. 부산탑

서면은 원래 동래군 서면이어서 지금까지도 부전동이라는 동명(洞名)보다 옛 지명인 서면이 자연스럽게 불리우고 있는 곳이다. 이곳의 중심에 도로를 오거리로 만들고 그 중심에 원형 광장처럼 만든 것은 일제시기였던 1938년부터 4년간 공사 끝에 조성되었다. 이곳에 차량 이동의 로타리가 조성된 것은 1957년, 그리고 이 로터리 중심에 부산탑을 조성한 것은 1963년이었다. 1962년 정부로부터 직할시 승격을 확인받은 부산시에서는 그 해 12월 1일 정부 직할시 승격 경축기념식을 거행하고 이를 기념하는 상징탑인 부산탑 기공식을 12월 25일 서면로터리에서 가졌다. 이 탑은 부산시와 부산상공회의소의 지원으로 건립되었는데 준공식은 1963년 12월 14일 가졌다. 탑의 조형은 부산이라는 글자를 상징하면서 위쪽에는 오륙도가 조각되어 있었고, 탑 중앙에는 자유의 횃불을 든 남녀상이 발랄한 기상을 보이고 있다. 탑을 중심한 원형로타리 안으로는 꽃밭이 조성되어 계절의 변화에 따라 새롭게 가꾸어지곤 하였다. 아치형으로 된 탑의 하부에는 1968년까지도 전차가 지나다녔다.

그림3-21 1970년 서면로터리의 부산탑

그러나 급격한 산업화로 인한 도시 발전과 교통량의 증가와 대중교통 수단의 확충을 위한 지하철 1호선 공사로 1981년 7월 철거되면서 서면로터리 부산탑은 역사 속으로 사라져 버렸다. 부산탑에 있었던 일부인 자유의 횃불을 든 남녀상과 재질이 대리석인 기념비석(가로 61㎝, 세로 91㎝, 두께 14.2㎝)은 부산박물관에 보관되어 있다.

6. 적산가옥(일식가옥)

우리나라에 남아있는 과거 일본인이 소유하였던 집을 적산가옥이라 한다. 태평양전쟁을 일으킨 일본이 미국의 입장에서는 적이었기 때문에 미군정 시기 적산가옥이라는 표현을 사용했다. 하지만 앞으로 이웃 일본과의 선린 우호적 관계를 고려한다면 적산가옥이 아닌 일식가옥이라는 표현으로 바꿀 때가 되었다 본다. 일제시기 특히 일본인이 많이 살았던 부산은 일식가옥 박물관이다. 과거 부산에는 일본 사람들이 많이 살았던 중구와 서구, 동구지역에 일식가옥들이 많았다. 그러나 세월이 많이 흐른 탓에 오늘날 남아 있는 대부분의 일식가옥들은 지붕을 제외한 모든 부분이 수리되어 원형을 많이 잃었다. 지붕을 보고 일본인이 살았던 집이었다는 것을 알 수 있을 정도의 것들이 대부분이다.

오늘날 이들 3개 구 지역의 골목골목 일식가옥의 모습을 볼 수 있다. 영도 바닷가에 면한 남항 부둣가에서도 낡은 일식가옥들이 있다. 이들 가옥들이 아직도 창고와 공장으로 사용되는 것들이 많다. 그리고 동광동의 인쇄 골목 인근, 자갈치 시장과 남포동의 건어물 시장은 일식가옥의 전시장이라 할만하다. 가덕도 외양포에도 원형이 잘 보존된 일본식 가옥들이 여러 채 있다.

그림3-22 부산의 대표적 적산가옥인 수정동 구 정란각의 2011년 모습

2부 사람

4장 부산의 인물

5장 부산의 상징과 자랑거리

6장 부산정신과 기질

7장 부산사람의 하루

PART 2

부산의 인물

4장

부산은 유라시아로 뻗어나가는 동북아의 중추도시로 성장하였다. 이러한 오늘의 부산은 결코 저절로 이루어진 것은 아니다. 오랜 역사적인 격동기 속에서도 결코 물러서지 않았던 수많은 선각자들의 숭고한 피와 땀이 있었기 때문에 가능했다. 오늘의 부산을 있게 한 사람들을 우리는 꼭 기억해야 한다. 과거의 기억은 현재의 존재감을 확인하는 장치이기 때문이다.

부산의 인물을 정리한다는 것은 쉬운 일은 아니다. 다양한 분야에서 나름대로의 업적을 남긴 훌륭한 분들을 모두 고려한다는 것은 거의 불가능에 가깝다. 더구나 선정의 기준을 정하고 업적의 중요도를 가린다는 것은 더더욱 어렵다. 선정의 기준이나 업적의 중요성은 상대적인 것이기 때문에 사람에 따라 달라질 수밖에 없다. 이러한 어려움 때문에 본 장에서는 다음과 같은 기준에 따라 선정하였다.

먼저 조선시대 이래 현대에 이르기까지 고루 선정하였다. 둘째는 다양한 분야의 인물들이 포함되도록 하였다. 셋째는 현대의 인물을 비중 있게 다루었다. 이러한 기준에 따라 부산광역시 홈페이지[1], 디지털 부산역사문화대전[2], 부산광역시에서 발간한 『부산을 빛낸 인물』 시리즈[3] 그리고 부경역사연구소에서 간행한 『시민을 위한 부산인물사』[4] 등 관련 자료의 서술을 참고하여 정리하였다.

특히 현대로 오면서 다양한 분야에서 부산을 빛낸 분들이 정말 많지만, 지면의 한계로 인해 더 많이 소개하지 못한 아쉬움은 남는다. 이곳에 소개된 인물이 결코 부산의 인물을 전부 대표한다고는 볼 수 없다는 점을 밝혀둔다.

---

1) 부산광역시 홈페이지(http://www.busan.go.kr)의 부산소개(부산의 인물) 참조.
2) 디지털 부산역사문화대전(http://www.busan.grandculture.net)의 삶의 주체(성씨와 인물) 참조.
3) 부산광역시, 『20세기 이전 부산을 빛낸 인물』, 2002. 12; 부산광역시, 『20세기 부산을 빛낸 인물(Ⅰ)』, 2004. 6; 부산광역시, 『20세기 부산을 빛낸 인물(Ⅱ)』, 2005. 7.
4) 부경역사연구소, 『시민을 위한 부산인물사』(근현대 편), 선인, 2004. 2.

1. 조선 최고의 과학자 장영실(蔣英實, ?~1442)

장영실(蔣英實[5])의 본관은 아산(牙山)이며, 조선을 대표하는 과학자 중의 한 사람이다. 출생 시기는 조선 초기 태조에서 태종 초반으로 추정된다. 신분제도가 철저했던 조선시대 동래 기녀 소생의 관노(官奴) 출신이다. 모든 일에 타고난 재능을 발휘하여 제련, 축조, 농기구, 무기 등을 만드는 기술이 뛰어났다. 이에 세종은 여러 신하들의 강력한 반대에도 불구하고 장영실을 발탁하였다.

1421년(세종 3) 윤사웅·최천구 등과 함께 명나라에 파견되어 선진 과학기술을 접한 경험은 새로운 과학기기를 발명하는 데 큰 도움이 되었다. 1423년에 청동 물시계를 제작한 공로로 종5품 상의원 별좌(尙衣院 別坐)에 올라 노비의 신분을 벗었다. 이후 무관직인 행사직, 호군, 대호군, 상호군까지 올랐다.

1432년 중추원사 이천을 도와 천문기기인 간의(簡儀)와 혼천의(渾天儀) 제작을 감독하여 완성하였다. 1433년에 김빈과 함께 만든 자동 물시계인 자격루(自擊漏)는 조선의 공식 표준시계로 사용되었다. 이듬해에는 금속활자 주조에도 참여하여, 조선 초기의 금속활자인 계미자(1403)와 경자자(1420)의 결함을 보완한 수준 높은 갑인자(甲寅字)를 주조하였다.

1434년(세종 16) 우리나라 최초의 공중 시계인 앙부일구(仰釜日晷), 휴대용 해시계인 현주일구(縣珠日晷)와 천평일구(天平日晷), 1437년에 지남침 없이 남북 방향이 자동으로 맞춰지는 정남일구(定南日晷), 밤낮으로 시간을 측정하는 일성정시의(日星定時儀) 그리고 태양의 고도와 출몰을 측정하는 규표(圭表)와 천체 관측용 대소간의(大小簡儀) 제작에도 참여하였다. 1438년(세종 20)에는 자격루의 일종인 옥루(玉漏)를 제작하였고, 금속 제련 분야에도 뛰어나, 경상도 채방별감으로 파견되기도 하였다.

1441년(세종 23) 세계 최초로 우량계인 측우기(測雨器)와 수표(水標)를 발명하여 하천의 범람을 미리 알 수 있게 하여 백성들을 수해의 위험으로부터 대피할 수 있도록 하였다. 그러나 1442년 그의 감독으로 제작된 임금의 가마인 승여(乘輿)가 부서지는 사건이 발생하여 불경죄로 의금부에 투옥되어 장형을 받은 뒤 파면 당하였다. 그 후의 행적은 알려지지 않는다.

오늘날 별빛을 반짝이며 우주를 유영하고 있는 소행성 68719호에는 '장영실

5) 장영실의 출생에 대해 『세종실록』에는"아버지가 원(元)의 소항주(蘇杭州) 사람이고, 어머니는 기생이며 영실은 동래현의 관노이다"라고 기록되어 있다. 반면에 『아산장씨 족보』에는 아버지가 고려 말 정3품 전서(典書)를 지낸 장성휘(蔣成暉)로 기록되어 있다.

(Jangyeongsil)'이라는 이름이 붙어있다. 1969년 3월 과학선현 장영실선생기념사업회가 창립되었고, 장영실 과학상이 제정되었다. 2007년 11월 충남 아산시에 장영실과학관이 개관되었고, 2009년 11월에 장영실과학동산이 조성되었다.

2. 부산진 첨사 정발(鄭撥, 1553~1592)

정발(鄭撥)의 호는 백운(白雲)이며, 본관은 경주(慶州)이다. 1553년(명종 8) 경기도 연천현(현 경기도 연천군)에서 태어났다. 1577년(선조 10)에 무과별시 병과에 급제하여 선전관(宣傳官)에 임명되었다가 해남현감으로 나아갔다. 이후 거제현령, 비변사 낭관, 훈련원 부정 등을 거쳐 1592년(선조 25년) 당상관인 절충장군에 올라 부산진 첨절제사에 임명되었다.

정발은 임지로 떠나면서 병든 어머니에게 하직 인사를 올리고, 부인에게는 어머니의 봉양을 당부하였다. 아들 정흔(鄭昕)과 함께 부산진(釜山鎭)에 부임하여 밤낮으로 왜적의 침략에 대비하여 방어태세를 강화하였다. 그리고 임진왜란 직전에 아들을 고향으로 돌려보내 할머니와 어머니를 봉양하도록 하였다.

정발은 부임 후 얼마 되지 않아 임진왜란이 일어났다. 1592년 4월 13일 오후 고니시 유키나가[小西行長]가 거느린 18,000여 명의 왜군은 700여 척의 병선으로 부산포를 내습해 왔다. 당시 절영도(絶影島, 현 영도)에서 사냥을 하던 정발은 조공하러 오는 왜인이라 생각했다. 잠시 후 무수히 몰려오는 병선을 보고 급히 부산진성으로 돌아와 전투에 대비하였다. 이때 황령산(荒嶺山) 봉수대에서는 한양으로 사실을 보고하고 구원병을 요청하였다. 이날 왜군은 상륙하지 않고 부산포 앞바다에 정박하여 밤을 보냈다. 다만 고니시의 막료인 대마도주 소오 요시토시[宗義智]가 부산진성 경계 상황을 정찰하고 돌아갔다.

다음날 14일 새벽에 왜군은 해안에 상륙하여 성을 공격할 준비를 갖추고, 왜장 고니시가 "명을 치러 가는 길을 열어주면 해치지 않겠다(征明假道)"라고 회유하자. 이에 정발은 "죽음이 있을지언정 길을 비켜줄 수 없다"며 요구를 묵살하고 결사항전의 전투태세를 갖추었다. 당시 부산진성의 민가는 300여 호로 군민을 다 합해도 실제 병력은 1,000여 명에 불과했다. 왜군이 신무기인 조총으로 무장하여 공격해 오자. 정발은 검은 전투복[黑衣]을 입고 군사를 이끌고 적을 저지하기 위해 화살을 쏘며 사력을 다하여 성을 지켰다. 얼마 후 화살이 떨어지자 한 부장이 그를 만류하며 도망가서 구원병을 기다리자고 했다. 이에 정발은 크게 노하여 말하기를, "대장

부는 싸우다 죽을 뿐이다. 다시 성을 버리고자 말하는 자는 내가 목을 벨 것이다" 라고 꾸짖고 "나는 마땅히 이 성의 귀신이 되리라. 떠나고 싶은 자가 있거든 떠나라"고 호통을 쳤다고 한다.

왜군은 서문이 쉽게 돌파되지 않자, 진성의 후방인 북쪽의 방어가 허술하다는 것을 알고 집중적으로 공격하여 성벽을 넘어 난입하였다. 정발은 군민을 지휘하며 죽음을 각오하고 분전하였다. 그러나 굳센 항전에도 적의 대군 앞에 많은 희생자를 냈으며, 마침내 정발도 적의 총탄에 맞아 순절하였다. 또한 정발의 막빈(幕賓)인 이정헌(李庭憲)도 장렬하게 싸우다가 최후를 맞았다. 애첩 애향(愛香)도 정발의 시체 옆에서 통곡하다가 스스로 목숨을 끊었다. 또한 노복인 용월(龍月)도 왜적과 싸우다가 죽음을 맞이하였다.

1615년(광해군 7년) 임진왜란 『충신록』에 수록되었다. 병조판서로 추증되었다가 1681년(숙종 7)에 좌찬성에 증직되고, 1686년 충장공(忠壯公)의 시호가 내려졌다. 1624년(인조 2) 동래 충렬사에 배향 되었다. 1766년(영조 42) 정공단이 건립되어 매년 제향을 올린다. 1977년 3월에는 정발 장군 동상이 세워졌다.

3. 죽음으로 맞선 동래부사 송상현(宋象賢, 1551~1592)

송상현(宋象賢)의 호는 천곡(泉谷)으로, 본관은 여산(礪山)이다. 1551년(명종 6) 전라도 고부군(현 전라북도 정읍시)에서 태어났다. 1570년(선조 3)에 소과에 급제하였고, 1576년(선조 9)에 별시문과 병과에 급제하여 승문원 정자(承文院 正字)에 임명되었다. 이후 승정원 주서, 경성판관, 사헌부 지평, 백천군수 등을 거쳐 1591년(선조 24) 8월 통정대부에 올라 동래부사에 임명되었다.

송상현은 동래에 부임하여 백성을 다스리고 집무를 수행함에 있어 오직 성의와 신의로써 하니 관리와 백성들이 그를 따르기를 마치 부모와 같이 하였다. 또한 왜적의 침입에 대비하여 군비를 정비하여 임전태세를 갖추었다. 이러한 마음가짐은 친구인 정산현감 김장생(金長生)에게 보낸 시에 잘 나타나 있다.

1592년 4월 14일 부산진성을 함락시킨 여세를 몰아 같은 날 오후 다수의 왜군 병력은 동래읍성으로 진격하였다. 적은 읍성 공격에 앞서 취병장(聚兵場, 현 동래경찰서)까지 진출하여 목패(木牌)를 남문 밖에 세워 두었다. 송상현은 군관에게 명하여 가져오게 한 목패에는 "싸우려면 싸우고 싸우지 않으려면 우리에게 길을 빌려 달라(戰則戰矣 不戰則假我道)"라고 쓰여 있었다. 이에 송상현은 목패에다 "싸워서 죽는 것은 쉬어도 길을 빌리기는 어렵다(戰死易 假道難)"고 글을 써서 적중에 던져 결사항전의 뜻을 밝혔다.

송상현은 호상(胡上)에 걸터앉아 사람을 시켜 조복을 가져오게 하여 갑옷 위에 입고, 조용히 내려와 북향 사배하여 임금에게 하직의 예를 올렸다. 그리고는 붓을 잡아 부채에 "외로운 성은 달무리 지듯 포위되고, 이웃한 여러진은 잠든 듯 고요하네, 임금과 신하 의리 무거운 것이 오매, 부자의 은정 가벼이 하오리까(孤城月暈 列鎭高枕 君臣義重 夫子恩輕)"라고 써서 부모님께 하직 인사를 보냈다.[6] 왜군은 병력을 셋으로 나누어 일제히 공격하여 왔다. 이에 송상현은 군사를 이끌고 군민들과 함께 항전하며 하룻밤을 버티었다.

다음날 15일 새벽 왜군은 읍성 뒤쪽 높은 곳에서 성안을 내려다보면서 조총을 난사하며 난입하였다. 순식간에 성내는 한동안 아비규환의 대접전이 벌어졌다. 송상현은 최후까지 항전하다 순절하였다. 그리고 군관 송봉수·김희수, 향리 대송백, 관노 매동 등도 최후를 맞았다. 첩실로 따라온 금섭(金蟾)도 적에게 죽임을 당했다. 양산군수 조영규, 조방장 홍충관, 교수 노개방, 교생 문덕겸, 군기시첨정 김사모 등도 싸우다 최후를 맞았다.

1594년(선조 27) 이조판서에 추증되었다가 1681년(숙종 7)에는 좌찬성으로 증직되었고, 충렬공(忠烈公)의 시호가 내려졌다. 1605년(선조 38) 송공사(1624년 충렬사)를 건립하여 배향하였다. 1742년(영조 18)에 송공단이 건립되어 매년 제향을 올린다. 1978년 3월 송상현 부사 동상을 세웠고, 2014년 6월에 송상현광장이 조성되었다.

4. 다대진 첨사 윤흥신(尹興信, ?~1592년)

윤흥신(尹興信)[7]은 본관은 파평(坡平)이다. 출생 시기에 대한 기록은 보이지 않는다. 아버지는 인종 때 외척으로 권세를 누렸던 윤임(尹任)이다. 1578년(선조 11) 무과별시에 급제하였고, 1582년 초에 진천현감(鎭川縣監)에 임명되었으나, 문자를 해독하지 못한다는 이유로 파직되었다. 이후 수군에 등용되어 1592년(선조 25)에는

6) 이원균, 『부산의 역사』, 늘함께, 2000. 2. 133면.
7) 1545년 「을사사화」로 숙청된 윤임(尹任)의 다섯째 아들로 태어났다. 당시에는 나이가 어려서 죽음을 피하여 신분이 노비로 떨어졌지만, 1577년(선조 10)에 의해 윤임과 두 아들의 명예가 복권된 후 양반의 신분을 회복하자 1578년 무과별시에 응시해 장수가 되었다. 노비의 신분으로 자란 탓에 제대로 교육을 받지 못하여 수난을 겪기도 하였다.

당상관인 절충장군 다대진 첨절제사에 임명되었다.

윤흥신은 임지로 떠나면서 부인에게 집안이 화를 입어 8형제 중 후손으로 하나밖에 없는 아들의 훈육을 당부하였다.[8] 동생 윤흥제(尹興悌)와 함께 다대진에 부임하여 왜적의 침입에 대비하여 성곽 보수와 군비를 정비하는 등 방어태세를 갖추었다.

1592년 4월 14일 부산진성을 함락시킨 여세를 몰아 같은 날 오후 왜군의 다수 병력은 동래읍성으로 진격하였고, 소수의 병력은 서평포진과 다대진성을 공격하여 왔다. 이에 윤흥신은 군사를 이끌고 군민과 함께 활과 화살을 쏘며 왜적에 맞선 치열한 전투 끝에 격퇴하였다. 그때 휘하의 한 군사가 말하기를, "머지않아 반드시 적이 대거 침공해 올 것이니 피하는 것 밖에 도리가 없을 것 같습니다"라고 아뢰니, 화를 내며 꾸짖고 "오직 죽음을 각오하고 싸울 뿐이다. 어찌 차마 떠나겠는가?"라고 하여 결사항전의 결의를 다졌다. 그런데 서평포진과 다대진성 두 진영의 전투에 대한 자세한 기록은 보이지 않는다.

다음날(15일) 적의 대군이 재차 공격해 오자, 윤흥신은 군민을 다 합쳐도 얼마 되지 않는 군사를 이끌고 동생 윤흥제와 함께 왜군에 맞서 활과 화살을 쏘면서 격렬한 전투를 거듭하였다. 그러나 구름처럼 몰려오는 적의 내습으로 군사들은 뿔뿔이 흩어졌다. 윤흥신은 끝까지 성을 떠나지 않고 군민들과 함께 왜적에 대항하여 싸우다가 장렬하게 순절하였다. 동생 윤흥제도 끝까지 성을 지키며 싸우다가 최후를 맞았다.

윤흥신의 공적(功績)이 널리 알려진 것은 임란 후 한참이 지나서의 일이다. 『선조실록』과 유성룡의 『징비록』 및 신경의 『재조번방지』 등에는 간략하게 기록되어 있을 뿐이었다. 이후 윤흥신의 사적(史蹟)이 좀더 구체적으로 널리 밝혀진 것은, 조엄의 『윤공유사』와 강필리의 『윤공사절기』에서 비롯되었다. 이들 기록을 보면, "다대포진에는 1592년(선조 25) 4월 14일 적의 내습이 있었으나 첨사 윤흥신을 비롯한 군민은 성을 굳게 지켰으며, 15일 적군이 동래성을 공격할 때 한편으로는 적군의 공격을 다시 받고 첨사와 군민은 끝까지 항전하여 많은 희생을 내고 성은 함락되었다"고 하였다.

1604년(선조 37) 공표된 「선무공신록권」 원종 1등에 올려졌다. 이후 병조참의에 추증되었다가 병조참판으로 증직되었다. 1765년(영조 41) 윤공단이 건립되어 매년

8) 한 건, 『다대포 역사 이야기』, 지평, 2011. 10. 76면.

제향을 올린다. 1772년(영조 48) 동래 충렬사에 배향되었다. 1981년 9월에 윤흥신 장군 석상이 세워졌다.

5. 고구마를 전래한 통신사 조엄(趙曮, 1719~1777)

조엄(趙曮)의 호는 영호(永湖)이며, 본관은 풍양(豊壤)이다. 1719년(숙종 45) 강원도 원주목(현 강원도 원주시)에서 태어났다. 1738년(영조 14년) 생원시에 급제하였고, 1752년(영조 28)에 정시문과 을과에 급제하여 사간원 정언(司諫院 正言)에 임명되었다. 홍문관 교리를 거쳐 1757년(영조 33) 7월에는 동래부사로 임명되었다. 이후 충청도 암행어사, 경상도 관찰사, 동지성균관사, 지의금부사, 이조판서, 홍문관 제학 등을 역임하였다.

조엄은 동래에 부임하여 류성룡의 『징비록』과 신경의 『재조번방지』 등에 다대첨사 윤흥신에 대한 기록이 있음에도 동래 충렬사에 배향되지 못한 것을 알게 되었다. 그래서 『읍지』를 살피고 다대포를 찾아가는 등 윤공의 사적을 찾고자 노력했다. 또한 범어사 등 여러 사찰의 승려들이 온갖 잡일과 부역에 시달린다는 것을 알고는 사찰의 잡역을 면해 주었다.

또한 대일외교와 무역을 관장하는 실질적인 책임자로, 대일무역에 있어 일본에서 물품을 수입하고, 면포(綿布)로 결제하는 과정의 폐단을 알게 되었다. 폐단을 바로잡기 위해 조선 상인이 결제하는 면포 대신에 돈으로 지급하게 하였다. 그 결과 백성들은 면포 납품의 부담을 덜었고, 일본인들은 좋은 물건을 살 기회를 갖게 되었다. 그리고 일본으로 보내는 예물인 예단삼(禮單蔘)의 질이 떨어지는 것을 예방하기 위해 조삼(造蔘) 제조를 철저하게 단속하여 발각되면 사형에 처하는 등 엄하게 다스렸다.

1759년(영조 35) 경상도 관찰사로 부임하여 다대첨사 윤흥신의 사적을 찾아서 그를 표창할 것을 임금에게 상소를 올려 증직시키기 위해 노력하였다. 또한 다대첨사 「윤공전망사적서(尹公戰亡事跡敍)」를 지어 그의 충절이 인멸되지 않게 하였다. 이후 1765년(영조 41) 윤공단이 세워질 수 있는 기반을 마련하였다.

1763년(영조 39) 10월 통신사 정사(通信使 正使)로 동래(부산)를 출발하여 일본 에도[江戶, 현 도쿄]로 가다가 대마도에서 지금까지 보지 못한 풀뿌리 즉 고구마를 발견하고, 흉년을 넘길 수 있는 작물이라 생각하였다. 조엄은 곧바로 종자를 구해 부산진(釜山鎭)으로 보내어 심도록 하였다. 이듬해 6월 돌아오는 길에 종자를 다시 구해 와서 동래[9]와 제주도에 심게 한 것이 고구마의 기원이다. 고구마의 심는 법, 재배법, 저장법까지 배워왔다. 1764년 8월 동래부사로 부임한 강필리(姜必履)가 고구마 재배에 몰두하여 성공을 거두었다. 이에 재배와 보관, 이용방법을 알리기 위해 『감저보』를 저술하여 널리 보급시킬 수 있었다.

1814년(순조 14) 좌찬성에 추증되었고, 문익공(文翼公)의 시호가 내려졌다. 2014년 11월 강원도 원주시에 조엄기념관이 개관되었고, 2020년 11월에 영도 조내기 고구마 역사기념관이 개관되었다.

6. 독도는 우리 땅 안용복(安龍福, ? ~ ?)

안용복(安龍福)은 숙종 때 사람으로 생몰연대는 알 수가 없다. 지금의 부산광역시 동구 좌천동에서 거주하였으며, 신분은 사노비였다. 당시 좌천동 부근에는 두모포왜관(1607~1678)이 있었다. 이러한 주거 환경 덕분에 일찍이 일본어를 습득할 수 있었다. 경상좌도 수군절도사영(줄여서 경상좌수영이라 함)의 수군 병졸로 어업을 생업으로 하는 능로군(能櫓軍)이었다.

일찍이 울릉도와 독도가 우리 영토임을 주장한 안용복은 경상좌수영의 수군이란 기록만 전할 뿐 그의 약력은 전하지 않는다.[10] 우리 측의 사료로는 『숙종실록』, 『비변사등록』 등에 약간 언급되어 있을 뿐 오히려 일본 측의 사료에 상세히 남아 전한다. 안용복은 1693년과 1696년 두 차례 일본으로 가서 울릉도와 독도의 영유권을 주장한 인물이다. 이익의 『성호사설』 기록을 통해 널리 알려지기 시작하였다.

안용복은 1693년(숙종 19) 3월 어부 40여 명과 함께 울릉도와 독도 부근으로 고기잡이를 나갔다가 거기서 호키슈[伯耆州]에서 고기잡이 하러 온 일본 어부들과 충돌하게 되었다. 그러나 중과부적으로 안용복은 박어둔(朴於屯)과 함께 일본으로 잡혀갔다. 호키슈 태수를 만났을 때 "울릉도와 독도는 우리 영토다. 너희들이 함부로 고기잡이 하는 것은 도저히 묵과할 수 없다"고 항변했다. 이에 호키슈 태수는 문서

9) 조엄이 대마도에서 가지고 온 고구마를 동래에서 첫 재배한 곳이 대마도와 기후조건이 비슷한 지금의 영도구 청학동 일대로 추정하고 있다. 이곳에서 재배한 고구마는 조씨가 가져왔다 하여'조내기고구마'라 불렀다고 한다. 지금도 조내기고구마를 재배한 곳이라 하여 조내기마을이라 부르고 있으며, 이곳이 조내기고구마의 첫 시배지라고 주장한다.

10) 일본 돗토리현립박물관[鳥取県立博物館]에 안용복의 호패(戶牌)를 소장하고 있다, 1693년(숙종 19) 1차 도일 당시 것으로 추정되는 호패에는 안용복의 호적상 이름, 나이, 신장, 거주지 등이 기록되어 있다. 호패에는 동래 출신으로 서울의 오충추(主京居吳忠秋)의 사노(私奴)라고 밝히고 있다. 발급 시기가 경오년(庚午年, 1690) 33세라는 기록으로 보아로 정유년(丁酉年, 1657) 생으로 추정된다. 거주지는 釜山佐川一里第十四虎三戶로 기록되어 있다.

를 작성하여 에도막부에 판단과 신병처리를 물었다. 이에 에도막부는 "울릉도는 일본의 영토가 아니다(鬱陵島非日本界)"라는 서계(書契)를 써주게 했다. 그러나 돌아오는 길에 대마도주(對馬島主)에게 서계를 빼앗기고 갇혔다가 초량왜관으로 옮겨져 구금되기도 했다. 이후 동래부사에게 인도된 뒤에는 허가없이 월경(越境)하였다 하여 형벌을 받았다.

그로부터 2년이 지난 1696년(숙종 22) 5월 안용복은 어부들과 함께 울릉도와 독도 부근에 고기잡이를 하러 갔다가 또 일본 어부들을 만나자 월경죄를 꾸짖고 항의하여 돌려보냈다. 이에 송도(松島)까지 추격해 조선의 영토에 들어와 고기잡이를 한 침범 사실을 문책하였다. 그리고 조선의 울릉우산양도감세관(鬱陵于山兩島監稅官)이라 자칭하고 호키슈에 가서 태수로에게 일본 어부들의 국경을 침범한 사실을 항의하고, 울릉도와 독도가 조선 영토라는 사실 확인과 어부들이 다시 침범하면 엄중히 처벌하겠다는 약속을 받았다. 이후 안용복 일행은 강원도 양양으로 돌아왔다. 강원감사 심평은 월경죄로 안용복 일행을 체포하여 한양으로 압송하였다. 조정에서는 안용복을 월경죄로 처형하려 했으나, 남구만·윤지완 등 원로대신들의 변호로 사형을 면하고 귀양을 가게 되어 일생을 마쳤다.

그러나 안용복의 월경은 헛되지 않았다. 1693년 이후 조선조정과 에도막부는 울릉도와 독도의 영유권과 어업권을 둘러싸고 논의를 거듭하였다. 1696년 1월 일본 막부는 울릉도와 독도의 영유권이 조선에 있음을 인정하고 일본 어부들의 고기잡이를 금지하였다. 막부는 조선조정에 통고하도록 대마도주에게 명(命)하였다. 그러나 대마도주는 그 사실을 미루다가 1696년 10월 그 뜻을 전하고, 1697년 2월 동래부사에게 서계를 보내왔다.

1957년 안용복장군기념사업회가 설립되었다. 1967년 수영사적공원에 안용복 장군 충혼탑과 동상을 세워 제향을 올렸다. 2001년 3월 사당인 수강사가 건립되어 매년 제향을 올린다. 2013년 10월 경북 울릉군에 안용복기념관이 개관되었고, 2014년 3월에 안용복기념 부산포개항문화관이 개관되었다.

7. 근대 개화의 선각자 박기종(朴琪淙, 1839~1907)

박기종(朴琪淙)의 본관은 밀성(密城)이며, 1839년 11월 지금의 부산광역시 동구 좌천동에서 태어났다. 젊은 시절 대마도와 무역을 전담하던 팔상고(八商賈)에 드나들며 상업에 종사하였다. 또한 초량왜관(1678~1876)의 일본상인과 교역할 수 있는 특권상인인 동래상고(東萊商賈)로 상업에 종사하면서 일본어를 익혔다.

박기종은 상업으로 많은 돈을 벌은 절영도(絶影島, 현 영도) 앞바다 어장과 김해 지역의 토지를 매입하여 부호가 되었다. 1869~1871년에 동래부 소통사(小通事)로 활동하였다. 특히, 1869년(고종 6)에는 거제도 옥포(玉浦)의 여러 업무를 담당하는 소통사였다. 이후 부산판찰관, 부산항검사관, 절영진 첨사, 부산항경무관, 외부 참사관, 변리공사 등을 역임하였다.

박기종은 일본어에 능통하여 1876년(고종 13) 「강화도조약」을 체결한 그해 5월 제1차 수신사(修信使, 단장 김기수) 일행으로 동행하여 일본의 근대시설과 문물을 접하였다. 1880년(고종 17) 6월 제2차 수신사(단장 김홍집) 일행으로 일본의 제철소, 조선소, 철도시설 등을 견학하고 해운업을 살펴보았다. 박기종은 두 번의 일본 근대화 현장을 목격하고 자연스럽게 조선이 잘살려면 근대화를 이루어야 한다는 생각을 품게 되었다.

1886년(고종 23) 10월 부산판찰관(부산항 경찰관)에 임명되어 부산지역 치안과 무역 업무를 담당하였다. 1889년에 기선회사를 설립하여 1890년부터 낙동강 연안 포구를 왕복 운항하였다. 1년 반 정도 지났을 때 기선이 낙동강 하구에서 강풍에 침몰하여 경영 위기를 맞게 되었고, 1893년 무렵 경영권이 일본인회사로 넘어갔다. 1895년(고종 32) 정부의 명으로 부산항의 영업세 징수기관인 상무소(商務所)를 설립하여 업무를 담당하였다. 상무소는 이후 조선 상인들의 이익을 대변하는 상회 조직인 동래상업회의소로 개편되었다.

박기종은 인재양성의 필요성을 절감하고 이내옥·배문화·변한경·이명서 등이 공동 출자하여 1896년 3월 사립부산개성학교[11]를 개교하였다. 1897년 공립부산개성학교로 전환하였고, 1898년 1회 졸업생을 배출하였다. 정부의 교육법령 개정으로 1909년 4월 동래부에서 교직원과 학생들을 인수하여 그 자리에 공립부산실업학교와 공립부산보통학교를 개교하였다. 현재의 개성고등학교와 봉래초등학교의 전신이다.

1898년(광무 2) 5월 부하철도회사(釜下鐵道會社)를 설립하여, 부산항에서 하단까지 경편철도를 건설하려 하였다. 그러나 일제의 방해로 중지하지 않을 수 없었다. 부하철도는 비록 건설되지 못했으나 우리나라 최초로 기획된 민간철도라는 데 의

11) 개성학교는 1894년 갑오개혁으로 신학제가 공포되었지만 여전히 서당에 의지하는 열악한 교육 환경에 처해 있었던 구한말의 상황에서 '한국 국민의 지능을 계발하고 도덕을 진전시키고 인재를 양성하는 것'을 목적으로 설립되었다.

의가 있다. 1899년 5월 대한철도회사(大韓鐵道會社)를 설립하였으나, 그 뜻을 실현하지 못하였다. 1902년 6월 철도에 대한 집념을 버리지 못한 박기종은 자신의 전 재산을 투입하여 영남지선철도회사(嶺南支線鐵道會社)를 설립하였다. 삼랑진과 마산을 연결하는 삼마철도 부설권을 얻어 공사 진행을 시도하였다. 이것마저도 일제의 집요한 농간으로 공사가 중단되어 재산도 모두 잃게 되었다. 박기종은 철도부설 사업들의 뜻은 이루지 못한 채 1907(융희 1)년 68세를 일기로 세상을 떠났다.

저술로는 『상경일기』와 『도총』이 있다. 1978년 박기종이 착용했던 유품인 「박기종 관복 일괄」 유물을 비롯하여 총 33점의 자료가 부산박물관에 일괄 기증되어 전시되고 있다. 2017년 5월 박기종기념관이 개관되었다.

8. 민족자본 백산상회 설립자 안희제(安熙濟, 1885~1943)

안희제(安熙濟)의 호는 백산(白山)이며, 본관은 탐진(耽津)이다. 1885년 8월 지금의 경상남도 의령군 부림면 입산리에서 태어났다. 어린 시절 한학을 배우다가 대구 사립흥화학교에 입학하여 신교육을 받았다. 1905년 보성전문학교에 입학하였다가 1910년 양정의숙을 졸업하였다. 재학 중 민족교육의 필요성을 절실히 느껴 고향인 의령에 의신학교, 입산리에 창남학교를 설립하였다. 구포 사립구명학교에서 2년간 교장으로 제직하였다.

1909년 10월경 서상일·김동삼·남형우·박중화·윤세복 등과 영남지역 청년들이 주축이 된 항일비밀결사 단체인 대동청년단(大同靑年團)을 결성하였다. 1910년 국권이 강탈당하자 1911년에 북간도를 거쳐 블라디보스토크로 가서 최병찬과 함께 『독립순보』를 간행하였고, 신채호·안창호 등 민족 지도자들과 국권회복의 여러 방안을 논의하고 1914년 국내로 돌아왔다.

1914년 고향의 전답을 팔아 백산상회(白山商會)를 설립하여 곡물·면포·해산물 등을 취급하면서 해외 독립 자금을 조달하고 독립운동가들의 연락망 역할을 하였다. 1917년 합자회사로 변경했다가, 1919년 5월 구포의 윤현태와 자본금 100만원으로 백산무역주식회사로 확대 개편하였다. 안희제는 국내 지주들이 기부·기탁한 자금의 어음을 경남은행 본점에서 할인하여 상해로 송금하는 책임을 도맡아 하였다. 1919년 11월 지역유지들이 뭉쳐서 독립운동에 필요한 인재 양성을 위해 기미육영회를 조직하고, 청년들을 선발하여 각국에 유학시켰다. 백산무역주식회사는 표면상 상업적 이익을 추구하는 영리기관의 모습이었지만 내면으로는 해외 독립운동의 국내 연락과 그 자금공급을 지원하였다. 경영난과 일제의 탄압과 방해로 1928년 1월 29일 해산되었다.

1919년 12월 부산예월회를 조직하여 민족 자본가들의 결속을 다졌고, 부산상업회의소 부회두와 부산상업학교 이사를 역임하였다. 지역유지들과 함께 부산진과 영도에 공립보통학교를 설립하였다. 1920년에 『동아일보』 발기인으로 참여하였고, 부산지국장을 지냈다. 부산지역 민족운동의 구심체였던 부산청년회의 재무간사로 활동하였다. 1927년 이시목 등과 자력사를 조직하여 월간 잡지 『자력(自力)』[12]을 발간하는 등 협동조합 운동을 전개하였고, 1928년 부산에 협동조합을 창립하였다. 1929년에 『중외일보』 사장으로 경영에 참여하였다.

1933년에는 만주로 망명하여, 발해의 고도인 둥진청[東京城]에서 독립투쟁의 근거지를 마련하고, 일제의 토지강탈로 농토를 잃은 국내의 농민 300여 호를 이주시켜 발해농장을 경영하였다. 여기서 자작농을 육성하고 발해학교를 설립하여 민족교육의 보급과 자주 독립사상을 고취시켰다. 1931년에 대종교에 입교하여 많은 활동을 하였다. 1942년 10월 일제가 대종교 본부를 습격하여 윤세복 등 간부 20여명을 검거한 대종교 사건으로 체포되어 혹독한 고문을 받았다. 1943년 7월 31일 병보석으로 가출옥하였으나, 그 후유증으로 조국 해방을 보지 못한 채 8월 3일 59세로 일생을 마감하였다.

1962년 대한민국 건국훈장 독립장이 추서되었다. 1989년 9월 백산 안희제 흉상이 세워졌고, 1990년대 초 경남 의령군에 백산 안희제 생가가 복원되었다. 1995년 8월 백산기념관이 개관되었고, 1998년 6월에 (사)백산 안희제선생기념사업회가 창립되었다.

9. 불꽃같은 인생을 살다간 박재혁(朴載赫, 1895~1921)

박재혁(朴載赫)의 본관은 밀성(密城)이고, 1895년 5월 지금의 부산광역시 동구 범일동에서 태어났다. 15세 때 아버지가 돌아가시고 어머니, 여동생과 함께 생활하였다. 1911년 부산진보통학교를 졸업하였고, 1915년에 부산공립상업학교를 졸업하였다. 학창시절인 1913년에는 최천택·오택 등과 구세단(救世團)을 결성하고, 민족의식을 고취하는 단보를 발행하여 부산과 경남일대에 배포하여 일찌감치 일제의

12) 백산이 숨을 거두기에 앞서 장남에게 마지막으로 남긴 말은 "가사든 국사든 오직 자력(自力)을 중심으로 해야" 한다는 것이었다. 그가 펴낸 잡지가 『자력』이었고, 그의 유언이 '자력' 이었던 데서 알 수 있듯이 항일구국으로 일관한 그의 사상은 '자력정신'이었다.

요시찰 대상 인물이 되었다.

1915년 가족을 부양하기 위해 조선가스전기주식회사에 취직하였고, 경북 왜관 등지에서 상업 활동을 하였다. 1917년 무렵 중국으로 건너가 해외 무역업에 종사하였다. 이때 상하이[上海]를 중심으로 중국 각지와 싱가포르 등 동남아지역을 다니면서 대륙의 정세에 눈뜨게 되었다. 중국에서 활동하는 항일운동가와 교류하면서 1920년 8월 김원봉을 만나 의열단(義烈團)에 입단하였다.

박재혁은 1920년 3월 일시 귀국하였다가 8월에 다시 상해로 가서 김원봉을 만나 군자금 300원을 받아 부산경찰서를 파괴하고 서장을 사살할 계획을 세웠다. 부산경찰서장 하시모토[橋本秀平]가 고서적을 좋아한다는 정보를 입수하여 무역업을 했던 경험을 살려 중국 고서상인으로 위장하기로 하였다. 1920년 9월 상순 폭탄을 휴대하고 상하이를 떠나, 일본 나가사키[長崎]에서 시모노세키[下關]를 거쳐 부산으로 가려고 하였다. 그러나 일본 경찰의 삼엄한 경계로 계획을 변경하여, 나가사키[長崎]에서 대마도를 거쳐 9월 13일 부산에 잠입하는데 성공하였다. 부산에 도착하여 김영주·최천택·오택 등의 도움을 받아 거사를 준비하였다.

다음날 14일 오후 2시에 중국 고서상인으로 위장하여 부산경찰서[13]로 찾아간 박재혁은 부산경찰서장과 직접 대면하는 기회를 가지게 되었다. 경찰서 2층 서장실에서 하시모토 서장이 고서에 한눈을 파는 사이 숨겨온 폭탄을 꺼냈다. 그리고 하시모토 서장을 향해 준비해 온 전단을 보이며 자신이 의열단임을 밝히고 폭탄을 던졌다. 이때 하시모토 서장은 중상을 입었고 사건이 일어난 지 오래되지 않아 사망하였다. 박재혁도 중상을 입어 탈출하지 못하고 현장에서 체포되었다. 이 사건으로 김영주·최천택·오택 등도 공범으로 체포되었다.

박재혁은 모진 악형 끝에 기소되어 부산지방법원과 대구복심법원을 거쳐 1921년 3월 31일 경성고등법원에서 사형을 최종 선고받았다. 대구형무소에 수감되어 혹독한 고문과 폭탄투척 당시의 상처로 고통을 겪는 와중에 폐병까지 얻게 되었지만 기개는 꺾이지 않았다. 일제에 의해 욕되게 죽지 않겠다는 결심으로 단식에 나서 사형이 집행되기 전인 1921년 5월 11일 26세로 순국하였다.

1962년 대한민국 건국훈장 독립장이 추서되었다. 1946년 10월 정공단 내에 박재혁 의사비를 세웠다(1981년 5월 부산진초등학교로 이전). 1998년 5월에 부산어

13) 박재혁 의사가 폭탄을 투척한 부산경찰서터(부산 중구 광복로 85번길 15) 옆에는 2019년 12월 부산 중구청에서 '박재혁 의사 부산경찰서 폭탄투척의거' 안내판을 설치하여 항일운동의 역사적인 현장이 널리 알려지게 되었다.

린이대공원 내 박재혁 의사 동상이 세워졌고, 2020년 6월에는 (사)박재혁의사기념사업회가 창립되었다.

10. 조선여자의용군 대장 박차정(朴次貞, 1910~1944)

박차정(朴次貞)의 본관은 밀성(密城)이고, 1910년 5월 지금의 부산광역시 동래구 복천동에서 태어났다. 아버지 박용한은 일제의 무단통치에 비분강개하여 1918년 유서를 남기고 자결하였다. 큰오빠 박문희는 신간회 중앙집행위원으로, 둘째오빠 박문호는 의열단에서 항일독립투쟁 활동을 하였다. 1929년 동래일신여학교를 졸업하였다. 입학할 무렵 동래지역은 항일의 기세가 전국의 어느 지방 못지않게 충만해 있었다. 이러한 지역사회와 학교 분위기가 더욱 견고해지면서 동맹휴교를 주동하기도 하였다.

박차정이 본격적으로 여성운동과 민족운동의 주도층으로 활동하게 된 계기는 근우회(槿友會) 활동이었다. 1927년 5월 근우회가 설립되고, 1928년 5월에 근우회 동래지회가 창립되었다. 이듬해 7월 근우회 동래지회 중앙집행위원회 중앙상무위원으로 선임되어 근우회 핵심 인물로 활동하였다. 1929년부터 약 2년간 동래청년연맹 부녀부장으로, 근우회 선전부장을 맡아 본격적인 독립운동에 투신하였다. 1930년 1월 전개된 서울 11개 여학교 학생들의 시위운동을 배후에서 지도한 혐의로 투옥된 후 서대문형무소에서 모진 고문을 받았다. 고문 후유증으로 병보석으로 풀려나 1개월 동안 치료를 받아야만 했다.

1930년 중국 상하이[上海]를 거쳐 베이징[北京]으로 망명하여 화베이[華北]대학에서 수학하였고, 의열단(義烈團)에 합류하여 조선공산당재건동맹 중앙부의 위원으로 활동하였다. 1931년 김원봉(金元鳳)과 결혼하였고, 1932년에는 난징[南京]으로 활동무대를 옮겨 항일투쟁노선을 재정비하면서 김원봉과 함께 조선혁명군사정치간부학교를 설립하여 여자부 교관으로 교양과 훈련을 담당하였다.

1935년 7월 결성된 조선민족혁명당에 참여하여, 조선민족혁명당의 기관지였던 『우리들의 생활』, 『민족혁명』, 『반도』 등의 발행에도 참여하였다. 1936년 7월 16일 이청천(李靑天) 장군의 부인 이성실과 함께 조선민족혁명당 남징 조선부녀회를 결성하여, 여성들을 민족해방운동에 편입하는 활동을 전개하였다. 이 무렵 후베이성[湖北省] 한커우[漢口]에 머무르면서 만국부녀대회에 한국대표로 참가하기도 했다.

1938년 10월 조선민족전선연맹 산하 조선의용대가 창설되자 부녀복무단장을 맡아 활동하였다. 1939년 2월 여자의용군을 모집하여 대장이 되어 장시성[江西省] 곤륜산(崑崙山) 전투에서 일본군과 격전 끝에 부상을 당하였다. 그 후유증으로 민족의 해방을 보지 못한 채 1944년 5월 27일 34세의 나이로 생을 마감하였다.

1995년 대한민국 건국훈장 독립장이 추서되었다. 1996년 8월 (사)박차정의사숭모회가 창립되었다. 2001년 3월에 박차정 의사 동상이 세워졌고, 2005년 7월에는 박차정 의사 생가가 복원 건립되었다.

11. 부산의 신여성 양한나(梁漢拿, 1892~1976)

양한나(梁漢拿)의 본관은 남원(南原)이며, 1893년 3월 지금의 부산광역시 동래구 복천동에서 태어났다. 어린 시절 기독교 집안 분위기 속에서 일찍부터 근대학문을 접하였다. 1913년 부산진일신여학교를 1회로 졸업하였다. 이후 마산 의신여학교 교사로 근무하면서 항일동맹 휴학에 주도적인 역할을 하였다. 1917년 일본으로 건너가 요코하마[橫浜]신학교에서 수학하였다.

1919년 3·1운동을 전후하여 중국으로 건너가 쑤저우[蘇州]여자사범대학에 재학하면서 대한민국 임시정부 경상도대의원으로 입법부에서 활동하였다. 이후에도 임시정부 요원으로 활동하였고, 1922년 임시정부 특사로 밀입국하던 중 체포되었으나 곧 석방되었다. 다시 상하이[上海]로 건너가 독립운동을 계속하였다.

1923년에는 동래일신여학교 청년회 총무를 맡아 활동하였고, 서울 YMCA연합회 활동에도 참여하였다. 1924년 이화여자전문학교 유치과를 졸업한 이후 2년간 이화여전 교사로 근무하였다. 1926년 사회사업에 뜻을 두고 호주로 유학을 떠났다. 귀국 후 1929년 초량교회 유년 주일학교 교사로 활동하였다. 또한 초량동에 삼일유치원과 통영의 진명유치원을 운영하였다. 1936년에는 YWCA여자청년회 총무를 맡기도 하였다.

해방 이후 우익계열 기독교 여성단체인 한인애국부인회 부위원장으로 활동하였다. 1946년 설립된 수도관구경찰청 여자경찰서 초대 서장으로 취임하여 공창폐지 운동을 주도하였다. 여자경찰서가 폐지되자 부산으로 돌아와 1946년 7월 부산 YWCA를 창립하여 초대 회장을 맡아 활동하였다.

1948년부터는 고아를 돌보는 일을 시작하여 서구 아미동 2가에 마구간을 빌려 오갈 데 없는 고아 55명을 수용하였다. 한국전쟁 때에는 피난으로 늘어나는 전쟁

고아와 소외 여성들을 손수 거두면서 1952년 10월 자매여숙을 설립하였고, 이듬해 사하구 괴정동으로 이전하였다. 이후 정신이상 여성들의 재활사업에 집중하였다. 2000년 3월 사회복지법인 자매정신요양원으로 명맥이 이어지고 있다.

양한나와 관련된 일화로, 중구 광복동 대로에서 정신 이상자인 금달네라는 여성이 사람들의 희롱거리가 되고 있는 것을 목격한 양한나가 즉석에서 외투를 벗어 금달네를 감싸 시발택시에 태워 자매여숙으로 데려간 이야기는 당시 장안의 화젯거리였다고 한다. 또 자매여숙 운영에 필요한 미국 구호물품을 타기 위해 "나는 그 사람들 앞에서 데굴데굴 뒹굴어 버렸어, 늙은이가 그러는데 안주고 베기나"라고 할 정도로 필사적인 모습을 보이기도 하였다. 한번 나면 한번 죽는 것이니 구질구질하지 않고 멋지게 살다 가겠다는 좌우명처럼 1976년 6월 26일 84세의 일기로 생을 마감하였다.

1976년 대한민국 국민훈장 동백장이 추서되었다. 장한어머니상, 용신봉사상을 수상하였고, 3·1운동선도자찬하회 감사장을 받았다. 자매정신요양원 입구에는 양한나 여사 추모비가 세워져 있다.

12. 육종학의 선구자 우장춘(禹長春, 1898~1959)

우장춘(禹長春) 박사의 본관은 단양(丹陽)이다. 우리나라 육종학의 씨를 뿌리고 터전을 닦은 선구자이다. 흔히 씨 없는 수박을 우장춘이 개발한 것으로 얘기하는데, 이미 일본 기하라[木原]연구소에서 개발한 것이다. 우장춘은 다만 우리나라에 와서 그대로 실현해 보인 것뿐이다. 1884년(고종 21) 4월 우범선과 사카이 나카[酒井仲]의 장남으로 도쿄[東京]에서 태어났다.

우범선은 대한제국 말 별기군 2대장 출신으로, 1895년 「을미사변」 때 명성황후 시해사건에 가담한 인물이었다. 1896년 「아관파천」으로 친일 내각이 붕괴하자 일본으로 망명하였다가, 1903년 독립협회 부회장(만민공동회 회장)을 지낸 고영근(高永根)에 의해 살해되었다.

당시 우장춘은 5세로 한동안 도쿄의 사찰인 희운사(喜運寺)에서 성장하였다. 어머니는 매우 훌륭한 여인으로 악착같이 돈을 벌었고, 어느 정도 돈이 모이자 우장춘을 히로시마현[広島県] 구레시[呉市]로 데려왔다. 1916년 구레중학교를 졸업하였다. 1919년 일본 최고의 명문대학인 도쿄[東京]제국대학 농학실과를 졸업하였다. 1920년 6월에 일본 농림성 농사시험장에 입사하여 1937년까지 재직하였다. 1936

년 5월「종(種)의 합성」이론으로 박사학위를 취득하여 육종학자의 입지를 굳히게 되었다. 1937년 9월 교토[京都]에 있는 다키이[瀧井] 종묘회사의 초대 연구농장장으로 입사하였다가 1945년 9월 사직하였다.

1947년 세계적인 육종학자 우장춘 환국운동이 추진되었다. 1950년 정부에서 한국농업과학연구소의 운영을 제의하자, 1950년 3월 조국으로 돌아왔다. 하지만 우장춘에 대한 한국사회의 시선이 기대와 환영 일색만은 아니었다. 자신에 대한 시선이 따뜻하지만은 않은 한국행을 결정하는 데에는 "너의 조국은 조선이다. 조국을 위해 큰일을 하라"라고 격려한 어머니의 가르침에 따른 것이었다.

우장춘은 한국농업과학연구소장으로 취임하여 1959년까지 동래원예시험장에서 한국적 토양에 맞는 농법을 개발하는 데 혼신의 힘을 다하여 우량종자 개발에 주력했다. 최단시간 내 배추, 무, 고추, 오이, 양배추, 양파, 토마토, 수박, 참외 등 20여 종의 품종개량에 성공하여 농촌에 희망과 활력을 불어 넣었다. 또한 한 해에 두 번 수확하는 2모작 벼 품종을 개발하고, 제주 감귤의 품종개량은 물론 바이러스에 면역이 강한 감자종자의 개량 및 보급으로 굶주림을 벗어나는데 기여하였다. 그리고 페츄니아를 화초로 가꿀 수 있도록 개발하여 원예 산업을 일으키기도 했다.

우장춘은 밤낮을 가리지 않고 연구에만 전념하였고 각종 행사나 외출 때도 누더기 외투에 고무신을 끌고 나갈 정도로 검소했다. 이렇게 우장춘은 큰 공적에도 불구하고 정부는 그에게 따뜻하지 않았다. 1953년 8월 어머니가 위독하다는 소식에 정부는 우장춘이 돌아오지 않을 것을 우려하여 여권을 발급해주지 않아 사망 후에야 일본을 다녀왔다. 우장춘은 마지막 순간까지 더 우수한 벼 품종을 만들기 위해 연구에 연구를 거듭하다가 1959년 8월 10일 61세로 세상을 떠났다.

1954년 대한민국 학술원 회원이 되었다. 1959년 대한민국 문화포장을 받았고, 부산시 문화상을 수상했다. 1999년 10월 우장춘기념관이 개관되었고, 흉상이 세워졌다. 2003년 4월 대한민국 과학기술인 명예의 전당에 헌정되었다.

13. 과도정부를 이끈 정치인 허정(許政, 1896~1988)

허정(許政)은 호는 우양(友洋)이고, 본관은 김해(金海)이다. 1896년 4월 지금의 부산광역시 동구 초량동에서 태어났다. 어린 시절 서당에서 한학을 배우다가 영국인 선교사가 세운 교회에서 신교육을 받았다. 이후 초량사립학교를 거쳐 1912년 보성중학교를 졸업하였고, 1915년 보성전문학교 상과를 수석으로 졸업하였다.

보성전문학교를 졸업 후 부산으로 내려와 3·1운동을 겪은 후 1919년 7월 중국 상하이[上海]로 건너가 임시정부 임시의정원 의원으로 활동하였다. 11월 임시정부 관계자의 도움으로 프랑스로 유학을 떠나 한인거류민회장을 맡아 교민들을 결속하는 데 힘썼다. 1920년 7월 미국 뉴욕으로 건너가 1922년에 북미한인교민단총단장이 되어 재미교포의 독립사상을 고취했으며, 1923년 6월『삼일신보』를 창간하여 사장으로 활동했다. 그리고 이승만의 구미위원부사업을 도와 1931년 하와이에서 이승만이 발간하던『태평양 잡지』의 책임을 맡기도 했다.

1932년 7월 14년 만에 귀국하였다. 1938년 흥업구락부가 일제의 탄압을 받았을 때, 서대문경찰서에 연행되어 조사를 받았다. 1942년 조선어학회 사건 때에는 홍원경찰서로 끌려가 고문을 당하였다. 이후 충청북도 영동에서 광산을 매입하여 경영하며 생계를 이어갔다.

1945년 미군정기 서울시 고문관으로 활동했으며, 9월에 민족세력이 하나로 결집된 한국민주당의 창당에 참여하여 경상남도 도당 총무로 선출되었다. 1948년 5월 10일 제헌국회의원 선거에 고향인 부산 을구(乙區)에 출마하여 당선되었다. 1948년 10월 교통부장관에, 1950년 3월에 사회부장관에 임명되었다. 1951년 11월 국무총리 서리에 임명되었으나 이승만의 대통령직선제 개헌안 마련 지시에 반대했다. 개헌안은 1952년 1월 부결되었고, 국무총리 서리에서 물러났다. 1957년 12월 서울특별시장에 임명되어 1년 6개월간 재임하였다. 1959년에 한일회담 수석대표로 임명되었고, 1960년 4월에는 외무부장관으로 기용되었다.

1960년 3·15부정선거를 계기로 4월 민주항쟁이 폭발하였다. 허정은 4·19혁명으로 이승만 대통령이 하야하자 과도정부의 내각수반[대통령권한대행]이 되었다. 과도정부는 시민들의 국회해산 요구를 묵살하고 민주당의 개헌안에 따랐다. 과도정부의 임무는 치안을 유지하고 4·19혁명으로 고양된 민중의 혁명 열망을 충족시키면서 새로운 질서의 기반을 만드는 것이었다. 그러나 허정은 '혁명적 목표를 비혁명적 방법으로 수행한다'는 슬로건처럼 민중의 혁명적 열기를 제대로 이어가지 못하였다는 평가를 받는다.

허정은 과도정부 수반에서 물러나 1961년 5·16군사쿠데타로 정치활동이 금지되었다. 1963년 10월 15일 대통령선거 범야권을 통합 국민의 당을 창당하여 대통령후보로 내정되었으나, 민정당의 윤보선과 야당후보단일화로 자리를 양보하였다. 1967년에는 민중당 최고위원으로 활동하였다. 1969~1984년까지 국토통일원 고문, 1980년 국정자문위원을 역임하였다. 허정은 1988년 9월 18일 94세로 파란만장한 일생을 마감하였다.

허정은 한국 근현대 정치사의 산증인으로 구시대 정치인이라는 부정적인 평가도 있지만, 현실과 이상이 적절한 조화를 이룰 때 정치가 발전한다고 생각하고, 이를 성실히 실천한 온건 우파 정치인이었다.[14] 1988년 대한민국 청조 근정훈장이 수여되었다.

14. 낙동강의 파수꾼 김정한(金廷漢, 1908~1996)

김정한(金廷漢)의 호는 요산(樂山)이고, 본관은 김해(金海)이다. 1908년 9월 지금의 부산광역시 금정구 남산동에서 태어났다. 어린 시절 서당에서 한학을 배우다가 1919년 사립명정학교에 입학하여 신교육을 받았다. 1923년 서울 중앙고등보통학교에 입학하였다가 1928년 동래고등보통학교를 졸업하였다. 졸업 후 대원보통학교에 재직하던 중 조선인교원동맹을 조직하려다 검거되었다. 1930년에 와세다[早稻田]대학 부속 제일고등학원 문학부에 입학하여 수학했다. 1931년 조선유학생 학우회에서 펴낸『학지광』의 편집을 맡았다. 1932년 여름 방학을 맞아 귀국하여 양산농민조합의 활성화를 위한 사업에 참가하였다가 피검되어 학업을 중단하였다.

1936년에는 일제강점기 궁핍한 농촌의 현실과 소작 농민들의 저항정신을 그린『사하촌』이『조선일보』에 당선되어 등단했다. 그 후『항진기』,『기로』등의 작품을 발표하면서 '민중을 선동하는 요주의 작가'로 지목되었다. 해방 이후 건국준비위원회 경남지부에 참여하였고 건준위가 인민위원회로 개편된 뒤에는 문화부에서 활동하면서 조선문화단체총연맹의 부산지부격인 부산예술연맹 회장으로 피선되었다.

김정한은 이 무렵 좌파계열의 독립운동가들이 미군정 하에서 고초를 겪는다는 내용의「옥중회갑」과「설날」을 발표했다. 또한『민주신보』의 논설위원으로,『대중일보』에 논설 및 칼럼을 기고하는 등 언론활동을 하였다. 1946년 조선문학가동맹 부산지부장과 1947년 전국문화단체총연합회 부산지부장으로 활동하였다. 1947년 부산중학 교사로 임용되면서 좌파 사회활동을 중단했지만, 단독정부 수립 후에는 피신 다녀야 했다. 한국전쟁 때에는 당시 낙동강과 엄궁으로 피신했다가 군수사기

14) 하유식,「과도정부를 이끈 온건 우파 정치인 허정」,『시민을 위한 부산인물사』(근현대 편), 선인, 2004. 2. 131면.

관에 체포되어 부산교도소에 수감되었다.

죽음의 고비를 넘긴 김정한은 대학교수로서 1959년에는 『부산일보』 비상임 논설위원으로 활동하면서 자유당 독재정권의 부정부패를 고발하다가 검거되어 고초를 겪었다. 1961년 5·16군사쿠데타 이후 도피와 구금의 연속이었고, 대학에서는 파면을 당하였고 부산대학교 복직은 1964년에 이루어졌다. 이러한 수난과 고초는 잠자던 그의 문학적 열정을 폭발시켰다. 1966년 10월 낙동강변의 가난한 어민들의 삶과 역사적 질곡을 그린 「모래톱이야기」 발표를 시작으로 「수라도」, 「사밧재」, 「오끼나와에서 온 편지」 등 뛰어난 작품들을 썼다.

김정한은 우리가 살고 있는 부산지역을 무대로 가난하고 힘없는 사람들의 이야기를 우리가 쓰고 있는 언어로 소설에 담아내었다. 그의 작품을 한국문학에 우뚝 서게 한 것은 한반도의 끝자락 낙동강 하류에 사는 민초들의 삶을 보편적인 한국 근현대사의 고통과 저항의 모습으로 그려내었기 때문이다. 그 또한 세월의 무게를 감당하지 못하고 1996년 11월 향년 89세의 일기로 삶을 마감하였다.

1976년 대한민국 은관 문화훈장을 수여받았다. 부산시 문화상, 대한민국 문학상, 눌원문화상, 문화예술상 등을 수상했다. 2003년 3월 김정한 생가가 복원되었고, 2006년 11월에 요산문학관이 개관되었다. 2008년 1월 (사)요산기념사업회로 개편되었고, 10월에 요산 김정한 흉상이 세워졌다.

15. 아동문학의 선구자 이주홍(李周洪, 1906~1987)

이주홍(李周洪)의 호는 향파(向破)이고, 본관은 합천(陜川)이다. 1906년 5월 지금의 경상남도 합천군 합천읍에서 태어났다. 어린 시절 영남 유학계 태두인 김사문 선생의 문하에서 한학을 배웠고, 1918년에 합천보통학교를 졸업하였다. 1920년 서울로 올라가 고학하다가 1924년 일본으로 건너가 히로시마[広島]에서 노동과 학업을 병행하였다. 1928년 도쿄[東京]의 정칙(正則)영어학원을 졸업한 후 히로시마사립근영학원을 설립하고 교무주임이 되어 조선인 아이들의 교육에 힘썼다.

이주홍은 1929년 『조선일보』 신춘문예에 단편 「가난과 사랑」이 선외가작으로 입선되자, 봄에 귀국하여 서울로 올라가 『신소년』 편집기자로 일하였다. 1930년 프롤레타리아 문학운동에 참여하여 카프의 기관지 『음악과 시』의 창간 편집인으로 활동하였으며, 이듬해에는 프롤레타리아 동요집 『불별』의 발간에도 참여하였다. 이후 1936년 순수 문예지 『풍림』을 발간하였고, 1940년 『신세기』 편집장으로 활동을 이어갔다.

1943년 희곡 「여명」이 『매일신보』 현상 모집에, 시나리오 「장미의 풍속」이 조선영화주식회사 공모에 당선되기도 하였다. 하지만 출판 미술가와 만화가로 활동하던 중 일제 말기 경찰에게 체포되어 거창형무소에 수감되었다가 해방 이후 풀려났다. 이후 다시 서울로 올라가 배재중학교 교사로 재직하면서 희곡창작과 연출활동을 활발하게 하였다. 이 무렵 서울문단에서 조선프롤레타리아문학동맹의 중앙집행위원 겸 아동문학부위원, 조선프롤레타리아미술동맹 상임위 겸 중앙위원으로, 1946년에는 조선문학가동맹 서울시지부 집행위원으로 좌파 행보를 이어갔다. 한편으로 아동잡지 『새동무』를 편집하였다.

1947년 여름, 부산으로 내려와 동래공립중학교 교사로 재직하면서 학교 연극과 학생들의 문예활동 지도에 힘썼다. 1949년 9월부터 1972년까지 부산수산대학(현 부경대학교) 교수로 재직하였다. 1958년에는 부산아동문학회를 결성하였고, 1965년 동인지 『윤좌』를 창간하였으며, 1966년 종합문예지 『문학시대』를 창간한 뒤 주간으로 활동하였다. 1978년 동인지 『갈숲』을 창간하여 동인으로 활발한 문필활동을 벌였다.

이주홍은 교육계에 머물면서 부산의 연극 활동과 아동문학 창작을 이끄는 한편, 부산지역 문학의 새로운 담론 창발과 실천에 앞장섰다. 그는 50여 년 동안 소설·시·수필·희곡·동화·동시 등 여러 분야에 걸쳐 왕성한 창작 활동을 펼쳤다. 그의 작품은 전래동화와 역사물을 체계적으로 정리해 완숙한 느낌을 주며, 구성이 치밀하고 문장이 정확하다는 평가를 받고 있다. 고단하였으나 다채로웠던 문학 활동을 마감하고 1987년 1월 3일 81세의 일기로 세상을 떠났다.

1984년 대한민국 문화훈장을 수여받았다. 경남문화상, 눌원문화상, 대한민국 예술원상, 대한민국 문학상, 3·1문학상 등을 수상했다. 1980년 이주홍아동문학상운영위원회(2002, 문학재단 개편)가 결성되었다. 2002년 10월 이주홍문학관이 개관되었고, 2012년 5월 경상남도 합천군에 이주홍어린이문학관이 개관되었다.

16. 자랑스런 기업인 강석진(姜錫鎭, 1907~1984)

강석진(姜錫鎭)의 호는 동명(東明)이며, 본관은 진주(晉州)이고, 1907년 12월 지금의 경상북도 청도군 화양읍 교촌리에서 태어났다. 어린 시절 아버지로부터 한학을 배운 것과 1923년 청도공립보통학교를 졸업한 것이 그가 받은 교육의 전부였다. 15세 때 맨주먹으로 부산으로 내려왔다. 좌천동에 있던 일본인 가구점에 들어가 심부름을 하면서 목공기술을 배워 일류 기술자가 되었다.

1925년 4월 18세 나이로 좌천동에 동명제재소를 세웠다. 1945년에 범일동으로 이전 확장하였고, 1949년에는 동명목재상사로 이름을 바꾸고 합판생산을 시작하였다. 한국전쟁 이후 복구기의 폭발적인 수요에 힘입어 급성장을 하였고, UN군에 군납을 통해 품질을 인정받았다. 계속된 수요의 증가로 1960년에 공장시설을 확장하여 남구 용당동에 제1 합판공장을 착공한 후 열대 원목인 나왕(羅王)을 수입하여 합판을 생산하였다.

1961년 국내 최초로 합판 수출을 시작하여, 1962년에 수출 실적이 3만 달러에 이르렀다. 1967년 가공 합판공장과 포르마린 공장, 제2 합판공장을 준공하였다. 1968년 제2 가공 합판공장을 신설하였고, 수출액이 2,175만 달러로 납세왕에 선정되었다. 1967~1974년까지 우리나라 최고 납세자의 기록을 유지하였다. 동명목재상사가 성장하면서 사업 확장을 위해 본사를 서울로 옮겨야 한다는 주장과 권유가 많았지만 부산은 제2의 고향이기 때문에 떠날 수 없다고 단호히 거절하였다. '오늘의 동명을 있게 한 것이 부산이요, 부산이 있었기에 오늘의 강석진이 있게 되었으니 내 어찌 부산을 잊을 것인가'라고 하며 부산에 대한 깊은 애착심을 보였다.

1961년~1973년까지 부산상공회의소 회장을 역임하면서 부산상공계의 발전을 위해 노력하였다. 1967년 부산은행의 창설에 주도적인 역할을 하였다. 5·16군사쿠데타 직후 『국제신문』이 경영난을 겪자 재건에도 힘을 보탰다. 1964~1980년까지 BBS부산연맹 회장으로 자발적인 기부와 관심을 가지고 불우 청소년의 선도와 보호운동에도 힘을 쏟았다. 부산이 제2의 도시임에도 불구하고 고등법원과 고등검찰청이 없어 대구에까지 올라가야 하는 불편을 해소하기 위해 고등법원과 고등검찰청 설치에 앞장섰다.

1977년에는 학교법인 동명문화학원을 설립하여 초대 이사장에 취임하였고, 1978년 동원공업전문대학(현 동명대학교)을 개교하였다. 그러나 1980년에 등장한 신군부에 의해 반사회적 악덕기업인으로 몰려 동명문화학원을 제외하고 모든 재산이 강제 헌납이란 형식으로 강탈당하였고, 동명그룹은 해체되었다. 강석진은 '내가 왜 악덕기업인이란 말인가'라는 탄식의 한마디 말을 남긴 채 1984년 77세의 일기로 세상을 떠났다.

1997년 11월 19일 법원은 "신군부에 의해 전 재산을 빼앗긴 전 사주 측의 재산

반환 소송에서 당시의 재산 헌납이 강압에 의한 것으로 법률상 원인 무효"라는 판결하였다. 2008년 10월 22일 「진실·화해를위한과거사정리위원회」는 동명목재 재산헌납 사건 조사결과를 발표하면서 불법구금과 가혹행위, 동명목재 사주들을 악덕기업인으로 매도하고 재산권을 침탈한 점에 대해 피해자들과 그 가족에게 사과할 것을 국가에 권고하였다.[15)]

대한민국 금탑산업훈장(2회), 은탑산업훈장(2회), 동탑산업훈장(3회), 국민포장(5회), 산업포장(4회), 식산포장, 공익포장 등 총 330여회 수상하였다. 1977년 4월 동명대학교 내에 동명 강석진 좌상이 세워졌다.

17. 한국의 슈바이처 장기려(張起呂, 1911~1995)

장기려(張起呂)의 호는 성산(聖山)이며, 본관은 안동(安東)이다. 1911년 8월 평안북도 용천군 양하면 입암동에서 태어났다. 어린 시절 독실한 기독교 집안에서 자라 종교적인 영향을 많이 받았다. 1923년 부친이 설립한 의성소학교를 졸업하고, 1928년 송도고등보통학교를 졸업하였다. 1932년 경성의학전문학교(현 서울대학교 의과대학)를 수석으로 졸업하였고, 경성의학전문학교 외과학교실 백인제 교수의 조수로 의사생활을 시작하였다.

1940년 평양연합기독병원의 외과 과장으로 본격적인 의사 생활을 시작하였다. 한국전쟁 초기 김일성대학 부속병원의 의사로 근무하면서 미군의 폭격으로 몸에 파편이 박힌 환자를 하루에 49명을 수술하기도 하였다. 장기려는 후퇴하는 북한군의 퇴로를 따르지 못하고 평양에서 체류하다 평양에 들어온 국군병원과 유엔 민사처 병원에서 근무하였다. 중공군의 개입으로 1950년 12월 차남 장가용만 데리고 월남하여 부산에 정착하였다. 부산에서는 제3육군병원 의사로 재직할 당시 고려신학 계통의 장로교회의 경남구제위원회에서 활동하던 전영창(거창고등학교 설립자)과 함께 1951년 7월 복음병원을 설립하여 1976년까지 병원장으로 재직하였다.

장기려는 당대 최고의 외과의사로서 명성을 날렸다. 1959년 국내 최초로 간대량(肝大量) 절제수술에 성공하는 등 큰 학문적 업적을 남긴 한국 간외과학의 창시자로 평가된다. 또한 한국간연구회를 창립하여 초대 회장에 취임하였다. 그러나 그의 업적은 훨씬 크고 넓은 것이었다. 일생을 가난하고 어려운 사람들을 위해 봉사하고 베풀며 살았다. 병원장이나 대학 학장으로서 월급은 있었지만 항상 월급이나 수당

15) 김대래, 『부산의 기업과 경제』, 세화, 2013. 1. 161면.

보다 가불이 많았다. 가난한 사람들의 수술비와 입원비를 대신 내어주었기 때문이었다.

장기려는 농촌운동가 채규철(두밀리자연학교 교장)을 만나 덴마크의 의료보험제도 상황을 듣고 취지에 동의하여, 1968년 우리나라 최초의 의료보험 조합인 「청십자의료보험조합」을 설립하였다.[16] 간질환자회[장미회 전신]를 설립하여 간질환자에 대한 사회적 편견 해소에 앞장섰다. 1975년 가난한 환자를 돌보기 위해 수정동에 청십자병원을 설립하였고, 1976년에 청십자사회복지회를 설립하여 영세민 구호활동을 전개하였다.

장기려는 부모, 부인과 5남매를 평양에 남겨두고 피난 온 이산가족의 일원으로 누구보다 분단을 아파했고 가족을 그리워했지만, 평생 재혼하지 않고 고향의 가족을 다시 만날 날만 기다리며 살았다. 1985년 정부의 방북권유를 거절하였다. 혼자만 특혜를 누릴 수 없다는 이유였다. 그는 끝내 그리운 가족과 상봉하지 못한 채 1995년 12월 25일 성탄절 새벽에 '이 땅에서 지금 만나봤자 무슨 의미가 있겠는가. 그렇게 짧게 만나느니 차라리 하늘나라에서 영원히 만나야지'라고 말하며 84세의 일기로 유명을 달리하였다.

예수처럼 살고 싶었던 장기려는 '나는 가진 것이 너무 많다'고 하면서 평생 나누고 봉사하는 삶을 살았다. 또한 '가난하고 소외받는 이웃들의 벗'임을 자처하며 기독교 신앙에 기초한 철저한 희생과 봉사의 삶을 살다간, '이 땅의 작은 예수'로 칭송받았다.

1979년 대한민국 국민훈장 동백장을 수여받았다. 대한의학협회 학술상, 인도장금상, 막사이사이상, 부산시 문화상, 인간상록수상, 자랑스런 서울대인상, 인도주의실천의사상 등을 수상했다. 1997년 7월 (사)성산 장기려선생기념사업회가 창립되었고, 2006년 대한민국 과학기술인 명예의 전당에 헌정되었다. 2013년 4월에 장기려기념관 더나눔센터가 개소되었다.

18. 가야금의 명인 강태홍(姜太弘, 1893~1957)

강태홍(姜太弘)의 호는 효산(曉山)이며, 본관은 진주(晉州)이다. 1893년 3월 지금의 전라남도 무안군 무안읍 교촌리에서 태어났다. 어린 시절 서당에서 한학을 배웠

16) 1968년 우리나라 최초로 「청십자의료보험조합」을 창립하여 영세민 환자의 구호를 통해 질병으로부터 보호하는 지역의료보험의 산파역을 담당하였다. 우리나라 의료보험제도의 모태로 1989년 7월 전국민의료보험 실시로 설립 21년 만에 해체되었다.

고, 9세 때부터 가야금을 배워 가야금산조의 창시자로 알려진 김창조에게서 전수를 받았다. 아버지 강용한은 어전 광대로 판소리를 창극화시켰고, 큰아버지 강준한은 해금과 피리에 뛰어났던 인물이었다. 19세 이전까지는 굿을 할 수 있는 전문음악인들의 모임인 광주의 신청(神廳)에서 활동을 하였다.

1911년 고향을 떠나 대구에 정착하여 경주권번에서 최금란·이소향 등의 제자를 배출하였다. 최금란은 강태홍에게 사사한 후 어린 나이였으나 대구 달성권번의 강사로 나갔고, 이소향은 스승인 강태홍과 병창으로 일세를 풍미하였다. 이 무렵 풍류회를 조직하여 영제풍류를 정리하고 전수했다고 한다.

1926년 가야금병창으로 이름이 알려지면서 서울에서 활동을 시작하였고, 1932년 제자 이소향과 함께 조선음률협회가 주최한 全조선명창대회에 출전하는 등 대단한 활약을 펼쳤다. 동년 4월에 발기한 조선악협회 요곡부(謠曲部) 일원으로 참여하였다. 1934년 5월 조선성악연구회에 발기인으로 참여하였고, 6월에는 첫 작품인 연쇄창극 「유충렬전」에서 장한담역을 맡아 출연한 것이 강태홍이 창극에서 소리를 했던 유일한 자료이다.

강태홍은 1937년에는 명창 박동진과 경주권번, 대구 달성권번과 울산권번에서 활동하였다. 1939년 3월 서울 부민관에서 있었던 명창 이동백의 은퇴공연에 찬조로 출연한 후 서울 활동을 완전히 접었다. 그리고 동래권번으로 자리를 옮겨 부산에 정착하여 죽을 때까지 활동하였다. 동래권번으로 자리를 옮겨 당시 동기였던 원옥화와 강남월을 제자로 두었다.

부산에서 자신의 예술세계의 결정체인 「강태홍류 가야금 산조」 한바탕을 완성하게 되었다. 이때 한국음악무용연구소와 강태홍무용연구소를 열어 승무, 입춤, 수건춤 등을 전수하였고, 가야금과 소리뿐만 아니라 양금, 해금, 피리 등을 전수하였다. 말년에는 새로운 산조가락을 만들기 위하여 몰두하였으며 꾸준히 제자를 양성하였다. 부산에서 제자는 원옥화·강남월을 비롯하여 박차경·김춘지·구연우·신명숙·김온경 등이 있었다. 1951년에는 강태홍의 산조가 휘모리까지 완성되었으며, 동래온천장에 주소를 둔 구연우·신명숙 두 제자만이 한바탕을 전수받았다.

강태홍은 산조뿐 아니라 소리, 병창, 풍류, 무용 등에 이르기까지 두루 뛰어난 능력을 발휘하였다. 그는 음악적 재능 못지않게 성품은 강직하고 깔끔해서 평생을 한복만 즐겨 입었으며, 해학적이고 태평스러웠다. 「강태홍류 가야금산조」는 막아내기, 눌러내기, 엇박자 등의 어려운 기교가 많아서 「가야금산조」 중에서도 기교파의 총수로 평가된다. 1957년 2월 3일 마지막 거처였던 서구 토성동 김동민의 자택에서 구음 악보를 정리하던 중 앉은 그대로 붓을 든 채 65세의 일기로 세상을 떠났다.

작품으로 「강태홍류 가야금 산조」와 「강태홍제 향제 줄풍류」가 있다. 1989년 9월 (사)강태홍류가야금산조보존회가 설립되었다. 「강태홍류 가야금 산조」는 부산광역시 무형문화재 제8호로 지정되어 전승 보존되고 있다.

19. 민족의 애환을 노래한 현인(玄仁, 1919~2002)

현인(玄仁)의 본명은 현동주(玄東柱)이며, 본관은 연주(延州)이다. 1919년 12월 지금의 부산광역시 영도구 영선동에서 태어났다. 구포소학교에 입학하여 영주소학교로 옮겼다가 서울 서대문 죽첨소학교를 졸업하였다. 1938년에 경성제2고등보통학교(현 경복고등학교)를 졸업하였다. 일본으로 건너가서 1942년 도쿄[東京]음악학교(현 도쿄예술대학) 성악과 졸업 후 귀국하여 성보악극단의 음악교사로 일하였다.

1943년 일제의 징병을 피해 상하이로 건너가 신태양극단에서 샹송과 칸초네를 부르며 음악활동을 하였다. 1946년에 귀국하여 탱고를 전문으로 하는 7인조 고향경음악단을 만들어 UN군 위문공연에 참여했다. 1947년에는 최초의 나이트클럽인 뉴스맨스 클럽을 무대로 「서울야곡」을 불러 밤무대에서 이름을 알렸다. 이때 작곡가 박시춘의 권유로 가수활동을 시작하였으며, 「신라의 달밤」을 음반으로 출반하여 공전의 히트를 기록하였다. 이후 「비 내리는 고모령」, 「고향만리」, 진중가요인 「전우야 잘 자라」 등을 불렀다. 해방 후 최초의 음악영화인 「푸른 언덕」에 주인공으로, 영화 주제가를 부르기도 하였다. 이 무렵 「베사메 무쵸」, 「꿈속의 사랑」 등 탱고풍의 곡을 번안해 노래하여, 트로트 일변도의 대중음악계에 신선한 바람을 불러 일으켰다.

1952년에는 에디트 피아프와 이브 몽탕의 히트곡 「장미빛 인생」, 「고엽」 등 샹송을 번안하여 불러서 붐을 일으키기도 하였다. 하루아침에 스타가 된 현인은 이후 「고향만리」, 「굳세어라 금순아」, 「인도의 향불」, 「꿈속의 사랑」 등을 잇달아 히트시켜 대중 예술가의 한 사람으로 자리 잡았다. 현인의 노래는 고단했던 한국 현대사를 반영하여 서민들의 아픔을 달래 주었다. 1950년대 후반에는 「나포리 맘보」, 「불국사의 밤」으로 지속적인 인기를 모았다. 특히 「서울야곡」등은 직접 작사·작곡한 곡이다.

1950년 4월 동아극장에서 은방울악극단의 「은방울쇼」에 당대 스타였던 가수 남인수·박단마, 영화배우 황정자·김승호·최은희 등과 함께 연예활동을 하였다. 1951년 4월 동아극장에서 현인과 그 악단을 만들어 「멍기의 노래」를 무대에 올렸다. 1952년 6월 신청년극단의 가극 「성웅 이순신」에 남인수·김정구·전옥·박단마·장세정·이난영 등과 함께 출연하였다. 1953년 박시춘의 은방울쇼단에 합류하면서 다시 큰 인기를 모았다.

미국식 대중가요가 개화한 1960년대 팝 스타일의 가창을 연결하는 가교 역할을 하였다. 1974년 미국으로 이민을 갔다가 1981년에 귀국하였다. 1991년에 「노래하는 나그네」, 「길」 등 신곡을 발표하였고, KBS가요무대 등을 통해 활동하였다. 서민들의 애환을 달래주었던 주옥같은 대중가요 160여 곡을 노래하였던, 현인은 지병 악화로 2002년 4월 13일 83세의 일기로 세상을 떠났다.

1999년 대한미국 화관 문화훈장을 수여받았다. 문화공보부 공로상, KBS특별가요대상, 대한민국영상음반대상 본상 등을 수상했다. 2003년 11월 영도다리 영도쪽 입구에 노래비와 동상이 세워졌다. 2005년 8월 송도해수욕장에 현인광장이 조성되었고, 노래비와 동상이 세워졌다. 매년 8월에는 현인가요제가 개최되고 있다.

20. 울지마 톤즈의 이태석(李泰錫, 1962~2010)

이태석(李泰錫) 신부의 세례명은 ‘요한’이며, 1962년 9월 부산광역시 서구 남부민동에서 태어났다. 9세 때 아버지가 돌아가시고 어머니가 자갈치시장에서 삯바느질을 하여 가족의 생계를 꾸렸다. 1975년 천마초등학교를 졸업하였고, 1978년에 대신중학교를 졸업하였다. 초등학교 시절 송도성당에서 다미안(Damien) 신부의 일대기를 다룬 「몰로카이(Molokai)」 영화를 보고 사제의 꿈을 키웠다고 한다. 1981년 경남고등학교를 졸업하였고, 1987년에 인제대학교 의과대학을 졸업하였다.

1991년 4월 군의관 복무를 마친 후 그해 8월 살레시오 수도회에 입회하였다. 1992년 광주가톨릭대학교 신학과에 편입하여 성직자의 길로 들어서 1994년 1월 첫 서원을 받았다. 1997년 로마 살레시오대학교에 유학하여 2000년 4월 종신서원을, 곧이어 6월에는 로마 예수성심성당에서 부제서품을 받았다. 2001년 6월 살레시오대학교를 수료하고 귀국하여 서울 구로성당에서 사제서품을 받았다.

2001년 12월 아프리카 케냐 관구 소속으로 아프리카 선교 길에 올라 남수단 톤즈(Tonj)에 선교 사제로 부임하였다. 톤즈는 아프리카의 가장 오지로 오랜 내전으로 황폐화된 지역이었다. 이태석은 이곳에서 가톨릭 선교활동과 말라리아와 콜레라로 죽어가는 주민들과 나병환자들을 치료하기 위해 흙담과 짚풀로 지붕을 엮어 병원을 세웠다. 또한 병원을 찾아오지 못하는 깊은 오지마을을 순회하며 진료하였다. 그의 열성과 노력으로 병원이 점차 알려지고 많은 환자들이 모여들었다. 이들을 수용하기 위해 원주민들과 함께 벽돌로 병원 건물을 지어 확장하였다. 하지만 오염된 톤즈 강물로 콜레라가 매번 창궐하자 톤즈의 여러 곳에 우물을 파서 식수난을 해결하였다. 하루 한 끼를 겨우 먹는 열악한 생활을 개선하기 위해 농경지를 일구고, 초등학교를 세워 아이들을 가르치고 원주민 계몽에 나섰다.

이후 중학교와 고등학교 과정을 차례로 개설하였고, 톤즈에 부지를 마련하여 학교 건물을 신축하기 시작했다. 얼마 되지 않아 돈 보스코 초·중·고등학교는 수단 남부에서 가장 실력 있는 학교로 알려지게 되었다. 그는 음악을 좋아했으며 전쟁으로 상처받은 원주민을 치료하는데 음악이 가장 좋은 효과가 있다는 사실을 알게 되었다. 학생들에게 악기를 가르쳐'브라스 밴드(brass band)'를 만들었다. 이를 통해 서로 갈등하지 않고 아름다운 하모니를 만들어 서로 화합하고 즐겁게 살아가는 법을 배웠다. 그의 밴드는 수단 남부에서 유명세를 떨치며 정부행사를 비롯한 각종 행사에 초청되어 공연을 하였다.

2008년 11월 잠시 귀국하여 건강검진을 받던 중, 대장암 4기 판정을 받았다. 자신이 의사지만, 몸을 돌보지 않는 헌신적인 봉사로 병을 얻은 것이다. 이후 톤즈로 돌아가지 못하고, 투병생활을 하던 중 암세포가 전이되어 2010년 1월 14일 48세의 나이로 선종하였다. 수단 남부 톤즈의 사람들은 그를 '쫄리(John Lee)'라는 친근한 애칭으로 불렀고 '수단의 슈바이처'라고도 부른다.

2011년 대한민국 국민훈장 무궁화장이 추서되었고, 2018년에는 남수단 대통령 훈장이 추서되었다. 인제인성대상 특별상, 보령 의료봉사상, 한미자랑스런 의사상 등을 수상했다. 2011년 6월 (사)이태석기념사업회가 창립되었고, 이태석 봉사상이 제정되었다. 2014년 10월 이태석 신부 생가가 복원되었고, 2019년 9월에 이태석 신부 기념관이 개관되었다.

부산의 상징과 자랑거리

5장

감천동 Busan

파리의 에펠탑, 런던의 빅벤과 타워 브리지, 피렌체의 두오모 성당, 뉴욕의 자유의 여신상, 두바이의 버즈 알 아랍 호텔, 리우데자네이루의 예수상, 시드니의 오페라 하우스. 이들은 모두 그 도시를 대표할 수 있는 상징물이다. 도시가 살아온 시간의 역사가, 그리고 도시가 보여줄 수 있는 장소의 색깔이 켜켜이 쌓여 만들어진 것이 도시의 상징물이다. 그래서 도시의 상징물은 그 자체로 도시가 된다. 사람들은 상징물을 가진 도시를 찾아가고, 그 곳에 머무르고, 그리고 기억한다. 그래서 도시는 상징물을 가진 것만으로 살아있는 도시가 된다. 때로는 상징물이 도시보다 유명한 경우도 있지만, 도시가 보다 매력적으로 보이기 위해서는 그 도시만의 상징물이 필요하다. 상징물은 그 자체가 도시의 이미지이면서 살아있는 역사의 기억이자, 도시에 사는 사람들의 삶이 고스란히 담겨져 있는 문화다. 그리고 상징물은 우리가 그 도시를 다시 찾게 만들고 오랫동안 잊지 않고 기억할 수 있는 모티브로서의 의미도 강하다. 그래서 상징물은 도시 이미지 구축에 머물지 않고 관광 상품화로 이어져 도시 경쟁력의 원천이자 지역경제 활성화로 이어진다. 이제 도시도 상품이 되고 있다. 그래서 도시들은 매력적인 장소가 되기 위해, 도시 경쟁력을 갖추기 위해 상징물을 만들고 관리하는 일에 더 많은 관심을 갖게 되었다.

2015년 7월 17일 제정된 '부산시 상징물 관리 조례'[1]는 2019년 일부 개정을 통해 처음 7개였던 관리대상을 8개로 최종 변경하였다. 부산시는 상징물을 각종 국내외적 행사에 적용함으로써 부산을 세계적인 도시로 알릴 수 있는 중요한 홍보대

1) 심벌마크, 브랜드슬로건, 마스코트, 시목, 시화, 시조, 시어 등 7종류를 관리대상으로 정하고, 그 대상을 변경하거나 추가하려면 반드시 공청회를 개최하여 시민의견을 수렴하도록 했다. 그리고 2019년 일부 개정을 통해 부산찬가가 상징물로 추가 지정되어 관리되고 있다.(제5866호 부산광역시 상징물 관리조례 일부 개정 조례 2019.2.6.공포)

사의 기능을 할 것으로 기대하고 있다. 특히 부산을 상징할 수 있는 관광 상품 하나가 부산을 찾게 만들고 부산의 문화를 알릴 수 있는 수단으로 자리매김함으로써 보이지 않는 경제적·문화적 파급 효과를 볼 수 있다. 그리고 부산에 대한 애향심 고취는 물론 상징물에 대한 자부심으로 부산의 가치와 품격을 높이고 글로벌 도시 이미지 제고를 통해 도시경쟁력을 향상시킬 수 있을 것이다.

그러므로 그동안 부산을 대표하는 상징물이 무엇인지 관심이 없던 시민들이나 또 어렴풋이 알고 있던 시민들은 부산을 대표하는 상징물이 무엇인지 이제부터라도 관심을 가질 필요가 있다. 그리고 부산의 정체성을 잘 보여줄 수 있는 장소를 통해 스토리텔링이 있는 랜드마크를 만드는 작업도 함께 이루어져야 한다.

I 부산의 상징물

표5-1 부산광역시 상징물 관리 조례

(시행 2017.7.15)

심벌마크	상징마크(1995.3.28. 지정) 엠블럼(2003.10.27. 지정)	브랜드슬로건	다이나믹 부산(Dynamic Busan) (2003.11.27. 지정)
마스코트	부비(BUVI)(1995.6.14. 지정)	시목(市木)	동백나무(1970.7.1. 지정)
시화(市花)	동백꽃(1970.3.1.지정)	시조(市鳥)	갈매기(1978.7.1. 지정)
시어(市魚)	고등어(2011.7.6.지정)	시가(市歌)	부산찬가(2019.2.6. 지정)

1. 동백꽃, 동백나무, 갈매기, 고등어

부산의 시화(市花)는 동백꽃이고, 시목(市木)은 동백나무다. 우리나라에서 동백꽃을 시화로 둔 도시가 여럿 있지만[2)], 하나의 꽃과 나무가 그 지역을 대표한다는 것은 그만큼 지역민과 친숙할 정도로 가까이에 많이 자라고 있거나, 아니면 특별한 이야기를 가지고 있을 때 가능하다. 동백나무는 대부분 바다를 접한 곳에서 자생하는데 부산에서도 해풍을 맞는 바닷가에 동백이 자라고 있어 사시사철 푸름을 더해준다. 부산시에서 동백꽃과 동백나무를 각각 시화와 시목으로 선정한 이유는 진녹색의 잎과 진홍색의 꽃의 조화가 부산의 푸른 바다와 사랑이 많은 시민의 정신을 담고 있기 때문이다. 싱싱하고 빛이 나는 진녹색 활엽은 시민의 젊음과 의욕을 나타내고, 정열적인 붉은색 꽃잎과 광택 있는 푸른 잎, 그리고 밝은 회색의 열매가

2) 서해안을 따라서 군산, 서천, 보령시가 있고, 남해안에는 거제, 통영, 여수시와 부산시가 이에 해당한다.

따뜻하면서도 강인함을 상징하고 있기 때문이다.[3]

동백나무는 부산시와 같은 난대 기후대 전역에 자생하고 있으며 환경에 대한 내성이 크고 음지나 해안가 주변에서도 잘 자란다. 또한 건조한 날씨에도 비교적 잘 견디며 공해에 강하고 이식이 용이하여 부산의 공원에도 많이 식재되어 있다.

동백꽃은 사랑과 행운, 번영의 꽃으로 알려져 있다. 이는 '첫째 이른 봄 다른 꽃보다 먼저 피어나는 빨간 꽃은 정열적인 사랑을 상징하고, 둘째 피었다가 절도 있게 떨어지는 꽃송이는 역병과 재앙을 물리친다고 하여 행운을 나타내며, 셋째 많은 열매가 열리는 것은 자손이 번성함을 상징'한다고 할 수 있기 때문이다.

동백은 '동백섬', '동백꽃', '동백 숲' 등 부산을 상징하는 낱말로 널리 알려져 있다. 부산에서는 동백의 영문 표기인 '카멜리아(camellia)'와 관련한 지명이나 배 이름, 아파트 이름을 심심찮게 찾을 수 있다. 해운대 미포항에서 출발해 광안대교를 지나 오륙도를 돌아오는 부산항의 대표적인 해상관광유람선이 '동백호'다. 그리고 부산의 원도심과 신도시 해운대 간을 오갔던 크루즈투어 선박이 '카멜리아 2000호'였고, 부산항에서 일본 하카다항을 오가는 국제여객페리선도 '카멜리아호'다. 2020년 부산 최고 히트상품에 선정된 지역화폐 명칭도 '동백전'으로 지역경제를 활성화하기 위한 목적으로 도입되었다.

부산 연고의 롯데 자이언츠가 2017년 홈 개막전을 앞두고 '동백 유니폼'을 출시하면서 기업명이 아닌 연고지 부산(BUSAN)을 등장시켜 소속감과 정체성, 그리고 자부심을 고취시키는 상징이 되었다. 이제 사직야구장을 뒤덮은 붉은 색의 물결인 동백은 부산과 자이언츠의 연결고리가 되었다. 이쯤 되면 부산은 가히 동백의 고향이라 해도 지나치지 않을 것이다.[4]

그리고 1978년 부산시를 대표하는 새(市鳥)로 갈매기를 선정했는데, 새하얀 날개와 몸은 백의민족을 상징하고, 끈기 있게 먼 뱃길을 따라 하늘을 나는 강인함은 부산 시민의 정신을 나타내고 있다. 갈매기는 비행술에 능숙하고 파도와 항구의 이미지에 잘 어울리며, 무리지어 생활하므로 서로 간의 협동심이 강하고 육지 가까이에서 활동하기에 긴 항해를 해 온 이들에게 희망을 주기도 한다.[5] 또한 고기잡이에 나선 어부에게 고기떼를 알려 주는 길조로 희망과 미래를 상징하며, 동료 갈매기가 죽으면 쉽게 떠나지 않는 의리의 새를 상징하고 있다.[6] 그리고 갈매기는 육지와

3)『국제신문』 2016.3.28
4) 이용득의 부산항이야기(27),『국제신문』 2016.3.27
5) 부산광역시 홈페이지

바다에서 모두 볼 수 있다는 점에서 서로 다른 세계를 이어주는 연결고리[7] 역할을 하고 있다. 주변의 가치를 거부감 없이 받아들이면서 다양한 문화를 수용하고 정착시키는 부산의 개방성이 갈매기를 닮아 있다. 그리고 세계에서 가장 큰 노래방이라 불리는 사직야구장에서 승부처에 어김없이 흘러나오는 〈부산 갈매기〉가 부산 사람들에게 사랑받는 것도 같은 이유이다. 관중들은 야구장에서 〈부산 갈매기〉를 함께 부르며 화합과 연대를 형성하고, 그 기세를 몰아 승리에 대한 확신이나 역전승이라는 희망을 꿈꾸기도 한다.

또한 부산시는 시어(市魚) 지정을 위해 고등어, 갈치, 멸치, 대구와 그 외 어종을 대상으로 시민 여론조사를 실시했는데,[8] 전체 참여인원 9,443명 가운데 60.1%인 5,673명이 선택한 고등어가 최종 확정됐다. 시어 선정 심의위원회에서는 설문조사를 포함해서, 생산·경제적 측면의 기여도, 정책·전략적 관점의 발전 가능성, 대중·문화적 측면의 인지도 등을 종합적으로 검토한 끝에 시의회·학계·수협·수산업체 등으로 구성된 심의위원 13명 전원이 '고등어'를 해양수산도시 부산을 상징하는 시어로 선정했다고 덧붙였다.[9] 부산은 국내 고등어 어획량의 8~90%를 차지하고 있고, 고등어를 잡는 선단도 대부분 부산에 있으며 지역민들에게 고등어는 일상에서 떼 놓을 수 없는 생선이었는데 이제 부산의 시어로까지 자리매김했다. 2011년 7월 6일 부산시는 고등어를 공식적으로 부산 시어로 선포했다. 고등어는 'Dynamic, Powerful, Speedy'를 상징하며, 태평양을 누비는 강한 힘으로 목표를 향해 끊임없이 도약하는 해양수산도시 부산을 상징하는 의미를 담고 있다.

2. 부산찬가

부산에 살고 있는 시민이라면 언제 어디선가 한번쯤 이 노래를 들어본 적이 있을 것이다.

> 수평선 바라보며 푸른 꿈을 키우고 파도소리 들으며 가슴 설레이는
> 여기는 부산 희망의 고향 꿈 많은 사람들이 정답게 사는 곳
> 갈매기 떼 나는 곳 동백꽃도 피는 곳 아~~너와 나의 부산
> 갈매기 떼 나는 곳 동백꽃도 피는 곳 아~~너와 나의 부산 영원하리.

---

6) 한국향토문화전자대전
7) 『연합뉴스』 2011.12.22
8) 『서울신문』 2011.3.31
9) 『머니투데이』 2011.6.26

이 노래는 〈부산찬가〉(釜山讚歌)로 부산도시철도를 이용할 때 시청 역 안내방송으로, 부산의 각종 행사에서 주제가로, 부산 연고 스포츠 팀의 응원가로 사용되면서 부산의 노래로 알고 있는 사람들이 많다. 하지만 〈부산찬가〉가 부산의 상징물로 공식적으로 지정된 것은 2019년 부산광역시 상징물 관리 조례안이 개정되면서 부터이다.

〈부산찬가〉는 부산 시민들의 자긍심과 애향심을 고취시키기 위해 공모를 통해 1984년 6월 부산광역시의 시가(市歌)로 제정 공포된 후 여러 매체를 활용해서 빠르게 보급되었다. 〈부산찬가〉는 누구나 따라 부르기 쉽고, 밝고 희망찬 멜로디와 부산의 상징물인 동백꽃, 갈매기, 동백나무를 가사에 담아 노래 제목처럼 부산에 대한 사랑과 애정을 표현한 것이다. 그리고 시민들의 공간이라 할 수 있는 지하철역과 시민공원, 영도대교, 부산타워와 같은 곳에서 쉽게 들을 수 있는 부산 시민들을 위한 노래가 되었다.

2015년 부산시 상징물 관리 조례안 제정에서 제외되었던 〈부산찬가〉가 2019년 개정안에 포함된 이유는 부산의 공식 시가로서의 가치를 높이려면 상징물로 명문화하는 것이 필요하다는 생각 때문이었다. 이제 〈부산찬가〉는 부산시 심벌마크, 캐릭터, 슬로건, 시화(市花) 동백, 시목(市木) 동백나무, 시조(市鳥) 갈매기, 시어(市魚) 고등어와 함께 부산시의 공식 상징물이 되었다. 그러나 〈부산찬가〉는 35년 전에 만들어진 것이기 때문에 현재의 시민들에게 낡은 이미지를 벗고 새롭고 친근하게 다가가는 것이 필요했다. 그래서 2015년「부산찬가 리메이크 공모전」을 통해 기존 버전과는 다른 밝고 젊은 분위기의 '부러버의 부산찬가'를 선정해서 활용 중이며, 2018년에는「부산찬가 뮤직 비디오 공모전」을 개최하여 시민들에게 친근한 시가를 만들기 위해 노력하고 있다.[10] 앞으로 특별한 날, 특별한 장소에서만 불리는 〈부산찬가〉가 아니라 우리의 일상 속에서 쉽게 흥얼거릴 수 있는 노래가 되길 바란다.

3. 부산의 심벌마크와 마스코트 부비(BUVI)[11]

도시의 심벌마크는 그 도시가 지향하는 시정이념과 비전, 지역적 특성을 시각적으로 표현한 것이다. 그래서 각종 대내·외 홍보에 적극적으로 활용되면서 도시 이

10) 부산광역시 홈페이지
11) 'BUVI'의 어원은 BUSAN VISION, BUSAN VITALITY, BUSAN VICTORY(부산광역시 홈페이지 참고)

미지를 전달하는 효과가 있다. 차별화된 도시 이미지를 구축하고 도시의 정체성을 담은 심벌마크는 도시의 가치를 높여주고 도시 경쟁력을 강화시켜준다.

부산의 심벌마크는 1995년 1월 1일 세계화·지방화·지역화 시대에 맞게 행정구역을 확장하면서 제작되었다. 1963년 직할시로 승격되었지만, 1981년에서야 공식적으로 부산직할시로 불렸던 부산이 다시 부산광역시로 변경되면서 심벌마크를 제작한 것이다. 심벌마크는 도시를 알리는 효과적인 홍보수단이기 때문이다. 부산의 심벌마크는 지역의 장소성, 역사성, 고유성에 초점을 맞췄다. 부산은 예로부터 산, 바다, 강을 품은 삼포지향(三抱之鄕)으로 불렸고, 이 같은 지역적 특성은 부산의 상징인 갈매기와 오륙도로 형상화되었고, 상단 삼각, 하단 삼각, 하단 물결무늬의 네 모꼴을 세워 균형성과 역동성을 표현하고 있다. 부산의 환경과 문화가 내재되어 있는 정체성을 심벌마크에 포함시켜 시각적으로 충실히 표현함과 동시에 부산이 갖는 이미지와도 잘 연계되어 있다.

부산의 캐릭터 '부비'는 네모꼴이 가진 경직된 틀의 인상을 해와 바다 물결의 자유 곡선을 이용해 심벌의 경직성을 상쇄시켜주고 있다. 1995년에 만들어진 '부비'는 꿈과 희망을 상징하는 활발하고 힘차며 역동하는 부산 이미지를 표현하고 있다. 그리고 21세기 세계일류도시를 꿈꾸는 부산의 비전과 진취적인 시민의 정서를 나타내고 있다.

부산시 마스코트 '부비' 브랜드를 활용한 부산시 인터넷신문 'BUVI News'는 부산비전을 활력 있게 전달하는 뉴스 매체란 뜻으로 시정정보 전달 기능 및 시민참여 효과를 극대화시키기 위해 실시간 업데이트형 인터넷신문으로 2009년 7월 1일 출범했다. 그리고 최근 스마트폰 보급 확대로 모바일을 통한 인터넷뉴스 이용자가 늘어남에 따라 새로운 스마트폰 애플리케이션 서비스인 'QR코드'를 개발·배포했는데, 이 QR코드도 '부비' 캐릭터를 활용하여 산뜻하게 디자인했다.

그러나 '부비'는 제작된 지 25년이 지났지만 잘 알려진 캐릭터가 아니었다. 부산 대표 브랜드로 성장해 전국적으로 인지도를 넓히지도 못했고, 부산 시민들에게도 외면을 받았다. 그래서 부산시는 유튜브와 인스타그램 및 뉴미디어를 활용한 홍보가 보편화된 만큼 이에 맞는 새로운 캐릭터 발굴이 필요했다. 2020년 11월 시민을 대상으로 캐릭터 이름을 공모했고, 2021년 상반기 새롭게 만든 홍보 캐릭터를 공개할 예정이다. 이번에 선정되는 캐릭터가 일회성이 되지 않으려면 오래 기억될 수 있는 스토리텔링이 뒷받침돼야 한다. 왜냐하면 유튜브, 웹툰, 웹애니메이션 등 뉴미디어는 단순한 이미지보다 이야기를 더 선호한다. 그래야 콘텐츠로 성공할 수 있고 수익을 창출할 수 있는 비즈니스 모델이 될 수 있다.

4. 부산의 슬로건 '다이내믹 부산(Dynamic Busan)'

국내에 도시 슬로건이 본격적으로 도입된 시기는 2000년대 초반이다. 국가 간의 경쟁 못지않게 도시 간의 경쟁이 치열해지면서 도시가 갖고 있는 독특한 이미지를 외부인들에게 인식시켜 인지도와 홍보 효과를 높이고 좋은 이미지를 선점해 더 많은 방문객을 끌어들이려는 움직임이 확산되고 있다. 한 도시를 짧고 압축적인 말로 표현한 슬로건 역시 이러한 연유에서 탄생했다. 개방적이고 진취적인 부산시민의 기질과 함께 모든 분야에서 역동적으로 발전한다는 메시지를 내포한 '다이내믹 부산'(Dynamic Busan)은 2002년 부산아시안게임의 성공으로 고조된 시민들의 자부심을 하나로 모아 부산을 사랑하는 공동체의식을 함양하고 부산의 높아진 대외적 이미지를 세계에 널리 홍보하기 위하여 2003년 개발되었다.[12)]

다이내믹 부산은 세계도시를 지향하고 있는 부산의 도시이미지와 비전을 표현하기 위해 힘차고 자유분방한 서체의 'Dynamic'(붉은색)과 중후하고 정돈 된 서체의 'BUSAN'(파란색)으로 확정하고, 'Dynamic' 글자 위의 태양 문양(오렌지색)과 'BUSAN' 하단의 파도문양이 어우러져 힘차게 도약하는 모습을 띠고 있다.[13)]

그러나 도시브랜드 마케팅은 도시 이미지와 그에 걸맞는 콘텐츠가 갖춰졌을 때 더욱 강력한 임팩트를 가질 수 있다. 부산의 이미지는 대다수의 사람들이 모두 '항구도시'라고 응답할 만큼 정체성의 중심요소가 지리적 특성에 한정되어 있었다. 그러나 이제는 항구도시를 넘어 '해양도시'와 '문화도시'로 점차 확장되었고, 부산국제영화제와 APEC 개최를 통해 국제영상문화중심도시 및 국제행사 중심도시로도 자리 잡았다. 특히 대표 슬로건인 '다이내믹 부산'(Dynamic Busan)은 경제, 교육, 문화 등 다방면에서 거침없이 내달린다는 긍정적 메시지를 잘 담고 있다. 도시브랜드 성공사례는 그 도시만이 갖고 있는 차별화된 정체성을 잘 설정해야 하며, 외형적인 인프라뿐만 아니라 도시의 콘텐츠를 끊임없이 만들어가야 한다. 도시브랜드는 내부적 역량이 외부적으로 발휘될 때 그 효과를 볼 수 있다. 따라서 도시가 지니고 있는 실제적 자원과 도시브랜드 이미지가 부합되게 마케팅할 필요가 있으며,

12) 『국제신문』 2015.11.4
13) 『매일경제』 2004.1.19

도시브랜드를 장기적인 계획 아래 지속적으로 추진하고 관리하는 것이 필요하다.[14] 그리고 도시가 지향하는 미래 비전과 시정 철학도 담아내야 한다.

Ⅱ 부산의 자랑

1. 부산의 상징, 해운대

부산 하면 제일 먼저 떠오르는 것은 두말할 필요 없이 '바다'이다. 그 중에서도 해운대는 해마다 여름철이면 100만의 피서객을 끌어 들이는 대표적인 명소이다. 특히 해안선 주변에 크고 작은 빌딩과 고급 호텔이 우뚝 솟아 있어 현대적이고 세련된 분위기의 해수욕장으로 유명하기 때문에 여름 휴가철뿐만 아니라 사시사철 젊은 열기로 붐비는 곳이고, 국내뿐만 아니라 해외 관광객들에게도 잘 알려져 있어 외국인들이 많이 찾는 곳이다.

매년 부산국제영화제를 비롯해 부산슈퍼컵 국제요트대회, 부산국제무용제 등 수많은 축제가 열리고, 해운대해수욕장, 달맞이고개, 동백섬 등 아름다운 관광지가 있어 연중 사람들의 발길이 끊이지 않는다. 부산광역시 관광진흥과 자료에 따르면 2019년 부산 전체 관광객 수는 약 2,800만 명이며 그 중 30% 가량인 808만 3,830명이 해운대를 찾았을 정도로 관광특구 해운대의 파워가 막강하다.

해운대는 신라의 학자이자 문인인 고운(孤雲) 최치원(崔致遠)의 발자취가 남은 곳으로 동백섬 정상에는 최치원을 기념하는 비, 동상, 해운정이 있다. 최치원이 낙향하여 해인사로 들어가는 길에 이곳을 지나다가 너무나 경치가 아름다워 동백섬 동쪽 벼랑의 넓은 바위 위에 자신의 호를 딴 '해운대'(海雲臺)라는 글씨를 남기게 되면서, 해운대란 명칭이 유래된 것으로 전해진다.[15]

특히 동백섬에는 2005년 11월 APEC 정상회담의 회의장으로 사용된 누리마루 APEC하우스가 자태를 뽐내고 있다. '세계의 정상'이라는 뜻의 누리마루는 우리나라 전통건축 양식인 정자를 현대식으로 표현한 곳으로 수준 높은 국제회의시설의 대명사가 되어 하루에 5천명의 일반시민과 관광객이 찾아오는 부산의 대표적인 관

---

14) 『무등일보』 2015.1.13

15) 원래 해운대라 함은 해운대해수욕장 주변을 이르던 것이 그 범위가 넓어져 해운대구 일대를 지칭하게 되었다. 동백섬, 광안대교, 영화의 전당, 누리마루, 벡스코 일대를 해운대라 한다.

광명소가 되었다. 그리고 한국관광공사가 선정한 '2018 코리아 유니크 베뉴'(2018 KOREA Unique Venue)[16] 에 전국 20곳 중 부산의 3곳이 포함되었는데, 누리마루 APEC하우스는 더베이101, 영화의 전당과 함께 선정되기도 했다. 2019년에는 해리단길이라는 새로운 명소가 등장하면서 새로움을 더하고 있다.

▸해리단길

해운대구청에서 조성한 '문화와 감성이 어우러진 해리단길'은 2019년 지역골목활성화 우수사례대회에서 대상을 받았다. 대한민국 최고 골목으로 선정되고 더 많은 사람들이 찾는 명소가 되었다. 해리단길은 원래 기찻길 뒤편 해운대 토박이들이 살던 낙후된 곳이었다. 동해남부선 철도가 폐선이 되면서, 구 해운대역 뒤편 골목에 있던 집들이 하나 둘씩 카페나 식당으로 변하기 시작했다.

해운대는 매년 정월 대보름날 달맞이 축제를 비롯해 북극곰수영대회[17], 해운대 모래 축제[18], 모래 작품전, 부산 바다축제[19] 등 각종 크고 작은 행사가 열린다. 그리고 해수욕장 주변에 동백섬, 오륙도, 아쿠아리움, 요트경기장, 벡스코, 달맞이고개, 드라이브코스, 문탠로드(Moontan Road) 등 즐길 거리와 볼거리도 많다. 특히 부산국제영화제가 열리는 10월이면 영화 마니아들의 시선이 집중되면서, 영화라는 콘텐츠와 해운대라는 장소성의 시너지 효과가 발휘되기도 한다.

정월 대보름날에 달빛과 어우러진 바다의 정취를 마음껏 즐길 수 있는데 예전부터 대한팔경의 하나로 '달맞이길 월출'을 꼽았다. 이 언덕의 달빛을 받으며 걸을 수 있게 만든 산책길이 '문탠로드'로 은은한 달빛을 받으며 마음을 치유한다는 뜻이다. 그리고 달맞이 길은 부산을 찾는 젊은이들이 한번쯤 걷고 싶어 하는 길로 해운대해수욕장을 지나 송정해수욕장으로 향하는 길목에 있는, 벚나무와 송림이 울창하게 들어찬 호젓한 오솔길이다. 구불구불 이어지는 길은 15번 이상 굽어진다고 하여 '15곡도(曲道)'라고도 하며 8㎞에 달하는 드라이브 코스는 특히 벚꽃이 만발할 때면 장관을 이룬다.[20] 해운대해수욕장 좌측, 달맞이길 아래에는 유람선 동백호

16) 유니크 베뉴는 지역의 문화적 독특성을 체험하거나 장소성을 느낄 수 있는 고택이나 역사적 건축물, 박물관 등 특색 있는 회의장소를 뜻하는 표현이다. 대표성, 참신성, 행사개최 인프라와 수용도 등을 중심으로 평가가 이루어진다. 지역의 매력도를 증가시킴과 동시에 장소 정체성에 중요한 역할을 한다.

17) 1988년 서울 올림픽을 기념해 웨스턴 조선 호텔이 개최한 북극곰 수영 대회는 초기 100여 명의 참가자로 시작하였으나 점점 인기를 더해 2000년 이후 1,000여 명이 참가하는 대규모 행사로 자리를 잡았다. 이후 한 때 운영상의 어려움 때문에 중단 위기를 맞는 등 우여곡절도 있었으나 2009년 부산일보사가 주최권을 인수함으로써 더욱 안정되고 발전된 모습으로 이어졌다. 한국향토문화전자대전, 한국학중앙연구원

18) 해운대 모래 축제는 2005년 APEC 정상 회의 D-150일 기념행사로 처음 개최되었다. 해운대 해수욕장을 배경으로 모래라는 독특한 소재를 활용하여 친환경 축제로 호평을 받았다. 그 후 매년 개최되며 2009년에는 특허청 상표 등록으로 해운대 모래 축제라는 고유 브랜드가 탄생하였으며, 이를 통하여 해운대 해수욕장의 인지도를 확산하여 관광 도시 해운대 브랜드를 향상시키는 것을 목적으로 하고 있다. 한국향토문화전자대전, 한국학중앙연구원

19) 1996년부터 시작, 부산의 주요 해수욕장에서 매년 8월 1일부터 9일까지 개최되는 여름 축제

와 카멜리아호가 출항하는 선착장이 있다. 여기서 유람선을 타면 조용필의 〈돌아와요 부산항에〉 가사처럼 오륙도 돌아 동백섬(누리마루), 광안대교, 이기대 등의 절경을 선상에서 감상할 수 있다.

해운대 달맞이 온천축제는 달이 뜨는 시각인 오후 6시 2분에 축제의 하이라이트인 높이 10m의 달집태우기가 진행된다. 같은 시간 해운대 앞바다에서는 '오륙귀범(五六歸帆)'이 재현된다. 오륙귀범은 먼 바다에서 고기잡이를 끝내고 갈매기의 환영을 받으며 오륙도를 지나 해운대로 돌아오는 어선들의 풍경을 지칭하는 말이다. 특히 예부터 수려한 해운대의 여덟 가지 풍경으로 꼽은 '해운팔경' 중 하나다.[21]

그리고 이제는 운행하지 않지만 정동진역 다음으로 바다와 가까운 철길인 동해남부선[22]이 해변열차로 재탄생해서 아름다운 해안절경을 다시 볼 수 있게 되었다. 미포에서 달맞이터널, 청사포, 다릿돌 전망대, 구덕포를 지나 서핑의 명소 송정까지 해수욕장 라인을 따라 달리는 해운대 해변열차는 바다와 해송, 그리고 사람이 만나는 곳으로 2020년 10월부터 운행을 시작했다. 이젠 해변열차에서 바라보는 저녁노을과 매혹적인 해운대 야경이 포함된 '해운구경'을 꿈꿀 수 있을지도 모르겠다.

2. 오이소 보이소 사이소[23] : 자갈치 시장

자갈치 시장은 부산 사람들에게는 얇은 지갑으로 소주 한잔에 싱싱한 회를 마음껏 맛보며 세상사는 이야기를 술술 풀어내는 부산의 '서민성'을 대표하는 공간이다.

'자갈치'는 용두산 공원에서 내려다보이는 부산 중구 남포동 영도다리 밑의 길게 늘어진 갯가 주변을 이르던 말이었다. 부산항 개항 당시 보수천 하구에 주먹만 한 옥돌로 된 자갈이 많은 장소에 시장이 선 것이다. '치'는 '언저리', '언덕배기'라는 뜻으로 자갈치는 '자갈 언저리'라는 뜻이다. 멸치, 갈치, 꽁치 등이 많다고 해서 '치'자를 붙여 '자갈치'라고 했다는 설도 있고, 부산어패류처리장에서 취급하는 활

---

20) 『경남신문』 2013.7.25

21) 『매일경제』 2015.3.5

22) 부산-포항을 오갔던 동해남부선 열차는 1935년 일제가 개통했다. 자원을 수탈하고, 일본인이 해운대를 편하게 이용하기 위해서였다. 해방 후 무궁화호가 부산~울산~경주~포항을 오가며 서민의 발이 돼주었지만, 2013년 동해남부선을 이설해 복선 전철화되어 2016년부터 영덕까지 가는 동해선으로 편입됐다.

23) "오이소!보이소!사이소!"는 부산자갈치축제의 슬로건으로 지역정서를 담아 부르기 쉬우면서도 정감이 넘치는 사투리를 활용해 고유 브랜드를 만들고 마케팅에 활용하고 있다.

어 중 자갈치란 어종이 많아 유래되었다는 이야기도 있다.

상설 시장으로서의 자갈치 시장은 원래는 현재 롯데백화점 광복점이 있는 용미산(龍尾山) 동남쪽 해안과 남포동 건어물시장 주변에 자리 잡고 있었으나, 1930년대 남항(南港)이 매립된 뒤 지금의 위치로 옮겨왔다. 1876년 개항이후 인접한 동광동과 광복동에 일본인 거류지가 형성됐고, 이때 어민들이 소형 선박을 이용해 일본인들에게 수산물을 판매하기 시작하면서 소규모의 시장이 형성됐다. 이후 일본이 남해안 수산물 유통시장을 장악하기 위해 1910년 이곳에 부산어시장을 설립해 시장기능을 모두 흡수하려 했으나, 자갈치 시장의 활어 유통기능은 소형선박에 의해 지속적으로 이뤄져 명맥을 유지할 수 있었다. 소규모 고기잡이배들이 잡은 해산물을 파는 노점상들이 시장을 지켜냈고, 궁핍과 절박함, 생존에 대한 욕구가 자갈치를 키웠다.

자갈치 시장은 일제강점기 초기 수산물 수출입장으로 개발되면서 수산물 집산지 역할을 했고, 1924년 8월 남빈(南濱)이라는 이름으로 시장이 들어서면서부터 부산사람들의 삶의 터전이 되었다. 해방 이후 이 일대에 상인들이 몰려들면서 주변에 판잣집이 즐비하게 들어섰으나 1961-1967년 사이 모두 철거됐다. 1970년대 자갈치 어패류 처리장이 들어섰다가 1985년 화재로 점포 231개가 소실되고, 1986년에는 현대식 건물로 개축한 부산 어패류 종합시장이 문을 열었다.

자갈치 시장은 일반적으로 단순히 시장건물만 얘기하지 않고 남포동 1가에서 6가까지 해안을 따라 길쭉하게 펼쳐져 있는 생선가게와 횟집, 난전들을 모두 포함하고 있다. 그리고 자갈치 시장은 수산물 백과사전이라 불린다. 연근해는 물론 원양어선이 잡은 것을 포함하면 이곳에서 거래되는 수산물은 250여종에 달한다.[24] 이렇듯 자갈치는 자갈이 하나둘 없어지는 방식으로 근대화의 과정을 겪었다. 충무동쪽 하구 일대 자갈해안을 이루었던 이곳은 도심과 접하고 있어 인근의 국제시장 등과 함께 부산을 가장 잘 보여주는 장소가 되었다.

부산을 찾은 외지인이 자갈치를 건너뛰고 갔다면 부산에서 '헛것'만 보고 갔다는 말은 괜히 나온 이야기가 아니다. 해방과 전쟁, 그리고 근대화라는 격동의 시간은 부산에 자갈치라는 부산물을 남겼다. 투박한 경상도 말씨만큼이나 억센 삶의 흔적들이 시장 여기저기서 묻어난다. 자갈치는 생선과 사람이 함께 어울려 연출해내는 생존의 북새통이며, 어머니 모습을 닮은 소박한 사람들의 땀 냄새와 생선 비린내가

24) 『한국일보』 2015.10.15

뒤섞여 꿈틀거리는 꼼장어와 같은 삶의 에너지가 고스란히 남아있는 곳이다. 자갈치는 해양·수산도시 부산의 얼굴이다.

3. 부산항의 입구이자 길목, 오륙도(남해와 동해의 분기점)

부산항의 얼굴이자 상징인 오륙도(五六島)는 부산, 부산바다, 부산기질 그 자체이다. 부산바다는 남해와 동해를 아우르는 바다이고, 남해와 동해의 경계는 오륙도다. 섬이 많은 다도해인 남해는 다정다감한 바다이고, 탁 트인 동해는 거침없이 화통한 바다라면, 오륙도는 남해와 동해가 만나는 부산바다 한 가운데에 위치하고 있어 다정다감하고 화통함을 모두 가지고 있다.

오륙도는 개항이후 변화의 바람을 몰고 온 외부세계에 대한 기다림의 통로였으며 대양을 벗어난 삶의 흔적과 애환이 점철된 조선의 관문이었다. 1740년 영조 16년에 동래부사 박사창이 동쪽에서 보면 여섯 봉우리요, 서쪽에서 보면 다섯 봉우리가 된다는 데서 오륙도라는 이름이 유래했다는 설이 있다. 초량왜관에서 조선어 통사를 했던 대마도 사람 오다 이쿠고로오(小田幾五郎·1754~1832)가 1825년에 출판한 초량화집을 보면 '밀물과 썰물에 따라 오륙도가 5개 또는 6개로 보인다'고 기록한 것에서 유래되었다는 설도 있다.[25)]

오륙도는 섬이 다섯 개에서 여섯 개로 분리되는 순간 섬의 이름마저 달라진다. 좀 더 자세히 말하면 선착장에서 가장 가까운 섬인 우삭도는 썰물 때에는 1개의 섬이지만, 밀물 때에는 2개의 섬으로 분리되어 각각 방패섬과 솔섬이라는 별도의 이름으로 불린다. 오륙도라는 명칭은 바로 이 우삭도의 조화에 의해 비롯된 것이다. 육지에서 가까운 쪽부터 세찬 바람과 파도를 막아주는 방패섬, 소나무가 있는 솔섬, 갈매기를 사냥하기 위해 물수리, 솔개, 매 등 수리류가 모여드는 수리섬(비석섬), 섬의 모양이 뾰족하게 생긴 송곳섬, 커다란 굴이 있는 굴섬, 지형이 평탄해서 밭섬으로 불리다 등대가 생긴 이후 이름이 바뀐 등대섬이 줄지어 서 있다. 등대는 1937년 일본의 필요에 의해 세웠지만 지금은 한반도 관문이자 한국을 대표하는 해양도시 부산의 앞바다를 굽어보는 터줏대감이다. 오륙도 등대가 남다른 이유는 1998년 우리나라 최초 시민 현상설계 공모로 세워진 등대이기 때문이다. 등대섬을 제외하면 모두 무인도이다.

오륙도는 1978년 이전까지만 해도 변변한 주소나 행정 구역을 지정받지 못한 외

25)『부산일보』 2016.4.14

로운 섬들이었다. 현재 오륙도의 여섯 개 섬은 부산시 남구 용호동 936번지(방패섬)에서 941번지(등대섬)로 당당하게 주소가 등록되어 있다.

그러나 의외로 그동안 오륙도를 직접 찾아 본 사람은 그리 많지 않았다. 부산 사는 사람들에게도 부산을 방문하는 사람들에게도 오륙도는 멀리서 바라보는 곳이지 일부러 찾아가는 곳은 아니었다. 그러나 전국적인 걷기 열풍 속에서 부산에도 '해파랑길'과 '갈맷길'이라는 도보길이 만들어졌고, 그중 가장 아름답다는 2코스 '이기대(二妓臺)' 구간의 출발지가 오륙도가 되면서 사람들의 발길이 머무는 곳이 되었다. 2013년 유리바닥 전망대인 '스카이워크(Skywalk)'가 생기면서 오륙도는 '바라보는 명소'에서 '걷는 명소'로 거듭났다.

한반도 전체를 한 바퀴 도는 걷기 코스인 '코리아 둘레길'은 '만들어진' 길이 아니고, '아직 만들고 있는' 길이다. 다 만들고 나면 동·서·남해안과 비무장지대(DMZ) 접경지역을 걷는 총연장 4500㎞의 걷기 길이 완성된다. 서울에서 부산까지 거리의 10배, 스페인 산티아고 순례길의 5.7배. 매일 20㎞씩 하루 대여섯 시간을 걷는다 해도 완주(完走)에 7개월 보름이 소요되는 길이다. 코리아 둘레길의 남해안 구간인 '남파랑길'이 2020년 10월 31일 개통됐다. 이 남파랑길의 출발지점은, 해파랑길과 마찬가지로 부산 오륙도를 마주 보고 있는 오륙도 해맞이 공원이다. 해파랑길은 여기서 북쪽으로 향하지만, 남파랑길은 충남 쪽 바다를 끼고 구불구불 한려수도와 다도해의 섬을 지나 해남 땅끝 마을의 땅끝 탑까지 간다. 남파랑길의 전체 구간은 자그마치 1470㎞. 부산에서 고성까지 동해안을 따라가는 해파랑길이 750㎞니, 남파랑길의 거리가 두 배에 가깝다. 지도로 보면 해파랑길이 더 길어 보이지만, 남파랑길은 남해안의 복잡한 해안선을 따라가며 때로는 바다를 버리고 내륙의 안쪽으로 파고 들어가기도 하니 실제로는 훨씬 더 길다.(문화일보, 2020.11.5.)

4. 역사를 기억하는 곳, 금정산성

금정산성은 동래온천을 병풍삼아 감싸고 있는 금정산을 장장 18.8km 휘감아 도는 단일산성으로 국내최대 규모다. 부드러움과 강인함을 동시에 갖춘 금정산성은 맑은 날 정상에 오르면 인근의 섬뿐 아니라 멀리 거제도까지 볼 수 있다. 그리고 자연지형을 최대한 이용해 축성했으며, 남북이 길고 동서가 짧은 타원형의 성곽 형태를 띠고 있다.

임진왜란 이후 부산의 군사적 중요성이 부각되면서 육군과 수군의 근거지가 된 곳이 금정산성이다. 금정산에 산성이 축조된 것은 신라시대로 추정되는데, 금정산 위 옛 산성 터가 뚜렷이 남아 있다는 조선후기의 한 기록에서 그 같은 사정을 엿볼 수 있다. 금정산은 낙동강 하구와 동래 지방이 내려다보이는 요충지에 자리 잡고 있어서 바다를 통한 왜구의 침입에 대비하기에 적합했다. 왜구를 물리치고자 했던 신라인들의 염원이 산성을 쌓아 올린 것으로 추정된다.

지금의 산성은 임진왜란의 경험으로 왜인과의 전투에서 평지성보다 산성이 훨씬 유리하다고 보았던 많은 관리들이 동래 지역의 방어책으로 금정산 축성을 건의했다. 그러나 당시 일본과의 관계가 급박하지 않았기 때문에 쉽게 결론을 내지 못했다. 숙종 때 경상감사 조태동이 적극적으로 산성 쌓는 일을 건의하면서 1703년(숙종 29년) 축성의 역사가 시작되었다. 초량으로 왜관을 옮기면서 왜인의 수가 증가하자 동래의 허술한 군사력과 방어시설을 보강하기 위해 금정산성이라는 안전판이 필요했기 때문이다.

지나치게 넓고 커서 지키기 어렵다는 약점을 보완하기 위해 1707년(숙종 33년) 중성을 쌓아서 오늘날 금정산성의 제4망루로부터 서문에 이르는 성곽의 원형을 이루게 되었다. 산성이 축조된 뒤 성 안에는 국청사와 해월사의 두 사찰이 건립되었다. 승군은 산중의 병영에 상주하는 병력으로, 필요에 의해 하나의 관행처럼 굳어지게 되었다.

그러나 중성을 쌓은 뒤에도 금정산성의 내성은 여전히 넓어서 방어시설로서의 역할을 제대로 수행하기 어렵다는 평가 때문에 1714년(숙종 40년) 금정산성은 쌓은 지 10여년 만에 폐기되었다. 그리고 1728년(영조 4년) 무신란의 발발로 동래읍성이 재건되면서 국경의 방비 시설 공백을 메우기 시작했다.

1972년부터 부산시는 금정산성 복원사업을 추진하면서 동, 서, 남, 북문과 망루 4동, 중성 등을 고쳐 쌓게 되었다. 금정산 등산로는 능선을 따라 이어져 있어서 대체로 산성의 성곽을 따라 펼쳐져 있다. 18세기 이후 많은 논란에도 불구하고 지금은 많은 시민들이 금정산 능선을 찾고 있다. 시민의 사랑을 받는 빼어난 경관의 금정산 등산로에는 든든한 방패 역할을 했던 옛 산성의 자취가 함께 숨 쉬고 있다.

금정산은 금강공원에서 케이블카로 산을 오르는 재미를 느낄 수 있다. 금정산성 동문에서 북문으로 뻗은 능선을 따라 걷는 길은 가파른 호흡 없이 갈대며 크고 작은 바위들을 만날 수 있는 좋은 산책로이자 가벼운 등산로이다. 산세가 험하거나 깊지는 않아도 금정산이 수려한 것은 산 자체의 위용이 아니라 주변의 자연환경과 잘 어우러지기 때문이다. 그리고 울창한 숲과 신선한 공기, 독특한 기암절벽 등 아름다운 자연경관이 뛰어난 곳이다. 서쪽으로는 화명동 일대와 김해를 한 눈에 내려다 볼 수 있을 뿐만 아니라 산과 낙동강이 나란히 흐르고 있어 늦은 오후에는 햇살을 품은 눈부신 강을 만날 수 있다. 동쪽으로는 금정구 일대와 회동수원지가 보이고 멀리는 장산너머 해운대 바다와 광안대교를 볼 수도 있다. 이처럼 금정산은 산과 더불어 강과 바다, 호수를 한 번에 볼 수 있는 좋은 전망대로서 부산과 근교의 시민이 자주 찾는 장소가 되었다. 어느 곳에서 시작해 올라와도 길이 있음을 알 수 있는 곳, 길에서 길로 이어지는 곳, 그 곳이 금정산성이다.

5. 부산에 있는 세계의 땅, 유엔공원

이곳은 부산에 있지만 부산 시민의 땅이 아니다. 한국 정부의 땅도 아니며 저 먼 타국의 땅도 아니다. 유엔이라는 추상적 집단의 땅이며 이 땅의 분단 현실을 저 하늘 위에서 오롯이 지켜보고 있는 수많은 영혼들의 땅이다.

부산의 유엔기념공원은 세계에서 유일한 유엔군 묘지이다. 부산의 유산 가운데 세계적으로 알려진 명소다. 한국전쟁 참전용사와 후손들을 비롯하여 외국의 귀빈들이 한국에 오면 빠짐없이 방문하는 장소가 바로 이곳이다.

유엔기념공원의 역사는 1951년으로 거슬러 올라간다. 당시 유엔군사령부는 개성, 인천, 대전, 대구, 밀양, 마산 등 여섯 곳에 흩어져 있던 유엔군 묘지에서 병사들의 유해를 이곳으로 이장하여 1951년 4월에 봉안을 완료하였다. 그러나 중국 공산군의 참전으로 전쟁이 장기화되면서 유엔군 전사자도 늘어났다. 이곳은 언제든지 전사자의 유해를 고향으로 보낼 수 있는 부산항에 인접한 해안가에 있었고, 거주민이 적은 데다 당분간 시가지로 개발될 가능성이 적다는 점 등을 고려해서 유엔군 묘지로 결정되었다.

국회는 1955년 11월 7일 유엔군의 희생에 보답하는 차원에서 부지를 영구히 유엔에 기증하고 성지로 지정할 것을 결의했다. 유엔은 그해 12월 15일 유엔총회에서 한반도의 남단에 유엔기념공원 설치를 위한 결의안을 채택했다.

1959년 11월 6일 유엔군 장병의 희생을 기리고 유엔묘지의 존엄성이 인접토지의 사용으로 인해 손상되지 않도록 '재한 국제연합기념묘지의 설치 및 유지에 관한 대한민국과 국제연합간의 협정'이 체결되었다. 이 협정 가운데 특징적인 것은 유엔기념공원이 조성된 토지를 '영원히 무상으로' 유엔에 기증한다는 것이며, 해당 토지에 대해 유엔이 가지는 권리는 '완전한 소유권'이라는 점이다. 이 협정을 근거로 1960년 3월 31일부터 유엔기념공원은 유엔 산하의 시설이 되었다. 부산시는 유엔묘지의 존엄성을 지키기 위해 그 주변에 수목원, 조각공원, 박물관, 평화공원을 조성했고, 오늘날 유엔기념공원은 국제평화의 상징이 되었다.

처음 조성될 때는 그 명칭이 유엔기념묘지(UNMCK: United Nations Memorial Cemetery in Korea)였다가, 2001년에 유엔기념공원으로 변경되었다. 유엔기념공원의 관리주체는 유엔군사령부에서 유엔한국통일부흥위원단(UNCURK: United Nations Commission for the Unification and Rehabilitation of Korea)으로 바뀌었다가, 다시 재한 유엔기념공원 국제관리위원회(CUNMCK: Commission for the United Nations Memorial Cemetery in Korea)로 변경되었다.[26)]

처음 묘역이 완성될 때만 해도 전사자 약 만 천여 명의 유해가 안장되어 있었으나, 참전국들이 차례차례 자국 병사들의 유해를 본국으로 송환하여 현재는 2,309기의 유해가 안장되어 있다. 당시 참전한 나라는 전투지원 16개국(미국, 영국, 터키, 캐나다, 호주, 프랑스, 네덜란드, 뉴질랜드, 남아공, 콜롬비아, 그리스, 태국, 에티오피아, 필리핀, 벨기에, 룩셈부르크)과 의료지원 5개국(노르웨이, 덴마크, 인도, 이탈리아, 스웨덴)이었는데, 현재 호주와 캐나다 병사의 유해가 가장 많이 남아 있다.[27)]

6·25전쟁 당시 전사한 국군과 연합군이 잠들어 있는 부산 유엔(UN)기념공원의 일부 전사자에 대한 묘비가 진짜 이름을 찾았다. 국방부와 외교부·국가보훈처는 유엔기념공원에 안장돼 있는 국군전사자 36명 중 19명에 대한 묘비기록을 올바르게 정정했다고 11일 밝혔다. 유엔기념공원에는 한국·남아프리카공화국·네덜란드·노르웨이·뉴질랜드·미국·영국·캐나다·프랑스·터키·호주 등 11개국 장병의 유해 2,309기가 있다. 이 가운데 한국군 36명이 안장돼 있으며, 무명용사가 5명이고 나머지 31명 중 3명은 병적기록이 확인되지 않았다.(서울경제, 2020.11.11.)

유엔기념공원은 2005년 부산에서 개최된 APEC을 계기로 대대적으로 시설을 개보수하고, 전몰장병 추모명비를 비롯한 새로운 시설을 추가하였으며, 녹지 시설을 재단장하는 등 전반적으로 면모를 일신하게 되었다. 2007년에는 근대문화재로 등록되었으며, 2010년에는 유엔평화문화특구로 지정되었다.

그리고 세계 21개 국가가 한국 시각으로 매년 11월 11일 오전 11시에 맞춰 부산 유엔기념공원을 향해 1분간 묵념하는 '턴 투워드 부산'(Turn Toward Busan)에 동참하고 있다. 캐나다 참전용사 커트니씨의 제안으로 2007년 시작된 이 행사는 2008년 정부 주관으로 격상됐고, 2014년 참가국이 21개국으로 늘어 국제적인 추모 행사로 확대됐다. 그리고 2020년부터 유엔참전용사 국제 추모의 날이 법정기념일로 지정되기도 했다.

현재 피란수도 부산의 상징이자 한국전쟁 참전국과 관련해 당시 건조물 중 유일

26) 한국민족문화대백과, 한국학중앙연구원
27) 『오마이뉴스』 2005.7.9

하게 남아있는 유엔기념공원은 세계유산 등재를 추진 중이다. 피란수도 부산의 위상을 재조명하고 역사문화 자원을 활용해 부산의 가치를 세계에 알리기 위해서다.

6. 대한민국 최대의 해상 복층 교량, 광안대교

'다이내믹 부산'이라는 이미지와 어울리는 부산의 대표적인 랜드마크인 광안대교는 푸른 도시와 바다를 가로지르는 부산이라는 도시의 매력을 극대화시키고 있다. 광안대교는 역동적인 아치를 반복하고 있고, 도시와 바다를 직접적으로 느낄 수 있게 할 뿐만 아니라, 매일 밤 수 만개의 LED조명이 교차하며 만들어내는 화려의 빛의 움직임을 통해 화려한 조명 쇼를 볼 수 있는 세계에서 가장 큰 무대이기도 하다. 2003년 개통된 광안대교는 1990년대 부산이 세계도시라는 아젠다를 공표한 이후 센텀시티와 마린시티를 아우르는 부산의 대표공간이 되었다.

광안대교는 부산광역시에 위치한 다리로 부산광역시도 제77호선의 일부이다. 이 다리는 수영구 남천동 49호 광장과 해운대구 우동 센텀시티를 연결하는 대한민국 최대의 해상 복층 교량이며 다이아몬드 브릿지[28]라고도 부른다. 광안대교는 기존 수영로를 이용하는 것에 비해서 상당히 시간을 단축할 수 있으며, 교량으로서의 기능뿐만 아니라 상층부에서 바라보는 주변경관이 일품이다. 끝없이 펼쳐진 바다, 손을 뻗으면 잡힐 듯한 오륙도, 광안대교를 둘러싼 황령산과 아기자기한 광안리 백사장, 해운대 동백섬과 달맞이 언덕 등이 모두 한눈에 들어온다. 조명 시스템이 구축되어 시간대별, 요일별, 계절별로 10만 가지 이상의 다양한 색상으로 연출할 수 있는 경관조명으로도 유명하다.[29] 아름다운 불빛과 바다가 빚어내는 부산의 밤을 한 폭의 수채화로 만들어내는 곳, 그 속에 광안대교가 있다. 다이아몬드 브릿지라는 애칭만큼 아름다운 부산의 상징물이다. 2014년에 북항대교가 개통되면서 52km에 이르는 해안순환도로망(광안대교~북항대교~남항대교~을숙도대교~신호대교~신항만)의 시·종착점 역할도 하고 있다.

광안대교는 1994년 공사를 시작해서 2003년 완성되었고, 총길이가 현수교 부분 900m를 포함하여 7,420m나 되는 거대한 복층 교량으로 높이 비상하는 갈매기를 형상화했다. 현수교는 두 개의 주 탑, 주 탑에서 뻗어나간 주 케이블, 주 케이블에

---

28) 광안대교의 다른 이름은 '다이아몬드 브릿지(Diamond Bridge)'로 바다 위의 빼어난 건축미학을 표현하기 위해 시민 공모를 통해 붙여졌다.(국제신문 2013.8.2)
29) 『시선뉴스』 2015.11.30

서 다리 상판으로 뻗어나간 소 케이블로 구성되어 있고, 주 케이블 끝에는 거대한 앵커(구부러진 쇠막대)가 있고, 이 앵커를 잡아주는 엄청난 크기의 콘크리트 기초인 앵커블록이 있다. 광안대교의 주 탑의 높이는 120m이며, 탑에서 뻗어나간 주 케이블은 지름이 자그마치 60㎝, 케이블이 매달고 있는 상판 무게는 약 3만 톤, 설계 풍속은 초속 81m를 견딜 수 있는 강하면서도 아름답게 설계되어 있다.

광안대교는 원도심에서 벗어나 부산 동부 지역의 업무·상업·주거 중심지로 부상한 수영구와 해운대구를 해상으로 연결하는 다리이다. 교량 북단에서는 도시고속도로를 통해 경부고속도로 및 부산울산고속도로에 연결되며, 남단에서는 황령산터널을 통해 부산 도심에 진입하거나 부산항 컨테이너 부두(신선대, 감만 등) 방향으로 진출입할 수 있다. 부산광역시 항만 및 산업 물동량의 원활한 우회 수송을 통해 교통난을 완화하고 부산지역 해상 관광의 랜드마크 기능을 수행할 목적으로 건설되었다.[30]

그러나 광안대교를 교통과 물류라는 물리적인 기능만으로 설명하는 것은 광안대교의 진면목을 놓치는 것이다. '다이내믹 부산'이라는 슬로건에 가장 어울리는 곳이 광안대교이기 때문이다. 도시의 시간을 아껴주는 속도의 기능을 하는 다리이지만, 밖이 주는 풍경만큼은 속도를 잠시 잊게 해준다. 24시간 다채로운 모습과 색으로 표현되는 그 곳에는 낭만과 감성의 시간도 함께 흐른다. 어둠을 뚫고 아침을 깨우는 일출의 빛은 낮이 되면서 도시와 바다를 가로지르는 푸른색으로 바뀌고, 다시 시시각각 달라지는 푸른빛으로 물들였던 햇살이 붉은 빛을 내면서 낮아지면, 곧 밤을 준비하는 불빛들이 햇살을 대신한다. 그렇게 광안대교는 주위 풍경과 어우러져 웬만한 곳에서 모두 볼 수 있는 아름다운 길을 만들어낸다.

광안대교는 광안리, 해운대 관광특구와 연계한 관광명소로 부산지역 관광산업에 활력을 주고 있다. 광안대교를 배경으로 대형 불꽃이 밤하늘을 수놓고 부산 불꽃쇼의 명물인 컬러 이과수 불꽃, 나이아가라 불꽃 등이 환상적인 풍경을 만들어내면 100만 명이 넘는 관광객들의 환호성이 그 뒤를 따른다. 당초 부산 불꽃 축제는 2005년 APEC 경축 행사로 단발성으로 시행하고자 했으나, 전시성이 높고 시민들의 호응도 좋아 부산의 축제로 자리매김 한 것이다. 이러한 볼거리는 관광 효과를 톡톡히 만들어 내면서 부산의 스펙터클한 이미지를 외부에 전파하였고, 이를 통해 부산에 대한 이미지는 화려한 소비 도시로 구축되어 갔다.

30) 한국민족문화대백과, 한국학중앙연구원

다이내믹 부산의 슬로건을 품은 도시, 바다가 있어 아름다운 도시, 광안대교가 있어 더 아름다운 도시, 부산의 이미지는 이렇게 또 하나 만들어지고 있다.

7. 철새들에게 더 유명한 섬, 을숙도

새가 많고 물이 맑은 섬이란 뜻의 을숙도(乙淑島)는 낙동강이 남해와 만나는 하구 언저리에 고구마처럼 길게 누운 새들의 천국이다. 을숙도는 낙동강 하구를 잇는 하중도(河中島)로 낙동강이 운반해 온 토사의 퇴적에 의하여 형성된 모래섬[31]으로 수많은 철새들이 이 섬에서 쉬어간다. 을숙도는 면적만 넓을 뿐만 아니라 세계에서도 알아주는 철새 도래지 중 하나이고, 희귀한 새들을 늘 관찰할 수 있는 갈대와 갯벌로 덮인 땅이다.

사람이 보기에 철새는 반가운 손님이지만 철새가 보기에 낙동강 하구는 자신들의 보금자리다. 요컨대 철새가 주인이라는 것이다. 낙동강 하구는 철새가 둥지를 틀기에 안성맞춤인 갈대밭이 우거진 미개간의 초습지(草濕地)가 있고, 작은 게, 새우, 갯지렁이, 곤충 등 먹거리가 풍족한 갯벌로 덮여 있어 물새들의 안식처가 되고 있다. 봄·가을에는 한국을 통과하는 도요새와 물새가 기착하고, 겨울에는 오리·기러기들이 와서 겨울을 난다. 이 지역에서 채집 또는 관찰된 조류는 100종이 넘는다. 특히, 겨울철 철새가 군무를 이루며 비상하는 모습은 일대장관이다. 이 중에 천연기념물인 황새·저어새·재두루미·느시(들칠면조) 등 희귀종도 있으며, 오리과에 속하는 것이 가장 많고, 그 다음으로 갈매기과·농병아리과·아비과[32]·매과·수리과 등도 개체수가 많은 편이다. 철새의 대부분은 겨울새지만 여름철에 찾아드는 여름새와 봄·가을철 잠시 쉬다가 떠나는 나그네새도 있다.[33] 사람들은 철새들에게서 풍요롭고 아늑한 이 땅을 빼앗을 수 없어 1966년에 낙동강 하구 일대를 철새들의 고장으로 인정하여 천연기념물 제179호로 지정했다. 생물들의 천혜 서식지가 되고 있는 낙동강 하구는 스스로도 생물처럼 변화하며 지난 100년간 4개 가량의 모래섬을 새로 만들어내고 있다. 수만 마리의 겨울 철새들은 어김없이 11월부터 4월까지 이 안식처에 머물다가 다시 먼 길을 떠나기를 반복하고 있다.

그런데 바닷물이 취수장 근처까지 거슬러 올라가 식수와 농업용수를 안정적으로

31) 한국민족문화대백과, 한국학중앙연구원
32) 바닷가와 해안에 서식하는 잠수성 조류
33) 문화콘텐츠닷컴(문화원형백과 한반도 해양문화), 2009, 한국콘텐츠진흥원

공급하는 데 방해가 된다는 이유로 낙동강 하구를 가로막는 대규모 둑 공사가 1983년에 시작하여 1987년에 완공되었다. 이 낙동강 하굿둑 공사로 인해 을숙도와 낙동강 하구 일대에 지정되었던 문화재 보호 지구의 일부가 해제되었다. 하굿둑이 물길의 자유로운 통행을 방해함으로써 덩달아 낙동강에 의존하여 살았던 다양한 생물 종들도 짐을 싸서 다른 곳으로 떠나게 되었다. 이후에도 낙동강 철새의 수난시대는 계속되었다. 을숙도 인근에 분뇨처리시설과 쓰레기 매립장, 대교가 건립됨으로써 철새들의 주거환경은 점점 악화되었다. 2005년 철새 도래지인 을숙도 일원의 낙동강 하구를 보전하고, 을숙도의 불법 경작지를 복원하여 생태공원으로 조성하고자 을숙도 생태공원이 조성되었다.

을숙도 생태공원낙동강하구에코센터는 서부산이 동부산의 해운대와는 어떻게 다른지를 직관적으로 말해주는 곳이다. 하중도인 을숙도는 그 자체가 천연기념물일 정도로 소중한 자연 유산이다. 현재 람사르 습지 보호 조약에 가입돼 있으며 세계적 철새 도래지로도 유명하다. 갈대가 한가득 피어난 여름에는 시원한 강바람을 맞으며 에코 투어하기에 제격이다. 에코센터에서 운영하는 일일 한정 투어 프로그램을 이용하면, 전기자동차를 타고 전망대와 탐조대 등 다양한 곳을 둘러보며 '광역시 속 대자연'을 만끽할 수 있다.[34]

낙동강은 부산의 미래이다. 그리고 강은 문명의 젖줄이며 도시발전의 원동력이다. 부산의 꿈을 실현하기 위해서 철새들 소리로 가득 찬 '사람과 자연이 공존'하는 을숙도의 겨울은 계속되어야 하며, 그 출발은 바로 여기 낙동강으로부터 시작해야 한다.

8. 바다를 품은 곳, 해동 용궁사

해동 용궁사는 이름 그대로 우리나라 동해바다에 위치한 관음도량(觀音道場)이다. 강화도 보문사, 양양 낙산사 홍련암, 남해 보리암과 더불어 4대 관음성지로도 널리 알려져 국내외 관광객들이 많이 찾는 곳이다

용궁사는 1376년(고려 우왕 2년)에 공민왕의 왕사였던 나옹(懶翁) 혜근(惠勤)이 창건하였다. 나옹선사가 경주에 머물 때 나라에 큰 가뭄이 들어 곡식과 풀은 말라 죽고, 민심은 흉흉해져 만백성이 비가 오기만을 기다리고 있었던 어느 날 꿈에 동해의 용왕이 찾아와 "봉래산(蓬萊山) 끝자락에 절을 짓고 기도하면 가뭄이나 바람

34) 이코노미조선 358호, 2020.7.27

으로 근심하는 일이 없고 나라가 태평할 것"이라고 하였다.[35] 이 말씀을 듣고 봉래산을 둘러보니 뒤는 산이요 앞은 푸른 바다로 아침에 불공을 드리면 저녁 때 복을 받는 곳이라 여겨 그 이름을 보문사(普門寺)라 하였다. 이후 임진왜란으로 인해 사찰이 거의 소실되어 절로서의 명맥만 유지하다가, 1930년대에 이르러 통도사의 운강(雲崗) 스님이 재건하였다. 이후 1974년 정암(晸菴) 스님이 관음도량으로 복원할 것을 발원하고 백일기도를 드리는 중 흰옷을 입은 관세음보살이 용을 타고 승천하는 것을 보았다 하여 절 이름을 해동용궁사로 변경했다.

대웅전 옆 굴법당은 미륵전이라 하여 창건 때부터 미륵좌상 석불을 모시고 있는데, 자손이 없는 사람이 기도하면 자손을 얻게 된다하여 득남불이라고 불린다. 대웅전 앞에는 4사자삼층석탑이 있는데, 이 자리는 3m높이의 미륵바위가 있던 곳으로 임진왜란 때 절이 폐허가 되고 한국전쟁 때 해안경비망 구축으로 파괴됨에 따라 파석을 모으고 손상된 암벽을 보축해 이 석탑을 세웠다. 특히 바다와 용과 '관음대불'이 조화를 이루고 있는 곳으로 유명한데, 진심으로 기도하면 누구나 현몽을 받고 한 가지 소원을 이루는 영험한 곳으로 알려져 있다.

용궁사 입구에 들어서면 육십갑자 12지신상이 제일 먼저 눈에 들어오고 멀리서 바다 냄새가 코끝을 자극한다. 계단 초입에 달마상이 있는데 코와 배를 만지면 득남한다는 전설이 전해지기도 한다. 용문석굴을 지나 108 돌계단을 따라서 한 계단 한 계단 내려가서 정렬된 석등군을 지나면 마치 용궁으로 들어가는 느낌을 받기도 한다.

현재 해동 용궁사는 해안 끝자락에 위치해 바다 풍경을 감상할 수 있어 해마다 많은 사람들이 찾는 곳이다. 여수 향일암 풍광에 버금가는 사찰로 '해가 제일 먼저 뜨는 절'이라는 자부심 가득한 곳으로 국내에서 몇 안 되는 해안을 품고 있는 사찰이다. 그리고 절 뒤에 있는 산과 긴 계단을 내려가면 마주할 수 있는 해안 절벽이 함께 어우러지면서, 이 곳의 불교 건축물과 탑이 독특하면서도 화려하지만 자연의 일부처럼 보이게 한다. 그래서 동해안의 강한 해풍과 높은 파도를 오랜 시간 견디고 참으면서 드넓은 바다를 고스란히 품은 해동용궁사의 위용은 세상의 풍파에 시달린 사람들을 품어주기에 충분하다.

35) 불교신문, 2017.8.12

한국관광공사에서 제작한 홍보 동영상 '부산편'이 유튜브 조회수 2,986만회를 기록하며 영상 속에 비춰진 부산 해동 용궁사를 찾는 관광객도 증가하고 있습니다. 부산 해동 용궁사는 한국관광공사가 제작한 홍보 영상 '부산편'이 유튜브에 소개된 이후 해동 용궁사를 찾는 국내외 관광객들이 꾸준히 증가하고 있다고 밝혔습니다. 해동 용궁사는 "코로나19로 인해 사찰을 찾던 국내외 관광객과 불자들이 줄어든 가운데 영상을 통해서나마 사찰의 아름다운 모습과 다양한 모습을 보여줄 수 있어 다행이며, 철저한 방역을 통해 사찰을 방문하는 분들이 안전하게 둘러 볼 수 있도록 만전을 기하고 있다"고 말했습니다.(BTN 불교TV 2020.10.23)

9. 부산의 얼굴, 항구

우리가 부산에 살고 있다는 것을 실감나게 하는 것은 도로를 점령하고 있는 수많은 컨테이너 트레일러들이다. 70%가 산으로 뒤덮여 충분한 도로를 확보하지 못한 부산이 이 많은 물동량을 소화할 수 있는 것은 항구 때문이다. 부산은 부족한 도로문제를 고가도로와 터널을 통해 해결하는데서 멈추지 않고, 바다 위에 길을 내어 도시의 끝과 끝을 빠르게 연결하고 있다. 이제 부산의 경쟁상대는 한국의 도시가 아니라 세계의 항구도시들이다.

르 꼬르뷔제(Le Corbuiser)는 《도시계획》(1925)에서 속도를 손에 넣을 수 있는 도시는 성공한 도시라고 했고, 자크 아탈리(Jacques Attali)는 《21세기 사전》(1997)에서 항구의 미래는 컨테이너를 얼마나 빨리 육지로 이동시키느냐에 달려있다고 했다. 부산의 도시고속도로와 터널이 부산항으로 수렴되는 것도 신속한 항만물류를 의식한 탓이다. 부산의 주요 도로가 언제나 컨테이너 차량으로 붐비는 이유도 여기에 있다.[36] 이런 인프라가 부산의 미래다.

KTX의 출발역이자 종착역인 부산역은 부산항으로 이어지고, 김해국제공항과 부산신항은 신호대교-을숙도 대교-남항대교-북항대교-광안대교를 거쳐 바다 위로 길을 만들면서 속도의 한계를 넘어서고 있다. 이 길은 물류의 동맥이며 동시에 부산이라는 도시가 어떤 도시인지를 단숨에 알게 해준다. 한 점에 정체되어 있는 도시가 아니라 모든 방향으로 스스로 길을 만들어가는 역동적인 도시가 바로 부산이다. 부산항은 우리나라 동·남해안 관광벨트 중심축에 위치한 교통 요충지이자 해양·항만 거점지역이며, 앞으로 국내를 넘어 유럽과 아시아 대륙을 연결하는 국제적인 관문도시가 될 것이다. 이것이 동북아를 대표하는 세계적인 항구도시로 변모할 부산의 미래다.

---

36) 강영조, 『부산은 항구다』, 동녘, 2008,6, 78면

그러나 부산항은 산업과 노동의 기능만 하는 것은 아니다. 지난 2008년 시작된 북항 재개발사업은 재래부두를 국제 해양관광 거점이자 친환경 워터프런트(waterfront)로 개발하기 위한 대규모 프로젝트다. 근대 초기에는 일본으로부터 착취와 수탈의 공간이었고, 한국전쟁 때는 피난민과 유엔군이 들어오는 창구의 역할을 했고, 산업화시기에는 조선업과 해운업, 그리고 물류산업 등 공업도시의 소임을 다했던 부두는 이제 다른 모습으로의 부활을 꿈꾸고 있다. 부산항은 부산을 홍콩이나 싱가포르를 넘어서는 글로벌 해양도시로 변신시켜 줄 것이다.

‣부산항 북항 미래상

부산항대교와 가을 밤바다 위로 형형색색의 불꽃들이 수를 놓는다. '부산항 글로벌 축제'(가칭)를 구경하기 위해 세계 곳곳에서 찾은 초대형 호화 크루즈선박 여러 대가 닻을 내린다. 크루즈를 타고 부산을 찾은 외국 관광객들은 배에서 내리자마자 오페라 공연을 관람한 뒤 스카이워크를 거닐거나 요트·보트를 타고 아름다운 야경과 해안 경관을 만끽한다. 수도권에서 KTX(경부고속철도)를 타고 북항을 찾은 사람들도 축제에 합류한다. 이들은 북항에서 원도심으로 순환하는 무가선 트램(노면전철)을 타고 먹거리, 볼거리, 얘깃거리, 추억거리를 함께 즐긴다.(파이낸셜 뉴스, 2020.9.27.)

10. 부산의 야경 – 바다와 항구, 그리고 산복도로가 만들어내는 풍경

밤이 만들어내는 풍경 또한 부산의 얼굴이다. 부산에 살고 있는 사람들에게도 야경은 색다른 경험이다. 도시들은 저마다 자신만의 야경을 가지고 있지만, 부산의 야경은 우리가 익히 사진으로 보았던 대도시의 야경과는 다르다. 밤새 일하고 있는 부산항의 불빛, 산꼭대기까지 숨차게 올라온 집들을 이어주는 무수히 많은 골목들을 지키는 오렌지색 가로등 불빛, 최첨단의 조명으로 등대 길처럼 바다 위 길을 밝혀주는 부산항대교와 광안대교의 움직이는 무지개 색 불빛, 바다를 독점하기 위해 땅 끝과 바다의 시작까지 밀고 올라간 고층건물들의 하얀색 불빛. 이것이 과거와 현재, 그리고 미래가 모두 공존하는 부산의 야경이다. 부산의 과거인 산복도로와 부산의 미래가 될 항만이 서로에게 좋은 야경이 되어주고 있다. 부산의 70%를 이루고 있는 산이, 동아시아의 관문이 될 항구가, 부산의 상징인 바다가 서로 어우러져 만들어내는 야경은 어느 위치에서 바라봐도 멋진 사진이 된다. 원도심의 야경은 관광 상품이 되고, 신도시의 야경은 소비재가 된다.

자연이 만들어내는 풍경만 풍경이 아니다. 전쟁과 가난이, 산업화의 유산이, 치열한 삶의 흔적이 그 도시의 풍경이 되기도 한다. 원도심의 낡음이 상품이 될 것이라 생각한 사람은 없었다. 도심에서 내몰려 산복도로에 터를 잡은 사람들이 하루를 마치고 고단한 몸을 이끌고 돌아온 곳에서 내려다보는 야경은 삶의 고단함에 대한 보상일지도 모른다. 낮에는 흉물스러워 보였던 고가도로조차 밤이 되면 도시를 완성하는 마침표가 된다. 심지어 야경은 위험해 보이는 급경사와 계단들을 감쪽같이 감춰주기도 한다. 낡은 원도심의 느림과 정체가 밤이 되면 빛의 속도처럼 빠르게 도시 속으로 숨어들어가는 마술을 부리는 것이 부산의 첫 번째 야경이다.

부산항대교는 시시각각 다른 종류의 빛을 쏟아낸다. 부둣가의 조명 뒤로 보이는 도심의 불빛들까지 배경이 되면서, 산복도로와는 다른 느낌의 부산 야경을 만끽할 수 있다. 기세등등한 크레인에 불이 하나둘씩 켜지고, 부산항 대교의 화려한 LED 조명이 켜지기 시작하면 부산의 북항은 한국 경제의 상징처럼 화려하게 반짝인다. 탁 트인 조망과 북항 재개발로 인해 변모하는 부산항의 모습을 보고 느낄 수 있는 항구도시라는 부산의 상징성을 더 잘 부각시켜주는 두 번째 야경이다.

하늘을 찌르는 마천루로 빼곡한 국제 도시 부산이 세 번째 야경이다. 해운대 바닷가에 늘어선 고층 빌딩과 호텔, 동백섬의 누리마루 APEC 하우스, 신도시 마린시티, 그리고 그림 같은 해변에 구름처럼 모여든 인파, 그들을 위해 많은 상업시설이 불야성을 이루면서 가장 화려한 야경이 되었다. 심지어 그 빛이 수면에 비쳐 황홀한 분위기를 자아낸다. 그 야경에 방점을 찍은 것은 광안대교다. 다이아몬드 브릿지라는 이름에 걸맞게 가장 아름다운 일출과 야경을 동시에 보여주는 곳이다. 분홍색과 보라색이 뒤섞인 하늘과 해안을 따라 누리마루 APEC하우스, 광안대교가 어우러진 모습은 부산에서 만날 수 있는 가장 아름다운 장면 중 하나다.

지금 당신이 부산에 있다면, 그리고 부산을 보고 싶다면, 부산의 야경을 놓치지 않길 바란다. 어느 도시와도 비교할 수 없는 부산의 야경, 과거와 현재 그리고 미래의 시간을 품고 있는 부산의 야경, 어떤 곳에 서 있는지에 따라 다른 모습인 부산의 야경은 당신이 원하기만 하면 언제든지 보여줄 준비가 되어 있다.

부산시가 '도심 야경'을 도시계획의 핵심 콘텐츠 가운데 하나로 부각시켜 브랜드를 강화한다. 부산시는 민락교, 삼락벚꽃길, 다대포, 화명생태공원 금빛노을브릿지, 부산항대교, 황령산 전망대, 해운대해수욕장, 용두산공원, 동래읍성지, 용호 크루즈터미널, 깡깡이예술마을, 부산문화회관, 현대미술관, 송도해수욕장 등 14곳을 후보로 선정했다. 앞으로 5년간 매년 2곳에 조명시설을 설치, 모두 10곳의 부산 야경 명소를 조성하겠다는 방침이며, 우선 올해는 민락교와 삼락벚꽃길을 시작으로 '부산 10대 야경 명소'를 구축하기로 했다. 야경이 관광 산업의 핵심 콘텐츠로 급부상하면서 야경과 관련한 도시계획의 중요성도 커지고 있다. (부산일보, 2021.1.14.)

부산정신과 기질[1)]

6장

감천동 Busan

I 부산정신과 기질의 이해

부산사람들은 누구인가? 부산정신은 무엇인가? 부산사람 기질의 사회적 특성은 무엇인가? 많은 사람들이 어떤 지역 사람들의 행태나 그 도시의 문화적 특질 혹은 고유한 정책의 기원을 평가할 때 항상 지역정신 혹은 지역기질과 결부하여 논하는 것이 일반적이다. 예를 들어 '부산에서 운전하기 힘든 것은 부산사람들이 바닷가 특유의 거친 기질에다가 급한 성격으로 인한 운전습관 때문'이라고 한다. 혹은 '광주 출신 유명 예술인이 많은 것은 전라도 특유의 전통적인 예향 기질 때문'이라고도 한다. 그러나 이러한 일상적 담론 수준의 얘기를 넘어서 학술적 차원에서는 상황이 다르다. 글로벌 시대에 특정 지역의 정신을 논하는 것이 과연 의미가 있는 것인가? 인구가 정착하기보다는 끊임없이 유동하는 시대에 특정 지역에 고착화된 기질을 논한다는 것이 가능한 것인가? 과연 지역정신과 기질을 얼마나 과학적, 논리적으로 분석할 수 있는가하는 의문들이다.

지역정신과 기질은 특정 지역사회의 구성원들이 역사적 경험을 바탕으로 명시적 내지는 묵시적으로 공유하고 있는 이성적이면서도 감성적인 사고, 행위, 관습의 표출방식이다. 따라서 이는 추상적이면서도 구체적 의미를 담고 있는 매우 느슨한 개념이다. 그러나 다른 한편으로는 매우 강력한 개념이다. 개개인이 피부로 느끼지는 못하지만 하나의 '사회적 실재'로서 강력한 사회성을 지니기 때문이다. 그러므로 한 지역사회나 지역민의 정신과 기질을 개인 심리적 차원이나 유형론적으로 접근

1) 본고는『부산정신 부산기질』, (호밀밭, 2021)의 일부 내용을 발췌하여 재구성한 것임을 미리 밝혀둡니다.

하기 보다는, 사회적·역사적 차원으로 접근할 때 그 실체에 온전히 접근할 수 있는 것이다.

지역정신(spirit)은 해당 지역사회의 구성원들이 다른 지역민들과 차이가 나는 독특한 사고, 행위, 관습의 총체를 뜻한다. 이에 비해 지역기질(ethos)은 그러한 정신이 발현되는 특성을 뜻한다. 이처럼 지역정신과 지역기질은 상호관련성이 높으면서 구별된다. 첫째, 지역정신이 공동체의 행동양식을 규정하는 인프라라고 한다면, 지역기질은 공동체의 행동양식으로 표출되는 소프트웨어라고 할 수 있다. 둘째, 지역정신이 지역공동체 구성원들의 행위의 발원지라고 한다면 기질은 그 경유지라고 할 수 있다. 셋째, 지역정신이 공동체의 모든 발화점이라고 한다면 기질은 매개적이다. 넷째, 지역정신이 공동체 단위의 집합적 속성을 지향한다면, 기질은 개인 단위의 개체적 속성을 지향한다. 다섯째, 지역정신이 역사적·누적적인 속성이 두드러지는 반면, 기질은 현재적·부가적 속성이 두드러진다. 여섯째, 지역정신이 이성친화적이라면 기질은 감성친화적이다. 일곱째, 지역정신이 특성들 간 상호연속적 속성을 지닌 반면, 기질은 차별화된 다른 기질 특성들과 상호배제적 속성을 지니고 있다.

따라서 지역기질은 외적인 표현 상태를 중시하며, 지역정신은 그 기질이 발현가능하게끔 하는 집단적 심리상태에 주목한다. 따라서 이들은 지역민들의 행동양식을 규정하는 내·외적 측면으로 간주하여 이해하여도 무방하다고 본다. 이를 분석하기 위해서는 기존의 역사적 접근의 성과들을 바탕으로 하되, 지역정신과 기질이라는 사회적 실재(實在)를 전제로 사회 전반에 관한 총체적 접근을 지향하는 것이 필요하다. 따라서 우리는 이러한 접근의 유용한 방법으로 사회학적 패러다임과 이론적 자원을 활용하여 부산인의 정신과 기질에 관한 사회적 특성을 살펴보고자 한다.

그동안 부산정신과 부산인의 기질에 관한 다양한 연구들에서 부산의 정체성과 기질에 대한 규명이 이루어졌다. 고통의 체험 위에서 자란 도시(김석희)[2], 휘몰이 기질(정영도), 떠돌이 장돌뱅이 기질(김열규), 해양성 기질, 해양성 문화(조갑제)[3], 잡연성 속의 다양성(김대상)[4] 외적으로 거칠고 안으로는 신선스러운 기질(김무조)[5], 혼종성, 역동성, 저항성, 단발성(임성원)[6], 혼종성과 잡거성에 의한 무정형의

2) 김석희, 「고통의 체험 위에서 자란 도시」, 『뿌리깊은 나무 부산편』, 1984, 34면.
3) 조갑제, 「해양성기질. 해양성 문화」, 『뿌리깊은 나무 부산편』, 1984, 76면.
4) 김대상, 「이 잡연성은 뒤집어 보면 좋은 다양성이 된다」, 『뿌리깊은 나무 부산편』, 1984, 92면.

도시, 개방성과 포용성의 해양도시, 투박함과 창조성이 있는 혼성가치의 장(오재환)[7], 저항정신과 악착같은 기질(강대민)[8], 해양을 바탕으로 한 창조성, 성신교린(誠信交隣)정신(강남주)[9], 해항도시 문화적 기질[10], '끓는 가마솥 도시로서 결정성, 혼종성, 네트워크성, 다문화성'(구모룡)[11], 찢긴 굴욕을 승화시킨 뜨거운 혼종성 도시(김대래)[12] 등이 대표적이다.

보다 구체적으로 살펴보면, 구모룡(2009;2015;2016)은 부산이라는 장소 토포스의 본질적 특성에서 부산인의 기질을 봐야한다고 주장한다. 특히 지문학적으로 '해항도시'라는 도시적 특성에서 부산인의 정신이 출발한다고 본다. 이러한 특성이 비록 일제가 왜관으로 상징되는 동아시아의 '결점점'으로 형성되었지만, 한국전쟁을 통해 '혼종성', '다양성', '잡거성'이 토착적으로 확대되어 왔다는 것이다. 나아가 식민주의와 필연적으로 연계될 수 밖에 없는 도시주의는 부산사람들의 교역과 상업적 특성을 적극 강화하여 왔다는 것이다. 그러는 가운데 식민지적 근대 자아의 '양가성'(兩價性)을 드러내고 있다는 것이다. 특히 다양한 문화가 교류되고 융합되는 '끓는 가마솥' 같은 도시적 기질은 교역과 교류의 네트워크 도시 속에서 생성되고 있다는 것이다. 이러한 기질적 특성은 다층적 공간구조와 혼종적 문화 속에서 지속적으로 재생산 되고 있다고 보았다.[13]

박재환(2004;2013)과 대안사회를 위한 일상연구소(2012)는 먼저 부산의 정체성을 '신바람과 휘몰이성', '개방적 포용성', '서민성', '솔직성', '저항성', '의리성', '몰계산성', '현장 실천성', '우리 합일주의성'의 특징을 보인다고 분석한다. 이러한 특성을 바탕으로 부산사람들의 기질로 '전통주의 부재에 따른 개방적 포용성', '생활 속 의리존중성', '표리와 거리를 거부하는 합일성', '조급성과 감정성', '치밀성 부재의 현장성'을 들고 있다. 동남 해안 변방도시라는 지정학적 특성은 중앙 왕조의 보호보다 왜구침탈에 더 노출될 수 밖에 없었다. 부산사람들의 직선적 사고는

5) 김무조, 「부산문화의 원형적 시각」, 『21세기를 향한 부산정신의 모색』, 석당전통문화연구원, 2000, 9-68면.
6) 임성원, 「임성원의 부산미학 산책」, (부산일보, 2019년 5월 7일 검색).
7) 오재환, 「부산정체성의 발견과 부산학」. 『한국지5역학포럼 발표자료집』, 2012; 「부산학연구의 성과와 과제」, 『지역학의 발전방향 세미나 발표자료』, 광주문화재단. 2017.
8) 강대민, 「부산역사의 미래가치를 말하다」. 『부산의 미래가치를 말하다』, 부산발전연구원. 2013, 34-67면.
9) 강남주, 「부산문화의 미래가치를 말하다」, 『부산의 미래가치를 말하다』, 부산발전연구원. 2013, 98-131면.
10) 구모룡(외), 『마리타임 부산 : 부산의 항, 포구의 사람과 문화』, 부산발전연구원. 2009.
11) 구모룡, 「해항도시 부산의 특이성과 문화」, 『부산학개론』, 부산학교재편찬위원회. 호밀밭, 2015, 90-116면.
12) 김대래, 『개항기 일본인의 이주와 경제적 지배』, 2019.
13) 구모룡(외). (2009), 앞의 책; 구모룡, (2015), 앞의 책, 90-116면; 구모룡, 「해항도시 부산의 특이성과 문화전략」, 『근대부산항 별곡』, 부산항 개항 100주년 기념, 부산근대역사관. 2016, 212-216면.

부산의 공간적 특징과 매우 관련이 높다. 모든 길이 배산임해로 직선으로 나있고, 바다로 뻗어 있는 공간적 특징에서 기인한다는 것이다. 이러한 직선적 공간은 조급함과 감정적 다혈질 기질을 형성했다고 본다. 마지막으로 치밀성 부재의 현세적(現世的) 기질은 해양적 특성에서 연유한다고 본다. 이는 투박하고 치밀하지 못한 기질과 상승 작용하여 더욱 현세(現世)중심적 기질을 강화하여왔다는 것이다.

Ⅱ 의리와 저항의 부산정신

전통적으로 유교적 직업관은 사농공상(士農工商)으로 그 귀천을 가려왔다. 즉, 상업적 활동을 가장 천하게 여겨왔던 것이다. 이러한 가치 환경 속에서 부산은 지정학적 여건과 특성을 배경으로 조선시대 이래 상업도시로 발전해 왔다. 이런 과정에서 부산인들이 가졌을 의식의 양가성(ambivalence)을 충분히 짐작할 수 있다. 또한 정착농경사회를 배경으로 하는 성리학의 가치관은 헤어짐과 만남이 일상화되는 포구마을을 근저로 하는 부산사람들의 생활윤리를 규정하기에는 현실적합성(irrelevant)이 낮은 윤리 덕목이었을 것이다. 그러나 삶은 흘러가는 것이기에 부산사람들은 나름대로 적응하면서 그에 따른 문화와 기질을 발전시켜왔을 것이다. 이것이 바로 상업도시 환경 속에서 끊임없이 헤어짐과 만남이 교차하는 항구도시 사람들이 중시여긴 가치관이자 지역적 기질인 의리를 지키는 것이었는지도 모른다.

이러한 이별과 만남, 이향과 별리가 일상화되는 과정에서 허공 속에 흩어지는 말들이나 실언(失言)의 헛헛함을 어느 곳보다 뼈저리게 체득한 도시가 바로 부산인 것이며, 그 허망함을 체화할 수밖에 없었던 것이 부산인이었다. 또한 상업적 잇속과 계산이 횡행하는 상업도시에서 그나마 지켜야할 최소한의 도덕률에 대한 필요성을 누구보다도 절실하게 느꼈을 것이다. 따라서 말보다는 행동을, 부재보다는 현존을, 어김보다는 지킴을, 떠남보다는 만남 그 자체에 의미를 누구보다도 더 두고 싶은 도시적 기질[14]이 의리(義理)에 대한 지역적 정서의 배경이 되었다고 볼 수 있

14) '형제 떠난 부산항에 갈매기만 슬피 우네', '오륙도 돌아가는 연락선마다 목메어 불러 봐도 대답없는 내형제여'로 이어지는 조용필의 '돌아와요 부산항에'(1976년)라는 가요에서 그 근대적 이별의 정서와 안타까움은 극에 달한다. 나아가 사직야구장의 공식애창곡이 된 부산갈매기(1982년)의 '지나간 일들이 가슴에 남았는데 부산갈매기 너는 벌써 나를 잊었나'로 이어지는 이별과 헤어짐의 문화적 배경은 '세월이 가고 너도 또 가고 나만 혼자 외로이'(해운대 에레지)의 정조를 배경으로 한다. 그러나 이러한 이별의 한은 '기다리는 순정만은 버리지 마라'(잘있거라 부산항, 1961년)라는 인간 의리에 대한 희구로 귀결된다.

다. 이는 막연한 다음번의 헛된 기약보다는 현재의 약속이 더 중요하다는 인식으로 이어지게 된다. 한국인 전체의 문화가 가지는 내세보다는 현세 중심적 가치와 문화가 극명하게 구현되는 곳이 바로 부산이라는 공간이다.

또한 변경도시의 숙명적 여건은 믿을 구석없는 한계상황으로 수시로 몰리는 역사적 경험의 연속이었다. 왜구의 침탈로 속수무책 당하고, 임진왜란, 정유재란의 전란으로 쑥대밭이 되어도 안위를 지켜 줄 사람은 아무도 없었다. 특히 조선 초기 짧은 시기 사림(士林)의 중앙진출을 제외하고는 반역향(反逆鄕)과 유배지(流配地)의 굴레 속에서 배태된 반골기질은 저항기질의 원초적 원형질이 되었다. 일제에 의한 강제 개항과 일제강점은 어느 도시보다 일본과 가장 가까운 도시로서 일본인의 대규모 이주와 경제적 지배가 집중되어 수탈의 가혹성과 무단통치의 가혹함의 고통이 어느 도시보다 컸다. 그렇다보니 독립과 저항의 몸부림이 생활화될 수밖에 없었다. 이러한 환경은 해방 이후 독재와 반민주적 정치사회구조에 대해서도 치열하고 지속적인 저항을 이어 온 현대적 저항기질의 바탕이 되었다. 특히 최근에까지 이어져 오는 시민적 저항의 원류도시로서 일상생활의 전반에 불의를 참지 못하는 저항의 생활화로 이어져 오는 것이다. 이처럼 오늘날 부산사람들에게 보이는 투박하고 거친 저항적 기질의 근저에는 이와 같은 역사적 흐름들이 지역정신과 기질에 암류하고 있는 것이다. 나아가 비가시적이지만 매우 영향력 있는 사회적 실재(實在)로서 공동체의 에토스(ethos)에 투영되고 상감(象嵌)된 것이다. 이와 같이 부산지역사회라는 하나의 공동체가 역사적으로 흘러오고 그 역사의 격랑 속에서 부산사람들이 부대끼며 만들어져 온 부산정신의 특성은 의리성과 저항성으로 집약된다.

그림6-1 부산정신과 부산기질 형성 배경

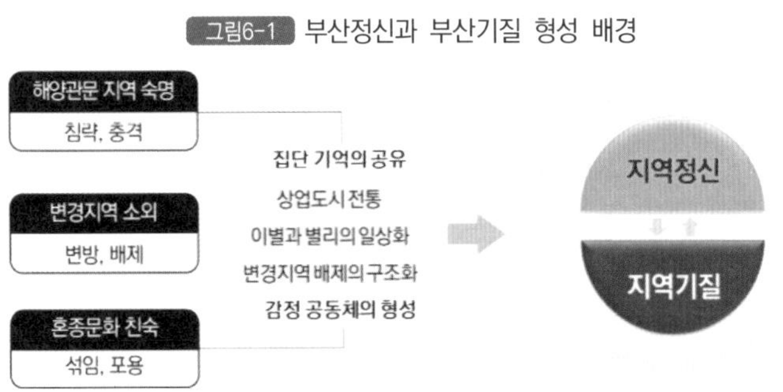

의리성은 역사적으로 상업도시의 일상화된 이별과 별리에 생활상으로 대응하는 사회심리적 반응이다. 다른 한편 저항성은 해양관문지역이 가지는 변경성과 피침

성(被侵性), 배제성에 생존적으로 대응하는 사회조직적 결과다. 이 두 가지 기질적 특성은 동전의 양면과 같다. 의리를 지향하다보니 저항을 할 수 밖에 없고, 저항을 하다보니 의리를 찾을 수 밖에 없었던 것이다. 의리는 유교적 추상윤리가 아니라 생활상 덕목으로 구체화되면서 사회심리와 생활적 수준의 가치체계로 발전하였다. 이에 비해, 저항은 비판적 대상과 의제에 대한 적극적 안티테제적 판단에서 출발하여 사회조직적 차원으로 발전하여 집합적 행동유형을 고착화하였다. 따라서 부산사람들의 기질을 제대로 이해하기 위해서는 의리라는 생활수준(level of everyday life)의 기질적 특성과 저항이라는 조직수준(level of organization)의 기질적 특성을 입체적으로 파악할 필요가 있다.

Ⅲ 부산사람기질 특성

우리는 부산정신의 핵심을 의리성과 저항성이라는 두 가지 특성을 중심으로 살펴보았다. 그런데 이러한 지역정신은 사회적, 역사적 상황에 반응적인 것이다. 지역정신이 내적 가치체계라면 지역기질은 외적 표출양태다. 순수 심리학에서는 기질과 특질로 나누어 보기도 하지만[15], 사회학에서는 지역정신, 지역적 기질과 문화적 특성으로 본다. 따라서 일정한 역사적 경험을 가지는 사회공동체가 공유하는 지역기질은 지속적으로 발현되고 학습된다. 그에 따라 그 공동체 구성원들에게 집합적으로 나타나는 기질은 개인적 차원이라기보다는 사회적 성격을 띄는 일정한 문화적 특성으로 공유되고 전승된다. 그런데 이러한 지역기질은 일정한 질서와 구조에서 기계적으로 파생되는 것은 아니다. 오히려 성운(星雲)처럼 모여들다가 흩어지는 유동적인 라이프스타일에 따라 다양한 방식으로 나타난다. 어떤 심리적 상태가 일정한 태도를 기계적으로 결정하지 않는다. 화가 난 심정을 직설적으로 표현할 수도 있고, 은유적으로 표현할 수도 있듯이, 지역기질도 그 표출방식에 따라 다양하게 그 모습을 드러낸다. 따라서 부산사람들의 역사적, 사회적 문화경험 속에서 형성된 저항과 의리라는 지역정신이 일상생활 속에서 일정한 양상으로 표출되는 과

15) 심리학에서 기질은 선천적인 측면이 강조되고, 특질(traits)은 일정 공동체의 구성원에 반복적으로 나타나고 후천적으로 학습화되면서 형성되는 심리적 특징이다. 이는 개인적 차원에서는 분류 가능한 개념이다. 그러나 사회적 관점에서는 선천적 대 후천적 비교 관점이 역사적, 학습적, 누층적, 연속적 관점으로 전환될 수 밖에 없다. 사회는 역사를 통해 개인의 선천적 특성이 전수되는 유기체이다. 나아가 문화교류를 통해 개별 공동체의 특성이 변화하기 때문이다.

정을 통해 특별한 지역기질이 형성되어왔던 것이다. 우리는 그 기질적 특징을 한솥밥형 집합성, 바닷가형 투박성, 고맥락형 무뚝뚝함의 세 가지에 주목하였다. 이러한 지역기질은 그 기저적 출발점인 지역정신을 나타내면서 현재적 조건 속에서 드러나는 특성들이다.

그림6-2 부산정신과 부산기질 특징

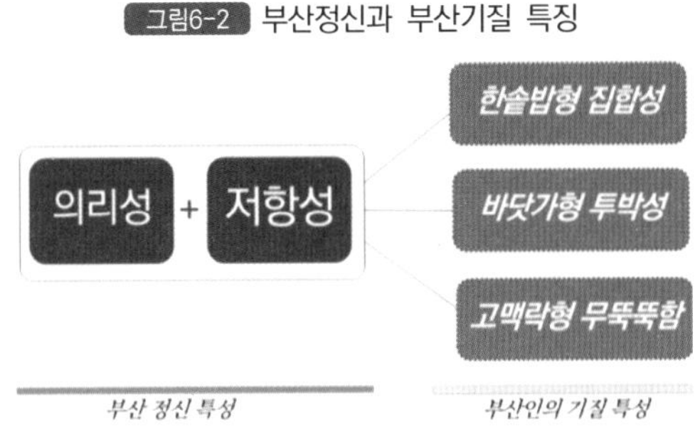

1. 한솥밥형 집합성(Malting-pot-typed collectivity)

부산 사람들은 고립된 개인주의보다 '우리'로의 합일주의적 성향이 강하다. 흔히 '우리가 남이가'라는 말은 부산의 상징어처럼 여길 정도로 일상화 되어 왔다. 이러한 속성은 어제 오늘의 모습만은 아닌 듯하다. 정약용(丁若鏞)도 영남 사람들은 '나라에 중대한 의논이 있을 적 마다 그들의 의견에 이의가 없이 하나로 귀착되었고, 여러 갈래로 갈라지는 일이 없었다.'[16]고 언급할 정도로 영남 사람들의 합일성을 간파한 바 있다. 현대사에서는 한국전쟁기 피란수도로서 한국 최초의 실질적 사회적 용광로(멜팅폿)이었다는 역사적 사실도 그냥 만들어진 것이 아니라, 이러한 역사적 배경 속에서 그 기능을 수행할 수 있었다. 이처럼 집합적 성향의 스타일이 익숙하다보니 부산시민들은 경제적 가치보다는 포용의 가치를 더 중요시하는 데에서 그 기질의 일단을 살펴볼 수 있다.[17] 부산사람들의 합일주의적 특성은 야구 경기 관람객들의 응원 광경에서 극명하게 드러난다. 롯데상품 불매운동을 벌여야한다고 성토하던 사람들이 사직구장에서는 언제 그랬냐는 듯이 롯데자이언츠 팀을 향해 목이 터져라 '부산갈매기'를 부른다.[18] 부산사람들은 여가나 문화 활동에 있어서도

16) 정약용, 『영남인물고서(嶺南人物考序)』, 국역 다산 정약용 시문집, 2008, 민족문화추진회.

17) 부산의 도시발전을 위한 주요 가치에 대해 부산시민들은 포용·배려의 가치(38.5%)〉경제우선의 가치(36.%)〉혁신·변화의 가치(31.0%) 의 순으로 인식하고 있다. 이러한 생각은 전 연령대에서 공통적으로 나타나나 특히 연령이 높을수록 소득이 낮을수록 더 높게 나타난다. 허윤수·김형균 외, 『라이프스타일시대 부산도시정책의 전환』, 부산발전연구원, 2018, 106면.

18) 대안사회를 위한 일상생활연구소, 『사건과 기록으로 본 부산의 어제와 오늘』, 부산발전연구원 부산학연구센터, 2012, 196-197면.

무엇을 하느냐 보다, 누구와 함께 하느냐를 훨씬 중요하게 여기고 있다.[19)]

이러한 부산 사람들의 집합적 성향은 의리기질의 표현이라고 생각한다. 따라서 개인주의에 대한 경시와 강한 합일주의의 강박으로 나타난다. 이는 표현을 중시하는 표피문화보다는 내피(內皮) 중시 문화와도 연관이 있다. 한편으로는이 지역에 사는 사람으로서 숙명적으로 겪었던 기약 없는 별리(別離)와 어쩔 수 없는 군집(群集)에 대응하는 심리기제가 축적된 결과라고 볼 수 있다. 또한 나라의 해양을 방어해야하는 최선두에 위치한 해방(海防)도시라는 지정학적 특성은 이웃의 도움과 협력을 절대적으로 필요로 한다. 또한 내 주변 사람을 믿지 않고서는 극복할 수 없는 절대적 조건이다. 따라서 지역공동체의 저항적 결속이 강할 수밖에 없다. 이러한 사회문화적 기질은 생리학적으로도 설명이 가능하다. 인간의 힘으로 극복할 수 없는 위기를 반복적으로 겪다 보면 뇌의 옥시토신 수용성이 높아진다. 옥시토신은 가족이나 공동체의 가까운 사람들에 대한 애착을 높여주고 긴장을 완화해 준다. 또한 자신이 소속된 집단이 외부 집단보다 월등하다고 여기게 한다.[20)] 옥시토신 수용력이 높아지면 공동체 결속력이 강해진다. 따라서 이러한 위기의 공동적 역사 경험은 한솥밥의 울타리 내에서는 긴장을 완화해준다. 하지만 그 틀에서 벗어나는 것을 일탈로 간주하거나 공동체의 기강을 흔드는 것으로 간주하여 강력한 비판과 응징의 문화가 형성된다. 이러한 영향으로 내집단과 외집단의 구별이 매우 강해지게 된다. 이러한 성향은 내집단 구성원에 대해서는 의리라는 이름으로 포용하고 오지랖넓게 개입한다. 하지만 외집단 구성원에 대해서는 매우 배타적 성향으로 대하는 측면이 있다. 이는 흔히 얘기하는 부산사람들의 개방성과는 또 다른 모습이다. 그렇다보니 내집단 구성원에 대해서도 적절한 개인적 거리를 넘어서는 사회적 거리조절의 문제를 발생시키기도 한다. 나아가 개인부재의 공동체 명분을 우선적으로 지향하는 성향이 나타난다, 그렇다보니 내·외집단 간 소속의식의 강박이라는 부정적인 측면을 수반하고 있다. 이러한 성향들이 자칫 획일적 집단주의로 흐르게 되면 타인에 대한 생활적 권위주의로 변형될 위험을 내포하고 있다. 한 가지 분명한 것은 전통적 가부장적 공동체 지향의 집합주의는 시효가 소멸되었다. 따라서 전향적 사회관계의 틀로서 집합성의 가치가 재정의 되지 않는다면, 이는 개인의 자유를 속박하는 권위적 집단주의의 잔흔으로 전락할 수 있다는 것이다.

19) 부산시민들의 라이프스타일에 따른 문화여가활동에 대한 인식조사에서 누구와 함께 하느냐를 5점 척도 평균 3.68로 가장 중요한 요인으로 들고 있다. 임호, 박경옥. 『부산시민의 라이프스타일 기초연구』, 2019, 61면.

20) 나카노 노부코, 이영미(역), 『바람난 유전자』, 부키, 2019.

이러한 한계에도 불구하고 부산의 독특한 경험 속에서 나오는 한솥밥형 집합성은 부산사람 특유의 정(情)을 표출하는 원천이기도 하다. 나아가 한솥밥적 집합성은 이 시대가 가장 취약한 공동체 지향성을 내포하고 있다는 장점을 가지고 있다. 그렇지만 철저하게 개인화된 최근의 세태를 감안하면 부산사람들의 기질에 각인된 집합성의 가치는 새로운 방향으로 진화, 발전되어야 한다. 그 방향은 개인의 자율성과 개인적 영역을 철저하게 존중하되 느슨하지만 결코 끊어질 수 없는 새로운 형태의 유기적 연대(organic solidarity)[21]의 가치를 제시할 수 있어야 할 것이다.

2. 바닷가형 투박성(Ocean-typed ruggedness)

부산사람들은 타인과의 교류에서 겉과 속을 따로 두지 않는다. 대륙계통의 사람들이 존중하는 까다로운 예의범절을 오히려 위선적이라 생각한다. 오히려 화끈하고 솔직하게 자기의사와 욕구를 표현하고 발설하는 것이 더 인간적이고 자연스럽다고 생각한다. 그렇다보니 걸러지지 않은 말투, 표현, 태도들은 거칠고 투박할 수 밖에 없다. 게다가 바닷가의 생활과 노동은 대체로 거칠 수밖에 없다. 거친 바다와 싸워야 하고 그와 연관된 일들과 이를 수행하기 위한 일상생활은 어느 하나 거칠고 험하지 않은 것이 없다. 작은 고깃배가 바다로 나가든 큰 상선이 대양을 향해 나가든 거친 바다에 자기생존을 보장받을 수 있는 것은 아무 것도 없다. 항상 마주치는 삶의 절박함에 투박하고 거친 자기생존의 본능적 몸부림으로 반응할 수 밖에 없다. 게다가 부산사람들은 급하다. 변화무쌍한 날씨와 급히 들이닥치는 왜구들의 공격에 익숙한 부산사람들은 느긋할 여유가 없다. 거칠산국(居漆山國)의 후예답게 거친 특성이 깊게 배어있다. 그렇다보니 모든게 급하다. 운전도 급하게 하고, 말도 급하고, 일도 급하게 한다. 급하게 하다보면 필히 거칠게 될 수 밖에 없다.

이러한 투박함이 가장 표면적으로 드러나는 것이 말투다. 부산말이 거칠고 투박하게 들리는 몇 가지 언어적 특징이 있다. 음운적으로 강하고 센 소리인 경음이나 격음의 사용이 많고, 음절 축약 같은 축약 현상은 소리의 강화를 동반함으로써 부산말을 강하고 거센 말로 이미지화한다. 또 상황을 압축하여 짧게 말하는 방식이나

21) 일찍이 사회학자 뒤르켐(E.Durkheim)이 사회분업이 진전됨에 따라 집단성, 동질성, 개인의 헌신, 집합의식을 바탕으로 하는 기계적 연대(mechanical solidarity)에서 개인성, 이질성, 개인의 도덕, 개인주의를 바탕으로 하는 유기적 연대(organic solidarity)로 전환한다고 보았다. 그러나 마페졸리(M.Maffesoli) 같은 개인과 일상성에 관심을 두는 최근의 학자들은 유기적 연대가 강제하는 개인의 실종에 주목하면서 기계적 연대와 유기적 연대의 관계가 역전되어야 함을 주장하기도 한다. 미셀 마페졸리(M.MAffesoli), 박재환 역, 「일상생활의 사회학적 전망」, 박재환·일상성일상생활연구회 편, 『일상생활의 사회학』, 1994, 55-56면.

관계 형성을 위한 표현이나 겉치레 말을 사용하지 않는다. 또한 에둘러 말하기보다는 본론부터 단도직입적으로 말하는 방식 등은 부산말이 직설적이고 무례해 보이게까지 한다. 게다가 비속적인 표현을 섞어서 쓰는 표현 역시 부산말이 언어 예절을 중시하는 말이라고 하기에는 거리가 먼 것처럼 보인다. 이런 부산말에서 묻어나는 직설적이고 거센 이미지는 부산 사람들의 무뚝뚝하고 사교성이 없는, 하지만 솔직한 성격과도 관련이 있다. 축약이 많고 직설적인 말하기 방식이 많이 사용되는 부산말은 언어 사용의 경제적 원칙이 작용한다. 나아가 비위를 맞추는 말로 인심을 얻기보다는 상대방에게 분명하고 꾸밈없이 자신의 의사를 전달하려는 솔직함이 반영되어 있다. 또 말보다는 행동으로 믿음을 주려는 부산 사람들의 성향 역시 반영되어 있다. 그리고 겉으로는 명령하는 표현이나 비속적인 표현들이 사용되어 무례해 보이지만, 그 이면에는 형식적인 언어 표현을 넘는, 친밀함이라는 관계적 의미가 자리하고 있다. 이처럼 거세고 직설적이고 무뚝뚝하게 보이는 부산말 속에는 언어 사용의 경제적 원칙과 함께 다른 말로는 대체할 수 없는 솔직함과 은근함, 친근감이 배여 있다.[22)]

부산사람들의 거칠고 투박한 기질적 표현은 부산에서 만든 도자기에서도 고스란히 드러난다. 일본 사람들이 성(城)과도 바꾸지 않는다는 이도다완(井戶茶碗)도 얼핏 보면 거친 막사발에 불과하다. 그러나 일본의 도자기가 따라올 수 없는 울퉁불퉁하지만 거친 자연미, 중국의 도자기가 범접할 수 없는 기교로 꾸미지 않은 소박함을 겸비한 도자기다. 일본인들 스스로 "좋은 찻사발을 넘어 위대한 찻사발" 이라는 극찬을 한 도자기가 바로 부산에서 건너간 법기요와 부산요(釜山窯)였다.[23)] 이처럼 바닷가 특유의 거칠고 정제되지 않은 기질, 꾸미기보다는 있는 그대로를 드러내는 것이 더 인간적이라고 믿는 분위기가 이러한 투박함을 하나의 기질적 특성으로 유지해왔고 이를 바탕으로 도자기라는 예술적 작품으로 형상화하였던 것이다.[24)]

---

22) 부산역사문화대전(거세고, 직설적인 부산말, 차윤정), http://busan.grandculture.net/Contents?local=busan&dataType=01&contents_id=GC04219016(2020.10.12일 검색).

23) 중세 15세기 까지 자기를 만들 수 있는 국가는 중국, 한국, 베트남 뿐이었다. 일본은 임진왜란기에 압송한 도자기 기술자와 기술을 익힌 연후에 17세기가 되어서야 '자기(瓷器)'의 역사가 시작된다. 정유재란 때 끌려간 이삼평에 의해 탄생한 아리타(有田)자기를 바탕으로 일본인의 특성대로 모방과 변형을 거쳐 유럽에 까지 수출을 하게 되는 자기기술의 발전을 이룬다. 그런데 당시 일본 지배층이 선호하던 도자기는 라쿠 도자기, 가라쓰 도자기, 하기 도자기 등이었지만 이들보다 더 선호하는 도자기가 바로 부산 법기리에서 건너간 이라보다완, 호히미시다완, 도도야다완 등이었다. 신한균, 「법기요의 비밀을 풀다」, 2019년 3.5일자. 〈부산일보〉.

24) 다완(茶碗)이나 막사발의 지역적 기원과 그 제작에 있어서 임란 이후 왜인들의 주문에 의한 생산이라는 창조성

부산인들의 투박함은 주거공간에도 나타나있다. 부산 서민성의 투박한 공간적 원형성은 산동네에서 찾을 수 있다. 바닷가 도시의 공간환경은 임해부 산업공간과 함께 배후지역의 상업·주거공간이 연계되어야 기능·경관적으로 완성이 된다. 부산의 경우 항구지역과 배후 상업지역, 산동네의 주거지역으로 배열이 되어있다. 특히 다른 지역에는 보기 힘든 산복도로 주변의 산동네는 항구도시의 지형적 한계를 극복한 독특한 배치와 풍경을 나타내고 있다. 이곳은 경사가 급하고 필지가 좁아서 반듯한 집들이 들어서기는 힘들다. 그렇다보니 기름종이로 묻힌 루핑지붕을 이거나, 판자로 벽을 세우거나, 야산의 돌들로 석축을 쌓거나, 심지어는 묘지 비석들을 주춧돌로 깔고 앉는 등 투박하고 거친 재료들을 활용할 수 밖에 없었다. 그러나 좁은 공간을 최대한 활용하는 지혜를 쌓아왔고, 앞 집은 뒷집을 가리지 않는 배려의 미덕을 길러왔다. 이곳은 접근하기 힘든 높은 곳에 사는 불편함을 바다로 향해 툭 트인 경치로 보상받는 평등의 공간이다. 이처럼 산복도로는 부산의 서민들에게는 거칠지만 근대적인 생활공간을 제공하였다. 대부분 전국의 피란민들에 의해 형성된 산동네 주민들에게는 기존의 어떠한 신분상의 차이도 별다른 의미가 없었다. 그들은 서로 담 없이 맞닿은 판잣집에서 내일의 꿈을 키우다가 전쟁 후 전국의 각지로 흩어져 자기들의 삶을 영위해 갔다. 이것이 부산사람들의 특유의 서민성을 낳았다. 그러기에 부산은 근대 한국 서민들의 실질적인 고향이라 해도 과언이 아니다.[25]

이처럼 부산사람들의 투박성은 그 자체로 가치중립적인 기질적 표출 방식이다. 거친 파도와 외부 공격에 역사적으로 축적된 반응양식이기도 하다. 또한 거칠음은 저항성의 또 다른 표현이다. 이러한 저항적 기질에서 비롯한 거칠음은 야성을 중시하는 문화적 기풍을 낳았다. 국가나 공동체적 가치가 위기에 처해 있을 때 부산은 이들을 지키기 위하여 언제나 선봉에 서서 행동으로 실천해왔다. 일제강점 하에서도 끊이지 않았던 독립운동과 노동자들의 저항, 군사독재에 항거한 민주화운동 등 모든 과정에서 부산은 역사적 저항의 마중물과 같은 역할을 수행해왔다. 불의에 대한 부산 사람들의 저항정신은 이처럼 역사 속에서 체득한 기질이다. 다른 한편 바닷가형 투박성은 기성으로부터 탈주와 새로운 도전과 친화력이 있다. 이와 같이 창의적 예기표출을 가능하게 하는 도전과 새로운 시도는 호기심에서 시작하지만 기성의 제도와 질서에 대한 저항의 원천이 되고 있음은 눈여겨 볼 부분이다. 기존 양

의 한계 등에 관한 논란도 있다. 그러나 우리가 주목하고자 하는 것은 거칠음과 정제되지 않음을 미적으로 승화시킨 그 예술적 결과물이 동래 일원에서 생산되었다는 역사적 사실이다.

25) 대안사회를 위한 일상생활연구소. 2012, 앞의 책, 195면.

식이나 장르를 기발하게 뛰어넘는 예술, 예능인들이 유독 많은 것도 이러한 지역정체성과 관련이 크다. 그러나 이러한 거친 성향은 대부분 세심한 마무리가 부족할 수밖에 없다. 또한 투박함을 무기로 공동체 질서를 무례하게 해치는 것은 문화적 소양 부족으로 비칠 수 밖에 없다. 특히 타인과의 경계선을 넘는 거칠음은 분명 극복해야할 특성이다.

3. 고맥락형 무뚝뚝함(Highly-cultural-context-typed brusqueness)

부산은 오래 전부터 왜구의 침탈을 받아왔고 임진왜란 최초의 격전지, 일제강점기의 수탈의 최초, 최후의 보루로서 과거의 전통적 문화를 원형대로 계승할 수 없었다. 그러나 끊임없는 침탈과 문화접변 과정 속에서 나타난 혼종 문화는 부산인의 기질에 깔려 있다. 보통의 서민들이나 일반인들이 전쟁이나 문화충격 등으로 자기 스스로가 감당할 수 있는 범위를 넘어설 때는 '기가 찬다'는 표현을 쓴다. 말 그대로 자기가 감당할 수 있는 방어기제를 넘어선다는 것이다. 이런 경험을 할 때는 통상 말문을 닫거나 말수를 줄이게 된다. 거친 바다에서 험한 일을 할 때에는 그렇게 강인하던 사람들이 일상생활에서는 말이 없는 모습을 멜빌(H. Melville)은 불후의 명작 『백경(MobyDick)』에서 예리하게 포착하기도 하였다.[26]그런 맥락에서 부산인들의 지속적인 낯선 경험과 충격은 말보다는 눈빛의 소통을 강화하였을 것이다. 또한 거친 바다와 싸우고 해양의 예측불가능한 난폭함을 극복하기 위해서는 조곤조곤함의 소통보다는 강인함과 일괄적 소통의 틀이 필요했을 것이다. 이러한 환경적, 역사적 여건이 부산인들로 하여금 고맥락의 무뚝뚝함을 형성시켰을 것으로 보인다. 또한 낯섬과 새로움이 일상적으로 경험되면서 항상 이질적인 것과 섞이는 것이 일상화된 문화는 섣불리 어떤 발화행위를 주저케 만들게 된다. 홀(E.Hall)에 의하면 '고맥락의 문화 환경에서는 자기 마음속에 있는 이야기를 할 때 상대방이 자신이 하려는 말을 이미 알고 있다고 믿기 때문에 구체적으로 이야기할 필요가 없다고 생각한다.'[27] 그의 표현대로 고맥락 문화의 다원적인(polychronic) 언어습관은 인간에 대한 높은 신뢰와 믿음을 바탕으로 한다. 인구규모가 적고 부산포 바닷가에 옹기종기 모여 살면서 공통의 피해의식과 이윤추구의 공감대가 있었던 시절에는

26) "정말로 놀랍게도 거의 모든 사나이가 깊은 침묵에 잠겨 있었던 것이다. 아니 그뿐 아니라 부끄러워 하기까지 했다.", 멜빌(H. Melville), 이가형(역), 『백경(MobyDick)』, 동서문화사, 2016, 70면.

27) 홀(Hall, Edward), 최효선 (역), 『문화를 넘어서』, 한길사, 2000, 162면.

이러한 믿음을 바탕으로 한 고맥락의 말수가 적은 무뚝뚝함은 통용될 수 있었을 것이다. 그러나 대규모 인구집중이 메트로폴리탄 도시로 발전하면서 필연적으로 경제적 양극화가 심화되면서 서로를 믿는 신뢰의 끈은 약해질 수 밖에 없다. 지금 부산시민들의 80% 이상이 각 분야에서 격차를 일상적으로 느끼고 살고 있다.[28] 이러한 일상적으로 격차를 느끼고 산다는 것은 자연스럽게 신뢰의 상실과 사회자본의 약화로 이어질 수밖에 없다. 그러나 부산사람들은 타인과 이웃에 대한 신뢰와 정(情)적인 요소가 여전히 생활미덕으로 존중되고 있다. 우스개 소리겠지만 기업의 영업맨들 중에 인간관계와 정(情)적인 포인트를 집어내는 데에는 부산의 영업맨들을 전국에서 따라갈 수 없다고들 한다. 그만큼 말수는 적고 표현은 서툴지만 그 무뚝함의 이면에 정감을 바탕으로 한 인간적인 교류를 중시하는 문화적 기질이 깔려있는 것으로 볼 수 있다. 이러한 사회적 경험이 언어를 형성하지만, 언어가 우리의 경험을 규정하기도 한다.[29] 따라서 부산사람들의 무뚝뚝한 언어, 태도, 문화적 습관들은 바닷가라는 자연환경 속에서 형성된 일상적 경험이 그러한 반응들을 만들었을 것이다. 나아가 복잡하고 다원적이며 비선택적인 역사적 경험이 이를 강화하였을 것이다. 또한 그렇게 만들어진 언어습관들이 다시 삶의 흐름을 규정하면서 재강화되는 순환구조를 만들어 왔다고 보는 것이 타당할 것이다. 한편 이러한 고맥락형 무뚝뚝함은 표현된 것 보다는 표현되지 않은 것에 대한 중시문화를 발달시켜왔다. 부산사람들은 그러한 표현되지 않았음에도 시간이 지나서 그 표현되지 않았음을 상호 공유하고 일치하는 것을 확인할 때 인간적 살맛을 느끼곤 한다. 한편 역사적으로 낯선 경험의 일상화와 그 결과로 강화된 혼종성은 일상적 낯섬과 섞임에 쭈뼛거리는 생활상 방어기제로 일상화되었다. 그렇다보니 전승보다는 새로움에 대한 집착과 변화감수성이 높다는 특징을 보인다. 그 결과 전통에 대한 존중이 상대적으로 약하고, 새로운 가치체계가 확고하게 정립하기 어려울 때에는 항상 불안정한 아노미 상태가 지속될 수밖에 없다. 그처럼 불안정한 환경 속에서는 단호하고 명확한 상황규정을 유보하고 보류하게 된다. 그렇다보니 모든 판단과 감정을 담아 놓았다가 한꺼번에 쏟아붓는 불뚝 성질로 나타난다. 또한 무뚝뚝한 기질적 성향은

28) 부산시민 80.8%가 "부산에 살면서 격차를 느낀다"고 답했다. 가장 크게 체감하는 격차로 주거를 비롯한 생활환경(29.6%)을 들었다. 산업경제(20.8%) 교육환경(18.7%) 문화(15.3%) 사회복지(8.2%) 등이 뒤를 이었다. 분야별로 제시된 6개 분야의 점수는 산업경제 3.80점, 생활환경 3.75점, 교육환경 3.59점, 문화 3.55점, 교통 3.39점, 사회복지 3.37점으로 집계됐다. 전 분야에서 '보통' 이상의 심각성이 감지된다. 격차 발생 원인으로는 '소득·소비 불균형'(36.3%) '지역별 재정 투입 차이'(27.0%) '교육·취업을 비롯한 기회 여건의 차이'(10.3%) '지리·지역적 공간의 차이'(9.5%) 등이 언급됐다. 〈국제신문〉, 2020. 9월 1일자.

29) 홀(Hall, Edward). 최효선(역). 앞의 책, 34면.

항상 용기있게 상황을 뒤집기는 하되 마무리하는 성의나 사회관계의 세심한 소통 기술의 부족에 당황하게 된다. 부산사람들은 마무리를 이렇게 할려고 한게 아닌데, 정말 어떻게 말이나 일을 잘 마무리 할까를 잘 몰라서 오해를 받는 경우가 많다. 이처럼 무뚝뚝함은 단순히 말수가 없음으로 끝나는 것이 아니라, 정확한 의사소통 기술의 부재로 이어지는 경우로 나타난다.나아가 결과도 중요하지만 과정이 중시되는 최근 의사소통의 흐름에는 종종 오해를 불러일으키기도 한다. 이처럼 고맥락형 무뚝뚝함은 대화와 소통의 중요성과 그 기법이 강조되고 있는 최근 여건에 비추어보면 일견 단점으로 비춰진다. 그러나 부산문화의 뿌리인 거칠다의 '바깥'정신과 신선스럽다의 '안'정신은 조화라는 역사적 과정을 통하여 오늘의 부산문화에 전면 수혈되었다.[30] 이처럼 전통적으로 겉은 거칠지만 속은 깊은 가치를 지향하는 기질은 표피적이고 경박한 소통문화가 횡행하는 이 시대에 깊은 성찰과 혜안을 위한 문화적 토양이라는 측면도 동시에 조명되어야 한다. 나아가 만약 고맥락형의 무뚝뚝함이 내면의 가치를 존중하는 성찰의 언어와 생활문화로 승화될 수 있다면, 이는 미래적 소중한 기질적 표현이나 생활가치로 발전할 수 있을 것이다.

30) 김무조, 「부산문화의 원형적 시각」, 동아대 석당전통문화연구원, 『21세기를 향한 부산정신의 모색』, 2000, 67면.

부산사람의 하루

7장

감천동 Busan

I 삶과 생활시간

사람의 삶은 시공간이라는 맥락 속에서 이루어진다. 한 사람의 삶이 시공간 속에서 실제로 펼쳐져온 바가 개인의 일생이며, 한 집단의 삶이 이루어져 온 바가 사회의 역사다. 일생과 역사는 새로운 사건들이 그때그때 계기를 이루어 변화해 온 것처럼 보이지만, 사건들 사이에는 무수히 반복되는 식상한 일상들로 채워져 있으며 사건과 사건은 일상들로 연결된다. 사건과 일상은 서로 배치되는 것이 아니라, 축적된 일상이 어떤 임계점을 맞아 분출되는 것이 사건이며 이러한 사건을 기점으로 일상이 변화한다.

하루하루의 삶, 즉 일상을 파악하는데 시간은 근본적이다. 인간은 유한하다는 점에서 시간적 존재이며 이러한 사실에서 오는 긴장이 세계와 타인에 대한 우리들의 관계와 태도를 조건 짓기 때문이다. 또한 일상은 주기적으로 반복된다는 점에서 시간적 측면이 두드러진다. 삶의 주기, 즉 리듬은 사회나 시대에 따라 다르게 나타난다. 산업화 이전 농업사회에서는 자연의 리듬에 인간의 생활을 맞추어 살았다. 그래서 전통사회에서 시간의 개념은 자연적 시간이었다.

그러나 근대적 시간개념인 '시계시간'이 등장하면서 자연적 리듬이 아니라 인위적 리듬에 따라 사람들이 생활하기 시작했다. 즉, 시간을 자연의 리듬이 아닌 시계에 맞추어 파악하게 되었다. 시간의 사용에 있어서 표준화되고 규율적인 시간관리가 일상화되는 과정을 통해 근대인 또는 현대인이라는 새로운 인간형이 형성되었고, 산업사회-자본주의라는 사회체제에서 비롯된 사회적 시간에 따라 인간행위는 표준화·규칙화되는 경향을 보이게 되었다[1].

사람들이 살아가는 시간이 어떤지 알아보는 탐구방법 중에서 유용한 것이 사람들이 매일의 하루 24시간을 어떤 활동들로 구성하여 살아가는지 알아보는 것이다[2]. 여기에는 사람들이 살아가는 모습, 규범, 습성, 가치 등이 반영되며, 이를 통해 특정 사회의 생활문화를 이해할 수 있다[3]. 또한 사회정책적 차원에서도 필요한 것이지만, 자본주의 사회에서는 광고나 시장조사와 밀접한 관련을 가지고 연구되기도 한다[4].

흔히 사람들의 여가나 문화생활 등 특정한 활동에 대한 조사는 자신의 주관적 기억이나 인상에 따라 보고하는 자기보고식 조사인 경우가 많다. 활동의 시간적 측면을 파악할 때도 마찬가지다. 예를 들면, TV시청행위를 조사하기 위해 '당신은 하루 몇 분 동안 TV를 보십니까?'라고 묻고, 스스로 답하게 하는 식이다. 사람들의 기억은 부정확할 수 있으며, 특히 그 시간에 대한 주관적인 평가와 가치에 따라 다르게 기억할 수 있다[5]. 그래서 자기보고식 조사는 정확성에 대해 의문이 제기되기도 한다. 회상에서 오는 오차와 사회적 적합성의 문제 등으로, 이러한 응답은 의도와 무관하게 행위자의 실제 행위시간을 제대로 보여주지 못하기 때문이다[6]. 이런 한계의 대안으로 이용하는 것이 생활시간조사다.

생활시간조사는 오늘 하루의 시간사용을 10분이나 15분 단위로 매일 기록하여 조사하는데, "다른 방법으로 관찰될 수 없는 일상생활의 면면을 조사할 수 있는 사회적 현미경"에 비유된다. 왜냐하면 자기보고식 조사처럼 조사대상자가 시간을 추산할 때 일어나는 복잡한 인지과정을 거치지 않기 때문에 조사대상자가 자신이 시간을 어떻게 사용했는가를 어림짐작으로 파악할 가능성이 작다. 행동의 이해, 행동시간의 합산 그리고 사회적으로 이 행위가 얼마나 타당한지를 고려하는 인지과정을 상대적으로 줄여주기 때문이다[7].

---

1) 김대래·김정배·김희재, 『부산의 하루』, 2003, 신지서원, p.145.

2) 김희재, '일상생활의 연구방법.' 박재환·일상생활연구회 편. 『일상생활의 사회학적 이해』. 한울 2008, pp.108-110.

3) 김대래 외, 앞의 책, pp.173-174.

4) 박재환, '일상생활에 대한 사회학적 조명.' 박재환·일상생활연구회 편. 『일상생활의 사회학적 이해』. 한울 2008, p.28.

5) Godbey, G, Leisure in Your Life: An Exploration (권두승·권문배·김정명·오세숙·조아미 역, 『여가학으로 초대』, 학지사), 2005, p.18.

6) Robinsoon, J. P. and G. Godbey. 1997. Time for life: the surprising ways Americans use their time. University Park, Pa.: Pennsylvania State University Press.; 정재기, 부모의 사회경제적 지위와 청소년의 컴퓨터 이용실태: 생활시간 자료를 바탕으로, 『사이버커뮤니케이션학보』 24권, 2007, pp.55-56에서 재인용.

7) 정재기, "부모의 사회경제적 지위와 청소년의 컴퓨터 이용실태: 생활시간 자료를 바탕으로." 『사이버커뮤니케이션학보』. 24권. 2007. pp.55-56.

우리나라의 대표적인 생활시간조사로서 통계청이 진행하는 '생활시간조사'는 조사대상자의 하루 생활을 10분 단위로 기록하게 되어있다. 1999년부터 매 5년마다 한 번씩 실시하고 있으며, 가장 최근은 2019년에 있었다. '2019 생활시간조사'는 전국 만 10세 이상 약 27,000명을 대상으로 7월과 9월, 12월 이렇게 3회에 걸쳐 실시하였다. 이렇게 조사한 결과는 집계, 처리, 분석되어 2020년 7월 말에 발표되었다.

생활시간조사 보고서에서는 시간과 관련하여 몇 가지 형태의 자료가 제시되고 있다. 먼저 '평균시간'으로 사람들이 어떤 행동을 하루 평균 몇 분을 하고 있는가를 보여준다. 둘째, '행위자 비율'로 하루 중에 특정행동을 실제로 한 사람의 비율이다. 셋째는 '행위자 평균시간'이다. 앞서 '평균시간'이 특정행동을 하지 않은 사람까지 포함한 모든 사람의 평균을 낸 것인데 반해, '행위자 평균시간'은 실제 그날 하루에 특정행동을 한 사람들의 평균시간을 구한 것이다. 따라서 실제 그 행동을 하는 사람들이 소요하는 시간을 알아보기 위해서는 '행위자 평균시간'을 보아야 한다.

Ⅱ 부산사람들의 24시간 분석

표7-1 부산과 전국의 요일평균 사용시간

(단위: 시간, 분)

	부산			전국		
	전체	남	여	전체	남	여
필수시간(개인유지)	11:41	11:32	11:49	11:34	11:29	11:40
수면	8:10	8:08	8:12	8:12	8:10	8:14
식사 및 간식	1:52	1:53	1:52	1:55	1:56	1:54
개인 건강관리	0:08	0:05	0:10	0:07	0:06	0:09
개인위생 및 외모관리	1:31	1:27	1:35	1:20	1:17	1:23
의무시간	7:10	7:14	7:06	7:38	7:36	7:40
일(수입노동)	2:53	3:44	2:05	3:13	4:04	2:24
학습	0:49	0:53	0:46	0:54	0:57	0:51
가정관리	1:35	0:43	2:23	1:34	0:41	2:25
가족 및 가구원 돌보기	0:18	0:11	0:25	0:22	0:11	0:33
이동	1:35	1:43	1:27	1:36	1:44	1:28
여가시간	5:11	5:14	5:05	4:47	4:55	4:40
자원봉사 및 무급연수	0:01	0:00	0:01	0:01	0:01	0:02
교제 및 참여활동	1:12	0:59	1:23	0:59	0:48	1:11
문화 및 여가활동	3:58	4:15	3:41	3:47	4:06	3:27

자료 : 통계청『2019 생활시간조사』(이하 자료는 동일)

'생활시간조사'에서는 하루를 크게 필수시간, 의무시간, 여가시간으로 나눈다. 이 중 필수시간이 가장 길다. 필수시간은 먹고, 자고, 씻는 등 사람의 생리적인 욕구를 해결하는 시간으로 부산인은 하루 11시간 41분을 쓴다. 다음으로 많은 시간을 사용하는 것이 의무시간이다. 의무시간은 직업적 활동이나 집안일, 학업 등 생계나 자신의 본업에 관련된 시간으로 부산사람들은 7시간 10분을 사용한다. 휴식이나 즐거움을 위한 여가시간으로 5시간 11분을 보낸다.

전국 평균은 필수시간 11시간 34분, 의무시간 7시간 38분, 여가시간 4시간 47분이다. 비교해보면 부산인은 필수시간과 여가시간은 조금 더 긴 반면, 의무시간은 28분이나 짧다. 무엇보다 일한 시간이 20분(전국 평균 3시간 13분) 더 짧다. 부산은 고령화가 심하기 때문에 한참 일하는 젊은 층이 적기 때문인 것으로 보인다.

1. 개인유지

개인유지는 한 사람이 자신의 몸 등을 유지하기 위한 수면, 식사, 건강관리, 위생 및 외모관리 등의 행동으로 필수시간에 해당한다. 이 중 잠으로 보내는 시간이 가장 길다.

1) 수면

부산사람들은 하루에 8시간 7분을 잔다. 전국 평균보다도 2분 정도 적게 자는 편으로 7대광역시에서도 서울 다음이다(전국 평균 8시간 9분, 서울 8시간 3분, 대구 8시간 10분, 인천 8시간 10분, 광주 8시간 15분, 대전 8시간 15분, 울산 8시간 18분).

평일보다는 출근을 하지 않아도 되는 주말에 더 오래 잔다. 토요일엔 평일보다 49분을, 일요일에는 1시간 15분을 더 잔다. 성별에 따라서는 여성이 남성보다 조금 더 자는 것으로 나타나지만, 요일별로는 조금 다른 차이가 난다. 아무래도 남성이 여성보다 전일제로 일하는 사람이 많아서인지 평일에는 여성이 5분정도 더 자지만, 주말에는 남성이 여성보다 조금 더 오래 잔다.

잠 못 이루는 시간은 3분 정도인데, 행위자 비율은 8.7%다. 즉, 부산사람들은 대략 10명중 한 사람은 바로 잠들지 못 하고, 31분 정도를 잠자리에서 뒤척이는 것으로 나타나고 있다.

표7-2 부산사람들의 평균 수면 시간

(단위: 시간, 분)

구분	요일평균			평일			토요일			일요일		
	전체	남	여	전체	남	여	전체	남	여	전체	남	여
수면	8:07	8:06	8:09	7:49	7:47	7:52	8:38	8:39	8:36	9:04	9:06	9:03
잠 못 이룸	0:03	0:02	0:03	0:02	0:02	0:03	0:03	0:02	0:04	0:03	0:02	0:05

2) 식사 및 간식

부산에서는 하루에 1시간 52분을 먹고 마시는 데 쓴다. 밥을 먹는데 걸리는 시간은 1시간 23분으로 한 끼를 먹는데 대략 30분이 조금 안 걸리는 셈이다. 주말에는 시간 여유가 있어 그런지 식사시간이 조금 더 늘어난다. 전국적으로 볼 때 부산인의 식사시간이 인천과 더불어 가장 짧다(전국 평균 1시간 26분, 서울 1시간 30분, 대구 1시간 25분, 인천 1시간 23분, 대전 1시간 26분, 광주, 1시간 24분, 울산 1시간 34분). 남성에 비해 여성의 식사시간이 약간 짧은 데, 여성은 식사준비 등으로 인해 같이 밥을 먹더라도 실제 식사시간은 상대적으로 짧을 수밖에 없기 때문이다.

표7-3 부산사람들의 평균 식사 및 간식 시간

(단위: 시간, 분)

구분	요일평균			평일			토요일			일요일		
	전체	남	여	전체	남	여	전체	남	여	전체	남	여
식사 및 간식	1:52	1:53	1:52	1:50	1:50	1:49	1:57	1:58	1:57	1:59	2:01	1:57
식사	1:23	1:25	1:22	1:22	1:23	1:20	1:26	1:27	1:25	1:29	1:32	1:26
간식·음료	0:29	0:28	0:29	0:28	0:27	0:29	0:31	0:30	0:32	0:30	0:29	0:30

3) 개인건강관리

개인건강관리는 자신의 건강관리나 회복과 관련된 행동으로 치료를 받거나 아파서 쉬는 등 의료와 관련된 행동이다. 여기에는 하루 8분 정도를 소비하고 있다. 남녀 간에도 차이가 있다. 보통 남성보다 여성이 아픈 경우가 많고, 병치레가 많은 노인층 역시 여성이 남성보다 많기 때문이다.

표7-4 부산사람들의 평균 건강관리 시간

(단위: 시간, 분)

구분	요일평균			평일			토요일			일요일		
	전체	남	여	전체	남	여	전체	남	여	전체	남	여
건강관리	0:08	0:05	0:10	0:08	0:05	0:11	0:08	0:06	0:09	0:05	0:03	0:06

4) 개인 위생 및 외모관리

개인위생이나 외모관리 등 그 밖의 개인유지와 관련된 시간으로 부산인은 하루 1시간 31분을 쓴다. 이 중 세면이나 목욕 등 개인위생을 유지하게 위해 보내는 시간이 1시간 15분으로 대부분을 차지한다. 외모관리를 하는 데 드는 시간은 14분이다. 특히 주목해야 할 것은 행위자 비율로 61.7%로 나타났는데 부산사람 세 사람 중 한 사람은 거의 꾸미지 않는다고 할 수 있다. 출근이나 등교 등을 하지 않기 때문에 주말에는 외모를 덜 꾸민다. 평균시간 뿐 아니라 행위자비율도 토요일 52.9%, 일요일 51.6%로 줄어든다. 남녀 간에도 차이가 있다. 여성이 두 배 가까이 긴 시간을 외모 가꾸기에 투자한다. 꾸미는 비율(행위자 비율)도 남성 56.6% 여성 66.6%로 더 많을 뿐 아니라, 꾸미는 사람들만을 놓고 보았을 때(행위자 평균시간)도 여성이 28분으로 남성 18분 보다 더 오랫동안 꾸민다. 이미용 관련 서비스는 이발소나 미장원, 피부관리, 마사지나 네일아트 등의 서비스를 받는 것이다. 평균시간은 하루 1분에 불과하지만, 매일 이런 서비스를 이용하는 사람은 드물기 때문에 행위자 평균시간을 보면 사람들이 실제로 한번 서비스를 받을 때 어느 정도 시간이 걸리는 지 알 수 있다. 이미용 관련 서비스의 행위자 평균시간은 1시간 8분으로, 남성이 40분이 걸리는 데 비해 여성은 1시간 32분으로 그 차이가 뚜렷하다. 외모관리 시간과 같이 고려해 볼 때 여성이 외모에 대한 관심이 많고, 사회적 압박감을 더 느낀다는 점을 생활시간에서도 알 수 있다.

개인위생 및 외모관리 시간에서 부산사람들은 뚜렷한 특징을 보인다. 개인위생에 드는 시간이 전국 평균 1시간 4분 보다 많을 뿐 아니라 전국에서 가장 길다(서울 1시간 3분, 대구 1시간 3분, 인천 59분, 광주 1시간 12분, 대전 1시간 2분, 울산 1시간 9분). 또한 외모관리의 경우 평균시간에서는 차이가 없었으나, 행위자 비율은 전국에서 가장 높았다(전국 57.2%, 서울 58.9%, 대구 53.8%, 인천 58.8%, 광주59.8%, 대전 53.7%, 45.5%). 즉, 외모관리를 하는 사람은 많으나 거기에 들이는 시간은 오히려 타 지역보다 짧다. 이런 점들을 고려해 볼 때 부산 사람들은 많이 꾸미기 보다는 상대적으로 청결하고 깔끔하게 하는 편이라고 추측해볼 수 있다.

표7-5 부산사람들의 평균 개인 위생 및 외모관리 시간

(단위: 시간, 분)

구분	요일평균			평일			토요일			일요일		
	전체	남	여	전체	남	여	전체	남	여	전체	남	여
개인위생 및 외모관리	1:31	1:27	1:35	1:32	1:28	1:37	1:27	1:24	1:30	1:28	1:26	1:30
개인위생	1:15	1:16	1:14	1:16	1:16	1:15	1:13	1:14	1:12	1:15	1:15	1:15
외모관리	0:14	0:10	0:19	0:15	0:11	0:20	0:12	0:08	0:16	0:12	0:09	0:15
이미용 관련 서비스받기	0:01	0:01	0:01	0:01	0:00	0:01	0:01	0:01	0:02	0:01	0:01	0:00

2. 일

일이라고 하는 말은 넓게는 무엇을 이루기 위해 몸이나 머리를 쓰는 활동이란 의미로 사용되며, 좁게는 이러한 활동 중에서 경제적 수입 등과 관련된 생산 활동이란 뜻으로 쓰인다. 좁은 의미로 볼 경우 일은 노동이란 말로 쓸 수도 있다. 여기서 말하는 일도 '유급 또는 무급의 생산적인 일'로 노동활동을 가리키는 것이다[8].

부산사람들은 하루 2시간 53분을 일한다. 남성은 3시간 44분, 여성은 2시간 5분이다. 성별에 따라 차이가 큰 것은 남녀 고용률에 있어서 차이가 있기 때문이다. 행위자비율도 남성이 54%인 반면 여성은 35.6%에 불과하다. 한편 실제 일을 한 사람만을 비교한 행위자평균시간에서 남성은 6시간 54분, 여성은 5시간 53분으로 차이가 난다. 이는 여성이 남성에 비해 전일제 일자리보다 파트 타임 등과 같은 일을 하는 사람이 많기 때문인 것으로 보인다.

여기서 부산의 고용상황이 좋지 못하다는 것이 드러난다. 일하는 시간이 전국평균 3시간 13분에 비해 20분이나 짧을 뿐 아니라 광역시 중에서도 대전에 이어 두 번째로 짧다.(서울 3시간 15분, 대구 3시간 1분, 인천 3시간 29분, 광주 2시간 57분, 대전 2시간 45분, 울산 3시간 15분). 행위자 비율도 마찬가지다. 전국평균인 47.9%에 못 미칠 뿐 아니라, 마찬가지로 광역시 중에서도 대전에 이어 두 번째로 적다(서울 48%, 대구 44.5%, 인천 50.2%, 광주 46.3%, 대전 41.3%, 울산 47.5%).

표7-6 부산사람의 평균 일 시간

(단위: 시간, 분, %)

구분	요일평균			평일			토요일			일요일		
	전체	남	여	전체	남	여	전체	남	여	전체	남	여
일	2:53	3:44	2:05	3:30	4:32	2:31	1:41	2:03	1:21	1:01	1:17	0:47
일(행위자비율)	44.5	54.0	35.6	53.1	64.5	42.3	28.7	32.8	24.9	17.7	22.1	13.7
일(행위자평균시간)	6:29	6:54	5:53	6:36	7:03	5:57	5:52	6:14	5:24	5:44	5:47	5:41

8) 이일래, "일상에서의 일", 박재환·일상성일상생활연구회 편, 『일상생활의 사회학적 이해』 한울, 2008, pp.163-164.

3. 학습

사람이 처한 상황에 따라서는 경제적 수입노동뿐 아니라 공부도 하나의 중요한 일이 된다. 이 때 이를 학업(學業)이라고 한다. 특히 학생들은 학업을 중심으로 하루가 돌아간다. 부산인은 평균 하루 49분 동안 공부한다. 실제 공부한 사람 즉, 행위자 평균시간을 보면 하루 5시간 21분이다.

초·중·고·대학교를 다니는 학생들은 학교에서 하루 4시간 17분 동안 수업을 듣고 1시간 33분을 자습한다. 학생이나 일반인 중 학원을 다니는 사람은 하루 평균 2시간 20분을 수강한다. 수업과는 반대로 학원수강은 평일보다 주말이 더 길다. 근래에는 인터넷을 이용한 소위 '인강(인터넷 강의)'도 많은데, 이를 듣는 사람은 하루 2시간 7분 정도를 수강하고 있다. 그 외 숙제나 혼자 공부하는 등 스스로 학습하는 시간은 2시간40분 정도다.

표7-7 부산사람의 행위자 평균 학습 시간

(단위: 시간, 분)

구분	요일평균			평일			토요일			일요일		
	전체	남	여	전체	남	여	전체	남	여	전체	남	여
학습(전체평균시간)	0:49	0:53	0:46	0:58	1:01	0:56	0:32	0:37	0:27	0:24	0:26	0:22
학습	5:21	5:17	5:26	5:46	5:48	5:44	4:09	3:58	4:23	3:39	3:19	4:05
학교수업	4:17	4:07	4:29	4:16	4:07	4:27	-	-	-	-	-	-
학교자율학습	1:33	1:10	1:59	1:28	1:05	1:54	-	-	-	-	-	-
학원수강	2:20	2:32	2:07	2:18	2:29	2:07	2:31	2:48	2:04	2:27	2:39	2:10
방송인터넷 수강	2:07	1:58	2:17	1:59	1:56	2:02	2:02	2:09	1:56	3:24	2:00	3:43
스스로학습	2:40	2:37	2:43	2:35	2:35	2:35	3:03	2:48	3:28	2:45	2:33	3:02

4. 가정관리

가정관리는 의·식·주와 관련된 것으로 자신의 가족과 가구의 가정생활을 유지하고 관리하기 위한 행동이다. 주로 요리·세탁·청소·물품구입·가정경영 등 가사활동이 해당된다. 부산사람은 하루 1시간 35분씩 가사일을 하고 있다. 여기에는 남녀차이가 뚜렷하다. 여성이 하루 2시간 23분을 하는데 반해, 남성은 43분에 불과하다. 행위자비율을 봐도 여성의 89.4%가 매일 하고 있으나 남성은 54.6%만 한다. 행위자평균시간도 남성이 1시간 4분, 여성이 1시간 56분으로 남성은 가정관리에 참여하더라도 여성보다 더 짧은 시간을 할 뿐이다.

표7-8 부산사람의 평균 가정관리 시간

(단위: 시간, 분)

구분	요일평균			평일			토요일			일요일		
	전체	남	여	전체	남	여	전체	남	여	전체	남	여
가정관리	1:35	0:43	2:23	1:28	0:36	2:17	1:51	0:58	2:39	1:52	1:03	2:36

매일 음식준비 및 정리에 45분이 든다. 구체적으로 살펴보면 먼저 요리하고 상차리는 데 25분, 치우고 정리하고 설거지하는데 17분이 소요된다. 다른 가사활동도 남녀차이가 크지만 무엇보다 먹는 것과 관련된 활동이 그 차이가 가장 심하다. 근래 요리하는 섹시한 남자, 이른바 '요섹남'이 대세라고 하지만 일상적인 식사에서는 여전히 여성이 도맡아 하고 있는 것이 현실이다. 따라서 실제 이런 활동을 수행하고 있는 여성들은 식사준비에 54분, 설거지·정리에 39분의 시간을 매일 보낸다.

표7-9 부산사람의 평균 음식준비 및 정리 시간

(단위: 시간, 분, %)

구분	요일평균			평일			토요일			일요일		
	전체	남	여	전체	남	여	전체	남	여	전체	남	여
음식준비	0:45	0:16	1:12	0:42	0:14	1:09	0:52	0:19	1:21	0:53	0:22	1:20
음식준비(행위자비율)	56.9	31.9	80.2	56.3	30.4	80.9	55.7	32.2	77.2	60.7	39.2	80.0
식사준비	0:25	0:08	0:40	0:24	0:07	0:40	0:25	0:08	0:42	0:27	0:10	0:42
식사준비 (행위자 평균시간)	0:49	0:32	0:54	0:48	0:31	0:52	0:52	0:33	0:58	0:53	0:37	0:59
설거지·정리	0:17	0:06	0:27	0:16	0:06	0:26	0:19	0:07	0:29	0:20	0:08	0:30
설거지·정리 (행위자 평균시간)	0:36	0:26	0:39	0:34	0:25	0:37	0:40	0:32	0:42	0:38	0:29	0:41

옷을 빨고 말리고 개고 다리는 등 의류를 관리하는데 하루에 9분씩 쓴다. 세탁도 역시 여성들이 많이 한다. 세탁은 매일 그리고 여러 번 하지 않기 때문에 한번 할 때 37분 정도의 시간이 걸린다고 할 수 있다. 청소나 정리는 하루 20분 동안 한다. 동물이나 식물을 보살피거나 키우는 데는 하루 평균 4분을 사용한다. 실제로 키우는 사람들의 경우 식물은 하루 26분 동안 돌보는 데 비해 동물은 하루 1시간 3분을 사용하고 있어 동물을 키우는 것이 더 많은 시간이 든다. 쇼핑을 하거나 장을 보는 시간은 하루 14분 정도다. 이 역시도 여성이 더 길다. 요일별로 보면 평균시간은 주말이 조금 더 길지만, 행위자 비율은 평일 30.2%, 토요일 34.4%, 일요일 33.0%로 차이가 크지 않다. 사람들은 주말에 더 많이 쇼핑하는 것이 아니라 주말에 시간여유를 가지고 더 오랫동안 쇼핑하기 때문이다. 실제 행위자 평균시간도 평일이 43분인데 비해 토요일은 53분, 일요일은 54분으로 나타나고 있다.

표7-10 부산사람의 그 외 가정관리 시간

(단위: 시간, 분)

구분	요일평균			평일			토요일			일요일		
	전체	남	여	전체	남	여	전체	남	여	전체	남	여
의류관리	0:09	0:03	0:14	0:08	0:02	0:14	0:11	0:05	0:16	0:09	0:03	0:14
의류관리 (행위자평균시간)	0:37	0:30	0:38	0:36	0:29	0:37	0:37	0:32	0:39	0:39	0:29	0:41
청소 및 정리	0:20	0:11	0:29	0:19	0:10	0:27	0:23	0:15	0:30	0:25	0:17	0:32
반려 동·식물 돌보기	0:04	0:03	0:05	0:03	0:02	0:04	0:06	0:04	0:08	0:05	0:04	0:06
동물돌보기 (행위자평균시간)	1:03	0:54	1:08	0:59	0:48	1:07	1:15	1:15	1:15	1:04	0:59	1:08
식물돌보기 (행위자평균시간)	0:26	0:29	0:24	0:24	0:30	0:22	0:28	0:27	0:28	0:30	0:31	0:29
상품 및 서비스 구입	0:14	0:08	0:20	0:13	0:06	0:19	0:18	0:12	0:24	0:18	0:14	0:21

5. 가족 및 가구원 돌보기

부산 사람들은 함께 사는 가족을 돌보는 데 하루 18분을 쓰고 있다. 여기서도 남녀 차이가 뚜렷하다. 남성이 하루 11분을 돌보는데 비해 여성은 25분을 돌보고 있다. 그나마 남성은 주말에 가족을 돌보는 시간이 늘어난다. 가족을 돌보는 시간의 대부분은 10세 미만 아이를 돌보는데 들어간다.

표7-11 부산사람의 평균 가족 보살피기 시간

(단위: 시간, 분)

구분	요일평균			평일			토요일			일요일		
	전체	남	여	전체	남	여	전체	남	여	전체	남	여
가족돌보기	0:18	0:11	0:25	0:17	0:08	0:26	0:21	0:16	0:25	0:19	0:18	0:19
10세 미만아이	0:14	0:08	0:20	0:13	0:06	0:20	0:17	0:13	0:22	0:15	0:12	0:17

6. 자원봉사 및 무급연수

참여 및 봉사활동은 친구·이웃 등 남을 돕는 행동을 포함하여 국가나 사회를 위한 의무적 또는 자발적 참여활동을 가리킨다. 부산사람들은 하루 1분을 참여 및 봉사활동을 하는데 쓰고 있다. 사회참여 및 봉사활동에 참여하는 사람이 1.1%로 적기 때문인데, 실제 활동에 참여하는 사람의 경우에는 하루 1시간 정도를 참여하거나 봉사하고 있다.

표7-12 부산사람의 자원봉사 및 무급연수 시간

(단위: 시간, 분)

구분	요일평균			평일			토요일			일요일		
	전체	남	여	전체	남	여	전체	남	여	전체	남	여
자원봉사 및 무급연수	0:01	0:00	0:01	0:01	0:00	0:01	0:01	0:00	0:02	0:01	0:00	0:01
행위자 평균시간	1:03	0:49	1:05	1:01	0:55	1:03	1:04	1:00	1:05	1:06	0:34	1:19

7. 교제 및 참여활동

부산사람들은 하루에 1시간 12분을 개인적으로 다른 사람을 만나거나 모임이나 행사 등에 참여하는데 쓰고 있다. 당연히 평일보다 주말이 더 길다. 그리고 남성보다는 여성이 더 오랜 시간을 사적으로 타인을 만나는 데 사용하고 있다.

표7-13 부산사람의 교제 및 참여활동 시간

(단위: 시간, 분)

구분	요일평균			평일			토요일			일요일		
	전체	남	여	전체	남	여	전체	남	여	전체	남	여
교제 및 참여활동	1:12	0:59	1:23	1:07	0:54	1:19	1:17	1:06	1:26	1:29	1:19	1:39

1) 교제활동

교제활동은 업무 상 타인을 만나는 것을 제외하고 사교를 목적으로 다른 사람과 만나거나 소통하는 것을 말한다. 부산사람은 하루 39분 정도를 쓴다. 다른 여가활동에 비해 교제활동 시간은 여성이 조금 더 길다. 다른 사람과의 교제할 때는 직접 만나는 시간이 가장 길며 당연히 주말에 더 길어진다. 교제활동은 매체를 이용해서도 이루어지는 데 통화하는데 7분, 문자나 메일 등으로 소통하는데 3분, 사회관계망(SNS)으로도 3분가량 하고 있다.

표7-14 부산사람의 평균 교제활동 시간

(단위: 시간, 분)

구분	요일평균			평일			토요일			일요일		
	전체	남	여	전체	남	여	전체	남	여	전체	남	여
교제활동	0:39	0:31	0:45	0:36	0:28	0:44	0:47	0:42	0:52	0:42	0:38	0:46
대면	0:25	021	0:28	0:23	0:18	0:27	0:33	0:31	0:35	0:27	0:24	0:29
화상·음성	0:07	0:06	0:09	0:08	0:06	0:09	0:07	0:07	0:07	0:07	0:07	0:07
문자·메일	0:03	0:02	0:04	0:03	0:02	0:03	0:04	0:03	0:05	0:04	0:04	0:04
사회관계망	0:03	0:02	0:04	0:03	0:02	0:04	0:04	0:02	0:05	0:04	0:03	0:05

2) 참여활동

참여활동은 국가나 사회에서 실시하는 일에 의무적이거나 자발적으로 참여하는 활동으로, 공공의 일에 참여하는 것뿐 아니라 학부모의 학교 참관, 지역축제에 참여하기, 집회시위 등 나양한 사회활동을 하는 것 등이 해당한다. 부산사람은 하루 22분을 이러한 활동에 쓴다.

표7-15 부산사람의 평균 참여활동 시간

(단위: 시간, 분)

구분	요일평균			평일			토요일			일요일		
	전체	남	여	전체	남	여	전체	남	여	전체	남	여
참여활동	0:22	0:21	0:23	0:22	0:21	0:24	0:21	0:21	0:21	0:22	0:21	0:23

3) 종교활동

종교활동에는 하루 10분을 쓰고 있는데 남성이 6분, 여성이 14분으로 여성이 좀 더 적극적이다. 종교활동 시간은 일요일에 더 늘어난다. 종교집회가 대체로 주말에 열리므로 종교집회 참가가 평일 3분에서 일요일 16분으로 늘어나기 때문이다.

표7-16 부산사람의 평균 종교활동 시간

(단위: 시간, 분)

구분	요일평균			평일			토요일			일요일		
	전체	남	여	전체	남	여	전체	남	여	전체	남	여
종교활동	0:10	0:06	0:14	0:08	0:04	0:12	0:07	0:02	0:11	0:23	0:17	0:28
개인적 종교활동	0:05	0:02	0:07	0:05	0:03	0:07	0:03	0:01	0:05	0:05	0:02	0:08
종교집회 모임참가	0:05	0:03	0:06	0:03	0:01	0:04	0:03	0:01	0:05	0:16	0:13	0:18
기타 종교 관련활동	0:01	0:00	0:01	0:01	0:00	0:01	0:02	-	0:01	0:02	0:02	0:02

8. 문화 및 여가활동

부산사람은 하루 3시간 58분을 문화나 여가를 즐기기 위해서 사용한다. 문화 및 여가시간은 당연히 주말로 갈수록 늘어난다. 성별로 보았을 때 남성이 여성보다 더 긴데, 이후 살펴보겠지만 주로 스포츠 및 레포츠 활동시간 차이 때문이다.

표7-17 부산사람의 평균 문화 및 여가활동 시간

(단위: 시간, 분)

구분	요일평균			평일			토요일			일요일		
	전체	남	여	전체	남	여	전체	남	여	전체	남	여
문화 및 여가활동	3:58	4:15	3:41	3:35	3:46	3:26	4:40	5:21	4:03	5:05	5:41	4:33

1) 문화 및 관광활동

연극이나 영화, 스포츠 등을 관람하는 문화 활동이나 관광 활동은 하루 4분을 하고 있는데, 이 역시도 평일보다는 주말에 더 많이 이루어진다.

표7-18 부산사람의 평균 문화 및 관광활동 시간

(단위: 시간, 분)

구분	요일평균			평일			토요일			일요일		
	전체	남	여	전체	남	여	전체	남	여	전체	남	여
문화 및 관광활동	0:04	0:04	0:04	0:02	0:02	0:03	0:06	0:06	0:07	0:10	0:12	0:08

2) 미디어를 이용한 여가활동

여가생활에서 가장 큰 비중을 차지하는 것이 미디어 이용이다. 부산사람은 하루에 2시간 38분 동안 미디어를 이용하고 있다. 미디어 중에서 가장 많이 이용하는 것은 역시 TV다. 하루 1시간 59분을 보는데, 특히 일요일에는 2시간 40분으로 평일보다 약 40분 이상 더 본다. 다른 미디어는 보통 남성이 더 오래 이용하는데 비해, TV는 여성이 좀 더 많이 이용한다. 평일에는 여성이 많이 보다가 주말에는 남성이 좀 더 오래 본다. 아무래도 직장생활을 하는 경우가 남성이 많기 때문이다. 그 외 미디어로는 비디오를 하루 15분, 인터넷을 10분, 책을 7분 정도 보고 있다. 부산사람의 미디어 이용시간은 타 지역보다 긴 편인데, 이는 TV시청시간이 길기 때문이다. 전국 평균 TV시청시간이 1시간 47분보다 부산은 12분 더 길다.(서울 1시간 39분, 대구 2시간 1분. 인천 1시간 46분, 광주 1시간 42분, 대전 1시간 8분, 울산 1시간 47분)

표7-19 부산사람의 평균 미디어 이용 시간

(단위: 시간, 분)

구분	요일평균			평일			토요일			일요일		
	전체	남	여	전체	남	여	전체	남	여	전체	남	여
미디어이용	2:38	2:36	2:40	2:21	2:16	2:26	3:04	3:13	2:56	3:32	3:36	3:28
책읽기	0:07	0:07	0:06	0:06	0:06	0:06	0:08	0:09	0:08	0:08	0:08	0:09
신문보기	0:03	0:04	0:02	0:03	0:05	0:02	0:02	0:03	0:01	0:04	0:05	0:03
실시간 방송 보기(TV)	1:59	1:53	2:05	1:47	1:36	1:57	2:19	2:27	2:12	2:40	2:45	2:35
비디오 보기	0:15	0:16	0:15	0:13	0:15	0:12	0:20	0:18	0:22	0:23	0:20	0:25
라디오 듣기	0:01	0:01	0:01	0:01	0:01	0:01	0:01	0:01	0:01	0:01	0:00	0:01
음원·음반 듣기	0:02	0:01	0:02	0:02	0:01	0:02	0:02	0:02	0:01	0:01	0:01	0:02
인터넷 정보검색	0:10	0:12	0:09	0:10	0:12	0:07	0:11	0:12	0:10	0:14	0:15	0:13

3) 스포츠 및 레포츠

직접 몸을 쓰는 스포츠나 집밖의 레저 관련 활동은 하루 31분을 하는데, 남성이 여성보다 14분 더 많이 한다. 평일에 비해 토요일에는 남성 40분 여성 20분, 일요일에는 남성 46분 여성 22분으로 주말로 갈수록 그 차이가 커진다. 보통 몸을 많이 쓰는 운동은 여성보다 남성이 더 선호하며, 평일보다는 시간적 여유가 있는 주말에 더 많이 하기 때문이다. 구체적으로는 걷기·산책과 개인운동을 가장 많이 한다.

표7-20 부산사람의 평균 스포츠 및 레포츠 시간

(단위: 시간, 분)

구분	요일평균			평일			토요일			일요일		
	전체	남	여	전체	남	여	전체	남	여	전체	남	여
스포츠 및 레포츠	0:31	0:38	0:24	0:30	0:36	0:25	0:29	0:40	0:20	0:34	0:46	0:22
걷기·산책	0:12	0:12	0:11	0:12	0:12	0:12	0:10	0:13	0:07	0:13	0:16	0:10
등산	0:02	0:04	0:01	0:02	0:03	0:00	0:02	0:04	0:01	0:05	0:07	0:03
자전거·인라인	0:01	0:02	0:00	0:01	0:01	0:00	0:01	0:03	-	0:01	0:01	-
개인운동	0:12	0:13	0:11	0:12	0:14	0:11	0:12	0:14	0:10	0:09	0:11	0:07
구기운동	0:03	0:05	0:01	0:03	0:05	0:01	0:03	0:05	0:01	0:04	0:07	0:02

4) 게임 및 놀이

부산사람은 하루 23분을 게임이나 놀이를 하며 보낸다. 이 역시 시간여유가 있는 주말이면 더 늘어난다. 성별로 봤을 때 남성이 여성보다 더 긴 시간 게임이나 놀이를 하고 있다. 구체적으로 보면 게임 및 놀이 시간의 큰 부분은 온라인/PC게임이나 모바일 게임 같은 전자게임이 차지한다. 성별 차이는 여기에서도 나타나고 있는데, 특히 온라인/PC게임은 행위자 비율이 남성이 12.1%인데 비해 여성은 1.3%로 거의 하지 않는 것으로 나타나고 있다.

표7-21 부산사람의 평균 게임 및 놀이 시간

(단위: 시간, 분)

구분	요일평균			평일			토요일			일요일		
	전체	남	여	전체	남	여	전체	남	여	전체	남	여
게임 및 놀이	0:23	0:35	0:11	0:19	0:29	0:10	0:32	0:50	0:15	0:31	0:48	0:15
집단게임·놀이	0:04	0:05	0:04	0:04	0:05	0:04	0:05	0:06	0:04	0:04	0:06	0:02
온라인/PC 게임	0:10	0:19	0:03	0:08	0:15	0:02	0:16	0:30	0:03	0:15	0:25	0:06
모바일게임	0:08	0:10	0:05	0:07	0:09	0:04	0:10	0:12	0:07	0:11	0:16	0:07

5) 휴식 관련행동

근래 재미난 표현으로 '아무 것도 하고 있지 않지만 더 격렬히 아무것도 하고 싶지 않다'란 말이 있는데 부산사람은 하루 12분 동안 아무것도 안 하고 쉰다. 그 외

휴식관련 행동으로는 담배피우기가 있는데, 행위자 비율이 4.9%로 부산사람 20명 중 한명 정도만 흡연을 한다. 남녀 간에도 차이가 큰데 남성이 10명중 한 명인 반면, 여성은 담배를 피우는 사람이 드문 것으로 나타나고 있다. 부산의 흡연자들은 하루 30분 정도를 담배를 피우며 보내고 있다.

표7-22 부산사람의 평균 휴식 관련 행동 시간

(단위: 시간, 분, %)

구분	요일평균			평일			토요일			일요일		
	전체	남	여	전체	남	여	전체	남	여	전체	남	여
휴식관련행동	0:13	0:14	0:13	0:13	0:14	0:13	0:14	0:15	0:13	0:12	0:12	0:12
아무것도 안하고 쉼	0:12	0:11	0:13	0:12	0:10	0:13	0:12	0:12	0:13	0:11	0:10	0:12
담배 피우기	0:01	0:03	0:00	0:02	0:03	0:00	0:02	0:03	0:00	0:01	0:02	0:00
담배피우기 (행위자비율)	4.9	9.9	0.2	5.3	10.7	0.1	4.6	9.1	0.4	3.3	6.6	0.4
담배피우기 (행위자평균)	0:30	0:30	0:25	0:28	0:29	0:10	0:34	0:34	0:30	0:36	0:35	0:40

6) 기타 여가활동

취미 및 그 외 여가활동으로 하루 10분가량을 보낸다. 성별로 보면 전반적으로는 차이가 없으나 구체적으로는 조금씩 차이가 있다. 여가나 교양을 위해 학습하는 활동은 여성이 남성보다 좀 더 많이 하는데 비해, 음주나 노래 부르기·춤추기 등 유흥은 남성이 좀 더 즐긴다.

표7-23 부산사람의 평균 기타 여가활동 시간

(단위: 시간, 분)

구분	요일평균			평일			토요일			일요일		
	전체	남	여	전체	남	여	전체	남	여	전체	남	여
기타 여가활동	0:10	0:10	0:09	0:09	0:09	0:09	0:14	0:17	0:12	0:07	0:08	0:07
개인취미활동	0:01	0:01	0:02	0:01	0:01	0:02	0:02	0:02	0:02	0:02	0:01	0:02
여가·교양 학습	0:03	0:02	0:04	0:04	0:02	0:06	0:02	0:02	0:03	0:01	0:01	0:00
유흥	0:04	0:07	0:03	0:04	0:06	0:01	0:09	0:13	0:06	0:04	0:03	0:04
기타 여가 관련 활동	0:01	0:01	0:01	0:01	0:01	0:0	0:01	0:01	0:01	0:01	0:02	0:01

9. 이동

부산사람들은 하루에 1시간 35분을 이리저리 이동하며 보낸다. 이동시간도 남성

1시간 43분, 여성 1시간 27분으로 성별에서 차이가 나는데, 무엇보다 통근과 같이 일 관련 이동의 차이가 크다. 일 관련 이동시간은 41분으로 이동시간에서 가장 많은 부분을 차지한다. 남성 50분, 여성 25분으로 성별간의 차이가 뚜렷한데, 그 이유로는 먼저 남성이 여성보다 취업자가 많다는 점을 지적할 수 있다. 다음으로는 여성이 남성보다 가정과 직장의 거리가 가깝다는 점이다. 실제 직장에 다니는 사람만을 비교했을 때도, 남성의 출퇴근시간이 좀 더 길다. 여성은 취업자라 할지라도 정규직보다는 비교적 가까운 곳에서 구할 수 있는 시간제나 임시직 같은 비정규직인 경우가 많기 때문이다.

일이나 학습 관련 시간은 주말이 되면 줄어드는 반면, 교제·참여나 문화·여가 관련 이동 시간은 주말에 더 늘어난다. 성별에 따라 다른 점이 있다. 앞서 살펴보았듯이 교제·참여 시간은 여성이 더 길고 문화·여가 시간은 남성이 더 길기 때문에, 따라서 교제·참여 관련 이동시간은 여성이 문화·여가 관련 이동시간은 남성이 더 길다.

표7-24 부산사람의 평균 이동 시간

(단위: 시간, 분)

구분	요일평균			평일			토요일			일요일		
	전체	남	여	전체	남	여	전체	남	여	전체	남	여
이동	1:35	1:43	1:27	1:42	1:51	1:33	1:26	1:31	1:22	1:10	1:18	1:03
개인유지 관련이동	0:15	0:13	0:16	0:14	0:11	0:16	0:19	0:19	0:19	0:17	0:17	0:16
일 관련 이동	0:37	0:50	0:25	0:46	1:02	0:32	0:20	0:26	0:14	0:10	0:14	0:06
출근 (행위자평균시간)	0:40	0:42	0:36	0:40	0:43	0:37	0:24	0:35	0:33	0:37	0:40	0:31
퇴근 (행위자평균시간)	0:41	0:43	0:38	0:42	0:44	0:39	0:37	0:38	0:35	0:38	0:40	0:33
학습 관련이동	0:08	0:10	0:07	0:10	0:12	0:08	0:05	0:05	0:04	0:01	0:02	0:01
가정관리 관련이동	0:09	0:06	0:13	0:09	0:05	0:12	0:12	0:09	0:15	0:10	0:08	0:12
가족 및 가구원 돌보기 관련이동	0:04	0:03	0:05	0:04	0:03	0:06	0:04	0:04	0:04	0:02	0:02	0:01
교제 및 참여활동 관련이동	0:10	0:08	0:12	0:08	0:06	0:10	0:14	0:13	0:15	0:15	0:13	0:17
문화 및 여가활동 관련이동	0:11	0:13	0:09	0:10	0:11	0:08	0:13	0:15	0:11	0:15	0:21	0:09

3부 동서남북

8장 부산의 행정

9장 부산의 인구

10장 부산의 도시개발

PART 3

부산의 행정

8장

I 서론

부산은 1876년 강화도 조약을 통해 개항장으로 지정되기 전까지는 부산진, 부산포 등으로 불려 온 동래부 관할의 작은 지역에 불과했다. 하지만 개항장으로 지정된 이래 1910년부터 일제 강점기에 접어들어 동래군과 분리되면서 부산이란 이름으로 본격적으로 성장하기 시작했고, 결국 해방 이후에는 동래군을 흡수하면서 지금의 부산으로 발돋움하게 되었다. 이처럼 일제의 한반도 수탈의 전진기지로 활용되면서 시세(市勢)를 확장해 온 부산은 해방 이후 한국전쟁을 거치면서 피란수도의 역할을 하게 되면서 다시 본격적으로 거대 도시로 발전해가기 시작했다. 시세의 지속적인 확장에 힘입어 해방 이후 지금까지 부산은 대한민국 제2의 도시이자 관문도시로서의 위상을 변함없이 유지해 왔다.

그와 같은 부산시의 도시 위상은 서울특별시에 이어 1963년 우리나라 최초로 직할시로 승격하는 등 행정의 측면에서도 쉽게 확인되고 있다. 부산시는 대한민국 제2의 도시에 걸맞는 행정체계를 구축해 왔으며, 경부축을 중심으로 한 대한민국 경제성장의 한 축을 담당해 오면서 부산의 지역발전과 부산시민의 삶의 질 향상을 위해 양질의 행정 서비스를 제공하기 위해 노력해 왔다. 이 과정에서 부산의 행정체계는 몇 가지 중요한 변화를 겪어 왔다. 1914년 부산부가 설치된 이후 2021년까지 부산의 행정은 크게 두 차례의 전환점을 맞이하였다고 볼 수 있다. 먼저 첫 번째 전환점은 1963년 단행된 부산직할시 승격이다. 부산직할시 승격은 개항 이후 부산이 대한민국의 근현대사 속에서 발전시켜온 행정·재정적 역량을 더욱 강화함으로써 대한민국 제2의 도시를 넘어 국제적인 해양관문도시로 한 단계 더 성장해

갈 수 있는 계기를 마련하는 것이었다.

부산시가 맞이한 두 번째 전환점은 1991년 부산시의회의 개원과 함께 시작된 지방자치제도의 재도입이다. 지방자치제의 재도입은 1963년의 직할시 승격으로 단층제 지방자치제로 변경되었던 부산시의 행정체계가 다시 산하에 자치구를 두는 방식으로 중층제의 행정체계로 전환하는 계기가 되었다. 또한 1961년 5.16 군사쿠데타로 중단되었던 지방자치단체의 장과 지방의회의 의원에 대한 시민의 직접 선거가 이루어져 다양한 시민의 요구가 보다 효과적으로 시정에 반영될 수 있는 계기가 마련되었다. 한 마디로 박정희 대통령의 권위주의적 군사독재 하에서 일시 중단되었던 지방자치제도가 1987년 제9차 개헌을 통해 재도입되면서 관치행정의 시대에서 본격적인 민선자치의 시대로 나아가게 된 것이다.

이 글은 개항 이후 부산광역시가 겪어 왔던 이러한 행정체계의 변화상을 역사적 시각으로 되짚어보면서 그 특성과 역사적 의미를 살펴보는 데 목적을 두고 있다. 이를 위해 이 글은 먼저 II장에서 부산의 행정 변천사를 '개항기~일제 강점기', '해방~직할시 승격', '직할시 승격~지방자치제 재도입', '민선자치 시대와 광역시 전환기'의 4개 시기로 구분하여 부산광역시의 행정 변천사를 살펴본다. 다음으로 III장에서는 지방자치제도의 관점에서 부산광역시 행정의 변천사를 지방선거의 정치적 결과와 함께 살펴보면서 민선자치시대에 부산시의 행정을 이끌어 왔던 역대시장의 행정 성과를 정리하고 평가한다. 끝으로 IV장에서는 부산시의 행정 변천사를 통해 파악한 부산 행정의 특성과 성과를 종합적으로 평가하고 부산 행정이 나아가야 할 미래의 방향을 모색하면서 글을 맺는다.

II 부산의 행정 변천사

1. 개항기와 일제 강점기

부산의 행정 변천사를 행정구역의 변경이란 관점에서 살펴보면 다른 지역에 비해 그 변화의 정도가 상대적으로 매우 심했다는 평가를 받는 것이 사실이다(이병운 2007). 이는 개항기 일본인의 유입이라는 인구학적 변동 요인과 함께 주로 매립 혹은 매축 방식에 의존한 도시개발 과정의 특성상 도시의 근간을 형성하는 토지구획의 기준이 계속 변할 수밖에 없었던 지리적 요인에 따른 특성이라 할 수 있다. 일제 강점기에 나타난 도시 형성 및 확장 과정의 특성 이외에도 부산광역시가 오늘날과 같은 도시적 특성을 갖게 된 데는 해방 이후에 강제징용자의 귀국과 전쟁 피난민의 유입으로 도시가 폭발적으로 성장한 점도 한몫을 한 것으로 볼 수 있다.

앞서 살펴본 바와 같이 부산이란 명칭은 부산포에서 유래되었지만 조선시대 부산포는 독립적인 행정구역 단위가 되지 못해 동래현과 그 속현인 동평현에 소속되어 있었다. 이후 일제의 침탈과정에서 동래군이 부산부로 변경되었고, 1914년에는 다시 부산부와 동래군으로 분리되었다. 부산부와 동래군의 분리는 조선총독부의 1913년 부제와 1914년 부제시행규칙 공포에 따른 것으로 부의 구역을 도시로 한정한 데 따른 것이었다.

이러한 과정을 거치면서 일본인 중심의 기존 시가지와 장래의 발전 가능성이 높은 인근 지역이 시가지로 포함되어 마침내 부산부가 되었다. 반면 부산부 인근의 농촌 지역의 경우 다시 동래군으로 전환되어 부산부에서 행정구역상 제외되고 말았다(전성현 2016). 부제의 실시로 부산부에 포함된 지역은 지나(支那) 거류지[1]와 부산면, 사중면 일원과 사하면과 용주면의 일부로 그 면적은 84.15㎢에 달했다. 또한 일제하에서 부산부의 두 차례 행정구역 확장에 따라 1936년 부산진출장소가 설치되었으며, 1942년 동래와 사하, 수영 출장소가 설치되는 등 제2차 행정구역 확장이 이루어짐으로써 부산부의 전체 면적은 241.12㎢로 확대되었다.[2]

2. 해방 후 직할시 승격까지

해방 이후 미군정기 부산부는 법령 제114호를 통해 행정 개혁을 단행했다. 이를 통해 부산부는 1실 3국 12과 4출장소 체제를 갖추게 되었으며, 1949년에는 다시 부산시와 동래군으로 행정구역 개편이 이루어졌다. 부산시 체제 하에서의 행정구역 변화는 출장소의 추가 설치가 주를 이루었다. 1951년에는 영도와 초량, 서부 출장소가 설치되었으며, 1953년 대연 출장소, 1957년 해운대 출장소가 설치되었다.

한편 서울의 경우에는 1946년 9월 미군정 법령에 따라 서울특별시의 설치가 공

---

1) 지나거류지는 1900년대 초 부산항에 존재했던 외국인 거류지역 중 중국인들이 주로 거주했던 지역을 일컫는 용어이다
(http://busan.grandculture.net/Contents?local=busan&dataType=01&contents_id=GC04200500, 검색일: 2021년 1월 1일)

2) https://www.busan.go.kr/historyoccu(검색일: 2020년 12월 30일)

포되었다. 서울특별시가 설치된 것은 서울이 고유의 헌장을 가진 자치정부가 된다는 1946년 군정장관의 특별 발표에 따른 것이었다. 비록 미군정 체제 하에서 만들어진 법령이라는 근본적인 한계가 있긴 하지만 서울특별시 헌장은 한국 최초의 자치법령으로 평가 된다(손정목 2002). 특별시로 승격한 서울은 시장을 비롯한 선출직 공무원의 자리를 채우는 직책 선거가 실시되었으며 참사회라는 의결기관이 만들어지기도 했다.

서울시의 특별시 승격에 대해 서울 시민들은 일반 국민들과 달리 특별시라는 용어가 다른 도시에 비해 우월한 지위를 갖는 것으로 여기는 경향이 강했다(손정목 2002). 이러한 인식이 영향을 주어 부산시민들도 제헌의회에서부터 부산의 특별시 승격을 계속 요구했다. 먼저 1949년 6월 부산부등회연합회와 상공회의소 대표 등이 특별시승격추진협의회를 개최하고 승격을 건의하는 활동을 펼쳤다. 이후 부산 출신 국회의원들을 중심으로 부산특별시 승격안이 제안되었는데, 당시의 부산특별시 승격에 대한 주장은 박찬현 의원의 조선일보 기고문[3]에서 잘 드러난다. 박찬현 의원은 기고문에서 인구가 적은 다른 지역과 부산시를 동등하게 대우함으로써 행정의 애로와 비효율을 초래하고 부단위 행정의 특색을 발휘하기 어렵게 만든다는 이유를 전면에 내세웠다. 박찬현 의원의 이와 같은 주장은 1949년 지방자치법에서 도시 규모와 관계없이 중소도시와 부산시에 일률적으로 제도가 적용됨에 따라 행정 운영상의 모순점이 드러났기 때문이다(류춘호 2014). 결국 당시 제안되었던 부산특별시 승격안은 1949년 7월 내치위를 통과하지만 행정당국이 시기상조를 이유로[4] 11월 본회의에서 해당 법안을 부결시키고 말았다.

한국전쟁의 와중이었던 1951년에는 지방자치법 개정안과 부산특별시 지정에 관한 법률안이 동시에 국회에 상정되어 부산특별시 승격이 재차 시도되었다. 당시 지방자치법 개정안은 인구 50만 이상의 도시에 법률로써 특별시 지정이 가능하도록 하자는 내용을 담고 있었다. 그러나 부산특별시 지정에 관한 법률안은 분위에서 계류를 거듭하다 1951년 7월 정부가 환도하여 서울에서 토의할 때까지 유보하는 것으로 보류 처분되고 말았다.

이처럼 국회에서 부산시의 특별시 승격안이 좌절된 것은 경상남도와 경상남도의회, 내무부의 반대가 거세었기 때문인데, 경상남도의 경우, 부산이 특별시로 승격

3)『조선일보』 1949년 7월 25일 2면 "부산특별시승격의 필요성"
4)『동아일보』 1949년 8월 12일 1면 "각지소요불원진정"

되면서 도에서 이탈해 나갈 경우에 도세(道勢)가 약해짐은 물론 중앙정부가 특별시로 승격한 부산시에 많은 액수의 보조금을 지급하게 될 것을 우려했던 것이다.(손정목 2002).

1953년 서울로 환도한 이후, 부산특별시 승격안이 다시 국회에 제안되었다. 그러나 환도 이후에는 "서울에 특별시가 있으니 부산도 특별시로 할 수 없다"는 의견이 법제사법위원회에서 주류를 형성하게 되어, 개정안은 특별시를 중앙직할시로 개칭하여 승격안을 통과시키기에 이르렀다.[5] 특별시를 중앙직할시로 한 단계 그 격을 낮추어 추진했음에도 불구하고 서울지역의 반대 의견이 제기되었는데, 서울특별시 동회총연합회는 부산의 중앙직할시 승격에 대한 반대건의서를 국회에 제출하였다.[6] 결국 부산시의 중앙직할시 승격에 관한 국회 논의는 서울지역의 강력한 반대 논리에 부딪혀 다시 좌절되고 말았다.

그럼에도 불구하고 부산시는 부산시의 직할시 승격 요구에 대한 절충안으로 부산시의 하부 행정체계에 '구(區)'를 설치할 수 있도록 허용해 줄 것을 요구했다. 그 결과, 1956년 부산시의 구 설치에 관한 법률안이 국회를 통과하여 1957년부터 구제(區制)가 실시되어 부산시 산하의 6개의 출장소(중구, 서구, 영도구, 부산진구, 동래구)가 구로 승격되었다.

하지만 구제의 실시에도 불구하고 부산시의 직할시 승격에 대한 논의는 계속되었다. 결국, 1961년 9월 5.16 쿠데타 이후 부산직할시 승격건의서가 다시 정부에 제출되어 1962년 9월 행정구역정리심의회에서 부산시의 승격 문제가 본격적으로 논의되었다. 논의의 과정을 거쳐 동래군의 일부를 부산에 편입시키는 안과 함께 직할시 승격안이 통과되었으며, 11월 재건최고회의에 회부된 안건이 통과됨에 따라 1963년 부산시는 정부직할시로 승격하게 되었다(부산직할시시사편찬위원회 1990).

부산시의 직할시 승격이 부산시와 인접 농어촌 지역 간의 연대적 의존관계를 파괴하고 도(道)와 시·읍·면의 재정적 궁핍을 초래할 수 있다는 우려가 제기되기도 했다(류춘호 2014). 물론 도와의 행정 분리는 행정의 능률성과 민주성을 조화시켜 광역행정 수요에 대응이 가능해 진다는 장점을 갖긴 하지만 행정 미분리나 중복 문제가 발생할 수 있다는 단점도 존재한다(김광석 2010).

해방 이후 부산시가 부산직할시로 승격할 때까지 지방자치제와 중앙집권제의 시

5)『조선일보』 1954년 3월 13일 2면 "중앙직할시라고 개칭 부산시승격안, 법사위를 통과"
6)『조선일보』 1954년 3월 13일 3면 "부산시의 승격"

기를 오가며 부산시의 시정을 맡았던 역대 부산시장의 면모와 주요업적을 살펴보면 〈표8-1〉과 같다.

표8-1 해방 이후 부산직할시 승격까지의 역대 부산시장 현황

대수	시장	임기	주요 업적
1대	양성봉	1946년 1월 24일 ~ 1948년 11월 6일	
2대	정종철	1948년 11월 7일 ~ 1949년 8월 14일	부산시 개편
3대	김주학	1950년 4월 21일 ~ 1952년 5월 7일	임시수도 피난 행정
4대/5대	손영수	1952년 5월 8일 ~ 1954년 7월 22일	대연 출장소 설치
6대	최병규	1954년 7월 23일 ~ 1955년 2월 23일	
7대	배상갑	1955년 2월 24일 ~ 1959년 3월 17일	구제 실시
9대	이근용	1960년 5월 16일 ~ 1960년 12월 26일	4.19 수습
10대	김종규	1960년 12월 27일 ~ 1961년 5월 24일	최초 직선제 시장
11대	변재갑	1961년 5월 25일 ~ 1962년 4월 21일	
12대	김현옥	1962년 4월 21일 ~ 1962년 12월 31일	도로 개설 및 정비, 초등학교 학구제 실시

3. 부산직할시와 고도성장기

부산직할시는 1963년 직할시 승격과 함께 6구 7출장소 체제로 출범했다. 〈부산시정부직할에 관한 법률〉에는 부산시의 직할시 승격이 행정의 건전한 발전과 행정능률의 향상을 목적으로 한다고 명시하고 있다. 직할시의 승격은 표면적으로는 광역자치단체로서의 법적 지위를 획득하였음을 의미한다. 또한 기존의 정부-경상남도-부산시로 이어지는 행정계층구조에서 중앙정부로부터 직접적인 지도와 감독을 받는 체제로 전환한 것은 가장 주목할만한 변화라 할 수 있다. 다만 당시의 구가 오늘날 일부 기초자치단체(市) 산하의 구(區)와 같은 행정구의 역할을 수행하였기에 오늘날의 자치구와는 다르다는 점에서 지금과 같은 기초자치단체와 같은 개념의 구가 설치되었다고 보기는 어렵다.

한편 부산시의 직할시 승격은 부산이라는 도시에 도시개발의 활력소가 되기에 충분했다(강성권 2013). 또한 직할시로 승격됨으로써 제2의 도시라는 브랜드 자산의 획득이 가능해졌다는 평가(류춘호 2014)와 함께 부산시가 동남권의 지역거점도시로 발전하게 되는 전기를 마련할 수 있게 되었다고 평가(우양호 2010)할 수 있다.

직할시 승격이 부산시의 행정에서 가지는 가장 큰 의미는 계층을 중층제에서 단층제로 일원화하였다는 점이다. 이는 중앙집권성이 강한 관치지방행정의 성격을 강조하는 대한민국이라는 국가의 행정이념이 그대로 수용된 것이라 할 수 있다(부산직할시 시사편찬위원회 1990). 단층제 구조로의 전환은 재정의 측면에서 기존의

경남도세로 부과되었던 세금이 부산시세로 편입됨에 따라 시민의 복지사업이나 시의 개발사업에 충당할 수 있게 됨을 의미했다. 이는 관련 통계에도 고스란히 드러나는데 승격 직전 196백만 원에 불과하였던 부산시의 세입이 승격 직후에는 비약적으로 늘어 488백만 원에 달하였다(류춘호 2014). 부산시의 직할시 승격으로 하루 아침에 자주재원의 확충이 대규모로 이루어졌던 것이다.

직할시 승격 이후 부산시의 시세도 확장일로를 걸었다. 승격 직후인 1963년 1,369명에 불과하였던 공무원의 수가 1972년 무렵에는 4,200명으로 증가하였으며, 행정 조직 역시 1963년 2실 8국 31과 8사업소에서 1972년 2실 9국 1본부 5담당관 40과로 확대되었다(부산직할시 시사편찬위원회 1990).

한편 부산시 승격 이후 행정구역의 확대도 지속적으로 이루어져 1981년 김해 대저지구가 부산직할시에 편입되었다. 아울러 1983년에는 강서 출장소가 설치되는 한편 사하 출장소의 구 승격이 이루어졌으며, 1988년에는 금정구가 동래구로부터 분구되었다. 직할시 출범 이후 계속된 행정구역 통합을 통해 도시 공간의 확장이 이루어지고 이것이 부산의 인구와 경제성장에 괄목할만한 영향을 미친 것이라 할 수 있다(우양호 2010).

본격적인 지방자치시대가 시작되기 전, 박정희대통령의 권위주의 개발독재가 이끌었던 대한민국 경제의 고도성장기에 중앙집권에 의존한 관치행정체제 하에서 부산직할시의 시정을 맡았던 역대 부산시장의 면모와 주요 업적을 정리해 보면 〈표 8-2〉와 같다.

표8-2 부산직할시 승격 및 고도 성장기 역대 부산시장 현황

대수	시장	임기	주요 업적
12대/13대	김현옥	1963년 1월 1일 ~ 1966년 3월 30일	도로 개설 및 정비, 초등학교 학구제 실시
14대	김대만	1966년 3월 31일 ~ 1969년 4월 26일	
15대	김덕엽	1969년 4월 28일 ~ 1970년 4월 15일	낙동강 취수 사업 완료, 시민 아파트 증대
16대	최두열	1970년 4월 16일 ~ 1971년 6월 11일	도심 개발 계획 마련, 도로망 확충
17대	박영수	1971년 6월 12일 ~ 1977년 7월 6일	도시 고속 도로, 두산 내교 착공
18대	최석원	1977년 7월 7일 ~ 1980년 1월 16일	
19대	손재식	1980년 1월 17일 ~ 1981년 4월 7일	
20대	김무연	1981년 4월 8일 ~ 1982년 5월 24일	
21대	최종호	1982년 5월 25일 ~ 1985년 2월 21일	
22대	정채진	1985년 2월 22일 ~ 1986년 8월 28일	
23대	김주호	1986년 8월 29일 ~ 1987년 5월 18일	
24대	강태홍	1987년 5월 19일 ~ 1990년 12월 27일	
25대	안상영	1988년 5월 19일 ~ 1990년 12월 27일	인공섬 건립 추진, 신항만 건설, 광역교통망 구축

4. 지방자치제의 재도입과 광역시 시대

1987년 6.29 선언에서 노태우 당시 민정당 대통령 후보는 조속한 지방자치의 실행을 약속했다. 이는 민주화 이후 1988년 지방자치법의 부활로 이어졌다. 지방자치법의 부활이 부산시에 미친 가장 큰 영향은 부산시 산하 구의 역할과 위상의 변화였다. 먼저 전부 개정된 지방자치법은 자치구와 인구 50만 이상의 시에 사무배분의 특례가 가능하도록 함으로써 부산직할시 산하 구의 행정적 역할을 강화하는 결과를 가져왔다.

또 동년 5월 개정된 지방자치법 시행령에서는 직할시 산하 자치구의 위상을 기초자치단체로 규정함으로써 직할시 승격 당시 단층제로 간소화했던 행정계층을 다시 중층제로 전환했다. 다만 자치구의 위상을 기초자치단체로 규정하였음에도 시·군에 배분되던 인사와 교육 등에 관한 16개 분야 52개 사무에 대해서는 자율권을 허용하지 않았다(류춘호 2014). 이처럼 직할시 산하 자치구에 대한 규정을 달리 적용하게 된 것은 도와 비교해 지리적으로 협소한 시 지역에서 행해지는 행정행위의 특성을 반영해 그에 따른 차이를 최소화하기 위한 조치라 할 수 있다.

1994년 12월에는 지방자치법을 다시 개정하면서 직할시의 명칭을 광역시로 변경하였으며, 수영구가 남구에서, 사상구가 북구에서, 연제구가 동래구에서 분구되었고, 양산군의 일부가 편입되어 기장군이 설치되었다.

위에서 살펴 본 1987년 민주화 이후 지방자치제의 재도입으로 본격적인 지방자치시대가 시작된 이후 민선자치시대에 부산직할시의 시정을 맡았던 역대 부산시장의 면모와 주요업적을 정리해 보면 〈표8-3〉과 같다.

표8-3 민선자치시대 역대 부산직할시장 현황

대수	시장	임기	주요 업적
26대	김영환	1990년 12월 28일 ~ 1992년 12월 15일	
27대	박부찬	1992년 12월 16일 ~ 1993년 3월 3일	
28대	정문화	1993년 3월 4일 ~ 1994년 9월 23일	
29대	김기재	1994년 9월 24일 ~ 1995년 6월 30일	아시안게임 유치
30대	문정수	1995년 7월 1일 ~ 1998년 6월 30일	부산국제영화제 개최
31대/32대	안상영	1998년 7월 1일 ~ 2004년 2월 4일	3대 밀레니엄 프로젝트
33대/34대/35대	허남식	2004년 6월 6일 ~ 2006년 6월 30일	시민공원 조성, 에코델타시티 추진
36대	서병수	2014년 7월 1일 ~ 2018년 6월 30일	BRT 사업
37대	오거돈	2018년 7월 1일 ~ 2020년 4월 23일	

Ⅲ 부산 지방자치의 역사

1. 해방 이전 일제 강점기 부산의 지방자치

해방 이전 일제감정기 식민지 조선에서는 기초적인 형태의 지방자치가 제한적으로 운영되고 있었지만, 그와 같은 지방자치가 지금과 같이 제대로 된 지방자치의 원칙이나 이념에 입각하여 이루어졌다고 보기는 어렵다. 일제 강점기 식민지 조선에서 시행된 지방자치는 의결기관으로서의 지방의회가 제한적으로 도입된 형태였다. 따라서 이와 같은 일제감정기 지방의회는 조선총독부의 기만적 식민지배를 위한 제도적 장치에 불과하다는 부정적 시각이 강하게 작동하고 있었다. 하지만 일제 강점기의 지방자치제도에 대해 이처럼 부정적 인식이 팽배한 가운데에서도 중앙에 대한 지방의 동화와 협력의 노력뿐만 아니라 경우에 따라서는 대립과 갈등의 모습이 드러나기도 하였다는 시각도 있다(전성현 2020).

일제감정기의 지방자치는 1913년 부령 제28호와 학교조합령에 따라 자문기관인 부협의회와 조합회가 구성되면서 모습을 갖춰나가기 시작했다.[7] 이후 1919년 사이토 총독이 1차로 부임한 이후 지방자치제도의 실시 가능성을 타진하면서 본격적인 지방자치제 시행에 관한 논의가 전개되었다(전성현 2020). 이처럼 총독부가 직접 나서서 지방자치 시행에 관한 논의를 주도한 데는 일본인 거주 비율이 갈수록 증가하고 있고, 일본 본토에서 이미 지방자치제도가 성숙 단계에 이르고 있으며, 조선에 대한 식민 통치 정책이 3.1만세운동을 계기로 폭압정치에서 문화정치로 전환되고 있는 당시의 시대적 상황이 배경으로 작용하였다(윤현석 2014). 이유야 어떻든 일제 치하에서 지방자치는 점차 확대되어 갔는데 부산부의 경우 1920년 11월 부민협의회의 회원을 선출하는 지방선거를 실시하기에 이르렀다. 부산의 경우, 일본인들의 정치·경제적 영향력이 강하여 일본 본토에서 진행된 민중운동이 부민협의회 의원 선거에도 강력한 영향을 미치는 모습이 두드러지게 나타났다(홍순권 2007). 다만 이 시기의 부민협의회는 자문기구에 지나지 않았으며, 선거권 역시 제한되어 있어, 부민협의회의 의결기구화와 선거권 확대에 대한 요구가 계속 제기되기도 했다.

일제는 1930년대 이르러 지금까지의 지방제도를 개혁하여 지방자치제도의 확대

7) 하지만 이와 같은 일제 강점기 지방자치제도 하에서의 주민대표기구 창설은 조선총독부와 재조선 일본인 간의 갈등과 타협의 산물이라는 역사적 평가 또한 존재한다(윤현석 2014).

를 추진하였는데, 결국 일제의 그러한 시도는 관료지배를 강화하겠다는 의도가 강하게 반영된 결과라는 평가가 대부분이다(부산직할시 시사편찬위원회 1990). 도·부·읍 내에 의결기관을 설치함으로써 기존의 부민협의회는 부회로 전환되었다. 또한 교육비를 처리하던 조합을 통합하고 의결기관으로 교육부회를 두기도 했는데 제1교육부회는 일본인 부회의원으로, 제2교육부회는 한국인 부회의원으로 구성하였다.

또한 도와 부·읍·면 등의 행정기관은 관의 감독을 받아 사무를 처리하도록 하였는데, 제한적으로나마 자치재정권과 조례제정권이 부여되었다. 부회는 조세와 사용료 등에 관한 규칙과 과료를 부과하는 규칙 제정이 가능토록 하였다. 이러한 모습은 명목상으로나마 오늘날과 유사한 지방자치의 모습을 구현한 것으로 평가해 볼 수 있다. 특히 조세와 사용료 등에 관한 규칙과 과료의 부과는 어떤 측면에서는 현재의 지방자치와 비교하여 더 많은 권한을 부여한 것으로도 볼 수 있다. 물론 일제가 허용한 그와 같은 지방자치의 내용이 명목상의 자치에 불과하였다는 점에서 실질적인 운용은 제대로 이루어지지 못했다고 보아야 할 것이다. 부윤이 의장을 겸하고 관의 감독이 이루어지고, 집행부장의 제의 부의와 총독이 해산권을 가지고 있었다는 점은 일제 치하에서 이루어진 지방자치가 과연 실질적인 의미를 지닐 수 있는 것인지에 대한 의문을 갖게 하는 부분이다.

부회는 부에 1년 이상 거주하며 독립생계를 유지하는 가운데 5원 이상의 부세를 납부한 25세 이상의 남자로 선거권이 제한되었다. 다만 일제 강점기 말 일본의 통치가 다시금 강화됨에 따라 1943년 지방선거의 후보자에 대해 추천제가 적용되면서 중앙집권적 성격이 보다 강화되는 결과를 나타내었다.

부회는 부협의회가 자문기관에 불과했던 것과 달리 부의 예산에 대해 심의와 의결 권한을 가졌다는 점에서 의미 있는 지방자치제도의 하나로 볼 수 있다. 부회는 앞서 언급한 조례제정권은 물론 행정감사권에 대한 권한을 지녔으며 도의원에 대한 선출 권한도 일부 가지고 있었다는 점에서 기존의 형식적인 지방자치와는 사뭇 다른 모습을 보여주었다.

1930년에는 지방제도가 바뀜에 따라 1931년 부산부회 선거가 실시되었다. 이 선거에서 조선인 1,691명과 일본인 5,614명이 선거권자로 참여하였으며, 조선인 15명이 선거에 입후보했다. 선거 결과, 조선인 9명과 일본인 24명이 부회의원으로 당선되었다(홍순권 2007).

당시의 부회는 오늘날과 같은 의회정치의 모습을 보여주기도 했는데, 파벌을 구성하여 부회 내에서 정치적 세력 간의 대립 양상이 펼쳐졌다. 특기할 점은 현대의 정당정치나 의회정치에서 나타나는 부정적인 모습도 적나라하게 드러났다는 것이다. 1939년 부산부회 부의장 선거 과정에서 부정선거가 발생한 사례가 대표적이다. 당시 부정선거가 발각되면서 당선자 전원이 당선 무효판정을 받아 재선거를 치르기도 했다.

한편 부회 내에서 일본인들이 압도적인 우위를 점한 가운데 조선인 부회 의원들도 눈에 띄는 활동을 전개했다. 권번에 대한 인가 문제와 부립병원의 조선인 채용, 보통학교 부지 선정 문제에 있어서 일본인과 조선인 의원 간의 대립이 나타나기도 했던 것이다(홍순권 2007). 또한 예산안 토의 과정에서 일본인 거주지에 편향된 편성에 반발하여 조선인 의원이 총사직에 나서는 사태가 벌어지기도 하였다(김동명 2014). 1933년에는 부회 회의에서 기타사업을 심의하면서 일본인 거주 지역과 조선인 거주 지역 사이의 예산 편성 차별 문제가 대두되어 논란이 일기도 했다. 조선인과 일본인 사이의 차별 문제에 관한 대립은 1934년 예산안 심의 과정으로 옮아갔는데, 간이 도로와 분뇨 소제시설 건립 등 조선인의 이익 관철을 요구하며 조선인 의원들이 총사퇴를 감행하기에 이르렀다. 결국, 그 사태는 일본인 의원과 부산부, 경상남도가 조선인 의원들을 상대로 권고와 회유, 압력을 행사하여 조선인 의원들이 사퇴를 철회함에 따라 일단락되었다.

위에서 살펴본 일제감정기 부산부회의 모습은 부산 거주 일본인들에게 일방적으로 유리한 정치 환경이 조성된 가운데서도 조선인들이 제한적으로나마 정치적 의사표시를 할 수 있었다는 데 의미를 부여할 수 있다. 이는 일제감정기 지방의회가 저항이나 해방의 장소는 아니었다 할지라도 식민권력이 전횡하는 가운데에서도 정치와 계쟁, 불화가 일어나고 식민지민의 목소리를 대변하는 장소로 일정한 역할을 수행했다는 긍정적 평가를 가능하게 하는 대목이다(전성현 2020).

2. 지방자치의 시험기

미군정은 1946년 군정법령 제60호를 통해 도회와 부회, 읍회 등 일제감정기에 형성된 주민자치조직을 폐지하고 군정법령 제126호를 통해 부와 부·읍·면을 지방자치단체로 하고 집행부와 입법·의결기관을 분리 구성하여 지방의원을 직선제로 선출할 것을 규정하였다. 그러나 후속 조치의 미비로 실질적인 지방자치는 제대로 이루어지지 못하였다.

한국전쟁의 와중이던 1952년에는 지방선거가 시행되어 부산의 경우, 시의원과 도의원에 대한 선거를 실시했다. 대한민국 헌정사상 최초의 지방선거에서 유권자는 직접 선거를 통해 지방의원을 선출하였으며, 자치단체장은 시의회를 통해 간접적으로 선출하였다. 제1회 부산시 의회 선거에서는 35명의 의원을 선출하였으며 133명이 입후보하여 3.8대 1의 경쟁률을 보였다. 유권자 34만 3,005명 가운데 27만 2,735명이 참가하여 투표율은 79.5%를 기록하였다. 이는 1950년 진행된 2회 총선에서 전국 투표율 91.9%와 비교하여 낮은 수준이었는데, 이는 전쟁 중의 혼란상이 반영된 수치라 할 수 있다.

부산 시의회는 초대 의장으로 김낙제 의원을 선출하였으며, 시장으로는 손영수[8]를 선출하였다. 손영수 시장은 전쟁 중 시 기구의 개혁과 동회와 구역의 개편, 출장소의 신설, 하수도 및 도로의 정비 등의 여러 가지 시책을 추진하였으나 시공무원(의) 부정비) 사건으로 사임했다(부산직할시 시사편찬위원회 1990). 손시장 사임에 이어 최병규 시의원이 두 번째 민선시장으로 선출되었다. 그러나 최병규 시장은 취임 이후 선출에 반대한 의원(들)과 대립하면서 갈등을 일으키게 된다. 이후 갈등이 심화되어 시의회는 2회 추가경정예산안의 심의를 방임하고, 제20회 제3차 시의회에서 만장일치로 최병규시장에 대한 불신임을 의결했다. 그러나 최병규 시장은 불신임에 따른 퇴임에도 불구하고 경남지사에게 의회해산을 건의하는 등 반격에 나섰고, 이 과정에서 '이승만 대통령의 분부'를 빙자하며 후임 시장 선거를 방해하였으나 그 뜻을 이루지는 못하였다.

시의회는 최병규 시장의 후임으로 배상갑[9] 시장을 선출한다. 배상갑 시장은 구청제를 실시하고 태종대의 개방과 온천권의 시영화 등을 추진하였으나 정실인사와 비능률적인 운영을 일삼았다는 부정적인 평가를 받았다(부산직할시 시사편찬위원회 1990). 또 부산 공설운동장 압사 사건의 책임회피는 물론, 3.15 부정선거 당시

---

8) 1905년 혹은 1902년 생으로 알려져 있으며, 경성법학전문학교와 큐슈제국대 법학부를 졸업하였다. 하동군수와 마산시장을 역임한 이후 초대 민선 부산시장에 취임한다. 이후 하동에서 자유당 소속으로 4대 국회의원에 당선되었으며 동아제염주식회사의 사장과 부산시상공회의소 의장, 낙양중고등학교 교장을 역임한다. 오랜 관리생활을 하다가 정계에 투신한 전형적인 관료스타일로 알려졌다.

9) 1908년 생. 본적은 경상남도 김해군, 출신지는 부용동 2가이다. 경성 중앙고보를 졸업하고 밀양주조회사와 김해주조회사, 김해운수회사 사장, 부산주조공업 전무이사를 재직하며 부산상공회의소 의원으로 지역 상공계에 투신하였다. 정치경력으로 김해읍회와 경상남도 도의회의 의원을 지냈으며 과 자유당김해갑구당 위원장을 지냈다.

부정선거를 진두지휘하였다는 의혹을 받았으며, 건설업자로부터 수의계약에 대한 댓가로 뇌물을 받았다는 의혹이 제기되기도 하였다. 결국 배상갑시장은 4.19혁명에 대한 도의적 책임을 지고 사임했지만, 퇴임 후 공금횡령 혐의로 지명수배를 받아 체포되었다.

1956년 제2회 부산시의회 의원 선거에서는 유권자 43만 1342명 가운데 31만 3428명이 투표에 참가하여 72.7%의 투표율을 기록하였다. 당시 시의원 선거는 29명을 선출하였는데, 이 가운데 국민회 3명과 민주당과 대한노총 각 1명을 제외한 24명은 무소속이었다. 배상갑 시장의 후임으로 이근용시장이 허정 과도정부에 의해 임명되었다. 이근용시장은 초대 직선 부산시장 선거에도 도전하였으나 민주당의 부산시장 후보 공천자 추천 대회에서 곽도산 경향신문 부산지사장에 아깝게 패했다.

4.19 혁명으로 집권한 장면 정부는 지방자치법을 개정하여 지방자치단체장에 대한 직선제를 시행했다. 이에 1960년 12월 진행된 첫 번째 부산시장 직접 선거에는 신민당 소속의 김종규[10] 전 부시장이 민주당의 곽도산 후보를 누르고 당선되었다. 그러나 5.16 쿠데타로 지방자치가 중단됨에 따라 김종규 시장은 6개월 만에 시장직에서 물러났다.

제3회 부산시의회 의원 선거가 1960년 12월에 실시되었다. 29명의 의원을 선출한 3회 시의원 선거는 51만 3,785명의 유권자 가운데 26만 7,836명이 참여하여 51.1%의 투표율을 기록하였다. 선거는 4.19 혁명의 여파로 민주당 계열의 강세가 돋보였는데, 민주당과 신민당이 각각 9명과 3명의 당선자를 배출하였고, 17명은 무소속이었다.

해방 이후 10년여의 기간 동안 시행된 초기의 지방자치는 한국전쟁의 혼란상이 그대로 반영되어 파행적인 모습을 보였다. 물론 민주주의가 제대로 정착되지 못한 가운데 이승만 대통령의 정치적 의도에 따라 시행된 지방자치가 제대로 추진되기엔 사실상 불가능에 가까웠다. 이러한 시대상을 반영하듯 지방자치에 대한 시민들의 관심 역시 줄어들었는데, 시의회 선거의 투표율은 1회 선거에서 79.5%를 기록하였으나 3회 선거에서는 51.1%로 급격하게 떨어졌다. 더욱이 3회 시의회 선거가 시행된 1960년 시·읍·면의회의원 선거의 전국단위 투표율이 62.6%였다는 점에서 지방자치에 대한 부산 시민들의 무관심은 최고조에 달하였음을 알 수 있다.

10) 경상남도 마산 출신으로 동경농과대학을 졸업했다. 전라북도 남원과 경상남도 밀양, 창원 등에서 군수와 마산여자중학교 교감을 역임하였다.

3. 지방자치제 부활

1) 1991년 지방선거와 제1회 전국동시지방선거

1991년 재도입된 지방자치제도 하에서 치러진 지방선거에서는 지방의회 의원에 대한 선거만 실시되었다. 1961년 5.16 쿠데타로 지방자치가 중단된 이후 31년 만에 재개된 선거는 기초의원과 광역의원 선거를 나누어 치렀는데 각각 55.0%와 58.9%의 투표율 기록하였다. 기초의원 선거의 경우, 2002년 제3회 전국동시지방선거까지는 정당공천을 허용하지 않은 채 선거가 치러졌다. 반면 광역의회의 경우에는 같은 기간에 정당공천이 허용되었는데 1대 부산시의회의 경우 전체 51명 가운데 50명의 민주자유당 소속 의원이 당선되었다.

1995년 실시한 제1회 전국동시지방선거는 지방자치제 재도입 이후 처음으로 자치단체장에 대한 선거도 함께 치러졌다. 1회 지선의 부산 투표율은 66.2%를 기록하여 전국 투표율 68.4%에 비해서 다소 낮았다. 광역자치단체장은 민주자유당 소속 문정수[11] 후보가 득표율 51.4%를 기록하여 득표율 37.6%를 기록한 민주당 노무현 후보를 누르고 초대 민선 부산광역시장에 당선되었다. 문정수시장은 재임기간 중 수영 비행장에 대한 사전 사용 승인과 다대포 항만배후도로 건설, 국제영화제 개최, 하나로카드 도입 등 각종 정책을 성공적으로 추진해 긍정적인 시정 평가를 받았다.[12] 하지만 본인이 한보비리에 연루되어 기소됨으로써 제2회 지방선거에서는 안상영후보에게 밀려 한나라당의 공천을 받지 못하였다.

한편 기초자치단체의 경우 남구(이영근)와 강서구(배응기)를 제외한 모든 지역에서 민주자유당 후보가 당선되었으다. 초대 민선 기초단체장 선거에서 눈에 띄는 점은 관선 단체장 출신들의 강세였다. 변익규 서구 구청장 당선자를 비롯하여 동구(곽윤섭), 부산진구(하계열), 동래구(이규상), 사하구(박재영), 수영구(신종관)에서 관선 단체장 출신이 당선되었다. 또 북구(권익)와 사상구(서경원)는 기초의회의장이, 영도구(박대석)에서는 광역의원 출신이 기초단체장으로 당선되었다.

부산광역시의회 선거의 경우 지역구 당선자 55명 가운데 가운데 50명이 민주자유당 소속이었다. 또한 비례대표 당선자는 6명 가운데 민주자유당 소속은 4명, 민

---

11) 1939년생. 부산 출신으로 12대 총선에서 신한민주당 소속으로 부산 북구에 출마하여 2위 당선되었다. 북구에서 내리 3선을 기록하였으며, 초대 민선 부산광역시장을 지냈다. 2000년 15대 총선에서는 한나라당을 탈당하여 북·강서을에 민주국민당 소속으로 출마한다. 그러나 한나라당의 허태열 후보와 새천년민주당의 노무현 후보에 밀려 3위를 기록하고 낙선한다.

12) 김진. "[부산 정치비화 60년]13. 초대 민선 부산시장 문정수." 『부산일보』 2011년 4월 11일. http://www.busan.com/view/busan/view.php?code=20110411000035 (검색일: 2021년 1월 3일)

주당 소속은 2명이 당선되어 민주자유당은 의석점유율 96.7%를 기록하여 시정을 장악하였다. 1991년 지방선거와 1995년의 제1회 전국동시지방선거는 3당 합당 이후 기울어진 부산의 정치 지형을 고스란히 드러냈다. 이러한 흐름은 2014년 제6회 전국동시지방선거까지 지속된다.

문정수시장이 취임할 당시인 1995년 부산시의 행정 편제는 14개 실·국·본부와 58관리관·과·담당관, 12개 직속기관, 30개 사업소로 이루어졌다. 그러나 문정수시장은 1998년 1월 금강공원을 비롯한 3개 공원 사업소를 폐지하는 등 편제 개편을 단행하였다. 문정수 시장 재임 기간 동안 행정 편제 상 크나큰 변동은 사실상 없었다고 볼 수 있는데, 이는 3년이란 짧은 임기와 지방자치제도 재도입의 초창기라는 시기적 특성에 따른 것으로 평가할 수 있다.

2) 안상영 시정(1998~2004)

제1회 전국동시지방선거 당선자는 지방선거와 총선이 격년으로 치러질 수 있도록 조정하기 위해서 임기를 3년으로 단축하였다. 이에 따라 제2회 전국동시지방선거는 1995년에 치러졌다. 부산의 투표율은 46.7%를 기록하여 전국 투표율 52.7%와 비교하여 크게 낮았음은 물론, 전국에서도 가장 낮은 수치였다.

부산광역시장 선거의 경우 관선 부산시장을 지낸 안상영후보[13]가 신한국당의 공천을 받았다. 여당은 부산대 철학과 허일민 교수를 공천하였으며, 해운대·기장 을의 김기재 의원이 신한국당 탈당 후 출마하였다. 선거 결과, 안상영 후보가 득표율 45.1%를 기록하여 득표율 43.5%를 기록한 무소속 김기재 후보를 누르고 당선되었다. 김기재 후보는 여론조사에서 안상영 후보를 앞서는 모습도 보였지만 반신한국당 표심이 새천년민주당 허일민 후보와 분산되어 불과 1.6%p 차이로 낙선했다.

부산광역시의회 선거의 경우 지역구 44명의 당선자가 가운데 한나라당 소속 당선자는 43명, 자유민주연합(자민련) 소속 당선자는 1명 뿐이었다. 비례대표의 경우, 5명의 당선자 가운데 3명이 한나라당 소속, 2명이 민주당 소속이었다. 한나라당의 의석 점유율은 93.9%를 기록하여 지난 제1회 전국동시지방선거와 큰 차이를 보이지 않았다. 한편 기초단체장 선거의 경우 무소속의 강세가 눈에 띄었다. 기존의 남구(이영근)와 강서구(배응기) 이외에도 중구(이인준)와 서구(김영오), 금정구

13) 1938년 전라남도 광양 출생. 부산고등학교와 서울대학교 토목공학과를 졸업하여 서울시의 도로국장과 도시계획국장, 종합건설본부장— 25대 부산직할시장(관선), 해운항만청장, 부산매일신문 사장을 역임하였다.

(윤석천)에서도 추가로 무소속 후보가 당선된 것이다.

2002년 6월 한일월드컵 속에서 치러진 제3회 전국동시지방선거의 경우 부산의 투표율은 41.8%를 기록하였다. 이는 전국 투표율 48.9%와 비교하여 큰 차이를 보이는 것으로 제2회 전국동시지방선거와 마찬가지로 전국 최하위 수준의 투표율을 보였다. 선거 결과를 구체적으로 살펴보면 먼저 부산시의회 의원 선거의 경우 지역구 40곳을 한나라당이 싹쓸이 하는 결과를 보였다. 제3회 전국동시지방선거는 한국 선거 역사상 처음으로 정당투표제가 실시된 선거이기도 하였다. 광역의원 정당투표 결과 한나라당은 71.7%의 득표율을 기록하여 14.1%를 기록한 새천년민주당과 10.7%를 기록한 민주노동당을 압도하는 결과를 보였다. 이러한 결과에 따라 비례대표 의석은 한나라당이 2석을, 새천년민주당이 1석을 배정받는다. 또한 민주노동당 역시 1석을 배정받아 부산광역시의회 개원 이후 최초로 진보정당이 원내에 진출하였다. 16개 기초단체장의 경우 중구(이인준)와 영도구(박대석), 연제구(박대해)를 제외한 13곳의 기초자치단체에서 한나라당 후보가 당선되었다. 해운대구의 경우 허옥경 후보가 당선됨으로써 부산시 최초의 여성 기초단체장이 탄생했다.

마지막으로 부산광역시장 선거의 경우 한나라당은 안상영 시장이 재선을 위해 출마하였으며, 새천년민주당은 한이헌 전 의원(15대 북·강서을)이, 민주노동당은 김석준[14] 부산대 교수가 후보로 나섰다. 선거 결과 안상영 시장은 63.8%의 득표율을 기록하여 새천년민주당 한이현 후보(19.4%)를 큰 차이로 따돌리고 재선에 성공했다.

안상영 시장이 취임한 1998년 연말 부산시의 행정 편제는 12실·국·본부와 11개 직속기관, 27개 사업소로 짜여졌다. 이는 이전인 1997년과 비교하여 2개의 실·국·본부와 1개의 직속기관, 3개의 사업소가 줄어든 것이었다. 안상영 시정 1기에서 추진되었던 조직 개편은 IMF라는 특수한 상황 하에 전개되었다. IMF 경제위기 상황에서 작고 생산적인 지방행정 조직으로의 변화가 요구되었다. 특히 국민의 정부 4대 국정개혁과제 중 하나인 공공부문 개혁차원에서 고비용/저효율 구조에 대한 개선과 경쟁력. 생산성 제고가 지방행정조직 개편의 목표로 대두되었다. 따라서 1998년 1단계와 1999년 2단계 1차년도 구조조정을 통해서 4국 14과 8개 사업소

14) 1957년 경상북도 봉화 출생. 부산고등학교와 서울대학교 사회학과 졸업 이후 부산대학교 사범대학 교수로 재직하였다. 1997년 국민승리 21을 통해 정계에 입문하였으며 민주노동당 소속으로 두 차례 부산광역시장 선거와 한 차례 총선(부산 금정)에 출마하였다. 이후 2014년 제6회 전국동시지방선거를 통해 민선 부산광역시 교육감에 당선되고, 2018년 제7회 전국동시지방선거에서는 재선에 성공한다.

를 감축하여 인력 정원 1,058명을 감축하게 되었으며, 환경시설공단이 설립되면서 산하 사업소의 업무가 공단으로 이관되었으며, 복지관 등의 업무 역시 민간위탁이 이루어졌다. 한편 2002년 구조조정이 완료된 이후 월드컵과 아시안 게임 준비에 따른 행정 수요 증가로 인하여 산하의 국제협력관광과의 분과와 국제회의담당, 영화영상진흥담당의 신설 등이 이루어지기도 했다.

안상영시장 체제 하에서 이루어진 조직 개편은 시장의 공약이나 프로젝트에 따른 것이라기보다 외부 요인에 따른 변화로 보아야 한다. 물론 그 가운데에서도 주요 핵심프로젝트인 컨벤션 산업과 관광 산업을 담당하기 위한 조직 개편도 이루어졌다는 점에서 단순히 외부 요인의 압력에 따른 조직 개편으로만 볼 수 없는 측면도 있다.

안상영 시장은 관선 부산시장 재임시 인공섬 프로젝트와 광안대교를 비롯한 외곽 순환도로, 신공항 건설을 최초로 구상해서 실천에 옮기려 할 정도로 혁신적인 행정을 구현하고자 노력하였다. 또한 민선 시장 재임 기간에는 부산아시안게임을 개최하였으며, 3대 밀레니엄 프로젝트로 센텀시티 조성과 동부산권 국제자유관광단지, 서부산권 세계교류단지 사업을 추진하는 등 매우 적극적이고 공격적인 행정을 펼쳤다. 하지만 안상영시장은 재임 중 뇌물수수 혐의로 구속되어 부산구치소에 수감되어 조사를 받게 되었고, 결국 구치소 내에서 극단적인 선택을 시도해 결국 보궐선거의 빌미를 제공하기도 했다.

3) 허남식 시정(2004~2014)

안상영 시장의 극단적인 선택 이후 부산 시정은 7개월간 오거돈[15] 행정부시장의 대행체제를 거쳤다. 오거돈 시장권한대행은 APEC 정상회담의 부산 개최를 이끌며 호평을 받았고 이를 바탕으로 여당인 열린우리당의 후보로 보궐선거에 나섰다. 한편 한나라당에서는 허남식[16] 정무부시장이 최재범 전 서울시 행정부시장을 경선에서 누르고 후보로 결정되었다. 재보궐선거는 투표율 33.0%를 기록한 가운데, 허남식 후보가 62.3%의 득표율을 올려 득표율 37.7%를 기록한 오거돈 후보를 누르고

15) 1948년 부산 출생. 경남고등학교와 서울대학교 철학과를 졸업하여 관선 부산 동구청장과 부산광역시 정무부시장, 행정부시장을 역임하였다. 이후 해양수산부 장관과 한국해양대학교, 동명대학교 총장 등을 거쳐 제7회 전국동시지방선거에서 민주당계로는 최초로 민선 부산광역시장에 당선된다. 그러나 2020년 성추문으로 2년만에 사퇴한다.

16) 1949년 경남 의령 출생. 마산고등학교와 고려대학교 심리학과를 졸업하여 관선 영도구청장과 부산시 내무국장, 상수도사업본부장, 정무부시장 등을 역임하고 2004년 재보궐 선거를 통해 부산광역시장에 당선된다. 3선 이후 사하구 출마를 시도하였으나 공천에서 탈락하였으며, 2016년 지역균형위원회 위원장을 맡았다.

시장에 당선되었다.

두 후보는 2006년 제4회 전국동시지방선거를 통해 재대결을 가졌다. 제4회 전국동시지방선거는 전국 투표율이 51.6%를 기록한 가운데 부산은 48.5%의 투표율을 기록하였다. 이는 여전히 전국 투표율보다 낮은 수치이지만, 이전에 비해서 전국 평균에 근접한 수치라 할 수 있다. 선거 결과를 살펴보면 먼저 부산광역시장 선거의 경우 허남식 시장이 득표율 65.5%를 기록하여 열린우리당의 오거돈 후보(24.1%)와 민주노동당의 김석준 후보(10.3%)를 큰 차이로 제치고 재선에 성공했다.

부산광역시의회 선거의 경우 먼저 지역구 40석을 다시 한 번 한나라당이 석권했다. 또한 정당비례대표선거에서도 한나라당이 65.7%의 득표율을 기록하여 비례대표 5석 가운데 3석을 차지하며 전체 의석 점유율 95.6%를 기록했다. 제4회 전국동시지방선거에서는 기초의회 선거에 대해서 정당 공천이 실시되었는데, 한나라당은 16개 의회 전체에서 과반 의석을 달성했다. 특히 특정 정당의 의석 독점을 막기 위해 중대선거구제[17]가 도입되어 복수의 후보가 출마하였음에도 수영구와 동래구, 동구, 서구에서는 한나라당이 모든 지역구 의석을 독식하는 충격적인 결과를 보였다.

한나라당의 압도적인 승리는 기초자치단체장 선거에서도 마찬가지로 나타났다. 16개 기초자치단체 가운데 중구(이인준)를 제외한 15곳에서 한나라당 후보가 당선되었다. 특기할 점은 중구청장에 당선된 이익준 후보는 유일한 비한나라당 당선자임과 동시에 부산광역시 최초의 3선 기초단체장이 되었다.

2010년 실시된 제5회 전국동시지방선거의 특징은 한나라당에 대항하여 야권후보들이 단일화를 이루었다는 것이다. 이는 기초의회 선거에서 두드러지게 나타났는데, 제4회 전국동시지방선거에서는 열린우리당 소속 당선자는 158명 가운데 19명에 불과하였다. 하지만 제5회 전국동시지방선거에서는 158명의 당선자 가운데 민주당 소속은 28명, 민주노동당 소속은 9명, 진보신당 소속 3명, 국민참여당 2명 등 야권단일 후보가 다수 당선되는 결과를 보였다. 다만 그럼에도 불구하고 한나라당은 93명의 당선자를 배출하여 다시 한 번 16개 기초의회 전체에서 과반 의석을 차지하였다.

한편 기초자치단체장 선거와 광역의회 선거에서는 단일화의 효과가 사실상 나타나지 않았다. 기초자치단체장 가운데 동구(박한재)와 기장군(오규석), 연제구(이위준)를 제외한 13개 기초자치단체에서는 한나라당 소속 후보가 당선되었으며, 부산

17) 하나의 선거구에서 2명 이상의 당선자를 선출하는 선거 제도

광역시의회 선거에서도 지역구 42곳 가운데 무소속이 당선된 5곳을 제외한 37곳에서 한나라당 소속 후보가 당선되었다. 다만 광역의원 비례대표 선거에서는 한나라당이 51.7%의 득표율을 기록하여 이전보다 낮은 득표력을 보였다. 물론 전체 의석점유율은 85.1%를 기록하며 여전히 압도적 위상을 보여주었다.

부산광역시장 선거의 경우 한나라당은 허남식 후보가 3선을 노리고 출마하였으며, 야권은 민주당 김정길[18] 후보가 야권단일후보로 출마하였다. 선거 결과 김정길 후보는 역대 부산광역시장 선거에서 민주당 계열 후보 가운데 가장 높은 44.6%의 득표율을 기록하였지만, 허남식 시장이 55.4%의 득표율을 기록하며 3선에 성공했다.

허남식 시장은 취임 이후 크게 네 차례 직제 개편을 단행하였다. 먼저 2005년 1월 APEC 정상회의 개최를 통해 경제진흥국을 경제진흥실로 격상하고 과학기술과와 산업입지과, 도시정비과 등을 신설하는 조직개편을 단행하였다.[19] 이어 2007년 1월에는 1개 국과 10개 팀을 신설했다.[20] 2007년 행정조직 개편은 표준정원제를 인건비 한도 내에서 조직의 개편이 가능한 총액인건비제로 전환하는 조치가 그 배경으로 작용하였다. 행정조직 개편의 구체적인 내용은 기존의 관광단지 및 시민공원 조성단을 국으로 확대하고 투자유치팀, 산업입지팀, 영화영상팀, 산지관리팀 등을 신설하는 것이었다.

허남식시장은 2008년 5월에는 1국과 2과를 감축하는 개편안을 추진하기도 하였다.[21] 2008년의 개편은 기획지원부서를 축소하고 효율성을 높이기 위해 기존 2실9국2본부5관64과를 3실7국2본부5관62과로 조정하는 것이었다. 마지막으로 2009년 6월에도 5개 과를 신설하는 조직 개편안을 추진했다. 건설정책과와 재난안전과, 푸른도시과와 산림휴양과의 구분과 교육협력담당관 신설 등을 포함하는 것이 주요 내용이었다.

허남식 시정체제에서 이루어진 이와 같은 잦은 행정조직 및 직무 개편은 허남식 시정의 역점 사업은 물론 경제 부서에 대한 개편에 집중하겠다는 의지를 보여주는

18) 1945년 경남 통영 출생. 12대 총선 동·영도 선거구에서 민주한국당 소속으로 당선되었으며 13대 총선(부산 영도)을 통해 재선에 성공한다. 이후 3당 합당에 반대하여 통일민주당을 탈당한다. 이후 민주당계열 후보로 6차례의 총선과 1차례의 광역단체장 선거에 출마하여 모두 낙선한다.

19) 송대성. "부산시, 내달 대대적 조직개편." 『부산일보』 2005년 1월 15일. http://www.busan.com/view/busan/view.php?code=20050115000002 (검색일: 2021년 1월 13일)

20) 이상민. "부산시, 하위직은 줄이고 중간 간부는 늘리고 '항아리형' 직제 개편 논란." 『부산일보』 2007년 1월 12일 http://www.busan.com/view/busan/view.php?code=20070112000170 (검색일: 2021년 1월 13일)

21) 이병철·강윤경 "부산시, 3실 7국 2본부 5관 62과로 개편 단행." 『부산일보』 2008년 5월 21일 http://www.busan.com/view/busan/view.php?code=20080521000286 (검색일: 2021년 1월 13일)

것이었다. 허남식 시장은 후보 시절부터 경제살리기를 강조하였고, 그와 같은 시장의 의지는 행정조직 및 직무 개편과정에 고스란히 반영되었는데, 경제진흥실 격상과 투자유치팀, 산업입지팀 등의 신설이 그 대표적 사례라 할 수 있다. 또한 허남식시장 체제 하에서는 행정 개편을 통해 시장의 역점 사업에 집중하려는 의도가 드러났는데, 2007년 개편 당시 동부산 관광단지와 시민공원을 추진하는 조성단을 국으로 확대한 것이 대표적 사례라 할 수 있다. 이러한 허남식 시장의 행정조직 및 직무 개편의 노력은 퇴임 이후의 평가에서도 드러나듯이 일정 부분 실효를 거두었다고 할 수 있다.

4) 서병수 시정(2014~2018)

허남식 시장이 3선을 끝으로 물러남에 따라 2014년 제6회 전국동시지방선거는 새로운 시장을 뽑는 선거가 되었다. 새누리당은 경선을 통해 서병수의원이[22] 권철현 전 주일 대사와 박민식 의원을 제치고 공천권을 확보했다. 야권은 김영춘 전 의원이 후보로 결정되었지만 사퇴를 통해 무소속 오거돈 후보로 단일화되었다. 선거결과, 오50.7%의 득표율을 기록한 서병수 후보가 49.3%의 득표율을 기록한 오거돈 후보를 누르고 민선 6기 부산광역시장으로 당선되었다.

그러나 부산광역시장 선거에서 야권 후보의 선전에도 불구하고 시의회 선거는 여전히 새누리당이 압도하는 양상이 펼쳐졌다. 42개의 지역구는 모두 새누리당 소속 후보가 당선되었으며, 5석의 비례대표 역시 새누리당이 3석을 차지하며 95.7%의 의석점유율을 기록했다. 기초자치단체장 선거 역시 기장군(오규석)을 제외한 15곳에서 새누리당 소속 후보자가 당선되었다. 다만 한 가지 특기할 점은 그간 보수계열 정당이 모든 기초의회에서 의석의 과반을 차지하던 것과는 달리 북구에서 새정치민주연합이 13석 가운데 7석을 차지하며 과반을 차지하는 파란이 일어났다는 점이다.

한편 제6회 전국동시지방선거에서 부산은 55.6%의 투표율을 기록하여 56.8%의 투표율을 기록한 전국 투표율과 비교하여 다소 낮은 수준을 보였는데, 과거 전국 최하위 수준의 지방선거 투표율을 보였던 것과 비교해 볼 때 변화된 모습을 보였

22) 1952년 울산 출생. 경남고등학교와 서강대학교를 거쳐 우진서비스 대표이사를 맡았다. 2000년 재보궐선거를 통해서 해운대구청장에 당선되어 정계에 입문하였으며, 이후 해운대·기장 갑에서 4선 국회의원을 역임한다. 2014년 제6회 전국동시지방선거를 통해 부산광역시장에 당선되지만 제7회 전국동시지방선거에서는 낙선하며 재선에 실패한다. 이후 2020년 21대 총선에서 부산진 갑에서 현역 김영춘 의원을 누르고 당선된다.

다. 2018년 제7회 전국동시지방선거에서도 부산은 58.8%의 투표율을 기록하여 전국 투표율 60.2%와 비교하여 조금 낮긴 하지만 매우 근접한 모습을 보였다.

제6회 전국동시지방선거를 통해 당선된 서병수 시장은 재임 기간 TNT2030 플랜을 내세우며 의욕적인 시정활동을 전개하였고, 다복동 사업 등에서는 긍정적인 평가를 받았다. 그러나 재임기간 내내 광역단체장 평가에서 전국 최하위 수준에 머물렀으며, 부산국제영화제와 관련하여 외압 논란을 겪기도 하였다. BRT 사업 등 서병수시장이 역점을 두고 추진했던 일부 사업에 대해서는 평가가 엇갈리는 경우가 많았다.

서병수 시장은 취임 이후 대규모 조직 개편을 통해 시정혁신을 도모하였다.[23] 먼저 시장 직속으로 시정혁신본부와 시민소통관을 신설하여 시민사회와의 소통 의지를 보이기도 했다. 또한 서병수시장은 산업정책관을 일자리산업실로 개편하여 핵심 공약인 일자리 창출을 도모하였으며, 균형발전을 위한 서부산개발국을 신설하였다. 또한 2016년에는 해양레저과와 항만재창조팀, 해양안전TF팀, 해양수도팀 등을 신설하여 해양산업에 대한 해양경제특별구역 관련 공약 이행을 도모하였다. 앞선 허남식 시장이 역점 사업에 대한 집중을 위해 직무 개편에 나선 것과는 차이를 보이는 것이라 할 수 있다.

5) 제7회 전국동시지방선거에서의 지방정권 교체와 오거돈 시정(2018~2020)

제7회 전국동시지방선거는 박근혜 대통령의 탄핵 이후 변화된 정치구도에 따라 더불어민주당이 압도적인 우위를 보이는 결과가 나타났다. 먼저 16개 기초자치단체 가운데 서구(공한수)와 수영구(강성태), 기장군(오규석)을 제외한 13곳에서 더불어민주당 소속 후보가 당선되었으며, 금정구와 남구를 제외한 모든 기초의회에서 더불어민주당이 과반 의석을 차지하였다.

또한 부산광역시의회 선거에서는 지역구 42곳 가운데 38곳을 더불어민주당 소속 후보가 차지해 4곳에서 당선되는데 그친 자유한국당을 압도하였다. 정당 비례대표 투표에서도 더불어민주당은 48.8%의 득표율을 기록하여 3석을 배정받은 반면 자유한국당은 36.7%의 득표율을 기록하여 2석을 배정받는데 그쳤다. 최종적으로 제8대 부산광역시의회에서 더불어민주당은 47개의 의석 가운데 41개의 의석을

23) 강윤형·김형 "부산시 조직 대대적 개편, 시장 직속 혁신본부·시민소통관 신설." 『부산일보』 2014년 11월 13일 http://www.busan.com/view/busan/view.php?code=20141113000203 (검색일: 2021년 1월 13일)

차지하여 87.2%의 의석점유율을 기록하는 이변을 펼쳤다. 부산광역시장 선거는 자유한국당 소속의 서병수 시장과 더불어민주당 소속 오거돈 후보 간의 리턴 매치가 펼쳐졌는데, 선거 결과 서병수 시장은 37.2%의 득표를 기록하는데 그쳐 55.2%의 득표를 올린 오거돈 후보에 밀려 재선에 실패했다.

오거돈 시장의 당선을 비롯한 제7회 전국동시지방선거의 결과는 보수계열 정당의 우위가 지속되던 부산의 정치지형을 크게 흔든 결과라 할 수 있었다. 부산의 지방정치는 20여 년 간 광역과 기초 단위의 단체장 선거와 의원 선거 모두에서 확고한 보수 우위의 구도를 보여왔다. 그러나 제7회 전국동시지방선거를 통해 반대로 민주당이 압도적인 정치적 우위를 확보함으로써 전면적인 지방권력 교체를 통해 부산의 정치와 행정에 신선한 충격을 가져올 것으로 예상되었다.

그러나 이러한 기대와 달리 오거돈 시장의 부산시정은 제대로 갈피를 잡지 못하는 모습을 보였다. 불과 2년 남짓한 기간 동안 3번의 대규모 행정조직 및 직무 개편을 단행하는 등 행정개혁의 확고한 방향을 제대로 잡지 못한 채 우왕좌왕하는 모습을 보여주기만 했다. 먼저 오거돈 시장은 당선인 시절 조직개편안을 발표하여 기존의 3실 4본부 10국 체제를 5실 3본부 9국 체제로 개편했다. 기존의 건강체육국과 산업통산국을 폐지하고, 서부산개발본부를 도시균형재생국으로, 창조도시국을 행복건축주택국으로, 일자리경제본부를 일자리경제실로 변경하는 등대대적인 조직 개편을 단행하였다.[24] 그러나 이러한 변화에 대해 해양 정책 분야에서는 오히려 정책의 역행 현상이 발생했을 뿐만 아니라 일부 조직의 경우에는 지나치게 비대해지는 결과를 초래했다는 비판이 제기되기도 했다.

이후 오거돈 시정은 같은 해 11월 물정책국과 환경정책실, 성장전력본부를 신설하고 문화복지진흥실을 폐지하는 등 2차 조직개편을 단행했다. 2차 조직 개편은 시민 삶의 질 향상과 조직 전반에 대한 보완을 목적으로 단행되었으며, 소폭 개편이 이루어졌던 1차 조직 개편과 비교하여 규모가 커 사실상 본격적인 첫 조직개편이라는 평가를 받았다.[25]

오거돈 시정의 행정조직 및 직무 개편은 여기에 그치지 않고 신공항추진본부를

---

24) 박진국 "부산시 조직 '5실 3본부 9국'으로 개편." 『부산일보』 2018년 6월 26일
http://www.busan.com/view/busan/view.php?code=20180626000294 (검색일: 2021년 1월 13일)
25) 송진영 "환경정책실·물정책국 신설…부산시 대규모 조직개편 단행." 『국제신문』 2018년 11월 21일
http://www.kookje.co.kr/news2011/asp/newsbody.asp?code=0300&key=20181122.22001009447 (검색일: 2021년 1월 13일)

상설기구로 전환하하는 한편, 건축주택국의 부활, 민생노동정책관과 관광산업국 신설 등을 주요 내용으로 하는 3차 개편으로 이어졌다.26)

오거돈 시정에서의 행정 개편은 전임자의 색채(건강체육국, 산업통산국, 서부산개발본부)를 지우고 주요 공약에 맞춘 조직의 개편(신공항추진본부 상시기구화, 환경정책실 등)을 추진해 보겠다는 의지의 표현으로 볼 수 있다. 그러나 잦은 행정 개편으로 인해 행정에 대한 신뢰를 약화시켰다는 비판에 직면하게 되었으며, 결과적으로는 행정조직 및 직무 개편의 구체적인 성과를 거두기도 전에 성비위 사건의 책임을 지고 시장직을 사퇴하는 초유의 사태를 맞게 됨으로써 실패로 끝나고 말았다.

제7회 전국동시지방선거에서 서병수 시장을 누르고 민선 7기 부산광역시장으로 당선된 오거돈 시장은 원전해체연구소 유치와 부·울·경 상생 추진 등의 일부 정책공약 분야에서는 긍정적인 평가를 받기도 했다. 하지만 정무라인에 대한 과도한 의존에 따른 관료사회의 불만 누적과 코드인사와 보은인사 등 인사정책의 실패, 그리고 최종적으로 시장 개인의 성추문으로 인한 중도 사퇴로 인해 최악의 결과를 낳게 되었다.

Ⅳ. 결론: 부산 행정 변천사의 특징과 교훈

앞서 살펴보았듯이 이글에서는 중앙정부에 대한 지방정부의 자율권 확보라는 지방자치적 시각에서 일제 강점기부터 현재에 이르는 100년이 넘는 부산의 행정 변천사를 살펴보고자 노력했다. 이 글을 통해 살펴본 부산의 행정 변천사가 보여주는 주요한 특징은 다음과 같이 요약될 수 있다. 첫째, 부산의 행정체제는 시대 상황의 변화에 따라 매우 극적인 변화를 겪어 왔다는 점이다. 이는 1876년 강화도조약에 따른 개항 이후 일제의 침략이 노골화되면서 결국 일제 강점기로 이어지는 일련의 역사적 과정과 관련이 깊다. 일제 식민권력의 필요에 따라 도시로서의 부산이 인구와 지리적 규모 면에서 확장을 거듭하면서 대도시로 성장해 나갔고, 그 과정에서 주변 지역과 끊임없이 결합과 분리를 반복하고 또 매립과 매축을 통해 새롭게 형성된 지리적 영역을 도시의 일부로 수용해 나가면서 확장을 거듭해 왔던 역사적

26) 이현우 "부산시 민선 7기 세 번째 대규모 조직 개편" 『국제신문』 2018년 11월 21일 http://www.busan.com/view/busan/view.php?code=2019052919280250701 (검색일: 2021년 1월 13일)

과정을 반영한 결과라는 것이다.

둘째, 부산이라는 도시의 발전 과정에서 시대변화에 따른 일정한 단속(斷續)의 과정은 있었지만 부산은 행정의 측면에서 끊임없이 지방자치에 대한 욕구를 분출해 왔고, 부산의 행정 또한 그에 부합하는 형태로 조금씩 진화해 왔다는 것이다. 일제 강점기에 식민권력이 부산에 이식한 지방자치는 일제 식민통치의 효율성을 강화하기 위한 보조적 수단에 불과했다. 하지만 부민협의회 사례에서 찾아볼 수 있듯이 박제화된 형식적인 지방자치 속에서도 조선인의 이익을 옹호하기 위한 자구적 노력 또한 이어져 왔다는 점은 중요한 역사적 유산의 일부라 할 수 있다. 제헌헌법에 지방자치제도가 포함된 것이나 이후 한국전쟁의 와중에서 지방자치가 맹아적 형태로 실천에 옮겨진 점, 그리고 1990년대 초반 민주화와 함께 지방자치제도가 부활하게 된 것은 바로 일제 강점기부터 지속해 온 지방자치의 전통이 영향을 미친 것이라 할 수 있다.

셋째, 부산이 인구 400만에 육박하는 거대 도시로 변모해 가는 도시화의 과정에서 부산시의 행정조직은 다른 지역과 비교할 수 없을 정도로 매우 복잡다단한 모습으로 분화·발전해 왔다는 점이다. 이는 현대 행정국가의 발달 속에서 나타나는 관료제의 비대화라는 일반적인 경향으로부터 부산 또한 결코 자유로울 수 없었음을 보여주는 부분이라 할 수 있다. 2021년 현재 부산광역시의 공무원 정원(8,136명)이 특·광역시 평균(6,672명)을 크게 웃돈다는 사실은[27] 부산시 행정조직의 비대화 경향을 잘 보여주는 사례라 할 수 있다.

넷째, 1987년 민주화 이후 부산 지방정치의 특징으로 고착화되어온 지역주의 정치풍토의 영향력이 부산의 행정에도 일정하게 부정적인 영향을 미쳐왔다는 점이다. 이는 민선자치시대에 돌입한 이후 20여 년이 넘는 기간 동안 선거를 통한 정치적 경쟁에서 특정 정당이 지방권력을 독점함으로써 나타나게 되는 부정적 결과의 하나라 할 수 있다. 지금껏 부산에서 민선시장이 단행해온 인사가 코드인사, 회전문인사 등으로 불리면서 끊임없이 비판의 대상이 되어 온 점이나 지방관료와 토건세력 간의 유착관계가 일상화되면서 권력형 토건비리가 빈발하는 등 부산의 정치·행정에 있어서의 고질적인 병폐가 민선자치시대 출범 이후에도 계속 불거져왔다는 사실만 보더라도 지역주의 정치풍토가 부산의 행정에 얼마나 부정적인 영향을 미쳐왔는지를 쉽게 짐작해 볼 수 있다.

27) https://www.busan.go.kr/citypublic01(검색일: 2021년 1월 12일)

부산의 인구

9장

I 들어가며

2021년 현재 세계에는 약 78억명의 인구가 살고 있다. 지구가 이처럼 많은 인구를 포용한 것은 그리 오래된 일이 아니다. 인류의 출현이래 대부분의 기간 동안 인구의 증가는 매우 미미했다. 오늘날과 같은 인구를 갖게 된 출발은 산업혁명이었다.[1] 산업혁명 이전에는 생활자원이 넉넉하지 않아 많은 인구를 부양할 수 없었다.[2]

어떤 사회든 인구는 가장 중요하고 기초적인 변수다. 오늘날 인구는 자본과 함께 경제발전의 가장 중요한 요소로 인식되고 있다. 특히 지식정보사회를 맞이하여 인적요소의 원천인 인구의 동향은 향후 국가나 지역의 발전을 좌우하는 가장 중요한 요인으로 거론되고 있다. 뿐만 아니라 고령화 시대를 맞이하여 젊은 인구를 얼마나 가지고 있는가가 생산의 주요한 조건이 되고 있다.

이러한 논의는 부산에도 마찬가지이다. 한국 초기 공업화를 선도하였던 부산은 전국에서 가장 빠른 인구의 팽창을 경험하였다. 그러다 대도시 가운데 가장 크게 인구가 줄어드는 도시가 되었다. 게다가 대도시 가운데 가장 가파른 저출산과 고령화를 경험하고 있다. 이러한 인구의 추이는 부산의 미래와 관련하여 중요한 의미를 지닌다.

인구가 줄어들고 젊은 인구가 적다는 것은 그 만큼 활력이 없다는 뜻이기도 하

1) Massimo Livi-Bacci, 『세계인구의 역사』, 송병건·허은경 옮김, 해남, 2009, 41쪽. 산업혁명이 일어나기 직전인 1750년대 세계인구는 7억7천만명 정도였다. 그로부터 150년이 지난 1950년에는 25억명으로 늘어났고 다시 30년후인 1980년에는 45억명으로 증가하였다. 2000년에는 61억명이 되었다.

2) 이른바 많은 시기 인류는 맬서스 함정에 빠져있었다. 산업혁명은 인류가 맬서스 함정에서 빠져나오는 기회가 되었다. Gregory Clark, A Farewell to Alms: A Brief Economic History of the World(이은주 옮김, 『맬서스, 산업혁명, 그리고 이해할 수 없는 신세계』, 한스미디어), 24쪽.

다. 부산인구의 감소는 물론 부분적으로는 광역화로 인하여 부산 인근 지역으로 사람들이 빠져나가기 때문이다. 그러나 더 근본적으로는 일자리의 부족으로 사람들이 부산을 떠나가기 때문이다. 더욱이 인구는 누적적인 성질이 있다. 활력을 찾아 많은 인구가 몰려들면 그 인구로 인해 또 다른 활력이 창출된다. 반면 인구가 떠나는 곳에서는 인재들이 먼저 떠남으로써 도시의 혁신능력을 약화시킨다. 유감스럽게도 부산은 인구 특히 인재들이 떠나는 도시가 되었다. 이 장에서는 부산 인구의 추이를 다양한 각도에서 검토해 보기로 한다.

Ⅱ 부산인구의 추이

1. 일반적 추이

해방이 되던 해 부산의 인구는 28만여 명이었다. 이 인구는 일제말기보다 줄어든 것인데 그것은 부산에 살던 일본인 인구 약 6만명이 일본으로 돌아갔기 때문이다. 그러나 해방과 함께 곧 부산의 인구는 급속히 증가하기 시작하였다. 해외 귀환동포들이 부산에 정착[3]하였고 또 1950년에 발발한 6.25 전쟁으로 많은 피난민들이 부산으로 밀려들었다. 게다가 휴전이후 부흥기에 많은 사람들이 일자리를 찾아 부산으로 몰려왔는데, 이러한 요인들이 작용하면서 부산인구는 빠른 증가세를 보였다. 부산인구의 추이를 정리한 것이 〈표9-1〉이다.

부산에서 인구[4]가 100만 명을 넘어선 것은 1955년이었는데, 해방 후 10년 사이에 76만 8천여 명이 증가하였다. 단순 산술평균을 하면 매년 8만여 명에 가까운 인구가 늘어났음을 알 수 있다. 해방직후 28만여 명의 인구에 비교하면 8만여 명은 매년 1945년 인구의 약 30%에 해당하는 인구의 증가가 있었던 것이 된다.

부산인구가 150만을 넘어선 것은 1968년이었고, 200만을 넘었던 것은 1972년이었다. 4년 사이에 50만 명이 늘어난 것이다. 그리고 1979년에 300만 명을 넘어섰다. 1970년대 부산인구는 폭발적으로 늘어났는데, 7년 사이에 100만 명이 늘어

3) 최영호, 「해방직후 부산항을 통한 일본인 귀환」, 부산시사편찬위원회, 『항도부산』 제24호, 2009.6, 92-130쪽.
4) 부산인구는 부산시가 제공하는 『부산통계연보』의 주민등록 인구를 중심으로 분석하였다. 통계청에서도 주민등록 인구를 제공하고 있는데, 시계열이 짧고 외국인을 포함시키고 있지 않다. 즉 부산시에서 제공하는 주민등록인구는 통계청 자료보다 시계열이 더 길고 외국인을 포함하고 있어 약간 값이 크게 나타난다. 한편 통계청에서는 추계인구를 또한 제공하고 있는데 이 추계인구는 뒤에서 별도로 설명할 것이다.

났다. 1974년 인구의 증가는 234,091명에 달했다. 한 해에 구 크기만큼의 인구가 증가하였다. 1970년대 부산 인구 증가는 거의 광기에 가까운 것이었다.

이러한 부산인구의 증가에는 행정구역의 확장도 영향을 미쳤다. 부산은 1963년 1월 1일 정부 직할시로 승격(6구, 7출장소)되면서 제3차 행정구역 확장이 있었다. 이 때 동래군 구포읍, 사상면, 북면, 기장읍 송정리가 부산에 편입되어 면적은 360.25㎢가 되었다.[5] 1978년 2월 15일에는 제4차 행정구역 확장이 있었다. 이 때 김해군 대저읍, 명지면, 가락면의 일부가 부산에 편입되어 면적은 432.27㎢으로 확대되었다. 그와 함께 행정구역 개편으로 북구가 설치(8구, 2직할 출장소)되었다. 1989년 1월 1일 제5차 행정구역 확장으로 김해군 가락면, 녹산면, 창원군 천가면이 부산에 편입되어 면적은 526.00㎢으로 늘어났고 강서구가 설치(12자치구)되었다. 그러다 1995년 1월 1일 직할시에서 광역시로 명칭 변경이 되면서 기장군이 설치(15구, 1군)되고 면적은 748.92㎢로 늘어났다.

시역의 확대는 인구의 증가를 수반하게 되는데, 1978년, 1989년 그리고 1995년이 이에 해당한다. 이러한 시역의 확대가 있던 연도의 인구는 다른 연도에 비해 돌출되게 나타난다. 1978년 181,623명의 증가, 1989년의 106,686명의 증가 그리고 1995년의 46,428명의 증가는 전후한 연도에 비해 훨씬 큰 증가폭을 보여준다.

그리하여 부산인구가 최고치에 달한 것은 마지막 행정구역 확장이 있었던 1995년이었다. 1995년 부산인구는 3,892,972명으로 정점이었는데, 이것은 1991년 3,892,820명보다 152명이 더 많은 것이었다. 그러나 1990년대로 접어들면서 이미 감소의 압력이 있었던 부산인구는 1995년 389만 명으로 정점에 이른 이후 줄어들기 시작하였다. 2018년에는 3,494,019명으로 350만 명 선이 무너졌다.

400만을 바라보며 지속적으로 증가하던 부산의 인구는 이젠 반대로 지속적인 감소의 경향을 보이고 있다. 인구가 줄어드는 것은 인구가 늘어나던 속도보다는 느리게 진행되고 있다. 이것은 역으로 과거 부산의 인구증가가 얼마나 격렬하게 이루어졌는가를 말해준다.

5) 그러다 1973. 7. 1일 동래군이 폐지되고, 기장지역은 양산군에 편입되었다.

표9-1 부산의 인구 추이

(명, %)

				전국				부산			
	인구	세대수	인구	인구 증감	인구 증가율 (%)	세대당 인구 (명)	남	여	남/여	외국인	전국 비중
1945		54,927	281,160				142,137	139,023			
1946	19,369,270	68,609	362,920	81,760	29.1	5.3	183,138	179,782			1.9
1947	19,886,234	80,468	438,505	75,585	20.8	5.4	218,873	219,632			2.2
1948	20,027,393	91,028	501,890	63,385	14.5	5.5	251,710	250,180	100.6		2.5
1949	20,166,756	92,118	470,750	-31,140	-6.2	5.1	237,978	232,772	102.2		2.3
1950											
1951		146,174	844,134			5.8	414,050	430,084	96.3		
1952	20,526,705	143,332	850,192	6,058	0.7	5.9	413,195	436,997	94.6		4.1
1953	21,546,248	151,076	827,570	-22,622	-2.7	5.5	402,030	425,540	94.5		3.8
1954		151,051	840,180	12,610	1.5	5.6	405,481	434,699	93.3		
1955	21,489,100	190,341	1,049,363	209,183	24.9	5.5	529,112	520,251	101.7		4.9
1956	21,353,000	181,784	1,002,391	-46,972	-4.5	5.5	490,099	512,292	95.7		4.7
1957	21,948,000	179,411	1,019,427	17,036	1.7	5.7	494,320	525,107	94.1		4.6
1958	22,524,000	183,819	1,044,581	25,154	2.5	5.7	507,134	537,447	94.4		4.6
1959	23,513,000	191,236	1,087,243	42,662	4.1	5.7	531,336	555,907	95.6		4.6
1960	25,012,374	211,101	1,163,671	76,428	7	5.5	578,748	584,923	98.9		4.7
1961	25,765,673	210,204	1,163,518	-153	0	5.5	569,280	594,238	95.8		4.5
1962	26,513,030	230,298	1,270,625	107,107	9.2	5.5	625,938	644,687	97.1		4.8
1963	27,261,747	245,364	1,360,630	90,005	7.1	5.5	669,470	691,160	96.9		5.0
1964	27,984,155	250,688	1,399,859	39,229	2.9	5.6	689,569	710,290	97.1		5.0
1965	28,704,674	256,164	1,419,808	19,949	1.4	5.5	698,395	721,413	96.8		4.9
1966	29,435,571	272,730	1,426,019	6,211	0.4	5.2	712,897	713,122	100.0		4.8
1967	30,130,983	271,518	1,463,325	37,306	2.6	5.4	724,376	738,949	98.0		4.9
1968	30,838,302	292,618	1,552,009	88,684	6.1	5.3	770,277	781,732	98.5		5.0
1969	31,544,266	334,192	1,675,570	123,561	8	5	835,494	840,076	99.5		5.3
1970	32,240,827	371,228	1,842,259	166,689	9.9	5	905,351	936,908	96.6		5.7
1971	32,882,704	384,716	1,943,958	101,699	5.5	5.1	970,711	973,247	99.7		5.9
1972	33,505,406	394,682	2,015,162	71,204	3.7	5.1	1,002,086	1,013,076	98.9		6.0
1973	34,103,149	405,904	2,071,950	56,788	2.8	5.1	1,031,502	1,040,448	99.1		6.1
1974	34,692,266	460,293	2,306,041	234,091	11.3	5	1,143,575	1,162,466	98.4		6.6
1975	35,280,725	503,813	2,453,173	147,132	6.4	4.9	1,222,153	1,231,020	99.3		7.0
1976	35,848,523	523,011	2,573,713	120,540	4.9	4.9	1,274,588	1,299,125	98.1		7.2
1977	36,411,795	548,322	2,697,947	124,234	4.8	4.9	1,333,391	1,364,556	97.7		7.4
1978	36,969,185	593,883	2,879,570	181,623	6.7	4.8	1,430,287	1,449,283	98.7		7.8
1979	37,534,236	630,982	3,034,596	155,026	5.4	4.8	1,506,996	1,527,600	98.7		8.1
1980	38,123,775	689,371	3,159,766	125,170	4.1	4.6	1,570,367	1,589,399	98.8		8.3
1981	38,723,248	704,322	3,249,643	89,877	2.8	4.6	1,603,248	1,646,395	97.4		8.4
1982	39,326,352	735,274	3,343,783	94,140	2.9	4.5	1,644,583	1,699,200	96.8		8.5
1983	39,910,403	765,236	3,395,171	51,388	1.5	4.4	1,689,784	1,705,387	99.1		8.5
1984	40,405,956	803,010	3,495,289	100,118	2.9	4.4	1,734,894	1,760,395	98.6		8.7

				전국				부산			
	인구	세대수	인구	인구 증감	인구 증가율 (%)	세대당 인구 (명)	남	여	남/여	외국인	전국 비중
1985	40,805,744	840,765	3,514,798	19,509	0.6	4.2	1,736,376	1,778,422	97.6		8.6
1986	41,213,674	857,860	3,578,844	64,046	1.8	4.2	1,777,660	1,801,184	98.7		8.7
1987	41,621,690	883,086	3,654,097	75,253	2.1	4.1	1,815,431	1,838,666	98.7		8.8
1988	42,031,247	933,553	3,750,626	96,529	2.6	4	1,866,413	1,884,213	99.1		8.9
1989	42,449,038	979,229	3,857,312	106,686	2.8	3.9	1,916,907	1,940,405	98.8		9.1
1990	42,869,283	994,033	3,798,113	-59,199	-1.5	3.8	1,881,926	1,916,187	98.2		8.9
1991	43,295,704	1,064,770	3,892,820	94,707	2.5	3.7	1,946,204	1,946,616	100.0	4,448	9.0
1992	43,747,962	1,079,237	3,887,278	-5,542	-0.1	3.6	1,944,544	1,942,734	100.1	4,889	8.9
1993	44,194,628	1,090,943	3,868,429	-18,849	-0.5	3.5	1,934,599	1,933,830	100.0	5,623	8.8
1994	44,641,540	1,100,434	3,846,544	-21,885	-0.6	3.5	1,923,770	1,922,774	100.1	6,732	8.6
1995	45,092,991	1,132,360	3,892,972	46,428	1.2	3.4	1,946,702	1,946,270	100.0	9,092	8.6
1996	45,524,681	1,149,521	3,878,918	-14,054	-0.4	3.4	1,939,725	1,939,193	100.0	11,793	8.5
1997	45,953,580	1,168,600	3,865,114	-13,804	-0.4	3.3	1,933,045	1,932,069	100.1	13,802	8.4
1998	46,286,503	1,173,328	3,842,834	-22,280	-0.6	3.3	1,921,872	1,920,962	100.0	13,736	8.3
1999	46,616,677	1,187,703	3,831,454	-11,380	-0.3	3.2	1,915,491	1,915,963	100.0	14,184	8.2
2000	47,008,111	1,199,804	3,812,392	-19,062	-0.5	3.2	1,905,565	1,906,827	99.9	15,886	8.1
2001	47,370,164	1,210,902	3,786,033	-26,359	-0.7	3.1	1,891,585	1,894,448	99.8	15,497	8.0
2002	47,644,736	1,219,902	3,747,369	-38,664	-1	3.1	1,871,335	1,876,034	99.7	17,244	7.9
2003	47,892,330	1,236,262	3,711,268	-36,101	-1	3	1,853,194	1,858,074	99.7	19,823	7.7
2004	48,082,519	1,251,069	3,684,153	-27,115	-0.7	2.9	1,838,789	1,845,364	99.6	17,808	7.7
2005	48,184,561	1,270,612	3,657,840	-26,313	-0.7	2.9	1,823,636	1,834,204	99.4	19,547	7.6
2006	48,438,292	1,288,672	3,635,389	-22,451	-0.6	2.8	1,812,627	1,822,762	99.4	23,397	7.5
2007	48,683,638	1,300,692	3,615,101	-20,288	-0.6	2.8	1,801,832	1,813,269	99.4	27,662	7.4
2008	49,054,708	1,311,724	3,596,063	-19,038	-0.5	2.7	1,791,273	1,804,790	99.3	31,486	7.3
2009	49,307,835	1,323,771	3,574,340	-21,723	-0.6	2.7	1,778,834	1,795,506	99.1	31,310	7.2
2010	49,554,112	1,371,346	3,600,381	26,041	0.7	2.6	1,791,455	1,808,926	99.0	32,471	7.3
2011	49,936,638	1,381,257	3,586,079	-14,302	-0.4	2.6	1,783,378	1,802,701	98.9	35,116	7.2
2012	50,199,853	1,389,526	3,573,533	-12,546	-0.3	2.5	1,774,993	1,798,540	98.7	35,049	7.1
2013	50,428,893	1,404,663	3,563,578	-9,955	-0.3	2.5	1,767,963	1,795,615	98.5	35,943	7.1
2014	50,746,659	1,421,648	3,557,716	-5,862	-0.2	2.5	1,762,869	1,794,847	98.2	38,315	7.0
2015	51,014,947	1,437,818	3,559,780	2,064	0.1	2.5	1,761,594	1,798,186	98.0	46,003	7.0
2016	51,217,803	1,451,270	3,546,887	-12,893	-0.4	2.4	1,752,465	1,794,422	97.7	48,358	6.9
2017	51,361,911	1,467,555	3,520,306	-26,581	-0.8	2.4	1,736,878	1,783,428	97.4	49,653	6.9
2018	51,606,633	1,480,468	3,494,019	-26,287	-0.8	2.3	1,721,327	1,772,692	97.1	52,566	6.8

자료 :

1. 1950년대 전국인구는 한국은행조사부, 『경제통계연보』 및 경제기획원, 『한국통계연감』 각 연도에서 시계열의 추이를 고려하여 종합함. 1950년대 전국인구는 군인, 외국인 등의 포함여부에 따라 다르게 나타나며 일부시계열의 경우 많은 편차를 갖고 있음. 총인구의 현저한 감소가 있는 시계열은 채택하지 않음
2. 1960년 이후의 전국인구는 일관된 시계열을 제공하는 추계인구를 이용함. 통계청 추계인구는 매년 7월 1일 시점의 자료이며, 작성대상은 국적과 상관없이 외국인을 포함하여 대한민국에 상주하는 인구임. 이 장에서 이용한 추계인구는 2019년 3월에 공표된 중위추계 추계인구 자료로서 2017년까지는 확정인구이며 2018년 인구는 잠정치임.
3. 부산의 인구는 『부산통계연보』에 의함. 1990년까지는 상주인구조사 결과이며, 1991년 이후는 주민등록인구통계임. 1991년 이후 인구통계에는 외국인을 포함함. 1998년부터는 세대통계에서 외국인 제외

2. 전국비중, 호당 인구 및 성비

〈표9-1〉에서 부산인구의 전국비중을 보면 한국정부가 수립되던 해인 1948년 부산인구는 한국인구의 2.5%를 점하였다. 이후 부산인구의 빠른 증가로 전국비중은 높아지기 시작했는데, 1963년에는 1948년의 두 배인 5%가 되었다. 이후 5%를 전후하여 오르내리던 부산인구의 전국비중이 6%를 넘어선 것은 1972년이었다. 그리고 1975년 7%를 돌파하였고 1979년에는 8%를 넘어섰다. 그리고 1989년 9%를 넘어섰다. 9%를 넘어선 것은 1989년과 1991년뿐이었고 이후 2001년까지 전국인구의 8% 수준을 유지하였다. 그러다 2002년 7%대로 낮아진 부산인구는 2018년 현재 6.8%로까지 줄어들었다.

부산의 세대 당 인구는 1952년 5.9명으로 가장 높은 해로 나타난다. 해방에서 1974년까지 호당 인구는 5명대를 유지하였다. 그러다 1975년부터 4명대로 줄어들었는데, 1989년에 3.9명으로 낮아지고 2004년에는 2.9명으로 줄어들었고, 2018년 현재는 2.3명으로 낮아졌다. 핵가족의 진행과 특히 단독세대가 늘어나면서 호당인구는 계속 줄어들고 있다.

주민등록인구로 본 부산의 남녀별 인구 구성비는 매우 특징적이다. 대부분의 기간 동안 부산의 인구에서 여성의 비율이 더 높았다. 남녀 간 인구비율이 정확히 100으로 올라온 것은 1991년이었고 1999년까지 100을 유지하다 이후 다시 여성의 비율이 높은 흐름을 보이고 있다. 여성인구 비율이 높은 것은 부산의 산업구조와 관련이 있다. 노동집약적인 산업이 중심을 점하면서 여성노동자를 많이 필요로 했기 때문이다. 따라서 경공업 경제가 중심이었던 부산에서는 호황기일수록 여성인구의 비율이 높은 특징을 보인다. 1991년에 남녀별 인구가 갑자기 균형을 맞춘 것은 이 시기 집중적으로 이루어진 신발기업의 도산으로 여성들의 일자리가 많이 사라졌기 때문이다.

그런데 2002년부터 다시 여성의 비율이 높아지고 있는데 이것은 취업기회를 찾아 외지로 나가는 젊은이들 가운데 상대적으로 남자들이 더 많기 때문으로 풀이된다. 부산에는 이른바 괜찮은 직장이라고 할 수 있는 일자리가 많이 부족한 편이다. 특히 새롭고 유망한 산업분야의 일자리는 거의 수도권에서 만들어지고 있기 때문에 부산의 젊은 인력들이 수도권으로 많이 유출되고 있다.

남녀별 인구구성에서 나타나는 또 하나의 특징은 비율의 변동 폭이 상당히 크고 변화의 횟수 또한 많았다는 점이다. 일반적으로 자연적인 인구의 흐름은 남녀간 비율이 장기적으로 안정성을 보이는 것이다. 그런데 부산에서 보이는 남녀별 인구구성의 변화는 경제적 원인으로 인한 사회적 이동이 남녀 간 비율에 크게 영향을 미쳤음을 의미한다.

3. 증감과 인구증가율

인구의 절대적인 증가는 1970년대에 특히 강하게 나타났다. 1960년대는 증가폭에서는 1950년대나 1970년대에 비해 약하였다. 인구의 증가가 가장 컸던 해는 1974년으로 234,091명에 달하였는데, 그 직전 해인 1973년의 부산인구는 2,071,950명으로 막 200만 명을 넘은 때였다. 이런 때에 기존인구의 10%가 넘는 인구의 증가가 1974년 한해에 일어났던 것이다.

그 다음으로 인구의 증가가 많았던 해는 1955년의 209,183명이었다. 휴전 후 부흥기에 부산으로 사람들이 밀려들었던 사정의 반영이다. 1970년에도 205,140명으로 20만 명 이상의 증가가 있었다. 1969년의 인구가 1,675,570명이었음을 감안하면 205,140명의 인구증가는 1974년보다 비율에서는 증가압력이 높은 해였다.

한편 10만 명이 넘는 인구증가가 있었던 해는 한국전쟁기를 제외하고 13개 연도였다. 1960년대에는 1962년과 1969년에 10만명이 넘는 인구증가가 있었다. 1970년대에는 1970년대 초의 3년을 제외하고 매년 10만 명을 넘는 인구의 증가가 있었다. 1980년대에도 인구증가의 압력은 지속되었는데, 1989년까지 계속되었다. 그러나 1990년부터 인구의 감소가 나타나기 시작하였다. 1990년에는 10만 명이 넘게 증가하였던 전해와는 달리 59,199명의 감소가 있었다. 1991년 다시 94,707명의 증가로 반선되었지만 곧 다시 감소추세로 돌아섰다. 이후 몇 년을 제외하고는 거의 매년 인구의 감소가 이어졌다. 2018년에도 26,287명의 감소가 있었다.

증감률을 보면 해방직후에서 1950년대는 그야말로 격변의 시대였다. 인구증가율이 40%에 이른다는 것은 정상적인 상황에서는 볼 수 없는 것이다. 1960년대와 1970년대의 증가율도 매우 높았다. 1980년대 이후의 증감률은 이전 시기에 비하면 매우 완만한 모습이다. 특히 1990년대 이후에는 작지만 마이너스 증가율이 지속되고 있다.

4. 외국인

부산의 외국인 인구에 대한 시계열은 제한적이다. 1991년 현재 부산에는 4,448명의 외국인이 있었던 것으로 나타나는데, 5천명에도 미치지 못하였음을 알 수 있다. 한국 제2의 도시임에도 불구하고 외국인은 많지 않았다. 이후 외국인은 지속적으로 증가하여 1996년에 1만명을 넘어서게 되었다. 2만 명을 넘어선 것은 2006년이었다. 2008년에 3만명을 넘어서고 2015년에는 4만명을 돌파하였다. 2019년에는 5만 명을 넘어섰는데, 2019년 부산에 등록되어 있는 외국인은 52,722명으로 나타나고 있다. 부산인구에서 외국인이 점하는 비중은 2018년 기준으로 볼 때 1.5% 정도로 그렇게 높은 편이 아니다. 그러나 근년에 들어와 외국인이 빠르게 늘어나고 있음을 볼 수 있다.

표9-2 부산거주 외국인

(명, %)

	총계	중국	중국(한국계)	미국	일본	필리핀
2018	52,566	9,911	5,795	2,701	1,449	1,977
	100	18.9	11	5.1	2.8	3.8
2019	52,722	9,294	5,470	2,734	1,470	1,961
	100	17.6	10.4	5.2	2.8	3.7
	태국	베트남	인도네시아	캐나다	러시아	기타국가
2018	584	11,424	2,738	815	2,218	12,954
	1.1	21.7	5.2	1.6	4.2	24.6
2019	590	12,131	2,720	810	2,414	13,128
	1.1	23	5.2	1.5	4.6	24.9

자료 : 통계청 홈페이지에서 작성

한편 부산거주 외국인을 국적별로 보면 2019년 현재 중국인이 17.6%, 한국계 중국인이 10.4%로 양자를 합하면 28%로 가장 많은 비중을 보이고 있다. 그 다음은 베트남으로 23%이고 인도네시아와 미국이 각각 5.2%의 비중을 보이고 있다. 부산에 거주하는 외국인은 중국, 베트남인이 절반을 차지하여 일부국가에 편중되어 있음을 알 수 있다.

Ⅲ 인구동태

인구동태는 출생과 사망, 결혼과 이혼 등을 일컫는 말이다. 먼저 부산의 출생인구를 보면 1981년에는 79,525명이었다. 이해 부산의 인구는 3,249,643명이었으니 단순계산을 하면 한해에 인구의 2.4%에 해당하는 신생아가 있었다. 7만 명대에 머물던 출생자수는 1983년 6만 명대로 떨어졌고 1985년에는 5만 명대로 줄어들었다. 1997년 4만 명대로 떨어진 출생자수는 2001년 3만 명대로 내려앉았으며, 2004년에는 2만 명대로 되었다가 2018년에는 19,152명으로 2만 명을 밑돌게 되었다. 2019년에는 17,049명으로 줄어들었고, 2020년에는 1~10월 사이에 1만 3,059명이 출생하여 2019년에 비해 또 다시 큰 폭으로 줄어들었다.[6]

이러한 출생자의 감소는 혼인의 감소와 출산기피 그리고 젊은 인구의 수도권 이탈 등의 복합적 요인에 의해 발생하는 것으로 보인다. 혼인건수를 보면 1981년 32,227건이었던 것이 2019년에는 13,780건으로 1981년의 절반에도 미치지 못하고 있다. 그 결과 조출산율과 합계출산율은 급속히 낮아지고 있다. 조출산율은 2000년에 10.8명이었던 것이 2019년에는 절반도 안 되는 5명으로 떨어지고 있다. 20년 사이에 일어난 변화라고는 상상할 수 없는 추이이다. 합계출산율도 1993년의 1.51명에서 2019년에는 0.83명으로 거의 절반으로 줄어들었다.

출생아는 줄어들고 있지만 사망자는 늘어나고 있다. 1983년 사망자는 14,788명이었는데 2019년에는 22,260명으로 늘어났다. 출생자-사망자를 자연증가인구라고 하는데 부산은 2018년부터 자연증가인구가 마이너스가 되었다. 자연증가인구의 감소에 더하여 전입-전출 인구 또한 마이너스를 기록하면서 부산인구 감소의 주요한 두 요인이 되고 있다.

표9-3 부산의 인구동태

	출생	조출산율[7]	사망자	조사망율	자연증가수	자연증가율	혼인	조혼인율	이혼건수	조이혼율	합계출산율[8]
1981	79,525						32,227		3,025		
1982	75,724						30,663		3,249		
1983	67,873		14,788		53,085		32,168		3,554		
1984	60,462		14,516		45,946		31,057		4,485		
1985	57,212		15,088		42,124		30,727		4,482		
1986	55,917		14,780		41,137		31,473		4,587		
1987	55,217		15,242		39,975		31,571		5,095		
1988	55,831		15,400		40,431		34,599		5,189		
1989	57,934		16,456		41,478		34,704		5,212		
1990	56,014		16,503		39,511		32,345		5,286		

6) 부산일보, 2020.12.23.

	출생	조출산율[7]	사망자	조사망율	자연 증가수	자연 증가율	혼인	조혼인율	이혼건수	조이혼율	합계 출산율[8]
1991	59,793		16,686		43,107		32,861		5,147		
1992	59,702		16,010		43,692		33,435		5,640		
1993	56,588		16,426		40,162		31,395		5,875		1.51
1994	54,427		16,845		37,582		29,896		6,084		1.47
1995	52,615		17,164		35,451		30,800		6,235		1.42
1996	50,139		17,269		32,870		32,820		6,957		1.39
1997	46,284		18,005		28,279		27,890		8,211		1.30
1998	43,200		17,928		25,272		27,123		9,895		1.24
1999	41,237		18,312		22,925		25,495		9,666		1.21
2000	41,222	10.8	18,318	4.8	22,904	6.0	23,343	6.1	10,129	2.7	1.24
2001	35,848	9.5	18,422	4.9	17,426	4.6	21,825	5.8	10,489	2.8	1.10
2002	30,767	8.2	18,688	5.0	12,079	3.2	20,916	5.6	12,065	3.2	0.98
2003	30,117	8.1	18,528	5.0	11,589	3.1	20,027	5.4	14,120	3.8	0.99
2004	28,231	7.7	18,722	5.1	9,509	2.6	19,898	5.4	11,334	3.1	0.95
2005	25,681	7.0	18,854	5.2	6,827	1.9	18,973	5.2	9,905	2.7	0.89
2006	25,881	7.1	18,983	5.2	6,898	1.9	20,017	5.5	8,953	2.5	0.92
2007	28,426	7.9	19,170	5.3	9,256	2.6	21,484	6.0	8,677	2.4	1.02
2008	26,670	7.5	19,385	5.4	7,285	2.0	20,149	5.6	7,908	2.2	0.98
2009	25,110	7.1	18,954	5.3	6,156	1.7	18,614	5.2	8,550	2.4	0.94
2010	27,415	7.8	19,708	5.6	7,707	2.2	20,195	5.7	7,645	2.2	1.05
2011	27,759	7.9	19,643	5.6	8,116	2.3	20,224	5.8	7,514	2.1	1.08
2012	28,673	8.2	20,534	5.9	8,139	2.3	20,362	5.8	7,501	2.1	1.14
2013	25,831	7.4	20,096	5.8	5,735	1.6	20,734	5.9	7,444	2.1	1.05
2014	26,190	7.5	20,230	5.8	5,960	1.7	18,927	5.4	7,345	2.1	1.09
2015	26,645	7.7	20,820	6.0	5,825	1.7	18,553	5.3	6,649	1.9	1.14
2016	24,906	7.2	21,074	6.1	3,832	1.1	17,113	4.9	6,859	2.0	1.10
2017	21,480	6.2	21,434	6.2	46	0.0	15,677	4.5	6,651	1.9	0.98
2018	19,152	5.6	22,570	6.6	-3,418	-1.0	14,781	4.3	6,678	2.0	0.90
2019	17,049	5.0	22,260	6.6	-5,211	-1.5	13,780	4.1	6,787	2.0	0.83

자료 : 통계청 홈페이지에서 작성

Ⅳ 저출산 고령화

오늘날 한국의 인구에서 나타나는 가장 중요한 현상은 저출산과 고령화이다. 저출산과 고령화는 서로 맞물리면서 중요한 사회적 문제를 제기하고 있다. 부산도 예외가 아니다. 일반적으로 한 사회에서 생산을 담당하는 생산가능인구는 15세에서

7) 인구 1,000명 당 신생아수.
8) 여성 1명이 평생 낳을 것으로 기대되는 아이 수.

64세 사이의 인구로 정의된다. 0-14세와 65세 이상의 인구는 이들 생산가능인구가 부양해야 할 피부양인구로 정의된다. 이것을 정리한 것이 〈표9-4〉이다.

표9-4 부양비와 고령화지수

■ 총부양비(생산가능인구 1백명 당)	■ 총부양비는 유소년부양비와 노년부양비의 합 - 총부양비=유소년부양비+노년부양비
■ 유소년부양비(생산가능인구 1백명 당)	■ 유소년부양비=(0~14세 인구)/(15~64세 인구)*100
■ 노년부양비(생산가능인구 1백명 당)	■ 노년부양비=(65세 이상 인구)/(15~64세 인구)*100
■ 노령화지수(유소년인구 1백 명 당)	■ 노령화 지수는 유소년인구(0~14세) 100명에 대한 고령인구(65세 이상 인구)의 비 - 노령화 지수=(65세 이상 인구) /(0~14세 인구)*100

생산가능인구가 0-14세 사이의 인구를 부양해야 하는 비율을 유소년부양비라 하며, 65세 이상의 고령인구를 부양해야 하는 비율을 노년부양비라 한다. 유소년부양비와 노년부양비를 합하여 총부양비라 부른다. 그리고 유소년 인구에 대한 노령인구의 비율을 노령화지수라고 하는데, 최근 들어 관심을 많이 끄는 지수이다.

표9-5 연령대별 구성비와 부양비

	0-14세비중	15-64세비중	65+비중	총부양비	유소년부양비	노년부양비	노령화지수	중위연령
1970	38.6	59.6	1.8	67.7	64.8	3	4.6	
1971	38.2	60	1.9	66.8	63.7	3.1	4.9	
1972	37.8	60.3	1.8	65.7	62.7	3	4.8	
1973	37.3	60.9	1.9	64.3	61.2	3.1	5	
1974	36.6	61.5	1.9	62.7	59.5	3.1	5.2	
1975	35.7	62.3	2.1	60.6	57.3	3.3	5.8	
1976	35	62.9	2.1	58.9	55.6	3.3	6	
1977	34.3	63.5	2.1	57.5	54.1	3.4	6.3	
1978	33.8	64	2.2	56.1	52.7	3.4	6.5	
1979	33.3	64.5	2.2	55.1	51.6	3.5	6.7	
1980	33	64.7	2.3	54.5	50.9	3.5	6.9	
1981	32.6	65.1	2.3	53.6	50	3.6	7.2	
1982	32.2	65.4	2.4	52.8	49.1	3.7	7.5	
1983	31.7	65.9	2.5	51.8	48.1	3.7	7.8	
1984	30.9	66.5	2.5	50.3	46.5	3.8	8.2	
1985	30.1	67.3	2.6	48.7	44.8	3.9	8.7	
1986	29.2	68.1	2.7	46.8	42.8	4	9.4	
1987	28.2	68.9	2.9	45.1	40.9	4.2	10.2	
1988	27.3	69.6	3	43.6	39.2	4.4	11.2	
1989	26.5	70.3	3.2	42.3	37.7	4.6	12.2	
1990	25.5	71	3.5	40.9	36	4.9	13.7	
1991	24.8	71.5	3.6	39.8	34.7	5.1	14.7	

	0-14세비중	15-64세비중	65+비중	총부양비	유소년부양비	노년부양비	노령화지수	중위연령
1992	24.3	71.9	3.8	39	33.7	5.3	15.7	
1993	23.7	72.3	4	38.3	32.8	5.6	17	
1994	23.1	72.7	4.2	37.6	31.7	5.8	18.4	
1995	22.3	73.2	4.5	36.7	30.5	6.2	20.2	
1996	21.5	73.7	4.8	35.7	29.2	6.5	22.2	
1997	20.7	74.2	5.1	34.7	27.9	6.8	24.4	
1998	20	74.6	5.4	34	26.8	7.2	26.8	
1999	19.4	74.9	5.7	33.5	25.8	7.6	29.4	
2000	18.9	75.1	6.1	33.2	25.1	8.1	32.3	32.4
2001	18.5	75	6.5	33.3	24.7	8.7	35.1	33.1
2002	18.1	75	7	33.4	24.1	9.3	38.4	33.9
2003	17.6	75	7.4	33.3	23.5	9.8	41.9	34.7
2004	17.1	75	7.8	33.3	22.8	10.4	45.8	35.5
2005	16.6	75	8.4	33.3	22.2	11.2	50.5	36.3
2006	16.1	75	8.9	33.3	21.4	11.9	55.6	37.1
2007	15.4	75	9.5	33.3	20.6	12.7	61.9	37.8
2008	14.8	75	10.2	33.3	19.7	13.6	68.7	38.6
2009	14.2	75.1	10.7	33.2	19	14.3	75.3	39.3
2010	13.7	75.1	11.3	33.2	18.2	15	82.3	40
2011	13.2	75.2	11.6	33	17.5	15.4	88.1	40.7
2012	12.8	75	12.2	33.3	17	16.3	96	41.3
2013	12.4	74.7	12.9	34	16.6	17.3	104.1	41.9
2014	12.1	74.3	13.6	34.6	16.3	18.3	112.5	42.5
2015	11.8	73.9	14.3	35.4	16	19.4	121.4	43.05
2016	11.6	73.4	15	36.2	15.7	20.4	129.7	43.7
2017	11.4	72.8	15.8	37.3	15.6	21.7	139.3	44.3
2018	11.1	72.2	16.7	38.5	15.4	23.1	149.8	44.9
2019	10.9	71.6	17.5	39.7	15.2	24.5	160.8	45.6
2020	10.7	70.6	18.7	41.6	15.1	26.5	175.2	46.3

자료 : 통계청 홈페이지에서 작성

주 : 1. 2019년 6월 공표된 추계인구 자료 2. 매년 7월 1일 자료 3. 외국인 포함 4. 2017년까지는 확정자료, 2018년 이후는 변경될 수 있음 5. 중위추계 기준

〈표9-5〉는 부산의 인구를 세 연령대로 구분하여 그 비중의 추이를 본 것이다. 우선 가장 주목되는 것은 0-14세 인구비중의 급격한 저하이다. 1970년 40%에 육박하였던 유소년 인구의 비중은 2020년 현재 10.7%로까지 떨어졌다. 그에 반해 65세 이상의 노년인구 비중은 1970년 1.8%에서 2020년에는 18.7%로 높아졌다. 엄청나게 빠른 속도로 저출산과 고령화가 진행되고 있다. 15-64세 사이의 생산가능인구의 비중은 2011년이 정점이었다. 2011년에 기록한 75.2%를 정점으로 생산가능인구 비중은 완만하게 줄어들고 있다. 2020년에는 70.6%로까지 비중은 떨어지

고 있다.

이러한 추이는 유소년부양비, 노년부양비 그리고 노령화지수에서 다시 빠르게 변하는 경향을 파악할 수 있다. 우선 노령화지수의 급격한 상승이 눈에 띈다. 1970년 노령화지수는 4.6에 불과하였는데, 2020년에는 175.2가 되었다. 유소년 인구보다 65세 이상의 고령인구가 1.75배 더 많은 것이다. 이러한 전환은 아주 갑자기 왔으며, 전기는 2013년이었다. 2005년까지 고령화지수는 50.5에 지나지 않았다. 즉 유소년 인구가 고령인구보다 2배가 많았다. 그러던 것이 9년 만에 두 계층의 인구 규모가 같아져 버린 것이다. 저출산과 고령화의 이 끔찍한 경향은 거의 재앙에 가까운 흐름이다.

저출산과 고령화는 부양에도 영향을 미친다. 저출산으로 유소년인구가 줄어들면서 유소년부양비는 줄어들고 있다. 반면 고령인구의 증가로 노년부양비는 빠르게 증가하고 있다. 감소하는 유소년부양비와 증가하는 노년부양비가 서로 작용하면서 총부양비의 흐름을 결정하고 있다. 유소년부양비의 감소가 더 컸던 시기가 지나가고 노년부양비가 더 빠르게 높아지면서 총부양비도 증가하고 있다. 2000년 33.2%로 총부양비는 최저를 기록하였는데, 이후 서서히 총부양비는 증가하는 흐름이다. 2020년 현재 총부양비는 41.6%로 높아지고 있다.

한편 부산인구에서 중위연령은 2000년 32.4세였으나 2020년에는 46.3세로 급상승하고 있어 저출산과 고령화가 얼마나 빠르게 진행되는가를 웅변해 주고 있다.

V 전출입추이

1. 전반적 추이

부산인구의 동향에서 또 하나 중요한 것은 타지역과의 인구전출이다. 〈표9-6〉은 1970-2018년 사이의 부산인구의 전출입 누계를 제시한 것이다. 1970년에서 2018년 기간 동안 부산에서 타시도로 나간 전출인구는 8,517,968명이고, 전입인구는 8,491,380명으로 −26,588명의 인구수지 적자를 보였다.[9]

9) 1970년에서 2017년까지 부산의 전출입 인구는 대체로 수지균형을 맞추고 있었다. 즉 크게 보면 1970년에서 2017년까지 전출인구와 전입인구의 규모는 거의 같았다.

표9-6 1970-2018년 부산인구의 역외전출입 계(명)

	부산으로 전입	부산에서 전출	전입-전출
계	8,491,380	8,517,968	-26,588

〈그림9-1〉은 전입과 전출 추이를 나타낸 것인데, 전출입 모두 1970년대와 1980년대에 왕성하게 일어났으며 1990년 이후에는 그 규모가 절반으로 줄어들고 있음을 알 수 있다. 인구이동이라는 측면에서 보았을 때 1970-1980년대는 매우 역동적인 시기였다. 그런데 1989년을 전기로 전출과 전입추이가 역전되고 있다. 1988년까지는 전입〉전출이었던 것이 1989년부터는 전출〉전입으로 바뀌고 있다. 이러한 흐름은 중간에 한 번도 바뀌지 않고 있다.

역외전출입에서 분수령적 의미를 갖는 연도는 1989년이었다. 그 이전까지 부산은 항상 전출인구보다 전입인구가 많았다. 1988년까지 부산은 타시도와의 인구유출입에서 1백만 명이 넘는 흑자를 기록하였다. 1989년부터는 그와 반대였다. 1989년에서 2018년까지 전입인구는 4,082,031명이었는데 반해 전출인구는 5,128,152명으로 −1,046,121명의 순유출이 있었다.

〈그림9-1〉은 순전출입 인구의 추이를 그린 것이다, 순전출입 인구가 마이너스(-)로 나타나는 것은 부산으로 들어오는 인구보다 부산에서 타시도로 나간 인구가 더 많다는 것을 나타낸다. 그림에서 보듯이 1970년대 순전입인구 규모는 매우 컸다. 1974년 순전입인구는 113,437명에 이르렀고 1975년과 1978년에도 10만 명이 넘는 순전입이 있었다. 여기에 자연증가까지를 합한다면 한해에 구 크기 만한 인구가 늘어나는 폭발적 증가의 시기를 맞고 있었다. 그러다가 1989년을 전기로 순전출초과로 바뀌었다.[10)]

특히 부산의 주역산업이었던 신발산업에 불어 닥친 도산의 회오리는 수많은 실직자를 만들어내면서 부산경제에 타격을 주었다. 이러한 일자리의 감소가 인구이동에 반영된 것이 1990년대 전반기의 전출초과 흐름이었다. 순전출초과 인구는 1993년에 58,925명에 이르렀는데, 얼마나 경제위기가 심각했었는가를 잘 보여준다. 1990년대는 줄곧 4-5만 명대의 순전출을 기록하였는데, 노동집약적 산업의 한계가 집중적으로 나타났던 시기였다. 그러다 2000년대에는 3-4만명대 그리고 2010년대에는 2-3만 명대의 순전출 규모를 유지하면서 지속적으로 인구의 유출을 보이고 있다.

10) 1987년 이래 정치적 민주화와 노동운동의 고양으로 노동집약적 경공업은 큰 타격을 받았다. 특히 경공업 중심도시였던 부산은 이로써 큰 위기를 맞기에 이르렀는데 그 결과의 하나가 인구의 전출초과였다.

그림9-1 역외 순전출입 인구(명)

그림9-2 부산의 역외 전출입 인구 추이(명)

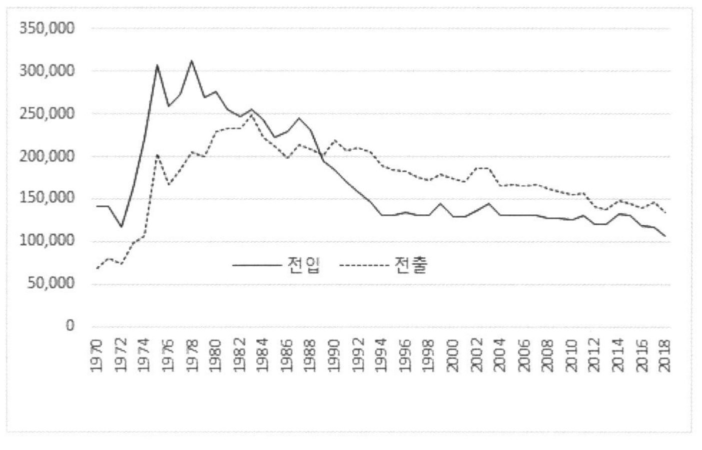

2. 광역단체별 전출입

〈표9-7〉은 광역단체별 부산인구의 역외전출입을 정리한 것이다. 서울과의 전출입에서는 항상 전출초과가 지속되었는데 특히 1970년대의 전출초과가 컸다. 부산으로 많은 광역시도의 인구가 몰려들던 시기에 서울로는 매우 많은 유출이 있었다. 경기도의 경우 1990년대와 2000년대에 순전출 규모가 매우 크게 나타났는데 서울과 경남에 이어 세 번째였다. 서울의 과밀화로 인한 분산 그리고 IT산업의 발전과 수도권집중 현상의 심화로 경기도에 기업이 밀집되면서 부산에 있던 사람들이 일자리를 찾아 경기도로 대거 밀려갔음을 시사한다.

경북, 전남, 전북, 충북, 충남, 강원 등은 농촌지역을 많이 갖고 있는 도로서 공통된 패턴을 보인다. 1970년대에 폭발적인 부산으로의 전입인구를 발생시켰고, 1980년대에는 많이 감소하였다가 1990년대부터는 오히려 부산에서 인구가 유출되는 흐름이다. 그러나 전출초과의 흐름은 그렇게 강하지 않다. 예를 들어 경북의 경우 1970년대에는 205,669명의 순전입이 있었지만, 1990년대에는 -9,331명의 순전출이 있었을 뿐이다.

경남은 부산에 인접한 도로서 다른 도와 비슷한 패턴을 보이면서도 차이를 보인다. 우선 그 규모가 타시도를 압도한다. 1970년대 경남으로부터의 순전입인구는 471,273명에 달했으며, 1990년대에는 -239,004명의 순전출이 있었다. 2010년대에 들어와서도 최대의 순전출을 보이고 있는 도가 다름 아닌 경남이다. 경남의 경우 일자리로 인해 부산과 전출입이 일어나는 것과 함께 부산의 광역화로 인한 인구이동이 결합되어 있다. 특히 부산기업들의 역외이전이 집중된 양산과 김해로의 인구이동은 부산광역화의 산물이다.

표9-7 기간별 각 시도와의 순전출입 총괄(명)

	1970-1979	1980-1989	1990-1999	2000-2009	2010-2018	전체
전국	815,437	197,438	-460,672	-381,941	-196,850	-26,588
서울	-151,181	-156,531	-90,838	-98,223	-40,190	-536,963
인천	0	-6,925	-12,800	-8,557	-3,773	-32,055
경기	-5,990	-27,613	-54,033	-69,703	-24,928	-182,267
대구	0	622	-8,961	567	2,680	-5,092
경북	205,669	90,140	-9,331	-9,596	-5,581	271,301
광주	0	-21	-6,959	-758	315	-7,423
전북	71,619	23,811	-1,534	-529	-809	92,558
전남	109,903	73,980	889	-832	-2,030	181,910
제주	11,048	4,641	-5,121	-2,542	-5,388	2,638
대전	0	-869	-12,095	-6,189	-2,777	-21,930
세종	0	0	0	0	-2,529	-2,529
충북	34,031	12,144	-4,850	-3,723	-2,782	34,820
충남	38,306	9,943	-7,492	-10,760	-7,810	22,187
강원	30,759	18,671	618	-1,966	-578	47,504
경남	471,273	155,445	-239,004	-144,328	-94,833	148,553
울산	0	0	-9,161	-24,802	-5,837	-39,800

그리고 전입초과가 전출초과로 돌아서는 시점에서도 광역도 사이에 약간의 미세한 차이가 있었다. 전체로는 1989년을 기점으로 전출초과로 돌아섰지만 농촌지역을 가진 도에서는 그 이후에도 몇 년 계속 전입초과였는데 시기가 달랐다. 충북과

충남이 1991년에 전출초과가 되었고, 경북은 1992년 그리고 전북과 강원은 1993년 그리고 전남은 1994년에 가서야 전출초과가 되었다. 공업화가 더뎌 좀 더 농촌적 색채를 많이 가질수록 과잉인구 배출요인이 컸던 만큼 부산으로의 전입초과가 더 오래 계속되었다.

3. 최근의 동향

최근 5년 동안 부산인구의 순전출입 동향을 정리한 것이 〈표9-8〉이다. 여기에서 보면 매년 순전출이 나타나고 있는데 순전출 크기는 조금씩 작아지고 있다. 그런데 눈여겨보아야 할 것은 수도권과의 순전출은 더 커지고 있다는 점이다. 2016년 4,174명이었던 서울로의 순전출인구는 2020년에는 7,781명으로 늘어났고, 특히 경기도로의 순전출인구는 한해에 5천명을 넘고 있다. 그리하여 2020년 수도권과는 13,937명의 순전출이 있었는데 이것은 2020년 순전출 14,347명의 97.1%가 수도권에서 나오고 있음을 알 수 있다. 근년에 들어와 부산인구의 전출입에서 나타나고 있는 가장 주목할 만한 특징은 수도권으로의 인구유출이라고 하겠다.

표9-8 부산인구의 순전출입(전입-전출)

	2016	2017	2018	2019	2020	계
전국	-21,392	-28,398	-26,759	-23,354	-14,347	-114,250
서울특별시	-4,174	-4,976	-6,644	-7,480	-7,781	-31,055
인천광역시	-476	-374	-795	-890	-599	-3,134
경기도	-2,916	-2,984	-4,801	-5,150	-5,557	-21,408
수도권	-7,566	-8,334	-12,240	-13,520	-13,937	-55,597
수도권비중	35.4	29.3	45.7	57.9	97.1	48.7
대구광역시	244	334	200	946	779	2,503
경상북도	-116	-200	-174	80	812	402
강원도	63	-193	-8	-266	-288	-692
대전광역시	-404	-397	-572	-429	-289	-2,091
세종특별자치시	-512	-419	-413	-321	-367	-2,032
충청북도	-318	-390	-574	-427	-308	-2,017
충청남도	-950	-939	-967	-896	-672	-4,424
광주광역시	164	62	106	110	40	482
전라북도	-22	-21	11	-86	-201	-319
전라남도	-101	-85	-292	-355	-97	-930
제주특별자치도	-1,095	-964	-846	-440	-36	-3,381
울산광역시	231	1,044	591	450	2,484	4,800
경상남도	-11,010	-17,896	-11,581	-8,200	-2,267	-50,954

자료 : 통계청 홈페이지에서 작성(국내인구이동통계)

반면 대구와 경북 그리고 광주와 울산과는 순전입을 보이고 있다. 울산과의 전출입에서 순전입이 나타나는 것은 울산경제의 침체와 울산과의 경계에 주거단지가 집중 개발되면서 울산인구가 유입되고 있는 것과 관련이 있어 보인다.

4. 전출입이 미친 영향

인구의 전출입은 부산인구의 증감에 결정적인 영향을 주었을 뿐만 아니라 그로 인해 부산인구의 출생지별 구성을 결정적으로 바꾸어 놓는 계기가 되었다. 〈표9-9〉는 2000년 총인구조사에 나타난 부산인구의 출생지별 구성을 정리한 것이다. 여기에서 보면 전체인구에서 부산출생이 절반인 50.8%를 점하고 있다. 부산출생인구가 부산인구의 절반을 점한 것은 2000년 인구총조사에서 처음으로 확인된다.

그런데 연령대를 고려하면 다른 모습이 확인된다. 30대 이상을 보면 부산출생 비중은 급격히 낮아진다. 30대 38%, 40대 29.2%, 50대 19.4%, 60대 16.5% 그리고 70대 이상은 17.9%로 나타나고 있다[11]. 특히 20대에서는 66.8%로 30대와 매우 큰 단층을 보인다. 높은 연령대에서 부산출생자 비중이 낮은 것에 반비례하여 경남인구와 경북인구의 증가가 두드러진다. 그리고 그 뒤를 전남을 비롯한 호남인구가 잇고 있다.

2000년 현재 40세는 1960년 생으로 베이비부머 세대에 해당하며 이 세대들이 1970년대 이래의 고도성장기에 부산으로 대거 이주하였다. 해방직후와 한국전쟁기를 통해서도 많은 타시도 사람들이 부산으로 왔지만 고도성장기 부산인구의 중심을 이루었던 사람들은 고도성장기에 타시도에서 일자리를 찾아 부산으로 온 사람들이었다고 하겠다.

반면 〈표9-9〉에서 보면 서울출신 비중은 매우 낮다. 전체인구에서 1.9%인데 특히 40세 이상에서는 더 낮아져 50세 이상에서는 대부분의 광역도보다 낮은 구성을 보이고 있다. 경남과 경북 다음으로 많은 전입인구가 있었던 서울출생자 비중이 이렇게 낮은 것은 서울의 경우 특이하게도 부산으로 전입하였던 인구들이 그대로 다시 서울이나 다른 시도로 전출하는 것이 대부분이었다는 것을 시사한다. 인천과 경

11) 시간이 흐르면서 부산출생자의 비중이 크게 높아진다는 것을 시사하고 있다. 실제로 부산지역 대학생들의 부모의 고향에 관한 일련의 설문조사를 통해 부산인구에서 부산출생자의 비중을 추적해오고 있는 한 연구에 따르면 1965-1967년생이 중심을 이루는 것으로 추정되는 남자의 경우 부산출생자의 비중은 46.2%였고 1968-1970년생이 주축일 것으로 보이는 여자의 부산출생 비율은 46.5%였다. 김대래, 「부산출생 대학생 설문조사에 나타난 부모의 고향 -2014-2017년 조사의 분석」, 신라대학교 부산학센터, 『부산연구』 제15권 제2호, 2017, 98-114쪽.

기의 비중 또한 전입인구 비중에 비해 낮은데 부산으로 왔던 인천과 경기 출생자들은 상당수가 다시 부산을 떠난 것으로 보인다.

표9-9 부산인구의 출생지별 연령대별 구성(%/2000)

	전국	0-9세	10-19세	20-29세	30-39세	40-49세	50-59세	60-69세	70세이상
계	100	100	100	100	100	100	100	100	100
서울특별시	1.9	1.6	2.3	2.5	2.2	1.7	1.6	1.0	0.7
부산광역시	50.8	89.9	82.9	66.8	38.0	29.2	19.4	16.5	17.9
대구광역시	1.3	0.7	1.0	1.3	1.6	1.6	1.5	1.4	1.4
인천광역시	0.3	0.3	0.3	0.3	0.3	0.3	0.3	0.2	0.2
광주광역시	0.3	0.1	0.2	0.3	0.3	0.4	0.3	0.2	0.2
대전광역시	0.3	0.2	0.2	0.2	0.3	0.3	0.3	0.2	0.2
울산광역시	1.4	0.8	1.1	1.1	1.0	1.5	2.2	2.9	3.2
경기도	0.9	0.9	0.9	0.8	1.1	1.0	0.9	0.8	0.8
강원도	1.4	0.2	0.7	1.4	2.5	2.0	1.5	1.5	1.3
충청북도	1.1	0.1	0.3	0.7	1.5	1.8	1.7	1.7	1.7
충청남도	1.0	0.1	0.2	0.6	1.3	1.8	1.8	1.6	1.5
전라북도	1.5	0.1	0.4	1.1	2.2	2.4	2.5	2.1	1.9
전라남도	4.3	0.3	0.9	3.1	6.7	6.9	7.0	5.7	5.1
경상북도	8.7	0.8	2.0	5.1	11.1	14.0	15.1	14.7	15.4
경상남도	22.6	3.5	6.2	14.2	29.2	34.5	37.8	38.1	38.3
제주도	0.5	0.1	0.2	0.4	0.7	0.6	0.8	0.9	0.8
기타	1.7	0.2	0.1	0.1	0.1	0.1	5.2	10.3	9.0
미상	0.0	0.0	0.0	0.0	0.0	0.0	0.1	0.1	0.3

자료 : 통계청 홈페이지에서 작성

주 : 1. 2000년 인구총조사의 국내인구이동통계에서 자성
2. 10% 표본조사
3. 70세 이상 인구에는 연령미상 94명 포함되어 있음

그에 반해 가장 많은 전입인구를 보인 경남은 전출에서도 가장 큰 인구규모를 보였음에도 불구하고 부산인구의 구성에서 아주 높은 비중을 보이고 있다. 이것은 경남출생자들이 부산으로 대거 이동하여 부산에 정착한 반면 부산에서 경남으로 이동한 인구 가운데에는 경남출신이 아닌 인구들이 많이 포함되어 있었던 것으로 이해된다. 결국 많은 경남출신들이 부산으로 일자리를 찾아 와서 정착한 한편에서는 부산에서 경남으로 옮겨가려는 압력도 매우 강했다는 것을 알 수 있다. 이것은 부산의 주택난과 함께 인근 지역으로의 기업이전으로 인한 분산효과가 작용한 것이라고 생각된다.12)

12) 김대래, 「부산권 기업의 역외 이전과 경제의 광역화」, 주수현 외 지음, 『부산글로벌 경제론』, 부산발전연구원, 2016, 174-206쪽. 부산의 인구 감소가 수도권으로의 인구유출에 의한 결과일 뿐만 아니라 부산의 교외화에

그런 한편 부산제조업의 쇠퇴와 경남 및 울산의 제조업 성장에 따른 노동력의 이동도 부산과 경남 및 울산간의 인구이동에 특징을 부여하였다. 1980년대 후반에 정점에 이른 부산의 제조업은 1987년에 43만 명의 제조업 종사자를 정점으로 이후 감소하기 시작하였다. 반면 경남과 울산은 중화학공업화로 인해 지속적인 성장을 구가하였다. 이런 과정에서 적지 않은 부산의 인구가 경남에서 창출되는 고용에 이끌려 경남 및 울산으로 이동하였다. 특히 부산인구의 경남 및 울산으로의 이동은 1990년대 이후 부산의 제조업이 두 차례의 위기를 겪으면서 급격히 상승한 실업률을 완화하는데 기여하였다. 일례로 1999년 외환위기를 겪을 때 부산의 실업률은 전국과 경남권에 비해 매우 높았다. 이러한 실업율이 정상적인 수준으로 되돌아오는 2003년까지 인구의 역외 이동이 30퍼센트 정도의 기여를 한 것으로 밝혀졌다.[13)]

종합해 볼 때 부산인구의 역외전출입에서 나타난 가장 강력한 흐름은 수도권으로의 일방적 전출초과와 타시도로부터의 전입초과라는 상반된 경향이었다. 수도권으로는 1970년부터 매년 순유출이 있었는데 특히 부산인구가 급증하고 타시도로부터 엄청난 유입초과가 있었던 시기에 크게 발생하였다. 부산은 경공업에 필요한 인력을 얻는 대신 오랫동안 좀 더 고급 인력을 유출시키는 구조적 한계를 안고 있었다. 인적자본의 축적이라는 점에서 부산은 성공적이지 못했다.

전출입 인구의 차이에 따라 달라지게 된 부산시민들의 출생지별 구성은 부산의 정체성에도 상당한 영향을 미쳤을 것으로 보인다. 부산으로의 전입인구에서 가장 많은 비중을 점했던 것은 경남이고 그 다음은 서울 그리고 경북 순이었다. 이 가운데 수도권에서 부산으로 온 전입인구는 대부분 수도권을 비롯한 타시도로 전출하였음을 보았다. 또한 경남으로의 많은 전출인구들이 나가 순전입인구 규모에서는 경상북도보다 적었음에도 불구하고 경남출생자의 비중은 대단히 높았다.

그 결과 30대 이상의 부산의 인구구성에서는 경남과 경북/대구 출생비중이 매우 높은 비중을 점하게 되었다. 그 다음으로는 호남출신이 많았다. 그러나 호남출신 비중은 대체로 경북/대구 비중보다 낮았다. 1990년 3당 합당이후 부산이 각종 선거에서 보인 정치적 성향은 기본적으로 대구/경북과 유사했다. 그러면서도 약간 차

의한 것이라는 것은 최근에 여러 연구에서 지지되고 있다. 구동회, 「부산권 인구이동의 공간적 패턴에 관한 연구」, 대한지리학회, 2007.12.31., 『대한지리학회지』 제42권 제6호 통권 123호 2007.12, 930-939쪽.

13) 권기철, 「부산광역권의 제조업 고용 변동과 인구이동의 관계 및 인구이동의 균형화 효과」, 『경제연구』 제24권 제3호, 2006.9, 97-123쪽.

별을 보였는데 그것은 호남출생 인구 비중이 나름대로의 의미 있는 인구구성을 보이고 있는 것과 관련이 있다고 할 것이다.[14]

Ⅵ 추계인구와 주민등록 인구의 차이

1. 추계인구와 주민등록인구의 차이

한국의 공식인구통계(official demographics)는 주민등록인구(population statistics based on resident registration, residence population)와 장래추계인구(population projections) 그리고 인구센서스(population census)가 있다.[15] 주민등록인구통계는 매년 주민등록표에 등재된 내국인 및 세대와 출입국관리법에 의거 외국인 등록대장에 등재된 외국인을 대상으로 한다. 내국인 중 거주불명 등록자와 장기유학, 해외취업자는 실제로 국내에 살고 있지 않더라도 주민등록표에 등재되어 있는 경우에는 포함되기 때문에 주민등록인구는 실제 국내에 거주하는 인구보다 많게 나타나는 경향이 있다.

인구센서스는 인구총조사라고도 하는데 우리나라에서는 5년 마다 한 번씩 조사를 한다. 조사원들이 가구를 방문하여 실제 살고 있는 사람들을 조사한다. 주민등록지가 어디이든 간에 현재 살고 있는 사람들을 조사하는 것이 인구총조사이다. 그런 점에서 인구총조사가 실제의 인구에 더 가까운 것이라고 할 것이다.

장래인구추계는 7월 1일 시점으로 측정되는데, 내국인과 외국인을 포함하여 대한민국에 3개월 이상 거주하는 인구를 대상으로 작성한다. 인구추계는 인구센서스가 끝나는 다음해에 인구센서스 통계와 주민등록인구와 출생률, 인구동태통계 등을 이용하여 추계한다. 이 세가지 가운데 주민등록인구가 가장 많고 그 다음이 추계인구이며 인구센서스는 가장 적게 나타나는 것이 일반적이다.

그런데 국가와 달리 지역차원에서는 이러한 인구통계 사이에 역전이 발생할 수

14) 1987년의 대통령선거 그리고 1990년 3당 합당이후 부산의 선거에서는 극심한 지역감정이 작용하였다. 영남지역주의가 지배하는 가운데 호남인구를 기반으로 한 민주당 계열에 대한 지지가 조금씩 확대되어 왔다. 1987년 13대 대선에서 김대중 후보가 받은 득표율은 9.1%에 불과하였다. 최원석, 「부산정치의 역동성과 변화 가능성」, 부산학교재편찬위원회, 『부산학개론』, 2015, 187-212쪽.

15) 주민등록인구는 실제 거주여부에 관계없이 등록된 내국인과 재외국민을 포함하는 개념이다. 김종태, 「공식인구통계들에 대한 비교 분석」, 『한국데이터정보과학회지』 제28권 제1호, 2017.01.31., 99-108쪽.

있는데 그러한 역전에서 사회적 함의를 도출할 수 있다. 부산의 추계인구와 주민등록인구의 차이를 보면 1989년이 분수령이었음을 알 수 있다. 1988년까지는 부산에 주민등록지를 가지고 있는 사람보다 실제로 거주하는 인구가 더 많았다. 1970년대 전시기를 통해 그러한 인구는 매년 10만명을 넘었다. 1973년에는 314,259명으로 실제로 부산에 거주하지만 주민등록은 부산에 두지 않은 인구가 이렇게 많이 있었다. 비율로는 1970년대에는 10%에 이르렀는데 이후 1988년에는 1% 수준으로 떨어졌다.

그러다 1989년부터는 반대로 부산에 주민등록을 두고 있지만 실제로는 부산에 거주하지 않은 인구가 많아지기 시작하였는데, 1989년 54,024명이었던 것이 2010년대에 들어와서는 10만 명을 넘어서게 되었다. 이것은 주민등록인구의 약 3%에 달하는 것으로 부산의 주민등록인구 가운데 3%는 주민등록은 부산에 두고 있지만 실제로 부산에 거주하지 않고 있음을 시사한다.

이러한 차이는 결국 부산경제가 얼마나 활기를 갖고 있는가 하는 것과 연관이 있어 보인다. 부산경제가 활기차게 돌아갈 때는 주민등록을 부산으로 옮기지 않은 상태에서 일자리를 찾아 부산으로 들어오는 인구가 많이 들어와 있던 반면, 부산경제가 활력을 잃을 때에는 반대로 부산에 주민등록을 두고 있지만 실제로는 일자리 또는 다른 활동을 찾아 부산을 떠난 사람들이 많다는 것을 말해준다. 남녀별로 구분하여 보면 연도에 따라 차이는 있지만 대체로 추계인구와 주민등록인구의 차이가 많은 쪽은 남자이다.

그림9-3 추계인구와 주민등록 인구의 차이(명)

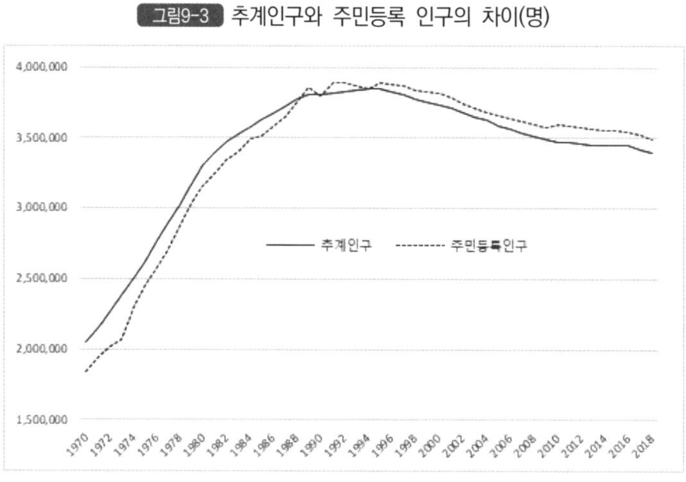

그림9-4 추계인구-주민등록인구(명)

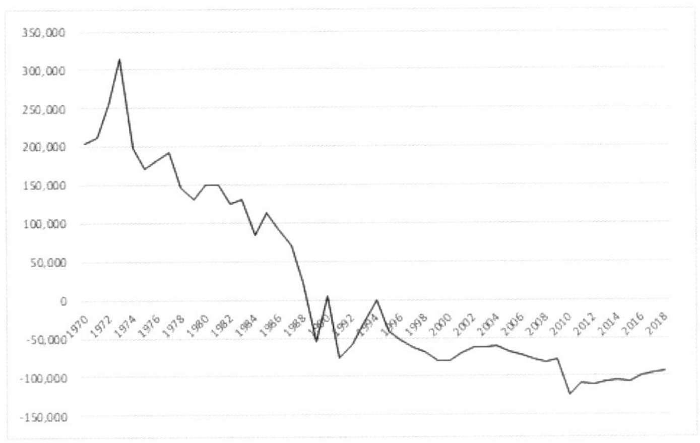

표9-10 부산의 추계인구와 주민등록 인구의 성비비교

	추계인구(A)	주민등록인구(B)	추계-주민(D)	D/B*100	성비(주민)	성비(추계)
1970	2,045,828	1,842,259	203,569	11.0	96.6	101.8
1971	2,155,433	1,943,958	211,475	10.9	99.7	101.7
1972	2,270,494	2,015,162	255,332	12.7	98.9	101.4
1973	2,386,209	2,071,950	314,259	15.2	99.1	100.9
1974	2,504,899	2,306,041	198,858	8.6	98.4	100.4
1975	2,625,143	2,453,173	171,970	7.0	99.3	99.6
1976	2,756,845	2,573,713	183,132	7.1	98.1	99.7
1977	2,890,337	2,697,947	192,390	7.1	97.7	99.8
1978	3,026,409	2,879,570	146,839	5.1	98.7	99.9
1979	3,165,516	3,034,596	130,920	4.3	98.7	100.1
1980	3,309,338	3,159,766	149,572	4.7	98.8	100.2
1981	3,399,677	3,249,643	150,034	4.6	97.4	100.0
1982	3,469,299	3,343,783	125,516	3.8	96.8	99.8
1983	3,526,625	3,395,171	131,454	3.9	99.1	99.6
1984	3,580,187	3,495,289	84,898	2.4	98.6	99.3
1985	3,627,990	3,514,798	113,192	3.2	97.6	99.1
1986	3,671,462	3,578,844	92,618	2.6	98.7	99.0
1987	3,724,562	3,654,097	70,465	1.9	98.7	98.9
1988	3,773,138	3,750,626	22,512	0.6	99.1	98.8
1989	3,803,288	3,857,312	-54,024	-1.4	98.8	98.7
1990	3,803,334	3,798,113	5,221	0.1	98.2	98.7
1991	3,816,713	3,892,820	-76,107	-2.0	100.0	99.0
1992	3,829,348	3,887,278	-57,930	-1.5	100.1	99.2
1993	3,839,022	3,868,429	-29,407	-0.8	100.0	99.5
1994	3,846,467	3,846,544	-77	0.0	100.1	99.7
1995	3,852,295	3,892,972	-40,677	-1.0	100.0	99.9
1996	3,826,168	3,878,918	-52,750	-1.4	100.0	99.9

	추계인구(A)	주민등록인구(B)	추계-주민(D)	D/B*100	성비(주민)	성비(추계)
1997	3,803,326	3,865,114	-61,788	-1.6	100.1	100.0
1998	3,775,121	3,842,834	-67,713	-1.8	100.0	100.0
1999	3,752,322	3,831,454	-79,132	-2.1	100.0	100.0
2000	3,732,630	3,812,392	-79,762	-2.1	99.9	100.1
2001	3,716,425	3,786,033	-69,608	-1.8	99.8	100.0
2002	3,684,942	3,747,369	-62,427	-1.7	99.7	99.9
2003	3,648,852	3,711,268	-62,416	-1.7	99.7	99.9
2004	3,623,903	3,684,153	-60,250	-1.6	99.6	99.7
2005	3,590,291	3,657,840	-67,549	-1.8	99.4	99.4
2006	3,563,009	3,635,389	-72,380	-2.0	99.4	99.0
2007	3,538,031	3,615,101	-77,070	-2.1	99.4	98.8
2008	3,514,331	3,596,063	-81,732	-2.3	99.3	98.5
2009	3,497,197	3,574,340	-77,143	-2.2	99.1	98.2
2010	3,476,658	3,600,381	-123,723	-3.4	99.0	97.9
2011	3,476,349	3,586,079	-109,730	-3.1	98.9	97.8
2012	3,461,881	3,573,533	-111,652	-3.1	98.7	97.7
2013	3,455,734	3,563,578	-107,844	-3.0	98.5	97.6
2014	3,452,309	3,557,716	-105,407	-3.0	98.2	97.5
2015	3,452,260	3,559,780	-107,520	-3.0	98.0	97.4
2016	3,446,962	3,546,887	-99,925	-2.8	97.7	97.1
2017	3,424,409	3,520,306	-95,897	-2.7	97.4	96.9
2018	3,400,027	3,494,019	-93,992	-2.7	97.1	96.7

자료 : 주민등록인구는 부산시 홈페이지, 추계인구는 통계청 홈페이지에서 작성
주 : 1. 외국인 포함　2. 2018년 추계인구는 잠정치

2. 추계인구와 주민등록인구 성비의 비교[16]

이제까지 부산은 대부분의 기간 동안 정도의 차이는 있지만 여초도시[17]라는 것이 정설이었다. 이것은 〈표9-1〉과 〈표9-10〉의 『부산통계연보』의 성비에서 확인된다.[18] 그런데 추계인구를 토대로 살펴보면 다른 현상이 나타난다. 〈그림9-5〉는 추계인구와 『부산통계연보』 인구의 성비를 비교하기 위해 동시에 그린 것이다. 추계인구 기준으로 보면 1970년대 부산에서는 남자가 여자보다 많은 연도가 더 많았으며, 2000년까지도 남자와 여자의 숫자는 거의 같았다. 남자가 여자보다 적어지기 시작한 것은 2000년 후반부터이며 특히 2010년부터 성비가 98이하로 낮아졌다.

추계인구 기준으로 성비를 보면 1970년에서 1980년대 후반까지 지속적으로 성

16) 김대래, 「주민등록인구와 추계인구의 차이와 함의(1970-2016)-부산을 중심으로-」, 부산광역시사편찬위원회, 『항도부산』 제39호, 2020.2.

17) 부산은 노동집약적 산업의 특성으로 인해 여자가 남자보다 대부분의 시기에 더 많았다는 것이 일반적인 이해이다.

18) 『부산통계연보』 성비의 경우 거의 대부분의 기간 동안 남자에 비해 여자가 많았다. 『부산통계연보』 인구의 경우 1990년대에만 100을 유지하였고 나머지 기간에는 모두 성비는 100미만이었다.

비가 낮아지는 흐름이 보이지만, 1970년 경 부산은 여초도시가 아니라 남초도시였다. 여초도시가 되는 것은 1975년부터이다. 1989년 98.7로 최저를 기록한 후 증가하다 2002년부터 다시 하락추세로 돌아서고 있다. 1997-2001년 사이에 100으로 균형을 이루다가 이후 성비는 급속히 낮아지면서 여초도시로의 빠른 전환을 시사하고 있다. 2000년 중반부터는 『부산통계연보』 인구의 성비보다 더 낮게 나타난다. 반면 1995-2005년의 약 10년간은 매우 독특한 모습을 보여주는데, 두 계열 인구의 성비가 거의 같은 100에 매우 근접해 있다.

그림9-5 부산의 성비(남/여)

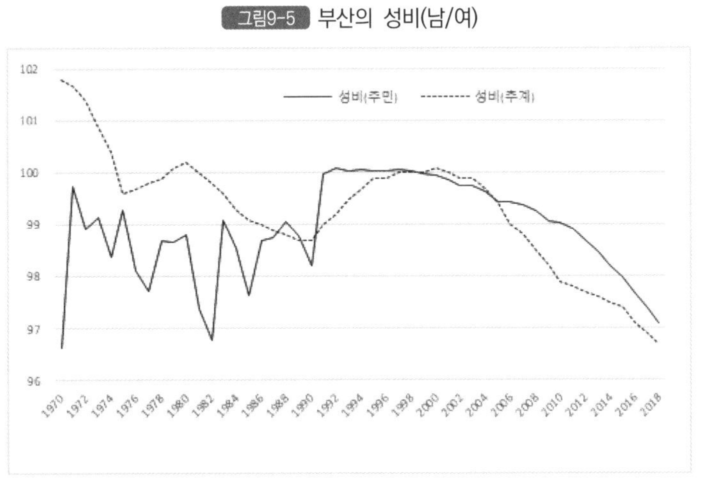

두 계열 인구의 성비를 볼 때 1988년이 전환점을 이룬다. 크게 보아 추계인구〉『부산통계연보』 인구인 때에는 추계인구 기준으로 남자인구가 여자인구보다 많거나 같았고, 추계인구〈『부산통계연보』 인구 일 때는 추계인구 기준으로 남자인구가 여자인구보다 적었다. 이것을 성비로 보면 추계인구〉주민등록인구인 기간(1970-1987)에는 추계인구 성비〉주민등록인구 성비를 보여준다. 즉 주민등록인구가 실제인구를 다 반영하지 못한 상황에서는 『부산통계연보』의 성비가 추계인구의 성비보다 낮게 나타나고 있다. 그리고 추계인구〈주민등록인구인 기간(1988년 이후)에는 추계인구 성비〈주민등록인구 성비로 나타나 주민등록인구가 실제인구를 과대반영하는 상황에서는 추계인구 성비보다 『부산통계연보』 성비가 높게 나타나고 있다.

부산의 도시개발

10장

I 부산의 도시계획

1. 행정구역 변천

부산은 16개 자치구·군을 가진 광역시로서 행정구역 총면적은 769.89㎢ 규모에 달한다. 행정구역 면적이 가장 큰 기초자치단체는 기장군으로 부산 행정구역의 28.36%이고, 다음으로 강서구 23.58%, 금정구 8.51% 순으로 시외곽지역이 큰 행정구역을 차지하고 있다. 반면 부산 원도심지역인 중구와 동구는 각각 0.37%와 1.28%에 불과하여 면적 면에서 가장 작은 행정구역 이다. 한편, 부산의 행정구역 면적 변화를 시대별로 살펴보면 다음과 같다.

부산이 근대도시의 성격을 갖춘 시기는 일제시기인 1914년 3월 1일 행정구역 개편에 따라 부산부제가 실시되면서부터이다. 당시 면적은 불과 84.15㎢로 지금의 중구·동구·영도구 그리고 서구의 일부에 지나지 않았다. 1936년 4월 1일 제1차 행정구역 확장으로 동래군 서면과 사하면 암남리의 편입으로 면적이 112.12㎢로 늘어났으며, 1942년 10월 1일 제2차 행정구역 확장으로 면적이 이전보다 두 배 이상인 241.12㎢로 확대되면서 오랫동안 행정중심지였던 동래군 동래읍과 사하면·남면·북면 일부가 편입되었다.

1963년 1월 1일 부산이 정부직할시로 승격됨과 동시에 제3차 행정구역 확장으로 동래군 구포읍·사상면·북면과 기장읍의 송정리가 편입되면서 면적은 360.25㎢로 늘어났고, 1978년 2월 25일 제4차 행정구역 확장으로 김해군 대저읍·명지면·가락면의 일부 지역이 편입되면서 면적은 432.32㎢로 확대되었다.

1989년 1월 1일 제5차 행정구역 확장으로 경상남도 김해군의 가락면·녹산면과 창원군 천가면의 편입으로 면적은 525.25㎢에 이르게 되었다. 1995년 1월 1일 행정기구 개편에 따라 광역시로 개칭하였으며, 3월 1일부로 제6차 행정구역이 확장되면서 양산군 5개읍·면(기장·장안읍, 일광·정관·철마면)과 진해시 웅동 일부 지역이 편입(749.17㎢)되었으며, 2016년 12월 현재 769.89㎢로 확장되어 오늘에 이르고 있다.[1)]

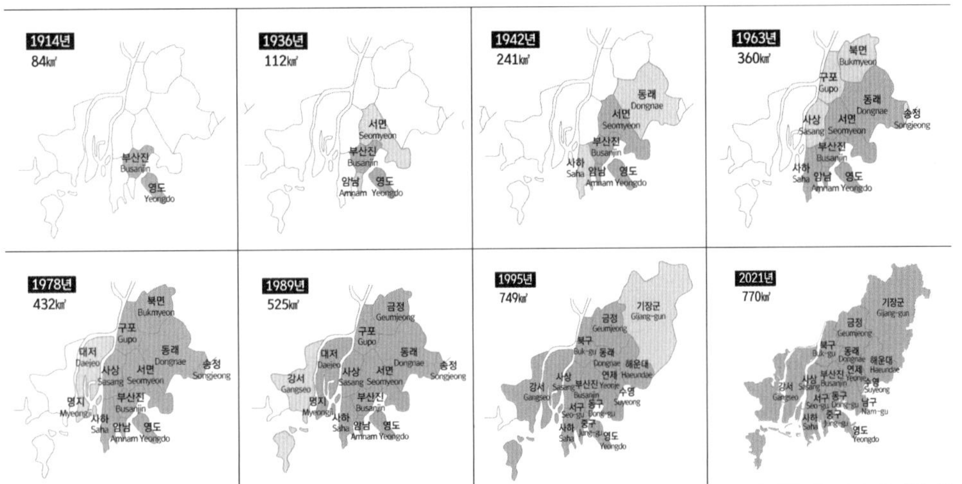

자료: 김경수 외, 「지도로 본 부산」, 부산연구원, 2010.1.

2. 도시계획 변천

부산의 도시계획구역 변화는 근현대사의 변천과 지향할 계획과 비전을 담고 있다. 행정구역 변화에서와 같이 부산은 부산항을 중심으로 시가지가 발달하였음을 반영하고 있다. 부산항 개항 이후 오늘날까지 140여 년의 역사를 간직하고 있는 부산항은 도시성장에 있어 부산의 태동지로서 기능하며, 오늘날까지 해양수도를 지향하는 출발지로서의 상징성이 매우 높다. 부산 도시공간계획의 최상위계획인 도시기본계획 수립은 1972년 제1차 부산도시기본계획이 수립된 이후, 2021년 현재 제6차 도시기본계획이 수립 중에 있다. 급변하는 도시의 여건을 반영하기 위해 그동안 도시기본계획은 수차례의 정부계획인 국토종합계획의 변경과 행정구역 확장 등 주요도시환경 변화를 고려하여 수차례 변경계획을 수립하였다.

1) 부산광역시 홈페이지(https://www.busan.go.kr/bhbasisinfo)

도시기본계획 목표연도 계획인구는 제1차 계획에서는 270만명으로 계획되었으며, 제2차 도시기본계획에서는 2001년 목표연도 계획인구가 480만명으로 설정되었다. 이는 1985년도 계획수립당시의 315만명의 부산인구수를 감안하면 목표인구 설정이 과다함에도 당시의 인구증가 추이를 감안하면 충분히 고려할 수 있는 목표치였다. 다만, 그 당시 중앙정부차원에서 추진하는 대도시성장 억제를 위한 강력한 규제조치에 대한 지역산업 규제 변화를 반영하지 못하였다. 따라서 이후 수립된 수차례의 도시기본계획에서 목표연도별 계획인구는 2000년 480만명, 2011년 450만명, 2020년 410만명으로 하향 조정을 하였으나, 실제적으로 과도한 인구예측으로 평가받고 있다. 이러한 결과는 수도권 집중과 도시광역화에 따른 부산대도시권의 성장, 산업구조 변화에 대응하지 못한 데에 근본 원인이 있다.

도시계획은 도시내외의 다양한 사회적 변화에 따라 예상되는 문제와 사회공간 활동을 예측하여 시민 주거와 각종 기반시설 등 도시의 물리적 공간을 계획하는 것으로 종합적 사고를 요구한다. 이런 측면에서 도시기본계획은 도시의 분야별 도시관리와 방향성을 제시하고 이를 토대로 목표를 실현하기 위한 장기계획을 수립하는 것으로 도시의 지향점 측면에서 매우 중요한 최상위 계획이다. 특히 오늘날에는 시민의 자긍심과 삶의 질 측면에서 도시관리의 중요성이 더욱 증가하고 있고 도시 상호간의 경쟁도 심화되는 실정으로 도시기본계획에 대한 시민참여와 관심도 매우 높아지고 있다.

표10-1 도시기본계획 수립 연혁

구분		승인 또는 수립 일자	계획년도		계획 인구 (만명)	계획구역 (㎢)	사유 및 주요내용
			기준 년도	목표 년도			
제1차 도시기본계획		1972.12.30	1972	1986	270	391.20	•최초 부산도시종합계획
제2차 도시 기본계획	기존	1985.7. 4	1980	2001	480	569.00	•낙동강 하구 매립 신도시 조성 •부산경계구역 확장(부산항계 추가)
	변경	1990.11.30	1980	2001	480	569.00	•해상신도시계획 수용
제3차 도시 기본계획	기존	1992.11.13	1990	2011	480	805.50	•강서구 녹산·가덕·지사·명지 등 추가 편입 •경부고속전철 건설 등 계획 수용
	변경	1996.12.18	1994	2011	450	1,052.80	•기장군 및 진해시 일부 편입 •항만, 어항구역 추가 지정
제4차 도시 기본계획	기존	2004.12.30	2000	2020	410	997.31	•제4차 국토종합계획 및 2020년 부산권광역 도시계획 수립(2004.5.14) •21세기 도시 성격 및 지표 제시 •동·서부산권 등 개발제한구역 조정으로 도시발전방향 제시

구분		승인 또는 수립 일자	계획년도		계획 인구 (만명)	계획구역 (㎢)	사유 및 주요내용
			기준 년도	목표 년도			
제4차 도시 기본계획	1차 변경	2008.3.26	2005	2020	410	997.31	•제4차 국토종합계획수정계획(06~20) 수립 •2020년 부산발전비전과 전략 등 현안 반영 •1단계(00~05)완료이후 도시기본계획 정비
	2차 변경	2009.12.29	2008	2020	410	997.31	•국정과제인 부산신항 배후 국제산업물류도시 조성반영(부산권광역도시계획변경,2009.5.6) •교정시설 이전 등 市 주요현안사업 반영
제5차 도시 기본계획	기존	2011.12.30	2008	2030	410	995.72	•제4차 국토종합계획 재수정계획 반영 •신부산 발전 2020 비전전략 등 반영
	변경	2017.11.15	2013	2030	410	993.54	•광역중심 설정, 글로벌·그랜드 부산에 부합 하는 중심지체계 구축
제6차 도시기본계획		수립중	2018	2040			

그림10-1 부산도시기본계획 도시기본구상도

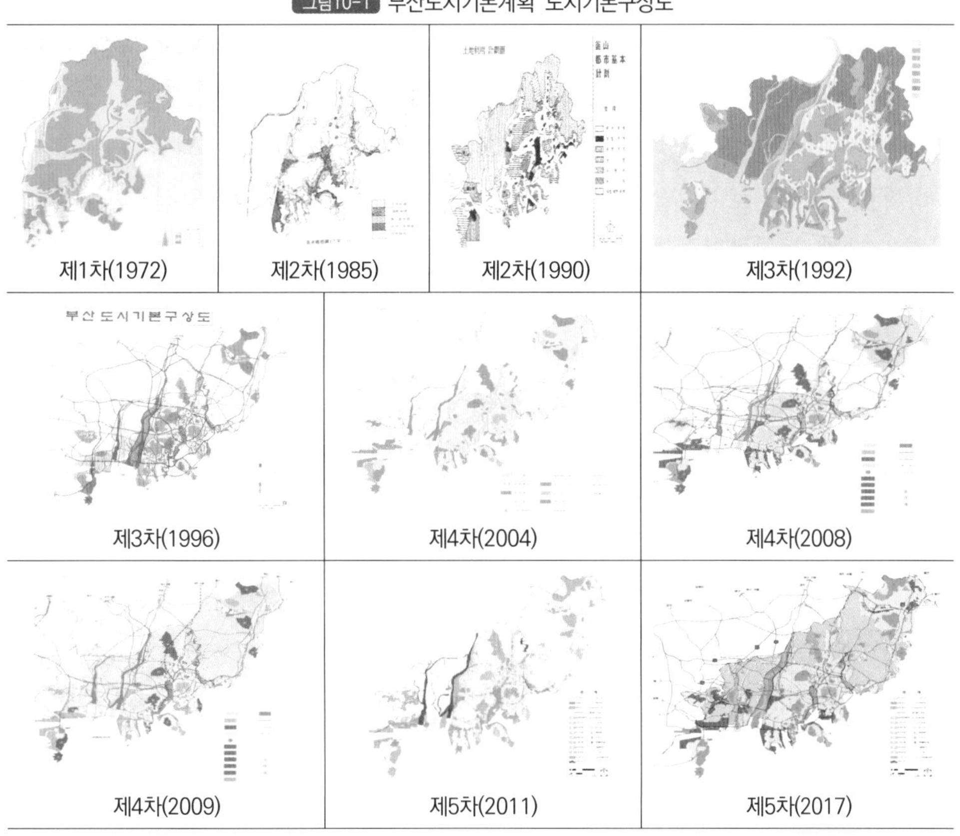

Ⅱ 부산의 도시개발 시대별 이슈

1. 해방이전

우리나라 최초의 도시계획은 일제강점기인 1934년 조선시가지계획령에 근거하여 1937년 서울, 부산 등 주요도시에 기본계획이 수립되었다. 부산은 동 법령에 의거 1937년 「부산시가지계획 구역결정」을 통해 처음으로 도시계획이 이루어졌다. 당시의 부산시가지계획구역은 중구, 동구, 부산진구, 남구, 영도구 일원지역으로 시가지계획구역이 설정되어 있다. 1934년 계획수립 당시의 부산 인구는 179,222명이며, 목표연도는 1965년으로 설정하는 30년 장기계획으로서 계획인구는 40만명으로 설정하였다.

일제강점기 한반도 시가지계획의 주축을 이룬 것이 토지구획정리사업이었는데, 당시 우리나라에 실시된 토지구획정리사업은 일본의 침략정책에 따른 집무수행을 용이하게 하기 위해 공권력에 의한 강제적 시행과 기존 시가지를 제외한 미개발지 중심, 그리고 택지조성보다는 공공기반시설 확충 중심으로 추진되어 공공용지의 무상확보에 따른 토지수탈의 수단으로 작용하였다. 부산에서는 영선, 범일, 부전 일원에 대해 토지구획정리사업지구를 지정고시하였으며, 이는 시가지계획구역 면적 84,156,000㎡의 약 7.4%에 불과하여 타도시(평균비율 35.8%)에 비해 상당히 낮은 비율을 차지하였다. 1938년 조선총독부고시 제308호로 구서면(西面) 북부 및 서부지역에 대한 철도개량계획이 확정되어 토지구획정리지구 추가결정(7,857,000㎡)이 이루어졌다.

1944년 1월 8일 조선총독부고시 제14호로 부산시가지 계획공원과 녹지 및 풍치지구(風致地區)가 고시되었으며, 이때부터 부산시가지도 근대도시로서의 초보적인 토지의 기능별 이용을 도모하게 되었다. 당시의 부산은 상주인구가 249,734명으로 급격한 인구증가를 보이고 있어 시가지가 점점 확장함에 따른 농경지와 산림이 시가지로 변화됨에 따라 시민의 보건·위생환경과 도시미관이 우려되는 상황이었다.

최초로 지정된 공원은 계획인구 40만 명을 기준으로 1인당 5㎡에 해당하는 총 32개소, 면적 1,986,000㎡ 규모로서 계획되었다. 당시의 대표적인 공원은 용두산 공원, 대청공원 등으로 이들 공원은 오늘날까지 시민의 사랑을 받고 있는 도심 대표공원으로 자리매김하고 있다.

부산항

부산항은 1876년 부산포라는 이름으로 개항하였으며, 일본의 식민지 정책에 의하여 일본의 상륙항으로서 부산항의 축항 공사가 실시되었다. 이후 지속적으로 본격적인 항만으로서의 기반시설을 확충하여 제1부두(1912년), 제2부두(1927년), 제3부두와 중앙부두(1944년)그리고 1943년에 제4부두 일부가 건설되어 1만 톤급 선박이 접안할 수 있는 항만이 되었다.

광복이후 1960년대에 들어서 제1차 경제개발5개년 계획의 실시로 전면적인 항만 정비와 개발, 확장사업이 1970년대까지 진행되었으며, 그 뒤에도 지속적인 개발이 이루어졌다. 1978년에는 컨테이너 부두인 자성대 부두를 개장하였으며, 1985년부터 시작된 3단계 개발사업으로 1991년 6월에 신선대 컨테이너 부두, 1998년 5월에 제4단계 개발사업인 감만 컨테이너 부두가 개장되었다.

부산항 북항

1950년대 현재

자료: 부산광역시,「부산시정 :1993~2002년」2004. 네이버 지식백과(https://terms.naver.com)

2. 도시 형성기(1950~1970년)

1950년 한국전쟁으로 인해 전국에서 피난민이 유입되어 부산의 인구는 급속히 증가하였다. 전쟁 직전인 1949년에는 470,750명이던 인구는 1952년에 850,192명으로 두배 증가하였다. 이들 증가인구의 대다수는 구호대상인 피난민으로 이들은 생계를 위해 기존 시가지 인근에 판자촌을 곳곳에 형성하였으며, 이로 인한 시가지의 무질서한 팽창으로 비계획적 도시개발이 확산되었다. 오늘날 원도심 일원 산복도로를 중심으로 형성된 구릉지 노후시가지의 형성배경도 피난민 정착에 그 원인이 있다. 이들 피난민 정착지역은 부산항을 둘러싸고 있는 구노심지역으로서 계단도로 중심의 시가지가 형성됨에 따라 노후불량주거지는 원도심 침체의 원인으로 작용하고 있다.

한편 부산은 전쟁으로 인해 임시수도로서 정치·경제· 사회·행정을 총괄하는 수도이자 중심지로서 기능을 수행하였다. 따라서 전국에서 모여든 피난민과 전쟁수행 등으로 많은 어려움이 있어 계획적 도시개발은 현실적으로 불가능하였다.

부산은 광복과 한국전쟁의 사회적 혼란기를 겪으면서 일제강점기에 수립했던 도시계획제도를 그대로 유지하였다. 즉 조선총독부가 1937년 수립한 부산시가지계획구역을 그대로 유지함에 따라 목표연도(1965년) 계획인구 40만 명으로 수립된 계획은 사회적 혼란기를 겪으면서 1955년 이미 100만명을 상회하여 급속한 도시 여건변화를 반영하지 못한 채 이어져 왔다. 무엇보다 도시기능을 원활히 하고 용도지역제의 기본요건이라고 할 수 있는 주거, 상업, 공업지역이 지정되지 않아 다양한 기능이 혼재되어 기존 시가지의 무질서한 확산이 가속화되는 계기가 되었다.

1960년대는 사회적 혼란기를 수습하는 시기로서 1962년 정부차원의 도시계획법이 제정됨에 따라 도시의 계획적 관리 측면에서 새로운 전기를 맞게 되었다. 특히 부산시는 1962년 11월 21일 법률 제1173호에 의해 '부산직할시'로 제정 공포되었고, 1963년 1월 1일부터 실시되었다. 우리나라의 근대화 원동력이라고 할 수 있는 경제개발 5개년 계획이 1962년 시작된 것도 이러한 시대적 흐름의 반영이었다. 정부의 수출주도형 경제정책 추진 당시 부산은 노동집약적 경공업 중심의 구조적 취약성을 보였으며, 1970년대 들어 서울과 부산 등 대도시에 신규로 입지하는 기업을 대상으로 지방세 5배 중과시책을 추진하였다. 법인이 대도시내에서 공장의 신설, 증설, 공장의 승계 취득, 지점 또는 분사무소의 설치, 공장이전 및 업종변경에 따른 부동산 취득 등기 시 취득세 및 등록세를 5배 중과하는 제도이다.[2]

이러한 규제는 1970년대 중반 이후 둔화세를 보인 공업성장 및 수출신장의 지속적인 하락현상을 야기해 지역경제성장률 하락과 산업경제 전반에 걸친 침체를 가속화하는 계기가 되었다. 특히 부산의 공업지역 면적은 1967년 32.6㎢에 달하였으나, 1980년에는 29.7㎢로 오히려 낮아지는 계기가 되었다.[3]

한편 전술한 바와 같이 부산은 사회적 혼란기의 급격한 인구증가로 주택수요가 급증하였으나, 도시특성상 산지가 많아 주거지로 활용 가능한 토지가 부족하였으며, 늘어나는 인구수용을 위한 가용토지확보가 관건이었다. 또한 경제성장 중심의 국가 국토관리정책으로 개별 도시관리를 위한 계획적 대응과 주거공간에 대한 관리가 미흡하여 도시기반시설 등 도시환경이 더욱 악화되었다. 이에 따라 도심 인근 고지대에 무허가 불량주택이 난립하고, 부산은 전국에서 가장 주택문제가 심각한 도시로 전락하게 되었고, 오늘날에도 원도심을 중심으로 노후주거지로 인한 도시재생사업이 활발히 추진됨에도 이들 지역의 인구감소 등 지역쇠퇴가 심화되고 있는 실정이다.

---

2) 김대래, 「1980-90년대 부산 기업의 역외이전」, 『항도부산 32호』, 2016.5.
3) 김경수, 「부산시 노후공업지역 재생과 지원정책에 관한 연구」, 부산연구원, 2013.6.

그림10-2 1960년대 서면일대 전경

자료 : 부산광역시 내부자료, 「부산광역시 도시계획사」, 2018.

3. 도시 성장기(1971~1990년)

1970년대는 국가재건을 국민적 운동으로 실천하려는 시기였고, 이 당시의 새마을운동은 도시와 농촌을 가릴 것 없이 요원의 불길처럼 번지던 시기였다. 특히, 공업화를 통한 경제개발 우선 정책추진으로 수출 중심의 노동집약적 제조업 공장이 생겨났으며, 이에 따른 농촌에서 도시로의 젊은 노동력이 유입되는 이촌 현상이 광범위하게 진행되었다. 이러한 사회적 현상의 결과로 도시로의 인구집중에 따른 도심팽창이 문제되었고, 도시의 무질서한 외연적 확산(urban sprawl) 역시 도시계획 분야에서 해결되어야 할 과세였다. 이러한 맥락에서 1971년에는 도시계획법이 거의 전면적으로 개정되었다. 주요 내용으로는 지역·지구제의 보강과 구역제의 신설, 사유권 보호규정의 강화 및 도시계획위원회의 보강 등이 이루어졌다. 신설된 구역제들은 도시의 과대집중방지(특정시설제한구역과 도시개발예정구역)와 도시주변의 무질서한 확산방지(시가화조정구역과 개발제한구역)를 목적으로 하고 있다. 특히, 이 시기에 설정된 개발제한구역은 2003년 해제 및 조정을 위한 광역도시계획의 대상이 되었다.4)

4) 부산광역시, 부산광역시 도시계획사, 2004.

1972년 부산시는 최초의 도시기본계획을 수립하였는데, 이는 오늘날의 부산 도시공간구조를 결정짓는 중요 계기가 되었으며, 구체적으로 도시전반에 걸친 토지이용계획, 교통계획, 각종 도시계획시설이 구비됨으로서 오늘날의 도로망 형성의 모체가 되었다. 주요 기반시설인 도로는 급격한 산업발전과 인구유입으로 산업수송로 확보와 도심지 교통체증 해소책으로 도로 사업에 역점을 두었다. 특히, 1972년 정부차원에서 부산항 개발계획의 문제점으로 대두된 바 있는 부산항과 시외곽연결 대형화물수송로 확보방안의 일환으로 부두도로 확장, 도시고속도로 축조와 부산대교건설을 통해 경부고속도로와 연결하는 '번영로'라 명칭된 도시고속도로 개설은 부산항 산업물동량 수송과 도심부 교통체증 완화에 크게 기여하였다.

한편 부산의 대표적 공업지역인 사상공업지역은 토지구획정리사업으로 추진되었다. 1968년 착공하여 1975년 3월에 완공되었다. 총규모 8.5㎢에 이르는 대규모 공업지역은 당시 도심에 산재해 있던 주무공장을 이전하여 집단화함으로써 공해와 주거환경개선을 위하여 조성되었다. 그러나 지역여건이 자연배수불량, 도로, 하수시설 등 기반시설의 미비, 공장과 주거상업시설이 혼재되어 있는 등의 문제점을 보이고 있다.

결론적으로 1970년대의 고도경제 성장기는 급속한 인구증가와 이에 따른 주택수요가 폭발적으로 증가하면서 부동산가격이 급등하였으며, 이는 중앙정부 차원의 급속한 부산의 성장에 대한 대도시 규제의 빌미를 제공하였다.

1980년대의 특징은 택지개발촉진법 제정으로 택지개발사업이 본격적으로 추진되는 전기를 마련하게 되었다는 점에 있다. 택지개발촉진법은 주택난 해소와 국민의 주거생활 안정과 복지향상에 기여함을 목적으로 하는 법률로 1980년 12월에 제정되었다. 주요내용으로 도시지역의 시급한 주택난을 해소하기 위하여 주택건설에 필요한 택지의 취득·개발·공급 및 관리 등에 관한 특례를 규정하고 있다. 이를 통해 그동안 부산의 도시개발사업을 주도하였던 토지구획정리사업은 택지개발사업으로 대체되게 되었다. 부산의 택지개발사업은 대다수 기존 시가지와 접한 자연녹지 지역을 대상으로 집중적인 개발이 이뤄졌으며, 이 당시에 추진된 사업으로는 사하구 다대동 일원, 북구의 화명·금곡·만덕동 일원, 영도구 동삼동 일원, 해운대 신시가지 등지에 대규모로 분포하고 있었다

1980년대는 부산의 만성적 교통난을 해결하기 위한 도시철도건설이 본격화하였다. 1981년 6월 도시철도1호선의 구간별 공사착공이 순차적으로 추진되었다. 도시철도 1호선은 부산의 주요거점을 통과하는 노선으로 1단계 구간인 노포역~범내골

역 구간의 착공을 시작으로 1983년 7월에는 2단계 착공(범내골역~중앙역 구간), 1984년 8월 3단계 구간 착공(중앙역~서대신역)이 추진되었다. 도시철도 공사 추진에 따른 구간별 개통이 이뤄져 1985년에 1월에 노포역~서대신역 구간이 완전 개통되었다.[5)]

이 시기는 중화학공업에서 기술 집약형 산업으로 전환되는 시기로서 본격적으로 선진국형 산업구조로 빠르게 재편되는 시기이다. 아울러 수출의 규모도 크게 확대되어 세계 10위권의 경제성장을 달성하였다. 반면, 부산은 정부의 대도시 성장억제 정책 추진에 따른 각종 규제로 산업구조 재편의 기회에 오히려 지역 산업기반이 붕괴되는 시기였다.

제2차 국토종합계획에서는 서울, 부산 양대 도시의 과밀집중을 강력히 규제, 관리하는 정책을 추진하였다. 이의 일환으로 부산에는 새로운 산업의 유치가 제한되고 울산, 창원 등에 우선 배치하였으며, 기존 시역 내 용도위반 공장은 인접 지방 공업단지에 적정 분산 배치하는 등 부산권 차원의 성장관리가 본격적으로 추진되었다. 아울러 정부는 부산의 가용토지 부족에 따라 김해, 양산 등 주변도시의 개발을 통한 광역적 인구분산 정책을 강력히 주진하였다.

부산은 1980년대 후반에 들어 인구증가가 급격히 둔화되는 양상을 보이기 시작하였으며, 무엇보다 산업의 구조조정 기회를 실기함에 따른 인구감소와 산업침체의 이중적 쇠퇴를 경험하는 계기가 되었다. 그 와중에서도 1984년 신평장림공단이 완공되어 부족한 산업용지 확보에 기여하였다. 도시의 중심지 육성을 위해 서면~광복을 잇는 도심부일원이 상업지역으로 지정되어 현대적 도시를 조성한다는 목표 아래 본격적인 개발이 이뤄졌으며, 부산항 북항일원의 공업지역 계획도 수립되었다.

4. 도시 정체기(1991~2010년)

1990년대 부산의 도시개발은 지속적으로 증가하던 인구가 감소하기 시작하였으며, 아울러 물리적 시설확충 중심의 도시개발 정책에서 도시의 질적 성장을 우선하는 정책개발으로 전환되는 시기였다.

아울러 우리나라 지방자치제가 본격적으로 시작되어 1991년 구·시·군의 기초의회 선거와 시·도의회 광역의원 선거가 실시되면서 지방자치제도가 부활되었으며, 1995년에는 기초 단체장, 광역시 단체장 선거가 실시되면서 본격적인 지방 자치시

5) 현재의 도시철도 1호선은 1990년 7월 서대신역~신평역 구간 개통과 2011년 4월 다대선 연장으로 신평역~다대포해수욕장역 구간으로 확장되어 총40개 역사에서 시민의 발로 운영 중에 있다.

대를 맞이하게 되었다. 지방자치제도의 시행은 지방정부가 중앙정부의 간섭 없이 지역의 사무를 스스로 결정하는 것으로서 도시간 경쟁이 심화되는 계기가 되었다. 특히 부산의 인구는 1990년대 들어 본격적으로 감소하기 시작하였고, 1980년대부터 역외이전이 본격화한 제조업체의 타 지역 이전은 부산의 산업경쟁력이 약화되는 계기가 되었다. 지방자치제 시행으로 산업과 인구 유인을 위한 시도 간의 경쟁이 본격화되었으나, 가용지가 절대 부족한 부산은 매우 어려움을 겪게 되었다.

그럼에도 불구하고 행정구역 개편으로 새로운 전기를 맞게 되는데 1995년 3월 부산직할시가 광역시로 개편됨과 동시에 경상남도 양산군 동부출장소가 새로 출범한 부산광역시에 편입되어 지금의 기장군이 되었다. 기장군은 기존의 부산시가지에 비하면 농어촌 느낌이 강한 지역이지만 무엇보다 행정구역의 면적이 넓고 (749.17㎢), 미개발지역이 많아 잠재력이 풍부한 지역이다.

기장지역의 주요사업으로는 정관신도시와 동부산관광단지 개발이 대표적이다. 기존의 시역 내 제조업체들의 상당수가 인접한 양산과 김해지역으로 이전하고, 신평·장림 공단과 녹산 산업 단지 등 서부산 지역 중심으로 개발이 진행되어 창원·마산지역과 클러스터가 형성되었으며, 상대적으로 울산지역과의 연계성이 미흡하였다. 이에 따라 부산은 기장군의 편입과 함께 정관신도시 개발에 본격 착수하여 1997년 정관 일원을 택지개발예정지구로 지정하고 한국토지주택공사와 공동개발 협약을 체결하고 2003년 조성공사를 착공하여 2007년 준공하였다. 동부산관광단지는 2005년 3월 관광단지로 지정되고 이듬해인 2006년 부산광역시와 부산도시공사 간에 관광단지 개발 기본 협약을 체결하고 토지 및 지상물 보상 등을 거쳐 2010년 단지조성 공사에 착수하여 개발이 진행 중에 있다.

동 시기의 주요 도시개발 사업으로는 부산신항의 본격 개발 착수이다. 부산항 북항의 물동량 급증에 따른 만성적인 체선·체화 해소와 도심부 교통체증, 낮은 수심 등의 내적요인과 중국의 급성장 등 대외적 요인에 따른 글로벌 경쟁력 강화를 위해 신항만 조기개발의 필요성이 대두되었다. 1995년 3월 부산 신항만 건설 사업이 정부의 민자 유치 대상 사업으로 선정되어, 1995년 타당성 조사 착수 등의 일련의 과정을 거쳐 1997년 10월 본격적인 공사가 시작되었다

부산신항의 조성은 부산항 북항 항만시설의 이전 차원이 아닌 연계 배후 도로 및 철도의 재배치를 수반하는 것으로서 이는 향후 북항일원 항만재개발과 도심을 관통하는 철도시설의 기능재배치와 연계되는 대규모 사업이 동시에 추진되는 계기가 된다.

그림10-3 부산항 신항 계획평면도

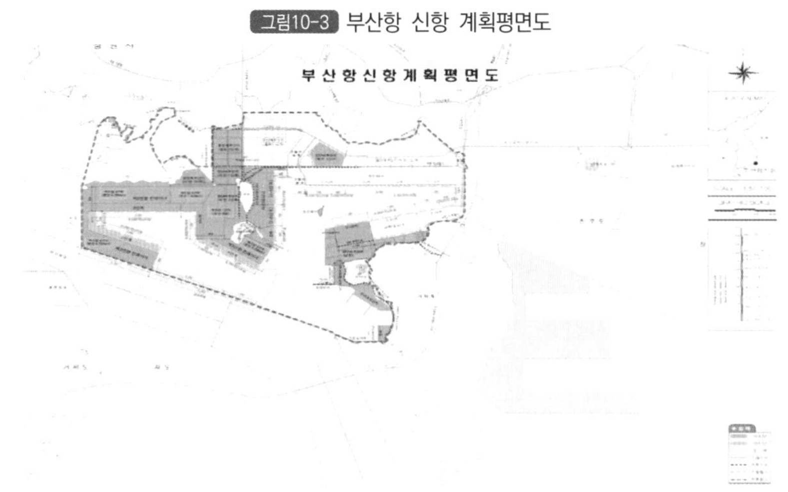

자료: 해양수산부, 「제2차 신항만건설기본계획」, 2019.11

한편 기존 시가지의 노후화에 따라 주거환경이 불량한 지역을 계획적으로 정비하거나 노후·불량건축물을 효율적으로 개량하기 위하여 도시 및 주거환경정비법이 제정되었다. 동법은 2002년 12월 30일 도시환경을 개선하고 주거생활의 질을 높이는데 이바지함을 목적으로 제정한 법률로서 부산의 경우에도 본격적인 도시정비사업이 진행되게 되었다. 10년마다 수립하는 도시·주거환경 정비기본계획에는 노후·불량건축물이 밀집하는 등의 정비구역 지정요건에 해당하는 구역을 대상으로 해당구역의 구체적인 개발과 내용을 결정하도록 하고 있다.

최초 수립된 정비계획의 정비구역은 487개 구역으로 25.8㎢를 차지하고 있으며, 가장 많은 구역을 차지하는 지역은 부산진구로서 86개소 5.2㎢ 규모이며, 다음으로 남구 55개소 2.6㎢, 서구 48개소 1.6㎢ 순으로 결정되어 구시가지 지역을 중심으로 노후·불량주택이 밀집한 특성을 반영하고 있다.

5. 도시 성숙기(2011~현재)

2010년대는 도시재생사업이 본격적으로 추진되는 시기이다. 2013년 6월 「도시재생 활성화 및 지원에 관한 특별법」이 제정됨에 따라 우리나라의 도시재생은 새로운 전환기를 맞이하였다. 지난 40여 년간 재개발, 재건축 등 민간 주도의 철거재개발사업을 통해 물리적 환경만을 정비해오던 정책에서 '도시재생(urban regeneration)'으로 정책의 패러다임을 전환하는 계기가 되었다.

부산은 도시재생 법제정 과정에 매우 큰 영향을 끼쳤는데, 그 동기가 되었던 사업은 2010년 초 '산복도로 르네상스 사업'이다. 동 사업은 도시쇠퇴가 심화되는 원도심 부흥을 위한 사업으로 부산발전의 핵심 아젠다로 설정하고 도시재생사업을 본격 추진하였다. 산복도로 르네상스 사업은 원도심 산복도로 일원 주거지역을 대상지역으로 해당 자치구는 중구, 서구, 동구, 부산진구, 사하구, 사상구 일원 6개 자치구에 걸쳐 계획되었다. 사업구역은 구봉산, 구덕·천마산, 엄광산 3개 권역, 9개 사업구역으로 구분하였으며, 공간·생활·문화재생을 통한 자력수복형 종합재생을 사업방향으로, 사업기간은 10년(2011~2020년)이며, 총사업비 1,500억 원을 투자하는 획기적인 사업으로 추진하였다.

동 계획은 정부의 도시재생 특별법이 제정되는 계기가 되었으며, 부산은 타시도에 비해 도시재생사업이 활발히 추진되게 되었다.

그림10-4 산복도로 르네상스 사업계획

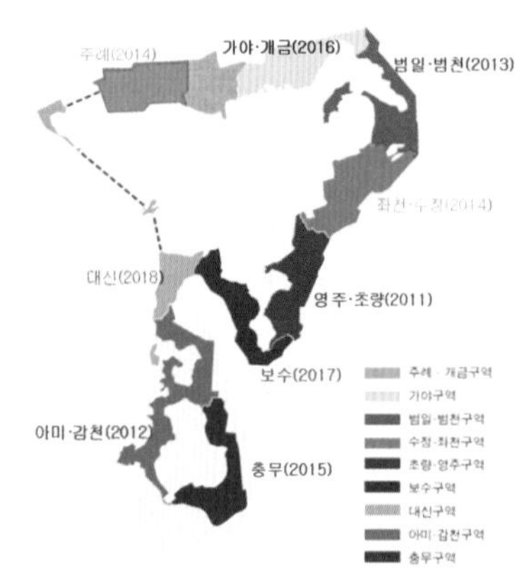

권역 (천㎡)	구역	구역면적 (천㎡)	사업기간
계	3개 권역 9개 구역	10,444.2	
구봉산 권역 (4,524.2)	영주·초량구역	1,138.4	'11~'12
	좌천·수정구역·주례구역	2,439.9	'14~'15
	보수구역	945.9	'17~'18
구덕·천마산 권역 (3,205.0)	아미·감천구역	1,416.6	'12~'13
	충무구역	1,076.6	'15~'16
	대신·학장구역	711.8	'18~'19
엄광산 권역 (2,715.0)	범일·범천구역	922.7	'13~'14
	가야·개금구역	1,792.3	'16~'17
주례(보강)·전체구역		-	'19~'20

자료: 부산광역시 내부자료, 「산복도로 르네상스 사업현황」, 2018.

한국 근현대사 격변기의 산물 '산복도로'

- 산복도로의 사전적 의미는 산의 중턱을 지나는 도로를 일컬음
- 부산의 산복도로는 8.15해방과 한국전쟁 등 우리나라 근현대사 격변기의 산물로 역사의 현장을 간직한 서민 주거지
- 원도심 일대 해발고도 50m이상 능선을 따라 형성된 경사지 주거지역

그림10-5 1950년대 피난시설 산복도로

그림10-6 1970년대 산복도로 전경

그림10-7 현재의 산복도로 전경

자료: 김경수, 「산복도로 르네상스, 원도심재생의 시발점」, 『BDI 포커스』, 부산연구원, 2010. 8.

부산시민공원은 도심의 대규모 평지공원으로, 시민들의 사랑을 받고 있는 부산의 대표공원으로 자리매김하였다. 부산시민공원이 조성된 부지는 1950년 한국전쟁 발발 직후 주한미군기지사령부가 들어서면서 주한미군의 물자 및 무기보급, 관리 등의 전투지원 기능을 담당하였던 지역으로, 이를 부산시에서 반환받아 조성한 공원이다. 2011년 8월 착공하여 2014년 5월 정식 개원하였다.

거가대교는 부산시 가덕도에서 경상남도 거제도를 연결하는 총연장 8.2km의 부산~거제 간 연결 도로 중 중죽도에서 거제도를 잇는 교량 구간을 통칭하며, 부산 가덕도~중죽도~대죽도를 잇는 3.7km 구간은 침매터널로 건설되었고, 중죽도~저도~거제 장목 간 4.5km 구간은 2개의 사장교와 접속교(3.5km), 육상터널(1.0km)로 건설됐다. 국내에서 침매(沈埋) 공법을 이용한 해저 터널교량 공사는 거가대교가 처음이다. 거가대교가 개통되면서 부산~거제 간 육상거리가 140km에서 60km로, 통행시간은 2시간 10분에서 50분으로 크게 단축돼, 교통난 해소와 물류비 절감은 물론 남해안 관광 등 지역경제 활성화에도 기여하고 있다.6)

Ⅲ 부산의 도시계획 과제

부산의 도시성장은 일제강점기와 해방 그리고 한국전쟁의 사회적 혼란기와 밀접하게 관련되어 있다. '5~60년대 급격한 인구 증가요인은 사회적 증가에 기인하였으며, '70~80년대까지 지속적으로 증가하여 왔다. 하지만 그 당시 부산의 대규모 인구증가는 정부의 대도시 성장억제 정책 추진을 가져왔으며, 결과적으로 부산경제의 침체 및 지역총생산 증가율 둔화가 가속화되었다.

도시개발 측면에서 보면 부산의 지형적 특성으로 인하여 시가지는 선형으로 조밀하게 개발되어 오늘날의 노후불량주거지를 양산하게 되었으며, 이는 현재까지 큰 영향을 미치고 있다.

도시의 관리적 측면의 문제점을 지적하지 않을 수 없다.

첫째, 가용토지의 절대적 부족 문제이다. 부산은 서측의 낙동강과 동측의 기장~해운대~부산항 일원 연안역, 그리고 원도심을 잇는 금정산~백양산~황령산 등 산악지역으로 둘러싸인 배산임수의 지형적 특성으로 인해 가용토지 확보가 어려운

6) 자료 : 네이버 지식백과(blog.naver.com)

실정이다. 현재까지 개발되는 대다수 토지는 개발제한구역 해제를 통해 충당하고 있으나, 산업단지 확충 등 신산업육성에 대응한 산업용지 확보에 큰 어려움을 겪고 있는 실정이다.7)

둘째, 인구감소의 심화를 들 수 있다. 정부는 다양한 국토공간관리를 위해 국가균형발전특별법, 수도권정비계획법 등 세부계획 수립·추진에도 불구하고 성과 창출이 미흡하다. 저출산·고령사회 진전에 따른 장래 생산가능인구 감소는 국가경쟁력의 위협요소로 대두되고 있으며, 이를 해소하기 위한 출산장려 정책은 수많은 예산 집행에도 불구하고 출산율은 큰 폭으로 감소하고 있다. 부산시는 그동안 정부계획에 따른 저출산·고령화 위주의 개별대책 추진의 정책효과 한계를 인식하고 인구정책팀을 신설하여 지역특화 인구종합대책을 본격적으로 추진하기 위한 대응체계를 구축하여 추진 중에 있으나, 일자리·교육 등으로 인한 청년인구 유출 심화와 출산율 저하로 인구감소는 심화되고 있다. 부산을 비롯한 지방도시 인구감소는 국토불균형에 따른 수도권 인구집중에 근본 원인이 있는 만큼 정부차원의 국토균형발전에 대한 의지와 정책실행력이 절실한 실정이다.

그림10-8 부산시 연평균 순이동인구(2000~2018)

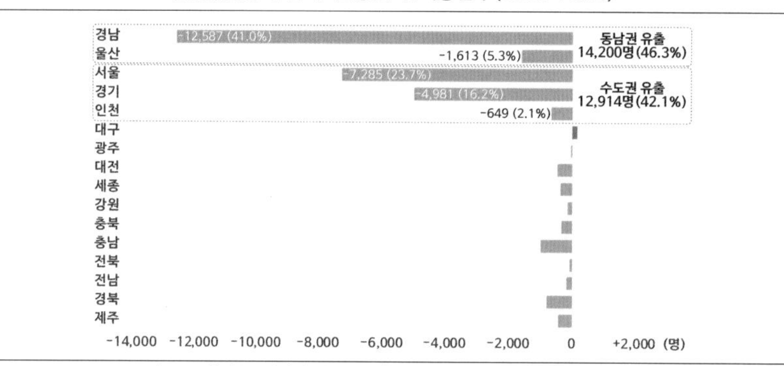

자료 : 김경수·이재정·하정화, 「인구감소에 대응한 부산 인구정책방향」, 부산연구원, 2019.11.

셋째, 도시기반시설 부족 문제이다. 부산은 지형적 특성으로 인해 시가지가 선형으로 조밀하게 개발되어 있다. 문제는 사회적 혼란기의 대규모 인구유입 과정에서 도시계획의 기회를 갖지 못하고 무계획적으로 도시가 형성되어 도시기반시설이 매우 부족한 실정이다. 그 동안 공업지역은 항만을 중심으로 형성되어 있으며, 상업지역은 간선도로를 따라 발달되어 왔고, 주거지는 가용지가 부족하여 경사지를 따

7) 김경수 외, 「북항재개발 2단계 주변지역 종합개발구상」, 부산연구원, 2014. 6.

라 입지하여 왔다. 해안과 산악의 특성에 따라 과밀한 도시문제 해결을 위한 교량, 터널 등 도시기반시설 확충은 과도한 사업비 부담으로 민간투자사업에 의존함에 따라 시역내 유료도로가 많은 실정이다.

특히, 원도심일원은 경사 지형에 따른 계단도로 중심으로 생활권이 형성되어 있고 노후 불량주거지역이 대다수를 차지하며, 도시기반시설이 매우 열악한 실정으로 종합적이고도 통합적인 도시관리의 전기 마련이 필요하다.

그림10-9 북항배후지역 계단도로 현황

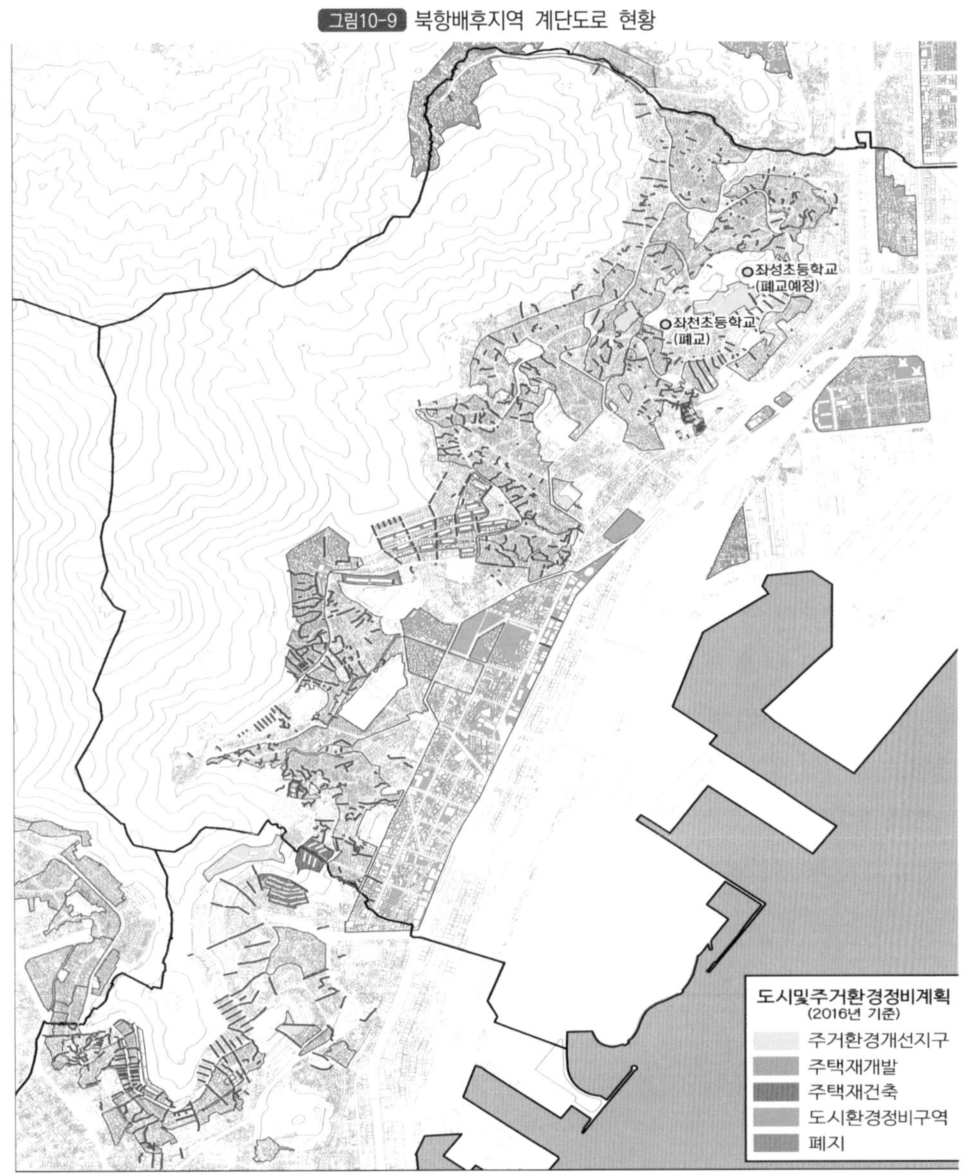

김경수, 「원도심과 북항 공동발전을 위한 연계방안」, 워크숍자료, 2020.9

넷째, 정부의 국토균형개발 의지 부족이다. 비수도권에서는 수도권 1극 체제 가속화로 인한 인구절벽·지방소멸 위기 극복을 위해 균형발전을 주장하는 반면, 수도권 시각에서는 영국, 프랑스 등 균형전략 폐지 국가의 사례로 들며 글로벌 시각에서의 메가시티 전략 필요성을 주장하고 있다. 이러한 소모적 논쟁이 지속되면서 전 국토 면적의 11.8%(11,854.9㎢)에 불과한 수도권에 2020년을 기점으로 전국 인구의 50%를 초과하는 전 세계적으로 유래가 없는 수도권 인구집중율을 기록하고 있다.

그럼에도 불구하고 국토균형발전에 대한 정부 인식은 수도권 중심 시각에서 벗어나지 못하고 있으며, 경제, 사회, 문화, 교육 등 전부문의 수도권 집중은 가속화되어 지방의 산업기반 붕괴, 청년인구의 수도권 유출 심화는 단순히 지역차원의 대응이 불가능한 실정이다.

하지만 부산은 현실의 문제점을 뛰어넘어 재도약해야 하는 사명을 가지고 있다. 단순히 도시의 성장이 아닌, 수도권에 대응하는 남부권 중심도시이자 국제도시로 도약하여야 한다. 이를 위해서는 단기적 대응이 아닌 중장기적 관점에서 도시의 구조적 문제점을 찬찬히 살펴보아야 한다. 과거 항만·철도 등 국가성장 우선 정책에 따른 도시공간구조 왜곡과 단절된 공간을 시민에게 돌려주기 위한 '부산대개조' 실현에 대한 지역사회의 공감대가 형성되어 있는 만큼 시민 삶의 질 향상에 부합하는 혁신적 도시관리가 요구된다. 또한 과거의 산업구조조정의 기회를 상실한 실패를 경험삼아 4차산업혁명에 대응한 미래 신산업 육성에 부합한 기간산업 인프라 및 대규모 민간기업 유치를 위한 능동적 정책 추진이 필요하다. 글로벌 벨류체인의 급격한 변화에 따라 부품소재의 공급망 확보를 위해 영세한 지역 제조업의 고도화와 함께 주력산업의 디지털 전환 유도를 통해 일자리가 없어 지역을 떠나는 청년층의 눈높이에 맞는 산·학·관 주도의 디지털 기반 AI, SW 혁신 일자리 확충을 추진하여야 한다.

4부 삶

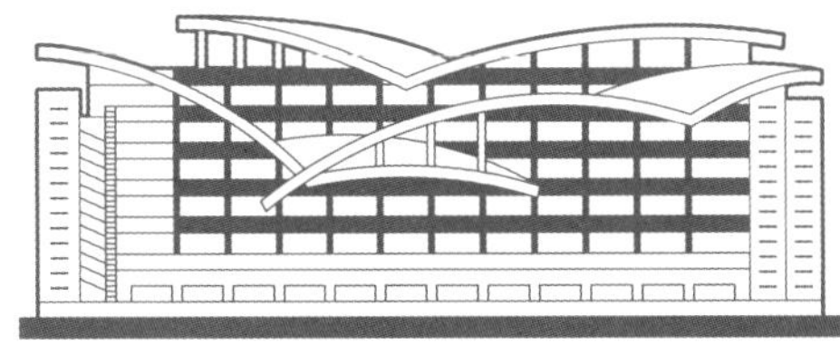

PART 4

부산의 주택과 부동산! 과거, 현재 그리고 미래

11장

I 부산의 주택과 부동산현황

1. 주택과 부동산의 기초, 인구

통계청은 5년마다 인구주택총조사 결과를 발표하는데 가장 최근 자료인 '2015 인구주택총조사' 결과를 보면 향후 지역주택시장에 점진적인 환경변화가 나타날 것으로 보인다. 먼저, 일본식 인구구조변화 논란가속으로 주택수요 위축이 나타날 것으로 보인다. 인구변화를 보면, 30년 전보다 우리나라의 유소년인구는 518만 명 감소하고 고령인구는 482만 명 증가한 것으로 나타났다. 모든 시도의 고령인구 비율이 7%가 넘어 고령화 사회에 진입했다.

우리 고령인구 비율(13.2%)은 주요 국가와 비교하면 일본(26.3%)보다는 낮지만, 2000년 고령화사회로 진입한 한국은 2024년 초고령사회(전체인구 중 65세 노인인구비중이 20%를 초과하는 현상)로 진입할 것으로 예상된다. 고령화 속도가 세계 최고라는 일본(24년)보다 짧다. 부산도 초고령사회로의 진입이 2021년에 이를 수 있다는 보고서도 있다. 2020년 현재 부산의 65세 노인인구는 부산시 전체 인구의 19.7%에 이르고 있다. 서울과 6대 광역시중 노인인구의 비율이 가장 높다고 한다.

둘째, 1인가구 증가세 확대로 중소형 아파트가 대세를 유지하지만, 장기적으로는 주택수요가 감소하고 빠른 월세 임차시대로 전환이 불가피 할 것으로 보인다. 우리나라 가구 유형 중 1인 가구가 처음으로 가장 많은 비중을 차지했다.

30년 전 6.9%에 불과했던 1인 가구는 2015년 기준 27.2%로 뛰었다. 지난해 기준 1인가구 비율은 27.2%(520만 가구)로 2010년 23.9%(422만 가구)에서 3.3%포인트(99만 가구) 증가했다. 1985년 6.9% 수준이던 1인가구 비율은 ▲1990년 9.0% ▲1995년 12.7% ▲2000년 15.5% ▲2005년 20.0% ▲2010년 23.9% ▲2015년 27.2%로 꾸준히 상승해 왔다.

셋째, 아파트중심의 거주문화 정착하지만, 아파트 거주가구 증가속도는 크게 둔화되면서 아파트 주택선호 유형에서 벗어나려는 변화 나타날 것이다. 일반가구 중 아파트에 거주하는 가구는 전체의 48.1%(919만7,000가구)로 5년 전보다 2.0% 늘었다. 단독주택 거주비율은 35.3%(673만9,000가구)로 3.3% 감소했다. 하지만, 아파트에 거주하는 가구증가속도는 둔화되면서 아파트중심의 주거유형선호현상이 감소세로 전환되고 다양한 주택유형이 그 대안이 될 것이다.

넷째, 서울과 수도권지역의 주택수요 증가와 탈동조화·양극화 현상이 지속될 가능성이 높아질 것이다. 우리나라에 거주하는 총 인구(외국인 포함)는 5,107만명으로 2010년 4,971만명에 비해 136만명(2.7%) 증가했다. 수도권에 절반 가량이 몰리는 집중 현상이 지속되고 있다. 수도권(서울·인천·경기) 인구는 2,527만명으로 전체 인구의 49.5%를 차지했다. 2010년 49.2%에 비해 0.3%포인트 증가한 것이다. 부산지역은 오히려 -1.1% 감소했다.

1990년대 초 인구절벽에 이어 부동산시장에 급격한 변화를 먼저 경험한 일본은 우리에게 좋은 많은 교훈을 보여주고 있다. 그 중 하나는 수도권 대도시보다 지방도시의 쇠퇴를 먼저 경험했다는 것이다. 모두의 준비가 필요한 때이다.

부산지역 인구추이를 보다 상세히 살펴보면, 중장기적 인구추이를 가늠할 수 있는 출생아수는 점진적으로 감소하는 현상을 볼 수 있다. (그림11-1. 전국·부산 출생아수 참조) 부산은 1980년 한 해 출생 신생아수가 약8만만 명이었지만, 2019년에는 약1만7천명 출생에 그쳤다.

그림11-1 전국·부산 출생아수

아울러, 부산지역 16개 구·군의 사회적 인구구조에도 상당한 변화가 진행되고 있다. 부산의 순이동자수(순유입-순유출)는 매년 감소현상을 보이고 있는데, 그 속도가 점차 빨라지고 있다는 특징을 보인다. (표11-1. 부산의 순이동자수 참조) 그리고, 부산지역 16개 구·군 중 영도구, 부산진구, 중구, 사하구, 서구 등은 유입되는 인구보다 유출되는 인구수가 급격히 차이가 나고 있다. 반면, 강서구와 기장군은 주거중심의 신도시 건설과 산업단지개발에 따른 근로자 유입등으로 순유입인구가 크게 증가하고 있다.

표11-1 부산의 순이동자수 참조

구분	순이동자수(순유입-순유출)						인구대비 순이동자수 비율
	2015년	2016년	2017년	2018년	2019년	합계	
부산(전체)	-13,560	-21,392	-28,398	-26,759	-23,354	-113,463	-3.36
중 구	-891	-489	-795	-1,253	-591	-4,019	-9.58
서 구	-1,796	-2,671	-2,356	1,100	-1,693	-7,416	-7.01
동 구	-2,174	-1,939	-514	-1,462	1,746	-4,343	-5.07
영도구	-2,322	-2,602	-2,249	-2,696	-2,574	-12,443	-10.55
부산진구	-5,391	-5,557	-4,688	-8,981	-3,819	-28,436	-8.07
동래구	-3,776	-599	-2,011	-3,910	4,918	-5,378	-2.06
남 구	-4,429	-4,513	-4,818	6,489	-4,994	-12,265	-4.40
북 구	2,573	-1,259	-7,798	-6,184	-5,665	-18,333	-6.43
해운대구	-1,857	-3,914	-8,014	-2,480	-3,060	-19,325	-4.92
사하구	-6,520	-3,913	-1,299	-5,309	-6,319	-23,360	-7.30
금정구	-3,998	-1,330	111	-966	-3,324	-9,507	-3.88
강서구	14,062	13,159	7,276	4,486	5,672	44,655	34.67
연제구	868	-3,910	-633	1,040	1,535	-1,100	-0.54
수영구	840	-851	589	-3,626	135	-2,913	-1.71
사상구	-5,940	-5,278	-3,639	-5,788	-4,912	-25,557	-11.48
기장군	7,191	4,274	2,440	2,781	-409	16,277	10.13

그리고, 부산의 인구구조변화를 살펴볼 수 있는 또다른 지표중에 하나가 '지방소멸지수'일 것이다. 소멸지수는 해당지역의 젊은 여성인구를 예순 다섯 살 이상 고령인구로 나눈 값으로 산출한 자료로서, 65세 인구는 증가하는 반면 가임여성의 인구비율이 늘어나지 않는다면 결국 일정기간후에는 그 지역에서 신생아가 태어나지 않아 해당지역이 소멸될 것이라는 것을 말한다.

소멸위험이 매우 낮음부터 소멸고위험까지 5단계로 구분하는데 부산은 저출산/고령화의 심화로 소멸위험단계로의 진입 가능성이 매우 높은 지역으로 분류된다. (그림11-2. 부산지역 지방소멸지수 참조) 그런데, 2015년 대비 2019년에 소멸위험 매우낮음지역이 급격히 줄어들고 있고 소멸위험진입단계지역이 크게 늘어나고 있음을 볼 수 있다.

그림11-2 부산지역 지방소멸지수

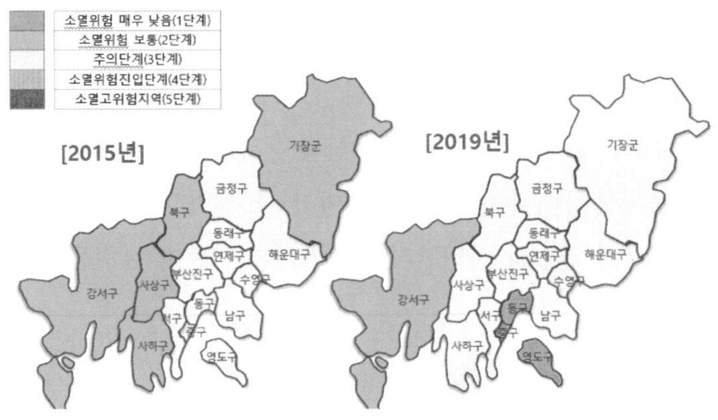

자료:한국고용정보원 각년도

【핫 이슈 키워드】

대선 뒤흔들 화두로 부상 중인 '지방소멸론'

"지방소멸은 국가공멸입니다"

7개 시 · 도 지역인구 감소 현황(주민등록 인구 기준, 2000년 대비 2019년)

구분	인구 10% 미만 감소	10%~20% 감소	20%~30% 감소	30% 이상 감소
합계(94)	19개	37개	35개	3개
강원(15)	강릉, 속초, 홍천군, 평창군, 화천군, 양구군, 인제군, 양양군	동해, 삼척, 영월군, 철원군	태백, 고성군, 정선군	
충북(7)	충주, 제천	옥천군, 영동군, 괴산군	보은군, 단양군	
충남(9)	태안군	보령, 논산, 금산	공주, 청양군, 예산군, 부여군, 서천군	
전북(12)	군산	익산, 진안군, 무주군, 임실군, 순창군	남원, 정읍, 김제, 장수군, 고창군,부안군	
전남(18)	목포	여수, 담양군, 구례군, 화순군, 영암군, 장성군	곡성군, 장흥군, 강진군, 해남군, 함평군, 영광군, 신안군, 완도군, 진도군	고흥군, 보성군
경북(20)	포항, 김천, 울릉군	경주, 안동, 영주, 영천, 상주, 청도군, 고령군, 성주군, 예천군	문경, 군위군, 청송군, 영양군, 영덕군, 봉화군, 울진군	의성군
경남(13)	창원, 통영, 사천	밀양, 의령군, 창녕군, 고성군, 산청군, 함양군, 거창군	남해군, 하동군, 합천군	

⊙ 在京 대구경북시도민회, 광주전남향우회 중심으로 지방소멸 대응 특별법 제정 추진

⊙ 소멸위기 지역은 경북 군위·의성군, 전남 고흥군, 경남 합천군, 전북 김제시

⊙ 지방으로 '턴 어라운드(turn around)' 하게 만들려면 세제상 특례 마련해야

자료: 김태완기자, 월간조선 2021년1월호

2. 부산 주택시장 추이

부산지역 주택시장에서 2015년부터 2020년까지 매매가격변동률을 살펴보면 전국 변동률과 같은 유형을 유지해 오고 있으면 볼 수 있으나, 2015년부터 2016년 전국에서 가장 높은 매매가격상승률을 기록한 반면, 2018년경에는 전국 대비 매매가격변동율이 크게 낮았음을 볼 수 있다.

그림11-3 전국 대비 부산지역 아파트매매가격변동률

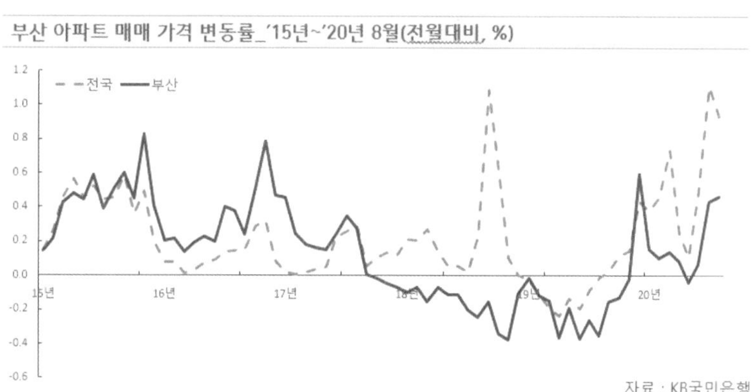

부산지역의 주택거래량은 경기변동폭에 따라 그 편차가 크게 달라지고 있는데 최근10년간 부산지역 평균주택거래량은 연평균 약7만5천호정도였고, 2015년부터 2016년 전국에서 가장 높은 매매가격상승률을 기록할 때 거래량도 매우 많았음을 알 수 있다.

그림11-4 부산지역 주택거래량

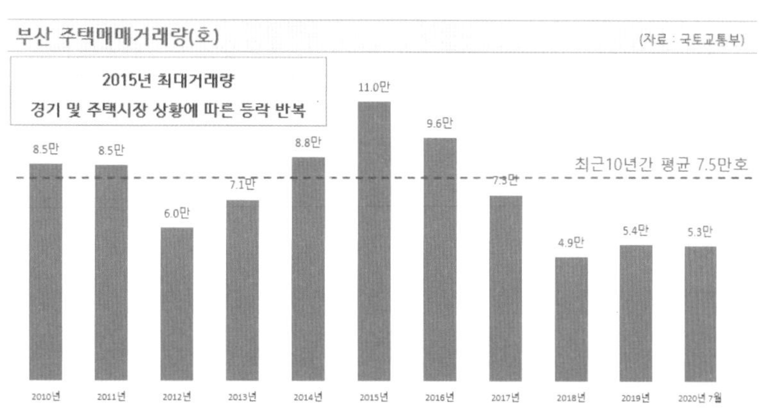

한편, 부산지역은 전체 주택대비 노후주택의 비중이 크게 높음을 알 수 있는데 1990년도 이전 건축된 노후주택수는 약 125만호로 건축된 지 30년 이상된 노후주택이 약67만호로 부산 전체 주택중에서 절반이 넘는 54%에 이르고 있다. 노후화된 주택 비중이 전국 평균 50.8%인 것과 비교하여 부산지역 주택의 노후도가 매우 높음을알 수 있다.

부산지역 16개 구·군 중에서 노후도가 가장 높은 곳은 영도구(78.7%) 〉 사상구(73.2%) 〉 중구(69.5%) 〉 사하구(66.6%) 〉 동구(63.1%) 〉 해운대구(62.9%)순이다.

그림11-5 부산지역 주택노후도

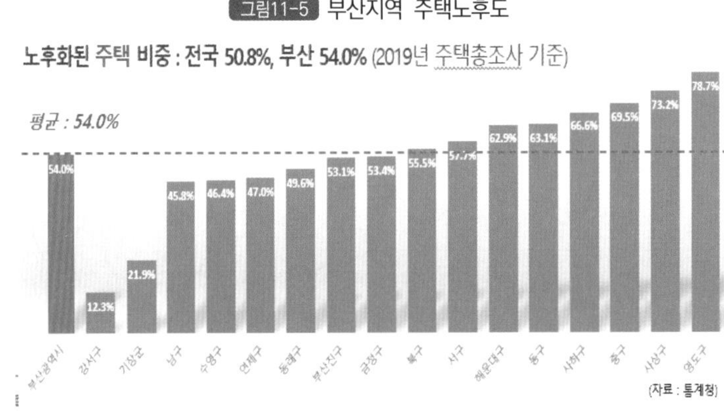

Ⅱ 과거(2010년~2016년 전후) 부산의 주택과 부동산에 관한 고찰

1. 지역에서 극호황기를 누린 부산 주택시장

부산지역 주택시장은 과거 장기간의 침체에서 벗어나 본격적인 회복 분위기로 돌아선 2009년 상반기 이후부터는 아파트 가격 상승률, 거래량, 미분양물량, 신규아파트 청약경쟁률 등에서 전국 최고를 달리고 있었다. 특히, 부산지역 아파트시장은 2002년 호황기부터 2008년 최악의 불황기를 거치면서 동부산권역이 주도했으나 그 후 아파트시장 활황기에는 사하구 등 서부산권의 반격도 거세었다. 이로부터 약 3년 간 매매가격 상승률은 부산지역 평균 28.8% 상승한 것에 비해 사하구, 북구, 부산진구 등이 부산지역 평균상승률보다 높게 나타났으며, 해운대구, 금정구, 수영구 등은 전반적인 가격 상승 속에서도 부산지역 평균상승률보다 낮은 상승률을 보였다.

또한 월별 아파트 거래량에서도 부산지역은 최근 들어 가장 많은 거래량이 일어난 이후 다소 주춤했지만 큰 폭의 감소 없는 과정 속에서 해운대구에 이어 사하구, 북구 등이 다른 구·군에 비해 높은 거래량은 보여 왔다. 하지만, 전반적인 거시경제지표의 불안 등으로 지역주택시장은 하향 조정국면 양상을 띠며, 부산 아파트 매매가격은 연간 상승률이 마이너스로 반전되었다.

신규아파트 분양도 극호황을 누렸었다. 부산지역의 경우 2007년부터 공급물량이 예년에 비해 감소했으나 2011년 이후 주택시장이 회복되면서 다시 증가세로 돌아섰다. 그래서 2011년에는 신규아파트공급물량이 약 2만 8천 여 호로 2002년 이후 최대 물량이 공급되었다. 게다가 분양만 하면 부산 어디든 등 지역도 상관없고 아파트가 들어설 주변여건도 살펴보지 않는 "묻지마 청약" 시장이 만들어지면서 청약경쟁률이 수십 대 1에서 수백 대 1까지등장하고 있다.

이렇게 또다시 "묻지마 청약시대"가 도래하면서 건설사들은 수년간 묵혀두면서 골치 아팠던 "앓던 치아"에 해당했던 토지에다 속속 아파트를 분양해 성공하면서 속시원하게 고민을 털어버리고 있다.

그러나 "묻지마 청약"으로 아파트를 분양 받은 서민들이나 투자자들은 이를 알리가 없다는게 걱정이고 청약과열양상으로 인한 공급과잉 논란에 따라 가격조정기를 몰고 온 단초가 되기도 하였다.

그 당시 서울과 수도권은 침체인데도 지역주택시장은 이렇게 청약경쟁률이 치솟고 게다가 프리미엄까지 붙는 이유는 무엇일까. 그동안 신규아파트 공급부족에 의한 가격상승이 지속되어 오는 과정에서 새로운 분양 아파트가 한동안 거의 나오지 않음에 따른 희소가치와 건설사들이 분양률을 높이기 위한 자구책으로 한동안 볼 수 없었던 저분양가로 시장에 접근했기 때문이라고 볼 수 있다.

또한 여기에다 건설사입장에선 될 것 같은 알짜 분양물량만을 먼저 시장에 내놓으면서 그동안 신규아파트 분양에 목말라 있던 투자자, 무주택자 모두에게 각광을 받은 것으로 풀이된다.

그러나, 신규아파트 분양시장에 실수요자도 있지만 일부 투기적 수요도 있는 것으로 분석된다. 부산권의 경우 최근 보기 드문 활황장세가 형성되어 있다 보니 자연스럽게 서울과 수도권 투자자 뿐만 아니라 전국적으로 신규아파트 분양권전매 단기 투자차익을 노리고 우리 지역 주택시장에 깊게 관여했을 것으로 추정된다.

이렇다 보니 투자자 입장에선 프리미엄 부동산 열기 형성에 도움이 되지만, 지역의 무주택 실수요자 입장에선 지금 프리미엄을 주고 산다면 입주 때 프리미엄이 꺼지면서 피해가 우려된다.

이런 활성화된 주택시장에 힘입어 부산지역 주택통계는 상당한 진전을 보이고 있다. 부산시의 자가거주율은 2000년 52%, 2005년 56.7%로 2000년 대비 9%상승, 2010년 69.8%로 2005년 대비 23% 상승하고 있으며 부산지역 신주택보급율도 2005년 97.9%에서 2010년 99.9%로 상승하였다.

표11-2 2011년경 극호황기의 주택매매가격지수 변동률

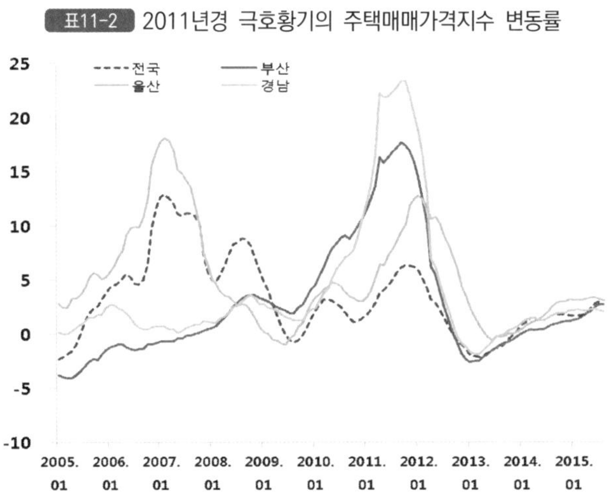

자료 : 한국감정원

표11-3 2010~14년 누적기준 동남권지역 아파트 분양현황

지역	부산		울산		경남	
1위	강서구	20,258	북구	8,635	양산시	29,364
2위	기장군	17,004	중구	8,548	창원시	29,256
3위	남구	8,278	울주군	6,266	김해시	16,328
4위	북구	7,584	동구	6,004	거제시	12,131
5위	해운대구	7,348	남구	5,115	진주시	11,982
합계	**부산전체**	**102,165**	**울산전체**	**34,568**	**경남전체**	**111,366**

자료 : 부동산 114, 단위 : 호

아울러, 2015년에는 부산지역 주거시설 경매 낙찰가율이 3년 7개월 만에 최고치를 기록하였는데, 부산의 주거시설 낙찰가율은 98.3%로, 2011년 10월(100.7%) 이후 가장 높았고, 또한, 부산의 아파트 등 주거시설 경매 낙찰가율은 1년간 90% 이상을 유지하면서 고공행진을 지속하고 있다. 평균응찰자도 6.3명을 기록해 2013년 4월 6.9명 이후 가장 높은 경쟁률을 나타내고 있고, 경남과 울산지역도 주택시장의

활황세에 힘입어 경매관련 통계가 부산지역과 유사한 추이를 나타냈다.

또한, 아파트 분양시장 호조 속에 지역주택조합 방식에 의한 주택공급도 증가했다. 지역주택조합아파트 공급 제도는 무주택세대주 또는 전용 85㎡이하의 주택 1채를 소유한 세대주의 조건을 갖춘 지역민 20인 이상이 주택조합을 구성하고 토지를 매입해 건설회사(시공사)와 공동으로 주택을 건립함으로써 각종 원가를 줄여 합리적인 가격으로 아파트를 구입하는 방법이다.

일반 분양주택보다 가격이 저렴하고 주택청약통장이 필요 없고, 아파트의 분양가가 상대적으로 낮지만, 주택을 건설하는데 있어서 지구단위 결정이나 각종 인허가가 완료되지 않으면 사업진행이 불투명하거나 기간이 오래 소요될 수 있다는 단점이 있다.

2. 소진되기 시작하는 부동산체력

1) 가계대출 과다로 인한 부동산구입능력 저하

부산, 울산, 경남지역은 그동안의 주택시장 호황기와 기준금리 인하시기를 거치면서 타 지역에 비해 가계부채가 급증하는 현상을 나타내고 있는데, 이 같은 현상은 주택관련 비용의 증가로 결국 소비위축으로 이어지는 악순환으로 갈 가능성이 있으며, 장기적으로는 추가적인 부동산구입능력을 떨어뜨리는 결과를 초래할 수 있다.

표11-4 2012년~2014년 가계부채 및 개인가처분소득 연평균 증가율

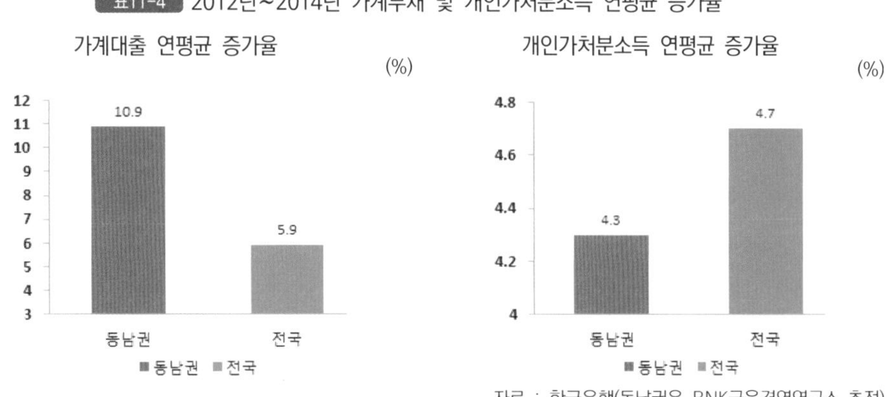

자료 : 한국은행(동남권은 BNK금융경영연구소 추정)

2) 지역 인구구조의 변화에 의한 수요감소

부산지역의 경우 절대인구 감소, 생산 가능인구 감소 그리고 고령화 비율 증가에다 베이비부머 은퇴자 최대폭 증가까지 부동산시장에 가장 큰 영향을 미칠 경제

적 지표 중 하나인 인구요소에서 상당히 부정적인 측면이 나타나고 있으며, 경남지역도 일부 강소도시를 제외하고 이와 유사한 인구구조를 이미 띠고 있어서 수요 감소요인으로 작용하고 있다.

그림11-6 동남권지역 장래인구 추이

그림11-7 고령화지수

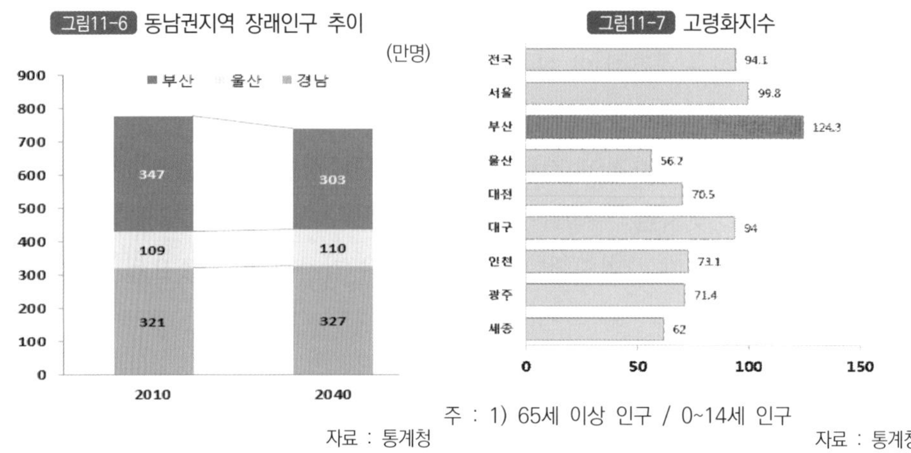

자료 : 통계청

주 : 1) 65세 이상 인구 / 0~14세 인구

자료 : 통계청

3) 지역경제 활성화 불투명으로 인한 가계소득 저증가

부산지역의 가계별 자산 및 부채현황을 보면 소득과 자산에서 서울시와 6대 광역시 중 최하위를 나타내고 있어 향후 주택시장에 부정적인 요소를 가지고 있다고 볼 수 있다.

그림11-8 전국 주요도시 시도별 자산 및 부채현황

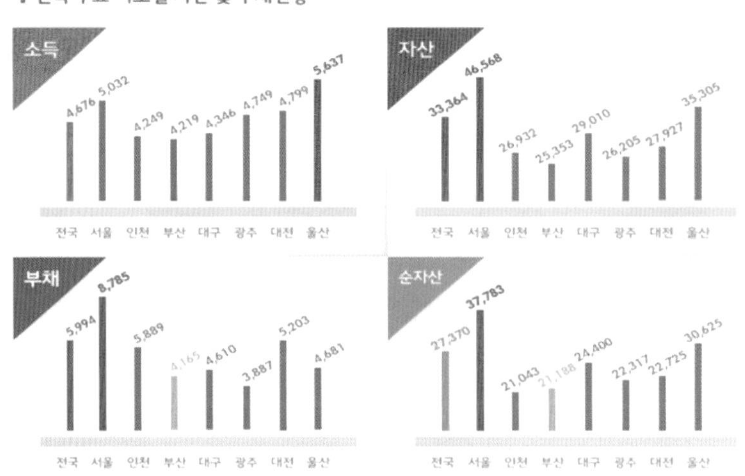

자료 : 부산복지개발원 홈페이지

4) 무주택자 내 집 마련 의지 정체.

2014년 주거실태조사 결과, 내 집 마련 의식은 국민의 79.1%가 내 집을 꼭 마련하겠다'고 생각하는 것으로 조사되어 전반적으로 주택에 대한 보유의식이 높게 나타났다. 2012년 조사에서는 2010년 조사보다 10.9%나 내집 마련 의지가 감소하였던 것을 감안하면 향후 주택경기 변동에 따라 주택가격이 조정을 받는다면 내 집 마련 의지가 크게 후퇴하고 있음을 알 수 있다.

표11-5 주택 자가점유 의지 및 자가점유율

구분	주택 자가점유 의지		주택 자가점유율	
	2010년 조사	2014년 조사	2010년 조사	2014년 조사
전국	83.7	79.1	60.3	58.0
수도권	81.8	73.5	55.9	51.4
부산	83.7	78.9	61.9	61.1
울산	85.9	82.6	66.1	63.1
경남	86.0	84.6	68.1	65.9

자료 : 국토교통부, 단위 ; %

3. 문재인정부의 시작과 부동산정책방향 기대

문재인정부는 대통령선거기간을 통해 여러 차례 집값안정 기조아래 서민·주거복지에 부동산정책의 초점이 맞추어져 있었고, 이를 위해 투기수요억제·보유세 인상 등이 여러 차례 활용될 것으로 여겨졌다. 주택가격안정과 서민주거복지실현에 정책적 목표를 두고 있는 정부의 강력한 규제정책으로 그 후폭풍이 여간 거세지 않다.

"정부 정책에 맞서지 말라"라는 주식시장의 격언을 상기할 필요가 있다. 과거 시기별 부동산정책과 가격동향을 보면 어떤 대책을 발표하면 그 효과는 약 3년 전후에 그 약발이 최고조에 달했다. 정부의 의지를 과소평가하지 말아야 한다.

특히, 부동산활성화를 통해 경기부양에 나섰던 과거 정부와 비교하면 부동산정책적 기조와 부동산정책측면에서 장단점이 있겠지만, 경제활성화 측면에서는 부동산시장의 위축되고 그로인해 부동산산업은 당분간 위축될 수밖에 없을 것으로 예측되었었다.

대형 공약이 시장에 주는 영향이 막대한 만큼 새 정부의 정책 하나하나를 예의주시할 수밖에 없는 시점이다. 대선과정에서 나온 대통령의 공약이 언제 어떻게 실천되느냐에 그만큼 많은 관심이 집중되고 있는 이유다. 전월세상한제 도입, 세입자의 임대차계약 갱신청구권 그리고 LTV, DTI 완화연장 반대, 후분양제 도입 등은 주택시장에 결코 긍적적인 측면은 아닐 것이며, 공공임대주택 년 17만호 공급, 매년 공급될 임대주택 중 30%는 신혼부부에게 우선 공급하는 것 그리고 500개의 구도심지과 노후주거지를 대상으로 하는 '도시재생 뉴딜' 공약들은 계층에 따라 도움이 될 수 있을 것으로 기대했었다.

새 정부의 공약 중에서 가장 많은 관심의 대상이기에 공약이 실천될 가능성이 높지만, 서민을 위한다는 새 정부가 자칫 잘못하면 서민을 더 어렵게 할 수 있다는 우려도 있는 만큼 대통령은 선거기간 당시 "정책본부장에게 물어보라"는 식이 아니라 서민 주택정책만큼은 직접 챙겨 주길 기대해 본다.

Ⅲ 현재(2017년~2020년 전후) 부산의 주택과 부동산에 관한 분석

1. 문재인정부의 부동산정책기조와 부동산시장변화

새 정부가 들어서 경제를 이끌 진영이 꾸려지지 않은 상황 속에서 서울 주택가격이 급등하면서 정국만큼이나 현 정부를 곤란하게 만들고 있는 것 같다. 한 달 여 만에 정부가 연일 부동산시장에 '경고 메시지'를 던지면서 시장 분위기가 돌변하고 있다.

부동산에 조금이라도 관심이 있다면 정부가 달아오른 부동산 시장 열기를 식히기 위해 어떤 카드를 빼 들지에 관심이 쏠렸다. 일단 정부가 서울시 전역, 부산 5개 구와 세종·과천 등 9개 도시에 국한해 LTV(주택담보인정비율)·DTI(총부채상환비율) 규제를 강화하는 조치를 검토하고 있다고 알려지고 있다. 이르면 7월부터 이 지역 주택담보대출에 대해 LTV(70%)와 DTI(60%)를 각각 10%포인트씩 내려 60%와 50%를 적용하는 방안을 발표했다.

또한, 2012년을 끝으로 지정이 모두 해제되었던 투기과열지구 카드 대신에 '청약조정대상지역'을 강화하는 규제 방안도 나왔다. 문재인정부의 부동산정책기조인 가격안정 의지에 따라 과거 노무현 정부시절처럼 집값을 잡겠다는 생각은 분명해 보인다. 하지만 여러 대책에도 가계부채 문제를 해결하는 방책은 될 수는 있을지 모르겠지만, 부동산 투기까지 막을지는 미지수라는 지적이 있다. 오히려 실수요자의 수요감소와 풍선효과 등으로 핀셋(쪽잡게) 규제의 부작용이 나타날 수 있다.

따라서, 규제정책에 앞서 몇가지 기억해야 할 것이 있다. 폭풍처럼 밀려 올 악재를 잘 기억해야 한다. 미국발(發) 금리 인상, 정부의 부동산 규제, 입주 '폭탄'이란 트리플 악재까지 몰려오고 있어 부동산시장의 위기감은 더욱 증폭되는 모습이다.

그리고, 집값 안정과 투기라는 용어에 대해 정책적으로 분명히 정리 할 필요가 있다. 집값 안정은 어느 정도를 말하는 것이며, 어디까지를 투기로 볼 것인지 명확한 기준이 필요하다. 그 기준을 명확히 하자는 의견이 있었지만 2020년 현재 25번째 규제대책에도 불구하고 부동산시장의 불완전한 모습은 지속되고 있는 실정이다.

2. 사회적 주거약자, 희망의 새싹이 자란다.

우리나라의 주택보급율(주택수를 일반가구수로 나눈 비율)은 서울과 경기도를 제외하면 100%를 훌쩍 넘어선다. 자가보유율(주택을 가지고 있는 가구수를 전체 일반가구수로 나눈 비율)은 약 61% 정도다. 반면 자가거주율(전체 가구수중에서 자신의 집에 직접 거주하는 가구의 비율)은 약 58%에 그친다. 우리나라 제2의 도시인 부산에서도 10가구 중에 4가구는 무주택자이다.

무주택자인 4가구의 대부분은 소위 사회적 주거약자인 청년, 신혼부부, 저소득계층 등으로 이루어져 있다. 이들 사회적 주거약자들에게 주거문제만을 이야기할 때 모처럼 반가운 소식이 들린다. 국토교통부가 「주거복지로드맵」및 「신혼부부 · 청년 주거지원방안」에 따라 사회적 주거약자를 위해 2019년에 공급한 공공임대주택이 목표치 13만6천 호 보다 3천 여 호 더 많은 13만 9천 호를 공급했다고 한다.

계층별로 살펴보면, 청년층에게 2만 9천여 호, 신혼부부에게 4만 4천 호, 고령자에게 약 1만 호, 일반 취약계층에게 5만 7천 호를 공급하여 「주거복지로드맵」 등에 따른 수요 계층별 목표를 모두 달성하였다고도 했다.

유형별로도 사회적 주거약자들에게 고른 기회를 주고자 했다. 건설임대주택이 6만 호, 기존주택을 매입하여 공급하는 매입임대주택이 3만 1천 호, 기존주택을 임차하여 재임대하는 전세임대주택이 4만 8천 호 공급되었다.

다만, 지역별로는 사회적 주거약자를 위한 고른 기회측면에서는 다소 아쉬움이 남는다. 지역별로 살펴보면, 서울 · 경기 등 수도권은 8만 4천 호로 전체 공급물량의 약 60%를 차지하고, 지방권은 5만 5천 호로 전체 물량의 약 40%를 공급하였다. 공급실적 순으로 보면, 경기도가 4만 7천호로 가장 많은 물량을 공급하였으며, 다음은 서울 2만 8천호였지만 제2도시로서 그 어느 지역보다도 역시 사회적 주거약자가 많은 부산은 6천4백 호 정도 공급되는데 그쳤다.

인천과 경남보다도 공급물량 측면에서는 적었다. 하지만 부산은 민간차원에서의 사회적 주거약자를 위한 노력들이 활발히 진행되고 있어 무엇보다도 안심이 된다. 지역사회 건축인들이 힘을 모아 사회적 약자의 주거환경을 개선하는 부산형 호프(HOPE) 주택사업이 수년째 이어져 오고 있다.

부산의 향토 건설사인 경동건설이 건축비 지원 등 시공을 후원하고 부산의 젊은 건축가들이 설계를 재능 기부해 사회 취약계층의 주거나 공공시설의 건축환경을 획기적으로 개선하는 민간주도형 건축복지사업이다.

또, 부산도시공사는 부산에 거주하는 임대주택 입주민 등 사회적 주거 약자를 대상으로 'BMC 행복나눔사업'을 기획해 사각지대 없는 주거복지 구현을 위한 노력을 지속하고 있다. 이에 대한 공로로 지난해 연말에는 큰 표창을 받기도 했다.

우리 부산시민들도 신종 전염병과 총선을 앞둔 정치권의 혼돈 등으로 정말 한치 앞도 내다 볼 수 없는 하루하루를 보내고 있다. 하지만 사회적 주거약자들을 위한 정부의 노력과 민간기업들의 열정이 모처럼 우리 사회가 살만하다는 생각을 들게 한다. 사회적 주거약자들을 위한 희망의 새싹이 자라고 있다.

3. 원도심의 회귀, 도시재생사업으로 그 결실이 맺다.

부산의 원도심들이 수상하다. 몇 년 전부터 시행되었던 도시재생사업의 효과로 원도심내 주요 관광지에 관광객들이 몰리면서 과거보다 지역상권이 활기가 띠고, 상인들의 표정에도 어두움이 한결 사라졌다. 불과 몇 년 전과 비교해서 사뭇 다른 모습들이 나타나고 있는 것이다.

원도심이 지금과 같은 모습을 이끈 단초는 2014년부터 2017년까지 국토부와 부산시의 적극적인 노력으로 추진한 도시재생 선도사업의 효과라고 볼 수 있다. 부산 동구 등 도시재생이 시급하고 주변 지역에 대해 파급효과가 큰 곳에 주민들과 상공인들이 합심해 도시재생을 추진하면서 성공궤도에 올랐다는 평가다.

국토부는 도시재생사업 결과 일부지역은 사업 시행 전과 비교해 유동인구는 132.6%, 월 매출액은 45%, 영업점포수는 13.5%, 청년 창업 사례는 39.5% 증가했다고 밝혔다. 그 중 부산 동구지역은 원도심 중에서도 북항재개발사업, 부산역 광장 창조지식 플렛폼 도시재생사업 등 굵직한 신규 지역개발사업의 효과가 두드러지고 있다.

동구는 부산의 과거 역사를 볼 때 부산포라 불리우며 관청들이 밀집됐던 곳이고, 일제 강점기에는 부산도시계획상 지리적, 경제적으로 부산의 중심이었다. 풍수지리가들로부터 부산에서 가장 풍수가 좋다고 인정받을만큼 주거지 중심이었던 동구와 그 주변지역은 최근 도시재생사업의 효과로 유입인구가 증가하고 있다.

신규 아파트에 대한 수요가 급증하면서 재개발사업 등 도시정비사업이 활기를 띠면서 새 아파트의 건설이 크게 증가하고 있다. 부산역 일대를 중심으로 동구 일원에서 최근 주택시장의 조정기에도 불구하고 약 4천 여세대의 신규아파트가 공급되는 것도 도시재생사업의 효과일 것이다.

아울러 청약조정 대상지역에서도 벗어나 있어 분양권 전매, 청약자격 제한 등 각종 규제를 받지 않는다는 것도 다른 지역보다 양호한 주택시장 분위기를 유지하고 있는 이유일 것이다. 이런 도시재생사업의 효과를 이어가기 위해 현 정부에서는 노후주거지와 쇠퇴한 구도심을 지역 주도로 활성화 하는 도시혁신 사업인 '도시재생 뉴딜사업'을 지속적으로 추진하고 있다.

2017년 시범사업 68곳을 선정·추진 중에 있고, 2018년에는 100곳 내외를 선정할 것으로 알려졌다. 올해도 원도심을 포함한 도시재생사업을 원활히 추진하여 도시지역의 삶의 질을 개선하고 새로운 성장 동력을 창출하는 등 달라질 원도심의 모습을 기대해 본다.

4. 부동산시장 양극화를 넘어 삼(三)극화로 진행

문재인정부 들어 25번의 부동산시장 가격안정 규제책이 발표되었다. 각 정권별로 부동산정책의 목표가 있는데 현 정부는 주거복지차원에 무게중심을 두고 있기 때문에 가격안정을 추구하고자 하는 규제위주의 부동산정책이 계속되고 있는 것으로 판단된다.

계속되고 있는 정부의 강력한 규제정책 중에서도 일명 '더 센 대책'으로 일컬어지는 2020년 7.10대책은 부산지역 부동산시장에도 많은 영향을 미치고 있다. 이런 지역부동산시장 동향 속에서 향후 지역주택시장은 어떻게 변화할까?

부산은 우리나라 제2의 도시로서의 위상에 걸맞게 어느 정도 정상화의 길로 접어들 것으로도 보이나, 결국 단기적 전망에 영향을 미친 부정적 요인 변화 증가에 따른 지역별 혼조 속에 삼(三)극화(초미세 일부지역 상승- 상당수지역 정체- 일부지역 폭락) 시장이 고착화 될 것이다.

그림11-9 부산지역 구·군별 아파트매매가격 변동률 추이

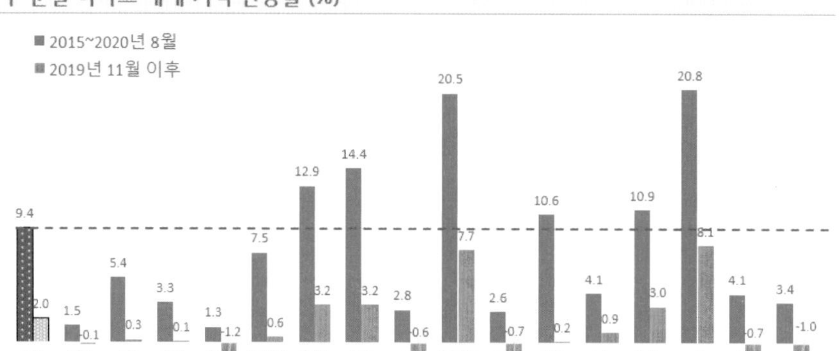

자료 : KB국민은행

장기적으로 부산 부동산시장이 양극화를 넘어 삼(三)극화 현상으로 진행되는 원인은 첫째, 인구구조 변화(저출산에 따른 인구 감소, 세대수 감소, 고령화)에 따른 주택수요 감소 속 가격상승지역으로만 주택수요가 집중되기 때문이며, 둘째, 저성장시대 도래에 따른 가계소득정체로 인한 주택투자 등의 절대수요감소 때문이다. 세 번째로는 정부 조세정책 변화 및 주택소유에 대한 사회적 인식변화로 "똘똘한 한 채" 보유로 전환하려는 주택수요자들이 많아지기 때문이다.

결국 세금이 강화된 규제정책이 펼쳐지더라도 풍부한 유동성시장에서 가격경쟁력을 가진 소수로 인해 일부 지역에서는 보유세를 상당액 부담하더라도 보유세보다 결국 가격이 더 올라갈 것이라는 신념이 투자로 이어져 지속적인 상승세를 띨 가능성이 높다.

반면, 대부분의 지역은 거래와 가격변동이 없는 정체지역, 게다가 가격경쟁력과 주거인프라가 빈약한 일부 지역은 폭락수준의 삼극화 현상이 진행되고 있는 것이다. 이같은 현상은 수치로도 극명하게 나타나고 있는데 부산지역 16개 구·군 아파트매매가격변동에 따른 시장세분화를 보면, (그림11-10. 부산지역 16개 구·군 아파트매매가격 변동에 따른 시장세분화 참조) 2015년부터 2020년까지 5년간 아파트 가격변동율의 폭보다는 2019년부터 2020년 1년간의 아파트가격변동폭이 더 크게, 더 세분화된 현상을 볼 수 있다.

그림11-10 부산지역 16개 구·군 아파트매매가격변동에 따른 시장세분화

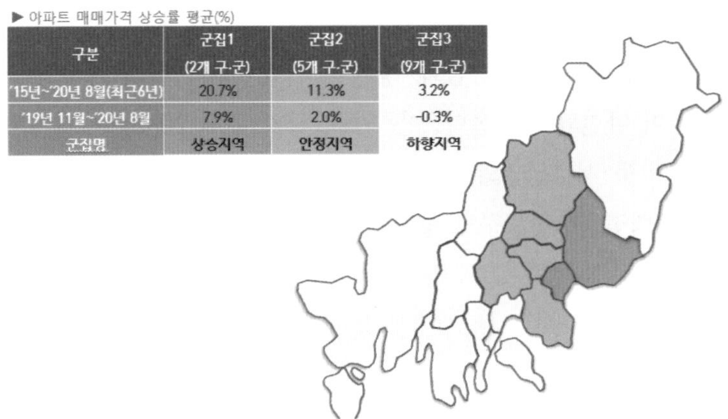

구분	군집1 (2개 구·군)	군집2 (5개 구·군)	군집3 (9개 구·군)
'15년~'20년 8월(최근6년)	20.7%	11.3%	3.2%
'19년 11월~'20년 8월	7.9%	2.0%	-0.3%
군집명	상승지역	안정지역	하향지역

또한, 재고주택수 대비 주택매매 거래량 추이를 보더라도 이 같은 삼극화현상은 두드러지고 있는데 2015년부터 2020년까지의 5년간 주택거래량을 보나 2019년부터 2020년 1년간의 거래량을 보나, 수영구, 동래구, 해운대구, 남구, 연제구, 부산진구 등 〈그림11-11. 부산지역 16개 구·군 아파트매매가격변동에 따른 시장세분화〉등에 나타난 가격상승률이 높은 지역에서 거래가 더 많이 이루어졌다는 사실을 알 수 있다. 즉, 비싼 곳의 가격이 더 높게 올라가는 것을 인지한 실수요자들이 지금 현재 비싸더라도 비싼 곳으로만 매매수요를 일으킨 것으로 분석된다.

그림11-11 부산지역 16개 구·군 재고주택수 대비 매매거래량 비율

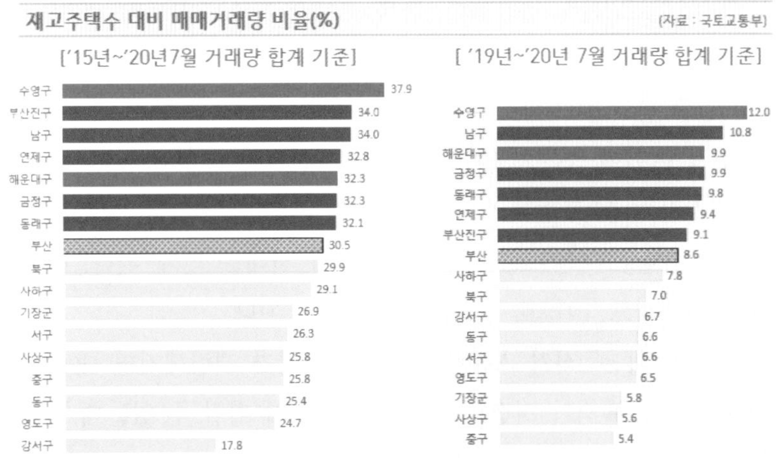

이제 삼극화현상이 피해가질 못할 상황이라면 이는 분명 우리 지역주택시장의 부정적 이상현상이므로 이를 방지하기 위한 노력도 빠르게 진행되어야 한다. 첫째, 지방주택시장 정상화를 위해 불합리한 정부 규제정책에 대한 변화를 촉구하여야 한다. 둘째, 부산지역내 '지역 강남화' 방지를 위한 주거관련 인프라의 균형적 개선과 장기적 계획이 마련되어야 한다. 이를 해결하기 위해 2030도시기본계획변경(안)의 적극적 실천과 동·서부산권의 격차를 해소하기 위한 노력이 적극적으로 필요하다. 셋째, 부산형 주택정책추진도구도 필요하다.

산, 바다, 강, 도시경쟁력 그 무엇하나 빠질 것 없는 우리나라 제2의 강한 도시 부산이 주택 등 부동산에서도 경쟁력을 잃지 않기 위해 많은 노력이 지금부터 꼭 필요한 시기라고 판단된다.

5. 코로나19시대와 부동산

신종코로나바이러스 감염증(코로나19) 사태가 장기화될 조짐을 보이면서 우리는 한 번도 '가보지 않은 길' 위에 있다. 외환위기나 글로벌 금융위기 때와는 또다른 글로벌 경제위기로 번지는 것 아니냐는 우려가 커졌기 때문이다. 부동산시장도 마찬가지다. 경제여건의 변화에 따라 국내 집값이 하락할 수도 있다는 관측이 나오고 있다.

이런 상황 속에서 국내 경제나 부동산에 대한 전망에 따라 한 번도 '가보지 않은 길'에 놓인 부동산시장의 일상들을 접하게 된다.

그 첫 번째는 사상 최저치의 기준금리다. 미 연준은 15일 기준금리를 기존 1.00~1.25%에서 0~0.25%로 전격 인하했다. 불과 보름새 1.5%포인트의 금리인하를 단행한 것이다.

미 연준의 긴급 금리인하 행보로 인해 한국은행의 금리인하 시계도 빨라지게 됐다. 한은의 정책 여력이 충분치 않기에 0.25%포인트의 금리인하에 그칠 것이라는 시각이 우세했지만, 0.5%포인트의 '빅컷' 전망도 고조되고 있다. 그렇게 되면 우리나라 기준금리는 사상 처음으로 '제로(0%)' 금리 시대를 맞게 된다. 0.25%포인트 금리인하에 그치더라도 1.0%로 사상 최저 수준이 된다.

한 번도 '가보지 않은' 최저 기준금리로 대출금리가 저렴해지면 대출을 통해 유동자금이 부동산으로 흘러가 시장의 가격상승 압박이 커질 수 있는데, 정부의 강력한 부동산 규제정책이 지속된다 하더라도 규제를 피할 수 있는 여건이 만들어진

지역의 부동산가격이 상승하는 '풍선효과'가 수없이 반복되는 그동안 '한 번도 경험해 보지 않은' 주택시장의 기현상이 나타날 것으로 예상된다.

두 번째는 금융시장의 변화에 따라 '지렛대 투자'가 재연될 수 있다. 최저금리를 활용하여 부동산에 올인하려는 '투자자의 창'과 부동산가격 안정을 위해 대출을 규제하려는 '정부의 방패' 사이에서 팽팽한 힘겨루기가 확산될 수 있다.

세 번째는 '수요자 중심'도 아닌, '공급자 중심'도 아닌 '무(無)중심'의 주택거래시장이 만들어질 수 있다. 코로나사태로 사회적 거리두기 현상에 따라 매수자·매도자 모두가 집을 보러가지도, 집을 보러 오라하기도 하지 않으면서 관망하는 '눈치보기' 장세가 본격적으로 시작된 것이다. 지난해 부산지역 월 3천 건 대까지 떨어졌던 주택거래량이 올해 초 월 1만 건 넘게 거래되면서 다소 살아났던 주택거래량이 또다시 큰 폭으로 감소하고 있는 것이다. 여기에다 올해 초 예정이었던 신규아파트의 분양이 일부 지역에서는 연기되는 등 주택시장이 얼어붙고 있다. 그동안 '한 번도 경험해 보지 않은' 주택시장의 '불확실성'이 점점 커지고 있는 것이다.

지금 우리는 한 번도 경험해보지 않은 일상을 맞고 있다. 부동산시장도 똑같다. '지금까지 한 번도 경험해보지 못한 나라를 건설하겠다'고 했던 대통령의 지난 3년 전의 약속이 부동산시장에는 어떤 일상으로 나타날지 지켜볼 일이다.

Ⅳ 미래(2020년 이후) 부산의 주택과 부동산에 관한 진단

1. 도시재생 등을 통한 사회적 주거약자를 위한 주거복지의 실현

신도시보다 구도시에서 도시재생이 더 강조되고 있는 실정이다. 도시개발 과정에서 늘어나는 주택 수요를 충족시키기 위해 신도시, 신시가지를 개발하게 되고, 반면에 구 시가지는 특히 젊은 층의 인구 유출로 정주인구가 감소하고, 인구는 고령화 되어 상업, 문화, 교육, 복지 등 도시 기능이 약화되는 등으로 원도심의 중심시가지를 중심으로 공동화 현상이 심화되고 있다.

이런 사회적 문제를 해결하기 위해 주거복지라는 측면에서 도시재생의 중요성이 다시한번 강조된다고 할 수 있다. 주거복지는 왜 필요한가.

주거는 사람들이 삶을 살아가는데 있어 장장 중요한 요소로서 편안한 주거는 사람들의 안정된 사회활동을 하는데 크여 기여하기 때문에 주거복지는 우리에게 가장 존귀하며 필요한 것이라고 본다. 하지만, 주거복지실현에는 많은 장애요인이 있다. 첫째, 높은 주택가격상승률로 인한 주거비 부담이다. 우리나라의 주택가격 상승률은 물가상승률을 초과하여 오르는 것이 이제는 당연시 될 정도로 높은 주택가격상승률을 나타내고 있어 주거복지 차원에서 빈부격차 폭을 줄이지 못하고 있는 실정이다. 내 집을 마련해야 하는 주거빈곤층에게는 씻을 수 없는 아픔으로 작용하고 있는 것 같다.

둘째, 낮은 주택소유비율로 인한 주거 불안정이다. 소득대비 높은 주택가격은 결국 주거빈곤자인 무주택자의 안정된 자가거주욕구를 떨어뜨릴 수 밖에 없는 현실이다. 이를 반영하듯 우리나라의 자가보유비율은 주요국과 비교하여 최하위를 면치 못하고 있는 실정이다.

자가보유비율이 이처럼 낮은 것은 결국 무주택자들의 상당수가 임차주택에 거주하며 공공임대주택의 공급이 제한된 상황에서 전세가격 상승 및 임대료 상승이 발생한다면 주거불안정에 그대로 노출될 수 밖에 없는 안타까운 현실이다.

셋째, 주택공급 절대량 부족으로 인한 주택마련 기회축소이다. 우리나라는 명목상으로는 가구수 대비 충분한 주택수가 이미 확보되어 있는 것으로 보인다. 하지만 아직까지 선진국 수준인 주택보급율 120%대에 이르기까지는 연 50만호 이상의 주택을 10여년 정도는 공급해 주어야 할 것으로 보인다.

또한 인구 1,000명 당 주택수에 대한 비율도 영국과 독일 등 선진국의 주택수준과 비교하면 상당한 주택물량부족에 직면해 있음을 알 수 있다. 이처럼 주택절대량이 부족하게 되면 잠재적 주택수요자(경제력 있는 무주택수요자)가 존재하는 상황속에서 수요와 공급 논리에 의해 가격상승압력으로 작용할 가능성이 매우 높고, 사회적 주거약자들은 높은 주거비를 감당해야 안정된 주거생활을 영위할 수있는 어려움에 처하게 된다.

넷째, 사회적 주거 약자를 위한 임대주택제도가 미흡하다. 무주택자들의 주거고통을 해결할 수 있는 대안 중에 하나가 저렴한 공공임대주택의 충분한 공급이라고 본다면 우리나라의 공공임대주택비율은 사회적 주거 약자를 배려한다고는 볼 수 없을 정도로 선진국에 비해 턱없이 부족한 현실이다.

그렇다면, 주거복지실현을 위한 구체적인 방향은 어떻게 잡아야 할까? 주거복지를 실현하기 위한 방향은 주택구매력 있는 무주택자인 잠재적 주택수요자에 대한 측면과 주택구매력이 없거나 상당기간 주택구입수요를 미루고 있는 사회적 주택 약자들을 위한 측면으로 구분하여 접근하여야 할 것이다.

즉 주택구매력 있는 무주택자인 잠재적 주택수요자에 대해서는 보다 저렴한 주택을 필요한 지역에 다량으로 공급해 줌으로써 안정된 주거생활을 영위할 수 있도록 하는 배려가 필요하며, 주택구매력이 없거나 상당기간 주택구입 수요를 미루고 있는 사회적 주택 약자들에게는 주택복지정책차원에서 대물보조 또는 대인보조까지 어우르는 다양한 지원방안이 마련되어야 할 것으로 보인다. 이를 위해 첫째, 지속적이고 안정적인 주택공급 추진. 둘째, 적정 분양가격의 유지를 통한 주거비 지출 증대 억제, 셋째, 도시재생사업 활성화를 통한 주거환경 개선 확대 등도 필요하다.

그리고 사회적 주택 약자들에게 직접적인 지원방법도 주거비 경감차원에서 마련될 필요가 있다. 여기에는 임대료 보조, 주택바우처 제도 도입, 전세자금 지원 측면에서의 임대료 융자, 치솟는 임대료를 제한하기 위한 전월세 상한제 도입 등도 절실히 필요하다고 본다.

2. 밀레니얼 세대, 부산의 꿈이다. 그들의 보금자리는 필요하다.

한 언론기사에 정부만 빼고 무주택자, 1주택자, 다주택자 모두가 패자라고 주장하는 누리꾼들의 글이 실렸다. 집을 갖고 있어도, 그리고 갖고 있지 않아도 걱정인 상황이 전개되고 있다는 의미인 듯하다.

1주택자는 빚을 내서 집을 샀는데 대출이자에 각종 세금과 학원비를 내고 나면 생활이 빠듯하고, 집을 팔자니 전셋집을 전전할 생각에 난처한 상황이다. 행복한 고민일거라고도 생각이 들긴 하지만 다주택자들도 고민이 만만치 않다. 다주택자는 무거운 양도소득세로 집을 팔지 못하고 최근 크게 오른 보유세로 한 달 월급을 다 세금으로 낸 상황이라는 주장이다.

이런 상황에서 그래도 무주택자만큼 고민이 크겠는가? 좀 더 집값이 떨어지면 내 집마련에 나서겠다던 무주택자들의 내 집 마련 계획은 최근 우리 지역에 몇 년 만에 나타난 원정투자자와 일부 투자자들의 이성을 잃은 과열투자로 물거품으로 끝났다.

더욱이 그 많은 무주택자 중에서도 새 아파트를 분양받으려니 부양 가족수, 무주택 기간 등에 의한 청약가점이 너무 낮아 40~50대에 밀리고, 기존 아파트를 구입하자니 직장과 소득에 밀려 대출을 원하는 만큼 받지 못해 발을 동동 구르는 밀레니얼 세대(1981년~2000년생)가 제일 걱정스럽다.

밀레니얼 세대(1981년~2000년생)는 이러한 현 시대를 살아가고 있는 20~30대 젊은이들을 지칭하는 용어로 이들의 움직임과 소비패턴은 이전 부모세대인 베이비붐 세대나 직전 세대인 X세대와는 전혀 다르다. 이들은 점차적으로 미래 사회의 중심이 되어가고 있는 영향력이 강한 세대이기 때문에 밀레니얼 세대에 대해서는 더더욱 배려와 관심이 필요하다.

밀레니얼 세대의 소득수준은 가파르게 치솟고 있는 우리나라 주거부동산 가격을 전혀 따라가지 못하고 있어 이들의 주거불안에 의한 주택문제는 더 이상 새롭지 않다. 하지만 물가수준에 반하여 턱없이 높아져버린 주택시장이 향후 장기침체로 이어질 것이라는 많은 전망은 밀레니얼 세대에게 내 집 마련에 대한 생각도 주저하게 만들어 버렸다.

그러나, 동의대학교 대학원 부동산학과의 한 조사에 따르면, 밀레니얼 세대는 부모님과 함께 거주하고 있거나, 임차주택에 거주하는 가구가 61.5%에 이르고 있지만, 이들 중 70% 이상이 향후 '결혼 등에 따른 가구원수의 변화'를 이유로 '내 집 마련'을 하겠다고 밝히고 있다.

1인 가구도 포함한 밀레니얼 세대의 내 집 마련에 대한 주거 수요는 앞으로도 지속적으로 증가할 것으로 예상됨에 따라 현재 시행하고 있는 주택공급제도에 대해 큰 변화가 있어야 한다. 주택구입 활성화를 위한 세제혜택과 안정적인 일자리 창출을 위한 제도적 노력이 지속적으로 필요하다. 경제적인 부분의 지원이 제공되어야 한다. 밀레니얼 세대는 향후 지역경제 및 인구구조변화에 디딤돌이 될 수 있는 정말 소중한 존재이기 때문이다.

그렇다면 밀레니얼세대를 위한 내 집 마련 방안은 무엇인가? 2018년에 발표된 주거실태조사를 보면 부산지역의 경우 전체가구의 62.3%만이 내 집을 가지고 있다. 아직 10가구중 4가구는 전월세등 주거불안에 놓여져 있다. 또 부산의 경우 무주택가구 중 무주택기간이 10년 이상인 가구의 비율이 46.%로 조사됐다. 그 중에서도 청년, 신혼부부들의 내 집 마련의 꿈은 멀고도 험하다. 양질의 일자리 부족에 따른 가구소득이 주택가격 상승을 따라가지 못함으로써 내 집 마련에 어려움을 겪고 있다.

신혼부부의 자가점유율은 44.7%로 일반가구에 비해 낮은 반면, 전월세가구 중 전세가구의 비중은 67.8%로 일반가구(39.6%)에 비해 높게 나타났다. 청년가구도 마찬가지다. 청년가구의 자가점유율은 19.2%로 대부분 임차가구이며, 임차가구 중 월세비중도 일반가구(60.4%)에 비해 매우 높은 71.1%로 나타났다. 청년가구의 주거비 부담은 일반가구에 비해 높은 것으로 나타났다.

하지만, 이들이 내 집마련을 완전히 포기한 것은 아니었다. 2017년 기준 국민의 82.8%는 '내 집을 꼭 마련해야 한다'고 생각하고 있으며 '14년 이후 지속적으로 증가하고 있다. 2014년에는 79.1%, 2016년에는 82%였다. 그런데 신혼부부 가구의 83.3%가 "내집 마련이 꼭 필요하다"는 입장을 밝혔다. 이 비율은 일반가구(82.5%)보다 오히려 높은 수준이다. 청년가구의 71.0%도 자가 소유를 희망하고 있다.

그리고, 청년층의 주거안정을 위해 출시한 '청년우대형 청약통장'가입자 수 증가가 눈에 띈다. 청년우대형 청약통장은 올해부터는 만 34세 이하의 무주택 가구의 세대원 등으로 대상이 확대된 것은 물론 금리가 3.3%에 이자소득 비과세 혜택까지 받을 수 있는데, 국토교통부 자료를 보면, 청년우대형 청약통장은 지난해 7월 첫 상품판매 이후 약 19만 명이 가입했다고 한다. 올해 4월까지 증가한 주택청약종합저축 가입자 수 약 105만 명 중 18% 넘게 청년들이 가입한 셈이다.

부산지역에서는 주택가격 하락, 정책 대출 혜택, 신규분양 아파트에 대한 청약가점제 확대와 특별공급제도 활성화 등에 힘입어 신혼부부 등 그동안 내 집 마련에 소극적이었던 사회적 주거약자계층이 적극 내 집 마련에 나서고 있는 모습도 보인다.

조정국면이 이어지고 있는 지역부동산 시장상황에서는 이런 신혼부부, 청년가구 등의 적극적인 내 집 마련의사와 적극적인 행동이 단비와 같이 느껴질 수 있고 바람직한 모습일 수도 있다. 다주택자등 투자적 수요를 억제하려는 정부의 규제정책 속에서 지역의 주택시장을 살 릴 수 있는 묘안 중의 하나가 바로 실수요자의 주택구매를 높이는 것이라고 한다면, 부산시 차원에서 신혼부부, 청년가구의 내 집 마련에 대해 다양한 혜택을 주는 정책을 새행하면 어떨까 하는 생각이 든다.

3. 꼭 풀어야 할 과제, 동서격차

주택가격 하향안정화 속 극심한 초양극화 현상이 속출하고 있다. 동부권(해운대구, 수영구, 동래구, 남구 지역)의 일부 재건축, 재개발, 그리고 분양권, 입주권 가격까지 거의 폭등수준이지만, 그 외 대부분의 지역은 정부 규제정책 여파와 주택투자자 및 실수요자 주거선호여건 변화에 따른 수요급감으로 가격 하향세가 지속되는 침체국면에 접어들었다.

바로 동서격차이다. 사회적 인프라의 동서격차에 이어 주거시장에서도 동서격차가 발생하고 있는 것이다. 부산지역내 '지역 강남화' 방지를 위한 주거관련 인프라의 균형적 개선과 장기적 계획이 마련되어야 한다. 이에 따른 실천기본방향은 부산시 도시기본계획의 안정적 실천이 시발점이 될 수 있다.

그림11-12 부산시 2030 도시기본계획

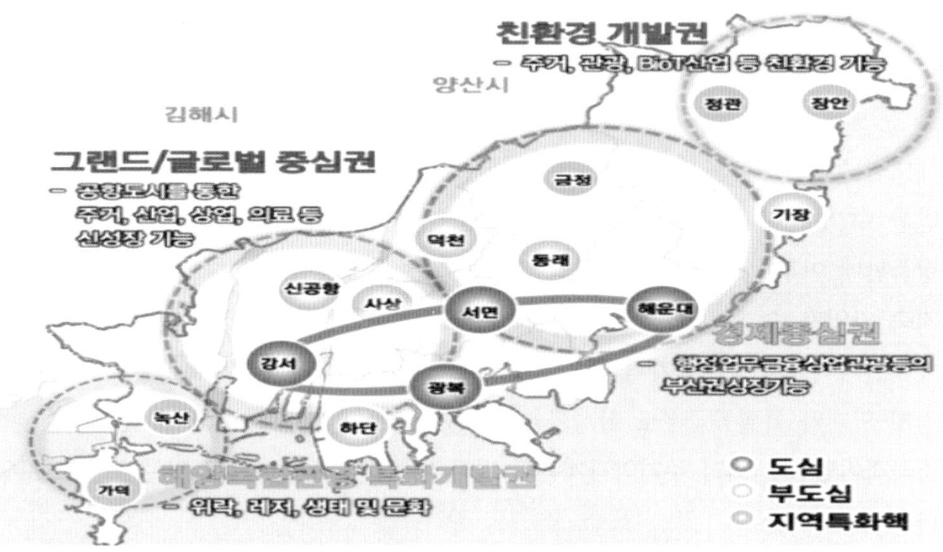

부산지역 내 맞춤형 주택시장 정책도 필요하다. 이를 위해 가칭「부산맞춤형 드림재개발·재건축사업」 추진도 제안한다. 주거수준이 열악하며 노후주택이 증가하는 지역(서부산권, 원도심권) 일부를 드림주택공급활성화지구로 지정 후 용적률 상향 등의 다양한 혜택 (상향된 용적율로 추가공급된 주택의 50%이내를 부산시 드림아파트공급기준적용)을 제공하여 활성화시킬 수 있다.

V 부산, 새로운 변화를 위한 주택과 부동산정책 방향 모색

현 정부 들어 소위 23번의 부동산시장 가격안정규제책이 발표되었다. 하지만, 이구동성으로 서울과 수도권 집값이 정부의 정책적 목표대로 부동산시장이 안정되었다는 데에는 많은 이견이 있는 것으로 보인다. 각 정부별로 부동산정책의 목표가 있고 현 정부는 주거복지 차원에 무게중심을 두고 있기 때문에 가격안정을 추구하고자 하는 규제위주의 부동산정책에 중심을 두고 있는 것으로 판단된다. 정책적 효과가 나타나지 않는 이유는 수요억제 위주의 세금 강화정책에 대한 효과가 시장에 영향을 미치지 못하고 있기 때문이다.

계속되고 있는 정부의 강력한 규제정책 중에서도 7.10대책은 부산지역 부동산시장에도 많은 영향을 미치고 있다고 평가한다. 그 중 가장 큰 영향으로 나타나고 있는 현상은 부산 주택시장을 비롯한 전반적인 부동산시장이 극심한 양극화를 넘어 삼극화(상승지역, 정체지역, 하락지역) 현상으로 진행되고 있다는 것이다. 풍부한 유동성시장에서 가격경쟁력을 가진 극소수 일부지역은 지속적인 상승, 대부분의 지역은 거래와 가격변동이 없는 정체지역, 가격경쟁력과 주거 인프라가 빈약한 일부지역은 폭락수준의 삼극화 현상으로 진행되고 있다.

게다가 강력한 규제정책에도 불구하고 가격이 상승하는 일부 특정지역의 경우 향후 또다시 규제지역으로 묶일 가능성에 대한 논란도 일어나고 있다. 현재의 규제지역 지정은 지정기준이 정량화 되어 있어서 규제지역 지정기준에 부합된다면 일부지역의 경우 재지정가능성도 있다고 본다. 하지만, 지역시장의 반응과 지역 차별적 정책이 강조되면서 비수도권인 부산지역까지 재차 규제지역으로 재지정되기까지는 정부의 고민이 커질 것이다.

또한 삼(三)극화현상 속에서 상승지역과 하락지역이 상존하는 부산의 주택정책을 펼치는 부산시로서도 고민이 커질 것으로 보인다. 먼저 정부는 집값 안정을 위해서는 서울 수도권 등 일부 극소수의 가격상승 지역은 치솟는 가격을 잡기 위한 정책적 실행보다는 시장논리로 풀어야 한다. 수요억제와 도심지 내 주택공급의 지속적인 확대공급 시그널을 주어서 주택수요자의 조급함을 풀어야 한다. 부산시는 지방 대부분의 지역은 가격상승보다는 가격하락이 더 확대될 가능성이 크기 때문에 가격상승과 가격안정에 기여할 수 있는 장기적 주택정책이 필요하다.

특히, 부산지역은 서울과 수도권과 같은 가격상승 지역에 따른 문제와 지방 중소도시에서나 볼 수 있는 지방쇠퇴 문제가 공존하기 때문에 좀 더 세밀한 동향파악과 정부에 대한 협조와 요청정책이 필요할 때다.

이런 지역 부동산시장 동향 속에서 향후 지역주택시장은 어떻게 변화할까?

먼저 단기적으로는 정부 부동산규제정책 지속, 경제성장률 전망치에 따른 국내경기하강 국면 본격 진입 그리고 입주물량의 지속적 증가에 따른 일시적 공급과잉과 서울/수도권중심 경제집중에 따른 지방의 경쟁력 약화 현상 등의 부정적 요인으로 거래 위축 지속과 주택가격 약보합세가 전망된다.

하지만, 중장기적으로는 부산은 우리나라 제2의 도시로서의 위상에 걸맞게 어느 정도 정상화의 길로 접어들 것으로도 보이나, 결국 단기적 전망에 영향을 미친 부정적 요인으로 인해 지역별 혼조 속 삼(三)극화(초미세 일부 지역 상승- 상당수 지역 정체- 일부 지역 폭락) 시장이 고착화 될 것이다. 장기적으로 부산 부동산시장이 양극화를 넘어 삼(三)극화 현상으로 진행되는 원인은 첫째, 인구구조변화(저출산에 따른 인구 감소, 세대수 감소, 고령화)에 따른 주택수요 감소가 진행되는 가운데 가격상승지역으로만 주택수요가 집중되기 때문이며, 둘째, 저성장시대 도래에 따른 가계소득정체로 인한 주택투자등의 절대수요감소 때문이다. 세 번째로는 정부 조세정책 변화 및 주택소유에 대한 사회적 인식 변화로 "똘똘한 한 채" 보유로 전환하려는 주택수요자들이 많아지기 때문이다.

그렇다면 앞으로 시장환경 변화에 대응할 부산시 주거정책 방향은 무엇일까? 첫째, 지방 주택시장 정상화를 위해 불합리한 정부 규제정책에 대한 변화를 촉구하여야 한다. 정부의 주택 가격안정을 통한 주거복지 실현의 기조는 인정하지만 지역 차별화 없는 규제범위 확대로 지역 주택시장의 혼란이 가중되고 있다. 실제 부동산 규제정책 지속에 따라 가중되고 있는 지역 부동산시장 실태를 보면, 지방세수입 감소에 따른 재정지출 축소로 인한 지역경제 침체, 지역 건설산업 위축으로 인한 일자리 축소 등 지역 경제여건 악화, 지역 부동산관련 소상공인들의 소득감소와 지역 가계소득 위축 등이 현실화 되고 있다.

둘째, 부산지역 내 '지역 강남화' 방지를 위한 주거관련 인프라의 균형적 개선과 장기적 계획이 마련되어야 한다. 동부권 일부 지역(해·수·동·남)이 주택시장 과열 양상을 보이는 데 반해, 서부권은 공가·공실 증가, 거래량감소, 시세하락 등 양극화가 심화되고 있다. 이를 해결하기 위해 2030 도시기본계획변경(안)의 적극적인 실천으로 동·서부산권의 격차를 해소하기 위한 노력이 적극적으로 필요하다.

셋째, 지역 주택시장환경 변화에 대한 선제적 대응을 위해서 부산지역 내 권역별 맞춤형 주택정책이 필요하다. 즉, 권역별 세분화, 차별화에 정책실천에 따른 선제적 대응이 필요하다. 원도심 일부 및 서부권은 도시재생사업 지속 추진과 빈집 관리가 필요하며, 강서구, 기장군 등 신도시 건설지역은 주거복지주택, 신규 테마 주택과 같은 정책적 주택건설을 추진하여야 한다. 또한 동부권 일부는 압축, 고밀,

복합개발을 통한 안정적 주택공급과 토지이용 효율화가 필요하다. 이를 위해 "부산형 공공재건축·공공재개발 검토를 통한 아파트 재건축 규제 완화, 그리고 역세권 중심 소규모 재건축사업 및 가로주택정비사업 등의 선제적 추진이 필요하다.

넷째, 부산형 주택 정책추진 도구도 필요하다. 이를 위해 '서울시 주거복지 HUB 구축'과 같은 사회적 주거약자를 위한 부산시 주거복지센터 설치 및 운영, 미래 부동산(주거)환경 변화에 대한 선제적 대처를 위한 빈집관리기구(빈집뱅크) 설치 그리고 외부 전문기관을 통한 맞춤형 각종 부동산통계자료 생성 및 활용과 외부정책 자문단 운영 등을 통한 부산 맞춤형 부동산 동향조사 기구를 설치 운영할 필요가 있다.

산, 바다, 강, 도시경쟁력 그 무엇 하나 빠질 것 없는 우리나라 제2의 강한 도시 부산이 주택 등 부동산에서도 경쟁력을 잃지 않기 위해 많은 노력이 지금부터 꼭 필요한 시기라고 판단된다.

부산 정치지형 변화의 역사

12장

I 들어가며

오늘날 대부분의 국가는 민주주의를 표방한다. 민주주의(Democracy)란 말은 고대 그리스어의 Demos(인민)와 Kratos(지배)의 합성어로, 고대 아테네에서는 '다수 대중의 지배'를 의미했다. 고대 아테네의 민주정은 시민들이 직접 공동의 의사를 결정하는 정치체제였다.[1] 거대하고 복잡한 현대 사회에서 직접 민주주의로 정부를 운영하기란 거의 불가능하다. 그래서 대부분 국가들은 간접 민주제 방식의 대의 민주주의를 채택하고 있다. 우리가 자유민주주의 국가로 부르는 거의 모든 국가는 이러한 대의 민주주의 방식으로 운영된다. 대의 민주주의는 의회정치를 근간으로 운영되며, 의회정치는 정당을 통해 구현되는 것이 일반적이다.

현대의 자유 민주주의는 많은 문제점을 노정하고 있다.[2] 소수 엘리트에 의해 지배되는 정책결정과정, 사회 지배세력(기업, 상류계층 등)에게 유리하게 작동하는 이념들, 첨예화된 사회적·이념적 분열 등은, 구조적 문제들로 민주주의의 내용적이고 실질적 측면을 저해한다. 한편, 정치적 무관심층의 증가, 투표율 감소, 정당정치의 위기 역시 심심찮게 거론된다. 정당이 국민 또는 주민들의 이해나 요구를 정책에 반영하는 데는 한계가 있을 수밖에 없으며, 심지어는 국가의 중요한 의사결정이 정당의 소수 대표들에 의해서 좌우되기도 한다. 서구 선진국에서도 정당에 대한 불

---

*) 이 글은 『부산학』(개정판, 2018년, 부산학교재편찬위원회)에 실린 "제9장 부산의 정치: 6.13 지방선거와 부산 정치지형의 변화"를 일부 수정·보완한 것이다.

1) 고대 아테네의 민주 정치는 여성, 노예, 외국인 등을 배제한 제한적인 정치체제였고, 성인 남성 시민들만이 민회(Ekklesia)에 참여하여 발언할 권리가 있었고, 오늘날 정부와 같은 평의회의 구성원이 될 수 있었다.

2) John S. Dryzek, Patrick Dunleavy. 김욱 옮김. 『민주주의 국가이론: 과거 뿌리, 현재 논쟁, 미래 전망』. 명인문화사. 2014. pp. 280-281.

신과 아울러 무당파들이 늘어나며 정당의 지지율이 점차 하락하는 추세를 보인다.

그럼에도 불구하고 국가의 중요한 정책들이 여전히 의회를 통해 이루어진다는 점에서, 어떤 정당이 정권을 담당하고, 의회의 다수당이 되는가하는 문제는 매우 중요하다. 그런데 우리나라의 선거 또는 의회정치에서 가장 중요한 변수의 하나는 지역주의였다. 1991년 3당 합당 이후, 부산에서 보수적 정치지형은 25년 이상 지속되었고, 이러한 표심의 밑바탕에는 지역주의 정치가 있었다.[3]

지난 2018년 제7대 전국동시지방선거는 이러한 보수적 지역주의의 틀을 깨는 일대 사건이었고, 당시 야당인 자유한국당에게는 매우 충격적인 결과였다. 언론에서는 그것을 '부산이 뒤비졌다'라고 말했다. 부산에서 정치지형 변화의 조짐이 없었던 것은 아니다. 2016년 제20대 국회의원 선거에서 더불어민주당 후보 5명이 당선되고, 2017년 제19대 대선에서 더불어민주당의 문재인 후보가 부산에서 38.71%를 얻어 1위를 하면서 지역주의 정치의 균열 조짐이 나타났다고 볼 수 있다. 그러나 두 번의 선거로 지역주의 선거의 종지부를 찍었다고 평가하기에는 섣부른 감이 있었다. 박근혜·최순실의 국정농단으로 당 분열의 내홍까지 겪었던 자유한국당의 홍준표 후보 역시 부산에서 31.98%라는 적지 않은 표를 얻어 보수적 표심이 강하게 잔존했음을 알 수 있었다. 그러나 2018년 제7대 전국동시지방선거에서는 예상을 훨씬 뛰어넘는 결과를 보여, 부산에서 보수적 지역주의는 종말을 고하고 새로운 정치지형이 열리는 기대를 갖게 한 것도 사실이다. 제21대 국회의원 선거는 부산에서 보수적 정치지형의 변화가 공고화될 것인지 아니면 보수적 정치지형이 부활할 것인지를 가늠할 수 있는 중요한 의미가 있는 선거였다.

따라서 이 글에서는 3당 합당 이후의 선거에 대한 소개와 부산의 보수적 지역주의 정치지형, 그리고 2017년 제19대 대통령선거와 2018년 제7회 전국동시지방선거, 제21대 국회의원 선거를 중심으로 부산 지역주의 정치지형의 변화 양상을 살펴보고자 한다.[4]

---

3) 지역에서의 일당 독점구도의 고착은 지역 내에서 정치적 경쟁을 사라지게 한다. 지역 내에서 정치적 경쟁이 사라지면, 견제와 감시체계는 작동하지 않게 되며 부정과 부패의 사슬은 더 강하게 결합하게 된다. 나아가 지역 정치인들의 중앙정치 눈치 보기, 공무원들의 무사안일 등은 만연해지고, 정책적 대안 제시 기능도 형식화된다. 이런 모든 것들은 국민 세금과 자원의 비효율적 낭비를 가져오고 결과적으로 국민의 삶을 피폐하게 만든다.

4) 이 글에서 사용된 선거 통계는 모두 중앙선거관리위원회 홈페이지 선거통계에서 인용되었고, 최원석(2018)의 내용을 참고하였다.

Ⅱ 3당 합당과 보수적 지역주의의 정착

1990년대 이전까지 부산은 민주화의 보루였고, 정치적으로 야당도시였다. 신군부의 서슬이 퍼렇던 1985년 2.12 총선 당시, 부산의 6개 선거구 중 3곳에서 여당인 민주정의당 후보가 낙선하였다. 그때만 하더라도 한 선거구에서 2명씩 뽑는 중선거구제였기 때문에 여당 후보는 거의 당선이 되었다. 2.12 총선에서 민정당 후보가 전국에서 5명이 떨어졌는데, 그 중 3명이 부산에서 떨어졌던 것이다. 그런 만큼 부산은 야세(野勢)가 강한 도시였다. 6월 항쟁에서도 명동성당 농성을 해제하면서 잦아들던 항쟁의 불씨를 지펴 올린 것도 부산이었다.

이러한 부산의 진보적 정치적 지형은 3당 합당 사건을 계기로 극적으로 보수화되었다. 3당 합당은 TK지역에 기반을 둔 여당인 민주정의당과 PK지역에 기반을 둔 김영삼의 통일민주당, 충청지역에 기반을 둔 김종필의 신민주공화당, 3당이 하나의 정당으로 합당한 사건으로 여소야대로 정국 운영에 애로를 겪던 노태우 정권이 상황을 반전시키기 위한 보수대연합 전략이었다. 김영삼은 차기 대권을 노리고 3당 합당에 참여하였다. 이를 계기로 1991년 지방선거에서 민주자유당은 부산에서 압승을 거두었고, 이후 선거에서 부산의 표심은 보수적 지역주의의 희생양이 되었다.

이러한 극적인 민심 변화의 원인으로는 부산지역 발전에 대한 기대 심리, YS에 대한 정치적 의리, 그리고 민주 대 반민주 구도의 약화 등을 지적할 수 있다. 먼저, 3당 합당으로 김영삼의 차기 대권이 가시권에 들어오자 시민들에게는 부산 발전에 대한 기대로 시쳇말로 YS를 '화끈하게 밀어주자'는 정서가 있었던 것 같다. 당시 민자당에서도 그런 분위기를 조장했다. 다음으로 YS에 대한 정치적 의리가 작용했다고 볼 수 있다. 부산 사람들 밑바닥 정서에는 의리를 강조하는 정신이 있다. '우리가 남이가'라든지 '친구아이가~'라든지 하는 말들은 이러한 측면을 표현하는 말이다. 즉, 부산은 YS의 정치적 고향으로 1988년 13대 국회의원 선거에서 나타난 YS의 통일민주당 지지가 3당 합당 이후에도 계속 이어졌으며, 기존 여권 지지층과 야권 지지층의 일부가 결합되면서 강력한 효과를 내었다고 볼 수 있다.[5] 한편, 3당 합당으로 상대적으로 민주적이라고 평가받던 YS계가 보수세력과 결합하면서, 기존

---

5) 최원석, "제9장 부산의 정치: 과거, 현재 그리고 미래", 『부산학』. 부산학교재편찬위원회, 2016, pp. 143-144. 1988년 13대 국회의원 선거에서 15곳의 선거구 중에서 금정구 1곳을 제외한 14곳에서 야당이었던 통일민주당 후보들이 당선되었는데, 1992년 14대 국회의원 선거에서는 16개 선거구 중에서 사하구 1곳만 무소속 후보가 당선되고 모두 민자당 후보들이 당선되었다.

의 민주 대 반민주의 구도가 모호해짐으로써 시민들의 야당 성향이 희석되었다. 그러한 분위기가 시민들이 쉽게 YS의 3당 합당을 받아들이고 지지하게 만들도록 한 것 같다. 여하튼 영남지역을 양분하던 민주정의당과 통일민주당이 합당하면서 호남 배제적인 지역주의가 심화되었다고 볼 수 있다.[6]

Ⅲ 보수적 지역주의 정치 지형과 역대 선거들

3당 합당 이후부터 2017년 제19대 대통령선거 이전까지 대통령 선거가 5회, 국회의원 선거가 7회, 전국동시지방선거가 6회(1991년 지방의회 의원 선거와 2004년 부산시장 보궐선거 제외) 있었다. 이러한 18번의 선거에서 보수 정당인 '국민의힘' 계열은 부산에서 거의 일당 독점적 지위를 누렸다.

1. 3당 합당 이후의 역대 대통령 선거

3당 합당 이후 처음 치러진 대통령 선거는 1992년 12월에 치러진 제14대 대통령 선거였다. 이 선거에는 민주자유당의 김영삼 후보, 민주당의 김대중 후보, 통일국민당의 정주영 후보 등이 겨루었다. 1992년 초에 창당된 통일국민당은 현대그룹의 막강한 재력을 바탕으로 제14대 국회의원 선거에서 24명의 지역구 당선자를 배출하였다. 통일국민당은 부산과 인천, 대전, 제주, 호남지역을 제외하고는 전국적으로 비교적 고르게 당선자를 내면서 김영삼 후보의 아성을 위협하였다. 그뿐 아니라 정주영 후보는 경제와 반값아파트 공약을 내세우면서 민심을 효과적으로 파고들었다.

한편, 부산에서는 대통령 선거일을 1주일 정도 앞둔 시점에 초원복집 사건이 터졌다. 이 사건은 김기춘 전 법무부장관과 부산지역 기관장과의 조찬 모임에서 이번에 부산, 경남사람들이 김대중, 정주영을 운운하면 '영도다리에 빠져죽자', '표가 적게 나오면 바보로 멸시받는다' 등의 지역감정을 조장하는 발언들이 녹취되어 통일국민당 관계자에 의해 폭로된 사건이었다. 통일국민당은 민자당의 관권선거에 대해 폭로하려고 했으나 그 역풍도 적지 않았다. 즉, 이 사건으로 반사적 이익을

6) 최원석, "부산의 문화 정체성과 정치", 『부산학, 부산의 미래를 상상하다』, 2017 부산학 아카데미 자료집, 2017; 최원석. "6.13 지방선거와 부산 정치지형의 변화". 『부산학』. 부산학교재편찬위원회.

얻게 될 김대중 후보의 견제를 위해 영남지역 표가 YS로 몰렸다는 것이다. 그러나 조선일보의 여론조사 추이를 보면, 이 사건이 당락에 미친 영향은 거의 없는 것으로 보인다.[7] 선거 막판 초원복집 사건으로 얼룩진 14대 대통령선거의 결과는 김영삼 후보가 41.96%, 김대중 후보가 33.82%, 정주영 후보가 16.31%로, 김영삼 후보가 당선되었다. 부산은 민자당 김영삼 후보에게 73% 이상의 압도적 표를 몰아주었다.

1997년 제15대 대통령 선거의 최대 쟁점은 우리나라의 IMF 구제금융 신청이었다.[8] 1960년대 이후 우리나라는 경제성장의 대표적 사례로 손꼽히면서 1996년 말에는 세계 선진국 그룹인 OECD에 가입하였다. 1997년 무역적자가 증가하고 재벌그룹들이 도산하면서 경제위기의 신호들이 있었지만, 학계나 언론계에서 우리나라가 IMF 구제금융을 받을 것으로 예상한 이는 거의 없었다. 1997년 대선을 앞두고 우리나라는 IMF 구제금융 신청을 받게 되었고, 김대중 후보가 전국적으로 40.27%를 득표하여 제15대 대통령으로 당선되었다. 이 선거는 우리나라 최초의 수평적 정권교체를 이룩한 선거로 평가된다.

1997년 대통령 선거에서 한나라당의 이회창 후보는 부산에서 53.3%를 얻었고, 새정치국민회의의 김대중 후보는 15.3%, 국민신당의 이인제 후보는 29.8%의 득표율을 올렸다. 특징적인 것은 한나라당의 경선 결과에 불복하고 나온 이인제 후보에게 부산에서 60만표 이상의 표가 갔다는 것이다. 이것은 한나라당의 이회창 후보가 김영삼 정부와 차별화를 많이 내세우자 이에 실망한 부산 표심이 이인제 후보로 향했던 것으로 볼 수 있다. 이회창 후보는 전국적으로 39만여 표 차이로 김대중 후보에게 패했다. 대구에서는 이회창 후보가 73% 정도, 이인제 후보가 13% 정도의 득표율을 보였는데, 이를 감안하면 한나라당 입장에서는 부산의 선거 결과가 아쉬울 듯하다.

2002년 제16대 대통령 선거는 몇 가지 점에서 특징이 있었다. 먼저, 이 선거는 휴대폰 문자, 인터넷 같은 온라인(on-line)이 선거에 많은 영향을 미친 최초의 선거로 기록될 만했다. 다음으로, 당시 여당이었던 새천년민주당은 우리나라에서 최초로 국민경선제를 통해 대선 후보를 선출했다. 당초에는 이인제 후보가 대선 후보로 당선될 것으로 예상되었지만, 온라인과 노사모의 조직적 동원에 힘입은 노무현 후

7) 조선일보 1992년 12월 20일, 6면, 7면; 박재환 외, 『사건과 기록으로 본 부산의 어제와 오늘』, 2012, p.113 재인용.

8) 그 외 하나의 쟁점은 한나라당 후보 경선에서 탈락한 이인제 후보가 불복하고, 국민신당을 창당하고 대통령 후보로 나선 것이었다. 그 이후에는 당내 경선에서 탈락한 후보가 선거 후보로 등록하지 못하게 하는 일명 '이인제법'이 제정되기도 했다.

보가 예상을 깨고 압승하였다. 16대 대통령 선거에서 한나라당의 이회창 후보는 부산에서 66.7%를 얻었고 새천년민주당의 노무현 후보는 29.9%를 얻었는데, 전국적으로는 48.9%를 얻은 노무현 후보가 대통령으로 당선되었다.

2007년 제17대 대통령 선거는 한나라당 내 경선이 본선보다 치열했다. 참여정부에 대한 실망감과 반노 프레임이 작동하면서 한나라당 후보가 무조건 당선되는 분위기였다. 게다가 기업인 출신이면서 서울시장으로 행정 경험까지 갖춘 이명박 후보의 상품성도 있어 보였다. 이명박 후보의 도덕성을 의심할 만한 여러 사례들이 제기되었지만, 항간에는 '무능한 것보다는 부패한 것이 낫다'는 지극히 반민주적이고 반역사적인 수사(rhetoric)까지 동원되면서, 이명박 후보를 정당화하였다. 여하튼, 이 선거에는 한나라당의 이명박 후보가 대통합민주신당의 정동영 후보를 압도적 표차로 누르고 대통령에 당선되었다.

2012년 제18대 대통령 선거는 문재인 후보와 안철수 후보의 단일화가 가장 큰 쟁점으로 되었던 선거로 볼 수 있었다. 이명박 정부는 취임 초부터 인사에서 일부 특정 집단을 중용하면서 '고소영 정권'이라 불리었고, 한미 FTA 쇠고기 협상과정에서 안이한 정책 판단, 무리한 4대강 사업 추진 등으로 민심이반이 커졌다. 그럼에도 불구하고 2012년 초에 있었던 제19대 국회의원선거에서 한나라당에서 개명한 새누리당이 152석으로 과반수를 확보하면서 제18대 대선은 결과를 예측하기 힘들었다. 보수진영은 박근혜 후보로 단일화되었고, 야권에서는 민주통합당의 문재인 후보와 무소속 안철수 후보의 단일화가 쟁점이었다. 그러나 안철수 후보가 어정쩡하게 출마를 포기하면서 단일화는 되었지만 시너지 효과를 내기는 어려웠다. 게다가 새누리당은 고 노무현 대통령이 'NLL 포기발언'을 했다는 식의 허위사실까지 유포하면서 야당 후보에게 색깔론을 덧씌웠다. 결과는 부산에서 새누리당의 박근혜 후보가 59.8%를 얻었고, 민주통합당의 문재인 후보는 39.9%를 얻었는데, 전국적으로는 51.6%를 얻은 박근혜 후보가 당선되었다.

2. 3당 합당 이후의 역대 국회의원 선거들

3당 합당 이후 2016년까지 7번의 국회의원 선거가 있었다. 즉, 1992년 제14대 국회의원선거부터 2016년 제20대 국회의원 선거까지가 그것이다.

1992년 치러진 제14대 국회의원 선거는 연말에 있을 대선의 전초전 성격을 띠었다. 그러나 선거 결과는 민주자유당으로서는 참패로 기록될 만했다. 3당 합당 당시 219석이던 의석수가 여전히 원내 제1당을 유지하긴 했지만 149석으로 줄어들었다. 1991년 광역지방의회 선거에서 압승을 거둔 민자당으로서는 9개월 만에 민심이반을 확인해야 했다. 그렇지만, 부산에서는 압도적 지지를 받았다. 민주자유당은 부산 16개 선거구 중에서 사하구를 제외한 15곳에서 승리하였다. 사하구에서 당선된 무소속 후보 역시 YS의 분신으로 평가받던 서석재 후보였기에 실제로는 민자당의 전승이었다.

1996년 제15대 국회의원 선거는 김영삼 정부의 중간평가적인 성격을 띠었다. 민주계와 갈등하던 JP의 공화계는 탈당하면서 충청지역을 기반으로 하는 자유민주연합을 창당하였다. 한편, 민주자유당은 당명을 신한국당으로 바꾸고 YS의 친정체제를 강화하였다. 야권에서는 제14대 대통령 선거 이후 정계 은퇴를 선언했던 DJ가 정계에 복귀하면서 새정치국민연합을 창당하고, 이에 반발한 일부 세력과 개혁신당이 통합하여 통합민주당으로 창당하면서 야권은 분열되었다. 선거 결과는 부산 21개의 선거구에서 모두 신한국당 후보들이 당선되었다. 통합민주당은 부산을 중요한 지지 기반으로 했음에도 불구하고 한 석도 얻지 못하는 참패를 당하였다. 2000년 제16대 국회의원 선거는 한나라당이 야당이 되어 치른 선거였는데, 이때도 부산 17개의 선거구에서 한나라당은 전승을 하였다. 이 선거에서 노무현 후보는 당선 안정권이든 서울 종로구를 반납하고, 부산 북구·강서구(을)에 새천년민주당 후보로 출마하였는데, 지역주의 벽을 넘지 못하였다.

2004년 제17대 국회의원 선거는 노무현 대통령의 탄핵 정국에서 치러진 선거였다. 선거 초반 탄핵 반대 여론으로 부산에서도 여당인 열린우리당 후보들의 선전이 기대되었다. 하지만 선거 결과는 18개 선거구 가운데 사하(을) 조경태 후보만이 당선되었고, 17개 선거구에서 한나라당 후보가 당선되었다. 하지만 득표율의 측면에서는 의미 있는 변화가 있었는데, 열린우리당 후보들의 득표율 평균이 38.9%로 많이 상승했다. 한편, 이 선거는 최초로 정당명부제가 실시된 선거였는데, 전국적으로는 진보정당인 민주노동당이 비례대표로 8석을 얻어 제3당으로 도약하였다.

2008년 제18대 국회의원 선거의 부산지역 대결 구도는 여야 대결이라기보다는 여·여 대결이었다. 한나라당 내부에서 친이, 친박으로 나뉘어 공천 잡음이 컸고, 공천에 탈락한 후보들은 무소속이나 친박연대로 경쟁에 뛰어들었다. 부산의 선거 결과는 18개 선거구에서 여당인 한나라당 후보가 11명, 무소속이 5명, 친박연대 1명, 통합민주당 후보 1명이 당선되었다. 통합민주당 후보를 제외하고는 모두가 한나라당 계열 의원들이었다.

2012년 제19대 국회의원 선거는 이명박 정부의 말기에 치러진 선거였다. 이명박 정부의 실정으로 한나라당의 위기감은 고조되었고, 이에 당명을 새누리당으로 바꾸었다. 부산에서는 배우 문성근, 문재인 전 대통령 비서실장, 수도권 출마를 포기하고 고향으로 돌아온 김영춘 후보들이 지역주의 벽에 도전하였다. 이 선거에서 통합민주당은 전국적으로 크게 약진하였으나, 부산에서는 사상의 문재인 후보와 사하구(을)의 조경태 후보만이 당선되고 다른 후보들은 강고한 지역주의의 벽을 넘지 못하였다. 그러나 이 선거에서 부산 민주당 후보들의 득표율 평균을 보면 39%를 기록했는데, 이것은 탄핵정국에서 치러진 17대 총선과 비슷하다. 19대 총선은 17대 총선의 탄핵과 같은 정치적 쟁점이 없는 가운데서도 비슷한 득표율을 기록했다는 것은 보수정권에 대한 실망감이 높아졌고, 민심이 조금씩 중도와 진보쪽으로 이동했다고 볼 수 있다.

2016년 제20대 국회의원 선거는 초기 예상과 결과가 가장 달랐던 선거 중의 하나였다. 이명박 정부부터 박근혜 정부까지 보수정권에서 지속적으로 많은 문제들이 터져 나왔으며, 실정들이 이어졌다. 4대강 사업, 용산참사, 자원외교 실패, 방산비리, 세월호 참사, 메르스 사태, 위안부 합의 등, 그럼에도 불구하고 야당은 반사이익을 전혀 누리지 못했고, 새누리당의 지지는 콘크리트처럼 단단해 보였다. 이런 가운데 야권은 더불어민주당과 안철수와 호남지역 의원들이 결합해서 만든 국민의당 등으로 분열하여 제20대 국회의원 선거는 여권인 새누리당의 무난한 압승이 예상되었다. 부산에서도 조경태 의원이 새누리당으로 옮겨가고, 문재인 의원이 불출마를 선언하면서 새누리당의 전승이 예측되기도 하였다 그러나 새누리당의 공천파동의 파장이 커지면서 민심은 변하기 시작했다. 부산의 낙동강벨트를 중심으로 경합지역이 늘어나고 더불어민주당의 우세가 점쳐지는 지역도 늘어났다. 결과적으로 더불어민주당은 부산에서만 5석을 확보하였다. 제20대 국회의원 선거에서 비로소 확연한 지역주의 균열 조짐이 나타났다고 평가할 수 있다. 나아가 김해와 창원, 울산 등에서도 민주당과 진보정당 후보가 당선됨으로써 적어도 동남권 지역에서는 지역주의가 붕괴되고 있음을 알 수 있다.

3. 지방자치제 부활에서부터 제6회 전국동시지방선거까지

지방자치제가 부활한 1991년 6월에 실시된 광역 지방의회 의원 선거에서 1곳을 제외한 50개의 선거구에서 민주자유당 후보들이 당선되었다. 이보다 앞서 3월에 실시된 기초 지방의회 의원 선거는 정당 공천제를 실시하지 않았지만, 당선자 대부분이 민자당 인사들이었다.

1995년 제1회 전국동시지방선거에서 부산시장 후보로는 민주자유당의 문정수 후보, 민주당의 노무현 후보, 무소속으로 김현옥 후보와 배상한 후보가 경합하였다. 선거 결과는 51.4%를 얻은 민자당의 문정수 후보가 37.6%를 얻은 민주당의 노무현 후보를 누르고 초대 민선시장에 당선되었다. 광역의회의원 선거에서도 지역구 55석 중에서 민주자유당은 50석을 차지하였고, 나머지 5석은 무소속이었다. 제1회 전국동시지방선거에서부터 민주자유당은 부산에서 일당독점체제를 구축하였다.

1998년 제2회 전국동시지방선거는 YS 재임기간이 끝나고 김대중 정부가 들어선 이후 처음 치러진 선거였는데, 부산에서는 계속적으로 한나라당 지지를 보여주었다. 부산시장 후보로는 한나라당에서 안상영 후보, 새정치국민회의에서 하일민 부산대 교수, 무소속으로 전 부산시장 김기재 후보가 경합하였다. 김기재 후보는 마지막 관선시장이었으며, 참신한 이미지를 부각시켜며 다크호스로 떠올랐지만 근소하게 패했다. 한나라당의 안상영 후보가 45.14%, 무소속 김기재 후보가 43.45%의 득표율을 보여 아주 근소한 차이로 안상영 후보가 부산시장에 당선되었다. 새정치국민회의 하일민 후보는 11.4%를 얻는 데 그쳤다. 광역의회의원 선거에서는 지역구 44석 중에서 한나라당이 43석을 차지하였으며, 나머지 1석은 자민련 후보에게 돌아갔다.

2002년에는 대통령 선거와 제3회 지방선거가 있었는데, 부산시장 선거에서 63.8%를 얻은 한나라당 안상영 후보가 19.4%를 얻은 새천년민주당의 한이헌 후보를 누르고 시장에 당선되었다. 이 선거에서 민주노동당 후보로 나선 김석준(현 교육감) 후보는 16.8%를 얻어 진보정당으로서는 비교적 높은 득표율을 보였다. 이 선거는 새천년민주당 대선 후보로 노무현 후보가 결정된 이후였기에 부산에서도 새천년민주당 후보의 선전이 기대되었지만 결과는 기대에 못 미쳤다. 2006년 제4회 전국동시지방선거는 참여정부에 대한 중간평가의 성격이 있었는데, 이 당시 부동산 가격 폭등과 종합부동산세 도입 문제로 정부에 대한 비판여론이 높았다. 한나라당이 전국적으로 압승을 하였으며, 부산에서도 한나라당의 허남식 후보가 열린우리당의 오거돈 후보를 큰 표차로 누르고 부산시장에 당선되었다.

2010년 제5회 전국동시지방선거는 이명박 정부의 중간평가의 성격이 있었다. 부산시장 후보로는 한나라당에선 허남식 당시 시장을 공천했고, 민주당에선 김정길 전 행정자치부 장관을 공천했다. 이 선거에서 허남식 후보는 55.4%를 얻어, 44.6%를 얻은 김정길 후보를 누르고 당선되었다. 사실 이 선거까지 부산에서 민주당 후보들의 40%이상 득표는 거의 '마의 고지'처럼 넘기 어려운 벽처럼 여겨졌다. 이 선거는 김정길 후보가 44%의 득표를 하여 마의 40%대 벽을 넘었다는 데 큰 의미가 있었다.

세월호 참사 직후 치러졌던 제6회 전국동시지방선거에서 새누리당의 서병수 후보는 49%를 득표하고, 무소속으로 나온 오거돈 후보는 47.7%를 얻어 서병수 후보는 아주 근소한 표 차이로 시장에 당선되었다. 이 선거는 지방정치의 독점구조가 깨질 수 있다는 가능성을 보여준 선거로 평가할 수 있다.

4. 부산지역 역대 선거에 나타난 보수적 지역주의의 양상들

3당 합당 이후 부산은 보수 일변도의 표심을 나타내었다. 여기에서는 국회의원 선거와 부산시장 선거를 중심으로 민심의 변화를 살펴본다.

먼저, 제14대 국회의원 선거에서 제20대 국회의원 선거까지 부산의 민심을 살펴보면 다음 〈그림12-1〉과 같다.

그림12-1 역대 국회의원 선거에 나타난 정당 후보자들의 득표율 평균

역대 국회의원 선거에 나타난 정당 후보자들의 득표율 평균

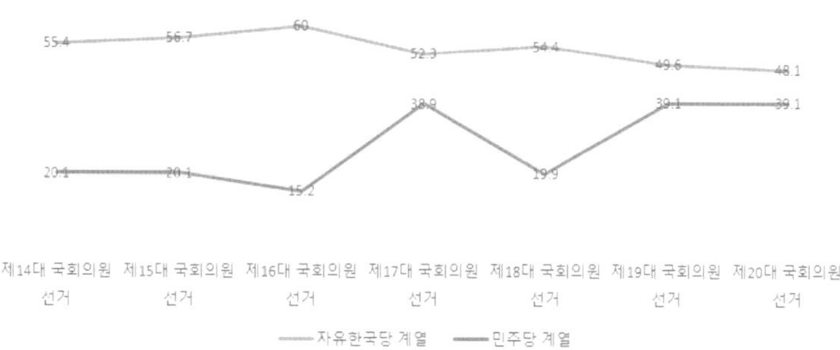

위의 〈그림12-1〉에 따르면, 제14대에서 16대 국회의원 선거까지 민주당 계열 득표율은 매우 낮게 나타난다. 이러한 것은 당락에 영향을 줄 정도는 아니었지만, 대체로 야권이 분열된 측면이 있다. 제14대 국회의원 선거에는 정주영의 통일국민

당이 참여하였고, 제15대 국회의원 선거에는 DJ계의 새정치국민회의와 DJ의 정치 재개에 반대한 통합민주당 후보들로 분열되었다. 제16대 국회의원 선거에는 여권인 새천년민주당과 한나라당에서 탈당한 인사들과 중도적 인사들이 결합한 민주국민당으로 나뉘어 부산의 유력정당인 한나라당과 대결하는 구도였다.[9)]

17대 국회의원 선거는 탄핵정국에서 치러진 선거로 처음에는 여론 조사에서 유리했지만, 실제 선거에서는 여당인 열린우리당에서 단 1석만을 얻었을 뿐이었다. 하지만 후보들의 득표율은 상당히 올랐다. 18대 국회의원 선거는 이명박 정부 출범 초기였던 관계로 허니문 선거적인 성격이 있었다. 그리고 친이, 친박의 대결구도로 인해 선거의 중심이 보수 대 보수 대결로 압축되었고, 통합민주당의 경우에는 18곳 중에서 7곳에 후보 공천도 못하였다.

19대 국회의원 선거에서는 민주통합당 후보들의 득표율이 상당히 올라 지역주의 균열 조짐이 있었고, 20대 국회의원 선거에서는 득표율은 비슷했음에도 불구하고 더불어민주당 후보 5명이 당선되는 결과를 내었다.

다음으로, 부산시장 선거에 나타난 후보들의 득표율 변화를 살펴보면, 다음 〈그림12-2〉와 같다.

그림12-2 부산시장 선거에서 각 정당 후보들의 득표율

부산시장 선거에서 각 정당 후보들의 득표율

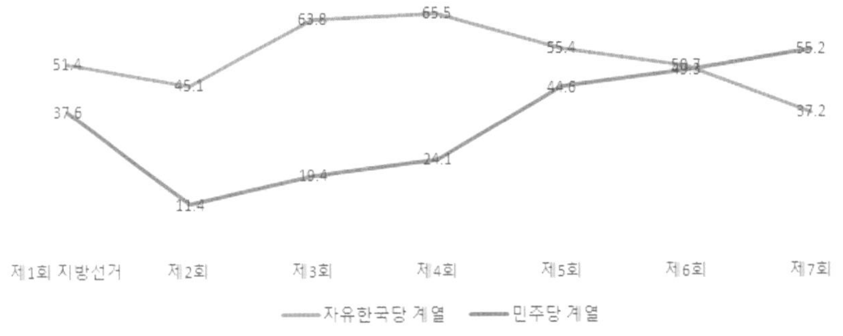

주: 제6회 지방선거에서는 오거돈 후보가 시민후보론을 주창하며 무소속으로 출마하였다. 이에 당시 야당이었던 새정치민주연합은 부산시장 후보를 내지 않았다. 그래서 여기에서는 오거돈 후보를 민주당 계열로 넣어 표시하였다.

9) 14대 총선 당시 부산에서 30% 정도의 득표율을 보인 중구의 김광일 후보와 남구갑의 이영근 후보를 제외한 나머지 통일국민당 후보들의 영향은 미미하였다. 제15대 국회의원 선거에서 새정치국민회의 후보들의 경우에는 부산에서 10% 이상을 득표한 후보도 거의 없었다. 16대 선거에서 민주국민당에는 박찬종, 이기택, 김광일, 문정수 등 대중적 인지도가 높은 후보들이 많이 있었지만 당선자를 내지는 못했다. 이러한 야권의 분열로 민주당 계열 정당의 득표율도 매우 낮았던 것으로 볼 수 있다

제1회 지방선거는 부산에서 민주자유당의 문정수 후보가 비교적 무난하게 민주당의 노무현 후보를 누르며 당선되었다. 제2회 지방선거에서 새정치국민회의 후보의 낮은 득표율은 무소속으로 김기재 후보가 출마하여 표가 분산된 효과가 있다. 제3회, 제4회 지방선거에서도 진보계열의 김석준 후보가 출마하여 16.8%, 10.3%를 얻어 표를 얻었다. 이러한 수치가 당락에 영향을 미치는 정도는 아니었지만, 민주당 계열 후보의 낮은 득표율에는 영향을 주었다고 평가할 수 있다.

제5회 지방선거에서 부산시장 대결구도는 한나라당의 허남식 후보와 민주당의 김정길 후보, 양자대결로 치러졌다. 앞에서 지적했듯이, 이 선거는 민주당 후보가 40%의 벽을 돌파했다는 데 의미가 있었다. 제6회 지방선거에서 서병수 후보는 49%를, 오거돈 후보는 47.7%를 득표하여 아주 근소한 차로 승패가 갈렸다. 특히 이 선거의 부산시장 투표에서는 무효표가 3.3%나 나와 아쉬움이 더 컸다.[10]

이러한 야권 후보의 선전은 젊은 층의 투표율 증가에서 비롯되는 것으로 볼 수 있다. 중앙선거관리위원회의 자료에 따르면, 투표율이 가장 낮은 연령대인 25세에서 29세의 투표율은 18대 총선에서 22%, 19대 총선에서 38.2%, 20대 총선에서 47.1%로 증가했다. 30세에서 34세의 투표율도 18대 총선 26.2%, 19대 총선 40.4%, 20대 총선 44.4%로 점차 증가하는 경향성을 보였다. 제6회 전국동시지방선거에서도 부산지역의 25세에서 29세까지의 투표율은 43.1%, 30세에서 34세까지는 41.6%의 투표율을 보여, 제4회 지방선거의 각 29.%, 28.2%에 비해 크게 증가했음을 알 수 있다. 이것은 청년실업과 비정규직 문제, 세월호 사태 등과 같은 사회적 이슈들에 대한 관심이 젊은 층들의 투표율 증가에 영향을 미쳤다고 볼 수 있다. 나아가 어쩌면 젊은이들이 스스로 사회적 약자로서 인식했다고 평가할 수 있는 측면도 있다. 한편, 이러한 투표행태는 지역별 투표 성향에서 점차 세대별 투표 성향으로 변화하는 것으로 볼 수 있다.

10) 이 선거에서 무효표가 많았던 것은 진보진영의 고창권 후보가 선거일을 며칠 앞두고 사퇴하였는데, 투표용지에는 고창권 후보의 난이 인쇄되어 있었다. 그래서 만일 투표 용지 인쇄하기 전에 사퇴했더라면 당락이 뒤바뀌지 않았을까하는 기대감 때문이었다. 그러나 이러한 기대는 통계적으로 검증되지 않는 가설일 뿐이라고 한다(김대래. "6.4 지방선거에 나타난 투표 행태: 투표율, 세대간 투표행태, 그리고 무효표의 영향을 중심으로", 『지방정부연구』 제19권 제1호, 2015, PP. 347-348).

Ⅳ 박근혜·최순실 게이트와 제19대 대통령선거

세월호 참사, 메르스 사태로 박근혜 정부에 대한 국민들의 피로도는 매우 증가했다. 나아가 20대 국회의원 선거에서 여소야대 국면이 형성되면서 정국은 소용돌이치기 시작하였다. 그러면서 박근혜 정부의 레임덕 현상은 매우 가파르게 진행되었다.

가장 먼저, 눈에 띄는 변화는 가습기 살균제 문제에 대한 정부와 검찰의 대응이었다. 2011년 4월 서울아산병원의 신고로 질병관리본부에서 본격적으로 역학조사를 하고, 2012년 8월 가습기 살균제 피해자들이 검찰에 가습기 살균제 제조업체들을 형사 고발했다. 하지만 당시, 정부와 검찰의 대응은 매우 미온적이었으며, 검찰은 제대로 된 수사조차 하지 않았다. 뿐만 아니라, 박근혜 정부와 당시 여당 새누리당은 당정협의로 가습기 피해 관련 특별법이 제정되는 것을 반대하였다, 그러다 2016년 초가 되어서야 검찰은 본격적인 수사에 나섰고, 20대 국회의원 선거 이후, 가습기 살균제 제조업체 대표들은 구속되었고, 실험보고서를 작성한 교수 역시 뇌물죄로 구속되었다. 제20대 국회의 첫 국정조사 대상도 가습기 살균제 피해 실태조사와 구제 방안에 대한 모색이었다. 이것은 어쩌면 국회 내 권력 지형의 변화가 우리 사회에 몰고 온 변화의 시작에 불과한 것이었는지도 모른다.

이러한 변화와 아울러 수많은 권력형 비리 사건이 하루가 멀다하고 터져나왔다. 2016년 5월에는 검사장 출신인 홍만표 변호사가 변호사법 위반과 탈세 혐의로 검찰에서 조사 받고 이후 구속되었다. 7월에는 진경준 검사장이 게임회사인 넥슨의 비상장 주식을 특혜 매입 혐의를 받고 구속되었다. 현직 검사장이 구속된 것은 검찰 역사상 처음 있는 일이라고 했다. 뿐만 아니라 넥슨의 부동산 매입 사건은 우병우 당시 민정수석의 비리로 비화되었다. 이 사건으로 우병우 민정수석은 진경준 검사와 한 다단계 회사의 변호 건으로 홍만표 검사와 연결되어 있었다. 이러한 사건들도 이전의 역사를 감안하면, 만일 20대 국회가 여소야대 상황이 아니었다면 덮여버릴 수도 있었다.

이러한 권력형 비리 사건이 터지는 가운데 대통령 탄핵의 가장 핵심적 도화선이 된 최순실 게이트와 관련된 문제가 터져나오기 시작했다. 시작은 교육부 재정지원 사업에 대한 이화여대 학생들의 학내 분규에서 시작되었다. 9월 말 국정감사에서 정유라의 특혜 입학과 성적 관리 문제들이 지적되었다. 한편, 한 언론사를 통해 미르재단과 K스포츠재단에 최순실이 관련되었다는 보도가 나왔고, 10월 24일에는 'JTBC 뉴스룸'을 통해 최순실 태블릿 PC가 보도되었다. 다음 날인 25일에는 박근혜 대통령의 사과가 있었지만 국민들의 분노를 달래기에는 너무나도 진정성이 없었다.

2016년 10월 29일 첫 번째 촛불집회가 열렸으며, 그 이틀 뒤에는 비선실세로 지목된 최순실이 구속되었다. 2016년 11월 12일에는 주최 측 추산 100만이 넘는 인파가 광화문 사거리를 메웠으며, 19일 시위에서는 부산에서도 10만이 넘는 인파가 서면 거리를 메웠다. 12월 9일에는 국회에서 탄핵안이 가결되었으며, 2017년 3월 10일 박근혜 전대통령은 탄핵되었으며, 3월 31에는 법정 구속이 이루어졌다.

이로 인해 5월 9일 대통령선거가 실시되었다. 대통령 선거 기간 동안 문재인 후보는 다른 후보들에 비해 줄곧 압도적인 우위를 점하는 가운데, 무난한 당선이 예상되었다. 문재인 후보는 41.1%로, 24%를 얻은 자유한국당의 홍준표 후보를 누르고 제19대 대통령으로 당선되었다. 19대 대통령 선거 투표율은 전국 평균 77.2%로 제17대 대통령선거의 63%보다는 크게 높았으며, 직전 대선인 18대 대선 투표율 75.8%보다도 조금 더 높았다. 부산에서도 17대 62.1%,보다는 크게 높았으며, 18대 대선 76.2%를 약간 웃도는 76.7%를 기록하였다.

그림12-3 왼쪽 사진은 2016년 11월 19일 촛불집회를 마친 시민들이 행진을 시작하는 서면거리의 모습이고, 오른쪽 사진은 12월 3일 서면에서 집회를 마치고 행진하여 범일동 현대백화점 앞을 지나는 모습이다.

부산에서 문재인 후보는 38.7%의 득표로 1위를 하였으며, 2위는 32%를 얻은 자유한국당의 홍준표 후보였다. 16개 구군 중에서 문재인 후보는 13개의 구군에서 1위를 하였으며, 홍준표 후보는 중구, 서구, 동구에서 1위를 차지하였다. 이러한 경향을 보면, 19대 대선에서도 세대간 투표성향은 보여진다고 말할 수 있다. 즉, 노령인구가 많은 지역에서는 자유한국당 후보의 지지도가 높게 나타나고, 젊은 사람들의 비중이 높은 지역에서는 문재인 후보의 지지가 높게 나타났다. 안철수 후보는 해운대구에서 유승민 후보는 금정구에서, 심상정 후보는 기장군 지역에서 비교적 선전했다. 자세한 것은 아래 〈표12-1〉과 같다.

표12-1 부산지역 제19대 대선 후보별 득표수와 득표율

구·군명	후보자별 득표수(득표율 %)				
	더불어민주당 문재인	자유한국당 홍준표	국민의당 안철수	바른정당 유승민	정의당 심상정
합계	872,127(38.7)	720,484(32.0)	378,907(16.9)	162,480(7.2)	109,329(4.9)
중구	9,918(34.8)	10,684(37.5)	4,675(16.4)	1,845(6.5)	1,274(4.5)
서구	24,522(34.5)	26,360(37.0)	11,868(16.7)	4,913(6.9)	3,131(4.4)
동구	19,606(33.8)	22,188(37.0)	9,815(16.9)	3,606(6.2)	2,589(4.5)
영도구	30,094(38.8)	25,345(32.6)	13,082(16.8)	5,374(6.9)	3,416(4.4)
부산진구	95,042(38.8)	79,545(32.4)	40,636(11.6)	16,855(6.)	12,045(4.9)
동래구	67,947(37.7)	59,616(33.0)	30,208(16.7)	13,211(7.3)	8,812(4.9)
남구	68,566(37.8)	59,137(32.6)	30,943(17.1)	13,029(7.2)	8,780(4.8)
북구	83,611(41.2)	61,175(30.2)	32,712(16.1)	14,567(7.2)	9,862(4.9)
해운대구	102,106(38.4)	80,904(30.4)	48,325(18.2)	20,918(7.9)	12,573(4.7)
기장군	39,412(41.9)	26,556(28.2)	15.909(16.9)	6,775(7.2)	4,988(5.3)
사하구	82,452(39.1)	65,252(30.9)	36,713(17.4)	14,958(7.1)	10,664(5.1)
금정구	60,169(36.8)	54,418(33.3)	26,729(16.4)	13,143(8.0)	8,188(5.0)
강서구	30,783(45.0)	18,711(27.3)	10,629(15.5)	4,875(7.1)	3,154(4.6)
연제구	52,454(38.3)	44,221(32.3)	23,321(17.0)	9,900(7.2)	6,745(4.9)
수영구	43,702(36.8)	39,832(33.6)	20,319(17.1)	8,414(7.1)	5,952(5.0)
사상구	61,743(41.4)	46,540(31.2)	23,023(15.4)	10,096(6.8)	7,156(4.8)

제19대 대선은 촛불 시위의 연장선 위에서 치러진 것이었다. 촛불시위는 좁게는 박근혜 정부의 국정농단과 권력의 사유화에 대한 저항이었지만, 넓게는 더 많은 민주화, 한국 사회의 시스템 재조정이란 광범위한 과제와 연결되어 있다. 문재인 정부의 성립은 좁은 의미의 촛불의 완성이고, 문재인 정부는 넓은 의미의 촛불의 완성을 과제로 받은 것이다. 촛불 시위 과정에서 국민들이 가장 절망적으로 외친 구호는 "이게 나라냐"였다. 부산의 민심도 예외는 아니었다. 많은 여론 조사에서 PK 지역은 TK지역과 달리 자유한국당보다 민주당에 대한 선호도가 높게 나왔다. 각 후보들의 전국 득표율과 서울에서의 득표율과 부산에서의 득표율을 비교하면 다음 〈그림12-4〉와 같다.

그림12-4 제19대 대통령 선거 결과 각 후보들의 득표율

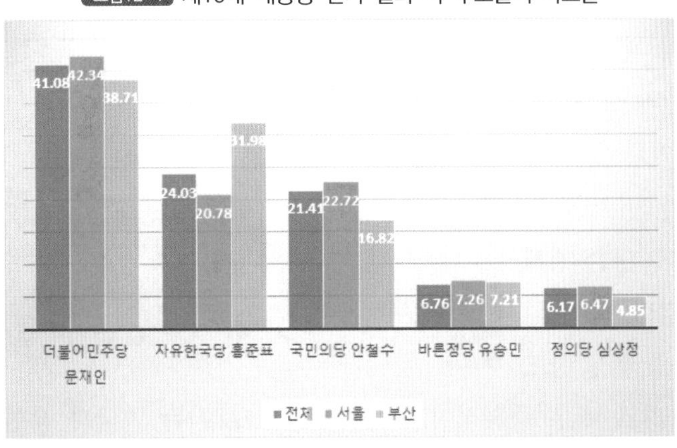

더불어민주당 문재인 후보는 서울이나 전국 평균에 비해 부산에서 좀 낮은 득표율을 얻었는데, 자유한국당 홍준표 후보는 서울, 전국 평균에 비해 부산에서 상당히 높은 득표율을 얻었음을 확인할 수 있다. 그에 비해 중도로 인식된 국민의당 안철수 후보는 오히려 고향 부산에서 홍준표 후보보다 훨씬 낮고 서울과 전국 평균에 비해 더 낮은 득표율을 보이고 있다. 이것은 박근혜 정부의 국정농단으로 표심이 진보와 보수로 갈리면서 중도 정치세력이 자리 잡기에 쉽지 않고, 다른 한편으로는 국민들의 사표에 대한 회피 심리가 있다는 것을 의미한다고 볼 수 있다. 이는 비례대표제가 도입되어야 하는 근거가 될 수도 있다.

V 제7회 전국동시지방선거와 부산 정치지형의 변화

6.13 지방선거를 앞두고 민심의 흐름을 가늠해 볼 수 있는 중요한 지점의 하나는 이명박 전 대통령 구속 수사에 대한 여론이었다. 이것은 문재인 정부의 적폐 청산에 대한 국민들의 평가를 알아볼 수 있는 지표였는데, 3월 초 한 언론보도에 따르면 대다수 지역과 계층에서, 전체 국민의 70%는 이명박 전 대통령의 구속 수사를 찬성한다는 것이었다. 리얼미터의 여론조사 결과에 따르면, 부산, 울산, 경남에서도 63.5%대 34.9%로 구속 수사 찬성비율이 높았다. 이는 문제인 정부의 적폐청산에 대해 야당이 제기했던 정치보복 프레임이 잘 작동하지 않는다는 것을 의미했다.

그리고 6.13 지방선거에 영향을 미칠 중요한 변수로는 한반도를 둘러싼 국제질

그림12-5 6.13 지방선거에서 전포대로에 걸려있는 각 후보들의 플래카드들

서의 변화였다. 2017년 말까지 한반도의 대내외 정세는 일촉즉발의 상황이라 해도 과언이 아니었다. 북한의 핵실험과 미사일 발사 실험과 그에 대한 경제 제재조치의 강화, 남한의 사드 도입과 중국의 사드 보복 대응, 그리고 매우 즉흥적이고 충동적으로 보이는 미국과 북한의 두 지도자 등 한반도의 운명은 풍전등화처럼 보였다. 그러나 제재와 대화라는 남한 정부의 일관된 메시지에 대한 북한의 호응과 한미 군사훈련에 대한 미국의 양보가 이루어짐으로써 평창 동계올림픽을 앞두고 급속한 남북한 간의 급속한 화해 무드가 조성되었다. 나아가 4월 27일에는 제3차 남북정상회담, 6.13 지방선거를 하루 앞둔 6월 12일에는 최초의 북미 정상회담이 개최됨으로써 실질적인 변화에 대한 기대는 그 어느 때보다 높아졌다. 이러한 일련의 대내외 상황에 대한 국민들의 평가가 지방선거에도 큰 영향을 미칠 것처럼 보였다. 이러한 변화에 대한 자유한국당의 대응은 다른 야당들과는 달리 '보여주기식의 쇼'에 불과하다는 것이었고, 이는 국민들의 일반적 정서와는 거리가 멀었다. 급기야는 자유한국당의 후보들이 홍준표 당 대표의 방문을 거절하는 상황에까지 이르렀다.

실제로 선거를 앞둔 표심은 야당들이 내세운 정부와 여당에 대한 정권심판론이 먹혀 들어갈 여지가 별로 없었다. 6.13 지방선거 운동 첫날, 여당인 더불어민주당은 '야당 심판론'을, 자유한국당은 문재인 정부의 '경제파탄 심판'을 내세웠지만,[11] 선거 결과는 오히려 국민들의 야당 심판이라는 것이 더 적절했다. 지방선거를 앞두고 실시한 각종 여론조사에서도 민주당 후보에 대한 지지도가 더 높았다. 수도권은 말할 필요도 없고, PK지역에서도 더불어민주당 후보에 대한 지지도가 더 높게 나왔다. 선거를 약 1주일 앞둔 6월 7일 보도된 방송 3사(KBS·MBC·SBS) 합동 여론조사에 따르면, 전국 광역단체장 선거에서 더불어민주당 후보들은 TK, 제주를 제외한 모든 지역에서 오차범위 밖의 압도적 우세를 보였다. 부산에서도 오거돈 후보는 50.5%, 서병수 후보는 20.4%의 지지를 받아, 무려 2배 이상의 격차를 보였

11) 경향신문. 2018년 6월 1일(금). 4면.

다.[12]

여론 조사에서의 큰 지지율 격차에도 불구하고, 선거에 돌입하면서 오거돈 후보와 서병수 후보는 정책보다는 날선 인신공격성 공방들을 이어갔다. 오거돈 후보 측은 서병수 후보의 김해 신공항 책임론과 엘시티 비리에 대한 책임론을 제기했으며, 서병수 후보 측은 오거돈 후보의 논문표절 의혹, 심지어는 건강이상설까지 흘리며 선거전은 네거티브 양상을 띠었다.

제7회 전국동시지방선거에서 부산시장 선거는 서병수 후보와 오거돈 후보의 리턴매치로 많은 주목을 받았다. 그러나 선거 결과는 〈표12-2〉에서 보듯이, 오거돈 후보가 55.23%의 지지를 얻어 비교적 큰 표차로 서병수 후보를 누르고 당선되었다.

표12-2 제7회 전국동시지방선거 부산시장 후보자별 득표수

후보자별 득표수(득표율, %)				
더불어민주당 오거돈	자유한국당 서병수	바른미래당 이성권	정의당 박주미	무소속 이종혁
940,469(55.23)	632,806(37.16)	67,502(3.96)	35,299(2.07)	26,720(1.56)

사실, 부산에서는 여론조사 결과 오거돈 후보가 줄곧 앞섰기 때문에 지방권력 교체에 대한 기대가 컸다. 그러나 시장은 더불어민주당 후보가 당선된다 하더라도 시의원 선거에서 자유한국당이 다수당이 되거나 기초 지방정부 선거에서 자유한국당이 압도적 다수를 형성한다면, 민주당 후보가 시장이 된다하더라도 실질적인 변화를 가져올 수 없을 것이란 우려들이 있었다. 결과는 우려를 말끔히 씻겨내는 정도가 아니라 민주당 일당 독점 구도를 만들었다고 해도 과언이 아닐 정도로 압승을 거두었다. 그만큼 시민의 기대가 크고 기존 자유한국당 정치의 패러다임에 피로도가 컸다는 것을 의미한다. 부산지역 기초단체장 선거 결과는 아래 〈표12-3〉에서 나타나는 것과 같다.

표12-3 제7회 전국동시지방선거 부산지역 기초단체장 당선자 및 득표수

선거구	소속	당선자명	득표수	득표율(%)
중구	더불어민주당	윤종서	10,617	48.29
서구	자유한국당	공한수	25,811	47.74
동구	더불어민주당	최형욱	23,796	52.57
영도구	더불어민주당	김철훈	30,989	51.51
부산진구	더불어민주당	서은숙	89,399	50.05

12) 경향신문. 2018년 6월 7일(목), 6면.

선거구	소속	당선자명	득표수	득표율(%)
동래구	더불어민주당	김우룡	64,675	48.53
남구	더불어민주당	박재범	66,155	48.02
북구	더불어민주당	정명희	84,363	56.50
해운대구	더불어민주당	홍순헌	103,326	52.53
기장군	무소속	오규석	32,248	43.20
사하구	더불어민주당	김태석	82.997	52.59
금정구	더불어민주당	정미영	67,679	54.50
강서구	더불어민주당	노기태	26,662	48.81
연제구	더불어민주당	이성문	53,716	51.63
수영구	자유한국당	강성태	40,188	45.14
사상구	더불어민주당	김대근	58,153	51.97

기초단체장뿐만 아니라 부산시 의회의 경우에도 더불어민주당은 42명의 지역구 의원 중에서 38명(서구 1, 동구 2, 남구 1곳 제외)의 당선자를 내었으며, 비례대표를 3명을 포함하여 전체 47명 중에서 41명의 당선자를 내었다.[13] 이것은 지방선거 사상 초유의 일이었다. 전국동시지방선거 역사상 부산 지역구에서 민주당 계열 정당 후보가 당선된 것은 처음이었다. 제6회 전국동시지방선거에서는 42명의 지역구 의원 모두를 새누리당 후보들이 장악하였다. 그에 비하면 상전벽해가 된 것이었다. 선거 중에 간혹 '부산! 디비뿌자'라는 구호가 나왔지만 그대로 실현될 것으로 믿은 사람은 거의 없었다. 현실은 사람들의 예상을 뛰어넘었다.

기초의원 지역구 선거에서도 부산 전체 157명의 당선자 중에서 더불어민주당은 87명, 자유한국당은 69명, 무소속 1명으로 더불어민주당은 16개 기초자치단체 중에서 금정구 1곳을 제외하고 모두 과반수 이상을 확보하였다. 이렇듯 부산의 정치 지형은 매우 크게 바뀌었다.

제7회 전국동시지방선거는 전국적 차원에서 보면, 중앙정치의 영향력이 그 어느 때보다 크게 작용하여, 인물론이나 지역정책 대결이 개입할 여지가 거의 없었다. 한편, 부산 차원에서 보면, 3당합당 이후 지속되어온 자유한국당 계열 일당독점 정치체제에서 거대한 정치지형(판)의 변화를 불러왔다는 의의가 있다. 이 변화가 일시적일지 지속적일지는 아무도 속단할 수 없다. 그러나 중요한 것은 부산지역에서는 몇 년 전부터 지속적으로 정치지형의 변화 조짐이 있었고, 이것이 '촛불과 평화'와 함께 일어났다는 것이다.

13) 전국적으로 17개의 광역자치단체 중에서 민주당은 대구, 경북, 제주를 제외한 모든 지역에서 당선되었고, 서울의 경우에는 25개 기초단체장 선거에서 서초구 1곳을 제외하고는 모두 당선되었고, 서울시 의원도 거의 대부분을 장악하였다.

Ⅵ 제21대 국회의원 선거와 부산 지역정치의 의미

20대 국회는 '식물국회', '동물국회' 등으로 불렸다. 아무 일도 하지 않는다는 의미에서 식물국회, 사안마다 정당들의 이해관계에 따라 갈등을 일으키며 정쟁을 일삼아 동물국회로 인식되었다. 제21대 국회의원 선거는 선거 때마다 단골 메뉴인 정권 심판의 의미는 사라지고 오히려 국회를 심판해야 한다는 목소리가 높았다. 한편, 정책이나 이슈에 대한 쟁점도 별로 제기되지 않는 상황에서, 어렵게 도입된 준연동형 비례대표제조차 양대 정당의 비례위성정당의 도입으로 꼼수정치라는 말이 난무하는 상황 속에서 2020년 4월 15일, 제21대 국회의원선거는 실시되었다.

제21대 국회의원 선거에서 공약 이슈는 별로 없었지만, 그럼에도 불구하고 몇 지점에서 관전 포인트는 있었다. 첫 번째는 코로나19 바이러스가 전세계적으로 유행하던 시점에서 치러졌다는 것이다. 총선을 실시하면서 코로나19 바이러스의 통제 여부는 세계적인 관심사였다. 두 번째는 준연동형 비례대표제가 처음으로 실시되는 선거였으나, 양 거대 정당의 꼼수 비례정당으로 비례대표제 도입 취지가 무색해졌다는 것이다. 세 번째는 공수처 설치, 검찰개혁 등과 같은 문재인 정부의 개혁조치에 대한 국민들의 평가였다. 네 번째는 선거연령이 만 18세로 낮아지면서 생일이 빠른 고3학생 일부도 선거에 참여할 수 있었는데, 이런 점이 어떤 방향으로 영향을 미칠지에 대한 것도 관심사였다.

21대 국회의원 선거 결과는 전국 차원에서보면, 여당인 더불어민주당의 압승이었다. 더불어민주당은 지역구에서 163석, 비례정당인 더불어시민당에서 17석을 확보하여 180석을 얻었을 뿐만 아니라 우호적인 의석까지 다수 있어 압도적 다수를 얻었다. 반면 미래통합당은 지역구에서 84석, 비례정당인 미래한국당에서 19석을 얻어 103석에 불과하여 참패를 당하였다. 결과적으로는 대안 제시도 없이 반대만 일삼았던 국회에 대한 심판, 야당에 대한 심판이었던 것으로 볼 수 있다.

그러나 부산지역에 한정해서 보면 미래통합당의 완승이었다. 2016년 제20대 국회의원 선거에서 더불어민주당과 진보 진영이 선전하면서 지역정치의 균열 조짐을 보였고, 2018년 제7회 전국동시지방선거에서 부산시장과 16개 기초단체장 선거에서 13개 기초단체장을 장악하면서 부산 민심은 역전된 것처럼 보였다. 그러나 제21대 국회선거를 앞 둔 시점에서 여론은 다시 자유한국당의 후신인 미래통합당 쪽으로 많이 기운 가운데, 더불어민주당과 미래통합당 모두 지역구 의석 확대를 목표로 내세웠다. 더불어민주당은 현역 의원 지역구 수성과 새로운 지역구 확장을 내세웠지만, 여론조사에서 우세한 지역은 없었고, 단지 경합 우세지역만 있었다. 그렇다고 해서 미래통합당의 일방적인 우세만을 점칠 수도 없었다. 여론조사에서는 부산진구(갑), 북구·강서구(갑), 사하구(갑), 중구·영도구, 남구(을), 그리고 보궐선거에서 더불어민주당 후보가 당선된 해운대구(을) 선거구도 접전지역으로 분류되었다.

가장 관심을 끈 지역은 부산진구(갑)으로 현역인 김영춘 전 해양수산부 장관과 서병수 전 부산시장의 대결이었다. 여론 조사에서 엎치락 뒤치락하는 모습이 있었지만, 대체로 서병수 전 시장의 우세가 예상되었다. 그 외 지역에서는 전재수 의원과 박민식 전의원간의 리턴매치가 펼쳐지는 북구강서구(갑) 선거구도 많은 관심을 끌었다. 초반에는 전재수 의원이 유리한 것처럼 보였지만, 선거일이 가까워질수록 접전 양상으로 변했다. 더불어민주당 현역 의원이 버티던 사하구(갑)이나 남구(을) 선거구도 초접전 양상을 보였다. 선거는 예측을 불허했고, 여당인 더불어민주당으로서는 위기감을 느낄 수밖에 없었고, 야당인 미래통합당 입장에선 부산에서의 선전을 전국으로 확산하려는 기대를 할 만 했다.

제21대 국회의원 선거 결과를 표로 나타내면 다음과 같다.

표12-4 제21대 국회의원 선거 부산지역 당선자 명단

선거구	소속	당선자명	득표수	득표율(%)
중구·영도구	미래통합당	황보승희	47,436	51.86
서구·동구	미래통합당	안병길	63,855	56.04
부산진구갑	미래통합당	서병수	52,037	48.51
부산진구을	미래통합당	이헌승	55,754	55.03
동래구	미래통합당	김희곤	81,722	51.85
남구갑	미래통합당	박수영	43,805	53.57
남구을	더불어민주당	박재호	41,005	50.50
북구·강서구갑	더불어민주당	전재수	48,733	50.58
북구·강서구을	미래통합당	김도읍	76,054	52.03
해운대구갑	미래통합당	하태경	78,971	59,47
해운대구을	미래통합당	김미애	53,900	52.87
사하구갑	더불어민주당	최인호	39,875	50.00
사하구을	미래통합당	조경태	59,042	58.79
금정구	미래통합당	백종헌	77,048	54.19
연제구	미래통합당	이주환	64,640	50.95
수영구	미래통합당	전봉민	57,969	55.93
사상구	미래통합당	장제원	66,353	52.03
기장군	미래통합당	정동만	42,634	49.63

선거결과는 미래통합당의 압승이라고해도 과언은 아니었다. 전국적으로는 더불어민주당의 압승이었지만, 부산지역 선거결과는 미래통합당의 완승이었다고 볼 수 있다. 21대 국회의원 선거 이전 더불어민주당은 모두 6석을 차지하고 있었는데, 그 절반을 빼앗겼다. 그리고 경남으로 지역을 넓혀 보더라도, 김해시 2곳과 양산에서 1곳을 얻어 겨우 체면치레를 했다고 볼 수 있다.

비교적 최근의 선거 결과를 중심으로 '국민의 힘' 정당 계열과 민주당 정당 계열의 득표율을 살펴보면, 다음과 같다.

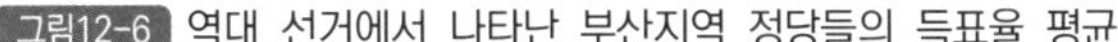

그림12-6 역대 선거에서 나타난 부산지역 정당들의 득표율 평균

제19대 국회의원선거(2012년) 제20대 국회의원선거(2016년) 제7회 전국동시지방선거(2018년) 제21대 국회의원선거(2020년)

민주당계열 국민의힘계열

자료: http://info.nec.go.kr/electioninfo/electionInfo_report.xhtml
(중앙선거관리위원회 선거통계시스템 참고).

주: 제19대 대통령 선거는 후보들이 많아 표가 분산된 효과가 있어 제외했고, 제7회 전국동시지방선거는 광역자치단체장들의 득표율을 비교 기준으로 삼았다.

위의 그림을 보면, 제21대 국회의원선거에 나타난 부산지역의 표심을 보면, 제7회 전국동시지방선거에 비해서는 득표율 측면에서는 현재 '국민의힘' 계열 정당이 역전했지만, 더불어민주당 역시 그 이전의 국회의원 선거보다 상당히 높은 지지를 받았음을 알 수 있다. 선거 결과는 미래통합당의 완승으로 끝이 났지만, 앞으로의 선거는 이전의 보수적 정치지형과는 상당히 다른 모습을 보일 가능성이 있다고 볼 수 있다.

Ⅶ 나오며

3당 합당 이후 지역주의는 우리나라 민주주의 발전을 가로막았던 가장 큰 장애물이었다. 정책이나 인물에 대한 평가도 없이 당만 보고 '묻지마 투표' 양상을 보였던 것이 25여 년에 걸친 부산의 선거 역사였다. 이러한 부산의 지역주의 정치지형을 크게 흔들어 놓은 것이 바로 박근혜·최순실 국정농단 사건이었다. 전국적인 민심의 변화뿐만 아니라 부산지역의 민심의 변화도 매우 컸다.

박근혜 전 대통령의 탄핵 이후 치러진 19대 대통령 선거에서 더불어민주당의 문재인 후보가 부산에서 가장 많은 표를 얻었다. 나아가 2018년 치러진 6.13 지방선거는 부산의 정치지형에 거대한 변화를 일으켰다. 물론 이러한 변화가 일시적 현상으로 끝날 것인지, 지속될 것인지에 대해서는 아무도 속단할 수 없었다. 그렇지만 일당독점적 정치지형에 균열의 움직임이 지속적으로 있었고, 박근혜 전 대통령의 국정농단 사건 이후 폭발적으로 변화가 일어났다는 것은 사실이다.

보수적 지역주의 정치지형의 균열만으로는 부산지역에서 보수적 정치지형은 끝나고, 새로운 정치지형의 시대를 맞이했다고 단정할 수 있는 것이 아니었다. 이러한 상황에서 치러진 제21대 국회의원 선거의 부산지역 의의는 지역주의 변화의 가능성이 후퇴했다기보다는 여전히 희망이 있다는 것에 그 의미를 둘 수 있는 것 같다. 보수적 정치지형이 끝났다고 해서 바로 정치발전으로 이어지는 것은 아니다. 민주주의의 중요한 원리는 견제와 균형이다. 한 정당의 일당독점 구조에서 다른 정당의 독점구도로 변하는 것보다 서로가 경쟁하면서 견제와 균형을 잡으며, 대안을 제시하는 체계가 만들어질 때 우리 정치는 한 단계 더 발전할 것이다. 깨어있는 시민 정신으로 정치를 감시·비판하고 견제할 때 우리 사회의 민주주의는 한층 더 성숙해질 것이다.

부산기업의 어제와 오늘 그리고 내일

13장

자갈치 Busan

부산은 개항으로 국제무역의 중심지로 탈바꿈하면서 하나 둘씩 기업들이 들어섰다. 다른 지역보다 무역항을 가진 덕택에 오랜 역사를 가진 기업도시로 자리매김해 왔다. 일제 강점기부터 압박 속에서도 끈질기게 우리 민족회사들이 태동했다. 삼화그룹과 동명목재상사, 신동방그룹과 국제상사, 삼성과 LG가 부산에 흔적을 남겼고, 우여곡절 끝에 르노삼성자동차 등 우리나라를 대표하는 기업들을 성장시켰다.

이러한 부산기업의 전개과정은 부산상공회의소가 발간한 부산경제사(1985년)와 부산상의사(1981년)를 통해 살펴볼 수 있다. 두 권은 시대구분이 비슷하다. 부산경제사의 경우 ①식민시기 ②해방직후 ③한국전쟁기 ④경제개발기 ⑤구조적 전환기 등 다섯 시기로 나눈다. 부산상의사는 ①일제시기 ②혼란기 ③재건기 ④발전기(1차 경제개발~3차 경제개발) ⑤도약기의 5단계로 분류했다.

이 연구서들은 1980년대 초까지의 시기를 정리했다. 이를 기반으로 ①개항기와 일제강점기 ②혼란기 ③재건기 ④성장기 ⑤침체기 등 다섯 시기로 나누고 1980년 중반 이후의 두 시기를 추가했다. 외환위기 시기와 기업사적 중요성을 감안해 시련과 극복기, 새로운 시작의 두 시기를 추가해 7시기로 나눠 살펴본다. 중앙집권화로 인한 지방의 역할이 갈수록 약화되고 있다. 부산시민이 가진 창의성, 역동성이 발휘돼 추락하는 도시에서 삶의 질이 높아지는 글로벌 도시로 다시 도약하는 절박한 시점에 직면하고 있다. 정부와 지자체의 성장전략과 기업들의 혁신노력이 더해져야 할 긴박한 때라고 볼 수 있다. 추락하는 부산을 살려낼 수 있는 기업들이 어떤 역사성을 갖고 부산에 들어섰고, 변화하고 있는가를 살펴 새로운 성장 동력을 이끄는 역할을 담당해야 한다는 의미에서 부산기업의 과거와 현재, 미래를 살펴본다.

I 시대구분과 기업

1. 개항기와 일제강점기(1876년 2월 26일·병자수호조약~1945년 8월 14일·해방 전)

개항에서 일제강점기에 이르는 시기는 일본자본이 주도하는 시기였다. 그런 가운데에서도 우리민족의 자본으로 기틀을 잡은 기업들이 들어섰다. 개항기와 일제강점기에 활동했던 주요기업들을 다섯 시기로 나눠 살펴본다.

1) 부산기업의 태동(개항기·1876~1905년)

부산의 근대적 형태의 기업이 나타난 때는 언제일까? 객주모임이나 공기업 성향을 띤 기업들이 모습을 드러낸 후 독자적인 경영을 펼치는 기업이 태동기에 나타났다. 영업단체인 객주모임으로 초기 기업 전 단계의 형태를 띠고 활동한 곳은 1883년 문을 연 동계사(하단엄궁상회사)가 시초다. 부산객주상법회사(1889년), 하단포객주조합인 하단포상회사(1893년)도 창립됐다. 이들은 사실상 관변조직이었다. 관청에 공동으로 관청경비 등으로 세금을 내고 대신 영업 특권을 누렸다. 대구와 청도, 밀양 등 타 지역의 객주들도 이 조합에 가입했다. 근대적 형태의 회사조직으로 보기는 힘들다고 볼 수 있다.

동계사가 탄생한 지 3년 뒤 근대적 공기업 조직의 선구자로 볼 수 있는 사영 상회사(사기업)들이 모습을 드러냈다. 1886년 부산 최초의 사영회사로 볼 수 있는 전기관리업체 '전경(電警)회사가 출범했다. 해산(海産)회사, 동항회사(1888년), 기선회사(1889년), 보험회사(1893년) 등 4개사도 그 뒤를 이었다.

부산의 근 현대적 의미의 사기업 형태를 띤 기업회사도 신호탄을 쏘아 올렸다. 1889년 박기종(1839~1907년)이 한국인이 만든 최초의 철도회사인 부하철도회사, 대한철도주식회사, 대한국내철도용달회사(1899년)를 설립했다. 경제성과 자금 부족 등으로 사업은 실패로 끝났다. 이후 협동기선회사(1899년)와 초량명태고방(1900년) 등 기업의 모습을 갖춘 회사들이 속속 나타났다. 이어 1910년 우리나라 상법이 일본법을 가져와(의용) 만들어지면서 본격적인 기업모습을 갖춘 회사들이 문을 열었다. 비록 상회, 상점이란 용어를 사용했지만 기업회사의 성격을 가지고 영업을 했다. 1925년 문을 연 관음상회에 이어 이학수상점, 만선상회(1930년) 등이 그것이다. 이 같은 현상은 해방 이전은 물론 1950년 말까지 계속됐다. 일제 때 한국기업들은 일본 대기업과 비교할 때 상대적으로 규모가 열악해 상회, 상점 등의 명칭을 사용한 것으로 보인다.

2) 통감부 시대의 부산기업(1906~1910년·한일병합조약)

통감부 시대에는 부산기업의 출현을 찾아보기 힘들다. 통감부는 1906년(광무 10) 2월부터 1910년(융희 4) 8월까지 일제가 한국을 완전 병탄할 목적으로 설치한 감독기관으로, 이를 통해 일제는 한국병탄의 예비 작업을 수행했다.

통감부 시절에는 제조업체 설립은 단 한 곳도 없었다. 1907년 문을 연 협동우선 합자회사와 구포저축주식회사(1908년) 등 해운과 금융회사 단 2곳이 있을 뿐이다. 구포저축주식회사는 당시 경남 구포시장 내에서 구포지역의 물산객주와 지주 70여 명이 중심이 돼 만든 저축계를 모체로 탄생했다. 박기종의 사위인 만석꾼 지주 윤상은(이사)과 물산객주 장우석(사장)이 회사 산파역을 맡았다. 한국 최초의 민족 계 지방은행인 이 회사는 예금과 대금업, 어음할인업 등을 주로 취급했다. 하지만 부산기업들은 경제터전을 잡지 못하고 충분하게 새싹을 피우지 못하고 있었다.

반면 일본기업은 부산수산회사를 비롯해 8곳이나 부산에 둥지를 틀었다. 결국 부산기업과 시민들은 일본 열강에 시달리면서 근대화를 위한 자본과 기술을 축적할 수 없는 깊은 수렁으로 빠져들기 시작한 때였다. 일본에게 철도부설권과 토지를 빼앗기는 등 경제권을 잃고, 국가경제를 통째로 내줘야 하는 암흑기로 접어들고 있었다.

3) 식민지 기반구축기의 부산기업(1910~1919년)

1911년 전부터 영업을 해오던 협동우선 합자회사와 구포저축주식회사가 명맥을 유지했다. 1914년 합자회사 형태로 독립자금을 댄 민족기업 백산상회가 문을 열었고, 1916년 5월 들어 경남인쇄가 탄생했다. 백산상회는 1919년 자본금을 확충해 백산무역으로 회사 이름을 바꾸면서 주식회사로 거듭났다. 1918년에는 동래은행도 문을 열었다. 다른 지역에서 이주해 와 부산기업으로 자리를 잡은 성창기업도 1916년 창업했다. 1919년 부산기업 수는 13곳으로 1911년 3곳보다 10곳 늘어났다.

반면 일본기업은 1916년 31곳에서 1919년 40곳으로 증가했다. 부산기업보다 3배 이상 많았다. 규모면에서도 일본기업은 부산기업보다 컸다. 부산경제 기반이 일본 손아귀에 들어간 것이나 마찬가지였다. 민족기업이 탄생할 수 없도록 기업허가를 잘 내주지 않는 탄압정책을 실시했다. 이 결과가 고스란히 기업 수와 규모로 여실히 드러났다. 부산경제가 갈수록 독립과 홀로서기를 하기 힘든 식민지 수탈 경제권으로 빠져들고 있었다.

4) 식민지 자원 수탈 본격화와 부산기업(1920~1930년)

1920년대 들어 13곳이던 한국인에 의해 설립된 부산기업의 수는 1930년에도 제자리걸음을 했다. 1920년 전의 설립 기업은 남선창고를 제외하고는 모두 사라졌다. 이 시대 대부분의 기업은 새얼굴을 내민 기업들이었다. 자본력이 약하고 일본기업과의 경쟁에서 밀리면서 오래 버티지 못했기 때문이다. 신생기업도 작은 기업이 대부분이었다. 조금씩 모습을 나타낸 부산기업이 얼마 버티지 못하고 사라지고, 또 생겨나는 악순환을 되풀이 한 시기였다.

이 시기 신생기업을 업종별로 보면 상업분야가 6곳으로 가장 많았다. 1925년 6월 문을 연 관동상회와 남선창고(대표 오남근, 1926년 11월), 합자회사 동아약국(서한수, 1929년 2월), 미곡상점인 합자회사 이학수상점(이학수, 1930년 7월), 합자회사 공영상회(임기수,1930년 10월), 합자회사 만선상회(박춘집,1930년 12월)가 설립됐다.

공업 분야는 4곳이다. 협동인쇄합자회사(이경천, 1928년 11월), 고무제품 판매회사인 도변호모합자회사(김영준, 1929년 2월), 조선메리야스합명회사(김장태, 1929년 9월), 합자회사 흥신정미소(황복홍, 1930년 7월)가 영업 중이었다.

수산업 분야로는 1920년 7월 조선해조(김좌성)가 문을 열었다. 운수업에는 합자회사 경남자동차부(김대련, 1930년 2월), 금융업은 조선신탁합자회사(조덕제, 1927년 7월)가 문을 열고 회사 명맥을 유지했다. 이들의 자본금은 2,500원에서 최고 7만 5000원 정도였다.

한국기업으로는 개인기업 형태의 동명목재(1925년 4월)가 문을 열었다. 부산고무산업의 효시격인 일영고무공업소도 1923년 8월 설립됐다.

일본기업의 성장은 이 기간 폭발적이었다. 일본기업 수는 1920년 45곳에서 203곳으로 증가했다. 일본재벌들이 부산에 진출하면서 대형공장들이 한꺼번에 가동되기 시작했다.

5) 전시 경제체제와 부산기업(1931~1945년)

이 시기 동안 부산기업은 최악의 상황을 맞이했다. 한국인 경영의 부산기업 수는 1931년 15곳에서 1933년 29곳, 1935년 37곳으로 늘었다가 1940년 14곳으로 급감했다. 일본의 전쟁 야욕이 1940년을 넘어서면서 갈수록 커져 한국인이 기업을 창업하거나 유지하는 것이 힘들어졌기 때문으로 분석된다.

1940년 업종별로는 양조업이 5개사로 가장 많았다. 1932년 9월부터 권인수가 운영하는 부산서부주조가 등장했다. 부산양조(하원준, 1933년 9월), 부산진주조(김장태, 1933년 12월), 목도주조(송근실, 1935년 6월), 봉래주조(조문호, 1938년 9월)가 영업 중이었다.

합자회사 신흥전구공업사(김인생, 1936년 4월), 선망법랑칠기합명회사(박근수, 1937년 10월) 등 전구와 철기회사도 주력업종으로 급부상하면서 수출 주요품목 기업으로 자리잡았다. 제화 군수품 제조와 염색 등의 관련기업 5개사도 문을 열고 공장을 가동하기 시작했다. 1932년 이후 탄생한 이 같은 부산기업은 일본의 전쟁수행을 위한 군수하청과 수출 공업에 기반을 뒀다.

1940년 자본금 100만 원 이상 대기업체 현황을 보면 한국기업의 영세성을 잘 알 수 있다. 부산수산회사와 조선방직, 대선양조 등 23곳이 부산에 정착했지만 한국 사람이 설립하거나 소유한 회사는 단 한곳도 없었다. 전쟁 말기로 접어들면서 더 이상 한국기업의 성장을 찾아볼 수 없는 암울한 상황이었다.

하지만 해방 후 전국기업으로 도약한 부산기업의 태동은 끈질기에 이어졌다. '곡물왕' 신덕균은 1933년 부산역 건너편의 지금의 텍사스 중국인 거리에 해방 이후 신동방 그룹의 모태가 된 태평정미소를 설립해 미곡거래소에서 현미를 들여와 백미로 도정해 팔았다. 그리고 백산상회 안희제를 통해 상해 임시정부에 독립운동 자금을 지원하는 등 민족기업으로서의 역할도 담당했다.

김지태도 1937년 3월 조선지기를 창업했다. 1946년 일본인이 남긴 재산을 넘겨받은 적산기업(귀속사업체)인 아사히견직을 인수해 조선견직으로 개칭하고 사업규모를 키웠다. 1958년 신발회사 삼화고무를 인수해 삼화그룹의 뿌리를 만들기도 했다. 적산기업으로 부산의 조선산업의 토대를 마련한 한진중공업의 모태인 조선중공업도 1937년 7월 설립돼 1945년 관리권이 교통부 부산조선창으로 넘어오면서 사업기반을 다져나간 시기였다.

2. 혼란기(1945년 8월15일 광복~1953년 7월28일 서울 환도 전)

부산경제의 85% 이상을 장악하고 있던 일본기업이 패망하면서 부산을 떠나자 산업가동률을 갑자기 30% 수준에도 못 미치는 상태가 됐다. 갑자기 원자재는 물론 물자가 귀해졌고, 먹을 것도 없어 시민들이 아우성이었다. 일본공업화의 유산인 귀속사업체는 그나마 1950년대 부산발전의 기반이 됐다.

광복을 맞아 부산기업들은 다양한 모습으로 새 출발을 시작했다. 가장 선두에 섰던 것은 일제 강점기부터 기업의 뿌리를 다져온 기업들이었다. 그동안 나름대로 쌓아온 기술력을 토대로 날개를 펴거나 적산기업을 인수해 도약을 이룬 기업들이 발빠른 모습을 보였다.

LG그룹(옛 럭키)은 창업자 구인회가 1947년 1월 대망의 꿈을 안고 진주에서 이사와 부산에서 뿌리를 내리고 부산경제, 나아가 한국경제를 이끌었다. 1945년 고려제강과 동일고무벨트, 건설화학공업, 1947년 조광페인트 등 철강과 화학기업도 하나 둘씩 모습을 드러냈다. 이연재도 1947년 미진상회(조선양산)를 설립해 대기업의 꿈을 키워나갔다. 일제 말기 성장기반을 형성하기 시작한 신발산업도 이 시기 본격적인 태동을 알렸다. 양정모와 그의 부친 양태진은 정미소를 운영하다 1948년 4월 부산 동구 범일동 부산진시장 주차장 자리에 국제그룹의 둥지를 틀었다. 큰 신발업체는 새로운 신흥자본가가 창립하거나 일제 때 설립된 기업과 적산공장을 불하받아 운영 중인 회사였다. 동양제강(1949년), 한국주철관공업(1953년), 대형백화점에 밀려 사라져버린 미화당백화점도 1949년 12월 중구 광복동 2가에 지역 첫 백화점으로 문을 열고, 유통업의 출발을 알렸다.

부산에는 혼란과 함께 짧은 특수도 찾아왔다. 6·25전쟁이 터져 부산은 중앙정부의 피난처가 되면서 갑자기 몰려든 사람들로 붐벼 혼란이 가중됐다. 1949년 47만 명의 인구가 1952년 85명으로 늘어났다. 부산은 중앙정부와 금융기관들이 이전해 오면서 정치 경제 문화 등의 중심지로 급부상했다. 부산기업도 활기차게 움직였다. 연탄회사인 원진(1951년)과 협성해운(1950년), 된장과 간장 고추장 생산업체인 오복식품(1952년), 부산방직공업(1953년)이 문을 열어 부산 도약에 힘을 실었다.

이 같은 활기는 늘어나는 기업 수에서 잘 나타난다. 1945년 304곳이던 기업 수는 1953년 811곳으로 급증했다. 동양고무 등 수도권 기업들이 전쟁을 피해 부산으로 몰려왔고, 부산에서 창업하는 기업도 늘었다. 비록 정부의 서울환도 이후 기업 수가 100개 이상 급격하게 줄고 많은 부작용을 남겼지만, 혼란 속에서도 부산은 신기루 번영을 누린 시기였다.

3. 재건기(1954년 서울 환도 후~1961년 5·16 군사정변)

1953년 7월 휴전협정 조인으로 3년에 걸친 민족의 참상의 6·25전쟁은 끝났다. 잿더미 속에서도 부산의 산업은 그나마 직접적인 동란의 참사를 피해 천만다행이었다. 하지만 기업 운전자금 부족과 원자재 난과 수요부진에다 격심한 인플레이션까지 겹쳐 기업 활동은 위축상태를 벗어나지 못했다. 생산력도 크게 떨어졌다.

그러나 부산은 다른 도시보다 재건이 빠른 속도로 이뤄졌다. 부산은 수출 전진기지의 필수조건인 무역항을 갖추고 있었기 때문이다. 상대적으로 잘 닦인 국도와 항공로도 힘을 보탰다. 우리나라 제2의 도시로 풍부한 노동력을 흡수 할 수 있었던데다 풍부한 공업용수, 세관, 금융, 창고, 보험업 등 산업 활동을 위한 관련기관이 몰려 있어 기업 희망자들이 부산에 자리를 잡았다. 1955년부터 1961년까지 총 996개사가 새로 문을 열었다. 전국 신설법인의 13.3%가 부산에서 설립됐다. 섬유업종과 화학업종이 65%를 차지하는 등 소비재 중심의 노동집약적 경공업에 집중됐다.

이 시기 삼성그룹의 모태나 다름없는 제일제당(CJ)이 1953년 8월 부산 전포동에 뿌리를 내렸다. 항만도시답게 1934년 잡화점을 운영하던 흥아상회가 1962년 흥아해운을 설립, 뱃고동을 울렸다. 한성기업(1958년)과 동원어업 등 수산회사도 모습을 드러냈다. 1951년 1월 3형제가 신발회사를 설립, 운영해오다 피난을 왔던 화승그룹은 환도 이후에 부산에 남아 자동차부문 등으로 사업을 확대하며 부산의 대표기업으로 자리를 잡았다. 동성화학(1959년)에 이어 현재 울산으로 이전했지만 한국자동차산업의 효시격인 대우버스(1955년 2월)도 탄생을 알렸다. 2015년 한탑으로 사명을 바꾼 밀가루 생산업체인 영남제분은 1959년 6월 문을 열었다.

철강회사들도 모습을 드러냈다. 만호제강이 1953년 문을 연 데 이어 1954년 대한제강과 YK스틸(옛 한보 부산제강소)이 가세했다. YK스틸은 3,700가구 아파트 소음·먼지 등의 민원이 쇄도해 충남 당진으로 공장을 옮길 예정이다. 한국셸석유는 1960년, 미창석유화학은 1962년에 가동을 시작했다. 흥아타이어공업과 한일합섬의 전신인 경남모직(1956년), 한일합섬(1964년)도 부산을 대표하는 리더그룹을 형성하며 부산 도약에 일익을 담당했다.

이 같은 기업들의 노력에 힘입어 부산기업 수는 1953년 811개사에서 서울 환도 이후 바로 다음해인 1954년 704개사로 떨어졌다가 1961년에는 다시 1414개사로 늘어나는 희망찬 부활의 모습을 보였다. 1957~1958년에 이르러 미국 국제협조처

(ICA) 자금으로 공장건설이 활발하게 추진됐다. 생활필수품을 비롯한 소비재 공급을 위한 경공업 공장 확장이 한꺼번에 이뤄졌다. 1957년 조청수는 자금지원을 받아 현 부산 현대백화점 자리에 화랑염직 공장 착공에 들어가 1960년 완공, 가동에 들어갔다. 부산내화와 건설화학공업, 보생산업 등도 같은 기간 자금이 배정되면서 공장이 설립됐다. 그 뒤를 이어 1958년 동우정기, 편진실업, 한국염론, 부산방직 등에 자금이 배정돼 일정 규모를 갖춘 공장기업들이 모습을 드러냈다.

4. 성장기(제1차 경제개발계획~1981년)

이 시기 정부 정책에 따라 부산이 전성기를 누린 뒤 퇴락하는 조짐을 함께 보인 시기다. 현재의 부산 중견기업들이 창업을 하면서 모습을 드러낸 시기이기도 하다. 우선 정부가 내세운 수출 지향적 공업화 전략은 부산을 빠른 속도로 도약시켰다. 국내 제1의 무역항을 가진 부산은 물류중심도시로 지역 내의 공업 발전과 수출입 물동량을 처리하기 위한 시설 확충 등으로 산업 리더의 역할을 했다.

특히 1963년 부산직할시 승격과 함께 기업들이 몰려들었다. 항만시설과 경부선 철도, 경부고속도로(1970년 7월7일)가 개통되면서 물류중심지로서의 역할을 톡톡히 할 수 있는 환경이 조성됐다. 이 덕택에 1981년 상품 수출실적이 20년 전보다 무려 922배나 증가한 35억570만 달러를 기록했다. 해마다 수출규모가 49.9%가 느는 호황기를 맞이했다. 업종별로는 목재(합판)와 신발, 섬유산업이 국내 경제발전을 선도하고 세계시장에서 인기를 끌었다.

그러나 부산의 대형 기업들이 사라지거나 비틀거리기 시작했다. 정부의 정책이 가장 큰 문제였다. 1973년 1월 중화학공업정책을 선언하면서 지방공단의 조성을 통해 경제성장 전략에서 부산은 제외했다. 도시 내에서 공장의 신설, 증설, 공장이전 및 업종변경에 따른 부동산취득 등기 때 취득세와 등록세를 5배 중과하는 제도를 발표했다. 1982년에는 자본축적이 제대로 이뤄지지 않은 상태에서 서울과 함께 성장억제도시로 묶여버렸다. 이후 설상가상으로 100대 기업에 포함돼 한국경제를 이끌었던 부산기업들도 찾아보기 힘들게 됐다. 1968년 조선방직이 폐업한 데 이어 1975년 LG그룹이 부산을 떠났고, 1980년에는 한국의 선두기업이었던 동명목재마저 경영실패와 정치 압력 등으로 추락했다.

하지만 새내기들의 탄생도 활발했다. 지금은 없어졌지만 대우그룹이 1967년 대우실업 섬유공장에 이어 1981년 대우정밀(현재 S&T모티브)을 설립, 무기와 자동차

부품 생산을 시작하면서 세계시장을 개척했다. 1967년 문을 연 넥센(흥아타이어공업)도 기업인수를 통해 그룹을 형성하면서 전국기업으로 자리매김하는 기틀을 마련했다. 유니온스틸(옛 연합철강공업)도 1962년 부산서 모습을 드러냈다. 1949년 조선선재로 문을 연 동국제강도 1963년 부산 용호동 앞바다 70만·㎡를 매립해 제강소를 세웠다. 현재 LG메트로시티 아파트 단지로 변모했다.

한창(1967년)과 세정(1974년)도 모습을 드러냈다. 2세가 운영을 맡으면서 본사를 서울로 옮긴 일흥상회로 출발한 데베이직하우스(1964년)도 부산서 성장기틀을 마련했다. 나이키를 생산했던 삼호산업(1974년) 등 신발업체들도 창업과 함께 신발왕국 부산을 신발왕국으로 만드는데 기여했다. 그 후 신발업체들은 해외이전과 기술력 강화로 위기를 벗어나거나, 몰락했다. 동국제강(1963년)과 금강공업(1979년)이 활기차게 나래 짓을 시작하기도 한 시절이었다.

부관훼리도 1969년 한국과 일본 간의 단절을 벗어나 뱃길 물꼬를 텄다. 물류창고업체에서 전지생산업체로 도약한 세방기업(1965년) 등도 도약에 나섰다. 한때 수위자리를 차지했던 조선기자재업체 오리엔탈정공(1980년)도 모습을 드러냈다. 태광(1965년)과 반도체 검사장비업체로 최상의 실적을 기록하고 있는 리노공업(1978년)과 소화장치 생산업체인 엔케이(1980년)도 업종을 전환하거나 사업을 확대하기 위한 발판을 마련했다. 비락(1963년)과 기린(1969년), 우성식품(1969년)도 어려움을 견디면서 도약에 나서는 시기였다. 현재 슈퍼체인업체 선두자리를 차지하고 있는 서원유통도 지역 유통업체의 자존심을 지키고 있다. 부산은행도 1967년 부산상공인들이 힘을 합쳐 설립해 국제금융단지 부산을 만드는 단초를 마련했다. 2014년 경남은행을 인수하고 BNK금융그룹으로 성장, 동남권 금융권의 리더로서 금융과 산업성장을 이끌고 있다.

5. 침체기(1982년 제5차 경제사회발전계획~1997년 11월20일 IMF 외환위기 전)

1980년대 초반부터 부산의 중견기업들은 역외로 떠나는 행렬을 시작했다. 정부의 성장억제도시로 여전히 묶여 침체일로를 걷고 있었다. 부산의 주종업종 가운데 하나였던 합판산업을 주도해온 동명목재에 이어 태창목재 등의 연이은 도산은 부산을 추락으로 몰아넣었다. 잘나가던 당시 세계 최대의 신발기업이었던 국제그룹마저 1985년 2월 공중 분해되면서 부산경제는 휘청거렸다. 국제상사 이후 대기업 형태의 굵직한 향토기업은 그 모습을 찾아볼 수 없다.

1980년 들어 사정은 더 악화됐다. 부산의 주력업종인 신발업체들마저 신음하기 시작했다. 1994년 3월 한 달 동안 부산에서만 57개의 신발관련 업체들이 부도를 맞았다. 폐업과 생산 감소현상이 두드러졌다. 이 같은 상황에서 선도 신발기업들은 살길을 찾아 중국 베트남 등으로 역외이전을 시도했다. 삼호산업과 세원, 삼양통상, 대신교역 등이 이때 생산라인을 해외로 옮겼다.

하지만 어려움 속에서도 기업은 생겨났다. 경쟁력을 갖춘 중소기업들이 하나 둘씩 설립됐다. 이 중소기업들이 부산경제의 추락을 저지시켰다. 한국에 머리(개발과 디자인 부문)를 두고 해외에 손발(생산기지)을 거느리는 기업들이 어려운 상황 속에서 성공케이스로 부상했다. 자체 브랜드로 '메이드 인 코리아' 마크를 휘날리며 신발왕국 부산의 미래를 가꾸는 기업도 생겨났다. 트렉스타(성호실업, 1988년), 학산(1988년), 우연(1984), 삼덕통상(1997년)이 대표적이다. 아직 글로벌 기업으로 완전히 자리를 잡지는 못했지만 자체 브랜드 상품과 OEM(주문자상표부착방식)생산을 하면서 신발도시 부산의 자존심을 지키고 있다.

신발 뿐 아니라 다양한 분야의 기업도 탄생을 알렸다. 정보통신과 항만정보를 결합해 상품화한 토탈소프트뱅크도 1988년 문을 열고 항만첨단시대의 도래를 예고했다. 코르웰과 선보공업 등 수리와 조선기자재업체도 창업대열에 합류해 부산경제를 이끌고 있다. 하이투자증권(옛 CJ투자증권)도 1989년 모습을 드러냈고, 천호식품(1984년)과 흙침대로 유명한 흙(1991년)도 영업을 시작했다. 학교벤처기업인 1호인 엠아이(1997)는 산학협력의 길을 제시하기도 했다.

기업 수는 1982년 4,652개사에서 19997년 IMF직전 9,958개사로 2배 가까이 늘었다. 신발을 중심으로 한 중견기업들의 역외이전이 줄을 잇는 반면 조선 관련 기업들이 본격적으로 생겨나는 시기이기도 했다.

6. 시련과 극복기·IMF 외환위기(1997년 11월 21일~2001년 8월 23일)

한 번도 경험해보지 못한 IMF외환 위기는 대한민국은 물론 부산을 사정없이 강타했다. IMF체제 6개월 만에 부산지역 9,000여개의 중소기업 가운데 2,200여 개사가 쓰러졌다. 부산상공회의소에 따르면 체감경기로는 당시 기업의 76%가 부도를 걱정하고 있었다. 기업은 설 땅이 없었던 것이다. 설상가상으로 동남은행(1998년 6월 29일)과 항도, 신세계, 고려, 한솔 등 4개 종합금융사 퇴출(1997년12월) 등으로 부산의 금융권이 붕괴되기 시작했다. 이 같은 혼란기를 틈타 삼부파이낸스 등 각종 파이낸스사들이 판을 치면서 기업과 서민을 울리는 신종 사기범들이 발호했다. 유망 중소 벤처기업들의 '벤처사기'까지 겹쳐 충격을 더했다. 한마디로 최대 혼란기였다.

외환위기와 함께 부산의 중견기업들도 줄줄이 추락했다. 태화쇼핑과 미화당, 세원, 리베라, 신세화 등 부산의 향토 백화점들이 모두 부도를 냈다. 국제종합토건과 국제종합건설, 자유건설, 해강, 삼협개발 등 대형 건설업체들도 그 뒤를 이었다. 법정관리와 화의, 워크아웃 기업으로 선정돼 재기를 노렸으나 무산되는 기업들이 속출했다. 태화쇼핑이나 자유건설처럼 파산되거나 취소결정이 내려져 문을 닫는 곳도 나타났다.

추락했으나 피나는 노력으로 암흑의 터널을 벗어나 재기에 나선 중견기업들도 많았다. 금강공업, 송월타올, 화승 등이 회생했다. 넥센그룹과 태웅, 태광 등 그동안 꾸준한 기술개발과 성실성을 보여온 기업들은 오히려 성장의 기회를 포착하기도 했다. 역경 속에서도 시민들은 힘을 합쳐 삼성자동차를 살려 르노삼성자동차로 부활시키기도 했다.

삼덕통상(1997년)과 아이손(1999년), 아로펙코리아(2001년) 등 새로운 기업들도 모습을 드러내면서 부산경제의 희망을 이야기할 수 있는 전기를 마련했다. 대부분의 공기업들은 헤맸지만 2001년 문을 연 벡스코(부산전시컨벤션센터)는 흑자 전환하면서 부산의 특화산업을 육성하는 창구역할을 하고 있다.

7. 새로운 시작(IMF탈출, 2001년 8월 24일~현재)

외환위기를 거치면서 정부의 벤처산업 육성 정책과 기업들의 창업정신, 자발적 노력등이 어우러지면서 성장을 뒷받침하고 있다. 부산에는 대학과 연구소, 창업보육센터에서 출발해 자리를 잡아가고 있는 기업들이 2,000여개를 넘고 있다. 지자체와 기업들이 지원하는 스타트업들까지 포함하면 3,000여개를 넘어서고 있다. 성공한 기업도 있지만 실패한 기업도 많다. 창업기업 중 생존하는 기업은 10% 남짓이다.

부산시가 조사한 자료(2019년)에 따르면 창업생태계는 2014년보다 시설과 사업은 2배, 펀드 민간 인프라는 5배 이상 확충됐다. 시설도 3개 기관 25개소에서 9개 기관 60개소로 늘었다. 창업 육성기관도 9개가 자리 잡고 있다. 부산경제진흥원, 부산창조경제혁신센터, 부산테크노파크(센텀기술창업타운 CENTAP), 창업보육센터

15개소(대학 12개, 연구원 2개, 여성기관 1개), 부산이노비즈센터, 부산정보산업진흥원, 부산디자인진흥원, 부산인재평생교육진흥원, 국방벤처센터 등이다.

도전은 끊임없이 이어지고 있다. 작지만 강한기업으로 성장하기 위해 기업가는 물론 지자체, 정부도 힘을 쏟고 있다. 이전 및 부산에 뿌리를 내린 공공기관들도 부산경제 생태계에 활력을 주고 있다. 한국거래소 안착과 2014년 한국예탁결제원 등 금융공공기관들이 부산에 정착하면서 부산은 새로운 산업구조 전환 시기로 접어들고 있다. 골든블루 등 코로나19로 어려움을 겪고 있긴 하지만 부산을 토대로 전국시장을 공략하는 성공기업도 생겨나고 있다.

동부산권과 서부산권의 확장에 따라 새로운 기업들도 몰려들고 있다. 영화 해양 관련 기관과 기업도 부산에 입성하면서 성장 동력을 구축하고 있다. 삼진어묵(수산가공식품)과 리컨벤션(전시컨벤션), 삼우이머션(선박 직무분야 솔루션 개발), 트리노드, 마상소프트(게임), 코렌스(전기자동차), 엔에프(산소공급시스템), 제엠제코(파워반도체) 등 부산의 해양, 수산, 마이스, 에너지, 게임도시의 특성을 살려 뿌리를 내리고 있다. 자동차 조선 중심의 부산산업 구조에서 에너지, 정보통신, 의료 바이오, 금융 마이스 관광기업들이 생겨나면서 산업구조의 전환의 가능성을 보여주고 있다.

기업들의 노력에도 불구하고 추락하고 있는 것이 부산 경제 현실이다. 이 문제를 어떤 방식과 접근으로 해결할 수 있을지가 최대 과제다. 대기업 몇 곳을 유치하면 되는 문제일 수도 있지만 현실적으로 어렵다. 그 맨 앞에는 기업이 앞장서야겠지만 고부가가치와 삶의 질을 높일 수 있는 부산기업이 제대로 생겨날 수 있을지 고민해야 할 때다. 수십 년 동안 고민만하다 결과적으로는 부산을 회복시키지 못하고, 추락의 길을 걷고 있다.

부산경제의 문제는 정보통신기술(ICT)과 반도체, 바이오, 친환경에너지 등 고부가가치를 만들어내는 기업이 턱없이 부족하다는 점이다. 국내 매출액 상위 300대 정보통신기술 중 부산기업은 5곳뿐이다. 한국콩스버그마리타임(선박자동화시스템·2019년 매출 1428억원), 나비스오토모티브시스템즈(차량네비게이션 소프트웨어, 890억원), 비엔케이시스템(컴퓨터프로그래밍,683억원), 마이비(우편 및 통신업, 494억원), 트리노드(게임소프트웨어, 490억원) 정도다. 하지만 이들 기업들의 매출액 순위는 모두 100위권 밖이다. 혁신과 노력이 잘못된 방향으로 가는지, 반성하고 점검해야 할 때다.

Ⅱ 부산의 대표기업 현황

부산의 상장회사 70곳, 전국 1000대 기업 중 부산기업 34곳, 월드클래스 300 부산기업 25곳은 부산을 대표하는 기업들이다. 지역특화산업, 사업전략과 기술전략, 사람중시 경영을 펼치는 특성을 가지고 있다. 첨단 해양특화와 지역밀착, 빠른 변신과 도전의식, 기업 인수합병, 산학협력, 중소·대기업 협력, 친환경 에너지기술, 사람중심 문화를 펼치고 있다는 것도 강점으로 제시되고 있다. 태광, 동성그룹 등 2세들이 회사를 물려받아 경영하면서 새로운 도전에 나서고 있기도 하다. 그동안 제조중심의 산업구조에서 정보통신기술과 반도체, 의료 쪽으로 다양하게 산업이 전개되는 추세를 보이고 있다. 하지만 아직 산업구조 변화에 결정적인 영향을 미치기에는 경쟁력이 턱없이 부족하다. 그 결과 인구가 부산에서 빠져나가고, 각종 경제 성적표도 나빠지고 있다.

1. 부산 상장회사

회사명	시장	매출액		
		2018년	2019년	증감률
에어부산	유가	653,567	633,183	-3.1
화승엔터프라이즈	유가	4,746	8,161	71.9
DSR	유가	172,309	169,813	-1.4
동일고무벨트	유가	257,028	256,410	-0.2
인터지스	유가	449,093	431,257	-4.0
동아지질	유가	360,734	380,903	5.6
동성코퍼레이션	유가	325,021	277,936	-14.5
진양홀딩스	유가	27,395	9,280	-66.1
엔케이	유가	75,576	88,260	16.8
한진중공업	유가	1,750,954	1,609,530	-8.1
대한제강	유가	1,025,389	883,279	-13.9
S&T모티브	유가	822,007	889,996	8.3
부산도시가스	유가	951,808	972,789	2.2
화승인더스트리	유가	809,022	1,045,321	29.2
고려산업	유가	151,002	186,153	23.3
부산산업	유가	34,276	23,706	-30.8
국보	유가	66,930	58,296	-12.9

회사명	시장	매출액		
		2018년	2019년	증감률
한국특수형강	유가	364,965	390,967	7.1
미창석유공업	유가	316,300	323,728	2.3
한성기업	유가	286,868	270,095	-5.8
금강공업	유가	392,478	321,519	-18.1
한국쉘석유	유가	219,754	211,845	-3.6
동성화학	유가	135,856	135,562	-0.2
범양건영	유가	150,468	272,051	80.8
천일고속	유가	56,467	59,633	5.6
세방	유가	563,001	570,753	1.4
조광페인트	유가	204,433	198,163	-3.1
금양	유가	151,676	135,915	-10.4
성창기업지주	유가	7,976	5,762	-27.8
한창	유가	8,767	6,249	-28.7
고려제강	유가	467,175	495,658	6.1
DRB동일	유가	117,752	113,889	-3.3
부산주공	유가	203,829	204,597	0.4
강남제비스코	유가	259,116	254,948	-1.6
이더블유케이	코스닥	23,522	20,471	-13.0
신라젠	코스닥	15,311	8,837	-42.3
유니테크노	코스닥	63,048	73,644	16.8
웹스	코스닥	27,210	26,924	-1.1
캐스텍코리아	코스닥	144,080	123,325	-14.4
대양전기공업	코스닥	102,906	154,348	50.0
KNN	코스닥	60,044	64,352	7.2
에스앤더블류	코스닥	30,240	36,023	19.1
대창솔루션	코스닥	32,181	48,366	50.3
한라IMS	코스닥	31,985	47,382	48.1
광진윈텍	코스닥	88,538	88,335	-0.2
케이에스피	코스닥	16,783	29,381	75.1
삼영이엔씨	코스닥	35,285	37,032	5.0
와이오엠	코스닥	30,702	58,052	89.1
토탈소프트	코스닥	11,630	11,817	1.6
KT서브마린	코스닥	61,278	55,168	-10.0
팬스타엔터프라이즈	코스닥	28,365	37,189	31.1
오리엔탈정공	코스닥	41,201	59,522	44.5
리노공업	코스닥	150,354	170,307	13.3
태웅	코스닥	289,546	374,031	29.2

회사명	시장	매출액		
		2018년	2019년	증감률
세동	코스닥	131,688	135,817	3.1
바이넥스	코스닥	104,017	125,226	20.4
코메론	코스닥	56,264	53,170	-5.5
성광벤드	코스닥	155,160	188,791	21.7
아즈텍WB	코스닥	47,006	44,574	-5.2
디오	코스닥	71,370	87,717	22.9
동성화인텍	코스닥	185,330	238,407	28.6
광진실업	코스닥	43,646	42,982	-1.5
성우하이텍	코스닥	1,199,398	1,218,068	1.6
한탑	코스닥	74,389	64,344	-13.5
한국선재	코스닥	168,695	149,106	-11.6
동원개발	코스닥	607,891	642,629	5.7
동일철강	코스닥	24,221	26,561	9.7
태광	코스닥	158,648	189,754	19.6
세명전기	코스닥	19,017	18,454	-2.964
하이록코리아	코스닥	116,851	133,142	13.943

2019년 부산지역에 본사를 둔 상장회사는 유가증권 상장회사는 34곳이고, 코스닥 등록 회사(36곳)는 총 70곳이다.

한국거래소에 따르면 유가증권시장 상장회사는 에어부산, 화승엔터프라이즈, DSR, 동일고무벨트, 인터지스, 동아지질, 동성코퍼레이션, 진양홀딩스, 엔케이, 한진중공업, 대한제강, S&T모티브, 부산도시가스, 화승인더스트리, 고려산업, 부산산업, 국보, 한국특수형강, 미창석유공업, 한성기업, 금강공업, 한국쉘석유, 동성화학, 범양건영, 천일고속, 세방, 조광페인트, 금양, 성창기업지주, 한창, 고려제강, DRB동일, 부산주공, 강남제비스코(옛 제비표페인트)다.

코스닥 등록업체로는 이더블유케이, 신라젠(2020.5월 거래정지), 유니테크노, 웹스, 캐스텍코리아, 대양전기공업, KNN, 에스엔더블류, 대창솔루션, 한라IMS, 광진윈텍, 케이에스피, 삼영이엔씨, 와이오엠, 토탈소프트, KB서브마린, 팬스타엔터프라이즈, 오리엔탈정공, 리노공업, 태웅, 세동, 바이넥스, 코메론, 성광벤드, 아즈텍WB, 디오, 동성화인텍, 광진실업, 성우하이텍, 한탑, 한국선재, 동원개발, 태광, 세명전기, 하이록코리아가 있다.

2. 전국 1000대 기업 중 부산기업(2019년 매출액 기준)

표13-1 전국 1,000대 기업 중 부산기업 현황(2019년도 매출액 기준)

'19 부산 순위	'18 부산 순위	'19 전국 순위		'18 전국 순위	기 업 명	'19 매출액 (백만원)	'18 매출액 (백만원)
1	1	94	▼	77	르노삼성자동차(주)	4,677,710	5,598,978
2	2	155	▼	152	(주)부산은행	2,744,531	2,661,735
3	3	234	▼	216	㈜한진중공업	1,609,530	1,750,954
4	4	246	▼	233	(주)서원유통	1,548,836	1,615,094
5	6	271	▲	304	(주)창신아이엔씨	1,428,447	1,226,108
6	7	310	▼	308	㈜성우하이텍	1,218,068	1,199,398
7	16	333	▲	546	(주)엘시티피에프브이	1,173,578	653,681
8	5	355	▼	298	디지비생명보험(주)	1,097,498	1,254,129
9	14	368	▲	452	㈜화승인더스트리	1,045,321	809,022
10	13	373	▲	449	하이투자증권(주)	1,031,817	814,617
11	9	388	▼	387	㈜부산도시가스	972,789	951,808
12	12	414	▲	443	S&T모티브(주)	889,996	822,007
13	8	419	▼	362	대한제강(주)	883,279	1,025,389
14	10	441	▼	395	에스엠상선(주)	842,104	933,857
15	29	463	▲	850	현대글로벌서비스(주)	789,472	413,289
16	15	465	▲	534	㈜복산나이스	785,094	676,677
17	11	496	▼	428	엘티삼보(주)	731,657	842,962
18	18	555	▼	554	세운철강(주)	657,170	647,641
19	22	564	▲	657	비엔케이캐피탈(주)	649,836	543,615
20	20	567	▲	592	(주)동원개발	642,629	607,891
21	19	572	▲	584	와이케이스틸(주)	637,006	614,665
22	17	573	▼	547	에어부산(주)	633,183	653,567
23	21	640	▼	638	세방(주)	570,753	563,001
24	23	713	▲	767	고려제강(주)	495,658	467,175
25	25	779	▲	793	㈜부산롯데호텔	455,247	445,221
26	27	823	▲	825	㈜동성모터스	434,960	428,438
27	24	828	▼	788	인터지스(주)	431,257	449,093
28	··	842	▲	1000범위 밖	엠에스에이(주)	420,914	218,461
29	··	889	▲	1000범위 밖	(주)아이엠티인코퍼레이션	396,202	252,911
30	32	902	▲	961	한국특수형강(주)	390,967	364,965
31	38	911	▼	849	㈜한국거래소	386,172	414,202
32	33	930	▲	972	(주)동아지질	380,903	360,734
33	··	952	▲	1000범위 밖	(주)태웅	374,031	289,546
34	31	995	▼	930	㈜화승네트웍스	357,904	373,729

※ 자료: 나이스 신용평가사, 금융감독원 전자공시시스템

부산상공회의소 조사에 따르면 전국 1000대 기업 중 부산기업 수는 34곳에 불과하다. 갈수록 숫자도 주는 추세이고 회사 규모도 축소되는 현상을 보이고 있다. 부산의 성장과 일자리를 만드는 주력 기업에 속한다는 점을 감안하면 사업다각화

와 첨단, 융합기술 접목, 기업 인수합병 등을 통해 새로운 도약의 발판을 마련하는 것이 시급하다는 지적이 나온다.

2014년 에어부산과 2018년 현대글로벌서비스가 전국 1000대 기업에 신규로 진입한 것을 제외하면 눈에 띄는 신규기업을 찾아보기 힘들다. 2018년과 비교해보면 엠에스에이(부동산개발 및 시행사), 아이엠티인코퍼레이션(선박유류 공급사), 태웅(단조업체)이 매출 1000대 기업에 신규로 진입한 반면, 김해센텀2차PFV(부동산시행사), 금강공업(철강기업), 삼정(건설) 등 3개 기업은 탈락했다.

르노삼성자동차는 2019년에도 부산 매출 1위 기업의 타이틀을 지켰지만 전국 매출순위는 94위를 기록, 2018년보다 17계단 순위가 하락했다. 닛산의 로그 위탁생산이 끝났지만 추가물량을 확보 못해 2020년에는 부산 유일의 전국 100대 기업이라는 위상에도 변화가 있을 것으로 전망된다.

2019년 전국 1000대 기업 중 부산기업 상위 10개사는 르노삼성자동차(전국 94위), 부산은행(155위), 한진중공업(234위), 서원유통(246위), 창신아이엔씨(271위), 성우하이텍(310위), 엘시티피에프브이(333위), 디지비생명보험(355위), 화승인더스트리(368위), 하이투자증권(373위) 순이다.

부산도시가스, S&T모티브, 대한제강, 에스엠상선, 현대글로벌서비스, 복산나이스, 엘티삼보(옛 삼보이엔씨), 세운철강, 비엔케이캐피탈, 동원개발, 와이케이스틸, 에어부산, 셋방, 고려제강, 부산롯데호텔, 동성모터스, 인터지스, 엠에스에이, 아이엠티인코퍼레이션, 한국특수형강, 한국거래소, 동아지질, 태웅, 화승네트웍스 등이 그 뒤를 이었다.

3. 부산 월드클래스300 기업

표13-2 부산의 경·위도상 위치월드클래스300 기업 현황 (25개사)

(단위:억원)

연번	선정연도	업체명	대표	매출액('18)	주력제품
1	'13	㈜스틸플라워	김병권	61	후육강관
2	〃	㈜오토닉스	박용진	1,190	산업용센서 제어기기
3	〃	리노공업㈜	이채윤	1,503	반도체 검사장비 부품
4	'14	㈜동화엔텍	김강희	955	선박용 열교환기
5	〃	㈜파나시아	이수태	647	선박평형수 처리장치
6	〃	㈜오션어스	김창수	238('17)	해양 엔지니어링설계
7	'15	㈜엔케이	박윤소, 김경훈	755	고압가스용기 선박용 소화장치
8	〃	㈜디오	김진철	713	임플란트 의료기자재
9	〃	대양전기공업㈜	서영우	1,029	산업용 조명기구

연번	선정연도	업체명	대표	매출액('18)	주력제품
10	〃	한라IMS㈜	김영구	319	레벨
11	〃	㈜화인	이상준	421	공장 자동화설비
12	〃	㈜KTE	구본승	621	배전반
13	'16	고려용접봉㈜	홍민철, 최희암	2,130	특수용접재료, 전기용접봉
14	〃	㈜금양	류광지	1,516	발포제, 사카린
15	〃	㈜동성화학	이경석	1,358	접착제, 표면처리제
16	〃	㈜디알액시온	이효건, 이태훈	1,883	자동차엔진 부품
17	〃	디에스알㈜	홍석빈	1,723	합성섬유로프, 스테인레스로
18	〃	삼덕통상㈜	문창섭	700	스케이트화, 등산화
19	〃	㈜시퍼스 파이프라인	조영득	164	버터플라이밸브,배관자재
20	〃	㈜에스에이치팩	엄도현	2,092	유압기기, 공압실린더
21	〃	탱크테크㈜	주광일	362	선박예인장치, 화염방지기
22	〃	효성전기㈜	정진근	1,763	자동차용 모터 산업용 모터
23	'17	㈜트리노드	김준수	48	모바일게임(포코포코 등)
24	'18	㈜선보공업	최금식	559	선박구성 부분품
25	〃	㈜펠릭스테크	김종오, 안원호	874	디젤엔진용 피스톤, 플랜지

월드클래스300에 해당한 부산기업은 25곳에 이른다. 월드클래스 300은 글로벌 강소기업 300개를 육성하기 위해 2011년부터 시작된 정부 주도의 프로젝트다. 선정된 기업에는 연구개발비의 절반 이내에서 연 최대 15억 원이 3~5년 간 지원된다. 매출이 400억 원~1조 원인 중소·중견기업이 지원대상이다. 직전 5년간 연평균 매출증가율이 15% 이상이거나 최근 3년간 지출한 연구개발 투자비가 연매출의 2% 이상이라는 기준을 만족해야 한다. 선정된 기업들은 대부분이 우수한 기술력을 가지고 있으며 성장 가능성이 높다고 평가된다. 월드클래스300에 이어 2020년 말부터 후속 사업인 월드클래스플러스(+) 사업이 시행된다. 2021년부터 월드클래스 기업은 매년 15개씩 향후 10년간 150개 기업이 추가로 선발될 예정이다.

기술력과 성장 가능성이 높은 부산 월드클래스300 기업으로는 2013년 스틸플라워와 오토닉스, 리노공업이 이름을 올렸다. 2014년에는 동화엔텍, 파나시아, 오션어스가 선정됐다. 2015년에는 엔케이, 디오, 대양전기공업, 한라IMS, 화인, KTE가, 2016년에는 고려용접봉, 금양, 동성화학, 디알액시온, 디에스알, 삼덕통상, 시퍼스 파이프라인, 에스에이치팩, 탱크테크, 효성전기가 등록했다. 2017년에는 게임업체인 트리노드, 2018년에는 선보공업과 펠릭스테크가 이름을 올렸다.

강관에서부터 산업용센서 제어기기, 반도체 검사장비, 선박용 열교환기, 해양엔지니어링설계, 임플란트 의료기기, 산업용 조명기구, 공장자동화 설비, 발포제, 특수용접재료, 스케이트화, 모바일게임 등에 이르는 제품에서 국내외 경쟁력에서 두각을 나타내는 특징을 갖고 있는 기업들이다. 다양한 연구개발과 제품 만들기에 힘을 쏟고 있는 부산의 대표기업들이다.

4. 부산기업의 경쟁력과 과제

위에서 살펴본 부산의 리더그룹은 새로운 고부가가치 산업을 향해 도전하는 정신, 산학협력이나 대기업과의 협력, 디자인과 브랜드를 통해 글로벌화하거나 국산화에 성공한 기술력에 바탕을 두고 있다. 리노공업과 디오는 신산업분야에 뛰어들어 빠른 변신을 통해 성공했다. 기업인수 합병을 통해 도약의 발판을 마련하기도 한다. 넥센그룹과 S&T모티브, 동성화학, 고려산업, 조광페인트 등은 기업 인수합병(M&A)을 통해 새로운 도약의 길을 찾았다.

부산기업의 창의성은 바다를 기반으로 하고 있다. 고려제강과 만호제강, 대한제강, 세운철강 등의 철강업체와 한진중공업, 해덕파워웨이, 한성기업과 세방 등의 조선과 수산, 물류기업들이 바다를 기반으로 부산에 정착하고 있다. 해양을 기반으로 정보통신과 소프트웨어, 건설 등과 융합해 새로운 분야를 개척하는 기업도 모습을 드러내고 있다. 토탈소프트뱅크, 삼영이엔씨, KT서브마린, 한국콩스버그마리타임이 대표적이다. 오션어스처럼 해외에서 해양플랜트 공사를 하면서 외화벌이에 나서기도 한다.

바다를 통해 철강과 원유, 수산물을 가져와 배, 화학제품, 수산식품을 만들고 통신체계를 구축한다. 해양도시 부산의 지리적 이점을 활용한다고 볼 수 있다. 한국쉘석유, 미창석유공업처럼 기름을 가져와 가공하는 산업도 바다가 있어 유리하다. 국내 판매는 물론 수출을 위해서는 물류체계가 구축돼야 하기 때문이다. 태웅, 태광, 동화엔텍, 성광벤드, 한국선재 등도 조선기자재나 풍력제품을 만들어 부산의 중견기업으로 자리매김하고 있다.

세정과 파크랜드 등 의류패션업체도 부산을 굳건히 지키고 있다. 디자인과 브랜드 인지도를 높이면서 국내 시장은 물론 해외시장 진출에도 열을 올리고 있다. 경남은행을 인수한 부산은행은 BNK금융지주로 재탄생했다. 부산의 선두 유통업체인 서원유통도 대기업과의 경쟁에서 살아남아 '탑마트' 브랜드로 지역밀착경영을 강화하고 있다. 에탄올 신산업 분야에도 진출해 사세를 넓히고 있다.

성우하이텍, 동아지질, 스틸플라워, 등은 해외시장에서 메이드 인 코리아 제품을 알리고 있다. 사람중심의 기업문화를 펼치고 있는 동화엔텍과 캐스텍코리아도 신산업 분야의 연구개발을 발빠르게 시작하는 창조성을 보이고 있다.

2세들의 약진도 나타나고 있다. 태광, 성광벤드의 2세들이 창의성 있는 제품 개발과 마케팅으로 회사를 성장시켰다. 한국선재도 2세대 정보통신기술 시대에 맞춘 도약을 시도하고 있다. 화승그룹, 대선주조, 세운철강 등 대부분의 부산 선도기업들도 2세들이 회사에 자리를 잡으면서 4차 산업혁명시대에 걸맞는 산업구조 개편을 시도하고 있다.

성창기업, DRB동일도 부산의 주춧돌 역할을 톡톡히 하고 있다. 연구개발을 강화해 미래를 준비하는 기업도 늘고 있다. 바이넥스, 이엠텍, 대양전기공업이 두드러진다. 케이에스피, 에스앤더블류 등은 대기업과 네트워크를 구축해 회사를 약진시키고 있다.

자동차 관련 기업은 약세이긴 하나 부산의 중요한 위치를 차지하고 있다. 부산 제조업 1위 르노삼성자동차도 부산의 자동차산업을 이끌면서 성장의 발판을 마련하기 위해 고민하고 있다. 세동, 광진윈텍은 성장기조를 유지하고 있다. 조선업체들은 위기를 벗어나 대형조선소들의 잇단 수주 소식이 들려오면서 내년부터 회복기가 시작될 것으로 기대하고 있다.

환경변화에 제대로 대응 못해 성장하지 못하는 기업도 있다. 오리엔탈정공, 한창, 유원산업 등이 그렇다. 신라젠처럼 부산의 미래라는 환상을 심어줬다가 거래정지가 내려지는 경우도 발생했다. 국내는 물론 글로벌 시장에 대처하고 내실경영을 펼쳐야 성공할 수 있다는 교훈을 남기고 있다.

부산을 떠나는 기업에 대한 대책도 필요하다. 기업을 부산에 유치하는 것도 중요하지만 떠나지 않도록 하는 것은 더 중요할 수도 있다. 2014년 더베이직하우스가 본사를 서울로 옮겼다. 우리아이바생명보험, 하이투자증권도 다른 지역 기업으로 넘어갔다. 부산에 공단이 조성되면서 오션어스(울산), 광진윈텍(양산), 아이피케이(서울) 등처럼 부산으로 이전해오는 희망적인 메시지도 나오고 있다. 비엠티, 화승처럼 부산인근의 양산 김해 등으로 나갔던 기업들도 다시 부산으로 공장을 확장해 오는 기업도 있다.

부산기업의 현주소는 어느 수준일까. 제2의 도시에 걸맞는 고부가가치를 만들어내는 다양한 기업이 없다는 것이 가장 큰 단점이다. 이 여파로 2019년 1인당 GRDP(지역내총생산)가 2,646만원으로 전국 평균 3687만원의 71.8%에 불과하다. 서부산권에 제조업과 항만 클러스터, 북항과 문현금융단지 등 원도심에 블록체인 등 금융산업, 동부산권에는 관광단지가 구축되고 있다. 센텀시티, 마린시티에 휘황찬란한 도심형 기업들과 스타트업(신생 벤처기업)들이 모습을 드러내고 있다고 안주해선 안된다. 아직 부산의 경제 수치를 제2의 도시로 도약시키기에는 한참 모자란다. 부산의 추락을 멈추기에는 아직 턱없이 미흡하다. 과거 정부의 지역, 부산 성장억제 탓을 하기에는 너무 오랜 시간이 지났다.

부산을 살릴 방법은 없는 것일까. 산업구조에 대한 연구결과는 정보통신기술, 디지털, 제4차 산업혁명 산업군으로 개편돼야 한다고 지적하고 있다. 해마다 거시적인 부산의 경제 수치는 계속해 나빠지고 있다. 지역역량을 키워야 한다. 산업과 일자리, 전문가 육성, 고부가가치 산업 쪽으로 과감하고 집중적인 전환이 시급하다. 그 앞에는 기업이 뛰고 부산시와 공공기관이 달려가야 할 것이다. 부산을 환골탈태시킬 수 있는 시민과 전문가들이 아이디어와 노력을 모아 과학적인 역량으로 키워야 한다. 국내외 인재와 기업이 몰려올 수 있는 환경을 조성해 장단기로 나눠 부산부활의 시작을 알리는 환경을 만들어야 할 때다.

부산경제의 과거, 현재 그리고 미래

14장

I 부산경제 어떻게 볼 것인가?

우리나라가 경제개발 5개년 계획을 통해 경공업이 성장을 주도할 당시 부산은 국가성장의 견인차 역할을 하였다. 이 시기 사람들은 부산으로 몰려들었다. 과거부터 상업도시로서 위상을 가지고 있었기 때문이다. 부산은 풍부한 노동력과 항만이라는 입지적 강점을 결합하면서 물류의 거점 도시로서 경제발전을 주도하였다.

그러나 1970년대 정부의 경제정책 기조가 중화학공업화로 바뀌었다. 자본이 집중적으로 투자된 창원, 울산 등이 새로운 성장 거점으로 등장하였다. 부산은 정부의 경제정책에서 소외되었다. 이후 자본축적이 제대로 이루어지지 않은 상태에서 서울과 함께 성장억제도시에 묶여 버렸다. 1970년대 후반부터 부산경제는 상대적인 정체기로 접어든다. 가용용지의 부족으로 새로운 산업을 수용하지 못하게 되었고 부산기업들의 역외 이전을 초래하였다. 합판과 신발 그리고 섬유도시로서 지위를 여전히 유지하였지만 부산경제의 전국 비중은 크게 낮아졌다.

1995년 광역시로 출범한 이후 강서구와 기장군을 편입하였다. 부산경제의 태생적 한계였던 산업용지 부족문제가 일정 부분 해소되었다. 그러나 수도권의 집중과 집적은 더 심화되었고 부산은 정책수단의 한계로 인해 자립적 성장 기반을 확보하기에는 한계를 드러내었다.

부산 경제를 바라볼 때 대체로 지방자치제가 시작되기 전까지는 정부의 산업정책이 지역 경제를 규정하는 주요 변수였다. 또한 시장보다는 정부의 힘이 지역의 발전 구조를 결정하였다. 그러나 지방자치제 시행 이후부터 지역발전의 책임 소재가 지방정부로 넘어오면서 다양한 처방이 제시되었다. 지방정부가 뚜렷한 정책수단을 확보하지 못한 가운데 수도권으로 자원은 더욱 집중되었다. 지방 정부가 제어하기에는 시장 규모가 너무 커져 있었다. 이러한 이유로 지방정부로서는 기존의 성장구조를 바꾸지 못한 채 정책의 주체로서 많은 책임을 떠안게 되었다.

부산지역의 발전정책은 본질보다는 현상 중심의 처방만 다양하게 쏟아지는 가운데 이해집단의 입김이 크게 작용하게 되었다. 장기적 관점에서의 정책 처방은 미비하였고 기업 현장은 장시간을 기다리는데 인내의 한계가 있었다. 이러한 가운데 최근 고령화, 저성장, 양극화의 심화는 지역경제를 더 큰 벼랑 끝으로 내몰고 있다.

여기서는 부산경제의 성장과정과 특성, 그리고 산업구조의 변화에 따른 부산경제의 현실과 문제점을 살펴본다. 마지막으로 부산이 다시 글로벌 대도시로서 성장동력을 찾기 위한 제약 요인과 과제를 제시한다.

Ⅱ 부산경제의 역사적 발전과정

1. 부산경제의 고도성장

1960년대는 부산 경제의 전성기였다. 부산은 항구도시로서의 지정학적 입지 조건을 가지고 있었고 주변 농촌지역으로부터 노동력이 풍부하게 유입되었다. 이를 기반으로 부산은 섬유, 신발, 합판 등과 같은 노동집약적 경공업 위주의 수출주도형 경제로 바뀌었고 급속한 성장을 경험하였다. 우리나라 경제의 견인차 역할을 하였던 섬유, 합판, 신발 등은 모두 부산을 모태로 성장하였고, 이후 전국으로 발전해 갔다. 특히 합판과 신발은 한때 세계 최대의 단일 산업단지를 형성하여 세계적인 명성을 얻기도 하였다.

부산경제가 한국수출을 이끌었던 1970년대 초반 부산은 한국 수출의 엔진 역할을 하였다. 부산 수출이 전국에서 차지하는 비중은 1972년에 최고 29%까지 올라갔다. 부산이 전국경제에서 차지하는 비중은 컨테이너 처리 물동량을 제외하면 그 어떤 수치도 이 수출 비중을 능가한 것은 없다. 2020년 11월 말 현재 부산 수출 비중은 2.26%까지 하락했는데 이 수치가 부산경제의 현실을 잘 보여준다.

부산의 수출이 전국에서 차지하는 비중이 20%를 상회하였던 시기는 대체로 1960년대 중반에서 1970년대 중반의 시기이다. 이 시기는 우리나라 경제성장의 태동기였고 그 시발지가 바로 부산이었다. 전국에서 사람들이 일자리를 찾아 부산으로 몰려들었다. 부산이 선도하였던 산업화는 1960년대를 통해 전국으로 빠르게 확산되어 갔다. 그 결과 1960년대 말이 되면 부산경제가 전국에서 차지하는 비중은 하락하기 시작한다. 엄밀하게 말해 부산경제의 상대적 위상 저하의 흐름은 1960년대 말부터 시작되었다. 신발과 직물 그리고 합판은 1960년대 이래 40여 년간 부산을 이끈 주력산업이다. 1960년대가 합판의 시대였다면 1980년대에서 1990년대 중반까지는 신발의 시대였다. 이후는 의류·직물 등을 합한 섬유류의 비중이 합판과 신발의 비중을 능가했던 시기로 주력산업의 역할을 하였다.

2. 부산경제의 정체

1) 성장억제 도시 지정

부산의 성장세는 정부의 중화학공업 정책의 추진과 함께 성장규제도시로 묶이면서 꺾였다. 무분별한 도시화의 문제를 해결하기 위해 정부는 부산을 서울과 함께 성장억제도시로 관리하기 시작하였다. 1972년 1월 1일부터 정부는 대도시 내에서 공장의 신설, 증설, 공장이전 및 업종변경에 따른 부동산취득 등기시 취득세 및 등록세를 5배 중과하는 제도를 발표하였다. 또한 정부는 공업배치법에 근거하여 부산일원을 제한정비지역으로 지정하였다. 제한정비지역이란 산업의 집적도와 인구증가율이 높아, 과밀을 억제하기 위해 공장의 신설 또는 증설이 제한되는 지역을 말한다. 부산이 그런 곳이었다. 법의 적용대상지였다.

1982년부터 시작된 제2차 국토종합개발계획에서는 부산을 서울과 함께 성장억제 및 관리도시로 지정하여 각종 성장규제책을 실시하였다. 서울과는 상황이 달랐던 부산에 동일한 요건을 강제한 결과는 전혀 다르게 나타났다. 중과세 대상이 된 업종은 주로 좋은 노동력이 필요한 업종이었다. 이러한 업종은 대도시 내 입지가 중요했다. 이러한 업종이 중과세 대상으로 묶여 경영활동에 저해를 받았다. 또 규제는 도심 내에 산재하고 있던 중소기업이 주로 대상이었다. 이 업체들은 생산시설을 개보수하기가 어려워졌으며 시설확대도 힘들어 졌다.

산업용지의 부족과 지방세 중과에 더하여 내려진 이러한 조치들로 부산기업의 생산시설의 신증설 및 업종변경은 큰 타격을 입었다. 부산을 서울과 함께 성장억제도시로 관리하는 이 제도는 1995년 8월 21일에 가서야 부산을 대상에서 제외하는 조치로 중단되었다. 부산은 이 시기를 통과하면서 기업의 역외유출과 함께 지역 내 산업생태계가 약화되었다.

2) 기업들의 역외이전

부산이 성장억제 및 관리도시로 묶이고 사상공업지역도 포화상태가 되면서 기업들의 역외이전이 본격화되었다. 사상공업지역이 1974년 완공되면서 많은 기업들이 사상공업지역으로 이전하였지만 수용에는 한계가 있었다. 아울러 대도시로의 인구 집중과 소득증가로 인한 주택가격의 상승은 기업들의 역외이전을 부추겼다. 시설 확장을 위해 더 넓은 토지가 필요하였던 기업들은 도심지의 공장 부지를 비싸게 팔고 값싼 넓은 용지를 찾아 밖으로 나가기 시작하였다.

이러한 기업이전의 전조는 1970년대 후반부터 이미 있었다. 급격한 도시화로 도심 땅값이 오르고 추가용지의 확보가 어려워지면서 값싸고 넓은 부지를 찾아 부산을 떠나는 기업들이 생기기 시작하였다. 초기에 부산을 떠난 기업들은 대부분 제조업체로 규모가 큰 기업일수록 먼저 부산을 떠났다.

1980년대 후반으로 접어들면서 새로운 흐름들이 부산의 쇠퇴에 가세하였다. 그것은 이제까지 보지 못했던 새로운 것으로서 부산경제의 비중 저하에 결정타를 주는 것이었다. 교통망의 발전과 지식정보사회의 진전에 따른 수도권 집중의 가속화였다. IT산업을 중심으로 한 지식기반산업이 수도권으로 집중되기 시작한 것이다.

3) 부산경제의 탈공업화

부산의 경제는 도시화가 빠르게 진전되면서 제조업 비중의 급격한 감소로 서비스업이 대부분을 차지하는 탈공업현상이 뚜렷해진다. 이때부터 제조업과 서비스업에 대한 성장 동력 논쟁이 시작된다.

물론 도시화 현상과 함께 나타나는 탈공업화가 나쁜 것인지에 대한 가치 판단은 중요하다. 서비스업 육성을 강조하는 측은 도시화가 서비스업 증가로 나타나므로 제조업 비중을 더 줄여야 한다는 입장이다. 제조업 육성을 주장하는 측은 서비스업은 제조업의 파생산업에 불과하며 유발효과가 적다고 주장한다. 이 판단을 위해서는 탈공업화에 따른 제조업의 최적 비중에 대한 기준이 필요하다. 그러나 지역별 여건과 특성에 따라 기준이 달라지므로 일의적으로 판단하기는 어렵다.

탈공업화의 원인과 관련하여 이 문제를 파고들면 지자체의 산업구조조정 실기에 대한 논란으로 이어진다. 외부 요인 중에는 1970년대 정부가 대규모 자본을 쏟아부었던 중화학공업정책에서 부산이 소외된 것을 들 수 있다. 이때부터 부산은 급격한 쇠퇴의 길을 걸었기 때문이다. 또한 성장관리 도시로 규제되면서 공업입지를 확보하지 못해 수많은 기업들이 역외로 이전한 것도 중요한 외부 요인이다. 1987년 노동파업이후 노동집약적 기업들이 중국, 베트남으로 이전한 것도 경제력을 약화시켰다. 내부적 요인으로는 영세업체와 자영업 중심의 기업분포, 혁신역량의 미흡, 적극적인 산업구조 조정의 미흡을 들 수 있다.

어느 것이 더 규정적인가 하는 것은 그 당시 지방자치단체가 외부적 환경을 뛰어 넘을 수 있는 수단을 보유했는 지를 봐야 한다. 지방자치제가 시행된 1990년대 중반 이후 지금까지 지자체의 정책수단은 취약했다. 중앙정부로부터 일정한 예산을 두고 지자체간 경쟁 구도 속에서 결과적으로 평균적 예산만을 확보할 수 밖에 없었다. 이 사실은 지자체의 무력성을 잘 보여준다. 그런데 현재의 경제구조로 고착화시켰다는 중화학공업정책, 성장관리 규제정책은 지방자치시대 이전에 일어났다. 나아가 지방자치 이후에는 불행하게도 경제규모가 커지면서 시장경제의 힘이 지자체의 정책을 압도해 버렸다. 이 점이 현재 지역발전과 지역정책의 한계이다. 정부 정책에 의해 이미 지역경제가 질식된 상태에서 지역 예산과 자치권으로 산업성장을 유도하기에는 한계가 있었다. 경로의존의 틀을 깨기 어렵다는 것이다. 그래서 획기적인 전환의 계기가 필요한 것이다.

Ⅲ 부산지역 경제성장의 장기간 추이와 특성

그림14-1 동남권 산업 비중 추이(전국 대비 비중)

(단위 : %)

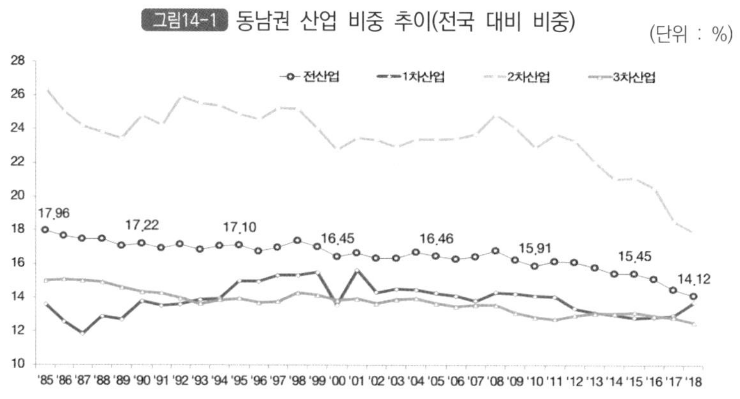

부산지역 경제를 좀 더 정확하게 이해하기 위해서는 경제성장률, 부가가치 및 고용 측면에서 장기적 흐름을 살펴 볼 필요가 있다.[1] 먼저 동일한 산업생태계를

구성하고 있는 동남권의 광역경제를 살펴보면 다음과 같다. 2018년 부가가치를 기준으로 권역별·산업별 전국 내 비중을 살펴보자. 수도권이 지속적으로 증가하여 전국의 절반 이상을 차지하고 있다. 동남권의 전국 내 비중은 수도권의 1/3수준이며, 1985년 17.96%에서 2018년 14.12%로 감소하는 추세이다. 산업별로는 1차 산업이 13.61%→13.73%, 2차 산업은 26.35%→17.89%, 3차 산업은 15.00%→12.53%로 제조업과 서비스업이 1985년 대비 축소된 것을 알 수 있다.

특히 2000년대를 지나면서 수도권의 영향이 중부권까지 미치면서 수도권과 중부권의 경제는 확대되고, 집중되고 있지만 남부권은 축소되었다. 권역별로 경제력의 양극화 현상이 심화되고 있다.

그림14-2 부산지역 경제성장률 추이

(단위 : %)

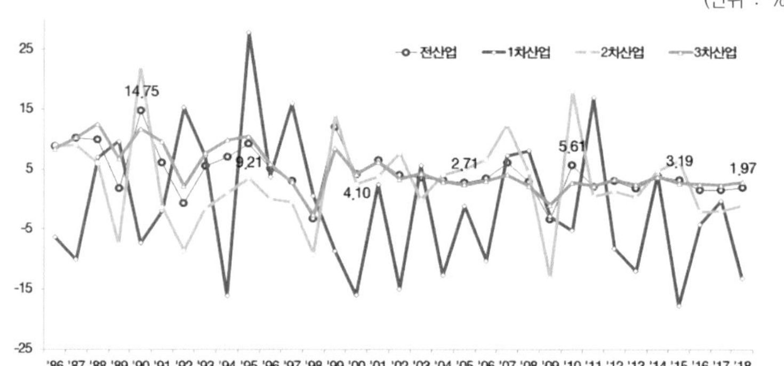

	'90	'95	'00	'05	'10	'15	'18
전산업	9.00	5.36	4.06	3.95	2.84	2.78	1.68
1차산업	-1.75	5.36	-1.49	-4.50	-0.88	-4.16	-6.05
2차산업	7.28	-1.48	1.12	4.08	5.14	2.61	-1.72
3차산업	9.95	7.92	3.68	3.83	2.23	2.86	2.58

주 : 2018년은 3년간 연평균 성장률

한편 부산지역의 지난 30년 이상의 성장률을 보면 추세적 하락을 나타내고 있다. 성장률이 하락하면서 2005년 이후 저성장체제가 고착화되는 모습이다. 2000년대 이후 제조업의 장기적 침체가 두드러지면서 그 여파로 서비스업도 영향을 받고 있다. 저성장체제의 고착화와 함께 제조업과 서비스업의 동반침체는 저성장을 타개할 수 있는 혁신성장정책의 애로 요인으로 나타날 가능성이 높다.

1) 이하는 주수현 외(2020)에서 가져옴

그림14-3 부산지역 부가가치 비중 추이(전국 대비 비중)

(단위 : %)

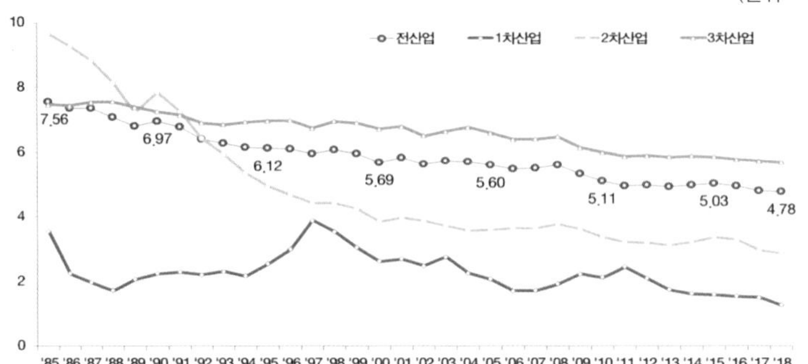

	'85	'90	'95	'00	'05	'10	'15	'18
전산업	7.56	6.97	6.12	5.69	5.60	5.11	5.03	4.78
1차산업	3.56	2.25	2.55	2.62	2.07	2.13	1.60	1.27
2차산업	9.66	7.85	4.93	3.85	3.60	3.36	3.37	2.88
3차산업	7.47	7.26	6.97	6.71	6.59	5.99	5.85	5.68

부산지역 산업의 전국 대비 부가가치의 비중의 흐름을 보면 1985년 이후 계속 감소하고 있다. 특히 제조업과 서비스업 둘 다 1985년에 비해 2018년의 전국 대비 비중의 하락폭이 커지고 있어 지역경제의 위상이 계속 약해지고 있음을 알 수 있다. 부산의 경우, 고위기술중심의 제조업 육성과 생산자서비스업의 강화는 저성장을 벗어나기 위해 필요하다. 그러나 취약한 산업구조가 장기간 유지되고 있어 어려움은 가중되고 있다.

그림14-4 부산지역 고용 비중 추이(전국 대비 비중)

(단위 : %)

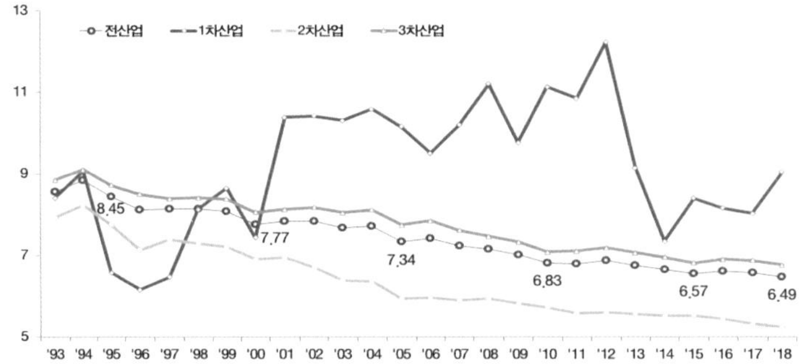

	'95	'00	'05	'10	'15	'18
전산업	8.45	7.77	7.34	6.83	6.57	6.49
1차산업	6.59	7.44	10.16	11.13	8.40	9.04
2차산업	7.76	6.91	5.94	5.73	5.54	5.25
3차산업	8.72	8.05	7.75	7.09	6.82	6.76

고용없는 성장시대에 일자리 창출은 도시의 지속가능성을 보여주는 중요한 지표이다. 부산지역 고용의 전국대비 비중을 보면 제조업과 서비스업은 부가가치와 마찬가지로 감소추세이다. 도시경제에서 서비스비중이 높아지는 것은 일반적 추세이다. 부산의 문제는 제조업, 서비스업의 전국대비 비중 자체가 작아진다는 것이다. 이는 지역경제력이 약화되고 있다는 것을 말한다. 경제력이 위축되면서 청년층의 역외유출이 계속 증가한다는 사실은 도시의 미래를 어둡게 한다. 좋은 일자리가 없다는 증거이기도 하다. 4차 산업혁명의 핵심은 지역인재라고 할 수 있다. 인재가 지역에 뿌리내릴 수 있는 환경을 만드는 것이 시급하다. 인재를 통하여 혁신이 일어나 창업으로 이어지며 창업이 활발해 져야 산업 경쟁력이 높아지고 지역경제가 살아날 수 있다.

표14-1 부산지역 부가가치 비중(지역내 비중)

(단위 : %)

	'85	'90	'95	'00	'05	'10	'15	'18
전산업	100	100	100	100	100	100	100	100
1차산업	6.19	2.92	2.55	2.01	1.06	0.98	0.69	0.51
2차산업	35.37	31.64	22.76	19.91	18.37	19.93	19.50	17.58
3차산업	58.44	65.44	74.69	78.08	80.56	79.09	79.80	81.91

부산지역의 1, 2, 3차 산업이 전체산업에서 차지하는 부가가치 비중을 보면 서비스업이 중심이 되고 있고 제조업은 계속 약화되고 있음을 알 수 있다. 제조업과 서비스업이 동반성장할 수 있는 산업육성책이 중요한 과제로 등장했다. 고용의 지역내 비중도 부가가치 비중과 유사한 형태를 보여준다. 3차 산업이 약 85%의 비중을 차지하고 있어 대도시 경제구조의 모습을 보여주지만 영세자영업자 비중이 높아 일자리 자체가 건강하지 못하다는 문제를 가지고 있다.

표14-2 부산지역 고용 비중(지역내 비중)

(단위 : %)

	'95	'00	'05	'10	'15	'18
전산업	100	100	100	100	100	100
1차산업	0.30	0.39	0.29	0.28	0.24	0.27
2차산업	24.97	21.70	18.72	16.62	16.69	14.99
3차산업	74.72	77.91	80.99	83.10	83.07	84.74

지금까지 부산지역의 경제추이를 부가가치와 고용측면에서 살펴보았다. 성장률이 추세적으로 감소하고 있고 기술기반 제조업과 지식기반 서비스업의 비중도 저

하하고 있다. 이는 그동안 추진되어 왔던 산업정책의 유효성에 대한 의문을 제기한다. 부산지역의 산업정책은 중앙정부가 기획한 프로젝트에 적합한 사업으로 대응하는 방식이었다. 이렇게 추진된 사업은 정책대상인 개별사업의 효율성은 높지만 지역 내에서 사업간 연계성이 미흡하며 일정한 방향성을 가지고 지역자산으로 축적되지 못했다. 특히 중앙부처가 가이드라인을 제시하고 공모 방식으로 추진하면서 지역이 가진 고유의 환경과 자원 그리고 지역수요가 반영되지 않는 구조가 되었다. 문재인정부 들어와 지역산업 지원정책이 지역의 수요를 반영하기 위해 지역에서 기획하고 추진하는 형태가 부분적으로 나타났다. 상생형 지역일자리 창출, 산업위기대응 특별지역 지정·운영, 규제자유특구 지정, 지역발전투자협약 등이다. 그러나 형식적으로는 지역수요를 반영한 지역 제안 형태이지만 단시간에 기획되고 사업을 확보하는 데 목적을 두다 보니 지역의 자원과 역량을 최대한 활용하지 못하고 계획과 실행의 괴리가 발생하고 있다. 이러한 사업방식은 중앙부처의 정책목표뿐만 아니라 지역의 성장동력을 확보하는데도 불확실성이 높아진다. 따라서 상향식과 하향식의 형식적 절충방식이 아니라 지역이 자율성이 가지고 사업을 주도적으로 기획하고 추진하는 방식을 전면적으로 도입해야 한다. 지역이 시간을 두고 지역에 필요한 사업을 추진하는 것이 중요하다.

우리나라의 대도시 지역은 전체적으로 저성장에 진입하고 있으나 지역 간에는 상대적인 고성장 지역과 저성장 지역의 구분이 뚜렷해지고 있으며 저성장 체제가 고착화되고 있는 중이다. 이는 대도시 경제의 비효율성을 제거하고 지역자원의 효율적 분배와 이를 위한 효과적인 지원정책이 지역 내에서 뿌리내려야만 지역경제가 향후 성장과 고용창출의 동력이 될 수 있음을 시사한다.

지역내총생산액으로 추계한 성장률을 보면 2000년대 이후 경기, 충남, 충북 등 수도권·충청권의 고성장과 남부권의 저성장 구조가 고착화되고 있다. 특히 수도권 중심의 R&D, 고차비즈니스 서비스업 발달과 비수도권 중심의 산업생산 증가에 따른 경제활동의 공간적 불일치 현상이 지속되고 있다. 지역성장의 핵심요소인 인재의 수도권 편중도 심화되었다. 경제가 발전할수록 요소투입형에서 기술과 지식집약형 경제로 변하고 우수한 인재 확보가 지역 미래를 결정한다. 현실은 갈수록 수도권으로의 "빨대효과"가 강해져 지역간 인재 양극화 현상이 심화되고 있다. 수도권 지역 대졸자의 수도권 잔존율은 높지만 비수도권 젊은층의 역외 유출은 확대되고 있다. 지역에서는 고급인력과 일자리 부족이 동시에 발생하고 있고, 인력수급의 불일치도 심각하다. 혁신역량과 산업역량의 괴리도 나타나고 있으며 제반 여건이 불비해 혁신의 산업화도 힘든 상황이다. 인재와 혁신자원의 공간적 양극화가 확대되면 장기적으로 비수도권의 성장이 정체될 뿐 아니라 수도권의 과밀로 인한 효율성 저하도 가져온다. 결국 국가의 장기적인 성장토대가 침식당할 수 있다. 국가차원에서 지역 혁신성장이 가능할 수 있도록 혁신역량을 지원하고 국가성장 전략과 연계하여 상생할 수 있는 방안을 체계적으로 마련하는 것이 시급하다.

Ⅳ 부산의 산업육성 정책과 성장엔진

1. 산업구조의 고도화와 전략산업 육성정책

1) 5차례에 걸친 전략산업육성계획 추진

부산지역은 경제 활력이 부족하다고 많이 이야기한다. 경제 활력이 처음부터 부족한 것은 아니었다. 1970년대 중반부터 정부정책의 기조가 바뀌면서 시작되었다. 부산은 전통산업의 쇠퇴와 대도시의 성장억제정책으로 공업용지 부족과 지가상승을 초래하였다. 중견 제조업이 부산시를 벗어나기 시작하였다. 이때부터 성장동력을 상실한다. 특히 수도권에는 기업본사 및 금융기관 본점이 집중하였다. 이 기관들은 핵심적인 중추관리기능을 담당하는 기관이었다. 이러한 이유로 자본시장의 발전이 둔화되고 지역에서 조성된 자금도 역외로 유출되기 시 작했다. 이로 인해 지역중소기업의 자금난이 가중되었다. 또한 중화학공업육성 정책은 지역의 불균등 발전을 강화했다. 울산, 창원, 거제 등이 동남공업벨트를 형성하면서, 이들 지역을 중심으로 중화학공업이 발전해 왔다. 반면에 부산의 기존 경공업은 위축되기 시작하였다.

부산은 1997년 말 외환위기를 거치면서 지역경제를 활성화하기 위해 노력해 왔다. 전통산업을 고부가가치화하기 위한 정책을 추진하였다. 부산의 입지여건에 맞는 성장유망 산업을 육성하기 위한 정책을 시행하였다. 이 정책이 전략산업 육성정책이다. 전략 산업 육성정책은 부산지역 경제의 쇠퇴를 막기 위한 것이었다. 이러한 정책이 가능해진 것은 지방자치제가 정착되었기 때문이다.

그림14-5 부산지역 전략산업 현황

1차 전략산업 ('99~'03)		2차 전략산업 ('04~'08)		3차 전략산업 ('09~'13)		4차 전략산업 ('14~'18)	5차 전략산업 ('19~'23)
성장유망산업	■ 항만물류	핵심전략	■ 항만물류	핵심전략	★해양(항만물류+해양 바이오+수산가공)	■ 해양산업	■ 해양스마트 ■ 지능형기계
	■ 관광		★기계부품소재		★기계부품소재	■ 기계부품융합산업	
	■ 소프트웨어		■ 관광컨벤션		■ 관광컨벤션		■ 미래수송기기
	■ 금융		■ 영상·IT		★영상·IT	■ 창조문화산업	
	■ 영상	지역전략	■ 선물금융	미래전략	■ 금융산업		■ 글로벌관광
구조고도화산업	■ 자동차부품		★해양바이오		■ 고령친화산업	■ 바이오헬스산업	■ 지능정보서비스
	■ 조선기자재		■ 실버		■ 의료산업		
	★신발		★신발		■ 생활소재산업	■ 지식인프라 서비스업	■ 라이트케어
	■ 섬유·패션		■ 수산·가공		■ 디자인산업		■ 클린테크
	■ 수산·가공		■ 섬유·패션		■ 그린에너지산업		

부산시의 산업구조개편은 전략산업 육성정책으로 나타났다. 전국에서 처음으로 전략산업 육성계획을 수립하였다. 1차 전략산업 육성정책은 1999년부터 5년간 추진되었다. 1차 산업구조 개편이 이루어진 1999년 4월 유망산업이 정해졌다. 유망산업은 항만물류, 소프트웨어, 금융, 관광, 영화영상산업으로 선정하였다. 구조고도화 산업도 별도로 선정하였다. 부산지역에서 차지하는 비중이 높지만 성장이 둔화되고 있는 산업이다. 이러한 산업은 자동차 부품, 조선·기자재, 신발, 섬유·패션, 수산가공산업이다.

노무현정부 출범 이후 행정수도이전과 국가균형발전정책이 시행되었다. 국가의 장기발전 전략 틀이 바뀐 것이다. 이에 따라 부산은 자생적 성장기반 확보가 중요해졌다. 이것이 새로운 전략산업을 선정하는 계기가 된 것이다. 이 시기는 지역경제의 내생적 발전구조가 중요한 시기였다. 2차 전략산업개편은 2004년부터 시작되었다. 이 당시는 정부의 지역혁신 5개년계획으로서 지역전략산업정책을 수립하게 된다. 시 차원에서도 육성 조례를 제정하였다. 이때부터 계획에 의해 예산을 투입하게 되었다. 지역혁신 5개년계획(2004~2008) 수립으로 10대 전략산업이 선정되었다. 핵심전략산업은 항만물류산업, 기계부품소재산업, 관광컨벤션산업, 영상·IT 산업이 선정되었다. 지역의 자원을 최대한 활용할 수 있는 지역연고산업으로는 해양바이오산업, 실버산업, 신발산업, 수산·가공산업, 섬유·패션산업이 선정되었다.

3차 전략산업 개편은 2009년부터 시작되었다. 이때는 광역 공간이 중요해 졌으며 신성장 미래산업육성도 정책의 핵심사항이었다. 중앙정부의 지역발전정책이 바뀌었기 때문이다. 광역경제권 형성이 중요하게 등장한 것이다. 광역특별회계도 새로 만들어지고 광역경제권 발전위원회도 설치되었다. 광역경제권 연계사업도 추진되었다. 3단계 전략산업계획에 나타난 부산의 비전도 변경되었다. 동북아시대 지식기반 첨단기술을 육성하여 비즈니스 허브 도시가 되는 것이었다. 이는 지식기반 융·복합 산업육성과 관련이 된다. 산업구조를 고도화하여 글로벌 경쟁력을 높인다는 전략이 배후에 있다. 물론 고부가가치를 추구하면서 고용창출을 기하고 있다.

3차 전략산업 육성계획은 광역권을 대상으로 한다. 지향하는 시장은 글로벌 시장이 주 타깃이었다. 이 시기에 선정된 핵심전략산업은 다음과 같다. 해양산업, 기계산업, 관광컨벤션산업, 기계부품소재산업, 영상·IT산업이다. 미래전략산업으로는 금융산업, 의료산업, 생활소재산업, 고령친화산업, 디자인산업, 그린에너지산업이 선정되었다.

4차 전략산업 개편은 2014년부터 시작되었다. 고용창출이 정책의 중심으로 부상하였다. 이는 지역경제의 근본적인 혁신을 필요로 한다. 즉 일자리 중심 산업생태계 조성이 중요한 방향으로 자리 잡은 것이다. 또한 장기성장모델 구축도 하나의 방향이었다. 이러한 방향 속에서 전략산업 자체의 틀을 바꾸는 작업이 이루어졌다. 과거 10대 전략산업이 5대로 바뀌면서 융복합, 광역권 중심기능, 도시형서비스업 집중, 창조산업육성, 신성장동력 등에 중점을 두었다. 선정된 산업은 해양산업, 기계융합부품소재, 바이오헬스, 창조문화, 지식인프라서비스산업이다. 5대 전략산업 내에는 18개의 유망분야가 설정되었다. 과거 10대에서 5대로 축소된 것은 지원예산의 분산과 분절을 극복하고 구조전환을 가져올 정도의 자본축적을 확보하기 위한 방안이었다.

2019년에는 5차 전략산업개편이 시작되었다. 7대 전략산업이 선정되었다. 7대 전략산업 육성전략은 다음과 같다. 먼저 스마트해양에는 선박, 물류, 수산가공 산업의 스마트화를 포함한다. IT기술 접목을 통한 조선, 물류시스템 혁신과 수산가공의 첨단화와 친환경스마트선박, 항만물류, 해양바이오, 수산가공도 포함한다. 둘째, 지능형기계는 기계부품의 지능화와 함께 정밀기계 중심으로 기술경쟁력을 향상시킨다는 목적을 가진다. 또한 제조-공정 가치사슬의 스마트화를 통한 생산성 확대도 포함한다. 여기에는 정밀기계, 생산자동화, 스마트팩토리, 하이테크소재, 로봇을 포함한다. 셋째, 미래수송기기는 인간공학적 수송기기 개발과 서비스 편의 혁신이 중심이다. 자율주행차, 항공, 드론과 관련된 항목을 포함하고 있다. 넷째, 글로벌관광은 관광서비스 혁신과 글로벌화가 주요 방향이다. 핵심내용은 MICE산업의 위상 제고와 융복합관광 활성화를 통한 글로벌 비즈니스모델 창출 등이다. 여기에는 MICE, 특화관광이 해당된다. 다섯째, 지능정보서비스는 SW역량 강화와 디지털 혁신이 육성방향이다. 인공지능, IoT, 빅데이터 등 핵심플랫폼 기술의 역량 강화를 통한 산업 경쟁력 제고가 중요한 정책이다. 주요사업은 서비스플랫폼, 컨텐츠, 스마트금융 등이다. 여섯째, 라이프케어는 저출산 고령화 시대를 대비한 인간 전주기 삶의 질 향상을 위한 종합서비스 지원체계 구축이 핵심 정책목표이다. 스마트 헬스케어, 리빙 케어(항노화 등), 라이프 스타일(패션의류 등)이 포함된다. 마지막으로 클린테크의 경우, 환경과 에너지 혁신, 신재생에너지 인프라 조성 및 기술개발을 통한 에너지 자립도 제고가 정책목표이다. 이에는 에너지시스템(풍력 등), 에너지 저장 및 서비스, 환경대응 등이 포함된다.

5차례에 걸친 산업육성정책은 과거와 달리 지역차원에서 체계화된 산업육성정책이었다. 체계화된 정책으로 예산의 효율성도 제고하였다. 지역내 거버넌스 구축도 형성하였다. 상호학습이 이루어졌고 기술혁신도 활성화되기 시작하였다. 그러나 정책추진의 자율성, 대규모 예산확보 그리고 자본축적은 미흡하였다. 이로 인해 자생적 성장 기반을 확보하기에는 무리였다. 우수한 지역인력을 유인하여 선순환체계를 형성하는 데도 한계를 노출함으로써 기존의 성장 경로를 벗어나지 못하였다. 지역 산업구조의 후진성은 저성장체제라는 경로에 대한 의존성을 높였다. 여러 가지 원인이 있지만 몇 가지만 보자. 부산지역은 한국의 공업화 초기에 정부정책과 흐름을 같이 했다. 노동집약적인 제조업을 통해 급속한 공업화를 이루었다. 그러나 정부의 정책기조가 중화학공업화 정책으로 바뀌면서 부산의 산업구조는 낙후되기 시작한다.

또한 산업입지 확보도 어려웠다. 이로 인해 기업이 역외로 대거 이전하였다. 그리고 대기업을 유치하는 데 한계를 보임으로써 성장동력 산업을 확보하지 못했다. 이외에도 부산지역은 동남권의 중심도시로서 역할을 제대로 하지 못했다. 중심도시는 중추관리기능이 중요하다. 부산은 이를 확보하지 못했다. 선순환 구조가 만들어지지 않음으로써 재생산구조도 취약하였다. 산업생태계가 조성되지 못하면서 사업들이 이벤트 중심으로 이루어졌다.

특히 5차 전략산업정책은 기존 산업뿐만 아니라 새롭게 부상하고 있는 거의 모든 산업을 포함하고 있는 형태이다. 전략산업 육성정책의 대상이 선택과 집중이라는 틀 속에서 조정되지 못하고 대상산업이 계속 확대되는 문제를 보여주었다.

그동안 산업구조의 변화과정과 이에 대응한 산업정책을 돌아보면 다음과 같은 과제를 안고 있다. 먼저 산업 생태계를 고려한 산업간 연계 체계를 강화해야 한다는 점이다. 이는 융복합 트렌드를 반영하고 산업생태계 중심의 글로벌 경쟁력을 강화하는 방안이다. 전략산업을 관련 산업군으로 통합하여 정책효과성을 제고하고 이를 지원하는 지식서비스산업을 집중육성해야 글로벌 도시기능을 강화할 수 있다. 광역권의 제조와 서비스가 연계되면 내수확대를 통한 선순환구조가 만들어 질 수 있을 것이다. 나아가 4차 산업혁명 관련기술 산업을 성장동력화하기 위해서는 전략산업의 범위도 연계성을 중심으로 선택과 집중이라는 시각에서 더 좁힐 필요가 있다. 예를 들면 디지털, 바이오, 로보틱스 등 3개 중심산업을 집중 육성하는 것도 하나의 대안이다.

둘째, 동남권이 메가시티로서 하나의 경제공동체를 이루는 것이 중요하다. 이는 부울경 세 지역의 상생발전을 위해 중심도시가 중요한 역할을 수행해야 한다. 부산은 이를 위해 산업적 중심 기능을 강화해 나가야 한다. 동남권의 산업경쟁력을 제고해야 하고 동반성장을 위한 인프라 성격을 갖는 서비스업을 강화해야 한다. 특히 중추기능 확보를 통한 경제공동체를 가속화하는 것은 중요하다.

셋째, 일자리창출을 극대화하는 것도 전략산업 육성에서 중요하다. 여기에는 혁신산업과의 융합을 통한 기존산업 혁신뿐만 아니라 창업을 활성화하는 것이 필요하다. 특히 효율적 산학연을 기반으로 기업 활동을 촉진하기 위한 유인책이 강구되어야 한다. 현재 대세가 되고 있는 혁신경제는 창의성을 기반으로 한다. 이러한 창의성에 기반한 지식이 산업화되어야 한다. 또한 혁신창출과 기술사업화의 효율적 추진을 위한 제도가 뒷받침되어야 한다. 지역 전체의 경쟁력은 산업생태계 조성으로 가능할 것이다.

넷째, 산업육성에서 대도시로서의 특성을 살리는 것도 필요하다. 이는 고부가가치를 창출하는 서비스경제로의 전환에 주목해야 한다. 서비스산업은 선진국의 경우 국가차원뿐만 아니라 대도시의 경우에도 성장동력으로 기능하고 있다. 최근 들어 공산품에 대한 수요는 정체되고 있다. 그런데 서비스에 대한 수요는 증가하는 추세이다. 서비스분야는 성장의 원천이 될 수 있다. 서비스산업은 제조업과 상호보완적이다. 따라서 동태적인 연관관계에 주목하여 성장전략을 만들어 가는 것이 필요하다. 이러한 측면에서 플랫폼경제 구축은 중요한 전략이 될 수 있다.

다섯째, 혁신적인 신성장산업을 창출해야 한다. 신성장산업이 도입되어 발전하고 사양 산업이 퇴출되어 가는 것은 산업사이클에서 자연스러운 현상이다. 신성장 산업은 생산성이 높기 때문에 성장할수록 좋은 일자리를 더 많이 만들 수 있다. 마지막으로 부산지역의 경우 고령화의 심화와 함께 고용없는 성장은 지역경제에 심각한 위협으로 등장하고 있다. 따라서 성장잠재력 확충과 적극적인 고용 전략 수립을 통한 고용친화적인 산업정책 추진이 절실하다. 이를 위해서는 산업정책과 고용정책 간에 정합성을 확보해야 하며 통합정책이 시행되어야 한다. 이는 포용적 성장 차원에서도 의미를 갖는다.

2. 산업 특화도를 통해 본 잠재력

지역경제가 포용성장과 혁신성장을 동시에 추구하기 위해서는 부산이 안고 있는 고령화, 양극화 등 여러 사회문제를 잘 해결하면서 4차 산업혁명기에 부합하는 혁신성장 산업을 적극적으로 육성하는 것이 중요하다.[2)]

부산지역의 유망산업은 특화도를 통해 살펴볼 수 있다. 특화도는 지역에서 특정산업이 전체산업에서 차지하는 비중과 전국의 동일한 특정산업이 전체산업에서 차지하는 비중을 대비시켜 도출한다. 부산지역 특정산업의 특화도가 1보다 크다는 것은 이 특정산업이 전국의 평균적 수준보다 부산에 더 집적되어 있다는 것을 의미한다. 2018년을 기준으로 부가가치에 대한 부산의 산업특화도를 살펴보면 다음과 같다. 1차 산업은 0.27, 2차 산업은 0.60로 전국대비 특화도는 낮게 나타났다. 반면, 3차산업의 경우, 1.19로 전국대비 특화도가 높았다. 이를 1995년과 비교해보면 1차(0.42)와 2차(0.81)는 감소하였으며, 3차산업(1.14)은 증가한 수치이다. 도시의 특성에 맞게 서비스업이 특화되어 있다는 것을 말해 준다. 이를 50개 세부업종으로 나누어 살펴보면 그 특징을 알 수 있다. 전국 대비 특화도가 높은 산업은 1차 산업에서는 수산(2.10), 2차 산업에서는 수산가공(3.84), 섬유(1.34), 신발·가죽(4.16), 1차금속(1.03), 금속(1.25), 기계장비(1.27), 항공기(4.91) 등이 포함되었다. 특화된 산업을 들여다 보면 부산에 집적되어 성장한 산업이 대부분이다. 과거 경공업시대 부산성장의 견인차 역할을 했던 신발, 섬유 그리고 부산의 특성을 잘 보여주는 수산업이 포진되어 있다. 또한 기계, 자동차, 조선산업의 소재 부품 장비를 생산하는데 필수적인 금속과 기계산업 등이 특화되어 있다. 그런데 4차 산업혁명기에 중요한 산업으로 등장하고 있는 의약, 전기기기, 전자기기, 정밀기기 등은 특화

2) 이하는 주수현 외(2020)의 내용을 가져옴

되어 있지 않아 향후 4차 산업혁명 관련 기술의 본격적인 사업화에서 소외될 수 있는 위험을 안고 있다. 서비스업을 포함하는 3차 산업에서 특화된 업종을 보면 건설(1.11), 도소매(1.25), 육상운송(1.70), 수상운송(2.46), 보관·운송보조(2.56), 음식(1.38), 숙박(1.34), 금융·보험(1.22), 부동산(1.31), 사업지원(1.41), 교육(1.29), 의료(1.78), 복지(1.17), 스포츠·오락(1.04), 수리(1.56) 등으로 다수의 서비스업에서 특화도가 높은 것으로 나타났다. 대체로 부산이 강점을 가지고 있는 물류, 관광, 유통업 등이 특화되어 있는 것으로 나타났지만 4차 산업혁명기에 중요한 소프트웨어, R&D 및 과학기술, 전문서비스업 등은 취약한 것으로 드러났다.

고용에 대한 2018년 기준 부산 특화도는 1차 산업 1.39, 3차 산업 1.04로 전국대비 특화도가 높았다. 일반적으로 대도시의 경우 서비스업의 특화도가 높지만 부산은 전국평균 수준과 비슷하게 나타났다. 2차 산업은 0.81로 전국대비 특화도가 낮았다. 이는 1995년에 1차산업(0.78)과 3차산업(1.03)은 증가하였으나, 2차산업(0.92)은 감소한 수치이다. 50개의 세부업종별로 살펴보면, 전국대비 부산의 특화도가 높은 산업은 1차 산업에서는 수산(6.97), 2차 산업에서는 수산가공(2.19), 섬유(1.12), 의복(1.27), 신발·가죽(3.83), 1차금속(1.21), 금속(1.10), 항공기(2.48) 등으로 나타났다. 3차 산업에서는 건설(1.04), 도소매(1.10), 육상운송(1.20), 수상운송(4.64), 보관·운송보조(2.18), 음식(1.10), 금융·보험(1.11), 부동산(1.07), 사업지원(1.07), 의료(1.29), 수리(1.10) 등으로 분석되었다. 고용측면에서도 혁신성장을 주도할 산업은 취약한 것으로 나타났다.

부가가치와 고용의 특화도를 동시에 고려하여 1995년부터 2018년까지 어떻게 바뀌었는지 그 변화내용을 보면 산업구조의 특성을 파악할 수 있다. 대체로 부산지역은 물류, 건설, 금융, 도소매 중심의 서비스업과 금속, 1차금속 중심의 제조업에 특화된 산업구조이다. 항공, 전기기기, 의약, 전자기기, 정밀기기와 R&D·과학기술 등 고기술 중심의 지식기반형 산업은 약 30년간 비특화산업으로 고착화되어 있어 혁신성장의 제약이 될 가능성이 높다.

표14-4 부산 산업별 부가가치 및 고용 특화도

구분		부가가치		고용	
		1995	2018	1995	2018
전산업		**1.00**	**1.00**	**1.00**	**1.00**
	1차	**0.42**	**0.27**	**0.78**	**1.39**
01	농축임	0.04	0.01	0.05	0.20
02	수산	0.87	2.10	1.08	6.97
	2차	**0.81**	**0.60**	**0.92**	**0.81**
03	광산	0.07	0.11	0.07	0.12
04	음식료	0.69	0.44	0.66	0.57
05	수산가공	1.20	3.84	1.46	2.19
06	섬유	1.87	1.34	1.04	1.12
07	의복	1.40	0.86	1.30	1.27
08	신발·가죽	6.27	4.16	4.72	3.83
09	목재·종이·인쇄	0.71	0.47	0.76	0.62
10	석탄·석유	0.21	0.10	0.56	0.33
11	화학	0.62	0.45	0.76	0.60
12	의약	0.08	0.17	0.11	0.23
13	비금속	0.58	0.32	0.30	0.32
14	1차금속	1.38	1.03	1.11	1.21
15	금속	1.48	1.25	1.20	1.10
16	기계장비	1.29	1.27	1.12	0.99
17	전기기기	0.58	0.51	0.74	0.80
18	전자기기	0.08	0.13	0.15	0.28
19	정밀기기	0.49	0.55	0.51	0.70
20	자동차	0.41	0.86	0.49	0.58
21	선박	1.69	0.60	1.00	0.68
22	항공기	3.28	4.91	2.90	2.48
23	기타운송장비	1.67	0.37	1.09	0.61
24	기타제조	1.14	1.14	0.91	1.11
	3차	**1.14**	**1.19**	**1.03**	**1.04**
25	전기	0.41	1.48	0.91	0.98
26	가스·수도	0.48	0.49	0.68	0.65
27	폐기물·재활용	1.55	0.95	1.15	0.95
28	건설	0.97	1.11	0.75	1.04
29	도소매	1.30	1.25	1.08	1.10
30	육상운송	1.88	1.70	1.28	1.20
31	수상운송	1.82	2.46	3.28	4.64
32	항공운송	1.83	0.74	0.82	0.80
33	보관·운송보조	2.44	2.56	2.54	2.18
34	음식	1.28	1.38	1.07	1.10
35	숙박	1.20	1.34	1.04	0.88
36	정보·통신	0.80	0.67	0.75	0.53
37	소프트웨어	0.30	0.22	0.41	0.36
38	금융·보험	1.12	1.22	1.09	1.11
39	부동산	1.18	1.31	0.94	1.07
40	R&D·과학기술	0.95	0.79	0.83	0.65
41	전문서비스	0.54	0.68	0.87	0.70
42	사업지원	1.01	1.41	1.07	1.07
43	공공행정	0.93	1.00	0.94	0.95
44	교육	1.13	1.29	1.02	0.97
45	의료	1.59	1.78	1.08	1.29
46	복지	1.33	1.17	0.83	0.91
47	문화·여행	0.79	0.89	0.91	0.70
48	스포츠·오락	0.67	1.04	0.92	0.91
49	수리	1.15	1.56	0.93	1.10
50	기타서비스	1.11	1.24	0.95	1.08

표14-5 부산지역 특화도에 따른 주요산업 유형

구분	1995년	2018년
부가가치 및 고용 특화산업	수산가공/섬유/의복/신발·가죽 1차금속/금속/기계장비 항공기/기타운송장비 도소매/육상운송/수상운송 보관·운송보조/음식/숙박/교육 금융·보험/사업지원/의료	수산/수산가공/섬유/금속 신발·가죽/1차금속/항공기 건설/도소매/육상운송/의료 수상운송/보관·운송보조/음식 금융·보험/부동산/사업지원
부가가치 특화/고용 비특화산업	선박/항공운송 부동산/복지/수리	기계장비/숙박/교육 복지/스포츠·오락
부가가치 비특화/고용 특화산업	수산	의복
부가가치 및 고용 비특화산업	음식료/목재·종이·인쇄 석탄·석유/화학/의약/비금속 전기기기/전자기기 정밀기기/자동차 건설/정보·통신/소프트웨어 R&D·과학기술/전문서비스 문화·여행/스포츠·오락	음식료/목재·종이·인쇄 석탄·석유/화학 의약/비금속/ 전기기기/전자기기/정밀기기 자동차/선박/기타운송장비 항공운송/정보·통신 소프트웨어/R&D·과학기술 전문서비스/문화·여행

Ⅳ 부산경제의 과제와 미래

1. 과거의 교훈

1970년대 말부터 부산제조업이 활력을 잃고 전국대비 비중이 지속적으로 하락하면서 1980년대 초반에 경제위기론이 나왔다. 세계적인 경쟁력을 가지고 있었던 신발로 인해 산업도시로서의 부산의 면모는 잠시 연장되었다. 그러다 1990년대 초에 들어오면서 신발기업의 도산이 이어지면서 부산경제는 한국경제의 중심에서 확실하게 멀어졌다.

1980년대 이후 부산경제의 흐름에서 나타난 현저한 변화중의 하나는 탈공업화와 도시형 경제로의 이행이다. 제조업이 중심이 된 경제에서 서비스 경제로 넘어가는 도시형 경제가 부산에서도 급속하게 진행되었다. 도시형 경제에서는 경제성장과 일자리의 창출 등에서 서비스업의 역할이 매우 중요해진다. 성장의 정체와 상대적 쇠퇴의 가장 직접적인 결과는 시민들에게 일자리를 제대로 주지 못하는 것이다. 2020년 10월 현재 부산의 고용률은 56.1%로 전국 60.4%와 차이가 크다. 전국 최하위 수준이다. 좋은 일자리를 제공해 주지 못하면 사람들은 부산을 떠나게 된다. 1995년의 광역시 출범 이후에도 부산인구가 계속 줄어들고 특히 젊은층의 유출이 가장 많은 도시가 된 것은 이 때문이다.

한때 한국의 산업수도 역할을 하였던 부산경제는 장기간의 침체에서 아직 벗어나지 못하고 있다. 부산의 중심도시 역할과 관련해서 다양한 대책에도 불구하고 1980년대 이후 추세적 하락의 방향 전환에 한계를 보였다는 점에서 이는 구조적 문제를 안고 있다. 간단하게 보면 수도권 집중의 문제, 비수도권에서도 정부의 산업거점정책의 수혜지역이었던 울산, 창원, 거제 등과의 불균등성, 시장이 정부를 압도하면서 나타난 공공산업정책의 한계, 외부의존구조에 의한 자생력 확보의 한계 등으로 부산은 기존 성장경로를 탈피하지 못하고 있다.

2. 미래는 혁신성장으로

이제 정부 지원, 산업정책 등에 대한 냉정한 평가가 필요한 시기이며 과잉 기대를 접고 지역의 기존 장기발전경로를 탈피하기 위한 실마리를 찾아 모두가 힘을 합칠 때다. 이를 위한 비전과 전략 그리고 지역 역량의 통합과 집중이 절대적으로 필요하다. 몇 가지 대책을 보면 다음과 같다.

첫째, 부산지역 경제가 과거의 기본 경로의존 속에 있는 성장구조뿐 아니라 이를 유지시키고 만들어 왔던 기존의 정책과 시스템을 혁신해야 한다. 이는 기존 틀에 고착된 지역산업정책과 경로의존 속에 있는 성장구조의 작동시스템에 대한 관점을 바꾸어야 한다. 먼저 지역의 경제 산업정책에 대한 자율성과 주도성 확보가 중요하다. 새로운 성장동력을 창출하여 과거의 고성장 시대로 회복하는 것은 제한된 예산과 정책, 그리고 취약한 경제구조로는 불가능하다. 혁신적인 새로운 경제정책이 필요하다. 지역발전 정책의 요체는 지방정부가 자기책임 하에 스스로 살림을 살 수 있도록 제도적 장치를 마련하는 것이다. 정부의 권한과 재정 그리고 책임을 지방정부로 대폭 이양해 지방정부가 지역발전의 주도적 역할을 수행해야 한다. 지역정부의 자율성과 독립성에 근거한 지역발전정책의 구조적 전환이 시급하다. 자율성과 독립성이야말로 새로운 지역발전정책의 가장 핵심적 요소이다. 자율성과 독립성을 중앙정부가 어떤 방식으로 보장해주는가가 새로운 지역발전정책의 핵심이라고 할 수 있다. 이는 국정철학에 관한 문제이다. 또한 지역이 연대해서 정부에 권한과 예산의 이전을 요구하고 쟁취해야할 우리의 문제이기도 하다. 다음으로 유럽을 중심으로 추진되고 있는 스마트전문화(Smart Specialization)의 지역착근이다. 스마트전문화를 통한 기존의 성장시스템을 혁신함으로써 경로를 바꿀 수 있는 실마리를 찾을 수 있다. 스마트전문화는 혁신자원의 최적화와 지역환경을 가장 잘 활용하는 방안이다. 혁신주체의 역량도 연계융합하여 최대화하고 수요중심의 기업가적 발견을 통하여 성공가능성이 높은 사업을 발굴하고 이를 일관된 정책 속에서 추진함으로써 축적구조를 만들어 갈 수 있다. 스마트전문화는 장소 중심의 지역정책에 기초한 지속적인 혁신과 지역산업의 투자 효율성 증대를 모색하는 전략이다. 스마트전문화는 지역의 독특한 자산과 혁신역량을 기반으로 특정 산업에 특화하여 관련 산업으로 다각화하는 것을 말한다. 특성화에 의한 전문화 전략은 선정된 신성장동력산업에 예산과 정책을 집중할 수 있다. 다각화 전략은 선정된 신성장동력산업과 연관된 산업으로 확장이 가능하다. 전문화 전략은 규모의 경제를 활용하여 특정 산업에 집중하여 생산비용을 절감하며 다각화 전략은 범위의 경제를 활용하여 파급효과를 제고하고 연관산업을 발진시긴다. 자원과 역량이 제한되어 있는 부산지역에서는 최적의 성장전략이라고 할 수 있다.[3)]

둘째, 부산지역 경제가 기존 성장경로를 탈피하기 위해서는 혁신 주도형 성장전략으로 바뀌어야 한다. 기존에는 생산요소의 양적 투입이 중심이다. 혁신주도형 성장전략은 혁신이 중심이다. 인적자원, 지식활용 등을 포함하여 기술을 통해 총요소생산성을 증대시켜야 한다. 기업환경을 지속적으로 개선하면서 민간부문의 연구개발 투자를 확대시키고 이의 사업화를 촉진해야 한다. 기업이 성장하기 위해서는 기업가정신을 고취시킬 수 있는 교육프로그램이 중요하다. 교육프로그램과 창업을 확산시키기 위한 대대적인 지원이 필요하다. 기업과 글로벌시장의 연계를 강화해 나가면서, 기업관련 행정절차 및 요건을 간소화하는 것도 중요하다. R&D프로그램의 독자적 구축과 함께 민간과 공공부문 간의 파트너십을 강화해 나가야 한다.

셋째, 고부가가치형 서비스산업 육성도 필요하다. 선진국의 경우 서비스산업을 국가에서 육성할 뿐만 아니라 대도시도 성장동력으로 키우고 있다. 제조업의 성장과 생산성 제고를 위해서도 서비스업의 역할이 필요하다. 제조업의 투입요소가 되는 서비스R&D 뿐만 아니라 새로운 소비시장, 생산 및 소비플랫폼 등을 집중 육성해야 한다. 이러한 과정을 거쳐 제조업의 효율성이 제고될 수 있을 것이다.

부산지역 서비스산업의 지역내 비중은 확대되었다. 기반산업으로 성장도 하였다. 그러나 부가가치 비중이 고용비중에 비해 크게 낮다. 이는 전반적인 생산성 수준이 낮다는 것을 의미한다. 제조업이나 선진국에 비해서도 저조하다. 성장기여도가 높

---

3) 주수현 외(2020)

은 생산자서비스의 비중도 선진국에 비해 낮다. 이로 인해 제조업-서비스업 간 산업연관도를 높이는 데도 역할을 할 수 없다. 따라서 서비스산업을 성장동력원으로 바꾸기 위해서 생산자서비스업을 육성해야 한다. 성장잠재력이 큰 서비스부문에 대한 집중적 지원을 해야 한다.

넷째, 제조업과 서비스업은 상호보완적 관계이다. 이제 기존의 제조업 중심의 지역클러스터 정책이 변해야 한다. 제조업과 서비스업을 결합하는 것이 중요하다. 융복합형 산업클러스터정책으로 전환되어야 한다는 것을 의미한다. 제조업과 서비스업은 부산이 포기할 수 없는 양대 축이다. 부산이 산업적 균형을 맞추고 서비스업 관련 부서 및 업무를 재조정해 서비스업 전반에 대한 통합 관리가 필요하다. 기존의 아이템 위주의 단발형 이식구조에서 벗어나야 한다. 서비스업이 산업적 위상을 확보하는 것은 부산이 글로벌 도시로 가기 위한 기본 요건이다. 이를 위해서는 체계적인 육성 지원책이 뒷받침되어야 한다. 서비스업과 연계된 제조기반이 있는 동남권은 경제력이 뒷받침되는 세계적인 집적지이다. 서비스업이 제조와 연계되어 발전할 수 있는 시장을 확보하고 있다는 것을 의미한다. 지식집약적 제조업을 육성하고 이를 통해 양질의 일자리를 창출해야 한다. 이는 지식서비스 산업을 체계적으로 육성해야만 가능하다. 지식서비스산업의 성장과 경쟁력 제고에 주력하고, 지식서비스산업과 주력산업과의 동반성장이 가능한 선순환 구조를 구축하는 것이 중요한 과제라고 할 수 있다.

다섯째, 4차 산업혁명시대를 맞아 신성장산업을 만드는 것도 중요한 과제이다. 산업사이클에서 다양한 산업이 혼재하여 역동성을 가지고 동태적 비교우위를 확보해 나가야 한다. 새로운 성장산업은 수요가 크게 증가하고 생산성도 높다. 새로운 성장산업으로는 인공지능(AI), 가상현실(VR), 사물인터넷(IoT), 플랫폼경제, 빅데이터, 수소차, 2차전지, 로봇, 바이오, 드론 등을 들 수 있다. 이러한 산업을 중심으로 기술과 산업의 융·복합이 촉진되어야 한다. 이를 신성장동력화해야 한다. 신성장산업이 발전하기 위해서는 벤처캐피털시장이 활성화되어야 하며 기업가정신의 함양을 위한 집중적 노력도 있어야 한다. 신기술산업에 대한 투자도 중요하다. 이러한 투자가 성장잠재력을 확충시키고 동태적 비교우위를 확보해 주기 때문이다. 현재의 비교우위 구조를 지속할 경우, 지속적 성장잠재력의 확충과 동태적 자원배분의 효율성은 보장되지는 않는다. 따라서 미래 신산업 투자를 통해 현재의 비교우위구조에 의존하는 산업구조에서 벗어나야 한다. 산업구조 고도화를 위해 지자체의 적절한 역할이 중요하다.

여섯째, 산업 및 인력의 특성에 맞는 교육훈련 프로그램을 통해 인공지능과 서비스업에 투입될 인력을 효과적으로 양성해야 한다. 전문인력의 양성은 서비스업의 발전에 핵심요소로 작용한다. 서비스업과 관련성이 있는 여성·고령·청년의 유휴 인력을 제대로 육성하여 경제활동에 참가할 수 있도록 해야 한다. 여성인력이 경제활동에 참가할 수 있도록 선진국 수준의 보육시설 확충이 필요하다. 차별적인 관행을 제거하여 여성친화적 일자리 환경을 조성하는 것도 필요하다. 가사와 시장노동을 병행할 수 있는 단시간근로, 재택근로 등의 활성화방안이 마련되어야 한다. 고령근로자의 취업이 늘어날 수 있도록 상대적으로 육체적 능력이 덜 요구되는 유통, 개인서비스업 등으로의 고용 확대를 유도해야 한다. 고학력 청년인력의 수급불일치를 해소하기 위하여 기업수요에 부응하는 고급인력 양성체계를 구축하고 고용정보시스템을 확충 및 내실화하는 것이 필요하다.

일곱째, 기술력을 가진 글로벌 기업을 육성하는 것이 중요하다. 중국, 베트남 등 후발국의 추격에 대응하기 위해 지식 및 자본을 효과적으로 집약시켜 나가야 한다. 기술간 융·복합화로 새로운 기능을 부가하고 대체산업 육성에 지역역량을 집중해야 한다. 또한 광역권 경제공동체 형성을 위해 장단기적 대책이 필요하다. 경제체질 개선은 부산이라는 도시 자체의 변화를 의미한다. 광역경제권 정책은 글로벌 허브 전략과 연계되어 있다. 핵심도시를 중심으로 대도시권 육성정책으로 변화하고 있기 때문이다. 대도시권의 중심도시는 새로운 비즈니스를 창출할 수 있는데 이 비즈니스는 우수한 인재, 지식자원과 자본을 기반으로 만들어 진다. 따라서 부산지역은 중심도시로서 매력도를 증가시켜 나가야 한다. 광역권을 리드할 수 있는 주체적인 기능을 확보하는 것이 중요하다. 그러나 현재의 광역권 형성 정책과 예산으로는 이해갈등만 심화시키고 실질적 효과는 미흡하다. 통합, 분권과 조세제도 개편 등을 통한 물적 토대를 확보하기 위해 정부에 지속적으로 요구를 해야 한다.

동남권이 메가시티로서 글로벌 경쟁력을 확보하기 위해서는 자체 노력이 우선되어야 한다. 세 지역이 연계되고 상생을 인식하기 위해서는 교통 인프라 구축에 대한 공동정책이 필요하다. 동남권내 도시들은 산업간 연관관계가 깊다. 따라서 독자적인 광역경제권으로 발전하기 위해서는 교통인프라가 상호 연계되는 것이 필요하다. 이를 통해 울산, 거제, 창원 등 기존 제조기반 도시들과 연계성이 강화될 것이며 신성장 동력을 키울 수 있는 핵심 인프라로 작용할 것이다. 특히 철도망 위주로 광역 연계를 강화하는 것이 중요하다. 철도망은 혼잡비용 절감이 가능하고 환경을 보호할 수 있다. 동남권 광역교통 전담기구를 통해 장기적 사업을 추진해 나가는 것도 필요하다.

또한 중심도시인 부산이 광역차원의 거버넌스를 구축하고 주도해야 한다. 각 지자체, 테크노파크, 연구원 등 공식적 조직뿐만 아니라 민간차원의 다양한 광역적 거버넌스 구축을 유도하고 지원해야 한다. 민간차원의 다양한 거버넌스가 구축되고 여러 가지 학습과 시행착오가 축적되어 일정한 룰과 이를 위한 제도적 장치가 만들어 진다면 광역경제권 형성을 위한 실질적 진전이 이루어 질 수 있다. 부산시는 중심도시 기능을 확보한다는 거시적 차원에서 리더십을 발휘하여 주도적 역할을 감당해야 하며 많은 부분에서 양보를 통해 실질적인 광역경제권을 형성하는 역할을 담당해야 한다.

마지막으로 사회적 자본의 형성이 시급하다. 여러 곳에서 도덕적 해이와 신뢰시스템의 붕괴가 다발적으로 나타나고 있다. 서구 선진사회의 오늘은 사회 부조리에 대한 시민사회의 공동체적 대응과 함께 다양한 사회적 이슈에 대한 공공의 이익관점에서 문제를 해결한 오랜 역사적 경험이 있다. 압축 성장을 수행해 온 우리가 가질 수 없는 선진 시민사회의 역량이다. 사회적 신뢰, 시민의식의 제고 등을 포함한 사회적 자본 형성을 위한 다양한 노력만이 우리가 가진 잠재적 역량을 현재화하고 극대화할 수 있으며 바로 부산의 미래를 푸는 실마리가 될 수 있을 것이다.

도시는 유기체로서 진화 발전한다. 우리가 희망을 가지고 우리의 문제를 진지하게 진단하고 우리가 가진 것을 최적화하면서 외부의 힘을 활용한다면 우리의 미래는 밝을 것이며 장기적으로 우리 자녀들이 살만한 도시가 될 수 있다. 우리 모두가 함께 인식을 같이하고 힘을 합쳐야 할 때이다.

5부 문화

PART 5

부산의 아날로그적 관광 콘텐츠

15장

I '관광', 어떻게 바라볼 것인가

우리는 관광을 막연한 환타지로 보고 과대평가하거나 아니면 아주 천박한 모습으로 평가하는 경우가 많다. 관광을 바라는 보는 시각 또한 제각각이다. 따라서 관광이 지니는 철학과 가치에 대해 되짚어볼 필요가 있다.

1. '관광: 觀光' 바로 보기

관광(觀光) 이란 지역이 갖고 있는 다양한 자원 즉 전통과 문화, 자연생태, 관습, 지역민의 생활모습과 생활자원 등을 관찰하는 여행을 의미한다. 觀光이란 단어 역시 관찰한다는 의미를 지닌 '관(觀)'과 다른 지역의 문화를 의미하는 '광(光)'으로 이루어진 단어이다. 이러한 관점에서 관광이란 지역의 문화와 문물, 자연, 전통 등을 관찰하고 교류하는 것을 의미하며, 단순히 놀러 다니거나 돌아다닌다는 것을 의미하는 것은 아니다. 결국 관광이 지니는 가장 큰 가치는 만남과 교류이며 관광객과 지역주민 간의 만남과 교류, 상호작용은 관광이 지니는 궁극적 철학이기도 하다.

▸그뤽스만(R. Glucksmann)의 관광에 대한 정의

→ 체재지역에 일시적으로 머무는 사람(관광자)과 지역주민 간의 관계로 정의하고 있음
→ 관광을 인간(관광자)과 인간(지역주민)의 만남과 교류에서 발생되는 사회·문화적 영향의 측면에서 바라보는 것으로, 관광과 지역사회의 총체적 관계의 중요성에 주목

2. "관광"에 관한 오해

관광이 우리 인간 혹은 특정 지역사회에 가져다주는 다양한 긍정적 부정적 효과

를 한마디로 표현할 수는 없다. 그 지역이 갖고 있는 고유의 특성과 관광의 다양한 형태가 서로 다른 영향을 가져다주기도 한다. 다만 우리는 지역의 관점에서 관광을 지나치게 경제적 이익을 가져오는 긍정적인 효과로만 보고 과대평가하는 경우가 많다. 우리가 관광에 대해 오해하고 있는 부분을 나열해보면 다음과 같다.

1) 관광은 굴뚝 없는 무공해 친환경산업이다?

대형 리조트와 호텔, 골프장 등을 비롯한 대규모 관광시설개발로 인한 엄청난 자연환경 훼손과 쓰레기와 오·폐수발생, 막대한 전력소모는 관광산업의 가장 큰 현실적 문제이다. 이는 제조업분야에 비해 관광산업이 결코 친환경 산업이라고 할 수 없는 중요한 이유이기도하다. 오히려 대규모 관광시설물로 인해 일시에 많은 관광객이 몰림으로써 지역에 교통체증을 가져오고 배기가스를 배출함으로써 관광산업이 공해를 발생시키는 주범이라는 낙인이 찍히기도 한다.

관광객이 타고 다니는 승용차, 비행기 등 교통수단이 소모하는 막대한 화석에너지원에 대해서는 새삼 언급할 필요조차 없다. 관광객이 사용하는 엄청난 일회용품, 먹고 버리는 음식쓰레기들로 인해 지구는 몸살을 앓고 있는 것이 사실이다.

이러한 대중관광(mass tourism)의 폐해를 완화하고 해결할 수 있는 방안 중 하나가 그린투어리즘(green tourism)과 에코투어리즘(eco tourism) 그리고 슬로투어리즘(slow tourism) 등 이라고 할 수 있다. 관광객의 관광패턴과 행동양식 그리고 더 나아가 관광인식변화가 필요하다. 관광산업은 친환경적으로 기업경영방식과 철학으로 바꾸는 것이 필요하다. 국가부문에서 대규모 관광개발을 할 때도 환경훼손과 이후 소모될 화석에너지원에 대한 면밀한 검토와 배려가 필요하다. 그러나 이러한 노력들이 이루어진다 해도 향후 발생할 거대한 관광수요를 고려한다면 지극히 소극적인 대안에 불과하다는 것이 관광을 둘러싼 가장 심각한 딜레마이기도하다.

2) 지역경제의 동력이 될 수 있다?

관광이 지역에 미치는 긍정적 효과는 매우 많다. 지역의 관광관련 산업(호텔, 항공, 쇼핑, 등) 발전, 고용증대에 따른 지역민 소득증대, 지역 전반에 경제적 기여효과, 국가나 지역의 대외적 브랜드 가치향상, 지역민의 지역에 대한 자부심, 지역의 전통문화의 재발견과 재해석, 지역의 유휴자원의 재활용 등을 들 수 있다.

반면 지역의 생태환경파괴, 전통문화파괴 및 전통문화의 상업화, 전통적 질서와 규범의 파괴 등 그 국가나 지역의 문화적 피해가 발생할 우려가 있다. 각종 공해유발, 외부의 거대자본(대규모 상업적 관광시설 유치 등)에 의한 지역의 전통산업기반의 훼손이나 지역의 중소상권의 잠식 우려가 있다. 또한 이로 인한 지역민의 상대적 박탈감과 각종 개발이해관계를 둘러싼 지역 내 갈등 유발 가능성이 높아진다. 예를 들면 특히 제3세계 국가의 경우 다국적 대기업이 들어가서 수천 년, 수백 년 전 문화유적이나 생태계를 무분별하게 개발하여 대규모 관광지를 조성하여 일시에 많은 관광객을 유치하는 것을 볼 수 있다.

하지만 지역사회가 관광산업을 통해 얻을 수 있는 것은 지역민의 단순노동에 의한 싼 임금에 불과하고 지역민들은 여전히 가난한 생활을 면치 못하는 상황이 종종 발생하기도 한다. 심지어는 관광으로 인한 지역 내 경제적 불균형으로 내부갈등은 물론이며 주민인권(사생활 침해 등)과 지역에 대한 자부심을 상실하게 되는 경우도 많다. 관광개발로 인한 급작스런 지가상승 등으로 인해 지역 내 전통산업의 기반이 무너지면서 극히 일부의 사람만 경제적 혜택을 누리게 되어 계층 간 갈등이 야기되기도 한다. 또한 관광객과 지역민 간의 경제적 위치의 격차로 인해 지역민의 전통적 문화와 지역문화가 무시되는 경우도 있다.

이러한 부정적 영향은 지역이 가지고 있는 역량 수준과 경제구조에 따라 더 심화되는 경우도 있다. 지역의 경제적 자립 역량이 취약한 지역(오지 및 농어촌 지역)이나 제 3세계 국가의 경우 관광으로 인한 수익 역시 역외유출로 이어질 가능성이 있는 것이다. 대규모 첨단시설의 유치와 운영은 다국적 기업의 외부자본에 의존하게 되며 관광으로 인한 다양한 편익이 그 지역이나 국가로 온전하게 흡수되지 않을 가능성이 높다.

이러한 문제를 해결하기 위해서는 철저하게 그 국가나 지역의 현실에 맞는 단계별 관광개발 과정이 필요하다. 동시에 지역의 전통산업기반을 최대한 보장하면서도 지역민의 고용과 지역의 원자재를 최대한 활용하는 방안을 모색할 필요가 있다.

3) 자동차 산업 등 제조업보다 관광산업이 경제적 부가가치가 높다?

종종 관광산업의 경제적 파급효과를 설명하면서 자동차 산업보다 관광산업의 승수효과가 더 높다고 한다. 이는 관광산업과 자동차산업이 모두 다양한 분야와 함께 어우러진 복합산업이라는 특징으로 인해 두 산업이 자주 비교의 대상이 되기도 한다. 단기적 관점에서 관광유치를 통한 승수효과 즉 경제적 가치사슬의 수치적 의미는 자동차 등과 같은 제조업보다 높게 나타날 수 있으나 이는 일시적 착시현상에 불과하다. 지역의 산업생태계의 다양성은 지역존립의 지속가능성을 좌우하기에 지역의 특화산업과 관광이 동시에 균형 있는 발전을 이루어야 한다.

타 산업(1차산업과 2차산업 등)의 균형적 발전 없이 관광산업에만 주력할 경우 세계적 경제변화, 기후변화, 외교관계의 변화에 따라 국가나 지역 전체의 경제가 취약해질 수 있다. 특히 관광은 외부환경의 영향에 매우 민감한 편이다. 관광지는 다양한 지역적 매력 즉 그곳에 가고자 하는 이유(매력물)들이 그 지역에 산재해야 하는 것이다. 따라서 지역의 산업생태계(1차, 2차, 3차 산업) 모두가 잘 유지되어야 관광 매력물 역시 다양해질 수 있으며 관광도 활성화될 수 있다. 그리고 관광에 따른 효과흡수도 최대화할 수 있다. 결국 타 산업분야와 균형 발전할 수 있는 틀을 갖추어야 한다.

세계적 관광대국들은 특정한 산업분야가 아닌 전 산업이 고르게 발전된 곳이 많은데 세계 3대 관광대국인 프랑스, 미국, 스페인 등이 그 대표적 사례라고 할 수 있다.

Ⅱ 부산 관광의 현황

1. 통계수치를 중심으로 한 부산관광 동향

1) 외국인 관광객 동향

2019년 기준 국제 관광객 수는 약 14억 6천만 명에 다다르고 있으며 이들은 USD 1,481 Billion의 지출을 한 것으로 나타났다.(UNWTO, 2021) 해마다 세계적으로 각종 테러, 유럽의 난민 문제, 국가 간의 갈등, 질병의 확산 등의 다양한 여행 악재가 있었음에도 불구하고 국제 관광객 수는 지속적인 성장을 나타내고 있다. 2009년 이후 약 10여 년 동안 세계 관광관련 수입은 54%나 증가하였는데 이는 세계 GDP성장률 44%를 훨씬 상회하는 것이다. 중국은 아시아에서 가장 큰 아웃바운드(자국민을 외국으로 관광을 내보내는) 시장으로 성장하고 있다.

한편 우리나라를 방문하는 외국인 관광객(방한 외래객, outbound)은 2017년 사드문제로 인한 중국과의 관계 악화, 북한의 도발로 인한 한반도 위기설 고조 등 정치적 환경으로 인해 1,336만명으로 전년대비 일시 감소했으나 2018년 1,535만 명, 2019년 1,750만명 등 평균 15%의 성장세를 보여 왔다.(한국관광공사, 2021) 다만 2020년은 코로나(COVID19)로 인해 252만 명으로 급감한 상태이다.

우리나라를 방문한 외국인 관광객 중 부산을 방문하는 외국인 관광객은 2018년 247만 명, 2019년 268만 명에 이르고 있으며 한국을 방문하는 전체 외래관광객의 각각 14.7%와 14.1%를 차지하였다. 이것은 다른 시군단위보다 월등한 점유율이다. 부산 역시 코로나로 인해 외국인 관광객 감소가 발생하였으나 부산관광의 수요는 2023년 5월 코로나 이전 상황의 90% 이상의 회복을 보일 것으로 예상하고 있다.(부산관광공사, 2021a)

2019년 부산을 방문한 외국인 관광객을 국적별로 보면 일본, 중국, 베트남 순으로 인근 국가들이 대부분을 차지하고 있다. 특히 주목할 만한 것은 중국과 일본 관광객의 비율이 낮아지고 상대적으로 베트남, 말레이시아, 태국 등의 증가가 두드러진 것이다.

표15-1 2019 부산 방문 외국인 관광객

국가	관광객 수	구성비	2018 대비 증감률
일본	57만 7,496명	21.5%	2.5%
중국	36만 4,744명	13.6%	15.6%
베트남	12만 9,237명	4.8%	27.4%
말레이지아	8만 3,547명	3.1%	21.0%
태국	7만4,678명	1.8%	40.8%
싱가포르	5만 1,215명	1.9%	30.7%
전체 관광객	**268만 7,742명**		

2019년 부산을 방문한 외국인 관광객에 대한 실태를 보면 다음과 같다(부산광역시, 2021a). 부산관광에 대한 만족도는 89.6점으로 평가되었으며 특히 치안, 음식, 모바일/인터넷 이용편의, 출입국 절차 등에 대하여 중요하게 생각하고 만족도가 높았다. 아울러 응답자의 90.6%가 향후 부산을 재방문할 의향이 있음을 밝히고 있다. 부산 방문 목적은 관광, 여가, 위락, 휴식 등이었으며 특히 음식/미식탐방에 큰 관심을 보였다. 대체적으로 인터넷 포털사이트를 통해서 부산 관광 정보를 수집하였다. 약 2박3일의 체류기간이 27.9%로 다수를 차지하였으며 체류기간 동안 평균 USD 601.3를 지출하였다.

표15-2 2019 부산 방문 외국인 관광객이 주로 선호하는 곳

구분	선호 방문지	선호도(%)	비고
1	감천문화마을	64.6	감천문화마을은 미주 및 구주 방문객, 자갈치 시장은 일본방문객의 선호가 높았음
2	자갈치 시장	59.5	
3	BIFF 광장(남포동 일원)	56.6	
4	해운대 해수욕장	55.0	
5	국제시장	50.0	
6	서면 일원	43.6	
7	송도 해수욕장	29.1	
8	광안리 해수욕장	26.1	
9	용두산 공원	24.1	
10	해동용궁사	16.5	

방문경로(2019 기준)를 살펴보면 김해공항을 통해 오는 경우가 47.5%, 부산항은 9.5%, 인천공항 34.7, 김포공항 3.2%이다, 과반수에 가까운 방문객이 국내의 다른 지역을 경유하여 오는 것으로 나타나고 있다. 다양한 직항노선이 없으며 24시간 운영이 불가능한 공항의 한계를 보여준다. 더욱이 타 지역 경유를 통해 부산을 방문하기에 체재일수가 짧은 수밖에 없는 한계도 보여주고 있다.

2) 내국인 관광객 동향

부산을 방문한 내국인(유료 및 무료관광지 방문객수)은 2017년 820만명, 2018년 861만 명으로 나타났다(KOSIS 국가통계포털, 2021). 부산광역시는 2019년 관광진흥계획을 통해 내국인 관광객 3천만 명이라는 야심찬 목표를 제시한 바 있다(부산광역시, 2019).

최근 들어 증가추세에 있는 지역들은 강원, 전북, 경북 등 인데 이는 전국 고속도로 망의 확장이 가장 큰 이유라고 볼 수 있다. 부산 역시 부산을 배경으로 한 각종 드라마 및 영화, 각종 컨벤션 및 대형 행사 등으로 인해 부산의 관광콘텐츠가 전국적으로 알려졌다. 그리고 최근 10년 사이 동부산 일대의 관광명소도 한몫을 한다고 할 수 있다. 특히 광안대교의 풍경, 동백섬일원, 마린시티 등의 경관과 해양자원이 큰 역할을 하고 있다. 또한 동구 이바구길, 영도의 흰여울 마을, 감천문화마을 등 도시재생을 통한 생활자원 콘텐츠의 개발도 부산관광콘텐츠를 보다 풍요롭게 하고 있는 것이 사실이다.

2020년 부산여행 관련 인스타그램의 주요 상승 키워드를 보면 사진, 기장, 흰여울 문화마을, 해리단길, 2020 부산여행 소셜미디어 인기 해시태그를 보면 부산맛

집, 해운대(해운대 맛집), 부산 가볼만 한 곳, 먹스타그램, 카페(부산카페) 등이 높은 순위를 점하고 있다.(부산관광공사, 2021b)

2. 부산 관광의 과제와 방향

매년 외래 관광객 수와 각종 국제 행사개최도 증가하고 있어 부산의 관광 성장은 나름의 의미를 가진다고 볼 수 있다. 부산은 2017년 기준 국제회의도시 세계 7위, 아시아 4위를 기록하였다. 세계적인 여행미디어 '론리플래닛'은 2018년 아시아 최고의 여행지 1위로 부산을 선정한 바 있다. 또한 세계적인 수준의 관광도시로서 거듭나기 위해 2020년 국제관광도시로 지정되었다.

그러나 부산의 관광관련 주요정책들은 여전히 중국인 중심의 단체관광, 크루즈 관광 유치 등에 중심을 두고 있다. 이는 관광객 유치를 수치중심으로 보는 시각 때문이다. 지역관광에서 중요한 포인트는 관광객 수보다는 '체재일수', '1인당 소비지출액', '재방문율' 그리고 '관광객의 다양성' (관광객의 출신지, 관광형태)이다. 체재일수와 1인당 소비지출액은 그 지역의 관광파급효과와 밀접한 관련이 있다. 체재일수와 재방문율은 그 지역이 얼마나 다양한 관광콘텐츠를 가지고 있느냐를 가늠하는 척도가 된다. 시장의 다양성은 그 지역이 다양한 잠재적 외부환경의 변화에도 지속가능한 관광이 유지될 수 있느냐를 가늠하게 한다. 이러한 관점에서 부산관광의 과제를 살펴보고자 한다.

1) 관광객의 다양성을 확보할 필요가 있다.

한때 부산은 중국인과 일본인 관광객이 전체 50%이상을 차지한 바 있으나 최근에는 부산방문 외래 관광객의 절대 감소와 함께 중국인 및 일본인 비율이 각각 13.6%와 21.5%로 동반 하락 중에 있다. 따라서 비교적 구성비가 높은 중국 및 일본 등 주력시장에 대한 마케팅 강화와 함께 대만 및 동남아시아 등 성숙 및 성장시장에 대한 시장 다변화 전략 즉 관광객의 다양성을 확보할 필요가 있다.

전 세계적으로 증가추세인 중국인 관광객과 관광산업 중에서도 강력한 성장세를 보이고 있는 크루즈선박 취항을 적극적으로 유치해야 한다. 그러나 다양한 국적의 관광객이 올 수 있도록 그리고 개별여행객이 증가할 수 있는 정책도 병행할 필요가 있다. 특정국가 중심의 관광객 유치정책만 고수할 경우 향후 외부환경 즉 사회경제적 변화, 자연재해와 질병, 외교적 문제가 발생할 경우 매우 취약한 상황이 될 수 있다. 또한 도시전체의 관광콘텐츠가 특정국가 중심으로 편향될 가능성이 있어 국제적 도시의 위상에도 걸림돌이 될 소지가 있다.

2) 단기체재와 짧은 동선을 극복하고 재방문율을 높이기 지역콘텐츠 활용이 필요하다.

현재 부산의 전통적 주요 방문지는 해운대, 서면일대, 대형백화점과 면세점 등지이며 최근 들어 원도심 일원, 도시재생지역 등 갈수록 방문객의 동선이 확대되고는 있다. 그러나 아직 서부산권 등으로의 동선확대는 여전히 미흡한 상황이다. 제6차 부산권 관광개발계획에 의하면 서부산권은 수변생태 및 신산업관광권으로 설정되어 있다. 부산진구의 서면은 빅데이터 상으로 볼 때 서부산 뿐만 아니라 부산관광 공간 중 1위다. 도심에서의 음주가무가 가능한 때문인 것으로 보인다. 한편으로 전포카페거리 등 새롭게 주목받고 있는 관광콘텐츠가 나타나기도 하였다. 관광콘텐츠가 다양하면 자연스레 재방문율과 체재일수가 증가할 수 밖에 없으며 결과적으로 관광객 1인당 소비지출액도 증가하게 된다. 특히 2020년 코로나19로 인하여 부산도 예외 없이 방문객 감소 및 관광산업 생태계가 피해를 입었지만 비대면 디지털 융합관광 및 안전과 위생을 중시하는 새로운 부산관광의 이미지를 구축한다면 충분한 회복이 가능하다. 따라서 포스트코로나시대를 대비하여 부산만이 가지고 있는 청정한 자연생태와 생활형 인문관광자원을 중심으로 지역콘텐츠를 만들어 나갈 필요가 있다.

3) 도보 및 대중교통 여행객(이른바 개별 여행객)을 위한 적극적인 대응이 필요하다.

단체관광객, 개별관광객 모두 중요한 시장이다. 그러나 관건은 이 두 가지의 형태가 모두 균형을 이루어야 한다는 점이다. 관광행동적 관점에서 보면 관광자가 관광경험이 많지 않거나 위험관광지로 인식될 경우 단체관광의 형태를 취하게 되며 이후 관광경험이 익숙해지게 되고 안전한 관광지로 인식되면 개별여행의 형태가 증가하게 된다. 그리고 개별여행의 패턴은 단체관광객에 비해 외부환경적 요인에 의한 영향이 상대적으로 작다고 볼 수 있다. 다시 말해서 경기변동, 전염병, 외교문제 등으로 인한 수요의 변화가 덜하다고 할 수 있다. 그리고 개별여행객은 재방문율도 높으며 특정지역의 팬이 될 가능성이 훨씬 높다. 이러한 측면에서 볼 때 부산은 '개별여행하기 좋은 도시'라는 이미지가 매우 중요하다. 부산은 역동적이고 파워풀한 이미지로 비교적 남성이 선호하는 도시로 알려져 있다. 따라서 여성이 주도하는 현대 관광트렌드에 맞게 여성의 감성을 자극할 수 있는 여성친화형, 여성무장애 관광콘텐츠 발굴이 필요할 것이다.

4) 관광을 통한 지역경제(지역의 상권)와의 연계를 활성화하기 위한 적극적인 정책적 노력이 필요하다.

크루즈 및 단체관광객에 치중될 경우 대형여행사(버스회사 등), 호텔, 면세점과 백화점의 매출은 증가할 가능성은 있으나 지역의 소상권에는 파급효과가 거의 미치지 않는다. 향후 관광객의 이동 동선, 콘텐츠개발을 통해 지역의 상권과 연계할 수 있는 정책과 방안이 요구된다.

Ⅲ 부산의 아날로그 관광(觀光) 콘텐츠

1. 부산의 아날로그 관광 잠재력

부산은 세계적으로 유례가 드물게 대도시이면서도 산, 강, 바다를 모두 가지고 있으며 역사문화유적을 풍부하게 지니고 있다. 세계적으로 명성을 떨치고 있는 도시들도 대부분 산과 강, 바다를 동시에 가지고 있지는 못하다. 일본의 동경(東京)은 강과 산을 찾기가 어려우며, 프랑스 파리 또한 강만 있을 뿐 바다와 산은 찾아보기 어려운 것이 사실이다. 영국의 런던 또한 그러하며 미국의 뉴욕도 시내에서 산은 보기 어렵다.

강과 바다에 면해있다는 것은 풍부한 생태여건은 물론이며 대내외적으로 인적, 물적 교류가 활발했다는 것을 의미하며 그만큼 다양한 문화와 문명이 꽃피웠음을 의미한다. 또한 산을 많이 가지고 있다는 것은 풍요로운 생태환경여건을 구비하고 있음을 시사한다. 그럼에도 부산은 지금까지 이들 자연자원과 역사문화자원들을 충분히 활용하지 못했다. 특히 자연자원의 경우 바다 자원에만 한정적으로 관심을 기울여왔으며 바다 또한 관광자원으로 다양하게 활용하지 못한 부분이 있다. 영도의 동삼동 패총 등의 역사문화자원을 굳이 말하지 않더라도 부산은 우리나라의 근·현대사에서 가장 중심적인 역할을 해낸 도시이며 이에 따른 다양한 콘텐츠가 숨겨져 있는 것이 사실이다. 오래 동안 부산은 강과 바다를 중심으로 우리나라의 국제적 교류의 시작점이자 중심점 역할을 해왔으며 한국전쟁 속에서는 전 국민의 피난처 역할을 했으며 임시수도이기도 했다. 또한 유엔연합군의 추모기념공원이 있는 세계 유일한 도시이기도 하다.

우리나라 최초이며 100년이 넘는 역사를 지닌 해수욕장(송도), 대도시임에도 국제적으로 유례를 찾아볼 수 없는 철새도래지(낙동강 을숙도)가 있는 곳이 바로 부산이기도 하다. 그리고 역사의 그늘에서 힘들게 삶을 지탱해야 했던 이들이 모여 살던 산복도로 마을은 한국 근·현대사의 현장 교과서이기도 하다.

2. 부산의 주요 아날로그 콘텐츠

1) 낙동강을 중심으로 한 생태자원

낙동강 주변에는 수많은 포구와 나루터의 흔적이 있다. 그 옛날 서울을 비롯한 다른 지역들과의 주요 물류거점 역할을 했던 곳이 바로 낙동강 포구였다. 그래서 구포장터가 우리들 귀에 익숙한 것이기도 하다.

부산에서 경남 낙동강 뱃길을 여는 생태·역사 문화탐방선과 에코센터, 삼락생태공원, 을숙도 등의 서부산권의 생태환경은 대도시권에서 유례가 드문 자원이기도 하다. 부산시는 낙동강생태문화탐방선 운항과 아울러 서부산권의 생태환경 주요 지점을 연결하는 낙동강 에코관광버스 등을 도입하여 에코 자원의 활용을 시도하고 있다.

2) 역사문화스토리콘텐츠

근현대의 역사문화를 고스란히 안고 있는 부산 특유의 주거경관 산동네와 그 주변부를 중심으로 한 일명 스토리 투어코스 또한 부산의 아날로그 콘텐츠라고 할 수 있다. 특히 대표적인 산동네의 콘텐츠로서 부산의 마츄픽츄 감천문화마을, 지중해마을을 연상케 하는 영도의 흰여울마을, 지붕없는 근대사 교과서 초량이바구길, 묘지 위에 들어선 아미동 비석마을 등을 들 수 있다. 이들 산동네 마을은 미래 역사문화유산이 될 수 있는 현장 박물관이며 역사교과서가 될 수 있는 자원이다.

최근에는 이들 마을을 중심으로 한 관광콘텐츠와 관광코스가 주목을 받기 시작했다. 이른바 〈원도심 스토리투어 코스〉이다. 부산 원도심 스토리투어는 국제시장, 영도다리, 동구 이바구길 등 부산 원도심의 6개 코스로 운영되는데 국제시장, 용두산공원, 동구 이바구길, 영도구 흰여울문화마을 등이 포함되어 있다. 이들 마을들은 마을 하나 하나가 근현대사의 지붕없는 박물관이며 교과서이기도 하다. 그리고 후손들의 문화유산이 될 수 있다.

부산의 산동네는 어떻게 형성되었는가?

그림15-1 부산의 전경

산동네에는 광복과 6·25 전쟁을 거치며 모진 풍파를 견뎌왔던 부산과 부산 사람들의 애환과 흔적이 있다. 산복 도로로도 대표되는 부산 산동네의 독특한 경관은 우리나라에서도 유일무이한 공간이다. 부산의 산동네는 일제 강점이라는 역사적 경험과 밀접한 연관성을 가지고 형성되기 시작한 독특한 도시 공간이다. 1920년대 초 부산은 공업과 대일 무역의 성장하였고 이에 따른 대규모 매축공사 등으로 유입되는 우리나라 사람들(당시 조선인) 노동자 수가 급증하게 된다. 일용직 노동자들이었기 때문에 일거리를 얻기 위해 도심부에 쉽게 접근할 수 있는 일본인 거주 지역의 외곽에 있는 산비탈이나 고개에 집중적으로 모여 살게 되었다. 이처럼 산동네의 형성은 일제 강점기에 부산으로 몰려든 부두·방직 노동자들의 고단한 삶의 현장을 담고 있는 산물이었다.

이후 1945년 광복이 되면서 부산은 각지에서 귀환한 동포들이 모여들게 되어 급격한 인구증가로 이어진다. 이후 6·25 전쟁을 피해 부산으로 사람들이 몰려들게 되면서, 부산은 심각한 주택 문제는 더욱 심각해졌다. 물자가 부족하고 사회적으로 매우 혼란스런 상황 속에서 미군들의 폐품으로 나온 깡통을 펴서 엮어 만든 양철 판이나 군수 물자를 포장했던 박스를 사용하여 무허가의 일명 판자집을 짓어 살기 시작했다. 1955~1964년에 부산시는 도시 환경 개선과 미관을 이유로 판자촌에 대한 강제 철거와 철거민들에 대한 도심 외곽 강제 이주를 시행하였다. 그러나 계획적인 이주지는 개발되지 못한 채 강제 철거만 시행되었기 때문에 산동네 특유의 자생적 형태가 유지될 수밖에 없었다.

묘지위에 들이선 마을: 아미동 비석마을

아미동은 1909년 대신동의 화장장이 이전해 와서 1959년에 당감동으로 이전해 가기 전까지 화장장이 있는 마을이다. 이 자리에 화장장이 들어서게 된 이유는 일본인들의 공동묘지가 주거지 외곽의 아미동 산 19번지에 조성되었기 때문이었다. 1876년 부산항이 강제 개항된 이래로 일본인들의 부산 이주는 폭발적으로 늘어나기 시작했다. 개항 전까지 용두산 아래 존재했던 세계 유일의 일본 외 일본인 마을이었던 초량왜관은 일본인들의 전관거류지가 되었다.

일본인의 주거지가 확대됨에 따라 개항 초 외곽지에 형성되었던 복병산(현 중구청이 있는 용두산 맞은편 산)의 일본인들의 공동묘지도 주거 외곽지인 아미동으로 이전하게 되었다. 1945년 8월 15일 해방 함께 일본인들은 부산에서 쫓겨났다. 일본인들이 사라지고 난 뒤 아미동 산 19번지에는 화강암으로 된 납골묘만이 공동묘지 형태로 남았고 1950년 발발한 6.25전쟁 시기 부산으로 내려온 피란민들에 의해 묘지 위로 천막집들이 들어서기 시작했다. 전쟁 후에는 부산시 차원의 산복도로 판잣집 강제철거와 강제이주정책, 화재 등으로 마땅히 갈 곳이 없었던 이주민들은 비교적 일터가 가까운 이곳에 자리를 잡게 되었고 죽은 자의 집은 크기 그대로 산자의 집으로 바뀌게 되었다.

(출처: 네이버지식백과를 중심으로 재정리)

3) 부산만의 유일한 장소콘텐츠

(1) 유엔평화공원

유엔기념공원은 세계 유일의 유엔군 묘지로서, 세계평화와 자유의 대의를 위해 생명을 바친 유엔군 전몰 장병들이 잠들어 있는 곳으로 11개국 2,300명의 참전 용사가 안장되어 있다. 유엔평화공원을 보다 적극적으로 브랜드화한다면 부산이 평화와 우정의 국제적 거점지역으로 성장할 수 있는 충분한 잠재력을 확보할 수 있다. 국제평화와 국가 간 우애를 컨셉으로 국제적 교류의 중심지 역할을 충분히 수행할 수 있는 잠재자원이기도 하다. 관련 국제기구 및 기관유치를 통해 반전(反戰) 운동의 거점도시로서의 이미지를 선점할 수 있다. 최근 미국 뉴욕의 타임스퀘어와 영국 런던 등 대형 전광판에는 6.25전쟁에 참전한 유엔군 용사들을 추모하는 영상이 송출된 바 있으며 〈추모평화음악회〉, 〈유엔참전장병 평화캠프〉 등 다양한 이벤트가 개최되었다.

(2) 부산시민공원

전쟁과 수탈의 아픈 역사를 고스란히 담고 있는 상징적인 곳 중의 하나가 부산시민공원이다. 일제강점기 초기에 경마장으로 사용되다가 2차 세계대전 당시 일본의 군사기지로 되면서 군사용 마필 훈련과 군수물품 보관기지로 사용되었다. 1945년 해방되면서 일본이 물러가고 이후 미군이 들어와서 주둔기지로 사용되다 2006년 폐쇄되었다.

이후 부지 철수와 공여지의 반환을 요구하는 시민들의 요구도 점차 높아져 부지 반환이라는 사회적 분위기가 형성되었다. 1995년에 즈음하여 캠프 하야리아(Camp Hialeah) 이전 및 부지 반환을 위한 각종 시민사회단체가 결성되면서 시민공원 조성 운동이 본격화되었다. 이를 계기로 한·미간 관련 협정을 상호 타결하여 2006년 부지를 폐쇄하기에 이르렀고 2014년 5월 시민공원으로 개장을 하였다.

이곳은 일본과 미국인 등을 대상으로 좋은 스토리텔링 자원이 될 수 있다. 당사국에 대한 원망이나 비난을 떠나 상호 간의 아픈 역사적 관계를 토대로 한 발전적 자원으로 얼마든지 스토리텔링이 가능하다. 가해 당사국들과의 향후 평화적 관계 설정을 위한 관광자원으로 활용이 요구된다. 아울러 시민을 위한 공간으로서 야외 전시 및 공연, 놀이시설 개방 등으로 시민에게 한 걸음 더 다가가는 부산시민공원으로 재탄생하고 있다.

(3) 대한민국 임시정부청사 기념관: 1,000일간의 수도 부산

임시 수도는 본래의 수도가 전쟁 등에 의하여 점령되거나 위험에 처했을 때, 정부에 의해 임시로 수도의 기능을 하는 도시이다. 부산은 6·25 전쟁이 발발한 1950년 8월 18일~10월 27일, 그리고 1·4 후퇴로 1951년 1월 4일~1953년 7월 27일까지 대한민국 정부의 임시 수도였다. 6·25전쟁 발발 후 1950년 8월 18일에 정부 기관이 부산으로 이전되었다. 부산시 서구 부민동(현 부산광역시 서구 부민동)의 경상남도청을 임시 중앙청으로 정하였다. 부산시 청사에는 사회부와 심계원·고시위원회·문교부를 두고, 남전(南電) 경남지부에 상공부를 두었다. 국회는 부산극장에, 사법 기관은 부산지방법원에, 검찰 기관은 부산지방검찰청에 두었다. 그 외에 중앙에 있던 경제·사회·문화·금융·교육 관련 기관들도 부산에 자리를 잡았다. 미국 대사관은 부산 미국문화원에 자리 잡았고, 각국의 외교 기관들도 부산에 자리하였다. 정부는 9·28 서울 수복 후 서울로 환도하였다가 1·4 후퇴로 다시 부산으로 옮겨졌다.

정부의 공식적인 환도는 1951년 8월 15일 서울에서 8·15 기념식을 주관하고 난 뒤부터이며 국회는 그해 9월 1일에 환도하였다. 이로써 전쟁 기간 중 대한민국의 정치, 경제, 사회, 문화의 중심지 부산, 임시 수도 부산의 약 1,000일 간의 임무는 종결되었다. 이곳은 부산만이 갖고 있는 유일한 역사적 장소와 스토리텔링의 자원이기도하다. 임시수도로서의 기능과 흔적들을 재현하고 이를 기념하는 국제적 이벤트와 행사를 고려해볼 수 있다. 우리나라가 가장 어려웠던 시기에 수도의 기능을 해내면서 국가의 중심을 유지해왔던 곳이 바로 "부산"이었다는 사실은 매우 고무적인 사실이기도 하면서 동시에 중요한 역사문화자원이기도 하다.

(4) 부산의 명물 다리: 첨단 마천루의 광안대교와 80년의 세월을 건너온 문화재가 된 부산의 영도다리

광안대교와 영도다리는 부산의 역사적 나이테를 잘 보여주는 대조적 경관 콘텐츠이기도 하다. 우선 광안대교는 7.4km에 이르는 길이로 육지와 바다를 가로지르는 국내최대의 해상복층교량이다. 광안대교는 부산이 국제적 해양도시라는 면모를 그대로 보여준다. 광안대로는 낮에는 해상경관을 바라보는 경관자원을 역할을 하면서 야간에는 최첨단 조명시스템을 통해 야간관광의 주요 콘텐츠로 자리 잡았다. 반면 영도다리(影島大橋)는 우리나라 최초로 연육교(육지와 섬을 잇는 다리)로 2006년 11월 25일 부산광역시 기념물 제56호로 지정되었다. 영도다리는 1934년

11월에 개통된 길이 214.7m, 폭 18.3m의 우리나라 최초의 연육교로 일제강점기, 한국전쟁을 거치면서 많은 타지인들이 부산에서 정착하거나 부산을 거쳐 가면서 친인척들과의 만남과 기다림의 장소이기도 했다. 실제로 전쟁 당시 영도대교에 가면 친인척을 찾을 수 있을 것이라는 막연한 기대로 영도대교 인근은 피난민으로 가득 메워졌고, 이들의 사연을 듣고 상담하는 점집들이 성업하는 등 우리나라 근대사와 함께 해온 구조물인 동시에 근대 부산의 상징적 의미를 갖고 있는 다리이다. 영도대교는 현재 우리나라에 잔존하는 유일한 도개교(bascule bridge)로 희소가치가 매우 높은 교량이다. 일반적인 도개교와는 달리 안벽부에 도개 장치를 설치하고 있는 등 도개 교량의 양식에서도 특이성이 인정되고 있다. 그리하여 한국 교량사(토목)에 있어서도 유례가 없어 근대 교량사를 연구하는 데에 대단히 중요한 교량으로 그 보존 가치가 매우 높다고 하겠다(출처: 위키백과를 중심으로 재정리).

3. 아날로그 콘텐츠를 연결하는 선(線)

관광(觀光)한다는 것은 일시적으로 지역주민이 되어보는 것, 즉 주민 체험을 의미한다. 지역의 음식을 먹고 지역을 상징하고 지역주민이 좋아하는 장소와 대상을 돌아보면서 지역주민이 되어보는 것이 바로 관광인 것이다. 따라서 관광이란 무엇을 먹고 보느냐도 중요하지만 못지않게 어떤 방법으로 돌아보느냐도 매우 중요하다. 대형관광버스를 이용하여 단체로 이동하면서 여행사가 정해주는 주요 목적지를 둘러보는 관광 역시 때로는 매우 효율적일수도 있다. 그러나 이 경우 지역주민으로서의 섬세한 체험을 하기에는 놓치는 부분이 많을 것이다. 역시 걷거나 대중교통을 이용하는 것이 그 지역의 속살을 깊이 관찰할 수 있는 최적의 방법이 될 것이다. 부산을 돌아보는 방법도 마찬가지다 걷거나 자전거로 돌아볼 수 있는 방법, 시티투어로 돌아보는 방법, 도시철도를 따라 돌아보는 방법을 생각해볼 수 있다. 이른바 선을 따라 여행하는 것이다.

1) 걸어서 돌아보기: 갈맷길 코스

부산에는 총 9개의 갈맷길 코스가 있다. 갈맷길은 부산의 상징물인 갈매기와 길의 합성어이다. 사포지향(四抱之鄕, 바다, 강, 산 이외에 추가로 온천을 품은 마을이라는 의미)인 부산의 지역적 특성을 담고 있어 바닷가를 걷다보면 어느덧 산속이고, 산을 벗어나면 강이 있고, 몸이 노곤하면 온천이 반겨주는, 부산에만 있는 길이다(부산광역시b,2021). 도심 내 주요 관광자원을 두루 연결하고 있어 부산의 모든 콘텐츠를 다 돌아볼 수 있는 걷는 길이라는 점이 특징이라고 할 수 있다. 일정 구간마다 인증대를 설치하여 스탬프를 찍어주고 있고, 완주할 경우 갈맷길 완주 인증서도 발급된다. 또한 최근 지도와 수첩이 통합된 갈맷길 여행자 수첩(tourist passport)를 제작하여 시민에게 배부할 계획을 가지고 있다.

① 제 1코스(33.6㎞, 10시간)

임랑해수욕장~칠암~일광해수욕장~기장군청~대변항~해동용궁사~문탠로드 등으로 이어져 주로 해운대에서 동해안 일대의 해변을 연결하고 있다.

② 제 2코스(18.3㎞, 6시간)

문탠로드~동백섬~민락교~광안리해수욕장~이기대~오륙도 유람선선착장으로 해운대와 광안리로 이어지는 해안선을 따라 자연절경을 연결하고 있다.

③ 제 3코스(37.3㎞, 13시간)

오륙도 유람선선착장~부산진시장~국제시장~남항대교~태종대 유원지 입구로 연결되며 이 코스에는 유엔기념공원과 부산의 선사시대부터 근현대사를 볼 수 있는 부산박물관이 들어 있으며 산복도로 마을로 연결된다.

④ 제 4코스(36.3㎞, 13시간)

남항대교~암남공원 입구~감천항~두송반도~몰운대~낙동강하굿둑으로 연결되며 100년 이상의 역사를 자랑하는 우리나라 최조의 해수욕상인 송도를 돌아볼 수 있다.

⑤ 제 5코스(42.1㎞, 13시간)

낙동강하굿둑~명지오션시티~천가교~연대봉~어음포~동선방조제~정거생태마을~천가교로 연결된다. 여기는 아시아 최대의 철새도래지 낙동강하구 을숙도를 가로질러 명지 갯벌에 도래하는 겨울 철새의 군무를 국내 그 어떤 곳보다도 가까이서 볼 수 있다.

⑥ 제 6코스(36.2㎞, 11시간)

낙동강하굿둑~삼락생태공원~삼락IC~구포역~운수사~백양대~성지곡수원지(어린이대공원)로 연결된다. 특히 편백숲이 울창한 성지곡 수원지는 동천의 발원지로 조선의 풍류가 성지(聖知) 스님이 발견한 명당으로 이어지고 있다.

⑦ 제 7코스(22.3㎞, 9시간)

성지곡수원지(어린이대공원)~만덕고개~동문~북문~범어사~노포동 버스터미널~상현마을로 이어지며 이 코스는 온천천과 동래구 일원의 도시경관을 볼 수 있다. 또한 금정산성을 일주하여 부산 전체를 조망하는 시원한 길이기도 하다.

⑧ 제 8코스(17.2㎞, 5시간)

상현마을~회동수원지~동천교(석대다리)~과정교~APEC 나루공원~민락교로 연결되며 회동수원지로 이어지는 길은 2009년 부산 갈맷길 축제 길 콘테스트에서 대상을 받은 바 있다.

⑨ 제 9코스(20.5㎞, 6시간)

상현마을~장전2교~장전마을(철마면사무소)~이곡마을~모연정~기장군청으로 이어지는데 도심속의 생태마을 등을 느껴볼 수 있는 코스이기도 하다.

그림15-2 부산 갈맷길 코스

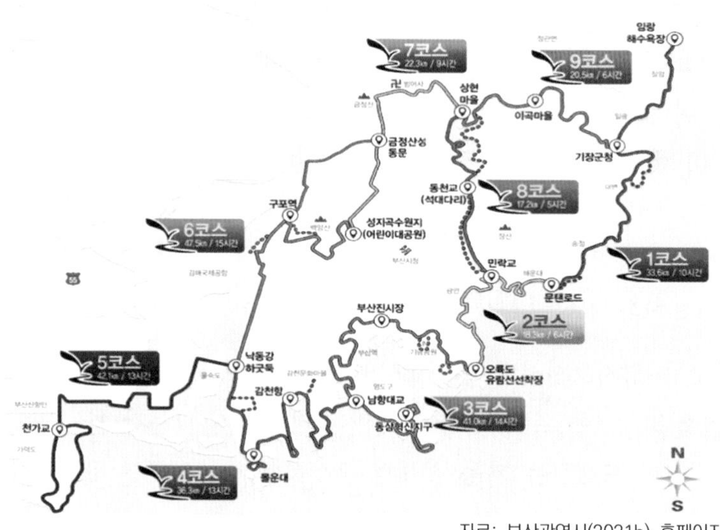

자료: 부산광역시(2021b) 홈페이지

2) 버스타고 관광하는 시티투어 코스

세계 주요도시는 대부분 시티투어버스 운행을 하고 있다. 시티투어버스는 한정된 시간대에 일정한 요금으로 도시의 주요 명소를 한꺼번에 돌아보는데 매우 효율적이며 도시를 이해하는데 도움이 되는 방법이기도 하다. 외국의 경우도 시티투어버스는 독특한 외관과 2층 데크층으로 제작되어 시내 전체를 내려다 볼 수 있는 장점 때문에 외지에서 온 관광객 뿐 아니라 지역주민들도 가족이나 친구, 연인들끼리 많이 이용하기도 한다.

부산에도 시티투어버스가 있는데 부티(BUTI: Busan Tourism Innovation의 약자)가 대표적이다. 시티투어버스의 주요 코스로는 부산역에서 해운대 일대를 운행하는 레드라인, 해운대에서 용궁사까지 운행하는 블루라인, 용호만에서 오륙도까지 운행하는 그린라인이 있다. 이외에도 부산역에서 태종대 일원을 운행하는 점보버스와 야간에 부산역에서 해운대 일대까지 운행하는 2층 버스 야경투어가 있다. 부산의 시티투어버스는 야간운행 투어버스를 제외하고는 예약 없이도 1일 이용권을 구매하여 자유롭게 원하는 지점에서 타고 내리며 명소를 돌아볼 수 있다. 또한 예약 테마코스로 부산역 출발 야경코스와 역사테마코스가 있다.

그림15-3 부산시티투어버스 코스

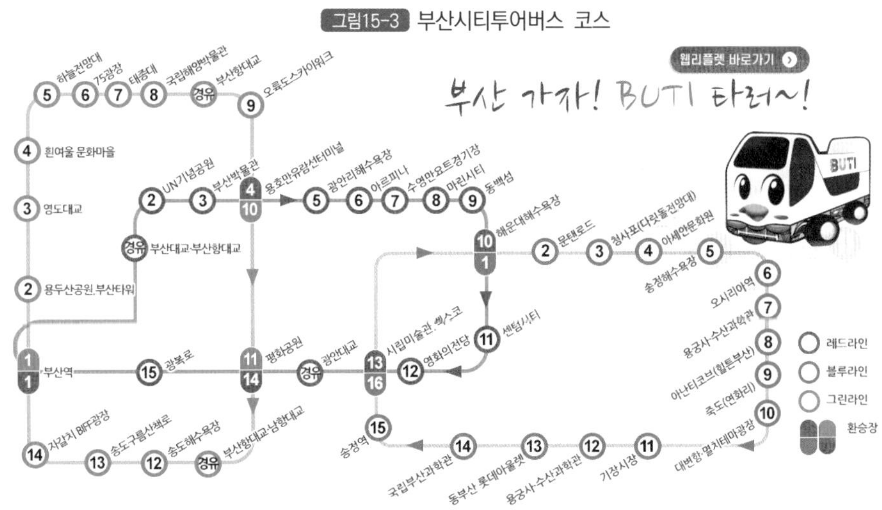

자료: 부산관광공사 부산시티투어(2021) 홈페이지

3) 도시철도로 돌아보는 아날로그 부산

지역밀착형의 관광이 가능한 수단이 아마도 대중교통 즉 도시철도를 이용한 관광일 것이다. 도시철도는 주요 거점지를 가장 촘촘하게 연결하는 교통수단이며 현지인들과의 동일한 교통수단을 동시에 이용한다는 점에서 직접적인 지역 주민체험이 될 수 있다.

부산의 경우 2021년 현재 5개의 노선으로 주요 지역을 연결하고 있으며 또한 김해경전철을 통해 인근 김해까지도 연결되어 있어 도시철도를 이용한 관광코스가 비교적 잘 형성된 편이라고 할 수 있다. 또한 부산교통공사에서는 도시철도를 이용한 다양한 관광코스를 안내하고 있는 「도시철도로 떠나는 부산여행」이란 안내책자도 나와 있다. 여기에는 주요 명소인근의 역 이름과 소요시간, 역에서의 접근방법 등이 상세하게 안내되어 있다.

① 1호선을 활용한 관광코스

- A코스(역사관광)
  임시수도기념관(토성역) ⇔ 근대역사관·영도대교(남포역) ⇔ 동래읍성지(명륜역)
- B코스(문화관광)
  감천문화마을(토성역) ⇔ 자갈치시장·보수동책방(자갈치역) ⇔ 상해거리

② 2호선을 활용한 관광코스

- C코스(역사관광)
  수영사적공원(수영역) ⇔ 부산박물관·UN기념공원(대연역) ⇔ 어촌민속관(화명역)
- D코스(문화관광)
  해운대(해운대역) ⇔ 영화의 전당(센텀시티역) ⇔ 문화골목·기부존(경성대·부경대역) ⇔ 카페거리(전포역)
- E코스(트레킹관광)
  동해남부선폐선부지(중동역) ⇔ 누리마루·영화의 거리(동백역) ⇔ 이기대자연공원(경성대·부경대역)

③ 3호선을 활용한 관광코스

- F코스(복합관광)

수영사적공원(망미역) ⇔ 구포재래시장(덕천역) ⇔ 대저생태공원(강서구청역)

④ 4호선을 활용한 관광코스

동래읍성 임진왜란 역사관(수안역내)과 충렬사(수안역 인근)를 중심으로 한 역사 관광코스가 있다. 동래읍성 임진왜란 역사관은 임진왜란 당시 동래읍성에서 벌어졌던 처절한 전투 현장을 생생하게 전해주는 '살아있는 역사 체험장'으로 부산도시철도 4호선 수안역 대합실에 문을 열어 도시철도를 이용하는 시민들에게 개방하고 있다.

⑤ 김해경전철을 활용한 관광코스

그림15-4 국제슬로시티 김해 로고

고대 가락국 자취가 남아 있는 김해에서 수로왕릉, 구지봉공원, 김해 문화의 전당, 연지공원 등을 방문할 수 있다. 또한 김해는 국제슬로시티연맹으로부터 슬로시티로 지정받았다. 한국의 대표적인 도농복합도시로서 봉하마을, 화포천습지생태공원, 낙동강변 폐철로를 활용한 레일파크 및 산딸기 와인터널 등 볼거리를 가지고 있을 뿐만 아니라 시민들의 슬로라이프적인 생활을 엿볼 수 있다.

▸**생각창고**

1. 부산만이 갖고 있는 유일한 장소와 콘텐츠는 무엇이 있을까?
2. 부산의 콘텐츠 중 디지로그(디지털+아날로그)다운 곳은 어디일까?
3. 관광의 경제적 파급효과를 설명할 때 왜 하필이면 자동차산업과 자주 비교될까?
5. 러시아 사람들은 왜 부산에서 7일 이상 체재할까?
6. 부산의 아날로그 관광콘텐츠 여행지도 만들기
7. 우리나라 최초의 연육교는 어디인가?

부산의 미술 어제와 오늘

부산은 선사유물 등 문화재가 드문드문 있기는 하지만 회화적인 전통 미술이나 역사적인 미술인은 거의 전무한 편이다. 한일 합방 후 일본인들에 의해 진척되기 시작한 도시화에 맞추어 근대 서양 미술부터 부산의 회화적 미술은 시작하게 된다. 부산에서는 일본인 교육기관으로 1930년대까지 공립 중학교, 공립 고등여학교, 공립 상업전수학교 등이 설립되었는데, 이 모든 학교에서 도화과목을 가르쳤으며 대부분의 도화교사는 동경미술학교 출신들이었다.[1] 이처럼 조선에 이주한 일본인 화가들의 상당수가 공립학교의 도화교사로 근무하거나 총독부 주관의 조선미전에 참여 또는 소규모 미술단체를 조직하여 활동하였다. 특히 도화교사로서의 활동은 학생에게 끼치는 영향 때문에 매우 중요한 역할을 했다.

I 부산의 지역적 특징과 부산미술

일본인 교사들의 영향 하에 부산 최초의 전문 화가로 지목되는 임응구(林應九)[2]는 1933년 부산에서 첫 서양화 개인전을 개최하였다. 그는 부산 대신동 출신으로 일찍부터 서양미술에 관심을 가졌으며, 일본인 화가 오카다 사부로스케(岡田三郎助)를 스승으로 삼고 서양화를 배우게 된다. 그는 동경미술학교 서양화과에 재학중이던 1928년 제7회 조선미전에 작품 ‘우에노 공원’을 출품하여 입선하는데, 이것이 부산사람으로서는 처음으로 공식적인 전람회에 출품한 기록으로 전해진다. 제9회

1) 김주영, 「일제시기의 재조선 일본인 화가 연구-조선미전 입선작가를 중심으로」, 서울대학교 석사학위논문, 2000. 21-22면.

2) 임응구(1907~1994, 단광회 회원)는 남아있는 작품도 거의 없는데다가 일본으로 귀화한 이후 행적이 잘 알려지지 않아 본격적인 연구가 이루지지 않고 있지만, 부산지역 근대미술을 일군 선구적인 역할을 한 것은 분명하다.

(1930년)에는 「교외」라는 작품으로 다시 입선한 후 1933년 부산일보사(일본인 소유의 신문사)건물 3층 전시실에서 부산사람으로서는 처음으로 개인전을 가지기도 하였다.[3] 부산양화협회회원과 '단광회(丹光會)' 회원으로 활동한 임응구는 1936년경 일본인과 결혼하여 일본인으로 귀화하였다.

임응구에 이어 양달석은 1936년 개인전을 열어 시민들의 호응을 얻었고, 1937년에는 춘광회(春光會)를 결성하여 본격적인 화단을 만든다. 그러나 초창기의 부산미술은 일본인들에 의해 교육되고 보급되었기에 지적(知的)으로나 사상적으로 한국인의 성숙을 바라지 않았던 일본인들은 예술 활동을 지극히 규제하였다. 특히 지리적, 군사적 요충지대라는 이유로 부산은 물론 근교에서도 야외 사생을 일제 금지시켰음은 물론, 멀리 시골 풍경이라도 사생하려면 사생 허가증을 발급받아야 할 정도였으니[4] 예술활동의 규제를 짐작케 한다. 학교에서의 서양화 전수와 더불어 부산지역의 서양화 도입에 있어서 일본인거주자들의 미술활동이 큰 자극이 될 수 밖에 없었다.

부산미술의 1세대라 할 수 있는 양달석, 김윤민, 우신출, 김남배, 김종식 등은 일본인 교사의 영향아래 서양미술을 배우게 된다. 일본인들의 미술활동과 조선미전 입선 등에 자극받은 부산미술의 1세대인 이들은 1930년대에 본격적인 미술공부를 위하여 일본 유학길에 오른다. 서진달, 김재선은 동경미술학교로, 양달석, 김용환, 김종식, 송혜수는 일본도쿄제국미술학교(오늘의 무사시노예술대)로, 임호, 김윤민, 김인태는 오사카 미술학교로, 그리고 김경, 한상돈 등은 일본미술학교로 유학하는 등 비록 일본을 통한 서양미술의 학습이었지만, 보다 직접적으로 서양미술의 정신과 기법을 받아들이게 된다.[5] 이들의 귀국은 부산미술의 여명이 되었지만 이내 6·25전쟁으로 시련의 길목에 들어서게 된다.

Ⅱ 6·25전쟁과 피난민 작가

해방 후 부산은 귀환 동포와 패잔 일본군의 철수 등 짧은 시간에 한적한 어촌에서 국제적인 항구도시로 형성되어 갔다. 6·25전쟁을 맞이하게 되면서 부산 미술계

3) 이진철, 「日帝時期釜山地域의 西洋畵受容」, 신라대학교 석사학위논문, 2007, 17면.
4) 이동우, 「부산지역화단에서 서양화 도입과 전개에 관한 연구 -1920 ~ 1960年代를 中心으로」, 경성대학교 석사학위논문, 2007, 47면.
5) 이진철, 앞의 글, 18면

는 또다시 큰 전기를 맞이하게 된다. 많은 화가들이 피난민 속에 섞여 오고, 혼란의 와중에서도 그들은 붓을 놓지 않았으며 그런대로 발표회를 열었다. 종군화가단이 조직되어 전시회를 갖기도 하는 등 전쟁 중의 부산은 오히려 전에 없이 활발한 미술 활동이 펼쳐졌다.[6)]

1950년에 종군기록화전 등 5건의 전시회가 있었던 것에 비해 1951년에는 김은호, 권옥연, 양달석 등의 개인전과 단체전 및 동인전이 36회나 열렸다. 1952년에는 김환기, 문신, 도상봉 등의 개인전을 비롯하여 22회의 전시가 있었고 1953년도에는 김종식, 문신, 천경자 등 개인전 17건을 포함하여 34회의 전시가 열렸다. 그해 「대한 미술협회」가 주최했던 「3.1경축 미술전」은 부산에서 처음 열린 대규모 미술전이었다. 이 시절 피난 화가들의 기록이 부산미술은 아니었다하더라도 여러모로 영향을 끼친 것은 사실이다. 이런 영향일까. 당시는 임시수도인 부산에 대부분의 화가들이 모여 활발히 창작 활동을 하는 것을 보고 자극을 받아 부산에서도 미술 동인이 만들어졌는데 이것이 바로 「토벽동인전(土壁同人展)」이다.[7)] 물론 같은 생각을 하는 지인(知人)들이 모여 막걸리와 화업에 관한 이야기를 나눌 수 있는 호기도 되지만, 시기가 시기인지라 예술가에겐 창작과 생계의 고역을 겪을 수밖에 없었던 시기였기도 했다. 부산이 연고는 아니지만 피난 화가 이중섭을 보면 당시의 분위기를 알 수 있다.

1950년, 이중섭 나이 35세 한국전쟁이 발발하자 조카(이영진)의 권유로 부인, 두 아들, 조카 이영진과 함께 부산으로 피난길에 오른다. 1951년 초, 당국의 권유로 제주도(서귀포)로 옮기며 모자라는 배급을 해초와 게를 잡아 보충할 정도의 어려운 생활을 하지만 이중섭에게는 가족이 함께하는 가장 짧은 행복한 시기였다.

1951년 12월 이중섭은 가족과 함께 다시 부산으로 돌아오게 된다. 부산에서는 오산학교 동창 김종영의 도움으로 범일동 산마루 단칸방에 짐을 풀 수 있었다. 멀지 않은 곳에 살던 친구 박고석과 어울릴 수 있다고 생각을 했기 때문이다. 그곳은 4인 가족이 살기엔 턱없이 부족한 공간이었다. 그래서 이중섭은 그곳에 아내와 아이들을 두고 떠돌이 생활을 한다.

1952년에는 국방부 종군화가단에 가입하며, 영도에 있는 대한경질도기회사에 다니던 친구 황영수를 매개로 그 공장에서 당시 미술 대학생이었던 김서봉과 두어 달 같이 지내기도 한다. 그때 원산시절 교류했던 시인 구상과 재회하게 된다. 구상

6) 1953년에「대한미술협회」가 주최했던 「3.1 경축미술전」은 부산에서 처음 열린 대규모 미술전이었다. 동양화 32명, 서양화 57명이 출품했는데 당시 우리나라의 중진 중견작가들을 망라한 획기적이고 대대적인 전람회였다.
7) 김정, 임호, 서성찬, 김종식, 김윤민 등 부산작가들로 구성된 최초의 단체이다.

은 성격만큼이나 다양하고 넓은 네트워크를 가진 인물이었다. 이중섭의 인품에 반해 있던 구상은 가족의 어려운 처지를 알고 당시 부산의 경향신문사에 소설의 삽화를 그리는 일감을 주선해 준다. 그러나 이중섭은 "나는 자가용을 타고, 화려한 옷을 입고 춤을 추어 본 적이 없으므로 그 일은 도저히 맡을 수가 없네." 라고 하며 소설 속의 내용을 옮기는 삽화에 자신의 진실된 감정을 표현할 수 없으므로 불가하다는 말을 전하는 등 예술가로서의 자존심을 내세운다. 그러나 이중섭은 나름대로 막노동과 극장 간판 그리기 등 이리저리 뼈빠지게 뛰어 다니긴 했지만, 전쟁통의 그 극단적인 가난에서 벗어나긴 힘들었다.

이중섭 가족이 제주도에서 부산으로 온 이후 4년 9개월 동안 이중섭은 동가식서가숙하며 피난 생활에 시달린다. 그러나 그는 피난 생활 중에도 그림을 그리고 또 그렸다. 구상은 그 무렵의 이중섭을 이렇게 전한다.

> "…판자집 골방에 시루의 콩나물처럼 살면서도 그렸고, 부두 노동을 하다 쉬는 참에도 그렸고, 다방 한구석에 웅크리고 앉아서도 그렸고, 대포집 목로판에서도 그렸다. 캔버스나 스케치북이 없으면 합판이나 담배종이에도 그렸고, 물감과 붓이 없으면 못이나 연필로도 그렸다. 잘 곳과 먹을 것이 없어도 그렸고, 외로워도 그렸고 슬퍼도 그렸고, 부산, 제주, 통영, 진주, 대구, 서울 등을 표랑전전(漂浪轉轉)하면서도 그저 그리고 또 그렸다…"[8]

그 결과 짧은 기간 동안 엄청난 양의 작품을 그렸다. 많은 양의 그림 때문인지 이중섭의 작품은 위작시비에 휘말리기도 했다.[9]

그림16-1 이중섭 작 〈범일동 풍경〉

그림16-2 이중섭 작 〈문현동 풍경〉

8) 박재삼 옮김,『이중섭 1916-1956 편지와 그림들』, 다빈치, 2000, 194면.

9) 위작시비가 가열된 현 시점에서 화단에서 파악한 이중섭 작품은 유화 100여 점에 연필소묘, 엽서화, 은지화, 수채화를 합친 330여점 등 430점 정도다. 이중 삼성미술관 리움이 250여 점을 소장하고 있다. 그런데 고서수집가 김용수는 이중섭 유작 650점, 이중섭의 둘째아들 이태성도 아버지의 그림을 많이 소장하고 있다고 해서 논란이 되고 있다. 그렇다면 이중섭의 미공개작만 하더라도 700~800점에 달한다. 이에 대해 화상과 평론가들은 물론, 화가의 조카까지도 있을 수 없다는 반응을 보이고 있다.(2005. 5. 30 중앙일보 참고)

아이들은 오랜 피난 생활로 만성적인 영양실조, 제 몸 상하는 줄 모르고 가족들 건사하기 바빴던 아내는 폐결핵에 걸려 상태가 나빠지고 있었다. 화불단행, 장인어른의 부고를 받는다. 이중섭은 결단을 내릴 수 밖에 없었다. 다만 자신 하나만을 믿고 가족과 조국을 등지고 현해탄을 건너온, 그러나 지금은 형편없는 가장의 능력 때문에 폐결핵에 걸려 피까지 토하고 있는 가련한 아내 이덕남(마사코)의 건강 때문이었을 것이다.[10] 끝내 이중섭은 아내와 합의하여 부인과 두 아들은 일본인 수용소에 들어갔다가 곧 일본의 친정으로 보낸다. 이 사건은 이중섭의 생애와 예술에 결정적인 영향을 미쳤다.

가족과 떨어져 홀로 된 이후 이중섭의 생활은 더욱 처참해졌다. 가족과의 이별은 공동체적 자아를 가졌던 이중섭에게는 크나큰 고통이었다. 그가 1953년 일본을 방문하여 5일 동안 가족을 만났을 뿐, 이후 일본으로 가려고 했으나 개인적인 사정과 국교가 회복되지 않아 다시 가족을 만나지 못했으니 그 고통이 얼마나 컸을까는 짐작할 수 있는 일이다.[11]

1953년 7월 말~8월 초 일주일간 해운공사 선원증을 입수해 5일간 일본에서 머물고 부산으로 돌아왔는데, 당시 부두에 환송 나왔던 구상, 박고석 등은 “1953년 떨어져 있던 부인을 만나러 갈 때 은지화(담배 보호용 알미늄 박지) 뭉치를 들고 갔다. 이중섭이 손대신 은지화 뭉치를 흔들었다”는 증언 등을 추론하면 부인에게 은지화를 들고 갔음을 알 수 있다.

6·25전쟁이 휴전으로 끝나자 이중섭은 유강렬의 제의를 받아 통영으로 가서 안정을 얻어 풍경화 등을 제작하여 다방에서 처음으로 개인전을 가졌지만, 부산에서의 작품은 대부분 친구의 다락방에 보관하기를 부탁했는데, 친구의 집에 불이나면서 보관하고 있던 작품들이 화마에 휩쓸려 전시회에서는 보여주지 못했다. 전해오는 이야기로는 50여점이 된다고 한다. 이후 서울, 대구에서 개인전을 가지는 등 왕성한 창작활동을 하지만, 영양실조와 간염으로 서울 서대문 소재 적십자병원 입원, 치료 중 1956년 9월 6일 세상을 버린다. 3일 동안 연고자가 없어 방치되었다가, 장례 후에 망우리 공동묘지에 묻힌 시대의 불운한 천재화가였다. 부산의 범일동에 가면 이중섭 가족이 머문 곳으로 추정되는 곳에 이중섭 거리와 그의 부인 마사코 전망대가 있다. 거리를 거닐다보면 당시 이중섭의 부산시절을 연상할 수 있는 듯하다.

10) http://blog.naver.com/PostView.nhn?blogId=jhinju&logNo=10188646084 참고.
11) 강미화, 「이중섭 회화에 나타난 정신성에 대한 연구」, 대구대학교 석사학위논문, 2005, 13면 참고.

서울 수복 후 대다수의 피난 작가들이 각자 제 고향으로 돌아갔으나 일부는 정착하기도 하였다. 그들 중 몇 명이 「청맥(靑脈) 동인전」을 여는 등 50년 피난화가들이 남겨 놓은 농도 짙은 미술 문화의 흔적으로 60년대 부산 미술은 새로운 미술을 받아들여 싹을 틔웠다.

1965년에는 제1회 「대한민국 국민미술전」, 1968년에는 동아대학교 주최로 제 1회 「동아국제미술전」을 열어 전국 단위의 행사를 추진했었다. 전람회 운영의 부조리로 단명에 그쳤지만 한국 제2의 도시로서의 포부를 보여주었던 시도였다. 이때 결성된 「혁동인(爀同人)」은 1963년에 첫 전시를 한 이래 오늘까지 장수하고 있다. 혁동인은 부산 현대미술의 첫 주자이며, 부산과 서울의 현대미술작가 교류를 통해 지역의 대들보 역할을 하였다.

Ⅲ 부산, 카툰만화의 전성기

한 때 만화의 시(詩)로 불리는 카툰분야는 전국적으로 부산이 가장 강세를 보였던 시기가 있었다. 만화(漫畵)를 영어로 카툰(cartoon)이라 하는데, 부산이 카툰분야가 강세라니.

부산만화역사의 시작은 1948년 2월 20일 부산일보에 박성채가 그린 〈윤첨지〉 4칸 만화가 가장 오래되었다. 다음이 국제신문의 전신인 산업신문의 1950년 1월 1일 자에 실린 김일소의 〈허풍선〉 4칸 만화와 만평이다. 박성채의 〈윤첨지〉는 아이디어 내는 사람이 따로 있고, 그림만 박성채가 그렸는데, 약간 조잡한 느낌이라 그랬는지 한 달 만에 단명하고 만다. 김일소는 국제신문과 부산일보 양대 신문에서 1958년까지 장기간 활동했다. 김일소는 해방 후 뭉초 김규택, 코주부 김용환과 함께 한국현대만화의 선구자 3인방 중의 한 사람이다. 그래서 1950년 김일소의 만화가 시작되는 날을 '부산만화의 출발점'으로 보는 경향이다. 이후 시대가 시대인 만큼 많은 원로 만화가들은 대부분 한국전쟁이 일어나면서 1·4 후퇴 때 부산에 정착하여 작업을 했다. 당시 부산에는 손의성, 하고명, 박기당, 오명천, 서정철, 토니장, 김학수, 이상일, 이덕선, 윤성 등 많은 만화가들이 활동하고 있었다.

신문에 연재되는 만화도 그림과 같이 작품으로 인정을 받을 수 있을까? 당시만 해도 만화는 예술품으로 인정받지 못했다. 만화가 작품으로 인정받은 대사건이 미국에서 일어났다. 1969년 5월 2일 미국 코네티컷주 브릿지포트 주연방법원에서 이색적인 판결이 그것이다. 당시 병영만화 〈비틀 베일리〉로 인기를 끌었던 만화작가 '모르트 워커'는 자신이 그려온 만화원고 1천 55점을 시라큐스 대학연구소에 기증했다. 그런데 세무당국에서 이 만화원고에 대해 세금을 부과했던 것이다. 연구소 측은 작가의 단순한 원고에 무슨 세금이냐며 불복했고, 결국 법정 소송으로 이어졌다. 법원은 단순한 원고가 아니라 예술품이기 때문에 세금 2만 8천 달러를 내라며 판결을 내렸다. 만화가 법의 판결을 통해 예술로 인정받는 참으로 만화 같은 사건이었다.[12)]

만화의 종류에는 여러 가지가 있다. 정치·경제·문화·사회 전반에 걸쳐, 시사에 맞는 그때그때의 상황을 풍자한 만화를 시사만화라 하며, 가정물·아동물·동물만화 등 시사성을 초월하며 예술성을 지향하는 만화를 유머만화라 한다. 극화 또는 스토리 만화는 소설처럼 긴 스토리를 한 장면 한 장면 순서대로 변화시켜 엮어나가는 만화이다. 웹툰(webtoon)은 인터넷을 통해 연재하고 배포하는 만화로 웹(web)과 카툰(cartoon)의 합성어이다. 부산은 시사만화나 한 장면만으로 구성된 만화 또는 네 컷 만화, 카툰이 강한 지역이다.[13)]

카툰의 강세지역 부산, 부산뿐만 아니라 과거에는 신문에 만화가 들어가지 않으면 신문을 발간할 수 없다고 할 만큼 그 비중이 대단해서 시사만화를 '신문의 꽃'이라고도 했다. 카툰이라는 용어가 사회적 풍자와 유머를 담고 있다는 점에서, 부산의 카툰은 우선 신문만화로부터 시작이 된다. 부산일보와 국제신문, 부산매일신문 등 3개 산문사의 시사만화가들이 경쟁하면서 카툰의 발전과 시사만화가의 위상을 높였다. 시사만화가 신문에서 차지하는 비중이 높았던 만큼 시사만화가의 지위나 대우도 상당했었다. 요즘은 국민들이 자유롭게 잘못된 점을 비판할 수 있지만 민주화되기 이전에는 어림도 없었다. 그 시절 시사만화는 정부에 대한 비판이나 가진 자의 비리를 묘사, 풍자하여 독자들에게 카타르시스를 느끼게 한 것이다. 이 때문에 당시 고방우 김성화를 비롯해 많은 시사만화가들이 고초를 겪기도 했다.

2015년 부산문화재단에서 준비한 하인상, 박상호, 김용덕, 배민기 등이 참석한 좌담회에서 만화가 하인상은 "부산 카툰은 시사 만화가들이 활동한 시사만화 'Political Cartoon' 외에도 1992년도에 유머 카툰을 표방한 '부산카툰클럽'이 결성

12) 안기태, 「부산만화65년」『공감 그리고』, 부산문화재단 2015, vol.17, 71면
13) 카툰이라는 용어가 우리나라에 등장하게 된 계기는 각 대학교에 만화학과가 생기고, 임청산 교수가 공주대학에 만화학과를 가설하면서부터이다. 이전에는 주로 4칸 '유머만화' 혹은 '시사만화', '시사만평'이라고 명명했다.

되었다. 회원들 중에는 채규종, 홍종규, 박등무, 장우상, 백성흠, 하인상 등을 포함하여 6명의 회원으로 시작했다. 매년 책도 발간하고 전시회도 개최했다. 2000년 초부터는 김용덕이 10년 동안 이끌어 왔다. 이런 활발한 활동으로 부산의 카툰은 전국의 중심이 되었다. 부산 카툰이 서울보다 훨씬 월등하다는 문화 역전현상이 생긴 것이다."라고 하였으며, 만화가 박상호는 "김용환은 카툰으로 시작해서 유화, 풍속화, 만화 등 못하는 것이 없는 작가였다. 살아 숨 쉬는 것 같은 작품을 그려냈다. 이 분은 미국에서 타계하셨는데 아드님이 무덤 앞에 "한국 만화계의 개척자이신 아버님이 여기에 잠들다"라고 적었다고 한다."[14]고 하며 당시 부산 카툰의 강세를 말하고 있다. 코주부 김용한은 해방 후 한국현대만화의 선구자였으며, 김해 진영 출신으로 동래고등학교를 졸업하고 일부 데이코쿠미술학교에서 그림공부를 했다. 일본에서 활동하다가 귀국하여 다시 일본으로 돌아가는 1959년까지 종횡무진 많은 작품 활동을 했다. 하고명은 부산출신으로, 경기도의 둥지만화박물관의 관장이 되면서 개인소장 자료를 가지고 갔는데, 원고 및 원화자료가 2.5통 트럭 9대가 필요했을 정도로 양이 많았다는 이야기도 있다.

1990년대에 들어서는 신문만화 대신 스트리만화가들이 대거 등장한다. 부산지역 스토리만화의 1세대라고 할 수 있는 오명천, 하고명, 고우영, 박봉성, 박상호 등이 있다. 오명천은 부산 서구 대신동에 살면서 창작활동을 했다. 그의 제자가 바로 박봉성이다. 박봉성은 우리나라를 대표하는 만화가고, 출판만화를 대표하는 작가이다. 박봉성은 1949년생으로 진해에서 출생하여 서구 완월동에서 자랐다. 1974년 〈떠버리 복서〉로 데뷔했지만, 이 작품은 주류 출판사로부터 거절당했다고 한다. 그런데 프린스라는 출판사에서 수정 후 발간한 것이 히트를 쳤다. 이후 그의 캐릭터 〈최강타〉는 대단한 인기를 끌기도 했다. 10여 년간 1백 종 1천 494권의 만화책을 발간하여 연평균 130여 권이라는 한국 신기록을 세웠다. 그는 독특한 다작시스템으로 만화공장이라는 별명을 얻기도 했다. 특히 사하구에 위치한 작업실은 건물 전체가 작업실로 쓰일 정도로 당시의 왕성한 활동을 보여주었다. 작업만화가들만 1백 여 명에 월 1억 원 정도의 월급이 나갔다고 한다. 한 때 결코 부산을 떠나지 않을 것이라고 장담하던 그도 열악한 부산만화 환경을 극복하지 못하고 사업체를 서울에 스튜디오 4~5개, 부산에 3~4개 이상 늘려 왕래하다가 서울로 옮겨 버린다. 동료 작가들과 만화콘텐츠 전문기업 '대한민국 만화중심'을 설립해 우리 만화계의 패러다임 전환을 꾀하기도

14) 하인상, 박상호, 김용덕, 배민기 좌담, 「부산 만화를 재조명하다」『공감 그리고』, 부산문화재난 2015, vol.17, 80면.

했다. 2005년 동료들과 경기도 산행 도중 지병이었던 고혈압으로 쓰러져 56세라는 아까운 나이에 타계하였다.[15] 그리고 1993년 만화잡지 〈아이큐점프〉에 〈팔용신 전설〉로 데뷔한 박성도를 비롯하여 김태현, 이석재 등과 1천만 권 베스트셀러인 〈만화로 보는 그리스·로마신화〉의 홍은영 작가도 부산출신이다.

이렇게 유명한 작가들과 함께 부산은 한때 한국 만화를 대표했던 시대가 식어갔다. 2012년도 2월 사단법인 한국만화가협회 부산경남지부, 시사만화가협회, 웹툰작가모임이 합세해서 '부산만화가연대'가 조직되어 새로운 전성시대, 또는 새로운 활로를 찾으려 했지만 여유롭지는 않은 것 같다.

〈삼국지〉로 유명한 작가 고우영(추동성)은 감만동 동항초등학교 출신인데, 만주에서 부산으로 내려와 활동했던 유명한 작가 중 한 명이다. 그는 〈짱구박사〉라는 작품 외 여러 작품을 그렸지만 인기를 얻지 못하다가 일간스포츠에 삼국지를 연재하면서 인기를 얻게 되었다. 주변에서 감만동 일대를 '고우영 거리'로 만들자는 건의가 몇 차례가 있었다고 하나 진전은 없었다. 그러나 2020년 11월 부산 도시철도 3호선의 미남역 웹툰거리가 새 단장을 했다. 미남역 웹툰거리는 지난 2017년 부산교통공사와 부산정보산업진흥원, 부산경남 만화가연대가 부산 지역 웹툰 활성화를 위해 조성한 공간으로 부산 유명 작가의 101가지 웹툰 캐릭터와 포토존, 트릭아트 등의 다양한 즐길거리와 우리 일상에서의 즐거움을 제공하고자 만들어졌다고 한다. 이것은 부산 만화의 역사를 되살려보자는 취지가 아닐까.

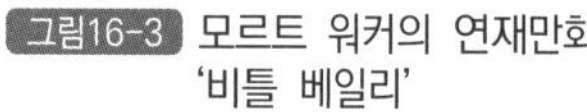
그림16-3 모르트 워커의 연재만화 '비틀 베일리'

그림16-4 안기태 〈피라미선생〉 1990. 9. 1 국제신문

그림16-5 이홍우 작가의 '나대로'

그림16-6 김용환 작가의 '코주부'

*자료 : 부산문화재단

15) 부산문화재단, 『공감 그리고』, 부산문화재단 2015, vol.17, 71-82면 참고.

Ⅳ 부산의 형상미술

부산미술은 알게 모르게 서울을 지향하고 있었다. 그러나 서울 화단은 서구를 지향하고 있었으니 현대미술과 선두미술을 쫓아가는 의미에서 부산과 서울화단은 같은 맥락으로 보아야 하지 않을까. 이 또한 한국 미술의 60~70년대 상황이었다. 1970년대 후반부터 80년대 초반까지 추상이나 구상 일변이던 미술계에 '형상'이라는 조형언어가 서서히 확장되면서 기성화단과는 다른 흐름을 만들어 낸다. 이때부터 나타난 '형상'이라는 조형언어가 부산화단에서 1980년대 중반을 넘어서면서 지배적으로 등장한다. 개별적으로 작업하던 작가들이 그룹이나 단체전의 형식으로 전시가 된다.[16] 즉 '형상'을 주축으로 하는 작가들이 모여 전시하는 등 미술을 통해 사회와 시대를 보는 일련의 움직임들이 활발하게 된다. 당시 이러한 작업 경향들을 부산의 1980년대 '형상미술'로 지칭한다.

어쨌든 부산미술 뿐만 아니라 우리나라 미술은 시대적 풍토에 대한 반발이 아니면, 그 동안 충분히 받아들여 깊이 숙성시킨 결과인지 80년대 지역미술은 홀로서기가 시작된다. 80년대 이후 구상미술에 있어서 대구지역의 풍경화, 부산의 풍자성, 광주의 민중미술의 성향 등 지역에 따라 특정 경향을 보이고 있다. 모더니즘에 대한 반란으로 등장한 '형상성의 회복'의 경향, 즉 신표현주의, 신구상회화, 아방가르드 등의 세계 미술 사조의 흐름과는 또 다르게 한국적 상황에서 등장한 '민중미술'이 한국 미술사의 80년대를 관통하고 있을 때, 부산에서는 서울의 그것을 직수입하지 않고 독특한 형상성의 미술로 변형시킨 것이다.[17]

미술운동으로서의 '민중미술'은 1980년대 광주민주화운동의 무력 진압과 그 반작용으로 제5공화국에 대한 저항이 사회운동으로 확산되던 무렵에 등장한 미술 흐름의 한 형태이다. 그동안 예술이 침묵해 왔던 시대와 사회 그리고 민중의 삶에 주목하게 된다. 광주와 서울을 중심으로 활발한 움직임을 보였던 민중미술은 기존 미술제도를 비판하면서 새로운 흐름을 생산해 내는 것이다. 1980년대에 출현했던 '민중미술'은 제도권 미술은 아니었지만, 운동으로서 많은 영향력을 미치게 된다. 반(反)모더니즘이라 부를 수 있는 이들의 등장은 현실사회에 대한 비판을 조형언어로 담아내며, 내용적인 면에서도 직접성을 가진다.

16) 2000년 이후 부산미술은 단체 중심의 전시에서 개인전 중심으로 방향을 전환한다.
17) 이동우, 앞의 글, 51면

1980~90년대 부산미술의 키워드 중의 하나가 바로 '형상미술'이라는 독특한 흐름이다. 물론 부산의 형상미술이 광주를 주축으로 시작한 민중미술의 일환이 아니냐는 이야기도 있다.[18] 1994년 10월호 《월간미술》「구상미술을 다시 본다」라는 특집 기사 중 한국 구상미술의 흐름과 특징을 점검하는 오광수, 신항섭, 윤진섭의 좌담에서 신항섭은 "부산 작가들은 20세기 초 현대사회가 주는 과학 문명의 풍요로움에 저항하면서 개인적인 행복이나 환경문제 등이 잠재의식 속에서 표출되고 있습니다. 부산미술의 경향은 환상적인 꿈의 세계와 현실적 지역적인 열등의식을 잠재의식 속에 표출하고 있습니다. 개인의 자유로운 상상력 속에서 현실적 몽환적 미술 형태가 나오는 것은 이 같은 새로운 미술이 중심권으로 등장하지 못하고 있는데 이유가 있다고 봅니다."라고 하였으며, 오광수, 윤진섭도 이에 동의를 했다. 그러나 강선학은 "형상미술은 권력이기보다 한 가지 이념에 대한 다양한 해체에 가깝다."며 형상미술은 권력이기보다 한 가지 이념에 대한 다양한 해체에 가깝다고 말한다.

'형상미술'이라는 것이 분류개념으로 적절한지는 논의의 여지가 있지만 실제로 사용된 개념이고 또한 대외적으로 1980년대 부산미술의 가장 특징적인 국면으로 이해되기 때문에 실질적인 의미를 가지고 있음은 분명하다. 그리고 형상미술은 기존의 부산화단이 담아내지 않았고 낼 수 없었던 현실을 그리기 시작했다는 의미에서 중요한 시사점을 가진다.

부산의 형상미술은 워낙 개인적인 작업에 천착했기 때문에 집단적인 흐름을 짚어내는 것에는 무리가 있다. 다만 비슷한 경향의 작업을 하는 작가들이 모여서 소그룹의 형태로 지속적인 전시를 개최했기에 이들 작품을 통해 그 흐름을 정리해볼 수는 있다. 70년대 후반과 80년대 초반, 외부로부터 새롭게 유입된 예술가들은 미술대학의 교수로 재직하거나 강의를 하면서 영향을 미치고, 사인화랑[19]과 같은 전시장을 통해 지속적인 움직임을 만들어 낸다.

18) 80년대의 형상미술, 그것은 과연 정의 가능한가. 구체적인 지칭대상으로서 - 다른 것과 분명히 구별되는 특성을 가진 - 실체를 가지고 있다. 말하자면 우리가 흔히 말하는 민중미술이나 민족미술 등의 유사특징을 보이는 성향과 분명한 차이점을 얻을 수 있다. (중략) 더구나 형상미술이라 하지만 미술에서 형상 아닌 것이 없기 때문이며 형상이란 미술 활동에 과한 포괄적 의미로 쓰이는 전칭적 용어이지 특칭적 용어라 보기 힘들기 때문이다. 형상이라는 말은 화면에서의 자율성을 갖는 형태감으로 조형이라는 용어만큼 광범위하고 애매하게 쓰이고 있다. 그런 면에서 형상미술은 민중미술이나 민족미술 등과 크게 변별되기 힘든 애매모호함을 갖고 있다고 보인다. 강선학,「형상미술, 그 이후-형상, 민중, 일상」, 2000, 부산시립미술관 전시 서문, 3-4면

19) 1984년 부산에서 만들어졌으며, 창작활동을 하는 4명(김응기, 박은주, 예유근, 정진윤)의 작가가 사비로 운영한 대안적 성격의 비영리 화랑으로, 부산 대안공간의 모체. 1980년대 지역미술에 의미있는 '대안'을 제시한 현실적인 공간으로 인식된다.

먼저, 70년대 중후반부터 형상으로 작업한 안창홍, 이태호 등 기존에는 추상미술을 해왔던 예술가들이 형상미술로 옮겨온 예도 있고, 80년대를 들어서면서 대학을 마치고 돌아온 정진윤은 형상회화를 골자로 여러 작업을 선보이고, 유학을 마치고 들어온 박종선, 이종빈 등의 작가들이 이야기가 있는 조각작업을 보여 준다. 이들은 형상미술의 선배세대들로서 이후 후배들에게 많은 영향을 미친다. 좀더 구체적으로 보면, 1985년을 전후해서 입체에 박선, 김정명, 이종빈, 허위영, 박재현, 김난영, 김종구, 주명우, 평면에 노원희, 배동환, 이태호, 김기철, 안창홍, 정진윤, 송주섭, 예유근, 김응기, 김춘자, 박병제, 양인진, 최석운, 김정호, 김미애. 장원실, 박경인, 권영로, 이혜주, 김은주에게서, 공예 쪽에는 전광수, 최봉수에게서 확인되는 조형적 변모이다. 이 흐름은 1990년대 초 중반으로 이어지면서 오순환, 이인철, 한영수, 정수옥, 김남진, 김성룡, 박은국, 심점환, 설종보, 진성훈, 이인철 등의 작업으로 파장이 확장되었다가 1990년대 중반 이후 주춤하게 된다. 2000년대 이후 방정아, 김정우, 나인주, 강태현 등이 그 후속 세대로 이런 특징을 읽을 수 있다.

형상미술이 꽃피는 시기는 1980년 중후반을 넘어서면서이다. 형상미술은 민중미술과 차별화를 시도하면서 정치적인 의도나 색채보다는 표현주의적 성향이 강한 흐름으로 이해할 수 있다. 현실과 문명에 대한 비판에서부터 개인의 섬세한 자아를 그리는 경향이 망라된 형상미술은 추상미술의 정신적 엄숙성과 민중미술의 과도한 정치성을 넘어 젊은 작가를 중심으로 활발하게 개진되었다.

정진윤[20]은 부산의 형상미술을 '형상성의 회복'이라고 하면서 이것은 "민중미술의 시각과는 또 다른 이데올로기 투쟁의 미술에서 더 넓은 의미의 미술양식을 포함하여 나타난다."고 한다. 아울러 이것이 '원초적 인간성에 대한 관심, 개인적 삶의 진솔한 표현, 개인적 조형 형식의 획득, 사회 비판적 시각 등을 작가 자신의 독자적인 의미망으로 포착하여 표현하고자 하는 세계로 설명한다.[21] 강선학은 "부산 형상미술의 형성 당시 상황은 추상, 구상의 시각성에 대한 전반적인 반성에 있다. 그리고 작품의 대상으로서 엄숙함이나 정형화된 것들에 대한 접근이 아니라 비근한 일상에 대한, 개인의 체험과 연관된 이해와 표현이 주가 된다. 추상과 구상을

20) 정진윤은 1954년 부산 출생으로 중앙대학교 회화과와 홍익대학교 대학원 서양화과를 졸업하고 1980년대 시대 상황에 대한 비판적 작업으로부터 시작하여 2007년 갑작스럽게 세상을 등지기까지 괄목할만한 수많은 작품을 남겼다. 그는 작가로서의 치열한 창작활동뿐만 아니라, 1984년 최초의 대안공간으로 평가받는 사인화랑의 개관과 운영에 참여하여 새로운 시각의 형상성을 지닌 미술양식(통칭 부산의 형상미술)의 태동과 형성에 큰 영향을 끼쳤다.

21) 정진윤,「80년대 부산미술의 양상」, 미술세계, 1988, 46면.

유사와 상사 등의 용어로 이해하는 것이 아니라 말하고자 하는 것의 적절성의 문제로 제기된 것이다. 말하자면 이념이나 운동보다 일상적인 것, 평범한 것, 일상에 드러나거나 은폐된 개인적인 것들을 더 중요하게 생각한 움직임이다."고 말한다.[22]

사실 부산의 형상미술이 특징지어지고 외부에 인상을 주게 된 데에는 지역 평론가 강선학의 역할이 지대하였다. 그는 미술 저널이나 평론집을 통해 활발한 평론 활동을 펼쳐 지역의 형상미술을 소개하였고, 또한 특징적인 전시를 기획하기도 하였다. 지나치게 지역적이라는 평가를 받기도 하는 부산의 형상미술은 근대화, 세계화 과정에서 오는 혼란을 자기화라는 명백한 이유로 대응한 결과일 것이다.

80년대 한국미술에 있어서의 그 주된 미술의 극점의 하나는 민중미술이고, 또 다른 하나는 모던의 연장선상의 극복 과정인 포스토 모던이다. 그러나 부산은 한 축은 형상미술이고, 또 다른 한 축은 '환경적 요소를 띤 인스톨레이션(installation)의 확장으로 보면 어떨까.

어쨌거나 이러한 형식을 수용하고 개인이나 집단의 미술언어로 채택했던 부산의 젊은 작가들이 80년대 부산의 미술운동을 이끌었다는 사실은 중요한 성과이자 지역 미술 내외부에서 새로운 운동의 에너지가 가능할 수 있었다는 사실을 말해준다.

V 부산비엔날레

국내 비엔날레[23]는 광주비엔날레와 부산비엔날레와 같은 대형비엔날레가 있고, 미디어 시티 서울, 청주공예비엔날레, 전북서예비엔날레, 경기도 세계도자비엔날레 등과 같은 소형비엔날레가 있다.

부산 비엔날레는 1981년에 시작된 부산청년비엔날레와 1987년 국제적인 환경미술제를 표방해 신설한 바다미술제, 1991년 부산야외조각대전 등 3대 행사를 통합하여 1998년 부산국제아트페스티발로 개명, 다시 2001년 부산비엔날레로 명칭을 변경하여 지금까지 진행되고 있다.

---

22) IDS민주준의사회연구소, 6월민주항쟁 33주년 기념 학술심포지엄 기획 「지금 여기 왜 민중미술인가?」 2020. 6·25-26 발표문 참고.

23) 비엔날레(biennale)는 원래 이태리어로 '2년마다' 혹은 '2년간 계속되는'을 의미한다. 세계 최초의 비엔날레인 베니스비엔날레는 1895년 시작되었고, 미국의 휘트니비엔날레는 1932년, 브라질의 상파울루비엔날레는 1951년 시작되었다. 이들을 세계 3대 비엔날레라 한다.

부산 비엔날레는 시민들의 삶의 질 고양과 부산의 부문별 균형발전, 나아가 세계도시로의 부상을 위하여 문화예술분야를 육성할 필요가 있다는 인식을 반영한 것이며, 국제문화도시로서 부산의 이미지를 제고하고 현대미술에 있어 글로벌과 로컬의 가교 역할을 수행한다는 두 가지 목표를 설정하여 추진되었다.

1981년 제1회를 개최한 이래 격년제로 계속해 온 '부산청년비엔날레'는 80년대의 부산미술계가 이룩한 성과로 부산미술의 독자성을 확립하고 부산미술인의 결집된 힘과 지속적인 역량을 보여 준 큰 행사이다. 1981년 처음 시작되어 1994년까지 7회의 전시를 개최하였으며 35세 미만의 청년 작가들을 대상으로 작품을 전시하였고 중앙정부나 지방자치단체의 지원 없이 부산 미술인들 스스로의 힘으로 사업을 시행하고 추진하였다. 이 국제적인 행사는 어느 누구의 요청이나 지원에 힘입어 이루어진 것이 아니고, 오직 부산 미술인의 각고의 노력과 땀으로 이루어 놓은 결정체이다.

부산청년비엔날레가 부산미술의 독자성의 계기를 확립한 옥내 행사라면, 바다미술제는 부산의 환경 조건에 따라 격년으로 바닷가에서 개최되는 또 한번의 부산미술의 독자성을 엿볼 수 있는 옥외 행사이다.

바다미술제는 1987년에 88서울올림픽의 프레올림픽 문화행사의 일환으로 1회 행사를 개최하게 되었고 이후 1995년까지 9회에 걸쳐 격년 개최되었다. 바다미술제는 호주 시드니의 해변에서 개최되는 'Sculpture by the sea'라는 유사전시에 비해서도 10년 가까이 먼저 개최된 전시이다. 바다미술제는 해운대와 광안리, 송도, 다대포 등 해변을 배경으로 바다와 조화를 이루는 환경미술과 설치미술에 특화된 성격을 띠었는데, 세계적으로 볼 때 유사한 전시가 없을 정도로 부산만의 해양성과 실험성이 돋보이는 해양적 미술이라는 평가를 받는다. 또한 전문가들은 바다미술제를 국제적으로 브랜드화 해도 충분한 경쟁력이 있는 문화상품, 관광상품으로 인식하고 있다.

부산국제야외조각심포지움(전신 부산야외조각대전)은 1991년 올림픽 동산 조각공원 조성을 목적으로 개최된 부산야외조각대전을 시작으로 매년 이어진 '국제야외조각심포지움'을 계승한 것이다. 부산야외조각심포지움은 지금까지 올림픽동산, 철새 도래지 을숙도, APEC 나루공원, 사직운동장 일원에 작품들을 전시해 주요국가 주도로 만들어진 광주비엔날레와는 달리 부산비엔날레는 지역의 자생적인 비엔날레라는 점에서 커다란 차이점을 가지고 있다.

부산청년비엔날레와 바다미술제, 부산국제야외조각심포지움 3개가 모여 지금의 부산비엔날레라는 하나의 행사가 진행된다. 특히 부산의 부산청년비엔날레와 바다미술제는 그 운영 면에서도 자생력을 엿 볼 수 있다. 재원조달 방법에 있어서 일반 시민들의 소액 성금이 그 주조를 이루며, 덧붙여 지역 기업체의 찬조금에서부터 행정당국의 협조에 이르기까지 총체적으로 지역미술인과 지역민의 열성으로 만들어진다. 참여작가들에게 작품 제작비를 지원해 주는데, 이는 지역 미술 운동의 한 방향을 제시해 주는 모범적인 운영 형태로 평가된다. 쌈짓돈을 모아 국제전을 치러냈던 지역미술인들은 부산비엔날레에 대한 애정이 남다르다. 그래서 전국의 설치와 행위미술작가들은 바다미술제 참가를 영광스럽게 생각하고 있다. 이것은 서울권에서 그 동안 지역작가들을 상대로 하였던 여러 기획전이 참가 뒤 씁쓸한 좌절감을 주는 것과는 비교되는 일면이다.

예를 들면 95년 서울권에서 기획했던 '설악비엔날레'는 지방작가들에게는 20만원씩의 참가비를 받으면서 들러리를 세우고 일부 서울권 작가들은 참가비 없이 오히려 우대하는 등 참가자들에게 분노를 느끼게 하였다.[24)]

1995년 필자는 바다미술제 총무를 했다. 몇 회를 광안리해수욕장에서 진행하다가 당시는 해운대해수욕장으로 장소를 옮겼다. 작가 섭외 및 설치의 고역이 끝났다. 그러나 미술제 개막의 기쁨과 함께 태풍이 찾아왔다. 포크레인 등 동원이 가능한 모든 지원을 동원하여 황급히 작품을 철수했던 기억이 난다. 이후 송도해수욕장, 다대표해수욕장에서도 미술제가 진행되는 시기면 겪어야 하는 행사처럼 여겨졌다. 이렇듯 바다미술제는 주위 환경 그리고 기후와 밀접한 관계를 가진 인스톨레이션이다. 2011년, 2013년은 송도해수욕장에서, 2015년과 2017, 2019년 9월에는 다대포해수욕장에서 가졌다. 해수욕장 모래장의 넓이와 길이, 주위의 건물이나 산 등의 자연환경, 파도의 양, 물의 깊이, 바람의 정도 등에 따라 작품의 스타일과 스케일이 달라져야 하며, 보는 이 역시 환경과 주위의 분위기에 따라 작품이 달리 보이는 것이 바다미술이다. 미술관이나 갤러리에서 작품을 보는 것과는 차원이 다르다. 일단 크기와 재료가 방대하며 환경과 접목하는 작가의 생각부터 다르다. 이런 미술을 흔히 환경미술이라 한다.

환경과 미술은 공간과 시간을 전제로 하는 창작과정에서 밀접하게 관계되기도 한다. 그래서 이런 작품을 전시해 보겠다는 부산미술인들의 생각과 자생적으로 추진해 내는 그들의 의지는 대단하다. 90년대 이후 알게 모르게 전국 각지에서 타오

---

24) 이동우, 앞의 글, 54면.

르고 있는 지역 미술 운동의 귀감이 되고 있기 때문이다. 어떻게 보면 부산의 미술은 짧은 연륜 동안 자기화의 과정을 밟았으며, 희생과 순화 과정 속에서 자생력을 강하게 가지게 된 것이 아닌가 한다.

특히 2016년 현대미술전은 수영구 망미동에 자리한 F1963에서 열렸다. F1963은 옛 고려제강 수영공장을 리모델링해 만든 복합문화공간이다. 이 곳은 1963년부터 2008년까지 45년 동안 와이어로프를 생산하던 공장이었다. 2008년 생산이 종료되고 설비를 이전하면서 폐공장으로 전락했다. 2015년부터 리노베이션을 해 2016년 전시를 통해 복합문화공간으로 재탄생했다. 2018년에는 중앙동 한국은행 부산지점을, 2020년는 영도 폐공장을 활용해 현대미술로 승화시켰다는 의의로 높은 평을 받았다.

그림16-7 부산비엔날레 바다미술제 - 다대포해수욕장, 2017년

그림16-8 부산비엔날레 현대미술전 - 고려제강 F1963, 2016년

그림16-9 부산비엔날레 바다미술제 - 다대포해수욕장, 2019년

그림16-10 부산비엔날레 현대미술전 - 배지민 작, 2020년

Ⅵ 마을이라는 장소와 공공미술

부산이 바다미술제, 야외조각심포지움 등 환경적 측면과 미술의 접목을 잘 하는 예술적 기질을 지닌 장소를 가지고 있는 탓일까. 부산의 미술이 타 지역에 비해 강

세가 있다면 마을미술, 벽화 등 공공미술이다.

마을이 상품이 된다? 그것도 공공미술이 마을의 상품화에 기여를 한다?

부산 감천동문화마을은 2017년 한해에 국내외에서 205만 297명, 2018년 257만명, 2019년 308만명이 방문했으며, 영도 흰여울문화마을은 2016년 27만 5천명이었던 방문객이 2019년은 82만 8천명으로 3배 늘었다. 방문객을 통한 감천문화마을의 경제파급 효과는 약 500억 원 이상으로 추산된다고 한다.[25] 부산의 대표 관광지라 할 수 있는 해운대와 태종대와 같은 관광명소를 능가한다.

부산에 공공미술 마을은 약 60여 개가 될 것으로 추정된다. 이중에 부산 사하구 감천동 감천문화마을은 우리나라의 대표적인 공공미술 마을이다. 현재의 공공미술은 공공과 미술을 바라보는 관점에 다양한 정의를 내리고 있다. 서구 공공미술의 역사는 공공과 미술, 공공성과 예술성을 대하는 입장에 따라 전개되어 왔고 국내 또한 비슷한 실정이다.

공공미술의 용어는 일반적인 의미에서 장소, 기능, 내용적 측면에서 공공의 대중을 위해 제작되고 소유되는 미술품을 의미한다. 그러나 공공미술이 '공공장소(Public Space)에 있는 미술'이냐, 수용적 측면에서 '일반 공중(the Public)과 소통하는 미술이냐'하는 논의에서 시작되기 때문에 공공미술은 공공(public)의 의미와 미술의 성격에 따라 다양한 정의가 가능하겠다. 일반적으로 공공은 사적(private)인 것의 반대 의미로 공공장소 속의 미술(art in public places), 즉, 공공장소에 대한 미술의 개입으로 본다. 공공미술에서 장소는 장식을 위한 특징적 속성을 지닌다. 그리고 그곳에는 장소에 참여하여 정신적 만족을 위한 함의를 내포하고 있다. 공공의 장소를 기저로 하여 공공미술 개념의 변천 과정은 장식으로 본 미술에서 참여·개입으로 본 미술로 흘러간다. 우선 장식으로 본 공공미술은 장소 속의 미술(기념조형물, 모뉴멘트), 장소로서의 미술(건축물 미술장식품, 새로운 장식미술)이다.

그리고 참여·개입으로 본 공공미술은 뉴 장르 공공미술을 포함한 장소 특정 미술로 정리된다. 우리는 흔히 참여·개입으로 본 공공미술을 커뮤니티 아트, 공동체 미술, 참여미술, 뉴장르미술(아트) 등으로 명명하기도 하며 '마을미술', '벽화마을' 등으로 널리 사용한다. 요즘은 장소 속의 미술, 장소로서의 미술을 배재하고 '공공미술'이라고 하면 당연 벽화가 있는 마을을 공공미술이라 생각하는 이유도 여기에 있다.

---

25) 부산일보, 감천문화마을, 유명해지니까 '제2 꽃분이네' 될 판이라예, 2015. 3. 4. ; 한국경제, 달동네였던 '부산 감천문화마을', 관광객 年 40만명 몰린다는데, 2014. 1. 21. ; 국제신문, 흰여울마을의 역설…주민 따나고, 카페만 남았다. 2020. 10. 29 참고.

공공미술의 작품 또한 공공영역에서 이루어지는 미술 행위라는 관점에서 기존의 미술관을 벗어나 장소의 특정성을 고려하는 것이다. 특정성이란 특정지역 내의 특정한 곳에만 수혜자격이 부과되는 경우를 말하는데, 리처드 세라 〈기울어진 호(Titled Arc)〉[26] 철거의 부당함을 주장하면서 내세운 근거가 바로 '장소특정적 미술(Site Specific Art)〉'이다. 장소 특정적 미술이란 특정장소, 특정공간과 불가분의 관계 속에서 성립하는 미술을 말한다.

따라서 장소 특정성은 지역 주민과 지역작가가 공동으로 참여하여 공동체 의식을 가질 수 있도록 유도하는 것이 필요하며, 기존의 예술이 주지 못했던 새로운 경험을 적극적으로 감상자들에게 부여하는 방법을 요구하기도 한다. 장소에 따른 이해는 기존의 건축물·시설물을 재활용하는 것이 지역의 재활성화에 도움이 될 수 있는 것은 세월이 흐름에 따라 예전의 것이 지니는 희소성의 가치가 증가했기 때문이다. 대표적으로 예전에 수많은 달동네들이 도시 곳곳에 자리 잡고 있을 때 신작로와 아파트는 매우 신기하고 희소한 존재였다. 그렇지만 거의 모든 달동네가 철거 재개발을 통해 아파트 숲으로 변모하게 됨에 따라 오히려 이제는 그나마 남아있는 달동네와 골목길이 신기하고 희소한 차원이 된다. 따라서 겨우 남겨진 철로, 공장, 창고, 점포, 한옥, 골목길, 계단길 등이 그 지역 고유의 유일하고, 진정성 있는 장소성을 나타내며 공공미술에서 귀중한 자산으로 기능할 수 있는 것이다.

공공미술은 장소의 유한성을 무한성으로 바꿀 수 있는 힘을 가지고 있다. 특정한 장소에 모든 사람들이 공감할 수 있는 작품이 완성되었을 때 예술적 가치를 통해 장소의 가치가 무한대로 높아진다. 고대시기의 동굴벽화를 보면 알 수 있듯이 예전부터 사람들은 벽에 그림을 그렸으며 그 내용은 시대적 배경과 그 장소의 특성을 담고 있다.[27]

따라서 공공미술은 대상지의 역사성, 문화적 가치, 지리적 특성, 환경적 특징 등을 찾아 공공미술에 재현되었는지에 관한 연구라 할 수 있다.

부산 사하구 감천2동 일원에 위치한 감천문화마을은 부산의 역사와 문화를 간직

---

26) 세라는 1979년 미국 정부 총무처로부터 야외조각을 위촉받아 2년 후 약 36m 길이에 3.6m 높이의 거대한 조각을 뉴욕 맨해튼 연방광장 앞에 설치했다. 작품이 설치된 후 연방건물 직원들 사이에서 이 조각이 시야를 가리고 보기 흉하며, 먼 길을 돌아가게 하기 때문에 작품을 옮겨야 한다는 요구가 나오기 시작했다. 또 공공장소에 설치되는 미술은 작품 중심보다는 관람자 우선이 되어야 한다는 의견이 나왔다. 세라는 자신의 조각은 설치 장소를 고려해 제작한 것이므로 장소를 옮기는 것은 작품을 파괴하는 것과 마찬가지라고 항변했다. 무려 9년에 걸친 법정 고방과 공청회를 거치게 된다. 결국 이 사건에서 법원은 작품의 통제권이 전적으로 소유자, 즉 총무처에 있다는 판결을 내렸고, 1989년 이 작품은 철거됐다. 이 사건은 미술가의 표현의 자유와 공공의 권리가 대립하며 마찰을 일으킨 사례로 지금까지 회자되고 있다.

27) 구본호, 「공공미술을 통한 도시이미지 제고방안 연구-부산을 중심으로」, 신라대학교 박사학위논문, 2015, 118-9면.

한 채 남아있는 독특한 산복도로 마을이다. 한국전쟁 당시 피난 온 태극도인들이 몰려들어서 판자촌이 형성되면서 만들어진 태극마을이며, 몰운대, 다대포 바다가 보이는 산비탈을 따라 성냥갑처럼 모여 있는 독특한 풍경의 U자형 마을, '한국의 마추픽추'로 불리는 산비탈에 다닥다닥 붙은 집들과 알록달록 지붕 등 이색적 풍광을 자아내는 장소적 특징을 가지고 있다.

공공미술은 대상지(역사성, 문화적 가치, 지리적 특성, 환경적 특징) + 공공의 미술 = 장소활성화라는 등식이다. 즉 감천동 문화마을은 역사성, 문화적 가치, 지리적 특성, 환경적 특징을 가지고 있었다. 장소, 특히 도시는 조망을 점유하고, 생산하는 주체이자 객체이다. 조망은 무언가를 바라봄이다. 그리고 그것은 보여지는 대상에 대한 시각적인 위치를 선점함을 기본조건으로 한다. 이 요소들을 강화할 것인가, 변화할 것인가에 관한 고민들을 공공미술에 적용한 것이다.

이제 미술로 전개된 마을에 재생을 더해 문화마을이라고 지칭 한다. 부산에 가 볼만한 공공미술마을을 추천한다면 단언 감천문화마을과 인근 아미비석문화마을, 영도흰여울문화마을 등이다. 분명 미술로 시작한 마을이지만 문화마을에 관광객을 불러 들인 것은 미술이 아닌 카페였다는 말까지 나온다. 공공미술을 통한 도시재생에서의 역할은 '공공미술이 자랄 수 있는 여건을 만들어 주는 것이다.'라는 분명한 제시가 필요하다. 자본의 거리만 남지 않기를 바란다.

그림16-11 산비탈을 따라 U자형 구조를 가진 감천문화마을

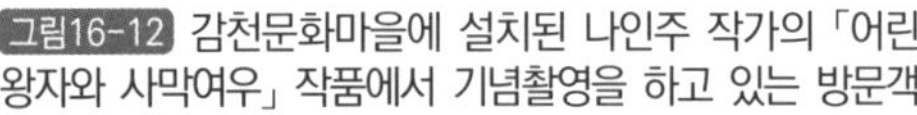

그림16-12 감천문화마을에 설치된 나인주 작가의 「어린 왕자와 사막여우」 작품에서 기념촬영을 하고 있는 방문객

그림16-11 봉래산 기슭에서 여러 갈래의 물줄기가 바다로 굽이쳐 내리는 모습이 마치 흰눈이 내리는 모습과 같다는 영도흰여울문화마을

그림16-11 일본인이 거주하던 지역에 해방이 되면서 무덤은 그대로 두고 떠나자 6·25 피난민들이 이 무덤 위에 집을 짓고 살기 시작한 아미비석문화마을

부산의 대중가요

I 부산과 대중가요

대중가요란 대중들이 즐겨 부르는 세속적인 노래를 의미한다. 일반적으로는 신분제 사회에서 양반이나 귀족이 즐기던 음악과 구분되는 상대적인 개념으로 쓰이는데, 대중 매체가 발달되면서 대중가요도 본격적으로 생성되게 되었다. 민요가 공동체에 의해 형성된 서민의 노래라고 한다면, 대중가요는 전통과 신분의 질서로부터 벗어난 대중을 위한 노래라 할 수 있다.[1] 우리나라에서 대중가요 발생 시기는 보통 1920년대 말 무렵으로 보고 있어, 대략 100년 정도의 역사를 가졌다고 볼 수 있다.

요즘 대중가요는 새로운 전성기를 맞이하고 있다. 인기 있는 TV 프로그램들의 대부분이 대중가요를 소재로 하고 있다. 2000년대 이후 음악순위 방송이 점차 시청률 하락과 정체를 겪는 동안, 2010년대 이후 〈나는 가수다〉, 〈미스터리 음악쇼 복면가왕〉, 〈슈퍼스타K〉, 〈K팝스타〉, 〈비긴어게인〉, 〈불후의 명곡 - 전설을 노래하다〉, 〈내일은 미스트롯〉, 〈히든싱어〉, 〈싱어게인〉, 〈나의 첫 번째 포크스타-포커스〉 등등 대중가요를 소재로 한 오디션이나 경연대회 혹은 다양한 방식의 예능 프로그램들이 대중들로부터 매우 큰 인기를 누리고 있다. 특히 각 프로그램들이 차별화를 위하여 아이돌, 댄스, 록, 힙합, 포크, 트로트, 인디음악에 이르기까지 세대, 장르, 스타일 등 현존하는 대중가요의 거의 모든 것을 폭 넓게 다루면서 단순히 음악을 넘어 한 시대의 문화를 이끄는 수준에 이르고 있다. 한편으로 대한민국의 대중음악

1) 박재환(대안사회를 위한 일상생활연구소), '대중가요와 부산', 「부산의 노래, 노래속의 부산」, 부산발전연구원, 2014.12.

이라는 뜻에서 K-POP(Korean Pop Music)이 세계적으로 인기를 얻으며 널리 쓰이게 된 것도 근래의 일이다. 특히 2013년에 데뷔한 방탄소년단이 국내를 넘어 미국, 유럽에서 전무후무한 기록을 세우며 인기를 끌면서, 세계 속에서 한국 대중가요의 위상과 가치가 점점 더 높아져가고 있다.

이러한 현상들은 지난 100년간 우리나라의 대중가요를 되돌아보게 하는데, 그 출발과 성장을 이끈 중심에 부산이 있음이 확인된다. 우리나라에서 대중문화가 태동하던 시기, 부산은 그야말로 대중문화의 중심지였다. 특히 일본에 의해 각종의 근대문물 유입과 산업화 정책이 집중적으로 이루어진 부산은 새로운 대중문화의 온상지였다. 이어서 해방 이후 한국전쟁과 산업화 시기를 거치며 전국에서 몰려든 다양한 외지인과 항구를 통한 외국의 새로운 문물 교류로 인해 부산은 그야말로 대중문화의 메카가 되었고, 자연스럽게 대중가요의 선구자적 역할을 하는 지역이 되었다.

▸[읽을거리] 이동순의 부산 가요 이야기 〈1〉 부산은 한국 트로트의 고향

국제신문 칼럼, 2020. 5. 31.

… 한국의 대중음악사 전체에서 부산 테마가 차지하는 비중과 부피는 자못 크고 광대하다. 왜냐하면 항공망이 전혀 없었던 시기에 일본과의 모든 소통과 연결은 오로지 부산을 중심으로 한 해운(海運)으로 이루어졌다. 모든 인력과 화물의 교역 및 수송이 부산에서 이루어졌으므로 같은 항구로 제물포와 목포가 있었긴 하지만 서울 다음으로 중요한 삶의 최고거점이었다. 일제말 모든 징용자, 정신대여성, 지원병 따위의 이름으로 끌려간 이 땅의 인력들이 피눈물을 뿌리며 떠난 곳도 부산항이 아니었던가? 이러한 정황은 해방 이후부터 전쟁 시기에 이르러서도 동일한 양상으로 전개되었다. 8·15이후 해방시기에는 귀환동포를 다룬 노래, 6·25전쟁 시기에는 전쟁과 피난을 다룬 노래가 대량으로 쏟아져 나왔다. 부산은 전쟁 시기 임시수도로서 온갖 영욕을 함께 하였고, 그 시절의 고통과 수난사가 구체적으로 담긴 가요작품들이 주류를 이루었다. 한적한 어촌에 불과했던 옛 부산은 서구문물이 유입되는 대표적 개항장으로 자리를 잡아왔다. 오늘날 부산은 남동임해 공업지역의 중심지, 매년 부산국제영화제가 열리는 문화도시, 여러 해수욕장과 역사적 명소를 품은 관광도시로서의 면모를 한껏 갖추었다. …

부산의 중구와 영도구를 잇고, 부산항을 남항과 북항으로 가르는 경계지점에 위치한 영도대교 입구(영도구 방향)에는 가수 현인을 기리는 기념물이 있다. 〈굳세어라 금순아〉 가사가 적힌 노래비와 현인의 동상이 있는데, 2002년 현인이 세상을 떠나자 영도에서 태어난 현인과 그의 노래를 기념하기 위해 2003년 영도구에서 건립한 기념물이다. 송도해수욕장에도 현인 노래비가 있다. 2005년 부산광역시와 서구청이 현인 광장을 조성하고, 현인 동상을 세운 것이다. 송도해수욕장에서는 매년 현인가요제도 크게 진행하고 있다. 대한민국 가수 제1호[2]이자, 부산을 대표하는 대중음악가로서 현인의 위상을 짐작할 수 있다.

그림17-1 영도대교 앞 현인노래비, 직접촬영

부산에는 이와 같은 노래비가 곳곳에 많이 조성되어 있다. 국제신문 오상준 기자에 따르면 부산에는 10여 개의 노래비가 해안가를 중심으로 곳곳에 건립되어 있다[3]. 부산에 노래비가 이처럼 많은 이유는 무엇일까? 무엇보다도 해방 이후 근대화시기에 부산이 대중음악의 중심지였기 때문이다. 30여 년간 부산의 음악전문 라디오 방송을 진행해온 도병찬 전 KBS PD는 부산일보와의 인터뷰를 통해 부산이 한국 대중음악의 중요한 축이자, 당시 최신가요의 흥행을 가늠하는 리트머스 시험지 같은 곳이었다고 전한다.

> … 1950년대 부산은 대구와 함께 음반산업 중심지로서 SP음반을 찍어 전국으로 공급했어요. LP음반이나 오디오도 부산항을 통해 먼저 들어왔습니다. 트랜지스터 라디오가 일본으로부터 유입된 곳도 부산이고, 1958년 국내 최초로 라디오를 만들었던 금성라디오 공장도 부산에 있었습니다. … 1980년대 초·중반 방송사 PD들과 작곡가, 평론가들이 부산에 내려와 최신 가요들을 대상으로 별점을 매겨 객관적으로 평가하고 진단하는 이른바 '가요합평회'가 있었어요.[4]

한편, 대중가요는 축음기와 레코드판의 보급으로 인하여 급속도로 성장하게 되는데, 해방 이후 우리나라에서 설립된 최초의 레코드 제작회사 또한 부산에서 시작되었다. 황해도 출신의 작사가 야인초, 본명 김봉철이 1946년 귀국해 영도구 대평동(현 남항동)에 코로나레코드사를 설립하고 김인숙이 노래한 〈부산 블루스〉를 출시한 것이다. 이후에도 가수이자 작곡가인 한복남이 서구 남부민동에 도미도레코드를 설립하는 등 부산은 한국 대중음악의 발생지이자 큰 물줄기였다.

---

2) 대한민국 정부수립 이후 처음으로 음반을 발표하며 가요계에 데뷔해서 붙여진 별명이다.
3) 오상준(대안사회를 위한 일상생활연구소), '노래비와 삶의 애환', 「부산의 노래, 노래속의 부산」, 부산발전연구원, 2014.12.
4) 부산일보 기사, 김건수, '나의 길 나의 삶 – 대중음악 전도사 도병찬 전 KBS PD', 2014.5.9.

그림17-2 부산지역 노래비 지도 출처 : 오상준, 2014:180

Ⅱ 부산과 대중가수

대중가요사의 중요한 기점에는 부산 출신의 가수들이 많다. 물론 출신이라는 것이 단순히 출생지만을 의미하는 것은 아니다. 지역으로서의 부산의 영향을 의미한다. 예컨대, 출생지가 부산이지만 타 지역에서 성장한 가수들도 있고, 타 지역에서 태어났지만 부산에서의 활동으로 가수 활동의 새로운 전기를 맞이했던 가수 등 다양한 유형이 있다. 대표적으로 몇 명을 살펴보자[5].

우선 앞서 언급한 현인의 본명은 현동주이며 1919년 12월 14일 부산 영도구 영선동에서 태어났다. 일본 우에노 공원 내의 동경음악학교(현 동경예술대학)에서 음악 공부를 시작하였고, 그 후 중국으로 건너가 악극단을 구성해 활동하다 해방이 되자 고국으로 돌아왔다. 이후 밤무대 등에서 노래를 부르다, 박시춘의 권유로 유호 작사, 박시춘 작곡의 노래 〈신라의 달밤〉을 부르면서 크게 인기를 끌었다고 한

5) 가수에 대한 소개와 노래 가사는 한국학중앙연구원의 향토문화전자대전(http://www.grandculture.net/)과 김종욱의 「부산의 대중음악 - 영도다리에서 부산항까지, 부산 사람들과 함께 한 부산의 대중음악」(호밀밭 출판사, 2015.12.)을 주로 참고하였음을 밝혀둔다. 가사의 경우 현재의 맞춤법에 어긋나더라도 당시의 표기를 그대로 사용했다.

다. 이러한 인기를 바탕으로 영화 주제가나 당시 세계를 풍미하던 샹송, 칸초네, 탱고, 맘보 등의 새로운 음악 장르를 국내에 들여오며 트로트 일변도의 대중음악계에 신선한 바람을 불어 일으켰다고 한다. 1950년대 초 부산에서 활발한 공연활동을 펼치면서 한국전쟁 때 흥남 철수 작전을 통해 부산으로 넘어온 피란민의 애환을 그린 〈굳세어라 금순아〉를 비롯하여 전쟁을 배경으로 〈전우야 잘 자라〉, 〈럭키 서울〉 등의 대중가요를 노래하며 우울한 시대의 아픔을 달래주었다.

▸굳세어라 금순아

눈보라가 휘날리는 바람 찬 흥남 부두에 목을 놓아 불러 봤다 찾아를 봤다
금순아 어디로 가고 길을 잃고 헤매었더냐 피눈물을 흘리면서 일사 이후 나 홀로 왔다

일가친척 없는 몸이 지금은 무엇을 하나 이 내 몸은 국제 시장 장사치기다
금순아 보고 싶구나 고향 꿈도 그리워진다 영도 다리 난간 위에 초생달만 외로이 떴다

철의 장막 모진 설움 받고서 살아를 간들 천지간에 너와 난데 변함 있으랴
금순아 굳세어 다오 북진 통일 그날이 오면 손을 잡고 웃어 보자 얼싸안고 춤도 춰 보자

당시 쌍벽을 이루던 가수로 〈이별의 부산정거장〉을 부른 남인수가 있다. 본명은 최창수이며 1918년 진주에서 출생하였다. 1936년 평소 가수의 꿈을 키워오던 그는 서울 시에른 레코드에서 활동하고 있던 작곡가 박시춘을 찾아가 〈눈물의 해협〉으로 데뷔하여, 〈물방아 사랑〉, 〈애수의 소야곡〉, 〈꼬집힌 풋사랑〉 등이 인기를 얻으며 대중가수로 두각을 나타내기 시작하였다. 그러다 제2차 세계대전으로 일제에 의해 강제징용으로 끌려가는 한국인들의 비극적인 모습을 노래한 조명암 작사, 박시춘 작곡의 〈울며 헤진 부산항〉으로 대중들에게 큰 인기를 얻으며 애달픈 심정을 달래주었다.

▸울며 헤진 부산항

울며 헤진 부산항을 돌아다보는 연락선 난간머리 흘러온 달빛
이별만은 어렵더라 이별만은 슬프더라 더구나 정들인 사람끼리 음

달빛 아랜 허허 바다 파도만 치고 부산항 간곳없는 검은 수평선
이별만은 무정터라 이별만은 야속터라 더구나 못 잊을 사람끼리 음

이후, 1954년에는 서울의 유니버설 레코드에서 귀환하는 피란민들을 주제로 호동아 작사, 박시춘 작곡의 〈이별의 부산정거장〉이 출반됐다. 한국전쟁이 휴전 되자 고향을 찾아 떠나는 기쁨과 설움이 어우러진 가요로 선풍적인 인기를 끈 이 노래의 가사를 살펴보면 피란살이가 힘들었지만 부산에서 만난 사람들의 정감어린 인연이 삶의 희망이 되었음을 표현하고 있다. 만남과 이별의 공간이었던 부산역을 소

재로 한 곡 중 가장 인기를 얻은 이곡은 포로로 잡혀있던 인민군들도 즐겨 부를 정도로 대단했던 것으로 전해진다.

▸**이별의 부산정거장**

보슬비가 소리도 없이 이별 슬픈 부산 정거장
잘 가세요 잘 있어요 눈물의 기적이 운다
한 많은 피난살이 설움도 많아 그래도 잊지 못할 판자집이여
경상도 사투리에 아가씨가 슬피 우네 이별의 부산 정거장

서울 가는 십이 열차에 기대앉은 젊은 나그네
시름없이 내다보는 창밖에 기적이 운다
쓰라린 피난살이 지나고 보니 그래도 끊지 못할 순정 때문에
기적도 목이 메어 소리 높이 우는구나 이별의 부산 정거장

가기 전에 떠나기 전에 하고 싶은 말 한마디를
유리창에 그려 보는 그 마음 안타까워라
고향에 가시거든 잊지를 말고 한두 자 봄소식을 전해 주소서
몸부림치는 몸을 뿌리치고 떠나가는 이별의 부산 정거장

우리나라 부부가수 1호라고 할 수 있는 고복수, 황금심 부부 또한 빼놓을 수 없는 부산의 가수들이다. 고복수는 울산 출신으로 울산 병영초등학교에서 4학년까지 다니다가 부산 동래 내성초등학교로 전학하고, 동래고보를 졸업했다[6]. 이후 콜롬비아레코드가 주최한 콩쿠르 부산대회에 출전하여 1등으로 입상하고, 본선에서 3등을 차지하면서 주목을 받기 시작했다. 1934년 오케레코드에서 〈타향살이〉, 〈이원애곡〉으로 가요계에 데뷔하였는데, 〈타향살이〉로 알려진 〈타향〉은 일제강점기 최고의 대중가요 중 하나로 꼽힐 만큼 크게 유행했다고 한다. 울산에서는 국민가수이자, 일제강점기에 우리 민족의 아픔과 망향의 한(恨)을 달래주던 고복수를 기리기 위해 1987년부터 '고복수 가요제'를 만들어 2017년 현재 27회에 이르고 있으며, 그의 노래비가 건립되어 있다.

고복수는 오케레코드와 전속 공연단인 조선악극단에서 활동하다가 1940년부터 빅타레코드의 반도악극좌로 이동하였는데, 여기에서 〈알뜰한 당신〉의 인기 가수 황금심을 만나 1941년에 결혼하였다. 황금심의 본명은 황금동으로, 1922년 부산에서 태어나 서울로 이주, 가수활동을 시작하게 된다. 황금심의 가수 데뷔에 대해서는 다양한 설이 있는데, 이동순 교수는 영남일보를 통해 다음과 같이 이야기한다.

6) … 고복수는 막판에 다 망해서 삶 자체가 어려워졌을 때 부산에 자주 들러 청소년기의 성장지이자 화려한 가수시절의 추억을 눈물로 반추하기도 했다. 고복수는 60년대 중반께 지금 부산호텔 옆자리에 있던 예총부산 사무실에 들러 바둑, 장기를 두는 글쟁이들의 모습을 유심히 지켜보면서 차를 같이 마시기도 했다. … (국제신문 기사, 김규태, '시인 김규태의 인간기행 〈13〉 고복수의 영광과 그늘', 2006.5.7.)

"축음기 노래를 따라 부르는 것을 너무도 좋아했는데, 어느 날 동네의 음반가게 점원이 골목을 지나다가 소녀의 기가 막힌 노랫소리를 들었습니다. 마침 오케레코드사 전속가수 선발 모집이 있었는데, 거기에 소개를 받아서 황금동은 당당히 1등으로 뽑혔습니다."[7]

한편, 경향신문 정진호 기자는 다음과 같이 밝히고 있는데, 어떠한 설이든, 황금심이 '꾀꼬리의 여왕'이라는 별명으로 당대 가요계의 여왕으로 대중의 큰 사랑을 받았음을 충분히 짐작할 수 있고, 당시에 대중가수들은 어떻게 데뷔하고, 활동하게 되는지 그 경로를 파악해볼 수 있다.

"서울로 이주해 여관을 운영했는데, 마침 이곳에 연예인들의 출입이 잦았다. 그중 경성보통학교를 다니던 여관집 딸 황금동의 재주를 눈여겨본 가수 이화자가 비상한 재능을 발견하고는 가수로 대성시키기 위해 본격적으로 노래수업을 시킨다. 기획사 연습생의 원조라 하겠다."[8]

황금심과 고복수라는 스타커플의 탄생은 당시에도 큰 화제가 된, 최초의 연예인 커플이라고도 할 수 있다. 이들은 일제강점기 말미 일본, 만주, 사할린섬 등을 다니며 위문공연으로 나라 잃은 동포들의 애환을 달래는 등 많은 활동을 펼쳤다.

1940년대~50년대 대중가요가 주로 일제강점기와 광복, 한국전쟁과 분단 속에서 이별, 슬픔, 애환을 다루고 있다면, 1960년대 이후 7, 80년대에 이르는 산업화 과정 속의 대중가요는 다양한 장르가 공존하며, 전쟁 후 사회의 안정과 재건을 열망하는 희망적인 메시지가 담긴 노래들이 큰 인기를 끌었다.

마도로스 노래의 황제라 불리는 가수 백야성은 본명이 문석준이며, 서울 출생 가수인데, 1961년 〈잘 있거라 부산항〉을 비롯해 마도로스와의 사랑과 이별, 바다, 항구 등을 소재로 한 노래를 많이 불러 60년대 부산 지역에서 많은 사랑을 받은 가수다. 마도로스는 주로 국제 항로를 다니는 배의 선원을 가리키는 말인데, 2016년 인터넷 포털 사이트 네이버가 '한국 대중가요 앨범 6000'을 빅데이터로 분석한 결과를 보면, 근대 대중가요 가사 속 가장 많이 등장한 직업은 '마도로스'로 총 437회 가량 언급되며 1위를 차지했다. '마도로스'는 전체 횟수 중 절반가량이 1960년대에 등장, 당시 외항선원이라는 직업이 가졌던 인기를 실감할 수 있다[9].

7) 영남일보 기사, 이동순, '이동순의 가요이야기 20-한국의 마리아 칼라스 황금심', 2007.12.13.
8) 경향신문 기사, 정진호. '어제의 오늘-2001년 알뜰한 당신 부른 가수 황금심 별세', 2011.7. 29.
9) 한겨레 기사, 김재섭, '근대 대중가요 속 최고 직업은 마도로스', 2016. 12.16.

] 원양어업이 본격적으로 시작된 당시 마도로스는 외국 문물에 대한 동경과 사나이들의 꿈과 야망의 상징이었다. 부산항은 원양어선을 탄 마도로스들이 주로 드나들던 곳이기도 하였다. 여기서 빚어지는 청춘 남녀 간의 사랑과 이별이 〈잘 있거라 부산항〉에 잘 녹아 있다.

▸잘 있거라 부산항

부산에 가면 다시 너를 볼 수 있을까 고운 머릿결을 흩날리며 나를 반겼던
그 부산역 앞은 참 많이도 변했구나 어디로 가야 하나 너도 이제는 없는데
무작정 올라간 달맞이 고개엔 오래된 바다만 오래된 우리만
시간이 멈춰 버린 듯 이대로 손을 꼭 잡고 그때처럼 걸어보자
아무생각 없이 찾아간 광안리 그 때 그 미소가 그 때 그 향기가
빛바랜 바다에 비쳐 너와 내가 파도에 부서져 깨진 조각들을 맞춰 본다
부산에 가면

한국의 루이 암스트롱이라 불릴 수 있는 김상국은 1934년 부산시 동구 범일동에서 출생했다. 부산대학교를 졸업하고 학창 시절부터 코미디와 노래에 타고난 재능을 지닌 그는 1965년 작곡가 김인배에게 발탁되어 〈쥐구멍에도 볕들 날 있다〉와 〈쾌지나 칭칭나네〉로 가요계에 데뷔하였다. 미군부대에서 재즈음악을 비롯하여 트럼펫 연주 등 아르바이트를 하면서 음악의 세계에 빠져들게 되었다. 부산지역의 각종 음악콩쿨에 참여하여 부산에서는 콩쿠르의 명물로 알려지게 되었는데, 허스키한 독특한 음성으로 루이 암스트롱의 창법을 따라하는 등 특이한 창법과 쇼맨십으로 주목을 받게 되었다. 부산대학교 사회학과 김희재 교수는 김상국을 다음과 같이 평한다[10].

> "현인이 부산출신의 대한민국 가수 1호라고 한다면, 김상국은 부산이 낳은, 가장 부산답고, 부산 냄새가 나는 만능 엔터테이너 1호라고 할 수 있다. 김상국의 부산 사랑은 노래에 가득 배어 나온다. 그럼에도 불구하고 그의 부산 사랑을 기억하고 영원히 함께 할 기념물이 없다는 점에서 아쉬움이 많다."

1970년대 대중가요계를 주름잡은 나훈아 또한 부산출신 가수로, 〈자갈치아지매〉, 〈내 고향은 부산입니더〉, 〈남천동 부르스〉에서 알 수 있듯이 그는 부산이란 정체성과 자부심을 드러내며 활동한 가수이다. 같은 시기 최초로 싱어송라이터의

10) 김희재(대안사회를 위한 일상생활연구소), '부산가수, 한국의 가수' 「부산의 노래, 노래속의 부산」, 부산발전연구원, 2014.12.

체계를 선보이며 대중가요계에 충격을 주며 등장한 한대수 또한 동래 온천장에서 태어난 부산 토박이다. 〈낭만에 대하여〉, 〈부산에 가면〉 등의 노래로 우리 시대의 대표적인 가객, 최백호 역시 부산 출신의 가수다. 여가수도 많다. 1970년대를 풍미했던 문주란, 정훈희는 대표적인 부산 출신의 여가수이다.

최근 재미있는 사건이 일어났다. 원로가수라 할 수 있는 나훈아가 2020년 부산연구원이 선정한 부산의 10대 히트상품에 포함되었다. 추석 전날 방영된 '대한민국 어게인, 나훈아' 언택트 공연에서 15년의 방송 공백을 무색하게하며 특유의 카리스마와 무대매너, 소신 발언 등으로 신드롬을 일으킨 탓이다. 특히 나훈아는 방송에서 자신이 부산 동구 초량 출신이라고 강조하면서 고향에 대한 애정을 드러내었는데 어쩌면 곧 나훈아 노래비가 동구에 생길지도 모르겠다.

방탄소년단(BTS)의 부산 방문으로 핫플레이스가 생겨난 일도 흥미로운 일이다. 부산은 BTS의 멤버 정국과 지민이 나고 자란 곳인데, 2019년 부산에서 열린 팬 미팅을 계기로 멤버들이 자고 나란 북구 만덕동이나, 금정구 금사회동동이 전 세계 팬들이 찾는 성지가 되었다. 또 뷔가 팬 미팅 전 부산시민공원을 산책하며 트위터에 "부산 좋네에~"라며 남긴 인증샷 장소는 유명한 포토 존이 되었다. 노래 이상으로 대중가요가 지닌 문화적 힘을 잘 알 수 있다.

이처럼 부산 출신의 가수들은 시대를 선도하며 대중가요 역사에 새로운 장르를 제시하는 등 큰 반향을 불러일으켜 왔었다. 이후에도 꾸준히 부산의 가수들은 대중가요계에 깊은 영향을 끼치며 활동을 하고 있다. 이들에 대한 보다 체계적인 기록을 통해 부산사람들의 삶에 동조시킬 때 부산에 대한 정체성 확산에 기여할 수 있고, 새로운 가치를 지닌 문화자원으로 존재할 수 있을 것이다[11]. 물론 교통과 통신의 발달로 지역의 의미가 이전보다 퇴색되고, 정치, 경제, 문화 등 거의 모든 것이 서울과 수도권으로 집중되면서 부산 출신이라는 영역이 축소되고 과거에 비해 큰 의미를 가지지 못하는 것도 사실이다. 그럼에도 불구하고, 최근 생활문화, 지역문화가 강조되는 것은, 결국 사람들이 터를 잡고 살아가는 지역성에 대한 심도 깊은 접근의 필요성을 의미하기에, 부산가수들에 대한 고찰을 통하여 부산의 문화적 정체성을 다시금 고민해 보는 것이 필요할 것이다.

11) 김희재. 위의 책.

Ⅲ 대중가요 속 부산

▸**돌아와요 부산항에**

꽃피는 동백섬에 봄이 왔건만 형제 떠난 부산항에 갈매기만 슬피 우네
오륙도 돌아가는 연락선마다 목메어 불러 봐도 대답 없는 내 형제여
돌아와요 부산항에 그리운 내 형제여

가고파 목이 메어 부르던 이 거리는 그리워서 해매이던 긴긴날의 꿈이었지
언제나 말이 없는 저 물결들도 부딪쳐 슬퍼하며 가는 길을 막았었지
돌아왔다 부산항에 그리운 내 형제여

▸**부산갈매기**

지금은 그 어디서 내 생각 잊었는가
꽃처럼 어여쁜 그 이름도 고왔던 순이 순이야
파도치는 부둣가에 지나간 일들이 가슴에 남았는데
부산 갈매기 부산 갈매기 너는 정녕 나를 잊었나

지금은 그 어디서 내 모습 잊었는가
꽃처럼 어여쁜 그 이름도 고왔던 순이 순이야
그리움이 물결치며 오늘도 못 잊어 네 이름 부르는데
부산 갈매기 부산 갈매기 너는 벌써 나를 잊었나

부산을 노래한 대중가요 중 시대를 넘어 사랑을 받고 있는 노래를 꼽으라고 한다면 누구나 〈돌아와요 부산항에〉를 말할 것이다. 1970년대 이후 부산을 대표하는 곡으로 자리 잡은 이 노래는 가왕 조용필을 스타로 만든 노래이기도 하다[12]. 이와 함께 1982년 가수 문성재가 부른 〈부산갈매기〉 또한 부산을 상징하는 대표적인 대중가요라 할 수 있을 것이다. 두 노래 모두 부산의 프로야구단 롯데 자이언츠 응원가로 불리며 전 세계적으로도 유명해진 부산의 야구 열기를 대변하는 곡이기도 하다. 이 두 노래의 공통점은 또 있다. 바로 만남과 이별이 빈번했던 항구도시 부산의 특성을 잘 나타내주고 있다는 것이다.

앞서 살펴본 부산 가수들의 노래가사들도 잘 살펴보면 당대 부산의 역사적인 풍경들과 함께 지역적 특성을 고스란히 담고 있다. 대중가요가 대중들에게 널리 불려지고, 오랜 시간이 지나도 회자되는 이유는 이와 같이 시대의 정서를 함축하고, 시대상을 전달하기 때문이다. 그래서 부산의 대중가요를 살펴보면 당시 부산의 모습

12) 〈돌아와요 부산항에〉의 원곡은 1971년 통영 출신 가수 김해일이 취입한 〈돌아와요 충무항에〉이다. 1971년 김해일 사망 후, 1972년 조용필의 첫 음반에 통기타 반주로 수록하였으나 널리 알려지지는 않았다. 1976년 부산항의 이별을 내용으로 일부 가사를 바꾼 후 조용필 음반에 수록되어 인기를 얻었다. (한국학중앙연구원 - 향토문화전자대전)

을 짐작할 수 있고, 또 부산사람들의 삶과 그 특징을 읽어볼 수 있다[13]. 예컨대 유승훈 학예사는 가수 조용필과 〈돌아와요 부산항에〉에 대해 이렇게 평한다.

> … 흔히 부산항의 인문정신으로 손꼽는 것이 해양성, 개방성, 민중성이다. 바다와 육지를 이어주는 길목인 부산항은 거칠지만 열려있는 것이 그 특징이다. 부산항을 통해 사람과 물자뿐만 아니라 문화도 유입된다. 모든 문화를 개방적으로 수용하는 부산항은 여러 문화를 비벼서 새로운 문화를 창조하는 역할을 한다. 경기도 화성 출신의 조용필이 '조용필과 그림자'라는 밴드를 만들어 활동한 것이나 부산에서 처음으로 유행한 '돌아와요 부산항에'가 전국적으로 전파된 것은 우연이 아니다. …[14]

앞서 살펴본 대표적인 부산의 대중가요에 많이 등장하는 지명은 '부산항', '부두', '부산역' 등으로 이는 항구도시 부산의 장소적인 특성을 드러낼 뿐만 아니라 한국전쟁과 근대화 과정 속에서 부산 사람들이 겪어야 했던 역사적 사실들을 잘 보여준다. 자연스럽게 부산항에 인접한 원도심 지역도 가요 속에 자주 등장한다. 〈굳세어라 금순아〉에 등장하는 영도다리가 대표적이다. 널리 알려진 것처럼 영도다리는 완공 당시부터 전국적인 관심 속에서 부산의 랜드마크로 자리매김하였고, 한국전쟁 당시 피란민들이 몰려들어 헤어진 가족을 찾아 헤맨 (그래서 영도다리 주변에는 점집도 많았다) 만남의 광장이었다. 〈추억의 영도다리〉, 〈이별의 영도다리〉, 〈눈물의 영도다리〉 등 제목에 영도다리가 들어간 노래도 많고, 〈부산은 내 고향〉, 〈여수의 부산항구〉 등 가사에 영도다리가 등장하는 노래도 많다. 이 중 1958년 윤일로가 부른 〈추억의 영도다리〉는 최근까지도 많은 가수들이 부르고 있는 가장 히트한 곡이기도 하다. "울었네 소리쳤네 몸부림쳤네 안개낀 부산항구 옛 추억만 새롭구나 몰아치는 바람결에 발길이 가로막혀 영도다리 난간잡고 나는 울었네."라는 가사를 음미해보면 그 속에는 그리움, 고단함, 그리고 외로움의 감정들과 동시에 위안, 위로의 장소로서 영도다리의 장소성이 잘 드러난다.

---

13) 대중음악에 대한 연구자는 많지만 부산의 대중가요만을 중점적으로 추적하고 발굴해온 분들은 많지 않은데, 다행이 故 김종욱 선생님이 일찍이 부산의 대중음악을 발굴하고 수집하고 체계적으로 자료를 정리해두었다. 선생님은 대중음악연구가이자 옛날가요보존회 회장으로 청소년 시절부터 대중가요에 관심을 가지고 1970년대 후반부터 본격적으로 전국을 돌아다니며 수만 장의 음반을 모으기 시작했다. 그동안 수집한 음반의 음원과 가사는 인터넷 네이버 카페 옛날가요보존회(http://cafe.naver.com/chonguk49)을 통해서 누구나 옛 가요를 접하고 감상할 수 있도록 하는 등 옛 대중가요의 확산에도 힘을 썼다. 선생님이 유작으로 남긴 책 「부산의 대중음악 – 영도다리에서 부산항까지, 부산 사람들과 함께 한 부산의 대중음악」은 말 그대로 우리 민족이 겪은 격동의 근현대사를 고스란히 온 몸으로 품고 있는 부산의 대표적이고 중요한 대중가요를 거의 모두 담고 있다.

14) 유승훈, 「부산은 넓다」, 글항아리, 2013.10.

영도다리를 기준으로 부산의 대표적인 원도심인 남포동도 부산의 대중가요에 많이 등장한다. 남포동 일대는 원래 해안가였는데 일제에 의해 남항 일대가 개발되고, 영도와 함께 어업의 중심지로 만들어지면서 자연스럽게 수산물과 다양한 외래물품이 유통되는 시장으로 성장하였다. 또한 가까이 부산항으로 들어오는 선원들을 상대로 하는 상점과 술집들이 들어서며 부산의 대표적인 번화가로 자리매김하였다. 그래서 남포동을 배경으로 하는 대중가요들은 대개가 사랑, 희망, 젊음, 화려한 밤거리 등을 상징하고 있다. "네온이 춤을 추는 남포동의 밤 이 밤도 못 잊어 찾아온 거리 그 언젠가 사랑에 취해 행복을 꿈꾸던 거리" 〈남포동 부르스〉, "둘이서 걸어가는 남포동의 밤거리 지금은 떠나야 할 슬픔의 이 한밤 울어 봐도 소용없고 붙잡아도 살지 못할 항구의 사랑 영희야 잘있거라"〈항구의 사랑〉 등이 그러하다.

대표적인 관광지이자, 휴양지 부산의 특성이 드러나는 대중가요도 많이 발표되었다. 우선 우리나라 최초의 해수욕장인 송도를 다룬 노래가 많다. 김종욱 선생님은 "1950년대부터 1970년대까지의 노랫말을 살펴보면 언제나 송도해수욕장이 해운대해수욕장보다 먼저 나온다. 그 당시 송도해수욕장이 부산, 아니 우리나라 최고의 해수욕장임을 대변하는 대목이다."라고 지적하며 "1960년 손인호가 '이별의 부산항'을 불렀다. 도미도레코드에서 나온 이 노래에는 "송도야 잘 있거라 해운대야 다시 보자"는 가사가 있다. 송도가 해운대보다 유명해 노래 가사가 앞에 있음을 알 수 있다."고 주장한다.[15)]

재미있는 것은 1960년대~70년대 당시 전국 제일의 신혼 여행지이자 중심이었던 송도해수욕장이 부산의 도심지가 확장되고, 해운대해수욕장의 인기에 어느새 외곽으로 떠밀리며 침체되기 시작하다가 최근 다시 각광을 받고 있다는 것이다. 1967년 김종기가 부른 〈송도의 하룻밤〉 가사는 "바닷물이 철석이는 송도의 하룻밤 공중다리 오고가는 케이블카도 잠이 들고 울고가는 똑딱선은 어디로 가는거냐 말없는 수평선에 말없는 수평선에 바닷물만 철석 거린다". 라며 당시 운행되었던 송도 케이블카를 묘사하고 있는데, 관광객 감소로 1988년 운행을 중단한 뒤 2002년 결국 철거되었었다. 그러다가 2017년, 29년 만에 송도 케이블카가 복원되면서 이른바 '대박'을 터트리며 새로운 관광 돌풍을 일으키고 있다.

해수욕장과 함께 관광지 부산을 널리 알린 지역은 동래온천이다. 지금은 전국 곳곳에 온천이 개발되면서 옛 명성에 비해 그 빛이 쇠락하였지만, 동래온천은 우리나라

---

15) 국제신문 기사, 김종욱, '김종욱의 부산 가요 이야기 〈4〉 송도와 그 시절의 노래', 2012.3.29.

최고의 온천 중에 하나였다. 온천장(溫泉場)은 온천휴양지를 가리키는 일반명사지만 그냥 '온천장'하면 동래온천을 의미하는 고유명사가 될 정도로 동래온천은 일찍부터 널리 알려졌다. 기원이 신라시대까지 거슬러 올라갈 정도로 오랜 역사를 가졌기도 하지만, 개항과 더불어 일본인들에 의해 개발되면서 우리나라에서 가장 먼저 근대적인 온천휴양지로 변모했기 때문이다[16]. 동래온천은 일제강점기 동래지역 구전민요 〈동래아리랑〉에 등장하기 시작하여, 1957년 방운아가 부른 〈부산행진곡〉 "봄바람 동래온천 여름 한철 송도요 달맞이 해운대도 부산 항구다"에도 나타나며, 1955년 변강복의 〈온천 엘레지〉, 1958년 신해성의 〈온천의 하룻밤〉 등에서도 불려졌다.

무엇보다 대중가요에 자주 등장하는 부산의 관광지는 해운대이다. 해운대는 최근 발표되는 대중가요에도 종종 등장한다. 김종욱 선생님은 1936년 일제 강점기 포리돌레코드에서 낸 편월 작사, 형석기 작곡의 〈조선 팔경가〉가 해운대를 주제로 한 노래의 효시라고 지적하며 〈해운대 엘레지〉, 〈비내리는 동백섬〉, 〈추억의 해운대〉 등 총 28곡의 노래가 불렸다고 밝힌다[17]. 김종욱 선생님이 기고한 글에서는 2007년 발표된 〈청사포의 밤〉을 끝으로 잡고 있지만 2010년대 이후에도 케이준의 〈해운대〉, 스컬과 하하의 〈부산 바캉스〉, 바이브의 〈해운대〉등 해운대를 주제로 하는 최신곡이 계속 나오고 있는 상황이다. 이는 해운대가 젊은 세대의 문화콘텐츠로 떠오르고 있음을 상징하는 현상이기도 하다.

가사를 비교해보면 시대에 따라 해운대의 장소적 특징이 달라진 것이 확연히 드러난다. 1958년 손인호가 부른 〈해운대 엘레지〉에서의 해운대는 "울던 물새도 어디로 가고 조각달도 기울고 바다마저도 잠이 들었나 밤이 깊은 해운대 나도 가련다 떠나가련다 아픈 마음 안고서 정든 백사장 정든 동백섬 안녕히 잘 있거라"와 같이 이별의 애절함과 비장함, 그리고 사랑의 흔적과 추억이 깃들어 있는 곳이다. 반면 2011년 발매된 케이준의 〈해운대〉의 가사 "너는 여름에 어디 가니 나는 여름에 놀러간다 도대체 어디로 가냐구 어디긴 어디야 바로 부산 해운대 해운대 해운대 … 여름이 있는 곳 예쁜 여자가 너무 많아 멋진 남자도 너무 많아 푸른 파도와 해수욕장 그러니까 빨리 가자 부산 해운대 해운대 해운대 …" 속 해운대는 일상의 탈출, 젊음의 열기가 달아오르는 경쾌한 곳으로 묘사되고 있다. 1990년대 이후 대규모 개발과 함께 부산 안에서도 부산과 다른 고급스러운 도심이자 유흥지로 탈바꿈한 해운대는 유명

16) 이일래(대안사회를 위한 일상생활연구소), '노래 가사 속 부산', 「부산의 노래, 노래속의 부산」, 부산발전연구원, 2014.12.

17) 국제신문 기사, 김종욱, '김종욱의 부산 가요 이야기 〈3〉 해운대와 그 시절의 노래', 2012.3.22.

관광지의 이미지를 넘어 일상과는 다른 특별한 시간이 펼쳐질 것만 같은 곳으로 인식되고 있다. 과거의 해운대와 오늘날의 해운대가 같은 장소이지만 확연히 다른 지역성, 정체성으로 사람들에게 다가서고 있음을 대중가요를 통해 알 수 있는 것이다.

Ⅳ 대중가요로 부산읽기

오늘날 대중가요에서 지역이 노래의 주제나 가사에 나타나는 일은 과거에 비해 많이 드물다. 과거에 지역이 주요 소재가 된 것은 당시 사람들이 살아가는 삶터에 대한 애착이 강했기 때문이거나 혹은 발전된 도시를 향한 로망이 투영되었기 때문이다. 그러나 요즘은 삶터로서 고향이나 지역의 개념이 상대적으로 약해졌고, 교통과 통신의 발달은 이러한 실정을 가속화시키기 때문에 상대적으로 덜하다고 볼 수 있다[18]. 최근 부산을 노래한 대중가요에서 이러한 현상을 살펴볼 수 있는데, 삶의 터전으로서 부산에 대한 감성보다는, 일상과 다른 세계에 대한 동경, 이상향, 꿈과 희망과 같은 로망의 도시로서 드러나는 것이다.

예를 들어 최백호가 2013년 에코브릿지와 함께 발표한 〈부산에 가면〉의 가사는 1950년대~60년대 부산을 배경으로 이별과 사랑을 다루는 가사들과 확연히 다른 감성을 담고 있다. 과거에는 고향과 부모형제에 대한 그리움, 혹은 어쩔 수 없는 이별의 현실을 서글퍼하거나 혹은 다시 만나길 희망하는 욕망을 담고 있는데 반해, 〈부산에 가면〉으로 대변될 수 있는 오늘날 부산은, 이미 오랜 시간이 지나 어쩔 수 없는 체념의 감성, 혹은 잃어버린 어떤 것에 대한 동경과 추억으로 상상되는 상황이다.

▸부산에 가면

부산에 가면 다시 너를 볼 수 있을까 고운 머릿결을 흩날리며 나를 반겼던
그 부산역 앞은 참 많이도 변했구나 어디로 가야 하나 너도 이제는 없는데
무작정 올라간 달맞이 고개엔 오래된 바다만 오래된 우리만
시간이 멈춰 버린 듯 이대로 손을 꼭 잡고 그때처럼 걸어보자
아무생각 없이 찾아간 광안리 그 때 그 미소가 그 때 그 향기가
빛바랜 바다에 비쳐 너와 내가 파도에 부서져 깨진 조각들을 맞춰 본다
부산에 가면

2018년 최백호의 부산 영도 깡깡이마을을 다룬 〈1950 대평동〉에도 그러한 감성이 잘 묻어있다. 근대수리조선 1번지라 불리는 깡깡이마을은 중구 남포동, 자갈치

18) 차철욱(부산대학교 한국민족문화연구소), '대중가요로 부산 노래하기', 「지역 예술을 말하다」, 소명출판, 2012, 2.

방면에서 바다 건너 맞은편으로 보이는 영도 초입에 위치한 대평동의 별칭인데, 녹슨 배의 표면을 벗겨내는 '깡깡'거리는 망치질 소리에서 유래하였다. 최근 문화적 도시재생 사업을 통해 새로운 부산의 명소로 떠오른 곳으로, 십여 곳의 수리조선소와 200여 개의 공업사, 선박 부품업체 등 항구도시 부산의 원형이 그대로 살아 있는 마을이다. 〈1950 대평동〉의 가사는 근현대의 경제적 성장 과정 속에서 고되고 치열했던 삶과 노동으로 얼룩졌던 배후지, 대평동에 남겨진 회한과 쓸쓸함을 잘 포착하고 있다.

▸1950 대평동(가사 일부)

떠나는 것은 떠나는 대로 남는 것은 남는 대로 이유가 있지 사연이 있지
물결 너머 자갈치에 불빛이 지면 별빛 따라 피어나는 늙은 노래여
지친 파도는 자정 지난 바다로 잠기어 들고
늦은 갈매기 하나 소리도 없이 울며 돌아가는데
한때 고래 따라 떠나간 남자의 창가엔 흰 달빛만이 춤을 추누나
아린 가슴으로 아린 가슴으로 항구는 잠들지 못하네

부산 출신 가수 에이핑크 정은지는 2016년 부산 곳곳에서 〈하늘바라기〉 뮤직비디오를 촬영했는데, 특히 최근 부산 여행의 명소로 떠오르고 있는 동구 168계단, 이바구길의 모습이 인상적으로 나온다. 가사에 나오는 '가장 큰 별이 보이는 우리 동네'의 배경이라고 전해지는데, 정은지는 인터뷰를 통해 "문득 예전 생각이 들었다. 우리 부모님과 자라던 시절, 예전의 따뜻한 기억을 하는 것만으로 행복할 때가 있다. 이 노래를 부르며 저는 그런 느낌을 많이 받았다"[19]고 소개한다. 일제강점기와 피란시기, 산업화시기를 거치며 고단하고 팍팍했던 삶의 터전으로 만들어진 산복도로를 청년세대에게 보내는 위로와 희망의 안식처로 묘사하고 있다.

▸하늘바라기(가사 일부)

…
가장 큰 하늘이 있잖아 그대가 내 하늘이잖아
후회 없는 삶들 가난했던 추억 난 행복했다
아빠야 약해지지마 빗속을 걸어도 난 감사하니깐
아빠야 어디를 가야 당신의 마음처럼 살 수 있을까
가장 큰 별이 보이는 우리 동네
따뜻한 햇살 꽃이 피는 봄에
그댈 위로해요 그댈 사랑해요 그대만의 노래로

19) 뉴스핌 기사, 양진영, '에이핑크 정은지, 이 봄 가장 따뜻한 곡 '하늘바라기'…모두의 맘에 닿을 '아빠야'', 2016.4.18.

한편, 부산의 역사적, 사회적 특징 속에서 자연스럽게 만들어진 부산만의 감정이나 정서와 함께, 외지인들의 느낌과 시선으로 만들어진 부산의 이미지도 대중가요에 투영이 되고 있다. 스컬&하하의 〈부산 바캉스〉는 부산에서의 만남과 사랑을 그리고 있는데, 영화 같이 운명적으로 만나거나, 지루한 삶과는 다른 탈주에 가까운 사랑이 부산에서 시작될 것이라는 기대감이 드러난다. 윤건의 〈가을에 만나〉도 부산에서 짧게 만난 인연이었지만 다시 만나서 사랑을 고백하는 내용을 담고 있는데, 새로운 만남과 설렘이 짙게 깔려있다.

▸부산 바캉스(가사 일부)

오늘밤엔 분명히 운명적인 만남이 시작 될 것 같은데
잠시만 어제 고민 다 접어놓고 별을 보러 떠나요 Baby
…
Let's Go Everybody come to 해운대 Oh Oh
Everybody come to 광안리 Oh Oh
Everybody come to 동백섬 Oh Oh Oh Oh 부산 바캉스

▸가을에 만나(가사 일부)

여름이 가고 가을이 올 때면 해운대 밤바람 불어오네요
파도거품 속에 담긴 니 모습 오륙도 너머~

지난 여름에 처음 너를 느꼈죠 아직도 두 눈이 너를 기억해
아득하게 빛이 났던 니 눈빛 달맞이 너머~

우~~우리 만나면 파도 거품 맥주 한잔 너와 단둘이
우~~우린 다시 또 걸어가고 있죠 그대와 가을에 만나 …

지금까지 살펴본 것처럼 대중가요를 통해 부산이 지닌 지역적 특성, 역사적 사실에서부터 부산 사람들의 삶을 간접적으로 엿볼 수 있다. 반대로 대중가요는 지역으로서 부산에 대한 사람들의 인식과 상상이 표현되는 통로이기도 하며, 당대 사람들의 감정과 바람, 혹은 추억이 투영되는 문화예술이기도 하다. 결국 대중가요는 한 시대와 사회를 보여주는 가장 일상적이고, 가까운 예술적 표현임을 알 수 있다.

부산의 건축

18장

태종대

부산은 바다, 산, 강과 들을 중심으로 한 원생의 자연환경에 기반 한 점진적인 변화를 이루어 오다, 1876년 개항 이후 약 150년 동안 급속하게 전개된 근대 역사에 큰 영향을 받은 도시이다. 이 때문에 부산의 건축[1)]은 타 도시에 비해 스펙터클한 자연환경과 결합되어 매력적인 풍경으로 인식되며, 근대기의 도시기능과 깊게 연계된 시민들의 삶을 다채롭게 드러낸다.

I 변천 과정과 내용

1. 역사 속 부산의 도시기능과 역할

부산광역시는 1963년 직할시 승격, 1995년 광역시 개칭을 거쳐, 2020년 12월 현재 면적 993.54㎢, 인구 약 340만에 이르는 우리나라 제2의 도시다. 부산은 선사시대부터 정주활동이 있었고, 동래읍성시대, 구한말과 개항기, 일제강점기, 한국전쟁과 피란수도기, 국가재건기, 도시(재)개발기, 도시재생기 등 일련의 정치·행정 관련 사건들과 연관된 공간 변화와 누적된 경험치[2)]가 매우 강한 도시다.

1) '부산의 건축'은 부산에 존재하는 건축물만을 지칭하기 보다는, 건축물을 중심으로 한 장소(터)와 이와 관련된 공간조직과 풍경 등을 포괄하는 의미로 사용한다.

2) 이러한 변화 속에서, 부산은 자연스럽게 다양한 의미를 가지는 역사적인 건축물들과 장소들을 보유하게 되었다. 예를 들어, 고대 문화재인 동래패총과 복천동고분군, 그리고 동래읍성, 범어사, 금정산성, 동래부동헌, 다대포객사, 부산진지성, 망미루, 동래향교, 기장향교, 윤공단, 좌수영성 등 '전근대기의 문화재', 영도다리, 임시수도정부청사, 임시수도대통령관저, 부산근대역사관, 부산지방측후소, 백제병원, 남선전기, 송정역, 정란각, 유엔기념공원, 일신여학교, 가덕도등대, 제뢰등대, 디젤전기기관차 2001호, 부산전차, 부산나병원기념비, 성지곡수원지, 복병산배수지, 부산대인문관, 동래역 등의 '근대 문화재', 부산타워, 자갈치건어물시장, 국제시장, 부평동깡통시장, 구포시장, 부전시장, 보수동책방골목, 부산항 제1부두, 자성대부두(싸일로, 크레인(군), 허치슨물류창고, 계선주(군)

부산의 역사는 내륙의 동래(읍성)가 기원이다. 그러나 1407년(태종 7) 부산포와 내이포(진해)를 열고, 1419년(세종 1) 이종무에 의한 대마도 정벌과 1426년 염포(울산)를 열어 삼포를 개항한 후, 1443년(세종 25) 대마도주와 세견선 등 무역에 관해 맺은 정식 조약인 계해약조 등을 거치면서 부산(포)은 역사에 공식 등장했다. 임진왜란(1592~1598년) 후 부산진성 인근에 왜인들의 무역거래소 기능을 담당했던 두모포왜관(1607년)이 조성되고, 광복동·남포동 일원의 용두산 주변에 초량왜관(1678년)이 들어서면서 부산의 활동지는 내륙에서 바다로 옮겨갔다. 조선의 마지막 단일왜관이었던 초량왜관은 왜인들의 무질서했던 무역활동을 국가차원에서 제어하기 위한 공간이었다. 이곳은 17~19세기에 이르는 200여 년 동안 조선 최고의 외교통상지이자 국방의 교두보로서 그 기능을 담당했다. 이와 함께 1636년부터 1811년까지 12회(공식 9회)에 걸쳐 일본에 파견되었던 조선통신사 활동을 지원하는 등 조선시대의 국제교류 거점지로서도 기능하였다.

1876년 개항[3]은 비록 자발적이지는 못했지만, 부산이 전근대적 도시에서 근대도시로 이향되는 계기를 제공했다. 용미산(현 광복동 롯데백화점 부지) 자락 해변부에 부산해관(1883년)이 설치되고, 초대 해관장으로 영국인 로바트(W. Nelson Lovatt)와 2대 해관장으로 프랑스인 피리(T. Piry)가 부임하면서 부산항은 국제항으로서의 면모를 갖추기 시작했다.

그러나 개항과 동시에 초량왜관 터가 일제의 전관거류지로 전락하면서 광복동과 남포동을 중심으로 하는 부산항 일원은 일제 대륙침략의 교두보로 활용되기 시작했다. 1902년에 시작된 해관부두 옆 매축(1차 북빈매축공사)을 기점으로 1944년까지 총 7차례에 걸친 매축공사가 진행되었고, 결과적으로 1~4부두가 북항에 자리잡았다.

등), 영도수리조선소일대(일명 깡깡이마을), 봉래동보세창고군, 남선창고터, 충무동공동어시장, 감천문화마을, 아미동비석마을, 우암동소막마을, 민주공원, 충혼탑, 산복도로 피란주거지들, 부산시민공원역사관 및 군막사(군), 55보급창, 40계단, 영선고갯길, 동해남부선 폐선부지(미포~송정역), 영도한진중공업조선소, 대풍포, 오륙도등대, 낙동강하구둑 등 '비(非)문화재인 근대문화유산' 등이 있다.

3) 우리나라 개항의 시점은 일본이 도발했던 운요호(雲揚號)사건으로 병자수호조약(일명 강화도조약)이 체결되며 부산포가 열렸던 1876년으로 본다. 그러나 1407년(태종7년) 2포(부산포와 내이포) 개항을 자발적인 개항으로 보는 시각도 있다.

그림18-1 매축으로 인한 부산 해안선의 변화 ⓒ박능재·강동진(2015)

그림18-2 해방 직후 부산항의 귀환동포 ⓒ부산광역시

옛 부산역과 연결되었던 제1,2부두는 독립운동가들과 선각자들 그리고 다양한 목적을 가졌던 동포들의 대외 출입구로서 기능을 담당했다. 1945년 해방 후 5년 만에 시작된 한국전쟁은 부산을 또 다른 의미의 장소로 변신케 했다. 부산은 총 1,023일 (1차 : 1950.8.18.~ 10.26. / 2차 : 1951.1.4.~1953.8.14.) 동안 대한민국의 피란수도로 기능하며 수세에 몰렸던 한국전쟁의 판세를 역전시키는 보루가 되었다. 일제가 침략의 수단으로 만들었던 제1, 2부두가 피란민들과 유엔의 군수 및 구호물자들이 유입되는 희망의 부두로 전환되는 아이러니가 발생했다.

당시 부산 인구의 두 배가 넘는 약 100만 명에 이르는 피란민의 급작스런 유입과 이들의 부산(사람)화 과정은 부산을 국난의 극복현장이자 새로운 도약을 위한 재건지대로서의 기능을 담당하게 했다. 피란민들이 자리 잡은 항구 주변의 구릉지들은 판자촌을 이루었고 국제시장, 자갈치시장, 부평동시장 등 재래시장들과 북항의 물류부두 및 부산역 일원은 이들의 삶터로 기능했다.

그림18-3 산복도로의 풍경(1971년) ⓒ부산광역시

북항의 부두들에서는 대한민국 근대역사에서 중요한 여러 장면들이 발생했다. 제1부두는 월남하는 피란민들을 받아들인 피란부두로써 또한 우리나라 최초의 수출화물선(고려호, 1952년)과 원양어선(지남호, 1957년)이 출항했던 대한민국 해양산업의 모태로, 제2부두는 전쟁 승리의 기반이 된 각종 군수·구호물자들이 유입되던 물류부두로, 3부두는 1964년부터 8여 년 동안 30만의 파월장병들이 출입했던 군수부두로 사용되었다. 1978년에 시작된 자성대부두(5·6부두)의 건설로 우리나라 최초의 컨테이너부두 역사가 본격화되었고, 이후 2000년대 초반까지 부산항 일원은 우리나라의 조선업, 수산업, 물류업, 제조업의 거점 지대로 발전했다.

서면, 즉 북항으로 흘러드는 동천 변에는 조선방직, 제일제당(삼성 전신), 락희화학공업사(LG 전신), 신진자동차(대우 전신), 동명목재, 대선주조, 경남모직, 동양고무, 진양고무, 태화고무 등 당시 대한민국 굴지의 기업들이 입지하며 경공업의 메카 기능을 담당하였고, 이들 기업의 생산 활동은 부산항의 부두들이 수출항으로 발전하는 초석이 되었다. 부산항의 배후지였던 아미동, 영주동, 수정동, 범천동 등의 산복도로 일대는 피란민과 부두노동자들의 정주지로, 광복동과 남포동은 상업문화지로, 중앙동은 해운산업의 배후지로, 초량일대는 부산역과 연계되는 복합지원지로, 동천을 낀 범일동과 전포동은 도시산업지로 발전했다. 이러한 지역 여건은 어부, 객주, 소상공인, 행정관료, 시장판매상, 잡상인, 보따리장사, 부두노동자, 선주와 선원, 공장노동자, 자영업자, 기업가 등 다양한 직종을 가진 부산사람들의 삶의 기반이 되었다.

1990년대에 들면서 부산은 항구에서 벗어나 본격적인 광역도시로의 길을 걷기 시작한다. 행정개편(직할시에서 광역시로 개칭)과 도시계획 확장, 시청 이전(양정), 서면 일대 대형백화점 건설, 해운대신시가지와 정관신도시 등 대형 신도시의 건설 추진, 지하철 건설, 센텀시티 및 마린시티 일원의 개발, 광안대교 등 해상교량 건설, 부산신항만 이전 및 북항재개발 추진, 낙동강 일원 에코델타시티 건설 추진 등의 각종 사업들이 이어지면서 부산은 걷잡을 수 없을 정도로 도시 확산과 개발이 진행된다.

같은 시기, 산복도로 일원을 포함한 대부분의 부산 지역이 재개발지구(재건축지구)로 지정되며 부산의 건축에 있어 대규모 변형이 불가피한 양상으로 나아갔다. 그러나 2000년대 말 국제금융 위기 속에서의 '도시재생' 개념의 도래는 '산복도로 르네상스'라는 부산식(式) 도시재생 정책을 추진하게 했고, 이로 인해 부산의 건축에 있어 전반적인 변화, 즉 일방적인 개발 위주에서 리모델링과 정비를 기본으로 하는 재생 정책이 자리 잡게 된다.

그림18-4 2000년대 들어 급격한 변화를 거듭하고 있는 센텀시티 일원 ©다음지도(2021.1.10.)

2. 행정구역과 도시계획의 변천

부산이 근대도시의 골격을 형성하는 시점은 행정구역 개편으로 부산부제가 시행되었던 1914년이었다. 당시 면적은 84.15㎢로, 지금의 중구, 동구, 영도구 그리고 서구지역 일부가 해당되었다. 20여 년 후, 1936년(제1차) 및 1942년(제2차)의 행정구역 확장을 통해 부산은 동래와 사하 일대를 포함하여 241.12㎢로 확대되었다.

표18-1 부산의 행정구역 개편의 과정(주요)

년도	면적(㎢)	행정구역 개편
1914	84.15	-
1936	112.12	서면, 암남리 편입
1942	241.12	동래읍, 사하면, 남면, 북면 일부 편입
1963	360.25	직할시 / 구포, 사상 편입
1978	432.32	낙동강 일부 편입
1995	749.17	기장 용원 편입
2020	993.54	강서지역 GB해제 면적 편입 등

1963년 1월 직할시로의 승격과 함께 제3차 행정구역 확장으로 동래군 구포읍, 사상면, 북면과 기장읍의 송정리가 편입되면서 부산의 면적은 360,25㎢로 확대되었다. 1978년 제4차 행정구역 확장으로 김해군 대저읍, 명지면, 가락면의 일부지역이 편입되면서 면적이 432.32㎢로 증가하였고, 1989년 제5차 행정구역 확장에 따라 김해군의 가락면 및 녹산면과 창원군의 천가면이 편입되어 525.25㎢의 규모를 가진 대도시가 되었다. 1995년 1월 직할시가 광역시로 개칭되었고, 같은 해 3월 제6차 행정구역의 확장으로 양산군 5개읍·면(기장·장안읍, 일광·정관·철마면)과 진해시 웅동 일부지역이 편입되었으며(749.17㎢), 현재에는 강서 그린벨트 해제지역과 부산신항일원을 편입하여 총 면적이 993.54㎢에 이르고 있다.[4)]

이러한 공간의 양적 증대에 따라 부산의 도시공간구조도 많은 변화를 거듭했다. 1972년에 도시기본계획을 수립할 당시는 공간구조에 대한 내용은 전무하였다. 하지만 1981년 도시계획법의 제정을 통하여 도시기본계획 수립을 명문화하였고, 1985년에 최초의 종합계획인 부산도시기본계획이 수립되었다.

1985년 계획의 도시공간구조는 단핵중심이었으나, 1992년 부산도시기본계획과 1996년 도시기본계획의 변경 내용에서는 2도심, 6부도심, 2지구중심으로 다핵화하였고, 2020년 부산도시기본계획에서는 1도심 5부도심 5지구중심으로 설정된다. 2030년 부산도시기본계획에서는 서부산권, 중부산권, 동부산권의 기능 연계를 통한 광역중심을 완성하기 위해 계획인구 410만명에 1광역중심, 4도심(광복·서면·강서·해운대), 6부도심(하단·사상·신공항·덕천·동래·기장), 5지역특화핵(가덕·녹산·금정·정관·장안)으로 확장 변경되었다.

4) 부산광역시청 홈페이지(http://www.busan.go.kr) 부산의 기본현황 내용을 참조

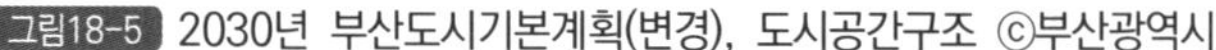
그림18-5 2030년 부산도시기본계획(변경), 도시공간구조 ©부산광역시

Ⅱ 부산 건축의 시대별 특성

도시변화 속에서 나타난 부산 공간과 건축의 특성은 다음과 같다. 특성 파악을 위해 동래읍성 중심시대(1987~1910년), 부산항(광복동+남포동) 중심시대(1910~1945년), 부산항(광복동+남포동)과 서면의 병존시대(1945~1963년), 도시공간 기능의 분산시대(1963~1995년), 도시공간 기능의 광역화 및 쇄신시대(1995~현재)로 시대를 구분한다.[5)]

5) 분류 기준은 '조성태(2011), 〈부산시 정주활동의 변천과 특성〉, 경성대학교 대학원 박사학위논문'의 분류기준에 따른다.

1. 동래읍성 중심시대(1876~1910년)

구한말 부산항 매축이 시작되기 이전(1902년 전)의 동래는 부산 공간의 중심 기능을 담당했다. 그러나 이 시기는 개항으로 인해 이미 항구 개발의 움직임이 본격화되면서 증산 일대의 부산진성(本成)과 자성대(支城), 그리고 수영의 수군절도사영 등 해안 성들을 중심으로 도시 중심이 분산되기 시작하였다. 또한 1875년 일본군 침탈로 인해 초량왜관의 기능이 해체되면서, 광복동과 남포동 일대가 일본인들의 전관거류지로 전환되었다.

그림18-6 동래읍성의 외항으로 기능했던 부산포 전경(1907년 경) ⓒ김한근

2. 부산항(남포동+광복동) 중심시대(1910~1945년)

북항 제1, 2부두의 건설은 부산의 공간 중심이 동래읍성에서 부산항으로 이전되는 계기를 제공했다. 특히 부산항 및 배후지인 대청로와 중앙동 일대에는 부산역, 부산세관, 부산우체국 등 각종 공공시설들이 건설되어 근대풍의 시가지로 변모하였다. 부산항 중심의 도시 발달이 본격화됨에 따라 지형이 발달했던 항구 일대의 개발용지는 크게 부족하게 되었고, 이를 위해 7차례에 걸친 해안 매축사업이 진행된다. 결과적으로 이 시기는 부산항의 해안선 및 공간구조가 가장 크게 변화된 때였다.

그림18-7 부산항착평공사 완료 후 크게 변화한 제1, 2부두 및 배후지역 전경(1920년대) ⓒ부산광역시

3. 부산항(남포동+광복동)과 서면의 병존시대(1945~1963년)

이 시기는 해방과 한국전쟁을 거쳐 직할시 승격에 이르는 국난극복의 시기였다. 수차례에 걸친 매축에도 불구하고 부산항 일대의 용지 부족으로, 부산의 중심은 부산항과 연접하고, 비교적 넓은 평지로 이루어져 있던 서면지역으로 확장된다.

그림18-8 동천 일대에 집결한 기업과 공장들(1950~1960년대) ⓒ강동진

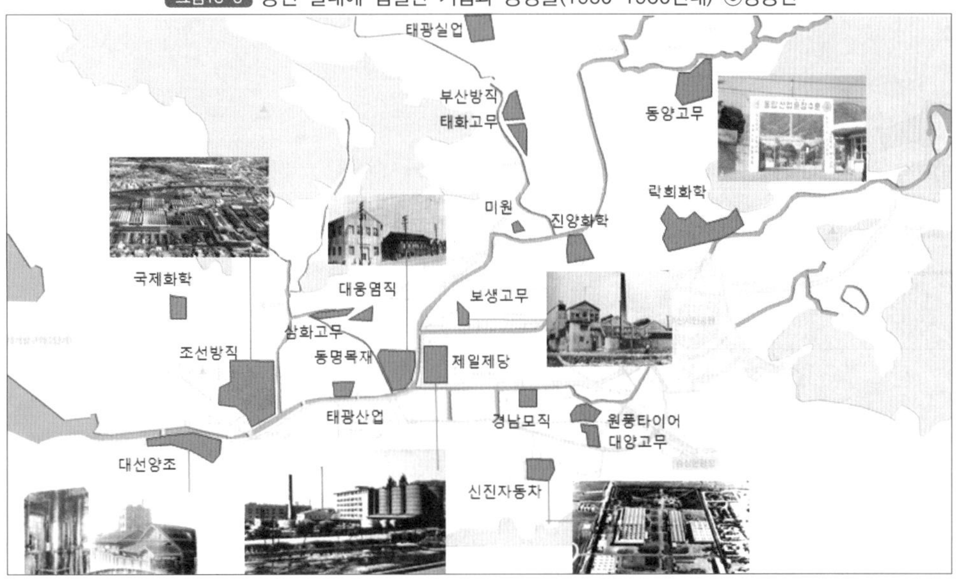

백양산에서 발원하여 서면을 지나 북항으로 흘러들어가는 동천 일대는 부산항, 부산역과 부전역, 우암선과 문현선 등의 입지로 인해 연료 및 상품 반출입이 매우 용이하여 제일제당, 락희화학공업사 등 당시 대한민국의 제조업 공장(기업) 대부분이 입지하고 있었다. 이에 서면지역에는 생산활동 및 노동자들의 생활, 여가 등의 관련 지원시설들이 집결되었고, 범천동, 전포동 등 배후 산복도로의 구릉지는 노동자들의 주거지대로 기능하였다.

4. 도시공간기능의 분산시대(1963~1995년)

1963년, 부산은 정부의 직할 지원·관리가 필요한 도시로 분류되며 직할시로 승격된다. 이 시기는 1995년 광역시 개칭 이전까지 부산 공간과 건축의 기능이 가장 활발하게 변화된 때였다. 그러나 급격한 인구 증가에 따른 생산 및 생활공간의 절대적 부족으로 인해 도시 공간의 외연 확장과 분산의 필요성이 대두되었고, 이로 인해 해운대, 수영, 남천, 사상, 금정, 화명 등 신주거지역들이 등장하게 된다.

부산항 일대에 대한 '부두지구 정리사업(1962년)'에 이어 시행된 '신부산 구획정리사업(1966년)'은 부산 최초의 도시계획으로 알려져 있으며, 이후 수영, 대연, 광안 등 수영 일대의 공간 변화가 시작된다. 동시에 기존 도심(부산항, 광복동 남포동 일원과 서면 일대)과 동래, 그리고 해운대 지역을 연계하는 지역교통체계가 구축된다.

그림18-9 신부산 구획정리사업(1966년)으로 골격을 갖추기 시작한 수영 일대 ©부산광역시

5. 도시공간기능의 광역화 및 쇄신시대(1995~현재)

1995년 광역시 개칭 이후, 부산은 재개발·재건축의 활성화로 인해 도시내부의 변화와 함께 외연 확장이 본격화된다. 급격한 개발 수요의 발생으로 기장 및 강서 지역의 개발제한구역을 해제하여 광역기반을 확장하는 국가 정책들도 본격적으로 추진된다.

기장지역은 주거 및 여가, 레저, 의료 등의 복합 기능지역으로 변화하고 있고, 강서 지역은 한계에 봉착한 부산의 생산공간 부족과 교통문제 해소 등의 제반문제를 해결하기 위한 부산신항만 조성, 신도시 건설(명지국제신도시, 에코델타시티 등), 영남권 신공항 유치 등의 사업들이 진행되고 있다. 또한 100여 년 동안 국가의 수출입부두로 기능하며 다양한 역할을 담당했던 북항 재개발의 추진이 본격화되고 있다. 그러나 개발 중심의 급격한 도시 확장과 함께 나타나고 있는 다양한 환경적 폐해들과 인구가 줄어드는 축소시대의 사회적·도시기능적 폐해들에 대한 해소가 매우 중요한 시대 과제로 등장하고 있다.

그림18-10 에코델타시티, 부산신항 등 각종 건설 사업이 진행 중인 강서 낙동강 일대 ©네이버지도(2021.1.11.)

Ⅲ 부산 건축의 구성인자

개항 이후 일제강점기와 전쟁, 그리고 국가재건기를 거치며 형성된 부산 공간과 건축의 이미지는 인위성과 자생성이 동시에 인지되는 혼종의 모습과 근대기의 상흔과 번영의 결과들이 누적된 복합체로 인지된다. 이처럼 과거의 역사가 현재의 모습에 강한 배경을 이루고 있는 부산은 '문화경관(cultural landscape)'이 두드러진 도시로 정의할 수 있다.

이를 부산의 건축과 연관시켜 볼 때 가장 크게 영향력을 제공하는 요소들은 굴곡 많은 '지형', 연이어 펼쳐지는 '바다', 이를 연계하는 다양한 유형의 '길'로 규정할 수 있다. 이를 부산 문화경관의 기반(基盤)요소라 할 수 있다. 이에 바탕을 둔 '건축물(군)과 시설들(토목인프라, 수목 등 자연요소, 장치물 등)'과 '특별한 장소와 풍경', 그리고 이를 배경으로 하는 '비물적 환경과 시민들의 삶'은 충전(充塡)요소라 할 수 있다. 이러한 기반요소와 충전요소들은 여러 요인들에 의해 그 형태가 사라졌거나(또는 변형) 본연의 기능을 잃은 것도 있지만, 지금도 대부분 부산지역에 직·간접적으로 영향력을 미치는 문화경관으로 남아있다.

1. 지형

부산은 높고 낮은 요철(凹凸)이 많은 입체형 도시이며, 이러한 지형과 땅의 생김새는 305킬로미터에 달하는 해안선과 매력적인 밤풍경, 그리고 특별한 산복도로를 낳았다.

그림18-11 해운대, 이기대로 이어지는 해안선

부산의 해안선은 가덕도에서부터 동북쪽으로 돌아가며 다대포, 암남공원, 태종대, 남항과 북항, 신선대, 이기대, 동백섬, 해운대달맞이언덕, 청사포, 송정, 대변, 죽성, 일광, 임랑으로 이어진다. 부산의 해안선에는 영가대, 신선대, 몰운대 등 '대(臺)'로 끝나는 장소들이 20여개 소에 이른다. 이유는 바다 쪽으로 향한 지형의 끝점들이 해안선에 모여 있기 때문이다.

해안선의 경계를 이루는 바다는 밤이 되면 검게 변한다. 지형이 발달한 산들도 마찬가지이다. 그래서 산과 바다 사이의 구릉지대와 골짜기를 따라 밝혀진 불빛들이 어둠의 자연과 대비된 부산의 밤풍경은 매우 매력적이다. 바다를 따라 중·동·서·영도·사하구에 걸쳐진 약 60킬로미터에 이르는 산복도로는 이러한 밤풍경과 여러 모습의 부산 풍경을 조망할 수 있는 수평 전망대의 역할을 담당한다.

2. 바다

부산에는 7개소의 천연 해수욕장(다대포, 송도, 광안리, 해운대, 송정, 일광, 임랑)이 있다. 매축되지 않았다면 자갈치(해변), 해정리(현 부산역 근처), 석포(현 용호동 엘지메트로시티), 수영백사장(현 요트경기장) 등도 모래사장이 발달한 해수욕장으로 남아있었을 것이다. 이렇게 많은 해수욕장들 사이사이에는 항구와 포구들이 입지하고 있다. 동북쪽의 기장에서 남서쪽 해안으로 월내, 칠암, 이동, 일광, 죽성, 대변, 동암, 공수, 송정, 구덕포, 청사포, 미포, 민락, 남천, 용포, 감만, 대풍포, 하리, 중리, 송도, 감천, 다대포 등이 해당된다. 개발에 밀려 기능이 약해진 곳도 있고, 개발 틈에서 살아남아 원래 모습을 지키고 있는 곳도 있다.

최근 들어, 부산의 바다에 새로운 아이템이 등장하고 있다. 부산의 원(原)산업과 깊은 관계를 가지는 '산업유산(industrial heritage)'[6]이다. 부산의 산업유산은 물류업, 수산업, 조선업, 제조업과 이를 지원하던 교통, 저장, 판매 등과 관련된 흔적들이다. 부산항 일대에 현존하는 각종 산업유산들(곡물전용창고(사일로), 각종 공장, 창고군, (수리)조선소, 안벽, 교량, 방파제, 계선주, 선박류, 도크, 철로, 등대, 선창, 수산시장 등)의 보호와 활용은 부산의 정체성을 경제 활성화와 도시재생과 연결시킬 수 있는 매우 좋은 방안으로 판단된다.

6) 근대화과정에서 형성되고 조성되어졌던 항만, 공장(제조업), 저장, 수운, 교통, 운송, 군사, 농림업, 광업 등의 산업시설을 통칭하여 산업유산이라 한다. 산업유산이 각광받는 핵심 이유는 약간의 창의적인 조정(리모델링 등)만을 통해서도 원래 기능을 되살릴 수 있는 재활용(reuse)이 가능한 대상이고, 또 장소마케팅(place marketing) 차원에서 지역의 향수를 불러일으킬 수 있는 독특한 잠재력 때문이다. 이 때문에 해외에서는 도시 내 공업의 쇠퇴와 도시재개발이 본격화된 1980년대부터 산업유산을 신(新)도시자원으로 인식하고 재활용을 기성시가지 재생 전략으로 적용하고 있다.

그림18-12 국제적인 명소로서의 잠재력을 가진 자성대부두의 곡물전용창고(사일로, 1978년 건설)

3. 길

지형을 따라 만들어진 굽은 길들, 연이어 붙어있는 집들, 그리고 이를 수직으로 연결하는 가파른 계단길들은 부산 길의 기본 구조다. 지형을 따라 잘게 조각난 필지들과 이를 연결하는 길들은 모두 부산사람들의 '생존 체계'이자 '애환의 패턴'이라 할 수 있다.

부산 전역에서 발견되는 가장 특별한 길은 '골목길'이다. 골목길은 대부분 자생적으로 형성되었기에 '불편함'과 '정겨움'이라는 뚜렷한 양면성을 가지고 있다. 부산의 골목길은 지역 공동체를 유지하는 터로써, 후자(정겨움)의 성격이 더 강하기에 많은 골목길들이 도시재생을 위한 잠재공간으로 활용되고 있다.

그림18-13 살아있는 부산의 역사 : 보수동책방골목

또한 부산의 곳곳에는 주제를 가진 길이 다수 있다. 헌책방길, 깡깡이길, 기계공구길, 가구길, 돼지갈비길, 곱창길, 먹자골목길, 인쇄길, 생선길, 건어물길, 타월길, 전자제품길, 시계길, 의류길, 중국사람길, 고갈비길, 카페골목길 등이 해당된다. 같은 종류의 물건을 팔거나 유사한 음식을 파는 상점들이 몰려 있으며, 갑자기 생긴 길이 아니라 수 십 년 이상의 역사를 가진 사연 많은 길들이다. 그래서 시민에게 살아있는 기억을 제공하는 길들이다.

그러나 여러 주제를 가진 길들이 열악한 인프라와 재개발의 여파로 사라질 운명에 처해있다. 이 길들은 단순한 이동 목적의 통로가 아니라, 지역산업의 집결지이자 다양한 부산 공간과 건축을 배경으로 하는 장소로 인식하고, 길의 생명력을 지키는 일에 힘쓸 필요가 있다.

4. 토목인프라

부산 최초의 터널은 1961년에 완공한 영주터널이다. 서울의 남산터널이 1970년에 개통되었으니 자동차도로용 터널로는 우리나라 1세대에 해당하는 가장 오래된 터널 중 한 곳이다. 이외 부산의 터널은 부산터널, 대티터널, 만덕터널(1,2), 문현터널, 백양터널, 대연터널, 광안터널, 황령터널, 수정터널 등 10여 개 소에 이른다. 교량도 매우 많다. 바다를 가로 지르는 영도다리, 부산대교, 광안대교. 부산항대교, 남항대교 을숙도대교, 거가대교 등과 낙동강을 연결하는, 낙동대교, 낙동하구둑, 화명대교, 구포대교, 제2낙동대교 등. 이뿐 아니라 부산 최초의 고가도로인 자성대고가도로(2019년 철거)를 비롯한 동서고가도로, 도시고속도로와 연결되는 문현고가도로 등을 포함하면 부산의 입체도로 또한 타도시들 보다 많은 편이다.

이처럼 부산에 토목인프라가 많은 이유는 '북항'의 존재 때문이다. 북항은 1~8부두, 신선대부두와 감만부두 등으로 구성된 우리나라 수출의 거점지대이다. 토목인프라 대부분은 경부와 남해고속도로로부터 북항에 이르는 컨테이너화물 이동에 필요한 직선의 도로 확보를 위해 건설되었다. 2020년 부산항(신항 포함) 전체 물류거래량은 2,140만 TEU에 이른다. 모두 부산의 터널, 교량, 고속도로, 고가도로들의 역할로 인해 가능한 일이다. 이러한 관점에서 부산의 토목인프라들은 우리나라 경제 발전의 토대가 된 '역사적으로 중요한 사회간접자본'으로 보아야 한다.

그림18-14 부산의 새로운 랜드마크가 되고 있는 부산신항의 크레인들

5. 건축물(군)

부산의 건축물(군)이 가지는 가장 강한 이미지는 '군집(群集) 속에서 표출되는 집합미'라 할 수 있다. 구릉지의 낡은 주택군, 항구의 창고들, 원도심 가로 곳곳에서 발견되는 근대풍의 연도형 상가군, 대청로와 영선고개길 등 곳곳의 이면가로에서 만날 수 있는 2~3층의 근대식 가옥들, 그리고 3~4단에서 186단에 이르는 계단에 연접한 작은 주택들은 부산 건축물들이 가진 우월한 차별성이다. 최근에는 해운대 마린시티의 주상복합건축물들이 밀집된 모습도 부산 건축물의 특이성으로 평가되기도 한다.

전반적으로 볼 때, 현재 부산의 건축물들에 대한 관심은 지형지세와 근대역사와 연결된 낡고 오래된 건축물에 집중되어 있다. 부산시에서 세계유산 등재를 추진 중에 있는 '피란수도 부산유산'의 경우도 1,023일 간 피란수도 기간 동안 피란생활과 공공 및 국제협력의 증거인 당시 건축물들을 중심으로 하고 있다.

그림18-15 지형을 따라 형성되어 군집미가 뛰어난 감천문화마을 ©구글어스(2015.12.10.)

이처럼 관심 대상인 부산의 건축물들은 제도적으로 보호대상이 아닌 경우가 대부분으로, 재개발이나 외부 영향에 의한 변화에 매우 취약한 상황이다. 이런 상황의 극복을 위한 최선의 방법은 시민 모두가 공감하며 해당 건축물을 보호할 수 있는 이념과 원칙을 정립하고 이를 실천하는 일이다.

예를 들어, 국민신탁운동(National Trust Movement)[7]을 통해 시민자산화를 시

7) 시민들의 자발적 모금과 기부, 증여 등을 통해 자연환경과 문화유산을 보호하는 시민운동인 내셔널 트러스트

행하거나 공공재원을 투입하여 매입하는 것도 가능할 것이다. 이와 함께 2019년에 제정되어 시행되고 있는 '시·도등록문화재' 제도[8]와 '부산미래유산' 제도[9]의 적용도 사라질 위기에 처해있는 부산의 다양한 건축물들을 보호할 수 있는 좋은 방법이라 할 수 있다.

이외 급변하는 라이프 스타일에 따라 비어가는 낡은 건축물들에 대한 소규모 블록 개발, 미니재건축 등 창의적인 도시설계기법의 적용을 통한 재생 실험과 문화예술을 접목한 재활용 등에 대한 다양한 접근도 필요할 것이다.

(National Trust)는 1895년 영국에서 탄생되었으며 1907년 내셔널트러스트법이 제정되며 크게 활성화된다. 2020년 현재 회원은 560만명이며, 신탁자산은 농경지 2만5천 헥타르(2,500㎢), 해안선 775 마일(1,200km), 역사적인 장소들 500개소 이상, 건축물 25,000개소 이상, 역사적인 유품 1,000,000개 이상, 영구 보전습지의 16%, 국가 보호종 약 50% 등에 이른다. 우리나라에는 2000년 1월 한국내셔널트러스트가 설립되었고, 2006년 문화유산과자연환경자산에관한국민신탁법이 제정된 후문화유산국민신탁과 자연유산국민신탁이 설립되었다.

8) 2001년 근현대문화유산의 멸실·훼손에 대응하여 등록문화재 제도를 도입하여 2020년 12월 현재 801건의 등록문화재를 지정하고 있으나, 국가 차원의 문화재 등록만으로는 한계가 있어 문화재보호법 개정('18.12.24 공포, '19.12.25 시행)을 통해 지역의 스토리와 고유성을 보유한 근현대문화유산에 대한 시도등록문화재 제도를 도입하였다. 이에 각 시와 도는 시도등록문화재 지정을 위한 준비를 시작하고 있으며, 가장 먼저 2020년 9월 서울특별시는 '한강대교', '보신각 앞 지하철 수준점' 등 6건을 서울특별시 등록문화재로 등록하였다.

9) '부산 미래유산'은 2019년 시행되어 두 차례에 걸쳐 총 49건이 선정되었다. 1차(2019.12.17.)에는 역사 분야 '부산민주항쟁', '초량왜관' 등 6건, 도시 분야 '산복도로', '용두산공원' 등 4건, 생활문화 분야 '부산사투리', '자갈치시장' 등 8건, 산업 분야 '명지염전' 등 1건, 문화예술 분야 '조선키네마주식회사' 등 1건 등 총 20건이 선정되었고, 2차(2020.12.21.)에는 역사 분야 '부산시민공원', '40계단' 등 8건, 산업 분야 '어묵', '기장 대멸치' 등 5건, 도시 분야 '금강공원', '동해남부선' 등 5건, 생활문화 분야 '송도해수욕장', '장기려기념관' 등 9건, 문화예술 분야 'BIFF광장' 등 2건 등 총 29건이 선정되었다.

부산문학의 풍경들

19장

I 들어가기: 한국문학사, 부산문학사 그리고 지역성

한국문학사 안에서 갖는 부산문학의 위치성과 지역문학으로서의 부산문학의 위치성은 엄연히 다르다. 그동안 우리의 강단 문학사가 일국적(一國的) 관점에서 서술되었고, 이러한 문학사가 정전화(正典化)되어 한국문학사 안에서 지역문학, 지역작가의 위치는 쉬 발견되지 않았다는 점은 새삼 놀라운 일이 아니다. 가령, 부산문학사에서 양대 산맥으로 불리는 작가 요산 김정한, 향파 이주홍이라 하더라도 한국문학사에서 두 작가에 대한 서술은 인색하기 짝이 없다. 다시 말해 한국문학사 서술은 국가를 단위로 하면서 동일성의 문학사를 완성해 나갔다. 이러한 기준과 서열 안에서 지역문학, 지역작가는 언제나 주변, 변방, 타자였다.

지역문학의 형식을 구성하는 일차적 덕목은 지역성(locality)인데, 지역성은 고착화되고 특권화된 의식이 아니라 특정 지역이 나타내는 장소성, 역사성 그리고 다양한 현상과 관계성의 총체이며 여기에 추상적인 인간의 인식을 경계지우는 주변성을 포함한 확대된 개념으로 정리할 수 있다. 지역성을 한마디로 정의내리기는 힘들다. 왜냐하면 지역의 다양한 주체들이 시간을 지나면서 만들어내는 문화들은 단일하고 균질화된 공간 질서에 수렴되지 않는, 혼종과 미결정의 중첩적이고 복합적인 면모를 지니고 있기 때문이다. 이러한 맥락 안에서 지역문학을 논할 때 중요한 것은 '지역성을 어떻게 포착할 것인가' 인데, 지역 내부의 언표주체에 새롭게 구성되는 지역성은 지역의 구체적 장소에 밀착된 역사의 다양한 층위를 드러내며 아울러 지역의 역동성과 가능성을 설명해 줄 수 있을 것이다. 그러므로 지역문학사에 대한 이해는 기존의 한국문학사에서 배제되었던 지역(성)을 환기하고, 지역의 눈으로 문학사를 재구성하는 일이 우선 되어야 한다.

지역문학의 출발은 일차적으로 국가/지역의 근대적 배치구도에 대한 문제제기에서 비롯하며, 이러한 문제제기를 통해 종래 억압되고 왜곡된 지역을 재사유하고자 하는 의도가 놓여 있다. 그러므로 굳이 지역문학으로서의 부산문학사를 서술하겠다는 것은, 일차적으로 기존의 일국적 관점 안에서 동일성의 논리 안으로 포섭되는 문학사를 지양한다는 것을 드러낸다. 그리고 동일성의 논리 안에서 배제되거나 삭제되었던 지역의 문학들을 호출하고 복원하여, 지역문학사의 속살을 올곧게 하겠다는 의지이다.

Ⅱ 부산문학사의 흐름 개관[1)]

먼저, 현대 부산문학의 지형도를 개괄적으로 살펴보기로 하자. 부산문학사의 전체적인 면모를 살펴보는 일은 아주 방대한 작업이다. 그래서 우선 작가나 작품의 경향성을 중심으로 부산문학의 개괄적 흐름을 살펴보면서, 몇몇 문학사적 특이점들을 보기로 한다. 부산문학의 특징적 성향과 독자성을 확보한다는 것은 몇몇 작가의 활동만으로는 이루어질 수 없는 것이기도 하지만, 한국 현대문학사에서 부산 작가들의 숫자나 활동이 그리 많지 않았고, 또 서울 중심적 성격을 벗어나지 못했다는 점에서 1935년 전후로 보아서는 부산문학을 말하기는 어렵다. 그럼에도 지금까지 부산문학사의 명맥을 이어온 부산문학의 기조라는 관점에서 볼 때, 해방 이전 부산 지역의 시인으로는 청마 유치환, 소설가로는 향파 이주홍, 요산 김정한을 빼놓을 수 없다. 그리고 이 세 사람의 문학성은 '사실주의'에 기반하고 있고, 이러한 문학정신은 이후 부산문학에 오랫동안 영향을 끼친다.

암울했던 일제말기를 거쳐 해방공간으로 이어지는 부산문학의 지역성은 단순한 지리적·지정학적 구분에서 생각하기보다 문학적 풍토와 문학인의 유입이 가능했던 인접지역으로까지 확대하거나 포함시켜야 그 모습이 드러난다. 그러므로 해방 전에는 통영, 진주, 마산 등의 서부경남지역까지를 포함한 경남권까지 부산문학의 지역적 범주로 보고 있다. 유치환을 필두로 시에는 설창수, 조향, 김달진, 김동사, 이

1) 2장은, 김중하, 「부산현대문학의 큰 흐름」, 『항도부산』 14호, 1977, 39~61쪽; 부산광역시문인협회, 『부산문학사 50년사』, 제 1권, 세종문화사, 2009, 21~208쪽을 요약, 재구성하였다.

형기, 노영란, 김춘수, 천세욱, 박노석, 이영도 등이, 소설계에서는 1949년 〈신천지〉에 〈남이와 엿장수〉를 발표하면서 소설가로 등단한 오영수를 중심으로 하는 초창기 지역문단이 형성되고 있었다.

특히 서울의 문인들 대부분이 피난 왔던 피란수도 부산의 문학풍경은 한마디로 '부산문학이 곧 한국문학'이었다.[2] 1953년 작가들의 환도 이후 피란수도의 문학적 분위기와 생존을 위협받는 속에서도 문학을 놓지 못하는 문학인들의 열정에 영향받은 많은 젊은 시인들이 등장하기 시작했다. 윤일주, 박재호, 박철석, 이동섭, 김민부, 정공채, 조영서, 김규태, 허만하, 구자운, 박태문, 임수생, 서림환, 구연식, 송경하 등의 시인들과 윤정규, 김학 등의 소설가들이 등단하였다. 이처럼 많은 문학인들의 등장과 피난 문학인들의 환도는 어떤 의미에서는 부산문단의 새로운 각오와 〈문총부산지부〉, 〈부산문필가협회〉, 〈부산아동문학회〉 등의 발족·결성을 촉구시켰고 부산문학의 장을 열게 한 계기가 되었다. 진정한 부산의 문학, 부산을 중심으로 하는 문학인들의 창작활동과 작품들의 집합으로 그 성격을 규명하고 그것이 변별적 성격을 갖게 되는 부산문학은 1950년대 후반에 와서야 자리를 잡아갔다고 할 수 있다.

이어 1960년대 접어들면서 4.19, 5.16으로 이어지는 정치변혁과 문학 환경의 변화와 함께 지역문학의 힘이 생기게 된 부산문학은 현실 대응적 문학전략을 짜지 않을 수 없게 되었다. 군부정권의 정체가 구체화되고 경제개발을 앞세운 독재정치가 극심해 가던 1966년, 일제말기부터 절필하고 있었던 요산 김정한의 문단복귀 선언과 「모래톱 이야기」의 발표는 이후 한국문학사에서 사실주의의 부활을 위한 신호탄이었고, 부산문학의 위치를 굳건히 하는 역사성을 띠게 되었다. 부산문학의 틀을 만들어 가던 1960년대 부산 문학풍경은 유치환의 생명파적 시적 경향과 이주홍의 서정적 사실주의, 김정한의 비판적 사실주의 이 세 가지가 주축을 이루었고, 이는 이후 부산문학의 성격을 결정짓는데 그 바탕이 되었다, 그리고 세 작가의 문학적 영향은 이후 등단한 대부분의 문학인들의 창작방법론과 문학적 경향성에 깊게 작용하였다고 볼 수 있다. 이 시기에는 양왕용, 장승재, 김태휘, 박응석, 신명석, 이수익, 임명수, 임종찬, 이상개, 김석규, 김인환, 김영준, 김철 등의 시인들과 최해군, 윤진상, 정종수, 홍삼출 등 소설가의 등장으로 부산문단은 활기를 띠었다.

유신개헌 이후 1970년대에 이르면 본격적으로 많은 시인들과 소설가들이 등장

2) 피란수도 부산지역 문학현황에 대해서는 이순욱, 「한국전쟁기 문단 재편과 피난문단」(『동남어문』 24, 2007) 참조.

한다. 유병근, 김성식, 박지열, 김남환, 정진채, 배달순, 이달희, 황양미, 박윤기, 원광, 정대현, 강남주, 이승하, 하현식, 박송죽, 정해송, 최우림 등의 시인과 이규정, 강인수, 천금성 등의 소설가가 등장했다. 이 시기 특히 주목을 끄는 것은 '지역문학'으로서 부산문학에 대한 고민이 구체적 문학 활동으로 나타났다는 점이다. 1970년대 시 동인지 〈목마〉, 시조 동인지 〈볍씨〉, 시 전문지 〈남부의 시〉, 〈남부문학〉, 〈오늘의 문학〉 등의 문학지가 창간되는 등 지역을 기반으로 하는 잡지매체 발간에는 특별한 의미가 있다. 이처럼 1970년대 부산 지역 문인들의 증가와 문학매체 활동 등은 지역문학의 저변 확대와 지역문학의 특성을 살리고 지역문인들의 결속을 꾀했다. 지역 매체를 통한 이들의 문학활동은 그동안의 서울 중심의 문학적 흐름에서 벗어나 부산지역의 독자성 확보를 시도하면서 지역문학과 문화에 대한 인식을 높이는 자극제 역할을 했다.

1970년대는 박태일, 강영환, 최정빈, 오정환, 정영길, 김종복, 이정주, 박관용 등 시인들과 성병오, 조갑상, 김광수, 이린, 김일지, 정태규, 이석호 등 소설가들이 등장한다. 1970년대부터 싹터 왔던 지역문학에 대한 저변 확대를 발판으로 1980년대는 동인지나 무크지 발간이 더욱 활발해졌다. 동인지는 주로 시인들이 주축이 되었는데, 이들이 발간한 동인지로 〈열린시〉, 〈시와 자유〉, 〈지금- 여기의 시〉, 〈절대시〉 〈영점 오구구〉 등이 있다. 소설계는 개별적인 작업들이 주로 진행되다가 1982년 '부산소설가협회'가 결성되었고, 김정한을 초대회장으로 추대하였다. (부산소설가협회는 1993년 부산문인협회에서 탈퇴하여 독자적인 운영을 하고 있으며, 부산작가회의와 문학정신을 공유하고 있다.) 이어 1985년에 '5.7문학협의회를 만들었으며, 〈토박이〉, 〈문학과 실천〉 등의 무크지를 발간하면서 문학적 실천력을 높여갔다.

어느 논자의 말대로 1990년대 부산문학계는 '백화쟁명의 시대'이다. 문인들의 수가 급팽창했고, 다양한 문학적 실험이 이루어졌다. 우선, 등단 문인들을 보면, 시의 경우 1974년 부산시인협회를 창립할 당시 40여 명의 회원으로 출발했으나, 90년대에 들어오면 600명을 훨씬 웃돌았다. 소설의 경우도 150명의 신인들이 등장하는 등 문학인들이 급격하게 늘어났다. 이는 이전의 중앙문단 중심의 추천형식에서 벗어나 지역의 잡지나 기관지 등을 통한 다양한 등단 경로가 확대된 탓도 있다. 김형술, 송유미, 이근대, 전기웅, 박정애, 김선희, 서규정 등의 시인과 정태규, 옥태권, 강동수, 박명호, 구영도, 박관용 등의 소설가들이 활발한 활동을 전개하였다. 부산문인협회의 기관지 〈문학도시〉, 비평전문지 〈오늘의 문예비평〉을 위시하여

〈시와 사상〉, 〈문학의 세계〉, 〈문학지평〉, 〈문예시대〉 등 다양한 문학잡지들이 발간되었다.

1990년대 전반적인 한국문학의 특징은 현실 사회주의의 몰락에 따른 거대이념의 붕괴와 그로 인한 산업자본주의의 전면화에 따른 소비문화의 확산 및 일상성의 부각, 이에 대응적으로 일어난 자연 생태계의 보존적 차원에서의 생명과 서정의 강조, 그리고 이러한 연장선상에서 가치적 민주주의로서 지역성의 약진 등을 들 수 있는데, 이러한 문화적 특징은 부산지역의 문학 전개 양상에도 반영되었다. 시의 경우, 전통 서정시의 부흥과 후기 산업사회에 대응하는 도시 시의 활약, 그리고 정치사회 현실에 대한 비판적 시각의 퇴조 등의 경향성을 보이면서 서정성이 확장되었다. 소설은 이전의 리얼리즘 기법과 정신의 맥락을 이으면서, 한편으로 이데올로기적 담론의 경직성에서 벗어나 일상성, 내면성 등을 주목하였다. 1990년대 소설가들은 새로운 창작방법론으로 1990년대식 글쓰기를 시도하였다. 이는 1990년대 현실의 변화를 진지하게 수용하면서 이를 소설화하는 형식에 대한 고민으로 볼 수 있다. 특히, 정혜경, 조명숙, 고금란, 정영선, 정우련, 김미혜, 박향자 등 여성작가들의 활발한 활동이 눈길을 끈다. 이들은 남성중심의 가부장적 사회의 모순을 드러내고 여성의 자발적 삶을 모색하였다.

Ⅲ 부산문학과 토포스(Topos): 장소의 발견과 변방의식

문학에서 지역성을 논할 때, 일차적으로 작가나 작품의 연고주의에 집중하지만, 주제나 구성적 측면에서 볼 때, 문학의 지역성은 장소성[3]에 초점을 맞춘다. 장소성은 물리적 토대가 되는 경관에서 출발하여, 경관을 경험하고 의미화하는 추상의 단계까지, 즉 장소와 인간이 맺는 총체적인 관계 양상까지 포함하여 구성된다고 볼 수 있다. 지역문학에서 장소를 발견하고 장소성을 재의미화하는 작업은 중앙에 의해 배제되고 억압되었던 장소를 재발견하는 작업이고, 이때 주변부 장소성은 주변

3) 한 장소에 대해 인간이 가지게 되는 장소정체성과 장소애착을 유발하여 진솔한 장소감과 장소정신이 형성된 인간과 장소의 총체가 장소성이다. 이러한 장소성을 구성하는 데는 한 장소의 독특한 경관, 한 장소와 관련된 활동, 한 장소의 의미의 세 가지 요소가 얽혀 구성된다. 동일한 경관이라 하더라도 그 장소를 체험하는 주체에 따라, 혹은 경험하는 형식에 따라 그 장소의 의미는 달라질 것이다. 이 또한 그 장소에 대한 경험을 어떻게 의미화하는가는 곧 그 장소를 둘러싼 담론화 작업과 연결이 된다. 이처럼 장소성은 물리적 토대가 되는 경관에서 출발하여, 경관을 경험하고 의미화하는 추상의 단계까지, 즉 장소와 인간이 맺는 총체적인 관계 양상까지 포함하여 구성된다고 볼 수 있다.(이에 대해서는 에드워드 렐프, 김덕현 김현주 심승희 역, 『장소와 장소상실』, 논형, 2005 참조)

부의 가치를 재발견할 수 있는 주요한 매개가 되었다. 가령, 중심 이데올로기에서 소외된 주변 지역의 잠재적 저항과 지향을 이야기하면서, 지역 거주민의 삶을 이해하는 중요한 토대로서 장소성을 형상화하는 데 주목할 것을 요청하거나, 지역의 정체성을 장소와 연관시키곤 했다.

나카무라 유지로의 공통감각(sensus communis)이야기를 잠깐 하자. 이것은 우리 인간의 오감(시각, 청각, 후각, 미각, 촉각)과 관련되면서 그것들을 통합하는 종합적이고 전체적인 감득력(센스)- 말하자면 공통감각(共通感覺)이었다. 그런데 근대사회에서 '사회적 상식' 즉 정상적인 판단력이라는 의미로 통용되는 감각은 오감이 아니라 시각이 중심이 되었다고 비판하면서 공통감각의 재발견을 주창한다.[4] 시각의 전제적 지배 하에서 지역의 장소는 철저하게 추상적이고 균질화된 공간 질서에 갇히게 된다. 그러므로 장소성의 회복은 균질화된 공간 질서에서 벗어나고자 하는 것과 맞닿아 있다 즉 과학적 합리성에 의해 추상적으로 나타나는 세계가 아닌, 우리가 구체적으로 겪고 있는 주위세계의 실재를 회복하는 일이 된다. 유지로는『공통감각론』에서 시각을 넘을 수 있는 촉각의 회복을 촉구하는데, 여기에서 촉각은 體性감각의 하나로서 체성감각에 속하는 근육감각이나 운동감각과 결합해야만 구체적으로 촉각으로 작용한다고 했다. 이러한 촉각은 단순한 만짐을 뜻하는 것이 아니라 인간과 세계가 근원적으로 섞일 수 있는 접속을 의미한다. 장소의 발견은 어떻게 가능한가. 여기에서 시각의 원리가 아닌 촉각의 회복을 요청한다.

그러므로 근대 공간을 탄생시킨 것이 시각적 원리라면, 구체적 장소의 발견은 촉각의 원리가 발동되어야 한다. 이럴 때 장소의 구체적 이야기 무늬들을 그려낼 수 있을 것이다. 그러므로 이러한 장소성이야말로 지역 다시 쓰기 작업이 되며, 지역 다시 쓰기는 결국 장소성에 기반하지 않으면 안된다. 그렇다면 장소성의 복원은 매끄러운 시공간 속에 지워졌던 구체적이고 특수한 개별성을 발견하는 것이 된다. 이를 위해서는 먼저 개별의 이야기들을 지운 시선의 경로를 추적해 오류의 지점을 성찰하는 것이 일차적인 작업이 될 수 있다. 여기에 지역성은 새로운 시선으로 작동할 것이다.[5]

그렇다면, 부산문학사에서 낙동강 변두리와 산동네를 문학적 장소로 선택한 소설가 김정한과 시인 강영환의 문학적 풍경을 살펴보자.

---

4) 여기에 대해서는 나카무라 유지로, 양일모·고동호 역,『공통감각론』(민음사, 2003)를 읽어 볼 것
5) 문재원,「문학에서 지역을 만나는 몇가지 길」, 부산대 한국민족문화연구소 편,『지역, 예술을 말하다』, 소명, 2012, 137-138쪽

1. 김정한 소설과 변방의식

소설가 김정한(1908~1996)은 낙동강 하구의 끝자락을 서사적 무대로 주목했다. 이 장소는 그가 발을 딛고 있는 지역 현장이다. 아래는 「낙동강의 넋두리」라는 작가의 자전적인 수필이다. 요산이 왜 낙동강 언저리를 벗어나지 못하고 있는지를 밝히고 있다.

> 낙동강 가까이서 자라고 낙동[강가] 농민들의 슬픈 생활의 내력을 알기 시작한 나는, 낙동강 물을 마시고 낙동[강가] 땅에 목을 매달고 살아온 민중을 잊을 수가 없었다. 민족에 관계되는 일을 생각하고, 글을 쓰고 싶을 때는 늘 이 강과 이 [강가] 사람들의 일이 머리에 떠올랐다. …내 작품들 또한 그 강과 더불어 생존과 자유를 위해 그 주변에서 빚어지지 않을 수 없었던 여러 가지 인간사와 무관할 수 없었다는 것은 오히려 당연한 일이라 생각된다.
>
> (「낙동강 넋두리」)

작가 요산에게 장소애착(topophilia)은 그저 생득적으로 주어지는 것이 아니라, 끊임없이 장소와 투쟁하며 장소애착을 만들어가는 것임을 알 수 있다. “민족에 관계되는 일을 생각하고, 글을 쓰고 싶을 때는 늘 이 강과 이 [강가] 사람들의 일이 머리에 떠올랐다”라는 진술에서 알 수 있듯이, 작가에게 낙동강은 개인적인 삶의 터전을 넘어 낙동강의 역사에 다가가면서 개인적인 장소애착에만 머무는 것이 아니라, 사회적인 공론의 장으로까지 낙동강을 확대해 장소성을 모색하고자 하는 점을 엿볼 수 있다. 요산 김정한의 낙동강 이야기가 남다른 것은 이러한 개인적이면서도 집단적인 총체성을 놓치지 않으려는 시선에서 비롯된다. 결국 요산 소설에서 장소는 단순한 배경으로 설정된 데 그치는 것이 아니라 작가가 직접 살아왔던 근·현대사의 시간 체험과 결부됨으로써 그의 세계관을 표출하고 있는 시간의 연속체이다.

1966년 문단 복귀 이후 요산 작품의 주요한 무대는 이미 알려져 있듯이 낙동강 하구이다. 문단 복귀작 「모래톱 이야기」(1966)에서부터 「유채」(1968), 「수라도」(1969) 「뒷기미 나루」(1969), 「독메」(1970), 「사밧재」(1971), 「산서동 뒷이야기」(1971), 「어떤 유서」(1975) 등 대부분의 작품이 낙동강 하구, 삼랑진에서 시작하여 낙동강의 삼각주(모래밭) 또는 바다와 만나는 낙동강의 맨 끝자락의 군락이다. 지번地番도 제대로 없이 그래서 국가 안에 있으면서도 국가의 밖에 있는 주변부, ‘끝자락'을 요산은 놓치지 않는다. 이러한 끝자락이 작품 곳곳에서 "군데군데 좀구멍이 나서 썩어가는 기둥이 비뚤어지고, 중풍 든 사람의 입처럼 문조차 돌아가서, - 북쪽으로 사정없이 넘어가는 오막살이"(「사하촌」에서 출발하여, 3등 국민이 사는 곳 「산거족」, 미개지로 전락한 고향 「산서동 뒷이야기」, 말썽 많은 구역, 백정과 무당이 사는, 서쪽 변두리에 사마귀처럼 붙어있는 구석진 뜸 「회나무골 사람들」, 문둥이 공화국 「인간단지」) 등으로 형상화된다. 그의 작품 한 부분을 읽어보자.

> ……넓은 평야 위에 이루어진 촌락들은 한국 특유의 배산 임수의 형태를 이루지 못하고, 평야 위에 고립 가옥이 점재한다는 특수 경관을 자아내고 있음도 재미있는 현상이다…….
>
> (「독메」)

위의 인용문은 경상남도지의 한 부분을 묘사하고 있는 「독메」의 서두 부분이다. '넓은 평야', 띄엄띄엄 있는 '고립 가옥'이 서 있는 땅을 매개로 요산이 상상한 것은 무엇일까. 김해의 넓은 평야에서 요산이 상상하는 것은 비옥한 곡창지대가 아니라,[6] '해방이 되어도 피값을 못 찾은 땅', '찰가난'을 벗어나지 못하는 땅이다. '넓은' 평야와 대조를 이루며 '고립 가옥에서 벼를 심어 수지를 맞추지 못해 번전(反田)을 해서 채소를 심고, 이도 안 되면 남은 낱부스러기들을 받아 도호로 나가 팔아 생계를 연명하고 있는 무지렁이'들의 삶을 서사화하였다.

요산 소설에서 1960~70년대 외부에서 바라본 낙동강은 대한민국의 산업화 굴뚝에 발맞춰 성장의 물길을 내고 있는 장소로 인식되고 있었다. 이에 대해 어떤 문학비평가는 그러한 나의 창작태도를 은근히 비판했다. 일제 때 가난하고 압박받던 소작농은 지금은 부유한 농민으로 변모되어 도시 봉급자의 소득을 앞지르고…… 그들의 후예는 중산층이나 공장의 기술자로 변모해갔는데, 왜 따분한 이야기만 쓰느냐고, 그리고 "낙동강을 중심으로 교훈적인 사회기능에 충실했던 그의 문학은 낙동강변의 인정과 협동의 장으로 서서히 변모해야 할 것이다."라고 충고해 주었다[7]고 한다.

그러나 요산이 목격하고 체험한 것은 "우린 우예 살라카노? 억장이 무너진다!"

---

6) "오곡이 무르익는 황금의 들녘/풀 푸른 십리 장제에/ 목동들의 노랫소리 구성지고……이것은 그 당시를 노래한 어느 시인의 개수작(실례이지만)이다."(「독메」, 245쪽) 라는 서술자의 목소리에서 김해의 비옥한 대지를 바라보는 작가의 시선을 분명하게 확인할 수 있다.

7) 김정한, 「낙동강의 넋두리」, 한길사, 『낙동강의 파수꾼』, 1985, 91-93쪽

발을 뻗고 땅을 치는 아낙네들의 넋두리가" 터져 나오는 장소였다. 여기에서 우리는 동일한 장소를 두고 이를 바라보는 시선의 차이가 분명하게 드러남을 알 수 있다. 왜 이런 현상이 일어나는 것일까? 여기에는 낙동강 하구를 바라보는 외부자의 시선과 그곳을 구체적 생활의 터전으로 삼고 살아가는 내부자의 시선이 상이하기 때문이다. 요산이 선택한 것은 내부자들의 목소리였다. 그는 먼저 그 땅과 그 속에 사는 사람들을 구체적으로 관찰하고 면접하였다. 다음으로 그 땅과 그 속에 사는 사람들의 내력을 찾아보았다. 요산이 붓을 놓기 전까지 고집했던 창작방법은 다름 아닌 '발로써 쓰기'인데, 이것은 추상적 관념이 아닌, 현장과의 고통을 감응하면서 쓰는 글쓰기를 말한다.

> 신문 내용의 확대된 분석이나 비판은 사실주의 문학의 본도가 아니라고 했지만, 나는 꿈같은 생각만으로써 글을 쓰는 버릇을 배우지 못했다. 발로써 쓰고 싶다.
>
> (「사람답게 살아라」)

절필 선언 이후, 그가 오랜 침묵을 깨고 다시 붓을 든 이유도 차마 '침묵할 수 없는 이웃'을 사연을 들었기 때문이다.

> "이십년이 넘도록 내처 붓을 꺾어 오던 내가 새삼 이런 글을 끄적거리게 된 건 별안간 무슨 기발한 생각이 떠올라서가 아니다. 오랫동안 교원 노릇을 해오던 탓으로 우연히 알게 된 한 소년과 그의 젊은 홀어머니, 할아버지 그리고 그들이 살아오던 낙동강 하류의 어떤 외진 모래톱- 이들에 관한 그 기막힌 사연들조차, 마치 지나가는 남의 땅 이야기나 아득한 옛날 이야기처럼 세상에서 버려져 있는 데 대해서까지는 차마 묵묵할 도리가 없었기 때문이다."
>
> (「모래톱이야기」)

아무도 듣지 않는 '이웃'들의 이야기에 귀기울이면서 요산이 주목한 것은 구체적인 민중의 삶이고 이러한 삶을 통한 민족과 세계의 실상이다. 그래서 작품 속의 인물들은 현재 장소에 대한 국가의 폭력적 개입을 증명하고, 이의 부당함을 주변에 설파하는 인물로 형상화되었다. 이러한 점을 주목할 때, 요산의 문학은 한마디로 '저항과 인간 해방의 리얼리즘'으로 압축할 수 있으며, 이러한 창작방법론은 이후 부산 문학사에 오랫동안 영향을 끼치고 있다.

2. 강영환과 산복도로 문학관(文學館)[8)]

한편, 시인 강영환(1951~)[9)]4)의 〈산복도로〉 1~100의 연작(『산복도로』, 책펴냄열린시, 2009)은 '끈끈한 사람냄새가 묻어나는 곳을 떠날 수 없어 지켜온 40여년의 삶터'에 대한 시인의 진술이다. 아래의 인용은 산동네에 대한 시인의 시선을 엿볼 수 있다.

> 평지가 모자라는 부산은 산허리까지 판잣집들이 지어져 동네가 만들어졌다. '산동네' 혹은 '달동네'라 했지만, 나는 '하늘동네'라 명명했고, 동네를 가로지르는 길을 내고 망양로라 불렀지만 이웃들은 그냥 '산복도로'라 했다.
>
> (『산복도로』 서문)

시인은 중심부의 시선이 규정하는 달동네, 산동네가 아닌, 당사자성의 '하늘동네'를 선택하고, 관광객의 시선이 탄생시킨 망양로(부산항 앞바다를 조망하는 길: 望洋路)가 아닌, 이곳에 사는 이웃들이 명명하는 산복도로를 호명한다. 그러므로 산동네에 대한 시인의 재현목록 우선순위는 '이웃의 삶'에 있음을 밝히고 있다.[10)] 우선적으로 시인이 바라보는 산복도로는 집 지을 빈 터가 없어 쫓겨 나와 지은 "무허가"(「흔들리는 무허가」-산복도로 80) 판잣집이다. 이곳은 "누구 한사람 관심 기울이지 않는" 외진 곳이고, "밤마다 슬픔을 토해내는" 사람들이 "풀어진 휴지처럼"(「혼자 노는 바람」-산복도로 65) 모여 있는 곳으로 진단한다. 그래서 〈산복도로〉 연작에서 "눈물, 버짐, 가뭄, 침수, 전쟁" 등의 은유가 시 안에서 반복되면서 산복도로의 삶은 팍팍하고 고달픈 삶의 연속으로 전달된다. 그러나 시인은 슬픔의 연속만을 드러내지 않는다.

---

8) 시인 강영환의 온라인 문학관의 네이밍을 옮겨옴(http://cafe.daum.net/seebada)

9) 강영환은 1977년에 시 「공중의 꽃」으로 『동아일보』 신춘문예에 입선하고, 이어 1979년에 『현대문학』에서 시 추천 완료를 받으며 문단 활동을 시작했다. 1980년에는 「남해」로 『동아일보』 신춘문예 시조 부문에 당선되기도 했다. 그리고 1983년에 첫 시집 『칼잠』을 발간한 이후, 활발한 창작 활동을 지속하고 있다. 긴 시작(詩作) 속에서 시인이 끈질기게 천착해온 것이 있으니, 바다와 산복도로, 지리산이라는 공간이다. 그 공간들은 강영환 시인의 시 속에서 생(生)의 바탕이 되는 장소, 시인과 이웃의 삶이 공존하는 장소, 자연과 인간 존재를 사유하게 하는 장소 등으로 의미화 되며, 시인이 구축한 시세계의 핵으로 자리를 지키고 있다.(우은진, 「장소에 대한 애착과 사유로 빚어낸 시- 강영환론」, 『작가와사회』 봄, 2016)

10) "내가 살고 있는 초량동 산복도로가 있는 곳은 부산을 있게 한 원동력 중 하나다. 이전에 그곳에 살았던 서민들은 부두 노동자이거나 부산역에서 혹은 국제시장에서 날품팔이를 하며 생계를 꾸려가는 도시 서민들이 대부분이었다. 강한 휴머니즘을 느끼게 해 주는 그곳에서 나는 그들의 이웃이었고 나는 그들과 함께 살며 그들의 애환을 관찰자적 시점으로 바라보았던 것이다. 나는 결코 그들이 될 수 없이 그냥 바라다 볼 뿐이었다. 그렇지만 바라다보는 시점 자체가 그들 곁이며, 그들은 나를 거부하지 않았고 나 또한 그들 곁에서 그들의 삶에 젖었다. 앞으로도 그 관계는 끝나지 않을 것이다."

풀 꺽인 잡초 우거진 언덕에다
집을 지었다 오래오래
허물었다가 세우고 다시 허물며
쓰다버린 골판지와 천막을 이어 붙였다
바람 앞에 산산이 무너져 내릴지라도
비에 젖지 않고 이슬에 젖지 않는
돌아앉았어도 넉넉한 집을 이뤘다
바람은 억센 팔뚝을 드러내며 가끔
부끄러운 기초를 흔들었다
굵은 모래와 자갈로 황폐한 뿌리들
이웃들은 아침계단을 오른다
그때 보아라 언덕 위에서
금빛 지느러미를 번뜩이며 살아나는
크고 작은 아늑한 집들 그러나
자주 자주 흔들리는 눈물

(〈무허가〉- 산복도로 19)

위의 시 〈무허가〉에는 하강과 상승의 이미지가 교차하고 있음을 알 수 있다. 이러한 시적 상상력은 내리막길과 오르막길을 오가는 산복도로 사람들의 일상을 근간으로 하는 데서 비롯된다. 50년을 이 골목을 오르내린 시인의 경험적 자질 또한 이러한 시적 상상력의 근원으로 작용한다고 볼 수 있다. 숨을 몰아쉬며 오르내리는 비탈길에서 만나는 사람들은 '무당', '땅꾼', '밀양댁', '미포댁', '생선장수', '청소부', '일용노동자', '연탄가게 아저씨', '집나간 며느리를 기다리는 할머니들'이다. 이들이 놓여있는 곳은 산 5번지, 시영아파트, 국민주택, 판잣집, 무허가 등 변두리 소외된 장소이다. "가려도 남는 남루에 절망하는 비"(「새」-산복도로 14)가 쏟아지는 이곳은 한마디로 "막장"(「막장」-산복도로 37)같은 삶과 대면하는 자리다.

그러나 시인이 목도한 이웃은, 비록 무허가 판잣집이라도 이곳에 대한 장소애착은 누구보다 강렬하다는 점이다. 이 지점이야말로 외부의 고착된, 내부의 단절된 시선을 열고 장소애를 확인하는 자리가 된다. 밤새 슬픔을 토하고 난 이들은 '바람 앞에 산산이 무너져 내린' 집을 다시 '비에 젖지 않고 이슬에 젖지 않는/ 금빛 지느러미를 번뜩이며 살아나는' 집으로 세워 나간다. 이러한 이중의 역설은 시 「생선장수」에서 보다 분명하게 포착된다.

좌판 위에서 종일토록/가랑비를 맞고 있다/내장에까지 젖는 빗소리/맨살에 닿는다/매서운 눈 꼬리를 치켜뜨고/산을 넘고 넘어서/이웃은 그냥 지나가 버리고/일어 설 수 없는 비늘/터지면서 부러지면서/ 끝끝내 까무라친다//껍질 벗긴 꼼장어가 맨살로 엉겨/꼬무작거리고 있다/좌판 위에서 최후까지/목이 쉬어 남아 있는 바다/천천히 토해 내면서/ 이글이글 불타고 있다/여름 햇살/붉은 팔뚝으로 남정네들이 떠나간 바다/떠나서 돌아오지 않는 바다를/큰물로 앉아 꿈틀거린다//

(〈생선장수〉-산복도로 10)

위의 시에서 껍질 벗겨진 꼼장어는 산복도로 사람들에 대한 은유다. 이 사람들은 난장에서 종일 비를 맞았으며, 눈 치켜뜨고 안간힘을 다해 산을 넘었으며, 터지면서 부러지면서 까무러치며 길을 넘어 왔다. 이 시는 산복도로 사람들의 지난한 삶을 대변하는 데 있지 않다. 이 시의 울림은 "큰물로 앉아 꿈틀거린다"에 정점이 놓여진다. 꿈틀거림이 생명을 환기하고 있기 때문이다. 이때 이글이글 불타면서도 포기하지 않는 생명에 대한 의지를 놓지 않겠다는 생선장수의 목소리와 중첩되고 있다. 그래서 무수한 생선장수들이 살고 있는 산복도로의 이미지는 하강과 상승의 변증법적 공간에 닿아 있다. 이 공간은 상업영화에서 발견된 추억이나 순수의 이름으로 호출되는 산동네와 거리를 둔다. 그러니까 시인이 이 골목을 오르내린 경험적 자질은 산복도로 연작의 시적 상상력의 동원력이 되고, 걷기의 촉각은 산복도로 장소성의 회복으로 연결되어 있다.

이러한 동력은 '쪽방 셋방살이 그늘이 깊어져도' '이웃과 이웃의 어깨에 부딪혀/끈끈한 체온 속으로 실어 나르는' 공동체의 환대와 연대으로부터 찾고 있다.[11] 시인이 산동네를 재현하는 눈물, 버짐, 한숨, 구토, 한파, 흔들림의 시어들 사이에 이웃, 사랑, 충만함 등의 시어들을 배치하고 있는 것은 이와 같은 맥락으로 읽어낼 수 있다.

초량 산복도로 길옆에 망초꽃이 피었다
우리나라 각지 들이나 길가에
저절로 피는 망초꽃이 나와 이웃하여
빈손으로 태어나도 꽃을 피울 줄 아는 민망초
길경이와 이웃하여 보내는 작은 눈짓을
내게도 보내어 준다
오늘날 우리에게 사랑한다는 의미는

11) 이런 점에서 최근 산동네에서 구성되고 있는 내부 공동체에 대한 현장조사 관찰 작업이 요청된다.

무엇일까
우리나라 각지 망초꽃이 핀다
산복도로
길옆에 나와 이웃하여
작은 사랑이 핀다

(〈망초꽃 사랑〉)

Ⅳ 지역문화운동으로서 부산문학 잡지매체

1970~80년대는 이념, 세대, 지역 등을 축으로 하는 다양한 소집단 운동이 활발하게 진행되었는데, 공통적으로 동인 무크지 운동은 기존의 문학에 대한 방법적 쇄신, 그리고 주체적 문학의 정립이라는 문제의식을 공유하면서 새로운 문학장을 구성해 나가고자 했다. 이러한 문제의식은 여전히 중앙/지방의 관계 안에서 목소리가 들리지 않았던 지역문학의 위치에 대한 비판적 성찰과 자연스럽게 연결되었다. 사회경제적으로 1970년대는 유신체제가 강화되면서, 문학 영역에서는 창작과비평 등을 중심으로 민족민중문학논쟁이 뜨거웠다. 당시 뜨거웠던 민족민중문학논쟁 안에서 '지역(담론)'은 여전히 소외되어 있었다. 이 시기 부산 지역에서는 문학의 중앙집권 현상과 지방, 지방문화, 지방문학에 대한 폄훼된 시선에 대한 비판적 성찰이 대두되었고, 구체적인 실천형식으로 『남부의 시』, 『남부문학』[12], 『오늘의 문학』 등이 발간되었다. "지방 예술문화권의 주체성을 위하여 목마르게 구상해보았다"는 『남부의 시』 창간호 후기에서 이러한 부분을 적시하고 있다.

> "이러한 것을 염두에 두고 본지는 향토를 사랑하는 지방 문인들의 발표의 광장으로서, 지방의 자치적 문인 배출의 기관으로서, 향토, 문화 육성의 광장으로서 안으로는 힘차고 밖으로는 조심스럽게 문을 열 것이다.
>
> (『남부문학』, 창간호)

> "우리 洛東문학회가 지향하려는 문학활동도 바로 그런 것입니다. 서울이나 다름없는 도시문명이 휩쓸고 있는 부산이긴 합니다다만, 그 속에는 이 고장만이 갖고 있

12) 편집동인으로 강성환, 강인수, 김석, 김용태, 노석기, 박광익, 성병오, 이규정, 이옥형, 정순영, 차한수, 최상윤 등이 참여했다.

> 는 특성이 없을 수 없습니다. 더구나 경남지방에는 각 지방마다의 강렬한 지방색이 있어 그 속에는 이 고장만이 갖고 있는 특성이 없을 수 없습니다. 더구나 경남지방에는 각 지방마다의 강렬한 지방색이 있어 그 속에 내재해 있는 특성을 찾아 표현하는 것도 우리 洛東문학회 회원들에게 주어진 사명이기도 합니다.
>
> (『오늘의 문학』 창간호)

그림19-1 『전망』 창간호(1984. 09)

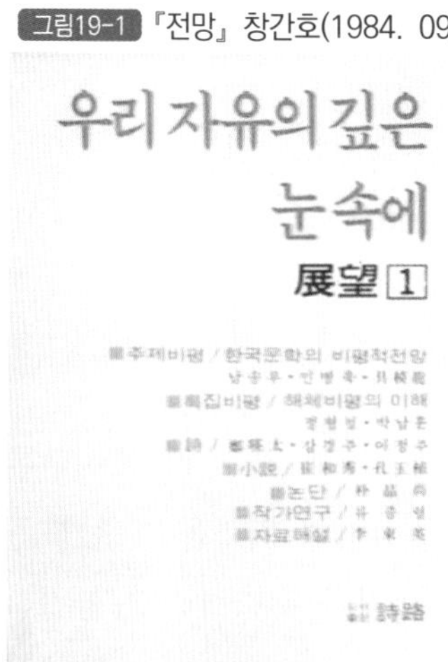

『오늘의 문학』[13] 창간호 기념으로 진행한 좌담회 〈지방, 지방문화, 지방문학〉에서 지방의 특수성을 강조하며, 이러한 특성을 찾아 문학적으로 형상화하는 일이 지역작가(낙동문학회 회원)들의 '사명'임을 강조하고 있다. 이때 지역의 특수성을 강조한 것은 지역의 가치를 널리 찾고 지역의 삶으로 되돌리려는 노력으로 볼 수 있다.[14] 왜냐하면 '지방색에 매몰되는 것을 경계하고 세계문학으로의 전망을 내세우고 있는 잡지의 출발선은 이 『남부문학』과 다르지 않다. 이렇듯, 1970년대 부산의 동인지들은 일국적 관점의 문학사에 대한 비판의 목소리를 드러내고 있었다.

한편, 1983년 4월 창간된 『지평』과 1984년 9월 창간호를 낸 『전망』[15]은 부산에서 출간된 대표적인 무크지들이다. 이 잡지들은 단순한 문예물로 기능하는 것이 아니라, 지역문화운동의 일환이다. 동인들은 문학과 삶의 연관을 강조하고 특히 비평의 활성화를 도모했다. 그래서 무크지 운동은 단순한 발표지면의 확보나 문학 내에만 국한된 것이 아니라, 현실에 대한 저항운동으로서의 매체활동으로 연결되었다. 『지평』의 준비 작업은 남송우, 이윤택, 이정주, 류종렬, 민병욱, 구모룡 등이 주축이 되어 1982년부터 시작되었다. 창간호는 평론, 논문, 인터뷰, 시, 소설, 희곡 등을 망라하는 종합 문

그림19-2 『지평』 창간호(1983. 04)

13) 학술과 창작을 겸한 종합지로 편집인 김병규, 편집주간 윤정규. 편집위원 박지홍, 최해군, 서인숙, 강남주, 김중하, 김용태, 임신행, 이성순 등이 참여했다.

14) 박태일, 「지역문학 연구의 방향」, 『지역문학연구』 2호, 1998. 115쪽.

15) 정영태 시인의 주도로 남송우, 민병욱, 이정주 등이 참여하였다.

예지의 구색을 갖춘 매체로 부산문예사에서 출간되었다. 이후 "문학과 삶의 지평을 위하여"(2호), "새로운 삶의 양식으로 찾아서"(3호) "현실의 역장과 종합에의 의지"(4호) "문학 맺힌 삶의 풀이"(5호) "지역성 문학성 민중성"(6호) "자유는 벌레먹은 나무가 되어"(7호) 등의 주제로 발간되었다. 한편, 『전망』은 비평, 시, 소설, 논단, 작가 연구, 자료 해설 등의 종합지 성격으로 창간호를 냈다. 『지평』은 이전 70년대 지방문학에 대한 문제제기에서 보다 주체적인 선언을 드러내고 있다.

> 이 땅의 모든 문화는 오직 중앙에서만 이루어지는 것으로 받아들여져 온 통념에 거부의 자세를 보이며, 우리들은 지금-이곳에서 독자적인 문화권 형성을 위한 작업을 시작한다.
>
> (『지평』 창간호)

이들 무크지들은 소수 문학인들의 독점과 서울-중앙집권화 그리고 엘리트 담론 중심주의에 대한 안티테제를 강력하게 표방하면서 지역문학장의 역학을 새롭게 구성하고자 했다. 당시 무크지가 지역문학 운동의 현장성을 얼마나 강력하게 환기하는지 다음의 역설적 발언을 통해 확인할 수 있다.

> "무크지 시대가 끝나고 다시 계간지 시대로 돌입하면서 지역문학론은 힘을 잃기 시작한다. 중심부가 다시 상징 자본을 결집하고 상징 권력을 구축하였기 때문이다. 문학적 장을 구성하는 제반 요건들(자본, 매체, 출판과 편집, 유통시스템, 비평가 그룹, 저널리즘 등)이 중심부에 집중됨으로써 지역문학의 상대적인 위축현상은 커졌다. 각 지역에서도 계간지로 대응하나 중심부가 형성한 문학적 장에서 분명한 위치를 점할 만큼 지역의 계간지들이 힘을 발휘할 수 없었다.[16]

V 지역문학의 확장: 부산에는 세 곳의 문학관이 있다

지방자치제 이후 각 지역에서는 지역의 문화적 자원을 활용하여 지역의 정체성을 재발견하고 지역의 이미지를 제고하고자 하는 작업이 경쟁적으로 진행되었다.[17] 특히 지역의 문화인프라 구축, 지역이미지 창출, 관광증진 등의 역할을 수행

16) 구모룡, 「지역문학: 주변부적 가능성」, 『제유의 시학』, 좋은날, 2000, 241쪽.
17) 지역문학관 현황에 관해서는 한국문학관협회(http://www.munhakwan.com/) 참조.

그림19-3 부산의 세 문학관

하기 위해 각 지역에서 경쟁적으로 문학관을 유치했다. '문화산업'의 전략으로서 지역문학관은 '문화도시'라는 아젠다 선점에 유리한 효과를 발생시킬 수 있다. 각 지자체는 지역문학관 건립이 외부적으로는 다른 지역과의 차이를 드러내는 기호가 되고, 내부적으로는 지역 정체성을 제고하여 내부의 동일성을 구축할 수 있는 최적의 아이템이 된다고 판단했다. 현재 지역문학관의 최종적인 운영(예산) 주체는 대부분 지자체에 있고, 이러한 체제에서 문학관은 지자체의 문화예술 청사진에서 벗어날 수 없는 구조에 놓여 있다.

지역에 기반한 문학관은 기왕의 '문학의 정전화' 기제에 작동된 국가 중심의 중앙집권적 헤게모니와 지역성의 관계가 향후 어떻게 재조정될 것인가를 사유할 수 있는 중요한 현상으로 간주될 수 있다. 그렇다면 재조정과 협상의 과정에서 누구의 기억인가, 누구를 위한 기억인가, 기념의 주체는 누구인가의 문제는 중요하다. 왜냐하면 지역의(장소, 운영주체, 수용자) 문학관은 특정 작가를 지역 정체성과 관련하여 기념함으로써 국가 중심의 중앙집권적 헤게모니에서 탈피하여 지역적 기반을 획득할 수 있기 때문이다.

그림19-4 추리문학관 표지석

부산에는 세 곳의 문학관이 있다. 건립 년도 순으로 나열하면 해운대 추리문학관(1992), 동래 온천장 이주홍문학관(2002), 범어사 밑 요산문학관(2006)이다.

추리문학관은 1992년 7월 전국에서 사립 전문 도서관 1호로 추리문학관이 등록되었다. 작가 김성종의 개인 재산으로 땅을 매입하고 건물을 지어 올렸다. 특정 작가를 기념하는 일반적인 문학기념관 형식이 아닌, 추리문학이라는 장르를 주제로 내세운 독특한 취향의 공간이다. 한국문학사에서 추리문학은 주류가 아닌 비주류, 변방의 장르로 분류되었다. 학계나 강단에서는 적자가 아닌 서자였지만, 대중들은 코난 도일이나 아가사 크리스티에 열광했고, 홈즈나 포와르 같은 명탐정의 활약은 세대불문으로 이어졌다. 한국의 추리문학은 계보가 그리 길지 않고 작가 기반도 상대적으로 약하다. 이런 상황에서 5만여 권의 장서 중 국내외 추리소설이 2만여 권을 차지하는 추리문학관은 한국문학사에서 추리문학의 계보를 형성하는 중심에 있다. 문학관에서는 한국 추리소설 문단의 김래성-김성종 뒤를 잇는 추리작가를 꿈꾸는 추리소설창작교실도 정기적으로 열린다.

동래 온천장 일대는 향파가 만년에 많은 작품들을 구상하고 집필했던 창작의 산실이었다. 당초 이주홍문학관은 1971년부터 1987년 별세할 때까지 작가가 기거했던 온천 1동 177-18번지 가옥을 문학관으로 개축하여 2002년 10월 문을 열었다. 당시 시비를 받아 조성된 부산의 1호 문학관이었다. 그런데 이후 재개발공사로 인해 불가피하게 현재의 차밭골(온천1동 435-25번지)로 옮겨와 문학관을 신축하고, 2005년 5월 재개관했다. 이주홍문학관에서 만나는 향파는 '아동문학작가'라는 고정된 시각을 벗어나게 한다. 그는 〈배암색기의 무도〉라는 동화로 등단했지만, 이후 동화작품에만 머물지 않았다. 〈해변〉, 〈현이네 집〉, 〈풍경〉, 〈탈선 춘향전〉 등 소설, 동시, 시, 희곡 등 다양한 장르의 방대한 작품 활동의 흔적이 가득하다. 다양한 매체활동에도 적극적이었음을 확인할 수 있다. 〈신소년〉, 〈별나라〉, 〈풍림〉, 〈영화연극〉 등 근대문학사의 획을 긋는 주요한 잡지를 통해 그의 문학사적 족적을 읽을 수 있다. 지역문학과 향파의 밀착을 보여주는 잡지 매체 〈문학시대〉, 〈윤좌〉, 〈갈숲〉도 전시되어 있다. 뿐만 아니다. 전시실 사이사이를 채우고 있는 서화나 잡지 표지화는 또 다른 예술적 감각을 엿볼 수 있게 한다. 아동문학가이면서, 작가, 시인, 서예가, 화가, 지역문화 활동가 등의 타이틀을 꼼꼼하게 확인할 수 있게 해 주는 곳이 이주홍문학관이다.

그림19-5 이주홍문학관 내부 전시관

한편 도시철도 1호선 남산동역에 내려 요산문학로를 따라 금정산 방향으로 향하면 요산문학관에 이른다. 문학관에 들어서면 제일 먼저 입구의 붉은 글귀가 발걸음을 멈추게 한다. "사람답게 살아가라"는 요산의 소설작품 「산거족」의 주인공 황거칠의 좌우명이다. 이는 작가의 목소리와 내내 겹쳐진다. "비록 고통스러울지라도

그림19-6 요산문학관 전경

불의에 타협한다든가 굴복해서는 안 된다. 그것은 사람이 갈 길이 아니다." 벽면을 가득 채우고 있는 요산의 얼굴은 이웃 촌로의 소탈한 웃음이지만, 그 웃음 너머로 여전히 부릅뜬 성난 눈으로 문학관 문을 열고 들어오는 이들에게 단단히 다짐을 받는다. 문학관 2층 전시실 오른 쪽 벽면을 채우고 있는 '요산 김정한 소설과 부산의 도시 공간'이라는 주제의 화보가 눈길을 끈다. 「사하촌」의 배경이 된 범어사, 「모래톱 이야기」의 낙동강, 「수라도」의 주 무대인 양산 원동면 화제리의 모습을 담고 있다. 요산문학관은 무엇보다 부산에서 유일하게 작가의 생가(生家) 바로 옆에 자리잡고 있다는 점이 남다르다. 사실, 생가 옆에 문학관을 건립할 때 논란이 없었던 것은 아니었다. 무엇보다 접근성 문제나, 문학관의 녹지 면적이 좁다는 점도 지적되었다. 그래서 을숙도나 범어사 인근 등 제 3의 장소들이 후보군에 올랐지만, "떠벌이는 것보다 자그마하게 기념하는 것도 요산 정신을 제대로 기리는 일이 될 것"이라는 데 의견을 모으고 건립을 추진했다. 현재 2002년에 설립된 (사)요산기념사업회에서 운영하고 있다.

특히 부산지역문학의 출발점에 서 있었던 두 작가를 기념하고 있는 이주홍문학관, 요산문학관은 부산 문학의 산실이자, 살아있는 현장으로서 오늘날 지역문학의 콘텐츠에 대한 전망을 제시하고 있다. 이러한 공간을 토대로 부산 지역문학 아카이브를 구축하고, 가치를 발굴하고, 그 가치를 작가-연구자-시민들이 향유함으로 더욱더 풍부한 지역문학의 스펙트럼을 만들어 내는 장소. 부산의 문학적 유산의 과거와 현재를 종합하고 이를 토대로 새로운 미래를 조망하고 담아낼 수 있는 상징적인 공간, 이러한 프레임이야말로 부산의 문학관이 전망해야 할 의미체계이다.

6부 미래

20장 부산의 과학기술 혁신역량

21장 글로벌 도시 부산의 미래

부산의 과학기술 혁신역량[1]

20장

부산의 과학기술 역량은 점차 개선되고 있지만 여전히 수도권 대비 많이 부족한 상황이다. 이는 대기업이 많지 않아서 대규모 연구개발투자를 하는 기업이 많지 않기 때문이다. 따라서 부산지역은 민간 위주의 연구개발투자보다는 대학과 공공의 비중이 상대적으로 높은 편이다. 2018년 기준 부산지역의 총 연구개발비[2]는 1조 5,449억 원으로 우리나라 전체 연구개발비인 85조 7,287억 원의 1.80%를 차지하고 있다. 이는 부산시의 인구비중(2018년 기준)인 6.67%와 비교하면 매우 낮은 수치이다. 그리고 부산시의 연구개발주체별 연구개발비를 살펴보면 공공연구기관이 4,316억 원(27.9%)이고, 대학이 3,805억 원(24.6%)이며, 기업체가 7,328억 원(47.4%)이다. 이는 우리나라 전체평균인 공공연구기관(11.5%), 대학(8.2%), 기업체(80.3%)의 비중과 비교하였을 때 기업체의 연구개발비중이 낮고 공공기관과 대학의 연구개발비중이 높다는 것을 확인할 수 있다. 특히 대학의 경우 부산지역에 상대적으로 많이 분포하고 있기 때문에 대학의 연구역량이 높은 것이 특징이다.

한편, 한국과학기술기획평가원(KISTEP)에서는 매년 전국 시도별 과학기술분야의 수준을 신난한 시역 과학기술혁신역량 지수(R-COSTII[3])를 발표하고 있는데, 부산시는 2015년 11위에서 2019년 5위로 크게 상승하였다. 하지만 여전히 수도권인 경기, 서울지역과 격차가 많이 나고 있는 상황이다. 이에 본 장에서는 R-COSTII에서 활용하고 있는 지표들을 바탕으로 부산지역의 과학기술 혁신역량 수준을 파악해보고 어떤 장단점이 있는지 알아보고자 한다.

---

1) 매년 한국과학기술기획평가원(KISTEP)에서 발간하는 '지역과학기술혁신역량평가결과'를 바탕으로 작성하였음.
2) 우리나라 및 부산의 연구개발비 자료는 한국과학기술기획평가원의 '2018년도 연구개발활동조사'자료를 참고하였음.
3) R-COSTII : Regional COmposite Science and Technolgoy Innovation Index.

표20-1 지역과학기술혁신역량(R-COSTII) 평가지표 구성

부문	항목	지표
자원	인적자원	① 총 연구원 수 ② 인구 만명당 연구원 수 ③ 동일 연령대 인구 대비 이공계 박사 졸업생 비중
	조직	① 특허/연구개발 수행조직 수 ② 국내 상위 조직 수
	지식자원	① 최근 5년간 과학기술논문 수 ② 최근 5년간 국내 특허등록 수
활동	연구개발투자	① 연구개발투자액 ② GRDP 대비 연구개발투자액 비중 ③ 연구원 1인당 연구개발투자액 ④ 총 부가가치 대비 기업연구개발투자액 비중 ⑤ GRDP 대비 정부연구개발사업비 비중
	창업/사업화활동	① 기술이전/사업화 수 ② 신규 INNOBIZ(기술혁신형 중소기업) 수
네트워크	산·학·연 협력	① 연구원 1인당 산·학·연 협력 논문/특허 수 ② 전체 정부연구개발사업비 중 산·학·연 협력 비중
	기업간/정부간 협력	① 기업 간/정부 간 협력 비중
	국제협력	① 전체 정부연구개발사업비 중 해외협력 비중 ② 연구원 1인당 해외협력 논문/특허 수
환경	지원제도	① 자금조세지원 활용 ② 인력지원 활용 비중
	인프라	① 정보화 수준 ② 국가연구시설장비 구축 수
	교육/문화	① 중/고등학교 이공계 교원 비중 ② 의과학교실 강좌 수
성과	경제적 성과	① 인구 1인당 총 부가가치 ② 정부연구개발사업 당해연도 기술료 징수액 ③ 제조업 총 부가가치 대비 하이테크산업 총 부가가치 비중
	지식창출	① 논문/특허 수 ② 연간 투자 대비 논문/특허 수 ③ 연구원 1인당 논문 수/평균 피인용수

부산시, 지역과학기술혁신역량지수 전국5위로 올라

부산시는 한국과학기술기획평가원(이하 KISTEP)이 발표한 '2019년 지역과학기술혁신 역량평가'에서 부산의 지역과학기술혁신역량지수(이하 R-COSTII*)가 전국 5위로 전년 대비 2단계 상승했다고 밝혔다.

시는 적극적으로 과학기술기반 창업환경을 조성하고 연구개발(R&D)에 대한 사업화 지원 확대, 부산산업과학혁신원(이하 BISTEP) 설립 등 지역혁신 분야에 대한 전략적인 투자 등이 반영됐다고 분석했다.

BISTEP 설립 이후 부산의 R-COSTII 지수(Regional COmposite Science and Technology Innovation Index)는 2015년 11위에서 2016년 9위, 2017년 8위, 2018년 7위, 1029년 5위로 계속 오르고 있다.

'R-COSTII'는 OECD 회원국의 과학기술 수준을 진단하는 도구인 '국가 과학기술혁신역량평가'의 지역 버전이다. 지역 단위의 과학기술혁신역량을 진단하고 이를 활용하기 위해 KISTEP에서 2010년부터 매년 발표하는 지수다. 자원, 활동, 네트워크, 환경, 성과 등 5개 부문에 걸쳐 지역별 혁신역량을 평가한다.

부산의 R-COSTII는 9.118점으로 경기(17.964점), 서울(16.743점), 대전(16.294점), 경북(11.428점)에 이어 5위를 기록했다. 산·학·연 협력의 영향으로 '네트워크' 부문이 큰 폭으로 올랐다. 또, 환경·성과부문에 개선이 있었으며, 자원·활동 부문에서는 약세를 보였다. 특히, 부산은 창의과학교실운영, 과학기술교육관심도 등 '과학기술 교육/문화' 항목의 평가에서 여전히 전국 최고 수준의 역량을 보유한 것으로 나타났다.

하지만 부산의 혁신역량은 아직 전국 평균 9.620점을 밑도는 수준이다. 경기, 서울, 대전 등 수도권이 꾸준히 상위권을 차지하고 있는 상황에서 부산은 보다 적극적인 연구개발투자 확대와 기업 연구개발(R&D)지원이 필요하다고 시는 밝혔다.

부산시 관계자는 "이번 R-COSTII 결과는 부산이 선제적으로 지역혁신을 위해 추진해 온 여러 노력의 결과물"이라며 "이번 조사결과로 부산의 혁신 잠재력이 전국 5위라는 것이 증명됐기 때문에, 앞으로는 부산의 수요와 특성에 기반한 연구개발 정책을 수립해 지역 산업으로까지 성과를 확산할 수 있는 지역혁신 선순환 체계 구축을 위해 노력하겠다"고 말했다.

2020-04-20 노컷뉴스

I 혁신 자원

부산의 혁신자원은 2019년 전국 9위 수준으로 2018년보다 한 단계 떨어졌다. 특히 인적자원이 11위를 차지하여 여전히 부산지역에 인적자원이 상대적으로 열악한 수준으로 나타났으며, 조직부문은 7위, 지식자원 부문은 5위를 차지하였다. 상대수준으로 보면 자원 부문 1위인 서울을 100%라고 가정하면 부산은 14.5%로 격차가 상당히 큰 상황이다. 지금부터 각 자원들에 대해 자세히 살펴보자.

표20-2 시도별 과학기술 자원부문 상대수준(2019년)

지역	서울	경기	대전	경북	충남	경남	인천	부산	충북
상대수준	100%	88.1%	57.1%	21.2%	15.3%	15.2%	15.1%	14.5%	14.4%
지역	광주	대구	세종	전북	울산	강원	전남	제주	
상대수준	14.0%	12.3%	11.8%	10.8%	10.6%	8.4%	4.0%	1.5%	

1. 인적자원

2018년 기준 부산지역의 총 연구원 수는 16,356명으로 전국 연구원 수 514,170명의 3.2%를 차지하고 있다. 이는 부산의 인구비중 대비 절반도 안 되는 연구원 수 비중을 가지고 있는 것으로, 상대적으로 부산지역은 연구원 수가 부족한 편이다. 전국적으로 살펴보면 경기도에 182,654명, 서울시에 127,350명의 연구원이 분포하고 있어 절반 이상이 수도권에 집중되어 있다. 연구개발주체별로 살펴보면 부산지역의 경우 공공연구기관에 1,514명(9.3%), 대학에 5,885명(36.0%), 기업체에 8,957명(54.8%)의 연구원이 소속되어 있는 것으로 나타났다. 우리나라 전체 연구개발주체별 연구원 비중인 공공연구기관 7.3%, 대학 21.1%, 기업체 71.6%와 비교해 보면 부산지역에는 대학에 상대적으로 연구원이 많이 분포되어 있음을 알 수 있다. 반면, 기업체의 연구원 수 비중은 상대적으로 낮은 것이 특징이다. 이는 부산지역에 대기업이 많지 않고, 서비스업의 비중이 높기 때문이다. 그리고 인구 만 명당 연구원 수를 살펴보면 부산은 48.1명으로 서울의 131.2명, 경기의 140.2명, 대전의 239.5명에 비해 매우 낮은 수준이며, 동일 연령대 인구 대비 이공계 박사 졸업생 비중도 부산은 0.051%로 서울의 0.120%, 대전의 0.280%와 비교하면 상대적으로 낮은 수준이다. 따라서 부산지역의 혁신 인적자원 수준은 수도권에 비해 낮은 수준으로 지속적인 혁신성장을 위해서는 연구인력 확보가 중요하다고 볼 수 있다.

그림20-1 부산지역 연구원 수[4] 및 전국 대비 비중 변화

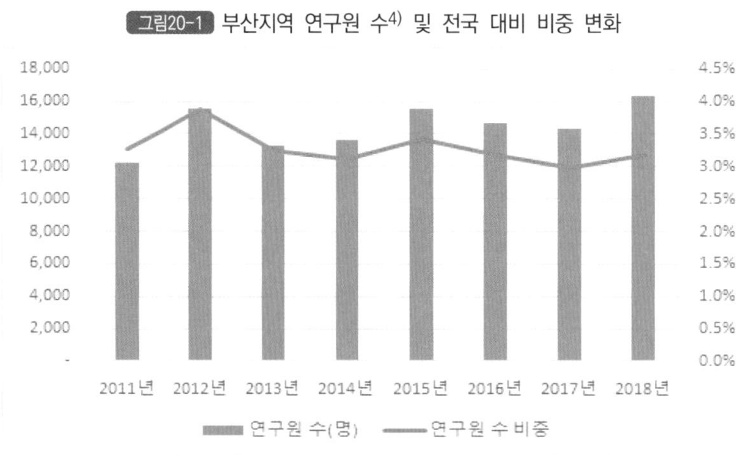

2. 조직

혁신자원의 두 번째 요소는 조직이다. 조직은 크게 4가지 요소를 구분할 수 있다. 첫째, 연구개발 수행조직이다. 부산지역의 연구개발 수행 조직은 2018년 기준 총 2,300개이다. 매년 꾸준히 증가하고 있지만 수도권인 서울 12,535개, 경기 17,843개, 인천 3,004개에 비하면 연구개발 수행 조직이 작은 편이다. 부산지역의 2,300개 연구개발조직 중 공공연구기관은 35개, 대학은 24개, 기업체 연구개발 수행조직은 2,241개이다. 두 번째는 특허등록 기관으로 부산지역의 특허등록 기관은 2018년 862개로 2011년 561개 기관에서 많이 증가하였다. 물론 수도권과 비교하면 높은 수치는 아니지만 꾸준히 증가하고 있기 때문에 긍정적으로 평가할 수 있다. 세 번째는 국내 30위권 이내 대학 수 비중이다. 중앙일보 대학평가와 CWTS Leiden Ranking, 타임즈 세계 대학 평가에서 국내 30위권 이내에 포함된 부산지역대학은 부산대와 부경대밖에 없다(2017년 기준). 대부분의 우수 대학은 서울에

4) 출처: 과학기술정보통신부 '연구개발활동조사보고서'

집중되어 있어 우수연구진과 우수학생들이 서울에 밀집되어 있는 상황이다. 계속 하락하고 있는 부산지역의 대학경쟁력을 강화하기 위한 방안이 절실한 상황이다. 마지막은 국내 R&D 투자 상위 1,000대 기업에 속하는 기업 수이다. 부산지역의 기업 중에서 국내 R&D 투자 상위 1,000대 기업에 속하는 기업은 총 20개(2018년 기준)이다. 2014년에는 44개 기업까지 증가하였는데, 이후 계속 감소하고 있다. 이는 다른 지역도 마찬가지인데 서울과 경기지역을 제외하고는 대부분 R&D 투자 상위 1,000대 기업에 속하는 기업수가 감소하고 있다. 이는 지역에서 성장한 기업들이 본사를 수도권으로 이전하거나, 수도권에서 위치한 기업들이 빠르게 성장하고 있기 때문이다.

그림20-2 부산지역 연구개발 수행조직 수[5] 및 특허등록 기관 수[6]

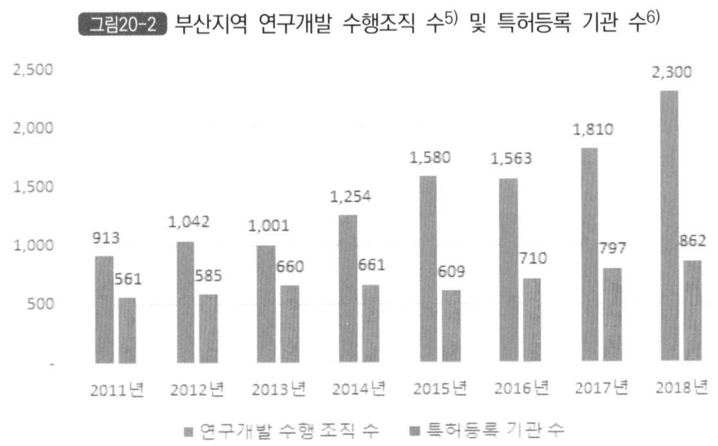

3. 지식자원

혁신자원의 마지막 요소는 지식자원이다. 지식자원의 대표적인 지표는 과학기술 논문과 특허등록이다. 우선 부산지역의 과학기술논문 수를 살펴보면 최근 5년간(2014년~2018년) 총 11,734편의 논문이 게재되었다. 이는 우수한 대학이 많은 서울시와 비교했을 때 11.7% 수준이고, 부산보다 대학 수가 작은 대전과 비교해도 절반수준 정도이다. 부산지역에 많은 대학 수를 고려하면 과학기술논문 수가 많다고 볼 수 없다. 그리고 부산지역의 국내 특허등록 수는 최근 5년간(2014년~2018년) 14,071건으로 서울(128,458건)과 경기(124,666건)에 비해 특허등록 건수가 매

5) 출처: 과학기술정보통신부 '연구개발활동조사보고서'
6) 출처: 특허정보진흥센터 '국내특허분석자료'

우 작은 편이다. 이 또한 지역의 대기업이 거의 존재하지 않기 때문에 수도권에 비해 특허등록 건수가 낮게 나타났다.

그림20-3 부산지역 과학기술논문 수[7] 및 국내 특허등록 수[8]

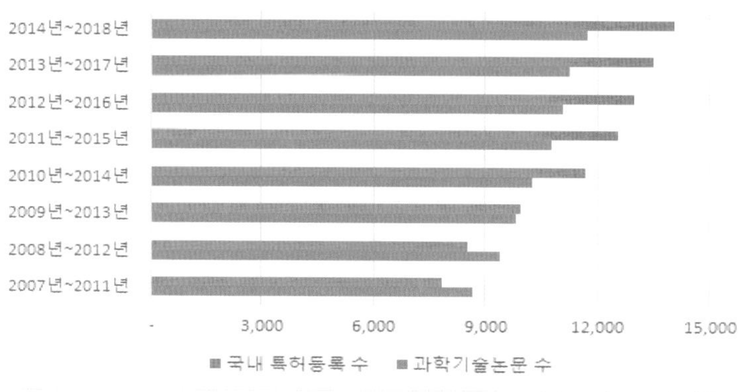

부산 전국 1,000대 기업에 34곳뿐

부산에 매출 기준으로 전국 1000대 기업에 포함된 업체는 34곳이다. 부산 기업 매출 총액은 서울의 2.2% 수준으로 파악됐다. 부산상공회의소는 '2019년도 매출액 전국 1000 기업 중 부산기업 현황' 분석 결과를 17일 발표했다. 분석 결과 2019년 매출액 기준 전국 1000대 기업 중 부산 기업은 34곳에 불과했다. 이 중 절반인 17개 기업은 매출 순위가 500위 밖에 있다. 34곳 기업 총매출액은 31조 7845억 원으로 전국 1000대 기업 전체 매출 1.4%에 그쳤다. 이는 인천(57조4289억 원)의 55%, 경남(51조8153억 원)의 61% 수준이다.

2014년 에어부산과 2018년 현대글로벌서비스가 전국 1000대 기업에 신규로 진입한 것을 제외하면 눈에 띄는 신규 기업도 찾기 힘들다. 르노삼성자동차는 2019년 부산 매출 1위 기업을 유지했지만, 전국 매출 순위는 94위로 2018년과 비교해 17계단 하락했다. 부산 매출 기준으로 10위권 내 기업 중 2018년과 비교해 전국 매출 순위가 상승한 기업은 창신아이엔씨(304위→271위), 엘시티PFV(546위→333위), 화승인더스트리(452위→368위), 하이투자증권(449위→373위) 등이다. 하락한 기업은 르노삼성차와 부산은행(152위→155위), 한진중공업(216위→234위), 서원유통(233위→246위), 성우하이텍(308위→310위) 등이다.

부산상의 관계자는 "대기업 유치와 중견기업 육성이 시급한 것으로 나타났다"며 "파격적인 인센티브 제공과 규제 개선 전략이 필요하다"고 말했다.

2020-09-17 국제신문

Ⅱ 혁신 활동

부산의 혁신활동은 2019년 전국 11위 수준으로 2018년보다 한 단계 상승하였지만, 여전히 혁신 활동이 부족한 상황이다. 상대수준으로 보면 1위인 경기지역과 비교하여 15.2% 수준으로 수도권과의 격차가 크다. 특히 연구개발투자 분야는 전국

7) 출처: KISTEP-KAIST '과학기술논문 질적성과 분석연구'

8) 출처: 특허청 '지식재산권통계연보'

15위를 차지하여 거의 전국 최하위 수준이다. 그만큼 부산지역에서 연구개발투자가 상대적으로 많이 부족한 상황이다. 그래도 창업 및 사업화 활동은 전국 3위 수준으로 기술이전 및 사업화가 많이 이루어지고 있어 이 부문에 대한 지속적인 관심과 투자지원이 필요하다.

표20-3 시도별 과학기술 활동부문 상대수준(2019년)

지역	경기	대전	서울	경북	충남	인천	충북	경남	세종
상대수준	100%	85.7%	50.2%	24.8%	22.1%	21.5%	21.2%	20.2%	19.8%
지역	전북	부산	대구	전남	광주	울산	강원	제주	
상대수준	15.9%	15.2%	14.3%	11.8%	11.6%	11.0%	5.1%	3.5%	

1. 연구개발투자

2018년 기준 부산지역의 연구개발투자액은 1조 5,449억 원으로 전국 9위 수준이다. 수도권인 경기, 서울, 인천뿐만 아니라 대전, 경북, 경남, 충남, 충북보다 낮은 수치이다. 이는 다른 지역에 비해 대기업이 많지 않아서 민간 연구개발투자액이 낮기 때문이다. 그리고 GRDP 대비 연구개발투자액 비중을 살펴보면 부산은 2017년 기준 1.60%로 지역내총생산액 대비 연구개발투자 비중이 매우 낮아서 전국 13위 수준이다. 1위인 대전은 18.99%, 2위인 경기는 8.52%로 미래의 지속가능한 성장과 신산업 발굴을 위해서는 연구개발투자 비중을 높일 필요가 있다.

그림20-4 부산지역 연구개발투자액[9] 및 비중

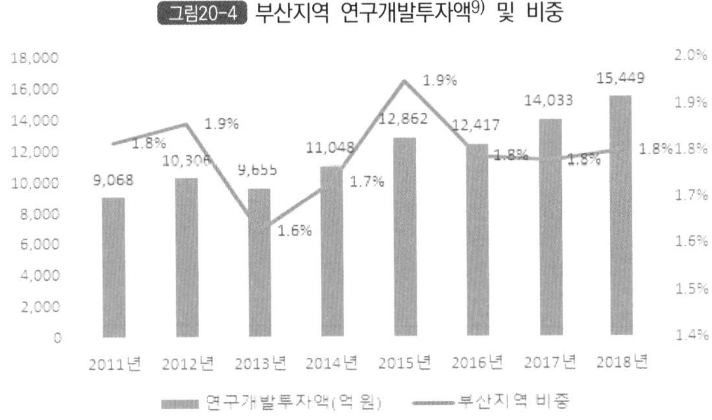

한편, 연구원 1인당 연구개발투자액을 비교해보면 부산지역은 94백만원으로 전

9) 출처: KISEP '연구개발활동조사보고서'

국 15위 수준이다. 경기(239백만원), 대전(220백만원)과 비교하면 연구개발환경이 매우 취약하다고 할 수 있다. 그리고 총 부가가치 대비 기업연구개발투자액 비중은 0.84%이고 GRDP 대비 정부연구개발사업비 비중은 0.89%로 각각 전국 15위, 8위 수준이다. 전반적으로 부산지역의 연구개발투자는 다른 지역에 비해 낮은 수준을 유지하고 있는 상황으로 민간 연구개발투자 확대를 위한 정책이 필요하다.

그림20-5 시도별 연구원 1인당 연구개발투자액[10](백만원)

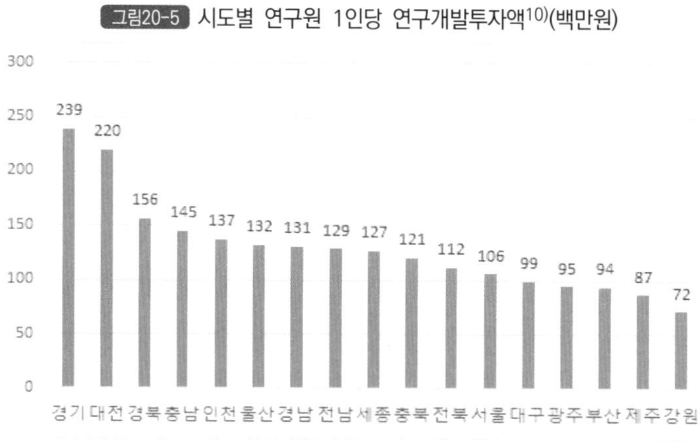

2. 창업 및 사업화 활동

연구개발투자 활동과 달리 부산지역의 창업 및 사업화 활동 수준은 상대적으로 높은 편이다. 2017년 기준 부산지역 대학의 기술이전 대상 수는 471건으로 서울(1,190) 다음으로 많았고, 정부연구개발사업 사업화 수는 1,818건으로 전국 6위 수준이다. 이는 대학을 중심으로 사업화 활동에 적극적으로 참여하고 있다는 것을 의미한다.

창업과 관련해서는 신규 INNOBIZ(기술혁신형 중소기업) 수를 기준으로 살펴보면 2018년 기준 부산지역에는 55개의 신규 INNOBIZ 기업이 탄생하여 전국 3위 수준이다. 순위는 높은 편이지만 매년 INNOBIZ 신규기업이 줄어들고 있고, 서울과 경기지역과 비교하면 매우 적은 상황으로 창업하기 좋은 환경을 만들고, 스타트업 기업 육성을 위한 적극적인 정책이 필요하다.

10) 출처: KISEP '연구개발활동조사보고서'

그림20-6 부산지역 신규 INNOBIZ 수 및 전국대비 비중[11)]

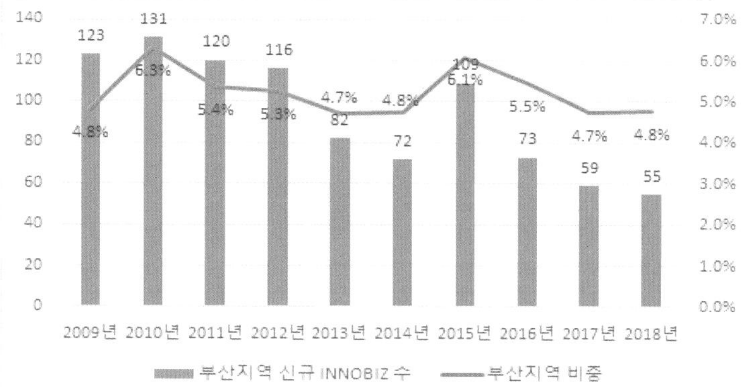

부산시, 내년엔 미래 신산업 연구·개발 주력…1156억 투자

부산시가 내년 연구·개발(R&D) 사업비를 소재·부품·장비 관련 기술의 고도화와 한국형 뉴딜 대응 신산업 육성에 집중 투자키로 했다. 부산시와 부산산업과학혁신원(BISTEP)은 '2021년 부산시 연구·개발사업 예산 배분·조정(안)'을 확정했다고 24일 밝혔다. 내년 연구·개발(R&D)사업 예산은 총 111개 사업 1156억 원 규모로 올해 사업비 1101억 원 보다 5% 증가했다. 이 예산안은 12월 부산시의회 본회의를 거쳐 최종 확정된다. 이 연구·개발(R&D)예산 배분·조정(안)은 연구·개발(R&D)예산 전문위원회의 심층검토를 거쳐 지난 8일 개최된 연구·개발(R&D)예산 심의위원회에서 결정됐다.

내년 예산안은 ▲'주력산업 경쟁력강화'에 383억 원 ▲'정부 한국형 뉴딜 대응'에 451억 원 ▲ '미래 성장잠재력 확충'에 321억 원 등을 집중 투자키로 했다. 이는 연구·개발(R&D) 사업을 통해 신종 코로나바이러스 감염증(코로나19) 사태 조기 극복은 물론, 포스트 코로나 시대 정책적·산업적 환경변화에 대한 대응력을 강화해 지역경제 회복과 미래성장동력 확충을 뒷받침하겠다는 부산시의 의지가 반영됐다.

내년에는 주력산업 경쟁력강화(38개 사업)를 위해 우선 변화하는 미래시장 대응력을 강화할 소재·부품·장비 관련 기술 고도화에 139억 원을 전략적으로 투자하고 친환경·중소형 고속선박 개발 등 조선·해양산업의 첨단화에 212억 원, 수소·전기차 등 미래자동차 관련 연구·개발에 32억3000만 원을 집중 투자한다. 정부 한국형 뉴딜 대응(28개 사업) 사업예산은 포스트 코로나 시대에 도래할 신시장 선점과 과학기술·산업환경 변화에 맞춰 디지털·비대면 관련 기술개발에 228.7억 원을 투자한다. 또 인공지능(AI)·데이터 등 신기술 기반의 첨단의료·바이오 사업에 189.6억 원을 투자하여 시민의 의료권 확충 및 의료·바이오 분야 경쟁력을 강화한다. 태양광에너지, 파워반도체 등 친환경에너지 개발과 활용 분야에 33.4억 원을 지원한다. 미래 성장잠재력 확충(45개 사업)은 비대면·디지털 정보화 시대에 대비하기 위한 소프트웨어(SW)·정보통신기술(ICT)·인공지능(AI)·블록체인 관련 연구·개발 인재, 스마트공장·로봇 관련 산업기술 인재, 의사 과학자 등 전문인력 육성 등 미래인재 양성에 65억1000만 원을 투자한다. 아울러 지역 중소 산업체의 연구·개발 역량 확충을 위한 산·학 연구 협력에 92억4000만 원, 글로벌 혁신기업 육성을 위해 기업의 성장단계별로 163억 원을 전략적으로 지원할 계획이다.

변성완 부산시장 권한대행은 "코로나19 위기로 인하여 지역산업의 침체가 심화하고 있다"라며 "지역의 산업경쟁력을 강화하고 미래 신산업에 대한 대응력을 높여 위기를 극복하기 위해 내년도 연구·개발(R&D) 예산 배분·조정(안)에 반영했다"고 말했다.

2020-09-24 뉴시스

Ⅲ 혁신 네트워크

부산의 혁신 네트워크는 2019년 전국 4위 수준으로 2017년 11위, 2018년 9위에서 많이 상승하였다. 상대수준도 1위인 경북지역과 비교하여 77.5%로 다른 지수

11) 출처: 중소기업기술혁신협회

보다는 상대수준이 높은 편이다. 특히 산학연협력과 국제협력이 전국 6위 수준으로 다른 혁신 지표들보다는 상대적으로 높은 편이다. 그러나 기업간/정부간 협력 수준은 낮은 편으로 기업들간의 네트워크를 잘 형성할 수 있도록 지자체와 각 산업별 협회 차원에서 지속적인 관심과 지원이 필요하다.

표20-4 시도별 과학기술 네트워크부문 상대수준(2019년)

지역	경북	대구	인천	부산	광주	서울	대전	충남	강원
상대수준	100%	87.7%	80.6%	77.5%	74.6%	73.7%	72.1%	70.7%	68.7%
지역	전남	울산	전북	경기	제주	충북	경남	세종	
상대수준	68.0%	61.5%	60.3%	59.1%	49.6%	42.4%	34.0%	12.6%	

1. 산·학·연 협력

2018년 기준 부산지역의 연구원 1인당 산·학·연 협력 과학기술논문 수는 0.071편이고, 국내 특허등록 수는 0.020건이다. 이는 전국 6위 수준이고 순위가 상승하고 있어, 부산지역의 산학협력 지원정책이 효과를 보고 있다고 할 수 있다. 그리고 부산지역의 정부연구개발사업비 중 산·학·연 협력 비중은 32.3%로 전국 7위 수준이다. 최근 들어 산·학·연 협력이 강조되고 있는 상황이라서 협력 비중이 지속적으로 상승하고 있다. 특히, 부산지역의 혁신역량은 상대적으로 대학이 높기 때문에 대학을 중심으로 한 산학협력 지원정책을 지속적으로 지원하여 산·학·연 협력을 통한 연구개발이 지역기업의 성장으로 이어질 수 있도록 노력할 필요가 있다.

그림20-7 부산지역 연구원 1인당 산학연 협력 과학기술논문 수[12] 및 국내 특허등록 수[13]

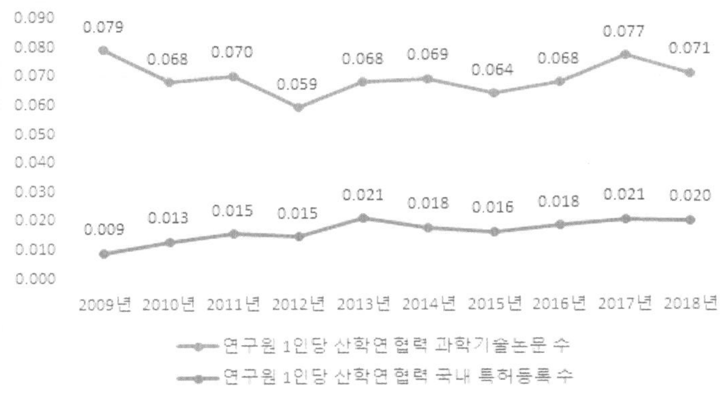

12) 출처: KISTP-KAIST, '과학기술논문 질적성과 분석연구'
13) 출처: 특허정보진흥센터, '국내특허 분석자료'

2. 기업간/정부간 협력

혁신 네트워크에서 산학협력도 중요하지만 기업간의 네트워크를 통한 협력과 지방정부와의 협력도 매우 중요하다. 그런 측면에서 정부연구개발사업비 중 기업 간 협력 비중을 살펴보면 부산지역은 3.1%로 타 지역에 비해 높은 수준이 아니다. 또한, 정부연구개발사업비 대비 지자체 대응투자 비중을 살펴보면 부산지역은 2.7%로 전남(13.1%), 광주(8.4%), 경북(8.2%)에 비해 매우 낮다. 이는 부산지역에서 수행되는 정부연구개발사업에 부산시가 크게 관여를 하지 않고 있다는 의미이다. 비록 이 비중이 최근 들어 계속 상승하고 있지만 부산시 차원에서 연구개발사업에 보다 관심을 가지고 적극적인 대응투자를 할 필요가 있다.

그림20-8 시도별 정부연구개발비 대비 지자체 대응투자 비중[14)]

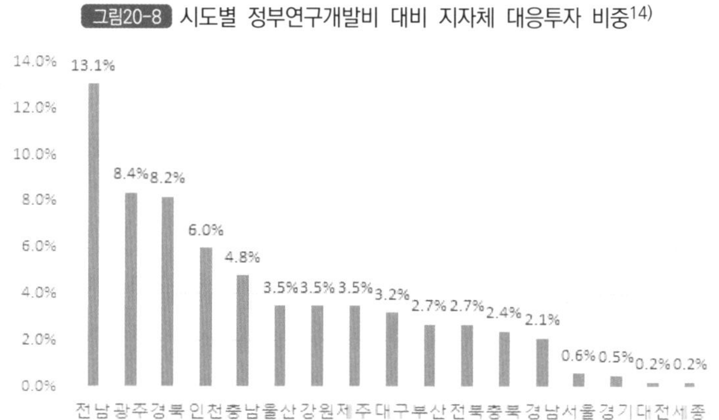

3. 국제협력

글로벌 시대를 맞이하여 과학기술분야도 국제협력이 증가하고 있다. 부산지역도 과학기술의 다양한 분야에서 국제협력이 매년 꾸준히 증가하고 있다. 우선 정부연구개발사업비 중 해외 협력 비중을 살펴보면 2018년 기준 부산지역은 3.0%로 2013년 0.9%에서 3배 이상 증가하였다. 이 수치는 다른 지역과 비교하더라도 높은 값이다. 반면 연구원 1인당 해외 협력 논문/특허 수 수준은 전국 9위 수준으로 해당부문의 1위 지역인 강원도와 비교하면 절반수준이다. 글로벌 도시를 지향하는 부산시 입장에서는 앞으로 지속적으로 국제협력 수준을 높일 필요가 있다.

14) 출처: KISTEP, '국가연구개발사업 조사분석 보고서'

부산시, 대학 연구개발 활성화·산학협력 강화 본격 추진

부산시와 부산산업과학혁신원(BISTEP)은 대학 연구개발(R&D) 사업의 활성화와 지역혁신 생태계 조성을 위해 '지역특화기술 개발·확산 개방형연구실 운영 사업'과 '지역 우수연구자 기업연계 R&BD 사업'을 오는 24일까지 공모한다고 3일 밝혔다.

'지역특화기술 개발·확산 개방형연구실 운영 사업'은 전국 수준의 우수한 연구능력을 갖추고 있지만, 상대적으로 미진했던 부산 소재 대학의 기술사업화를 촉진하고, 혁신적인 기술개발을 위해 다양한 분야 간 융합연구체계 여건을 조성할 수 있도록 지원하는 사업으로 올해 총 20억 원의 예산이 투입된다. 신청 대상은 부산지역의 4년제 대학 연구실이며, 연구결과물의 사업화를 지원하는 '시장지향형'과 연구실 간 인공지능(AI) 등의 융합연구를 지원하는 '신기술창출형'의 두 가지 유형으로 지원할 예정이다.

'지역 우수연구자 기업연계 R&BD 사업'은 지역 내 신진연구자들의 연구와 사업화 활동을 지원하는 '창의·선도형'과 초기 스타트업의 기술고도화를 지원해 지역 우수기업으로 성장할 수 있도록 하는 '스타트업 연계형'으로 구분되며, 올해 총 5억 원의 예산이 투입된다. R&BD(Research and Business Development)는 R&D와 사업화(Business)를 결합한 사업화연계연구개발을 의미한다.

사업 신청 등의 자세한 내용은 BISTEP 홈페이지에서 확인 가능하며, 추후 연구추진역량·시장성·파급효과 등을 종합적으로 평가해 지원 과제를 최종 선정할 예정이다. 부산시 관계자는 "지역 대학과 기업은 부산시의 미래를 이끌어갈 중요한 혁신자원으로서, 이들의 성장을 지원하기 위해 기획된 이번 사업을 통해 창의적이고 도전적인 연구성과들이 나온다면 지역 혁신성장의 밑거름이 될 수 있을 것"이라고 말했다.

2020-02-03 뉴시스

Ⅳ 혁신 환경

부산의 혁신 환경은 2019년 전국 5위 수준으로 2015년 14위, 2016년 9위에서 많이 상승하였다. 상대수준도 1위인 대전지역과 비교하여 79.2%로 상대적으로 높은 편이다. 이는 부산지역의 과학기술 교육/문화 수준이 높기 때문으로, 전국 1위를 차지하였다. 반면 지원제도와 인프라 수준은 각각 전국 14위, 9위로 낮은 수준이다. 부산의 혁신 환경 개선을 위해 지원제도와 인프라 개선이 시급한 상황으로 다양한 정책적 보완책이 마련될 필요가 있다.

표20-5 시도별 과학기술 환경부문 상대수준(2019년)

지역	대전	울산	전북	경기	부산	경북	광주	충북	전남
상대수준	100%	89.2%	86.3%	80.0%	79.2%	75.6%	73.8%	69.8%	69.4%
지역	강원	서울	인천	제주	대구	경남	충남	세종	
상대수준	68.8%	67.0%	64.1%	60.4%	59.2%	58.9%	46.1%	38.5%	

1. 지원제도

혁신의 지원제도는 크게 3가지로 살펴볼 수 있다. 부산지역의 경우 2018년 자금지원 활용 비중(서비스업, 제조업 평균)이 15.17%로 매우 낮은 편이며, 조세지원

활용 비중도 18.66%로 높지 않다. 또한 인력지원 활용 비중도 13.72%로 상대적으로 낮은 편이다. 따라서 혁신 지원제도를 지역의 기업들이 잘 활용할 수 있도록 적극적인 홍보와 대책마련이 필요한 상황이다.

그림20-9 시도별 자금/조세/인력지원 활용 비중(2018년)[15)]

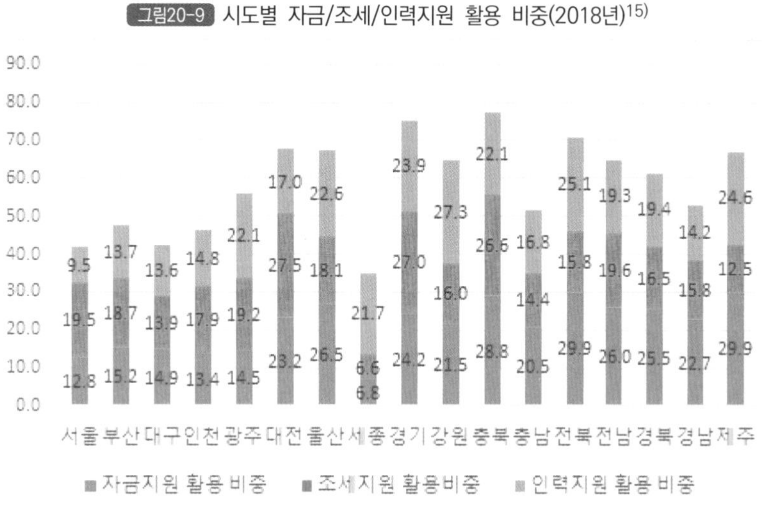

2. 인프라

혁신의 인프라는 크게 2가지로 살펴볼 수 있다. 첫째는 정보화 수준이다. 부산지역의 인터넷 이용률(2018년 기준)은 92.8%로 타 지역과 비교하면 조금 낮은 수준이다. 그리고 직원의 업무상 컴퓨터 이용률(2017년 기준)은 84.6%로 매우 낮은 편이다. 이는 부산지역의 경우 정보화 보급률이 타 지역에 비해 낮다는 것을 의미한다. 두 번째는 국가연구시설장비 구축 수이다. 부산지역은 전국 9위 수준으로 2017년 기준 158점의 국가연구시설장비가 구축되어 있다. 이는 대전의 849점, 서울의 461점, 경기의 397점에 비해 매우 낮은 수치로, 부산지역의 일부 연구자들은 실험장비 및 검증장비를 활용하기 위해 타 지역을 방문해야 되는 상황이다. 지역의 혁신역량을 높이기 위해서는 연구시설장비의 확충이 필요하다.

15) 출처: 과학기술정보통신부, '국가연구시설장비 조사분석 보고서'

그림20-10 시도별 국가연구시설장비 구축 수(2017년)[16)]

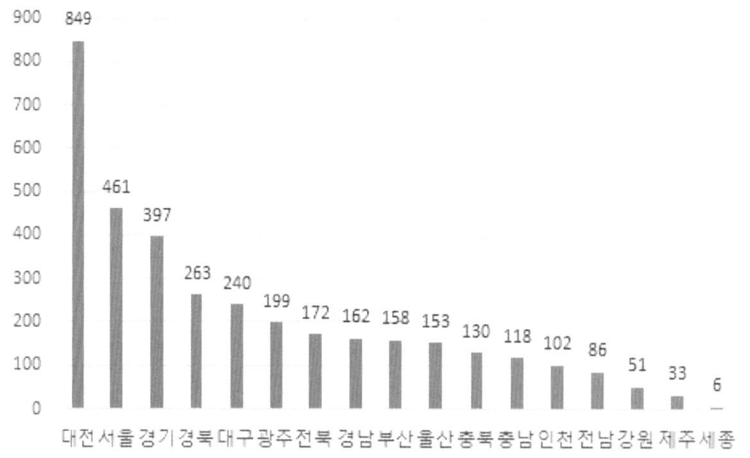

3. 교육/문화

신의 교육/문화는 크게 2가지로 살펴볼 수 있다. 첫째는 과학기술 교육 환경이다. 부산지역의 중·고등학교 전체 교원 수 대비 수학과 과학 교원 수 비중은 24.3%로 전국 3위 수준이다. 이는 부산지역의 경우 과학 및 수학교육을 중요하게 생각한다는 의미이다. 두 번째는 과학기술 문화 환경이다. 부산지역의 창의과학교실 강좌 수는 2018년 기준 196개로 전국에서 가장 많은 강좌를 개설하고 있다. 그만큼 학생들의 과학교육과 문화확산에 관심이 많다는 증거이다. 이렇듯 전반적으로 부산지역의 과학기술 교육 및 문화 수준은 높은 것으로 나타났다.

부산테크노파크, 연구장비 통합관리 플랫폼 본격 가동

부산테크노파크는 12일 '부산시 연구 장비 정보 시스템'(BEIS)을 본격 가동한다고 밝혔다. BEIS는 중소벤처기업부가 추진 중인 전국 연구 장비 관리계획의 하나로 구축된 시스템이다. 이 시스템은 부산지역 산·학·연·관이 보유한 연구개발 장비의 검색과 신청, 현황, 통계 정보 등을 실시간으로 확인할 수 있는 지역연구 장비 통합 플랫폼이다.

지금껏 지역 중소기업들은 개발한 제품의 시험과 인증을 위한 연구 장비를 활용할 때면 국가연구시설 장비진흥센터에서 운영하는 '장비 활용 종합 포털'(ZEUS)이나 한국산업기술진흥원(KIAT)에서 운영하는 '산업기술개발 장비 공동이용 시스템'(e-Tube)을 이용해 왔다. 하지만 연구 장비 관리 기준이 달라 상호 누락되는 장비가 많았고, 3000만원 미만의 장비는 검색이 되지 않는 등 문제점이 제기돼 왔다. 이에 부산시와 부산테크노파크는 '부산광역시 연구개발 장비 공동 활용에 관한 조례'를 제정하고 지역 연구 장비를 체계적으로 관리할 수 있는 BEIS을 구축했다. 부산테크노파크 원광해 팀장은 "BEIS는 부산지역 산학연관이 보유한 총 6175건의 연구 장비 DB 정보를 보유하고 있다"며 "앞으로 대학·기관·기업들과 더욱 긴밀한 협력체계를 구축해 지속해서 DB 규모를 확대해나갈 예정"이라고 말했다.

2020-05-12 국민일보

---

16) 출처: 과학기술정책연구원, '한국기업혁신조사'

V 혁신 성과

부산의 혁신 성과는 2019년 전국 10위 수준으로 다른 지역에 비해 과학기술 성과가 낮은 편이다. 특히 경제적 성과는 13위로 기술료 및 부가가치 수준이 매우 낮은 상황이다. 그래도 특허와 논문과 같은 지식 창출은 전국 5위 수준으로 상대적으로 높은 편이다. 이러한 결과는 부산지역의 경우 논문과 특허 등 지식 창출이 사업화를 통한 부가가치 창출로 연결이 잘 되고 있지 않다는 의미이다. 따라서 대학 중심의 지식 창출이 기업의 부가가치 증대로 연결될 수 있도록 노력할 필요가 있다.

표20-6 시도별 과학기술 성과부문 상대수준(2019년)

지역	서울	경기	대전	경북	강원	울산	충남	충북	광주
상대수준	100%	82.5%	63.9%	62.0%	57.1%	56.4%	55.8%	44.3%	43.0%
지역	부산	제주	대구	전남	전북	인천	경남	세종	
상대수준	40.6%	40.4%	33.8%	33.5%	33.2%	31.9%	29.9%	21.8%	

1. 경제적 성과

혁신의 경제적 성과는 크게 3가지로 살펴볼 수 있다. 첫째는 인구 1인당 부가가치이다. 부산지역의 경우 인구 1인당 부가가치가 2천4백만원으로 대구 다음으로 낮은 전국 16위 수준이다(2017년 기준). 매년 조금씩 증가하고 있지만 여전히 타지역과 비교하면 매우 낮은 수치이다. 해당 분야 1위인 울산의 경우 1인당 부가가치가 5천3백만원으로 부산의 2배가 넘는다. 그리고 충남의 경우에도 4천8백만원으로 부산의 2배 수준이다.

두 번째는 정부연구개발사업 기술료 징수액으로 부산의 경우 2017년 기준 100억원으로 전국 6위 수준이다. 그러나 1위인 대전, 2위인 서울, 3위인 경기지역과 비교하면 20% 수준도 안된다. 그만큼 정부연구개발사업을 통한 사업화가 매출로 이어지는 경우가 수도권지역에 비해 낮다고 할 수 있다.

마지막으로 제조업 총 부가가치 대비 하이테크산업 총 부가가치 비중이다. 부산지역의 경우 2017년 기준 8.13%로 전국 9위 수준이다. 경기지역의 경우 52.5%, 경북지역의 경우 40.3%로 매우 높은 반면 부산지역은 상대적으로 하이테크산업의 비중이 낮다. 이는 부산지역이 전통제조업에 함몰되어 있다는 증거이며, 새로운 산업으로의 전환을 위한 대응이 늦다는 것을 의미한다. 따라서 4차 산업혁명 시대를 맞이하여 빠르게 변화하는 산업변화에 발맞춰 전통산업의 구조혁신이 이루어져야 한다.

그림20-11 시도별 인구 1인당 총 부가가치(백만원)[17)]

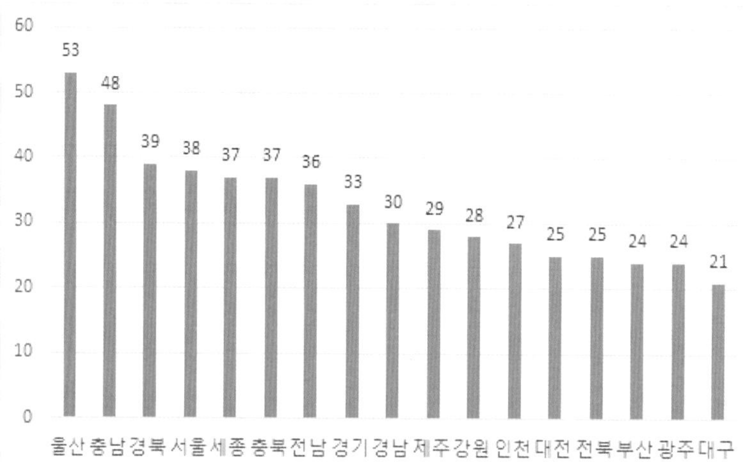

그림20-12 시도별 제조업 총 부가가치 대비 하이테크산업[18)] 총 부가가치 비중[19)]

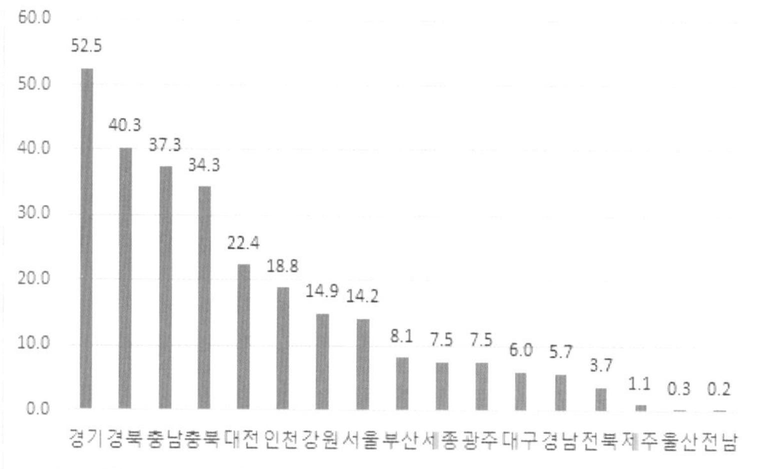

17) 출처: 통계청, '지역소득'
18) 하이테크산업은 OECD의 연구개발투자 집약도에 따른 제조업 분류 방식으로 10차 한국표준산업분류코드의 21(의료용 물질 및 의약품 제조업), 26(전자부품, 컴퓨터, 영상, 음향 및 통신장비 제조업), 27(의료, 정밀, 광학기기 및 시계 제조업), 313(항공)이 해당
19) 출처: 통계청, '광업제조업조사'

2. 지식 창출

혁신의 지식 창출은 크게 3가지로 살펴볼 수 있다. 첫째는 논문/특허 수이다. 부산지역의 2018년 과학기술논문 수는 2,595편으로 서울, 경기, 대전에 이어 전국 4위이다. 그러나 서울과 비교하면 12.6% 수준으로 격차가 많이 난다. 3위인 대전과 비교해도 절반 수준밖에 안된다. 그리고 부산지역의 2018년 국내 특허등록 수는 3,412건으로 경기, 서울, 대전, 경북, 충남, 경남, 인천에 이어 8위이다. 1위인 경기지역과 비교하면 13.4% 수준으로 논문과 마찬가지로 격차가 많이 난다.

두 번째는 R&D 투자 대비 논문 및 특허 수이다. 부산은 3위 수준으로 R&D투자 10억원 당 1.68편의 과학기술논문이 나오고 있으며, 2.21건의 국내 특허등록이 발생하고 있다(2018년 기준). 이는 타 지역 대비 상대적으로 높은 수치이다. 마지막으로 논문당 평균 피인용수를 살펴보면 부산지역의 경우 최근 5년간(2014년~2018년) 5.25회의 피인용이 발생하였다. 이는 1위인 울산(11.20)과 비교하면 절반 이하 수준이다.

그림20-13 시도별 R&D 투자 대비 과학기술논문 수(편/십억원)[20]

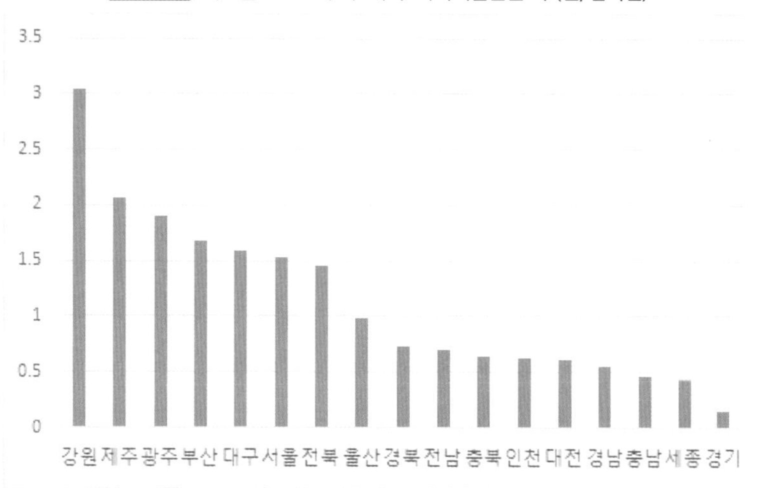

20) 출처: KISTEP-KAIST, '과학기술논문 질적성과 분석연구'

Ⅵ 혁신 공공기관 및 클러스터

지금까지 R-COSTII의 지표들을 바탕으로 부산의 혁신역량에 대해 살펴보았다. 마지막으로 부산지역에 위치하고 있는 혁신 공공기관과 클러스터에 대해 살펴보고자 한다. 우선 혁신기관과 혁신클러스터의 정의와 유형에 대해 살펴보면, 혁신기관은 산업육성과 기업역량 제고를 위한 기술개발, 시험·생산지원, 자금지원, 인증·평가지원, 네트워크, 인력양성, 창업보육 등을 수행하는 중추적인 기관을 의미한다. 그리고 혁신클러스터는 특정 분야의 수평/수직적으로 관련된 기업과 기관(대학, 연구소, 지자체)들이 상호작용을 통해 새로운 지식과 기술을 창출하는 결집체 혹은 그러한 활동이 발생하는 지역을 의미한다[21]. 그리고 혁신기관의 유형으로는 국공립 연구기관, 정부출연 연구기관, 전문생산기술연구소, 테크노파크, 특정연구기관, 공공기관, 광역·기초지자체 설립기관, 기타 비영리 법인 등이 있다. 혁신클러스터 유형은 아래 표와 같다.

표20-7 혁신클러스터 유형 및 설립 근거

기관 유형	소재지	설립근거
국제과학비즈니스벨트	대전, 세종, 충북, 충남	국제과학비즈니스벨트 조성 및 지원 특별법
연구개발특구	대전, 광주, 대구, 부산, 전북	연구개발특구의 육성에 관한 특별법
지방과학연구단지	10개 시·도	과학기술기본법 제29조
첨단의료복합단지	대구, 충북	첨단의료복합단지 지정 및 지원 특별법
국가식품클러스터	전북	식품산업진흥법 제12조
국가혁신융복합단지	14개 시·도(수도권 제외)	국가균형발전 특별법 제18조의2
산업기술단지(테크노파크)	17개 시·도	산업기술단지 지원에 관한 특별법
미니클러스터	17개 시·도	산업집적활성화 및 공장설립 법률 제22조
지자체 혁신클러스터	각 시·도별	지자체 조례 등

* 자료 : 과학기술정보통신부·한국과학기술기획평가원·전국연구개발지원단협의회(2019)

부산지역에 위치하고 있는 혁신기관은 크게 정부출연연구원, 부산광역시출연연구원, 전문생산기술연구원으로 나눌 수 있으며, 아래 표와 같이 다양한 혁신기관들이 부산지역의 산업 및 과학기술 발전을 위해 노력하고 있다. 특히, 영도를 중심으로 해양관련 연구기관들이 많이 분포하고 있으며, 해운대 센텀지구에도 많은 혁신기관들이 모여있다. 그러나 타 지역에 비해 정부출연연구원의 본원이나 분원이 많

21) 출처: BISTEP(2019), 부산지역 혁신기관 및 혁신클러스터 연계 조사분석 보고서

지 않은 상황으로, 지속적으로 연구원을 유치하기 위해 노력하고 있지만 큰 성과는 없는 상황이다.

표20-8 부산지역 혁신기관

혁신기관 분류	기관명
정부출연연구원	한국과학기술정보연구원(부산울산경남지원센터), 한국기초과학지원연구원(부산센터), 한국기계연구원(부산레이저기술지원센터), 한국해양수산개발원, 한국해양과학기술원
부산시출연연구원	부산테크노파크, 부산정보산업진흥원, 부산인재평생교육진흥원, 부산연구원, 부산산업과학혁신원, 부산디자인진흥원, 부산경제진흥원, 부산창조경제혁신센터
전문생산기술연구원	한국조선해양기자재연구원, 한국생산기술연구원(동남지역본부), 한국신발피혁연구원, 중소조선연구원, 다이텍연구원(부산섬유소재진흥센터)

* 자료 : 부산과학기술정보서비스(BTIS)

한편, 부산지역에는 다양한 혁신클러스터가 조성되어 있다. 대표적으로 연구개발특구, 지방과학연구단지, 국가혁신융복합단지 등이 조성되어 있다. 부산연구개발특구는 2012년에 지정되었으며, R&D 융합지구, 생산거점지구, 사업화촉진지구, 첨단복합지구 등 총 14.1km2의 면적을 차지하고 있다. 지방과학연구단지는 강서구 송정동 일원에 조성되어 있으며, 국가혁신융복합단지는 혁신도시(센텀·문현·동삼지구)를 중심으로 반경 10km, 면적 15km2이내에 입지한 혁신지구와 산업단지 등 지역내 혁신거점을 연계하여 산업 혁신생태계를 구축하고 있다.

그림20-14 부산지역 혁신기관 위치도(자료: BTIS)

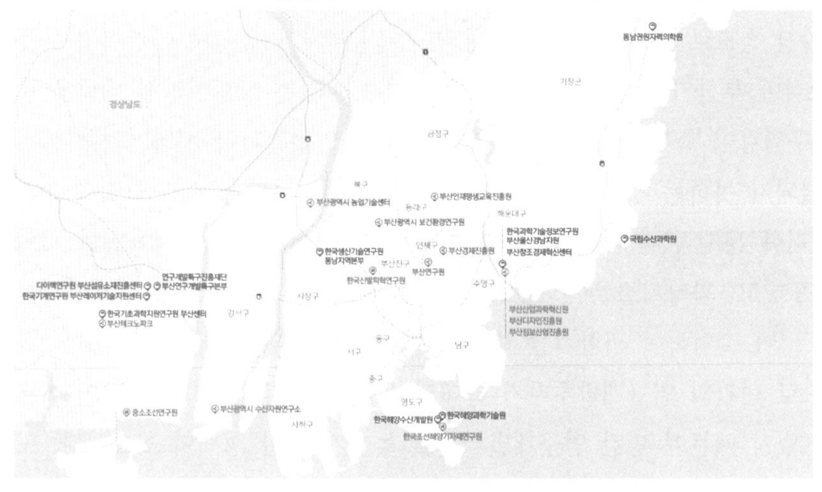

그림20-15 부산지역 혁신클러스터 위치도(자료: BTIS)

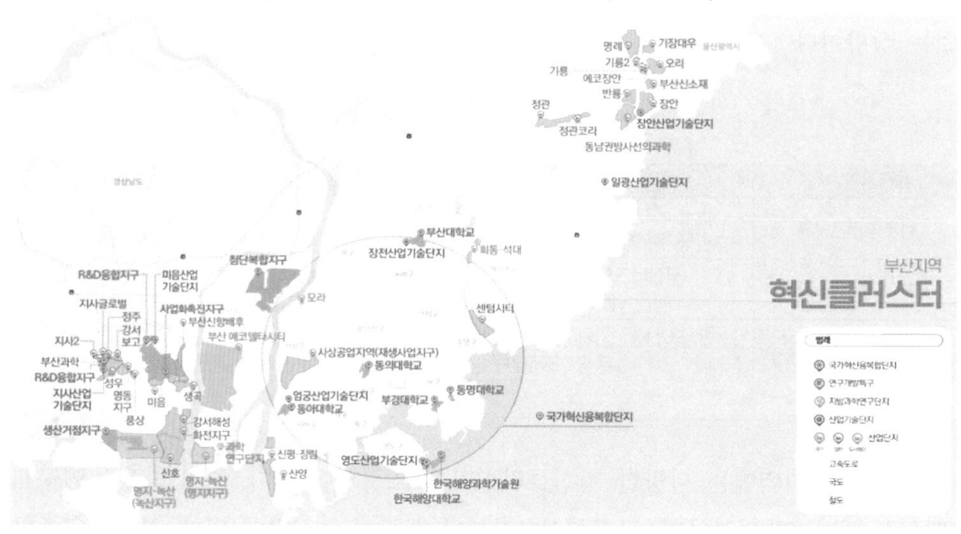

Ⅶ 혁신 공공기관 및 클러스터

부산은 우리나라 제2의 도시이지만 과학기술 혁신역량의 위상은 높지 않다. 이는 제조업 중심의 수출주도형 도시에서 서비스업 중심의 소비도시로 변모하면서 혁신역량이 급격히 추락하였기 때문이다. 특히, 지역에 제조업 기반의 대기업은 르노삼성이 유일한 정도로 대기업이 부족하여 연구개발투자가 원활히 이루어지지 못하고 있다. 그나마 부산지역에는 대학이 많이 위치하고 있는 상황이라서 대학을 중심으로 한 연구역량이 축적되어 있다. 하지만 대학의 연구결과가 지역기업을 통한 사업화로 연결되지 못하는 경우가 많아 연구개발에 따른 성과가 저조한 상황이다. 최근 들어 이러한 문제점들이 지적되어 부산시를 중심으로 다양한 산학협력 사업이 이루어지고 있고, 과학기술분야 컨트롤타워인 부산산업과학혁신원(前 부산과학기술기획평가원)이 출범하여 과학기술 혁신역량을 높이기 위해 노력하고 있다. 그러나 근본적으로 민간의 연구개발투자가 확대되지 않으면 지역의 혁신역량이 빠르게 높아질 수 없기 때문에 민간 연구개발투자를 높이기 위한 정책이 필요하다. 또한, 지역의 전략산업 및 특화산업, 그리고 미래유망산업을 중심으로 국내 대기업 유치 및 해외 다국적기업 유치가 필요하다.

빠르게 변화하는 4차 산업혁명 시대를 맞이하여 지역주도의 혁신전략을 바탕으로 지역의 먹거리 발굴이 절실히 필요한 시점으로, 지역의 과학기술을 바탕으로 산·학·연의 혁신역량을 키워 부산이 글로벌도시로 도약할 수 있는 기회를 선점할 필요가 있다.

글로벌 도시 부산의 미래

21장

부산은 한국 제2의 도시이자 최대의 항구 도시이다. 과거로 돌아가 보면 2002년 아시안 게임과 월드컵은 물론 2005년 APEC 정상 회담 등 대규모 국제 행사들을 순탄하게 개최하고 매년 부산 국제 영화제를 비롯한 갖가지 축제가 벌어지는 활력의 도시이기도 하다. 한국거래소와 기술보증기금 등 공공 기관의 본사가 있으며 한국자산관리공사, 한국주택금융공사, 한국해양과학기술원, 한국예탁결제원 등 주요 공공기관들이 이전되어 앞으로 해양 및 금융기능 중심지로써 성장이 더욱 기대되는 도시이기도 하다.

하지만 언젠가부터 인구가 계속 줄어들어 지난 10년 사이 자그마치 30만 명 이상이 부산을 빠져나갔으며 지금도 계속 줄어들고 있는 실정이다. 통계청 자료에 따르면 부산의 인구는 1989년 이후 지속적으로 줄어들었고 1995년 한시적으로 389만 명으로 최고 수치를 기록했지만, 이후 다시 줄어들기 시작해 2010년 360만 명, 2020년대 들어서까지 지속적으로 감소하고 있다. 매년 1~2만 명에서 많게는 5만여 명이 부산을 빠져나가고 있는 셈이다.

전 세계 인구 100만 이상의 대도시 가운데 2025년까지 인구가 지속적으로 감소할 것이라고 예상되는 도시 중에서도 부산은 그 속도가 가장 빠를 것으로 예상되고 있다. 특히 30대 이하 연령대 인구가 많이 줄어든 반면 40대 이상의 인구는 오히려 늘고 있어 급격히 고령화되고 있기도 하다. 물론 여기에는 출산율 저하라는 시대적 흐름도 있겠으나 이것만으로는 설명되지 않는 복합적이고 사회적인 요인들이 존재한다. 특히 인구의 공간적 불균형이 심각하다는 점에서 더욱 문제가 심각해진다. 예를 들어 대부분 구도심권역의 인구가 급감하고 있는 반면 해운대, 기장군의 경우 인구가 오히려 지속적으로 늘고 있는 불균형이 발생하고 있다. 동부산 관광 단지 등 대규모의 개발로 해운대로 인구가 집중되고 있으며 도시 외곽으로 주거지를 옮기는 부산 시민들이 많아지면서 기장군의 경우도 최근 가장 많이 인구가 늘어난 지역으로 꼽힌다.

왜 이런 현상이 벌어지는 것일까? 출산율 감소야 전국, 아니 전 세계 공통의 현상이니 그렇다 쳐도 역시 부산 인구의 역외 유출과 도심 공동화 현상이 가장 큰 요인으로 꼽힌다 할 수 있다. 통계청 자료에 따르면 유난히 중앙 집중적 경향이 강한 한국 사회의 특성상 대한민국 제2의 도시 부산의 상당수 젊은 층도 1990년대 이후 지속적으로 수도권으로 유출되고 있다. 또한 부산 인구의 역외 유출에서 가장 많은 수를 차지하는 이들은 부산에서 일하면서도 주거지는 경상남도에 두는 이른바 '베드타운 족'들이다. 김해, 양산, 진해, 울산, 거제, 창원 등 부산 생활권이라 해도 과언이 아닌 위성 도시들로 인구가 빠져나가면서 인구 공동화 현상이 일어나고 있는 것이다.

I 혁신성장을 위한 정책 패러다임 변화

최근 국가경제의 화두를 이야기하면서 가장 많이 사용된 표현 중 하나가 바로 '혁신성장'이다. 혁신성장은 기업 혁신활동을 중심으로 경제성장을 지속하는 국가발전 전략의 하나이다. 혁신은 광범위하게 이루어지고 그 원천은 다양하지만, 혁신이 성장으로 귀결되고 중심 역할을 수행하는 데 있어서 기업의 역할이 매우 중요하다고 할 수 있다. 그도 그럴 것이 기업의 혁신활동은 기업 내부(in-house R&D) 전략에 국한되는 것이 아니라, 산학협력, 시장 및 산업의 경쟁구도, 정부 정책 등 외부 환경/조건에 의존하기 때문이다. 기업 혁신활동은 Oslo Manual[1)]의 정의에 따라 제품혁신, 공정혁신, 마케팅혁신 및 조직혁신으로 구분하며, 주요 OECD국가와 우리나라에서 수행하는 「혁신조사」 결과 비교를 통하여 기업의 혁신 활동에 대한 국제 비교도 가능하다. 이러한 측면에서 기업 혁신활동의 외부경제 효과의 존재, 사회적 최적 수준에 미달하는 기업의 혁신 투자 및 사회적 최적 수준 실현을 위한 정부의 혁신정책 필요성은 꾸준히 제기되어 왔다. 기업은 혁신에 따른 수익을

1) 1996년 경제협력개발기구(OECD) 기업위원회가 노르웨이 오슬로에서 확정한 기업혁신표준 매뉴얼로써, 중소기업을 발전시키기 위해 어떤 방식의 기술개발과 경영혁신이 필요한가를 매뉴얼로 정한 것임

전유(專有)하지 못하여 사회적 최적 수준보다 낮은 수준에서 기업의 혁신 관련 투자가 이루어지므로, 사회적 최적 수준을 실현하기 위한 정부의 개입이 필요하다는 것이 혁신정책의 근거가 되곤 한다.

결국 혁신성장정책은 기업 혁신활동이 경제성장으로 구현되는 과정에 개입하는 정부정책을 총칭한다고 할 수 있으며, 이는 ①혁신 우호적인 거시경제 환경 ②구조고도화 ③공급·수요·조직·인적자원 혁신 등 부문별 전략으로 구성될 수 있다. 거시경제정책은 경제주체의 인센티브에 영향을 주어 생산-소비-지출 구조에 변화를 초래하며, 요소가격의 상대적 변화로 인한 거시경제정책의 충격은 노동과 자본 사이의 관계 및 기술변화의 방향성에 영향을 주고받는다. 구조고도화 정책은 자원 재배치를 통한 효율성 제고 등 산업구조 조정, 지역 신산업 발굴, 서비스 혁신을 통한 경제구조의 고도화, 진입·퇴출 및 창업활성화 등 산업·기업 생태계조성 등이 여기에 해당되기도 한다. 산업화 모형에 기반한 경제발전 전략이 근본적으로 당면하는 축적에 따른 수익률 저하 문제를 극복하기 위한 부문별 전략은 기술개발 등 공급 혁신역량 강화, 시장·수요 혁신, 조직 및 일터 혁신, 인적자본축적을 통한 노동생산성 제고 등을 포함하게 되는 것이다.

최근 전 세계적인 구조적 저성장 극복과 새로운 성장 엔진으로 4차 산업혁명 시대가 진전되면서 지역경제의 중요성이 점차적으로 증대되고 있다. 4차 산업혁명 플랫폼 비즈니스 환경에서는 지역경제는 물론 국가경제발전의 새로운 성장동력으로 '지역맞춤형 생산방식'이 부상하고 있는 것이다.

그러나 우리나라 지역경제는 2010년 이후 조선, 석유화학, 철강, 자동차 등의 주력 제조업의 위기에 따라 비수도권 지역경제는 산업 구조조정 및 성장 둔화에 직면하고 있다. 우리나라 지역경제 전반의 발전 격차가 완화되는 듯 하나 수도권과 비수도권의 발전 격차는 지속적으로 확대되고 있다.

4차 산업혁명 핵심기술 발달은 수요와 제조의 수렴/융합을 초래하고 대량생산방식이 지역화 및 개인 맞춤형 생산방식으로 변화하는 것이다. 수요보다 공급이 우세한 경제 환경에서는 개인 및 지역 맞춤형 생산방식이 적합한 생산방식이 되고 4차 산업혁명 플랫폼 경제 환경에서는 지역맞춤형 지역경제 발전이 국가경제 발전의 새로운 성장동력으로 부상하게 된다. 4차 산업혁명 플랫폼 경제 시대에 적합한 지역주도/지역맞춤형(스마트) 지역산업 육성 모델과 발전 전략 수립이 시급한 이유이다.

4차 산업혁명의 핵심기술, 산업생산, 수요시장 변화는 제조와 소비의 수렴으로 인해 가치사슬 구조가 기존 파이프라인에서 플랫폼 경제로 구조 변화를 초래하고 있으며, 플랫폼 경제에서는 소수의 규모경제(승자독식)가 작동하는 기존 파이프라인 경제에 비해 상류부문(Up stream)의 축소(단순화) 경향이 발생하기도 한다. 반면에 하류부문(Down stream)의 확대(다양화) 경향이 발생하여 분산/파편화 시장에서의 범위의 경제(주문생산, 민첩생산, 틈새시장)를 위한 시장중심형 클러스터 연계 전략이 긴요하다.

대표적으로 우리나라가 2020년 7월에 발표한 그린뉴딜 정책은 탄소중립 목표 달성을 위한 마중물 정책이 될 수 있을 것이다. 그 내용을 살펴보면 2025년까지 73조 원을 투입해 △그린 리모델링 △그린 에너지 △친환경 미래 모빌리티를 중심으로 일자리 66만 개를 만드는 것이 목표이다. 사실 이런 정책이 실제로 진행되는 현장은 지역이다. 그래서 대통령은 지난해 10월 13일 열린 제2차 한국판 뉴딜 회의에서 "디지털 뉴딜, 그린뉴딜에 더해 한국판 뉴딜의 기본정신으로 '지역균형 뉴딜'을 추가한다"고 밝힌바 있다.

2020년은 전 세계가 기후위기에 대한 인식을 같이하고 행동에 나선 해이기도 하다. 전 세계 온실가스 배출량 1위 국가인 중국이 2060년 탄소중립을 선언했고, 유럽연합 · 일본 · 미국은 2050년 탄소중립을 목표로 하고 있다. 우리나라도 2020년 12월 현 정부 임기 내 2030년 온실가스 감축 목표치를 상향 조정하는 계획을 UN에 제출하고, 2050년 탄소중립을 선언하였다. 세계 각국의 탄소중립 선언은 세계적으로 재생가능에너지로의 전환을 앞당기게 될 것이다.

탄소중립 시대의 에너지는 탈탄소화(Decarbonnization), 분산화(Decentralization), 디지털화(Digitalization)로 나아간다. 탄소를 배출하지 않는 태양광, 풍력, 바이오 같은 지역분산형 재생가능에너지를 디지털 기술과 결합해 효율적으로 생산하고 소비하는 시스템으로 전환하는 것이다. 이렇게 지역 특성에 맞는 분산형 재생가능에너지를 확대하려면 지자체와 시민들의 역할이 중요하다.

이러한 정책적 기조를 받아들여 이미 전국 17개 광역지자체가 시민참여형 지역에너지계획을 수립한 바 있다. 산업통상자원부는 수요자원시장(DR), 시민참여 재생가능에너지, 가상발전소, 전력중개사업, 스마트그리드를 골자로 하는 분산에너지활성화로드맵을 준비하고 있다. 그린뉴딜의 중심은 지역이고, 그린뉴딜을 하려면 지역에너지전환이 같이 가야 한다. 이에 2020년 226개 기초지자체가 기후위기비상

선언을 했고, 17개 광역지자체와 기초지자체 63개가 '탄소중립 지방정부 실천연대'를 결성하는 등 지자체도 만반의 준비를 해왔다. 지자체들의 노력이 성공할 수 있도록 정부는 포괄예산제 도입, 지역에너지 역량강화 지원, 권한 이양을 해야 하고, 지방정부는 책임을 갖고 실행에 옮겨야 한다. 탄소중립을 지향하는 그린뉴딜은 지역의 에너지전환과 같이 가야 할 것이다.

한편 지역의 관점에서 이러한 여러 가지 정부의 그린뉴딜에 발맞추어 지역혁신성장정책을 추진하기 위해서는 산업구조의 변화에 민감해야 한다. 산업구조의 변화 동인은 매우 다양하다. 산업구조에 민감한 것은 산업구조가 한 지역의 경제발전 정도, 지식기반수준, 서비스화의 진전 등을 나타내기 때문이다. 산업구조의 변화는 시장기제가 작동하면서 생산요소의 이동과 관련하여 발생한다. 산업정책은 경제사회 환경변화에 대응하여 시장실패에 대응하면서 바람직한 산업구조를 만들어 성장의 지속성을 확보하기 위한 것이다.

현재 경제산업구조 변화와 산업정책의 초점은 4차 산업혁명에 대한 대응과 저성장체제 극복이며, 4차 산업혁명과 저성장체제를 공급 측면에서 본다면 생산성을 높이기 위한 기술혁신이 핵심이다. 새로 등장한 생산 및 서비스 기술은 과거의 낡은 장비와 기술을 해체하면서 생산과정을 바꾸고 기업의 존폐를 결정하며, 디지털 정보와 활용으로 무장한 창의적 인재는 시장과 산업을 혁신한다. 수요측면에서 나타나는 변화에 대한 혁신적 대응도 필요한데 구체적으로 고령화는 재정의 위기와 새로운 산업을 만들고 1인 가구의 급증도 산업구조를 바꾸고 있다. 젊은 소비자의 취양도 다양하여 소비자 주권의 시대가 관철되면서 온디맨드 산업도 비즈니스 구조를 바꾸고 있다. 이런 상황에서 지역은 4차 산업혁명 시대, 온오프라인이 만나는 공간으로 주목 받고 있는데 이는 대량생산 방식이 맞춤형 지역화 생산방식으로 바뀌고 있기 때문이다. 이는 결국 경제와 산업의 성장패러다임이 지역중심으로 바뀐다는 의미이다. 중장기적으로는 중앙정부에 의존해 온 지역의 경제 산업 정책이 전면적으로 방향전환을 해야 한다는 것을 말한다. 이러한 방향 전환의 핵심은 장기불황, 양극화, 고령화를 극복하고 4차 산업혁명에 대응하기 위한 지역경제의 구조전환을 위한 혁신성장정책이 될 수 밖에 없다.

그렇다면 2021년 코로나라는 큰 이슈에 직면한 우리 사회의 경제·산업정책 방향은 어떠해야 할까? 코로나 19로 인해 야기된 경제 위기를 타개하기 위한 '한국판 뉴딜(New Deal)' 비전이 수립되었다. 경제 디지털화 및 비대면화 촉진에 중점을 둔 '디지털인프라 구축', '비대면 산업 육성', 'SOC 디지털화' 등 3대 중점 프로젝트 추진을 통해 디지털 기반 일자리 창출 및 경제혁신 가속화를 추구하여야 한다. 구체적으로 디지털 뉴딜(13조4천억원), 그린 뉴딜(12조9천억원), 고용안전망 강화(5조원) 등 2025년까지 76조원을 투입할 계획이며 산업통상자원부는 산업·기업 위기 극복을 위해 '포스트 코로나 5대 분야 및 8대 대응과제를 제시하고, 위기대응반 본격 가동으로 경제 위기 극복과 포스트 코로나 준비에 착수한 바 있다.

또 코로나 19 위기 극복을 위한 확장적 재정정책 등 대응책도 마련되었다. 2020년 확장재정(512.3조원, +9.1%) 및 두 차례에 걸친 추경 편성(1차 11.7조원, 2치 12.2조원)등 재정확장을 통한 경기부양이 추진되었고, 재정정책 효과의 극대화를 위해 재정의 집행률 최대화, 소상공인·자영업자의 신속한 정상화를 위한 금융지원 등을 신속 집행하였다. 고용유지 및 안정화를 위한 정책도 수립하였다.

경제정책의 목표로 경기반등 및 성장잠재력 제고를 수립하고, 이를 달성하기 위한 4대 정책방향을 제시한 바 있으며, DNA 확산 및 Post-반도체 육성, 주력산업 및 소부장(소재, 부품, 장비) 경쟁력 조기 확보, 서비스산업 활성화 및 벤처창업 선순환 생태계 강화 추진 등 미래성장동력 관련 정책을 구체화하였다. 그리고 데이터 산업육성, 5G 상용화, AI 경쟁력 혁신 및 활용 전면화, BIG3(바이오, 미래차, 시스템반도체) 성장 가속화 및 유망 신산업 발굴·활성화를 중점 추진한 바 있다.

제조업 스마트화 확대(스마트공장 30,000곳('22년) 조성), 6대 분야 100개 핵심 전략품목 공급안정성 확보, 소부장 기업 첨단기술 확보 지원을 강화하였으며, 과감한 규제혁신(신산업 관련 사회적 타협 메커니즘 '[가칭]한걸음 모델' 구축), 생산성 및 잠재성장률 제고, 4차 산업혁명 핵심자원(DNA + BIG3 분야를 중심으로 차세대 첨단기술 개발 및 핵심 전문인력 양성) 확보 등 구조혁신에 방점을 찍었다.

수요자·사회수요 맞춤형 일자리 지원, 사각지대 지속적 해소, 서민·자영업자 지원 강화, 공정경제 확산 및 사회적 경제 활성화를 위해 집중 지원하였다. 대·중소기업간 상생 협력기반 강화, 상생형 지역일자리 창출 및 컨설팅을 통한 지역 맞춤형 모델 개발, 주민 중심의 지역 재생사업에 대한 지원을 강화하였다.

미래를 위한 선제적 대응을 위하여 인구·가구 구조변화 대응 본격화, 국민 삶의 질 제고 노력 강화, 기후변화 선제적 대응 등을 위한 실천계획을 제시한다. 출산율 제고를 위한 주거·출산·보육 종합지원, 고령자 고용활성화 및 노인 맞춤형 일자리·복지 확대, 1인 가구에 맞는 제도 정비 및 산업 육성 등이 추진되고 있다.

Ⅱ 메가트렌드와 부산지역의 미래이슈

최근 발생한 코로나 팬데믹의 원조는 남유럽에서 시작되어 유럽 인구의 1/3을 숨지게 한 14세기 '흑사병(black death)'이라고 볼 수 있다. 기록에 따르면 1347년 이탈리아 피사에서 하루에 500명, 프랑스 파리에서는 800명, 오스트리아 빈에서도 600명씩 죽어나갔다. 끔찍한 전염병을 막기 위해 중세인들은 교회로 달려가 기도를 하고 도시 한복판에 성모마리아상을 세웠지만 소용이 없었다. 이에 사람들은 냉철한 과학과 중앙 집중적이고 체계적인 방역 체계에서 그 해결책을 찾기 시작했고, 검역과 여행증명서 발급 등의 행정 체계가 갖춰지기 시작했다. 봉건제적 사회의 붕괴와 르네상스 시대를 열게 되는 중요한 계기가 바로 페스트에 의한 흑사병의 창궐로 기록되고 있다.

역사에 의하면 흑사병은 당시 유럽의 크고 작은 전쟁을 종식시키며 문명의 패러다임을 바꿔 놓았다. 공포와 죽음의 사신이었던 흑사병의 가장 직접적인 영향은 인구의 급격한 감소였다. 노동력 부족 현상이 심각해지자 임금이 천정부지로 뛰면서 농촌을 버리고 떠나는 농노들이 급증했다. 영주의 지배력이 약해지자 중세 농노제도가 해체되는 결과를 낳았다. 흑사병의 직격탄을 맞은 것은 사회지배층인 지방 영주와 정신적 지주였던 교회다. 봉건제도가 몰락하고 도시자본가가 나타나면서 자본주의가 출발하게 되었다. 전염병 창궐에 무기력했던 교회의 권위가 흔들리며 르네상스라는 새로운 문명의 시대가 열리기에 이르렀다.

민족의 개념이 싹트고 인간 중심의 사상이 출현했다. 노동력 부족이 임금 상승과 농민 폭동으로 이어지며 사회경제적 변화를 가져왔다. 코로나19가 촉발한 스마트 사회의 출현은 앞서 본 바와 같이, 전 세계적인 위기는 거꾸로 사회 변화를 촉발하기도 한다. 중세 시대 유럽을 뒤흔든 흑사병이 르네상스 발현의 원동력이 됐듯이, 위기를 극복하는 과정은 인류사의 발전도약의 기회가 되기도 하는 것이다. 코로나19로 인한 현재의 불안한 상태를 "'블랙스완(black swan)'이 떼 지어 날고, '회색코뿔소'가 사납게 날뛰고 있는 것처럼 보인다"고 말할 수 있다. 그럼에도 이러한 불확실성을 줄이고 극복하는 과정의 핵심에 4차 산업혁명이 깊게 연계되어 있다는 점에서 우리는 그 기회를 만들어 가야 할 것이다. 코로나19의 대유행이 변화시키고 있는 인간의 삶과 사회의 구조가 4차 산업혁명의 요체인 지능정보기술 혁명과 밀접하게 연관되어 있기 때문이다.

이제 미래사회는 4차 산업혁명으로 인해 ICT와 기존 영역의 기술들은 상호 융복합되고 공진화되는 '혁신기술'의 패턴을 보일 것으로 예상된다. 혁신기술이란 그 기술 기반의 플랫폼이 확산되며 산업구조가 변화되거나 새로 창출되도록 하는 영향력을 가질 것이다. 이미 세계경제포럼(WEF)은 4차 혁명을 주도하는 혁신기술로 인공지능, 메카트로닉스, 사물인터넷(IoT), 3D 프린팅, 나노기술, 바이오기술, 신소재기술, 에너지저장기술, 퀀텀 컴퓨팅 등을 지목한 바 있다. 그리고 일련의 기술을 기반으로 기가인터넷, 클라우드 컴퓨팅, 스마트 단말, 빅데이터, 딥러닝, 드론, 자율주행차 등의 산업이 확산되고 있다고 보았다. 현 세계경제포럼의 회장이자 제「클라우스 슈밥의 제4차 혁명」(2016)의 저자 클라우스 슈밥(Klaus Martin Schwab)은 4차 산업혁명을 이끄는 주요 기술혁신은 ICT기술을 광범위하게 활용하여 전개되고 있으며, 주요 혁신기술들을 물리학기술, 디지털기술, 생물학기술이라는 메가트랜드 관점에서 분류하기도 하였다.

이미 디지털 기술인 사물인터넷(IoT)은 상호 연결된 기술과 다양한 플랫폼을 기반으로 사물(제품, 서비스, 장소)과 인간을 연결하는 새로운 패러다임을 창출하고 있다. IoT 환경에서 생성되는 다양한 데이터를 처리하기 위한 클라우드 컴퓨팅 및 빅데이터 산업이 발달하고 일련의 혁신적인 기술들은 인공지능(AI)이 더해지며 삶의 변화를 이끌어내고 있다. IoT는 현재 인공지능의 초기 단계인 기계학습을 통해 다양한 서비스 제공이 가능하며, 상황을 인지하고 학습하는 컴퓨터의 능력이 발전할수록 무인자율자동차, 드론, 로봇 등 IoT를 통해 제공할 수 있는 서비스도 함께 발전되어 나갈 것이다.

나아가 만물인터넷 시대는 온디맨드 경제구조로 산업구조의 빠른 전환을 야기한다. 블록체인(Block Chain)은 서로 모르는 사용자들이 공동으로 만들어가는 시스템인데, 암호화(보완)되어 모두에게 공유되기 때문에 특정 사용자가 시스템을 통제할 수 없어 오히려 투명한 거래방식이 될 수 있다. 현재 비트코인(bitcoin)이 블록체인 기술을 이용하여 디지털 화폐를 이용한 금융거래를 하고 있으며, 향후 각종 국가발급 증명서, 보험금 청구, 의료기록, 투표 등 코드화가 가능한 모든 거래가 블록체인 시스템을 통해 가능할 것으로 예상된다.

구체적으로 물리학은 무인운송수단, 3D프린팅, 로봇공학, 그래핀, 등 신소재 등 유형의 소재와 제품에 ICT기술을 접목하여 혁신적인 제품들이 등장하고 있다. 센서와 인공지능의 발달로 자율 체계화된 모든 기계의 능력이 빠른 속도로 발전함에 따라 드론, 트럭, 항공기, 보트 등 다양한 무인운송수단 등장하고 있다. 3D 프린팅은 디지털설계도를 기반으로 유연한 소재로 3차원 물체를 적층(additive)하는 방식으로 기존 제조공정과 완전히 다른 작업환경을 필요로 하며, 이미 다양한 분야에 활용되고 있다. 로봇은 센서의 발달로 주변환경에 대한 이해도가 높아지고 그에 맞춰 대응하며, 다양한 업무 수행이 가능해졌다. 기존에 없던 스마트 소재를 활용한 신소재(재생가능, 세척가능, 형상 기억합금, 압전 세라믹 등)가 시장에 등장했다. 생물학은 기술적으로 빠르게 발전하고 있으나 생물학의 한계는 기술이 아닌, 법/규제 그리고 윤리적인 문제이다. 과거 인간게놈프로젝트 완성에 10년이 넘는 시간과 27억 달러가 소요되었으나, 현재는 몇 시간과 1,000달러 가량의 비용이 소요되는 것으로 알려졌다. 합성생물학 기술은 DNA데이터를 기록하여 유기체를 제작할 수 있어 심장병, 암 등 난치병 치료를 위한 의학 분야에 직접적인 영향을 줄 수 있다. 유전공학의 발달은 경제적이고 효율적인 작물을 키워내는 것부터 인간의 세포를 편집하여 병증을 미연에 방지하는 것까지 광범위하고 우리의 삶과 직결되어 있는 것이다.

이제 부산은 코로나19 위기와 불확실성이 일상화되는 포스트 코로나 시대에 대응할 방안을 마련해야 한다. 최근 정부는 코로나19 위기를 극복하고 있는 성공경험을 활용하여 세계 디지털 경제를 주도하기 위한 한국판 뉴딜을 발표하였다. '한국판 뉴딜'은 단기적으로는 신종 코로나바이러스 감염증(코로나19) 위기 극복을 위해 일자리를 창출하고, 중기적으로는 포스트 코로나 시대에 성장동력을 발굴해 미래를 대비하겠다는 청사진을 담고 있다. 향후 한국판 뉴딜 정책이 코로나19 위기를 극복하고, 지역 경제 활력과 성장률 제고에 기여하여 성과를 낼 수 있는 선택과 집중이 필요하다.

그럼 앞으로 부산은 어떤 미래 메가트랜드에 대한 고민을 가지고 미래사회를 준비해 나가야 하겠는가. 먼저 제조업, 서비스업, 관광업, 요식업 등 수많은 산업들이 어려움을 겪고 있지만 이로 인한 변화의 움직임도 감지되고 있다. 스트리밍 서비스에 대한 수요가 급증하고 온라인 쇼핑 등의 유통업이 각광을 받는 등 반대급부가 분명히 있다는 것이다. 재택근무로 인한 비디오 컨퍼런스의 활성화도 주목할 만한 변화다. 이를 바탕으로 "코로나19 이후 4차 산업혁명은 급속도로 발전할 것"이며 "5G, 인공지능, 빅데이터, 증강현실 등의 기술이 급속도로 모든 공장, 기업, 가정에 보급될 것"이다.

초연결·초지능의 4차 산업혁명, 세계화, 환경 리스크 심화 등의 메가트렌드는 코로나19 팬데믹이라는 '블랙스완'을 만나 새롭게 변화할 것이다. 코로나19 등이 초래하는 불확실하고 급속한 환경변화에 대응하기 위해서는 상시적 미래예측 시스템을 구축해야 한다. 미래예측 연구를 통해 도출된 유망기술은 정부, 연구기관, 기업 등이 포스트 코로나 시대를 대비한 투자전략 수립 등의 기초자료로 활용할 수 있을 것이다.

다음으로 비대면 원격수업 확대는 시대적 흐름이 될 것이다. 코로나19는 교육분야에 많은 변화를 줄 것이며 특히 가장 큰 변화는 본격적인 원격수업의 도입이다. 우리나라 대학들은 그 동안 원격수업에 굉장히 소홀해왔던 것이 사실이며 원격수업 확대가 한국 교육에 어떤 영향을 미칠지 생각해볼 필요가 있다. 교육문제에 세계 어느 국가보다도 민감하고 이를 중요시하는 한국의 교육현실에서 향후 전개될 교육환경의 변화는 4차 산업혁명의 전개 정도를 가늠할 수 있는 중요한 척도로 볼 수 있을 것이다. 결국 스마트화는 가속되며 산업 생태계는 재구성될 것이다. 이번 코로나19 확산의 가장 큰 요인은 결국 사람에게 있기 때문에 현재 관리 및 운영 시스템 자체가 가지고 있는 근본적 문제점에 주목할 필요가 있다.

미래 메가트랜드를 반영하여 부산이 동남권을 대표하는 새로운 성장동력으로 거듭나기 위해서는 다음과 같은 준비가 필요하다. 첫째, 디지털 신산업의 육성이 필요하다. 디지털산업의 기본 인프라 구축이 필요하다. 코로나19로 촉발된 글로벌 밸류체인의 급격한 변화에 따라 부품소재의 공급ㅁ망 확보를 위한 제조업의 고도화와 함께 주력산업의 디지털 전환을 유도할 필요가 있다. 일자리의 부족으로 청년유출 지속에 따른 동남권 연관 신산업 육성과 연계한 산학관 주도의 디지털 기반 AI 및 SW혁신 기반을 조성해 나가야 한다.

디지털 혁신 기반을 위한 DNA생태계를 강화해 나가기 위한 구체적 방안으로 우선 한국판 뉴딜정책의 디지털 플랫폼을 구축하되 4차 산업혁명 도래에 따른 부산산업 디지털 전환을 위한 디지털 인프라를 구축해 나가야 한다. 부산을 대표하는 주력산업 기반의 디지털 생태계는 물론 AI, SW 등 첨단기술 기반을 조성해 나가야 한다. 또 부산의 디지털 산업인프라 조성 또한 중요한데 미래먹거리 확보를 위한 클러스터 구축 및 대형 사업의 추진전략 마련이 중요하다. 특히 산단 대개조사업 등과 연계한 노후산업단지 디지털 인프라 확충, 스마트 산업육성 기반조성 등이 추진되어야 한다.

둘째, 특화기술 육성을 위한 도시 인프라 디지털 전환이 필요하다. 코로나19 장기화로 비대면 서비스 산업의 필요성이 증가하고 있으며 부산지역에 특화된 비대면 서비스 신산업의 육성을 위한 플랫폼 구축이 중요하게 되었다. 스마트 공공서비스 확대를 위한 해양, 항만 스마트도시 기반 마련과 맑은 물 공급을 위한 상수도 디지털화 등 다양한 스마트 인프라 조성이 추진되어야 할 것이다.

비대면 서비스의 확대를 위해서 서비스업 특화 비대면 플랫폼을 구축하고 SOC 디지털화를 동시에 추진하여야 한다. 언텍트 교육 및 공공서비스 플랫폼을 구축하고 블록체인 기반 비대면 서비스 플랫폼 구축과 문화관광 서비스 활성화를 위한 프로그램을 지원하여야 한다. 도시 서비스 인프라의 스마트화와 상하수도 시설 현대화, 항만 도심물류의 서비스 플랫폼 고도화 등 부산의 특화기술 확대를 위한 다양한 사업들이 추진되어야 할 것이다.

셋째, 친환경 도시 구축을 위해 저탄소, 고효율 에너지 신산업의 육성이 필요하다. 코로나19로 인해 지역산업 체질개선과 4차 산업혁명을 선도하는 차세대 미래 산업 선점을 통한 디지털 친환경 산업으로의 패러다임 전환이 필요하다. 기 추진 소재개발 국책사업과 연계한 파워반도체 클러스터 및 수소생산 거점도시 조성 등을 통한 특화신산업 육성을 추진하여야 한다. 도시공간생활 인프라 녹색전환을 위해 기후변화 대응 친환경 시설 확대, 노후 환경 인프라 현대화를 추진하고, 저탄소 분산형 에너지 확산을 위해 파워반도체 클러스터 추진과 수소 등 신에너지 거점도시기반 구축을 추진하여야 한다. 또한 녹색산업 혁신생태계 구축을 위해 자원순환 산업 클러스터 구축과 수열원 공급센터 시범사업 등을 추진할 것이다.

넷째 부산형 녹색공간 뉴딜을 위하여 부산대개조 중심 도시골격을 재구축 하여야 한다. 한국판 뉴딜 정책과 연계하여 북항 일원 개발과 경부선 철도 지하화와 연계한 부산의 도시공간 구조를 혁신하는 과제를 부산형 뉴딜정책으로 포함할 것이다. 국가 기간 인프라인 항만 철도로 인해 기형적 도시성장과 도시쇠퇴를 가져온 부산 시민들의 삶의 질 제고와 도시 재도약의 상징 사업이 될 것이며, 그린 뉴딜의 도시공간 생활 인프라 녹색전환의 대표 사업으로 자리매김하게 될 것이다. 공간구조 혁신을 위하여 노후 주거지 생활인프라 구축과 대규모 원도심 공간 재생이 필요하다. 동남권 중추도시 골격의 완성을 위해 도심대개조 사업의 본격 추진과 부산 대도시권 간선교통망 완성이 필요할 것이다.

Ⅲ 부산의 미래를 위한 정책 제언

도시는 그 자체로 살아 움직이는 하나의 생물 같은 것으로 인류의 지난 역사와 현재의 문명 및 역량이 총 집결된 거대한 복합체이다. 그러나 이러한 도시를 근대적 방식으로 파편화하고 분절시키는 한 그곳에서 살아가는 사람들을 위한 도시라기보다는 거꾸로 도시를 위해 사람들이 살아가는 전도 현상이 일어날 수밖에 없다. 그래서 갈수록 단절된 도시 공간들은 단순히 물리적 교통수단에 의해서 뿐만 아니라 정서적으로나 일상적으로 연속되고 관계 맺을 수 있는 공간으로 거듭나야 한다는 주장이 뜨겁게 제기되고 있다. 도시 그 자체를 위한 도시가 아니라 이웃과 공동체, 한 개인의 삶의 질을 위해 어떤 방식으로 개발되어야 하는지를 고민할 때라는 것이다.

동서를 중심으로 초대형 사업들이 진행되고 있는 오늘날의 부산 역시 신낙동강 시대를 열든, 최첨단을 걷는 센텀과 동부산 관광 단지를 개발하든 그래서 반드시 염두에 두고 넘어야 할 과제가 있다. 인간과 자연이 공존하고 도시 공동체와 마을의 장소성이 회복될 수 있으며 그곳에서 살아가는 주민들의 삶의 질과 지속 가능성을 담보할 수 있는 방향으로 나아가야 한다는 점이다.

부산은 이미 미래사회를 준비하기 위해 나름의 혁신전략들을 수립, 추진하고 있다. 지역 혁신산업 육성 및 지역 벤처·창업 활성화에 집중 지원하고 있고, 고용·산업위기 지역에 대한 합리적 지원이 추진 중이다. 지역별 스마트 특성화 전략(지역의 환경과 특성을 반영, 지역산업 역량 강화 및 위기 주력산업을 신산업으로의 전환 정책) 에 따라 장비구축, 인력양성 등 지역의 혁신역량을 강화하는 기반 구축 사업도 본격 실시되고 있다. 지역 주도의 다부처 사업을 연계하는 지역혁신성장계획 수립 및 투자협약 방식으로 사업을 추진('20년 말) 중이다.

구체적으로 2021년 현재 부산의 정부연구개발 투자방향 주요내용은 다음과 같다. 기본방향은 코로나 19 위기의 조기극복 및 혁신역량 확보를 기반으로 혁신주체 연구역량 강화, 성장동력 기반 확충, 삶의 질 개선 등에 중점 투자하는 것이다. 부산시가 이미 발표한 '21년도 주요 기술분야별 R&D 투자전략을 바탕으로 전략을 종합해보면 다음과 같이 정리가 될 수 있다. 먼저 ICT·SW의 확대를 위해 데이터·AI 기반산업 지능화, 5G와 IoT 기반 구축 및 ICT 혁신기반인 정보보안과 SW기술 고도화에 대한 지원의 강화가 중요하다. 전체 정부 R&D 내 ICT·SW 분야의 예산 및 비중은 비슷한 수준이며, 정보보안, SW 및 콘텐츠 관련 투자가 큰 폭으로 상승하고 있다. 또 생명·보건의료 지원을 위해 미래 유망 원천기술 R&D, 헬스케어·빅데이터 플랫폼 구축, 전문인력 육성 및 제도개선에 대한 투자를 확대할 계획이다. 바이오헬스 예산은 대폭 증가(전년대비 17%)하였으며, 정부 대비 민간 투자액도 증가 추세이기 때문이다. 그리고 에너지·자원분야는 에너지 전환에 기여도가 큰 분야에 중점 투자할 계획이며, 원자력 역량강화 및 자원 개발·순환을 위한 공통 핵심기술에 투자도 확대할 계획이다. 투입예산은 1.75조원으로 전년 대비 12.1% 증가하여 원자력 이슈 해결을 위한 유관부처 간 연계·협력을 촉진할 계획이다. 소재·나노분야는 주력산업 핵심전략부품 자립화 및 미래신기술 개발지원 강화, 초연결·초지능 플랫폼 구축 및 산업융합 촉진 등에 대한 투자를 확대한다. 그리고 기계·제조는 ICT접목을 통한 공정혁신, 미래형 신산업으로의 전환을 위한 기술혁신 및 관련 핵심부품 고도화에 대한 투자를 강화하며, 수산·식품의 경우 건강한 먹거리 보급 등 사회적 현안에 대응하는 R&D에 지원하여 국민의 안전한 삶을 실현하고자 한다. 스마트 농림수산 신산업 육성 먹거리 안전을 위한 R&D추진, 수산 부산물(바이오매스) 활용 및 환경개선 등의 현안해결 기술개발 투자를 확대할 계획이다. 항공·해양은 해양산업 혁신성장 가속화 및 해양안전, 생태계 보전 등 공공분야에 대한 지원이 강화된다. 특히 항만물류 자동화·지능화 기술투자 강화, 해양장비 고도화 촉진, 해양분야 재난안전 대응 기술개발, 해양 생태계 보전연구에 지속 투자할 계획이다. 환경·기상분야는 미세먼지, 생활폐기물, 화학물질 등 위해요소 저감·관리 등 쾌적·안전한 생활환경 조성 등 문제해결 중심으로 투자할 계획이며, 미세먼지 저감을 위한 부처간 협업 촉진, 국민수요기반 맞춤형 연구개발 과제에 대해 지속 발굴·지원 강화, 폐기물 활용성 촉진 등 재활용 기술개발에 대한 투자를 강화할 예정이다.

그렇다면 부산이 지역을 넘어선 글로벌 거점도시로 성장해 나가기 위해서는 앞으로 무엇을 더 준비해 나가야 할 것인가? 글로벌 메가트랜드, 정부의 새로운 정책 등을 반영하지 않더라도 부산이라는 도시의 지속적 성장을 위해 다음과 같은 정책적 방향들을 제시해 볼 수 있겠다.

우선, 디지털 전환 대응 및 기술경쟁력 강화를 위한 전방위적 지원 노력이 필요하다. 특히 중소기업의 디지털 전환 및 경쟁력 강화를 위해 인프라 개선, R&D 역량 강화, 고부가가치 기술 보호 및 성장단계별 맞춤형 지원이 적극 추진되어야 한다. 기술혁신·디지털 전환을 위한 설비, R&D 활동 및 전문인력 확보도 적극 지원으로 재도약의 기반을 마련하고, 코로나19 이후 일하는 방식(원격근무, 디지털 금융 활성화 등) 변화 및 언맨드 솔루션(자동화 확산, 무인화 진전, 로봇활용 증가 등) 확산에 신속한 대응을 위한 기업 지원체계 구축과 미래시장 대비 신분야 제품으로의 전환 유도를 위해 IoT, ICT 등의 첨단기술·설비 도입 지원이 필요하다.

둘째, 비대면 사회의 산업·기술 패러다임 변화를 주도할 지역인재 양성이 중요하다. 비대면·디지털 등 신산업 대응을 위한 인력양성에 공백 없이 투자하고, 지역 대학의 연구역량 강화와 산업체 수요 맞춤형 기술인력 육성 강화가 필요하다. 구체적으로는 '포스트 코로나' 시대에 대비, 관련 기술과 산업변화 맞춤형 인재양성 및 역량 강화에 지원을 확대해 나가야 한다. '포스트 코로나' 관련 기술 및 산업수요, 정책, 등 제반 여건에 대한 분석을 통해 비대면/디지털 특화 인재 양성의 원년이 되도록 투자계획을 마련하고, 새롭게 부상할 유망기술에 대한 분석을 바탕으로 관련 신기술 경쟁력 확보를 위한 전문 연구인력 육성에 투자를 집중해 나가야 할 것이다.

셋째, 급속한 변화가 예상되는 산업 환경 대응 준비를 위해 필요기술·산업수요 예측을 통한 지역기업 맞춤형 기술인력 양성지원 강화가 필요하다. 디지털 트윈, 협동로봇 등 생산인력 감소 대비와 헬스케어, 물류의 스마트화, 정보보안 등 비대면 산업 대비를 위한 기술인재 육성에 대한 지원을 강화할 필요가 있다. 지역특화 R&D 맞춤형 선도인력 창출 지원, 지능형 신산업으로 원활한 경력 전환을 위한 기존 인력에 대한 IoT, 로봇, SW 등 신기술 훈련과정을 지원하여, 부산 산업 혁신리더 그룹 네트워크 구축 및 지속적 협력체계 구축이 필요할 것이다.

넷째, 지역 내 대학 및 연구소 R&D 인력의 연구역량 향상을 위해 도전적·창의적 R&D 아이디어 발굴 및 활동 지원을 확대하고 환경변화에 신속한 대응을 위한 혁신주체 역량 및 협력을 확대해야 한다. 포스트 코로나 시대 변화 대응을 위해 산·학·연·관의 역량 및 협력 활성화에 투자를 확대하고 범지역 협력망 구축, 사회문제 해결형 R&D 지속 지원 등이 이루어져야 할 것이다.

다섯째, 지역발전을 위한 R&D 활동의 질적 성과 창출을 높이기 위해 산·학·연·관의 연구개발 역량 및 상생협력 강화에 노력을 집중해야 한다. 기술·연구 역량이 부족한 기업과 대학과의 기술교류 및 협력 R&D 사업을 확대하고, 지속가능성을 염두에 둔 협력체계 구축 노력이 지속되어야 한다. 대내외 환경변화에 유연한 대처를 위해 인재 활용의 다양성을 확대하고, 범 지역 네트워크 활성화. 지역 내외 과학기술인·기업인 네트워크 체계화 및 활성화 지원으로 지역 과학기술 및 산업경쟁력 제고를 위한 협력기반을 강화해 나가야 한다. R&D를 통한 사회문제 해결 및 지역 내 과학기술·문화 저변 확대를 위해 시민과의 소통 및 참여 기회를 확대하고 지속적 혁신성장을 위한 특화 거점 활성화 및 파급력 강화가 필요하다. 지속적인 혁신성장 견인을 위해 거점 중심의 기술 생태계를 고도화하고, 디지털 뉴딜 등 신산업 동력 확보를 위한 기술개발 및 긴밀한 협력체계 구축에 투자가 필요할 것이다.

여섯째, 성장 지속성 확보를 위한 다양한 신기술 확보 및 신산업 대응 강화를 위해 거점 중심의 인프라 구축 및 안정화·전문화·활성화에 투자 확대해야 한다. 특히 신서비스 산업, 금융 혁신도시 기반 구축 등 지역 미래 먹거리 확보를 위한 신산업 분야 발굴 및 생태계 조성에 투자를 집중해 나가야 한다. 그리고 서비스산업의 고부가가치화 및 관련 신산업 창출·육성을 위한 기반 구축에도 지원을 확대해야 한다. 지능화·데이터 등 4차 산업혁명 핵심기술 및 신재생에너지 관련 신기술 경쟁력 확보를 위한 R&D 투자 강화가 필요한데, 특히 자율주행, 라우드소싱, 홈네트워크, 헬스케어, 스마트그리드, 데이터 허브, 핀테크, 블록체인 등에 대한 기술력 확보와 환경규제 및 석유 수요 감소 등에 대비해 수소에너지 등의 신재생·친환경 에너지로의 변환 촉진이 필요하다.

특히 부산의 경우 부산국제금융센터(BIFC) 3단계 개발사업 적극 추진('19~'21) 및 핀테크 산업 발전을 위한 금융기술기업 성장 플랫폼(U-Space BIFC) 지원 확대 등 글로벌 금융중심지로의 도약을 위한 인프라 구축 및 금융기술 산업 성장생태계 조성을 위한 지원 강화가 필요하며, 블록체인 생태계 활성화 및 안정화를 위해 관련 제도 정비 및 블록체인 특구 세부사업 발굴·지원과 인재 양성 등 다각적 투자가 더욱 확대되어야 한다. 그리고 부산연구개발특구 특화분야 별 연구성과의 지역 파급효과 확대를 위해 우수기술 발굴·육성 및 사업화와 기술수요자와 공급자 간 연계를 위한 지원을 확대 추진하고 혁신성장 거점으로의 혁신도시의 역할 강화를 위해 협력생태계 및 신성장동력 창출 기반 구축을 활성화해 나가야 한다. 또 세계적인 스마트시티 조성을 위해 민·관 협력(시민 참여형 IoT기반 리빙랩 및 허브센터 운영(공동사업발굴, 창업지원) 등) 강화 및 미래 신기술 테스트 베드(에너지 솔루션, AI기반 스마트 하우징 등) 기술혁신과 현장 실증기회를 제공하여야 할 것이다.

일곱째, 디지털 뉴딜 대응을 위한 상생형 클러스터 구축 및 기술, 정보, 인적 교류와 지식 흐름 촉진을 위한 전략적인 지원을 해나가야 한다. 부산 상생형 스마트

제조 실증클러스터 구축을 위한 체계적 투자 전략 수립 등 디지털 뉴딜에 적극적으로 대응하고 지식서비스 산업, 해양·물류 산업 및 혁신기술창업 등과 연계한 지역거점별 특화산업((센텀2지구) 4차산업 특화 테크노밸리, (영도·우암지구) 해양산업특화 지식사업센터, (강서에코델타시티) 스마트시티 혁신 창업센터, (서면·문현) 청년창업지구) 육성 및 지속적 성장을 위한 지원도 잘 준비해야 한다. 새로운 기술적 해결책이 필요한 신규기업의 협력적 탐색 활성화를 위해, 우수 지식 창출 기업과의 업무협력 체계 확충을 해 나가야 하며, 혁신 프로젝트, 오픈랩 활성화, 스마트기술 등 신기술을 중심으로 지역 신산업 창출을 지원하기 위한 산·학·연구자 간 협력클러스터 구축·활성화도 이루어져야 할 것이다.

이를 위해서는 주력산업 기술고도화 및 신시장 대응을 위한 신기술 확보·융합 강화가 반드시 필요하다. 4차 산업혁명, 비대면 및 첨단소재 기술 확보를 통한 주력산업 경쟁력 강화와 산업간 융합기술 개발에 대한 전략적 투자로 고부가 신산업 창출이 확대될 것이다. 특히 지역주력산업 핵심기술의 고부가가치화를 위해 첨단소재 개발 및 비대면, 친환경 관련 기술과의 융합에 투자 강화. 특화 핵심소재 집중개발 및 상용화 기술 확보 지원 강화 등 지역 첨단소재산업 육성을 위한 투자를 확대해 나가야 한다. 물류·조선·자동차 등 주력산업과 비대면·신에너지 분야 주요 유망기술 융합을 통한 디지털전환·친환경화 및 일자리 창출에 대한 투자도 지속되어야 할 것이다.

여덟째, 제조업·서비스·해양수산 산업 등과 ICT기반 신기술과의 융합을 통한 신산업 창출 및 첨단 서비스 시장 창출 경쟁력을 확보해야 한다. 특히 최근 이슈가 되었던 소재·부품·장비 관련 핵심전략기술 R&D 및 실증·양산을 위한 패키지 지원을 강화해야 한다. 기업의 선(先) 설비구축 지원, 테스트베드 확충과 신뢰성·양산 평가 지원, 각종 규제 완화 및 산·학·연 기술개발 협력 지원은 매우 중요하다. 제조기술과 AI, CPS(Cyber-Physical Systems) 기술 등 융합으로 기획·설계→다품종·소량생산→유통·판매 자동화를 위한 스마트팩토리 확산에도 함께 투자가 이루어져야 할 것이다. 지능형 스마트공장 도입 지원으로 불량률 감소, 노동생산성 향상, 매출액증가, 제조원가 절감 등 기업성장 지원, 시설자금 및 운전자금 지원, 제품 판로 확보를 위해 공공기관 협력 및 마케팅·홍보 지원, 사업 아이템의 상용화 기술 및 시제품 제작 지원 등도 중요한 기업지원요소가 될 것이다.

이러한 과정을 통해 부산의 기업성장구조는 성장단계별 사다리 형태의 전략적

성장지원 체계로 자리잡아야 한다. 기술 혁신성을 가진 중소기업 육성을 위해 부산 히든챔피언 및 히든테크기업 발굴·육성 및 성장을 위한 맞춤형 지원도 지속 추진하되, 강소기업 성장사다리 단계 : Pre-챔프기업 → 부산형 히든테크(신설) 및 히든챔피언기업 → 글로벌 강소기업 → 월드클래스+ 에 대한 관리 노력이 필요하다. 신기술 혁신을 저해하는 규제들을 적극적으로 발굴하고 포괄적 네거티브 규제로의 전환을 적극 추진해 나가야 할 것이다.

마지막으로 혁신 창업 생태계의 안정적 구축 및 성장의 지속성 확보이다. 혁신적 미래기술 창업 촉진을 위한 인프라 확대와 글로벌 스타트업으로의 성장을 위한 전략적·체계적 지원프로그램 확대에 투자하고. 혁신기술 창업 인프라 구축 및 활성화를 위해 지속적 투자 확대가 필요하다. 청년창업 촉진을 위해 창업집적시설을 조성하고 규제특구 연계 창업 등을 활성화 해 나가야 한다. 활동 규제 완화 등을 지원하는 '청년창업지구' 활성화에 지속 투자하고 서면-문현 일대에 조성된 창업시설과(창업카페 등 8개소) 신규 7개소(D-camp, 기술창업타운 등)를 집적화하여 청년창업지구로 조성하고, ICT·AI·블록체인 등 비대면·비접촉(Untact)산업 주요 기술과 해양·물류 등 주력산업 관련 기술 분야의 창업 촉진을 위한 생태계조성 및 관련 일자리 확대를 위한 전략적 지원을 확대해 나가야 할 것이다. 더불어 지역 내 하이테크 스타트업을 유니콘 기업으로 성장시키기 위한 체계적이고 전략적인 지원을 집중하되 창업초기-성장지원-투자유치 단계별로 체계적이고 전략적인 지원을 지속 추진해야 할 것이다.

이 외에도 미래사회를 준비하는 부산의 선순환적 경제구조의 정착을 위해서는 더 많은 정책적 숙제들이 남아있다. 부산형 스마트·모빌리티 관광플랫폼 구축 및 ICT 융합 여가문화 콘텐츠 개발 지원, 5G·블록체인·모바일 기술기반의 부산형 스마트 투어 플랫폼 개발 등 이용자 편의 기반의 첨단 관광인프라 구축 지원, 사람중심의 스마트 교통·도로 시스템 구축, 해양사고 예방기술 등 사회 안전망 첨단화를 위한 기술 개발 및 활용연구에 투자 지속 등 경제위기에 취약한 지역 중소기업 및 주요산업의 위기상황 극복을위한 신속한 지원과 지역기업의 원활한 경영회복을 위해 필요한 규제 완화·혁신 및 투자유치·홍보와 사업재편을 위한 컨설팅 등 전방위적 지원 강화 노력들이 이루어져야 할 것이다.

포스트 코로나 시대에 부상하는 비대면 서비스 사업은 물론 '한국판 뉴딜' 관련 정부 연계사업 및 市 자체 사업의 신속한 발굴· 기획에 집중하여, '부산형 뉴딜'사업 추진동력 확보와 AI, Big data, 5G기술 등 융합을 통한 신서비스 산업·기술 발굴 및 개발 지원이 이루어져야 할 것이다.

이미 스마트 시대를 맞이하면서 물리적 경계로서의 지역과 세계가 허물어지고 있다. 도시 공간의 재편과 관리 및 성장 모델도 이러한 시대적 흐름을 잘 살펴야 할 때다. 녹지 공간의 확보와 공동체성 확보, 역사와 전통을 가진 장소성의 문제, 남녀노소 세대 및 젠더의 문제 등을 고민하지 않으면 누구도 예측할 수 없는 시대의 변화 앞에서, 이미 중구, 서구 등 원도심이 한 차례 겪었고 서부산의 공단 지역이 겪었던 것처럼 지금 한창 전성기를 구가하고 있는 해운대나 센텀 등지도 비슷한 전철을 밟을 수 있다는 점을 기억해야 한다.

문득, '오래된 미래' 라는 말을 떠올려 본다. 거꾸로 돌아가는 것이 바로 가는 것일 수도 있다는 것. 정보 통신과 과학 기술이 발달할수록 인간 고유의 가치와 감성, 그리고 함께 하는 마음의 소중함은 더욱 강조될 것이다. 부산의 가능성도 바로 이러한 현실과 시대적 요구에서 찾아야 하지 않을까? 아름다운 바다와 쉽게 볼 수 있는 산, 그리고 짧은 근대와 현대 속에 켜켜이 쌓인 동네마다의 이야기가 즐겁게 공존하는 부산의 미래를 떠올려보면 수많은 문제들에도 불구하고 슬며시 미소를 짓게 된다.

참고문헌

서장

김강식, 「임란전후 부산지역의 사회변화」, 『항도부산』 제22호, 2006.9.

김귀옥, 「월남민의 생활 경험과 정체성-밑으로부터의 월남민 연구」, 『서울대 사회발전연구총서 12, 서울대출판부, 1999).

김대래, 「부산기업의 역외이전(1980-)」, 부산시사편찬위원회, 『항도부산』 32호, 2016.

김대래 외, 「일제강점기 부산지역 인구통계의 정비와 분석」, 『한국민족문화』 제26집, 부산대학교 한국민족문화연구소, 2005.10.

김대래, 『개항기 일본인의 부산이주와 경제적 지배』, 부산연구원, 2019.

김대래·배석만, 「귀속사업체의 연속과 단절(1945-1960)-부산지역을 중심으로-」, 『경제사학』, 33호, 2002.12.

김대래·정이근 편, 『한국전쟁과 부산경제 : 경부성장축의 강화』, 해남, 2010.

김대래·최성일, 「해방직후 무역정책의 전개와 그 성격」, 『부산여자대학교 논문집』 제 41집, 1996.

김동철, 「조선후기 왜관 개시무역과 동래상인」, 민족문화추진회, 『민족문화』 21집, 1998.12.

김승, 『근대 부산의 일본인 사회와 문화변용』, 선인, 2014.

김태만, 『내안의 타자, 부산차이니스 디아스포라』, 부산발전연구원 부산학연구센터 국제화연구 총서, 2009.

김호범 외, 『20세기 부산지역 경제통계의 이해와 부산경제의 변동분석』, 부산광역시, 2004.

민덕기, 「중·근세 동아시아의 해금정책과 경계인식-동양삼국의 해금정책을 중심으로-」, 『한일관계사연구』 39집, 2001.8.

박섭·장지용 편, 『부산의 기업과 기업가 단체, 1900-1945』, 해남, 2010.

박영구, 『부산의 제조업, 1900-2000(Ⅰ) : 근대부산의 제조업-1900-1944 : 통계와 발전』, 부산발전연구원, 2005.

배석만, 「미군정기 부산항과 도시민생활」, 『지역과 역사』 5호, 2001.

부산상공회의소, 『부산경제사』, 1989.

서울대학교 규장각, 『戶口總數』, 1789.

양흥숙, 「조선후기 왜관통제책과 동래지역민의 대응」, 효원사학회, 『역사와 세계』 37, 2010.6.

오미일, 「식민도시 부산의 주거공간 배치와 산동네의 시공간성」(문재원 엮음, 『부산 시공간의 형성과 다층성』, 소명출판, 2013).

이대근, 『한국전쟁과 1950년대의 자본축적』, 까치, 1987.

이헌창, 「임진왜란과 국제무역」(사단법인 임진란정신문화선양회, 임진란7주갑기념문화학술대제전 제3차 국제학술대회, 『경제와 군사 '경제사와 군사사의 새로운 모색'』, 2012.10.

이헌창, 「개항기의 상품생산과 경제구조의 변모」, 『경제사학』, 9호, 1985.

인천부, 『인천부사』, 1933.

장시원 외, 『한국경제사』, KNOU PRESS, 2016.

田代和生, 『倭館-鎖國時代の日本人町』, 文春新書, 2002(정성일 옮김, 『왜관-조선은 왜 일본사람들을 가두었을까?』,

논형, 2005).
정재정, 『일제침략과 한국철도』(1892-1945), 서울대학교출판부, 1999.
조세현, 『부산화교의 역사』, 산지니, 2013.
『조선왕조실록』, 태종 17권, 9년(1409 기축) 윤4월 7일(기유).
차철욱, 「부산 산동네 형성사」, 부산학교재편찬위원회, 『부산학개론』, 호밀밭, 2015.
최영호, 「해방직후 부산경남지역의 귀환자 원호체계와 원호활동」, 『한국민족운동사연구』 제36집, 2003.
최영호, 「일본의 패전과 부관연락선 : 부관항로의 귀환자들」, 『한일민족문제연구』, 한일민족문제연구회, 2007.5.
호리 가즈오, 『한국근대의 공업화』 - 일본자본주의와의 관계-, 주익종 옮김, 전통과 현대, 2003.
국제신문, 2011.01.10.
동아일보, 1952.2.29.
매일경제, 1969.10.18.
부산일보, 2018.1.10.(9).
부산광역시 홈페이지(https://www.busan.go.kr/index).
한국학중앙연구원, 『향토문화전자대전』(http://busan.grandculture.net/?local=busan).

1장

국제신문 2012년 10월 24일 기사 "부산 도심 하천 복원 어디까지 왔나" (1면)
국제신문 2016년 5월 29일 기사 "부산 미세먼지 7대 도시 중 최악" (1면)
다이내믹부산 제1474호(2011. 5. 11)
부산일보 2016년 2월 18일 기사 "임성원의 부산미학 산책 : 경관미" (38면)
부산일보 2015년 3월 30일 기사 "부산시민 환경분야 숙원 1순위? 맑은 공기!" (9면)
부산광역시 "부산광역시 환경보전종합계획", 2015. 4
부산광역시 "2019 환경백서", 2020. 1
부산광역시 홈페이지
서울경제 2020년 7월 5일 기사 "만파식적:베르호얀스크"
연합뉴스 2014년 11월 28일 기사 "부산 '초량천' 복개 걷어내고 생태하천 거듭난다"
연합뉴스 2019년 8월 8일 기사 "부산 수영강 하구 9㎞ 국가하천 지정 고시"
일간리더스경제신문 2017년 5월 10일 기사 "부산의 섬들"

3장

김승·양흥숙, 『신편 부산대관』, 도서출판 선인, 2010.
김용욱, 「부산의 축항지」, 『항도 부산』 2, 부산시사편찬위원회, 1963. 김용욱, 『한국 개항사』, 서문당, 1976.
김의환, 「부산 개항의 연구」, 『항도 부산』 3·4·5, 부산광역시, 1963-1965.
『도시 계획 백서』, 부산직할시, 1992.
배석만, 『일제시기 부산항 매축과 지전좌충』, 부산대학교 한국민족연구소, 도서출판 선인, 2012.
『부산 교육사』, 부산광역시 교육청, 2007.
『부산의 문화재』, 부산광역시 문화예술과, 2009. 부산은행, 『부산, 역사의 향기를 찾아서』. 2005.
『부산의 자연 마을』 1-중구·서구·동구·영도구·부산진구·남구, 부산광역시사편찬위원회, 2006.
부산직할시사편찬위원회, 『부산시사』 1, 2, 3, 4, 1990.
『사진엽서, 부산의 근대를 이야기하다 』, 부산박물관, 2007.
신병윤 외, 『증산마을 이야기』, 부산발전연구원 부산학연구센터, 2015.
이종률, 『테마로 보는 부산항 이야기』, 해성, 1997.
이준식, 『일제강점기 사회와 문화』, 역사비평사, 2014.
주경업, 『(찾아가는)근대 부산 이야기 마당』, 부산광역시청 문화예술과, 2013.
차철욱, 「1910년대 부산진 매축과 그 성격」, 『지역과 역사』 20, 부경역사연구소, 2007.

차철욱, 「부산 북항 매축과 시가지 형성」, 『한국 민족 문화』 28, 부산대학교 한국민족문화 연구소, 2006.
초량 1925 사무국, 『골목의 기억 도시의 상상』, 2015.
최영호, 「일본의 패전과 부관연락선: 부관항로의 귀환자들」, 『한일민족문제연구』 제11호, 2006.
최영호, 「해방 직후 부산항을 통한 일본인 귀환」, 『항도 부산』 24, 부산시사편찬위원회, 2008.
최해군, 『내 사랑 부산 바다-부산항 변천사』, 부산광역시, 2001. 최해군, 『부산이야기 50마당』, 해성, 2007.
표용수, 『부산 역사의 현장 찾아서』, 선인, 2010.
『한국의 발견 부산』, 뿌리깊은나무, 1998.
홍순권, 『재부산일본인사회 사회단체 조사보고』, 선인, 2006.
황선진, 「구한말 부산항 일대의 매축공사에 관한 한국건축역사학회 추계학술발표 연구」, 『대회 논문집』, 2008.

4장

김대래, 『부산의 기업과 경제』, 세화, 2013. 1.
부경역사연구소, 『시민을 위한 부산인물사』(근현대 편), 선인, 2004. 2.
부산광역시, 『20세기 이전 부산을 빛낸 인물』, 2002. 12.
부산광역시, 『20세기 부산을 빛낸 인물(Ⅰ)』, 2004. 6.
부산광역시, 『20세기 부산을 빛낸 인물(Ⅱ)』, 2005. 7.
이원균, 『부산의 역사』, 늘함께, 2000. 2.
주경업, 『부산이야기 99』, 부산민학회, 2008. 2.
최해군, 『부산7000년 그 영욕의 발자취』 (전3권), 지평, 1997. 3.
표용수, 『부산 역사의 현장을 찾아서』, 선인, 2010. 6.
한 건, 『다대포 역사 이야기』, 지평, 2011. 10.
디지털 부산역사문화대전(http://www.busan.grandculture.net)의 삶의 주체(성씨와 인물).
부산광역시 홈페이지(http://www.busan.go.kr)의 부산소개(부산의 인물).

5장

강영조, 『부산은 항구다』, 동녘, 2008.
고순희 외, 『부산 도시이미지』, 부산발전연구원 부산학연구센터, 2004.
김대갑, 『영화처럼 재미있는 부산』, 산지니, 2005.
김수우 외, 『101가지 부산을 사랑하는 법』, 호밀밭, 2020.
문재원 엮음, 『부산 시공간의 형성과 다층성』, 소명출판사, 2013.
문화콘텐츠닷컴(문화원형백과 한반도 해양문화), 한국콘텐츠진흥원, 2009.
부산은행, 『부산, 역사향기를 찾아서』, 2005.
손민수, 『산복도로 이바구』,인디페이퍼, 2017
창조도시포럼, 신라대 부산학센터, 『창조도시 부산을 꿰루다』, 신라대출판부, 2013.
KBS부산재발견 제작팀, 『부산 재발견』, 우진, 2012.
『한국향토문화전자대전』.
『한국민족문화대백과』.

6장

강남주, 「부산문화(文化)의 미래가치를 말하다」, 『부산의 미래가치를 말하다』, 부산발전연구원 부산학연구센터, 2013.
강대민, 「부산역사(歷史)의 미래가치를 말하다」, 『부산의 미래가치를 말하다』, 부산발전연구원 부산학연구센터, 2013.
구모룡(외), 『마리타임 부산 : 부산의 항, 포구의 사람과 문화』, 부산발전연구원 부산학연구센터, 2009; 「해항도시 부산의 특이성과 문화」, 『부산학개론』, 부산학교재편찬위원회. 호밀밭. 2015; 「해항도시 부산의 특이성과 문화전략」, 『근대부산항 별곡』, 부산항 개항 100주년 기념, 부산근대역사관. 2016.

국제신문, 「부산의 지역격차」, 2020. 9월 1일자.
김대래, 『개항기 일본인의 이주와 경제적 지배』, 부산연구원 부산학연구센터, 2019.
김대상, 「이 잡연성은 뒤집어 보면 좋은 다양성이 된다」. 뿌리깊은 나무, 『한국의 발견-부산』, 뿌리깊은 나무, 1992.
김석희, 「고통의 체험 위에서 자란 도시」, 『한국의 발견-부산』, 뿌리깊은 나무, 1992.
김무조, 「부산문화의 원형적 시각」, 『21세기를 향한 부산정신의 모색』, 동아대 석당전통문화연구원. 2000.
나카노 노부코, 이영미(역), 『바람난 유전자』, 부키, 2019.
대안사회를 위한 일상생활연구소, 『사건과 기록으로 본 부산의 어제와 오늘』, 부산발전연구원 부산학연구센터, 2012.
마페졸리(M.Maffesoli), 박재환 역, 「일상생활의 사회학적 전망」, 박재환·일상성일상생활연구회 편, 『일상생활의 사회학』, 1994, 한울 아카데미.
멜빌(H. Melville), 이가형(역), 『백경(MobyDick)』, 동서문화사, 2016.
부산역사문화대전, 「거세고, 직설적인 부산말(차윤정)」,
http://busan.grandculture.net/Contents?local=busan&dataType=01&contents_id=GC04219016(2020.10.12일 검색.
신한균, 「법기요의 비밀을 찾아서」, 〈부산일보〉, 2019년 3.5일자.
오재환, 「부산정체성의 발견과 부산학」. 『한국지역학포럼 발표자료집』, 한국지역학포럼, 2012; 「부산학연구의 성과와 과제」, 『지역학의 발전방향 세미나 발표자료』, 광주문화재단. 2017.
임성원, 「임성원의 부산미학 산책」, 〈부산일보〉, 2019년 5월 7일자.
임호, 박경옥, 『부산시민의 라이프스타일 기초연구』, 부산연구원, 2019.
정약용, 『영남인물고서(嶺南人物考序)』, 국역 다산 정약용 시문집, 민족문화추진회,2008,
조갑제, 「해양성기질. 해양성 문화」. 『한국의 발견-부산』, 뿌리깊은 나무』, 1992.
허윤수·김형균 외, 『라이프스타일시대 부산도시정책의 전환』, 부산연구원. 2018.
홀(E. Hall), 최효선 (역), 『문화를 넘어서』, 한길사, 2000.

7장

김희재, 일상생활의 연구방법, 박재환·일상성일상생활연구회 편, 『일상생활의 사회학적 이해』, 한울, 2008.
김대래·김정배·김희재, 『부산의 하루』, 신지서원, 2003.
박재환, 일상생활에 대한 사회학적 조명, 박재환·일상성일상생활연구회 편, 『일상생활의 사회학』, 한울, 1994.
이일래, 일상에서의 일, 박재환·일상성일상생활연구회 편, 『일상생활의 사회학적 이해』, 한울, 2008.
정재기. 부모의 사회경제적 지위와 청소년의 컴퓨터 이용실태: 생활시간 자료를 바탕으로, 『사이버커뮤니케이션학보』 24권, 2007.
Godbey, G. Leisure in Your Life: An Exploration (권두승·권문배·김정명·오세숙·조아미 역, 『여가학으로 초대』, 학지사, 2005).
Robinsoon, J. P. and G. Godbey. 1997. Time for life: the surprising ways Americans use their time. University Park, Pa.: Pennsylvania State University Press.

8장

강성권 (2013). "창조경제 선도 도시로 성장해 글로벌 경쟁의 허브역할 해야". 부산발전포럼(143), 12-23.
고전.(2010). 지방교육자치제도 개정에 관한 논의- 민주주의·지방자치·교육자주 및 제도 원리 관점-. 지방자치법연구, 10(2): 65-90.
김광석. (2010). 행정조직, 과거와 현재. 뉴디자인 대구경북, 165-201.
김동명. (2014). 1934년 부산부회 조선인 의원 총사직사건 연구. 한일 관계사연구, 48, 351-381
류춘호. (2014). 부산광역시 (직할시) 50년 재정 변화와 정책적 협의. 항도부산, 30, 177-232.
부산직할시시사편찬위원회, (1990). 부산시사 제2권, 부산시.
손정목. (2002). 특별기고: 특별시와 직할시의 유래. 도시문제, 37(401), 95-102.
우양호. (2010). 해항도시(海港都市) 부산의 도시성장 특성에 관한 연구. 지방정부연구, 14(1), 135-157.
윤현석 (2014). 일제 강점기 지방단체의 자문 및 의결기관 운영 실태. 도시연구(11), 69-120.

이병운 (2007). 부산 행정구역 지명의 변천사. 한국민족문화(29), 329-378.
이현우. (2013). 광역자치단체 행정계층의 유래와 의미, 경기연구원
https://www.gri.re.kr/%EA%B8%B0%ED%83%80-3/?pageid=3&uid=830&mod=document(검색일: 2021년 1월 5일)
전성현 (2016). 일제 강점기 행정구역 확장의 식민성과 지역민의 동향. 지방사와 지방문화, 19(1), 111-146.
전성현 (2020). 일제 강점기 '지방의회'의 '정치적인 것'과 한계 - 경남도회를 통한 식민지배와 지역정치의 마주침. 역사연구, (39), 57-99.
조정찬. (1999). 廣域地方自治團體의 地位와 役割. 법제연구 16: 209-228.
조정찬. (2000). 자치구제도에 관한 고찰. 법제 510: 23-35.
홍순권 (2007). 1930년대 부산부회의 의원 선거와 지방 정치세력의 동태. 지방사와 지방문화, 10(1), 333-381.
황준성. (2020). 지방교육자치제도 관련 법령의 쟁점 및 개선 방안. 교육행정학연구, 38(1): 29-51.

9장

Massimo Livi-Bacci, 『세계인구의 역사』, 송병건·허은경 옮김, 해남, 2009.
Gregory Clark, A Farewell to Alms: A Brief Economic History of the World(이은주 옮김, 『맬서스, 산업혁명, 그리고 이해할 수 없는 신세계』, 한스미디어).
경제기획원, 『한국통계연감』, 각 년도.
구동회, 「부산권 인구이동의 공간적 패턴에 관한 연구」, 대한지리학회, 『대한지리학회지』 제42권 제6호 통권 123호, 2007.12,
권기철, 「부산광역권의 제조업 고용 변동과 인구이동의 관계 및 인구이동의 균형화 효과」, 한국경제통상학회, 『경제연구』. 제24권 제3호, 2006. 9.
김대래, 「부산출생 대학생 설문조사에 나타난 부모의 고향 -2014-2017년 조사의 분석」, 신라대학교 부산학센터, 『부산연구』 제15권 제2호, 2017.
김대래, 『부산경제론』, 누리, 2016.
김대래, 「부산권 기업의 역외 이전과 경제의 광역화」, 주수현 외 지음, 『부산글로벌 경제론』, 부산발전연구원, 2016.
김대래, 「주민등록인구와 추계인구의 차이와 함의(1970-2016)-부산을 중심으로-」, 부산광역시사편찬위원회, 『항도부산』 제39호, 2020.2.
김대래, 「부산인구의 역외전출입 추이와 그 함의(1970-2018)」, 한국지방정부학회, 『지방정부연구』 제23권 제1호, 2019.
김종태, 「공식인구통계들에 대한 비교 분석」, 한국데이터정보과학회, 『한국데이터정보과학회지』. 제28권 제1호, 2017.01.31.
최영호, 「해방직후 부산항을 통한 일본인 귀환」, 부산시사편찬위원회, 『항도부산』 제24호, 2009.6,
최원석, 「부산정치의 역동성과 변화 가능성」, 부산학교재편찬위원회, 『부산학개론』, 2015.
한국은행조사부, 『경제통계연보』, 각 년도.
부산광역시 홈페이지
통계청 홈페이지
부산일보

11장

국제신문, 년도별 보도자료
국토해양부, 도시재생사업단 홈페이지, 도시재생의 의미(http://www.kourc.or.kr)
국토해양부, 2010년 주택종합계획·시도별 신주택보급율 통계자료, 2010.
국토연구원, 국토 2006년 6월호.
네이버 백과사전, 도시.(www.naver.com)
동아일보 2010년 3월 26일자.

부산일보, 년도별 보도자료
박재룡, 부동산시장 대세하락 가능성 점검, 삼성경제연구소, 2010.
박충우, 우리나라 주거복지정책의 개선방안에 관한 연구,
한성대학교 행정대학원 석사학위논문,2010.
연합뉴스 2006.6.27일자.
연합뉴스 2006년 9월10자.
한국산업은행 경제연구소,「국내 주택가격 적정성 분석」, 2010.
e-나라지표 시스템, 2011.
KDI, 공공임대주택 운영개선방안 연구, 2005.

12장

김대래. 2015. "6.4 지방선거에 나타난 투표 행태: 투표율, 세대간 투표행태, 그리고 무효표의 영향을 중심으로." 『지방정부연구』(제19권 제1호). 지방정부학회.
박재환 외. 2012.『사건과 기록으로 본 부산의 어제와 오늘』. p. 113 재인용.
최원석. 2016. "제9장 부산의 정치: 과거, 현재 그리고 미래."『부산학』. 부산학교재편찬위원회.
최원석. 2017. "부산의 문화 정체성과 정치."『부산학, 부산의 미래를 상상하다』. 2017 부산학 아카데미 자료집.
최원석. 2018. "제9장 6.13 지방선거와 부산 정치지형의 변화".『부산학』. 부산학교재편찬위원회.
John S. Dryzek, Patrick Dunleavy. 2014. 김욱 옮김.『민주주의 국가이론: 과거 뿌리, 현재 논쟁, 미래 전망』. 명인문화사.
경향신문. 2018년 6월 1일. 4면; 2018년 6월 7일. 6면.
조선일보. 1992년 12월 20일, 6면, 7면.
중앙선거관리위원회. 2006.『제4회 전국동시지방선거 투표율 분석』. 중앙선거관리위원회.
중앙선거관리위원회. 2012.『제19대 국회의원 선거 투표율 분석』. 중앙선거관리위원회.
중앙선거관리위원회. 2014.『제6회 전국동시지방선거 투표율 분석』. 중앙선거관리위원회.
중앙선거관리위원회. 2016.『제20대 국회의원 선거 투표율 분석』. 중앙선거관리위원회.
http://info.nec.go.kr/electioninfo/electionInfo_report.xhtml
(중앙선거관리위원회 선거통계시스템, 검색일 2016년 3월 22일; 2016년 4월 26일).
http://info.nec.go.kr/electioninfo/electionInfo_report.xhtml
(중앙선거관리위원회 선거통계시스템, 검색일 2018년 7월 5일; 2021년 1월 11일).

13장

고려제강, 고려제강 50년사, 고려제강, 1995.
공병호, 대한민국 기업흥망사, 해냄출판사, 2012.
구본무, LG 50년사, 삼성문화인쇄, 1997.
국제신문, 부산의 상맥, 1990.7~1991.12.
김대래, 부산의 기업과 경제, 세화, 2013.
김대래·김정배·김희재, 부산의 하루, 신지서원, 2004.
김성환, 피터 드러커의 경영사상에 나타난 기업가 정신에 관한 연구, 한양대학교 대학원 석사학위논문, 2010.2.
김태현, 부산기업사, 부산발전연구원, 2004.
김태현, 부산의 기업, 어제와 오늘, 부산상공회의소 부산챔버, 2003.1~2004.12.
김태현·김승희, 부산기업의 창조성과 미래, 부산발전연구원, 2014.
대창솔루션, 대창솔루션 60년사 금빛물결 세상을 물들이다, 프린테크, 2013.
대한조선공사, 대한조선공사 30년사, 1968.
리처드 볼드윈·베아트리스 베더 디마우로 엮음(매경출판 편역), 코로나 경제전쟁, 매일경제신문사, 2020.
미야모토 마타오 등(정진성 옮김), 일본경영사, 한울아카데미, 2001.

박섭·장지용, 부산의 기업과 기업가 단체(1900~1945), 해남, 2010.
박순호, 열정을 깨우고, 혼을 심어라, 매일경제신문, 2011.
박진국·박태우, 혁신의 비밀 동남권 강소기업 30, 효민디앤피, 2017.
배현, 장수기업의 3대 조건, 지역기반+경쟁력+변신, 부산발전연구원 BDI포커스 제230호, 2013.
백승진, 부산을 빛낸 인물, 월간부산, 2008.
백충기, 동남권 향토기업의 현황과 성장 추이, BS금융지주 경제연구소, 2013.
부경역사연구소, 부산인물사, 선인, 2004.
부산경영자협회, 부산경협15년사, 제일인쇄, 1996.
부산광역시, 부산지역 창조산업 육성 기초조사, 2011.9.
부산상공회의소, 부산의 상공업 백년, 제일인쇄, 1989.
부산상공회의소, 매출액 기준 전국 1000대 기업 중 부산기업 현황, 2020.9.17.
부산상공회의소, 부산경제사, 제일인쇄, 1989.
부산상공회의소, 부산상공회의소 백십년사, 연문인쇄, 2002.
부산일보, 야망의 성채, 1983.12~1984.1.9.
부산은행, 부산은행 50년사, 2017.
부산은행, 부산은행 30년사(1967~1997), 1997.
서세욱, 삼성차 유치와 살린 시민운동, 지평, 2010.
성창기업, 성창기업 100년사 1·2, 2017.
손경식, CJ 50년사, 무진문화, 2003.
이시형, 걸어가듯 달려가라(화승그룹 현승훈 회장, 경영의 덕을 말하다), 중앙북스, 2011.
이정우, 흙에서 피어나는 꽃(창립30주년을 기념하며), 동아지질, 2001.
임정덕, 부산경제 100년 진단 70년+미래30년, 다찬, 2013.
정태성, 만오 정태성 자전(성창기업), 시로, 1986.
제일제당공업, 제일제당 오십년사, 1983.
제일투자신탁증권, 새로운 천년, 지나온 10년, 유림문화인쇄, 1999.
조기준, 한국기업가사, 박영사, 1983.
조중훈, 내가 걸어온 길, 나남출판, 1996.
조지프 스티글리츠(이순희 옮김), 불평등의 대가, 열린책들, 2013.
존 미클 스웨이트·에이드리언 울드리지(유경찬 옮김), 기업의 역사, 을유문화사, 2004.
주수현, 창조산업 활성화를 위해서는 타산업과의 융·복합 중요, 부산발전포럼, 통권 제141호, 2013.6.
차용범, 부산사람에게 삶의 길을 묻다, 미디어줌, 2013.
천덕호, 동명 강석진 전기, 동명문화학원, 1984.
최평규, 뜨거운 노래를 땅에 묻는다, 리더스북, 2012.
최해군, 부산 7000년, 그 영욕의 발자취(3), 지평, 1997.
태웅, 태웅 30년사, 사사연, 2011.
한국선급, 한국선급 60년사, KR, 2020.
허상수, 삼성과 자동차산업, 새날, 1994.
KT서브마린, KT서브마린 10년사, 2005.

14장

김대래,『부산의 산업과 경제』, 누리, 2017.
김대래,『부산경제론』, 누리, 2019.
김태현,『부산기업사』, BDI, 2004.
주수현 외,『부산지역 전략산업 경쟁력 분석 및 육성방안』, BDI, 2012.
주수현 외,『부산의 미래산업전망과 육성전략』, 부산TP, 2012.
주수현 외,『저성장시대, 부산의 도시경제정책』, BDI, 2016.

주수현 외, 『부산글로벌경제론』, BDI, 2016.
주수현 외, 『부산지역 장기 경제성장 구조분석과 혁신성장전략』, BDI, 2020.

15장

김형권 외(2014), 도시재생 실천하라, 미세움.
네이버 지식백과(2021). 산동네의 숨겨진 보물-골목골목 깃든 삶과 이야기.
문화체육관광부(2020). 2019 국민여행조사.
부산광역시(2019). 부산관광진흥계획.
부산광역시 (2021a). 2019년 부산방문 관광객 실태조사.
부산광역시 (2021b). 부산갈맷길. https://www.busan.go.kr/galmaetgil0202
부산관광공사 (2021a). 코로나19이후 부산관광수요 예측조사 결과.
부산관광공사 (2021b). 2021 부산여행 트렌드 분석.
부산관광공사 부산시티투어(2021). 시티투어버스 노선. http://www.citytourbusan.com
부산 교통공사(2021). 홈페이지, http://www.humetro.busan.kr
위키백과(2021). 영도대교.
장희정 외(2014), 자연+slow 관광학 개론, 형설출판사.
한국관광공사(2021).연도별통계자료. https://kto.visitkorea.or.kr
KOSIS 국가통계포털(2021). 부산광역시 주요 관광지 방문객 수.
UNWTO.(2021). International tourism highlight. 2020 edition. UNWTO. Madrid.

17장

김종욱 「부산의 대중음악 - 영도다리에서 부산항까지, 부산 사람들과 함께 한 부산의 대중음악」, 호밀밭출판사, 2015.12.
대안사회를 위한 일상생활연구소, 「부산의 노래, 노래속의 부산」, 부산발전연구원, 2014.12.
유승훈, 「부산은 넓다」, 글항아리, 2013.10.
부산대학교 한국민족문화연구소, 「지역 예술을 말하다」, 소명출판, 2012, 2.
〈신문기사〉
경향신문 기사, 정진호. '어제의 오늘-2001년 알뜰한 당신 부른 가수 황금심 별세', 2011.7. 29.
국제신문 칼럼, 이동순, '이동순의 부산 가요 이야기 〈1〉 부산은 한국 트로트의 고향', 2020, 5, 31.
국제신문 기사, 김규태, '시인 김규태의 인간기행 〈13〉 고복수의 영광과 그늘', 2006.5.7.
국제신문 기사, 김종욱, '김종욱의 부산 가요 이야기 〈3〉 해운대와 그 시절의 노래', 2012.3.22.
국제신문 기사, 김종욱, '김종욱의 부산 가요 이야기 〈4〉 송도와 그 시절의 노래', 2012.3.29.
뉴스핌 기사, 양진영, '에이핑크 정은지, 이 봄 가장 따뜻한 곡 하늘바라기'…모두의 맘에 닿을 '아빠야', 2016.4.18.
부산일보 기사, 김건수, '나의 길 나의 삶 - 대중음악 전도사 도병찬 전 KBS PD', 2014.5.9.
영남일보 기사, 이동순, '이동순의 가요이야기 20-한국의 마리아 칼라스 황금심', 2007.12.13.
한겨레 기사, 김재섭, '근대 대중가요 속 최고 직업은 마도로스', 2016. 12.16.

18장

- 강동진, 역사문화환경을 활용한 부산 도시재생의 특성과 지향, 「열상고전연구」 48집, 2015.
- 강동진, 도심항구부의 흔적에 대한 창의적 시선: 재생의 관점, 「환경논총」 제51권. 2012.
- 강동진·김희재·송교성, 「부산 도시공간 탐색: 변방에서 해양으로」(2018 부산학시민총서), 부산발전연구원, 2018.
- 강동진·장현정·차철욱·박진명, 「부산을 알다」(2015 부산학시민총서). 부산발전연구원, 2015.
- 박능재·강동진, 역사항구 북항의 산업유산적 가치 분석, 「세계유산연구」 제1호, 2015.
- 조성태, 부산시 정주활동의 변천과 특성, 경성대학교 대학원 박사학위논문, 2012.

- 부산광역시 홈페이지
- 각종 부산관련 지도와 사진

19장

강영환, 『산복도로』, 책펴냄열린시, 2009.
김정한, 『김정한 소설선집』(증보판), 창작과비평사, 1977.
______, 『낙동강』, 시와사회, 1994.
______, 『낙일홍』, 경덕출판사, 2007.
______, 『낙동강의 파수꾼』, 한길사, 1985.
『남부문학』 『남부의 시』 『오늘의 문학』 『전망』 『지평』.
구모룡, 「지역문학: 주변부적 가능성」, 『제유의 시학』, 좋은날, 2000.
김중하, 「부산 현대문학의 큰 흐름」, 『항도부산』 14호, 1977.
나카무라 유지로, 양일모·고동호 역, 『공통감각론』, 민음사, 2003.
남송우, 「부산 지역문학 속에 나타난 부산성의 모색」, 『인문사회과학연구』 6, 2006.
문재원, 「지역문학담론에 대한 비판적 재고」, 『로컬리티, 인문학의 새로운 지평』, 혜안, 2009.
______, 「문학에서 지역을 만나는 몇가지 길」, 부산대 한국민족문화연구소 편,『지역, 예술을 말하다』, 소명, 2012.
박태일, 「지역문학 연구의 방향」, 『지역문학연구』 2호, 1998.
부산시 문인협회, 『부산문학사 50년사』 1, 2권, 세종문화사, 1997.
우은진, 「장소에 대한 애착과 사유로 빚어낸 시- 강영환론」, 『작가와사회』 봄, 2016.
이순욱, 「한국전쟁기 문단 재편과 피난문단」, 『동남어문』 24, 2007.
이주홍, 「부산문학사략」, 『부산문학』 6집, 1973.
황국명, 「부산소설문학사별견」, 『문학지평』 96, 봄.
______, 「부산지역 문예지의 지형학적 연구」, 『한국문학논총』 37, 2004.
______, 「부산소설의 지리적 상상력」, 『현대소설연구』 49, 2012.
http://cafe.daum.net/seebada(산복도로 문학관)
http://www.yosan.co.kr/main/index.html(요산문학관)
http://www.leejuhong.com/(이주홍문학관)
http://www.007spyhouse.com/(추리문학관)
http://www.munhakwan.com/(한국문학관협회)

20장

김형균(외), 『도시재생 실천하라』, 2014, 미세움.
김형균, 부산을 학(學)하다, 동아인문학 콘서트 발표자료, 2016.5.26
대한민국 정부, 『대한민국 국가미래전략 2015』, 2015.
부산발전연구원·부산광역시, 『부산발전 2030 비전과 전략』, 2016.
부산산업과학혁신원, 『부산시 국가R&D유치전략 : 부산시 국가R&D 유치 수준 및 진단』, 2020.
산업연구원, 국가균형발전과 지역혁신성장을 위한 전략과 과제, 2019.
산업연구원, 4차 산업혁명 연관 기술 도입 효과와 관계성 분석, 2020.
산업연구원, 산업혁신정책의 효과분석과 정책시사점, 2020.
임현, 포스트 코로나 시대의 유망기술, 2020.
클라우드 슈밥(이민주 역), 『클라우스 슈밥의 제4차 산업혁명 THE NEXT』, 2016, 새로운 현재.

부산학

거의 모든 부산

저 자

서장 변방에서 글로벌 도시로 — 김대래(신라대학교 글로벌경제학과 교수)

1부 환경
1장 부산의 자연과 환경 — 유영명(신라대학교 글로벌경제학과 교수)
2장 해항도시 부산의 역사적 기원과 변모 — 김승(해양대학교 교수)
3장 그때, 그 자리 — 김한근(부경근대사료연구소장)

2부 사람
4장 부산의 인물 — 표용수(前부산광역시사편찬위원회 상임위원)
5장 부산의 상징과 자랑거리 — 이수진(동아대학교 사회학과 강사)
6장 부산정신과 기질 — 김형균(부산학당 이사)
7장 부산사람의 하루 — 이일래(부산대학교 사회과학연구소 연구원)

3부 동서남북
8장 부산의 행정 — 차재권(부경대학교 정치외교학과 교수)
9장 부산의 인구 — 김대래(신라대학교 글로벌경제학과 교수)
10장 부산의 도시개발 — 김경수(부산연구원 해양관광연구실 선임연구위원)

4부 삶
11장 부산의 주택과 부동산! 과거, 현재 그리고 미래 — 강정규(동의대학교 재무부동산학과 교수)
12장 부산 정치지형 변화의 역사 — 최원석(부산대학교 행정학과 강사)
13장 부산기업의 어제와 오늘 그리고 내일 — 김태현(한국경제신문 부산취재본부장)
14장 부산경제의 과거, 현재 그리고 미래 — 주수현(부산연구원 경제산업연구실 선임연구위원)

5부 문화
15장 부산의 아날로그적 관광 콘텐츠 — 장희정(신라대학교 국제관광경영학부 교수), 양승훈(신라대학교 국제관광경영학부 교수)
16장 부산의 미술 어제와 오늘 — 구본호(동대문문화재단 대표이사)
17장 부산의 대중가요 — 송교성 (문화예술 플랜비 지식공유실장)
18장 부산의 건축 — 강동진(경성대학교 도시공학과 교수)
19장 부산문학의 풍경들 — 문재원(부산대학교 교수)

6부 미래
20장 부산의 과학기술 혁신역량 — 정성문(신라대학교 글로벌경제학과 교수)
21장 글로벌 도시 부산의 미래 — 원광해(부산테크노파크 기업성장팀장)

부산학 거의 모든 부산 Ⅰ

발행일 2021년 5월 31일

저자 김대래, 유영명, 김 승, 김한근, 표용수, 이수진, 김형균, 이일래, 차재권, 김경수, 장정규, 최원석, 김태현, 주수현, 장희정, 양승훈, 구본호, 송교성, 강동진, 문재원, 정성문, 원광해,

발행인 부산학교재편찬위원회, 신라대학교 부산학센터

발행처 도서출판 함향 (출판등록 제 2018-000007호)

편집·디자인 씨에스디자인

ISBN 979-11-964532-2-0